2024

경찰승진 / 형법

10개년 기출문제집

SD에듀
㈜시대고시기획

Always **with you**

사람의 인연은 길에서 우연하게 만나거나 함께 살아가는 것만을 의미하지는 않습니다.
책을 펴내는 출판사와 그 책을 읽는 독자의 만남도 소중한 인연입니다.
SD에듀는 항상 독자의 마음을 헤아리기 위해 노력하고 있습니다.
늘 독자와 함께하겠습니다.

머리말
PREFACE

경찰채용과 달리 경찰승진 준비에서 가장 어려운 부분은 본인의 실력이 어느 정도 인지 가늠하기 어렵다는 데에 있습니다. 그렇기에 시험 일자가 다가올수록 계획적 으로 준비가 되고 있는지 확인해야 할 필요성은 더욱 강조됩니다. 이러한 부분을 대비하기 위해 '경찰승진 형법 10개년 기출문제집' 교재를 출간하게 되었습니다.

본서의 특징은 다음과 같습니다.

도서의 특징

01 2023년부터 2014년까지 10개년 기출문제를 수록하였습니다.

02 최신 개정법령 및 판례를 반영하였습니다.

03 자세하고 정확한 해설을 수록하였습니다.

04 실전 연습에 도움이 되도록 OMR 카드를 수록하였습니다.

시험일이 다가올수록 긴장감 때문에 시험준비를 할 수 없는 경우가 많습니다. 하지만 이루고자 하는 목표를 떠올리며 좀 더 힘내시길 바랍니다. 본서의 내용을 충분히 숙 지하시면 분명히 좋은 결과가 있을 것입니다.

본 교재가 여러분들의 목표달성에 도움이 되길 바랍니다.

편저자 드림

경찰공무원 승진시험 과목

❖ 시험 공고는 변경될 수 있으므로, 시행처의 최신 공고를 반드시 확인하시기 바랍니다.

		일반 (수사경과 및 보안경과 포함)		정보통신		항공	
		과목	배점 비율(%)	과목	배점 비율(%)	과목	배점 비율(%)
경위	필수	형법 형사소송법 실무종합	35 35 30	형법 형사소송법	35 35	형법 형사소송법	35 35
	선택			정보통신기기론 컴퓨터일반 중 택1	30	항공법 항공역학 중 택1	30
경사	필수	형법 형사소송법 실무종합	35 35 30	형법 형사소송법	35 35	형법 형사소송법	35 35
	선택			정보통신기기론 컴퓨터일반 중 택1	30	항공기체 항공발동기 중 택1	30
경장	필수	형법 형사소송법 실무종합	35 35 30	형법 형사소송법	35 35	형법 형사소송법	35 35
	선택			정보통신기기론 컴퓨터일반 중 택1	30	항공기체 항공발동기 중 택1	30

※ 2020년 7월 1일부터 기존의 경장·경사 계급 승진시험에서 선택과목이 폐지되고 2021년부터 경찰실무 1, 2, 3 과목이 필수과목인 '실무종합'으로 통합되었습니다. 따라서 2021년부터 경위 이하 계급의 승진시험을 준비할 때에는 해당 과목들을 위주로 준비해야 합니다.

경찰 승진을 준비하며 공부했었던 것을 믿고 조금 방만하게 시험 준비를 하다 보니 수험기간 동안 많은 시행착오를 겪었습니다. 그래서 나름대로 다른 사람들이 써놓은 합격수기들을 보고 방법을 연구하며 마음을 다잡고 준비했습니다. 일단 어떤 공부를 하든지 머릿속에서 꺼내보는 연습이 중요한 것 같습니다. 어떤 과목이든 목차를 중요하게 생각하고 반복적으로 보며 머릿속에 자연스럽게 남을 수 있도록 했습니다. 물론 모든 시험에 적용되는 것은 아니겠지만 형법, 형사소송법, 실무종합은 그 목차가 잘 나뉘어져 있고, 최근 5개년의 기출문제들을 풀어보면 자주 나오는 주제어들이 있습니다. 이런 주제어들을 중심으로 하나의 과목에서도 중점적으로 봐야할 부분들을 체크해가며 시험 막바지에 꼭 한 번 더 볼 수 있도록 정리해나가려 노력했습니다.

형법은 출제경향을 보면 대부분 판례가 많이 출제되고 있습니다. 물론 조문의 내용도 숙지해가며 판례의 쟁점사항이 무엇인지 정확히 파악하려고 노력했습니다. 그리고 형법이 포함된 다른 시험의 문제들도 풀어보는 것이 도움이 되는 것 같습니다. 강의보다는 문제집 지문을 계속 반복하면서 내용을 외우는 방식을 선택했습니다. 단순히 문제집을 여러 권 풀어보는 것보다 자신에게 맞는 책을 집중적으로 공부한 것이 더 도움이 된 것 같습니다. 회독수를 늘리면서 아는 내용은 지워가는 식으로 점점 내용을 줄이다보면 후반에는 더 빠르게 볼 수 있었습니다. 기출문제에서 나온 내용이 반복되기 때문에 최대한 많이 보는 데 초점을 맞추었고, 모의고사를 실제 시험처럼 시간을 정해놓고 풀면서 실력점검 겸 실전연습을 했습니다. 모의고사로 연습하면서 시간 분배를 어떻게 해야 할지 감을 잡으며, 문제를 푸는 속도도 올릴 수 있었습니다.

형사소송법은 조문을 최대한 많이 숙지하기 위해 반복해서 봤습니다. 절차법이라 형법에 비해서 양도 상대적으로 적고, 단기간에 정복할 수 있는 과목이기 때문에 기본서를 통해 학습하는 방법을 선택하였습니다. 기본서가 두꺼워서 회독이 어렵다는 의견도 많이 있지만, 요약서보다 더 이해도 쉽고 기억에도 오래 남는 편이기에 자신에게 맞는 기본서를 선택하여 단권화하는 습관을 들이게 되었습니다. 기본서와 함께 기출문제집 한 권을 반복해서 보는 것을 추천드립니다. 기출문제의 경우 강의를 듣는 것이 많은 도움이 되었습니다. 시험 막바지까지 공부하며 풀었던 모의고사를 계속 복습하는 방법으로 학습하였습니다. 틀린 문제들은 출력해서 반복적으로 보면서 공부하였으며, 이때 최신판례까지 놓치지 않고 준비하는 것이 중요하다고 생각합니다. 또한 실전에서는 시간분배를 잘하는 것이 높은 점수를 취득할 수 있는 비결인 것 같습니다.

실무종합은 그 범위가 매우 방대한 과목이고, 매년 법 개정이 자주 되는 과목이라 공부에 어려움을 겪었습니다. 특히 순경공채, 경찰간부후보생 시험 과목인 경찰학개론과 매우 유사하기 때문에 해당 시험의 기출문제들도 풀어보며 어떤 것들이 자주 출제되는지 최대한 파악해보려 노력했습니다. 모든 법을 정확히 알기엔 어려운 것 같아서 자주 나오는 법령 위주로 공부하며 준비했습니다.

※ 변경되는 시험 제도에 맞추어 기존 합격수기의 내용을 일부 수정하였습니다.

구성과 특징

▮ 10개년 기출문제 수록

경찰승진시험 형법 10개년(2014~2023)을 수록하여 빈출지문과 출제경향을 파악할 수 있도록 하였습니다.

▮ 회독 체크

연도별 회독 체크를 통해 반복 학습할 수 있도록 구성하였습니다.

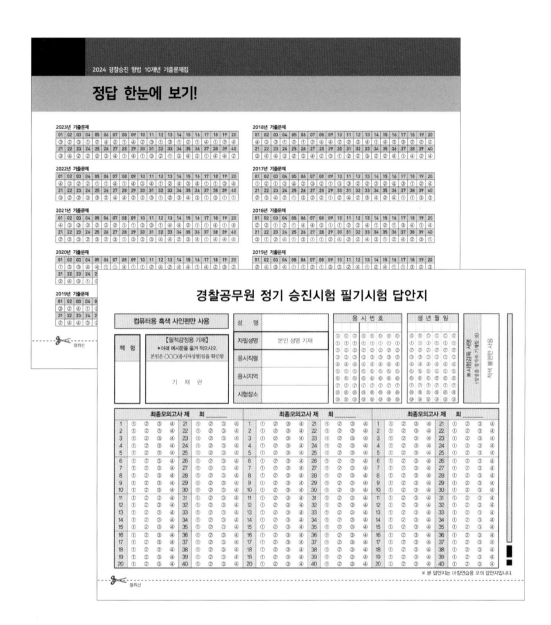

정답 한눈에 보기

간편하게 잘라 쓸 수 있는 정답표를 활용해보세요.

OMR 답안지

실제 시험에 대비할 수 있는 OMR 답안지를 통해 실전 감각을 기르고. 최종 실력을 점검해볼 수 있습니다.

차례

PART 01 | 기출문제

PART 02 | 정답 및 해설

PART 1

10개년 기출문제

※ 복수정답, 또는 개정법령 반영으로 인해 기출문제를 변형한 경우 문제 변형 표시를 하였습니다.

01

죄형법정주의에 대한 설명 중 가장 적절하지 <u>않은</u> 것은? (다툼이 있는 경우 판례에 의함)

① 원인불명으로 재산상 이익인 가상자산을 이체받은 자가 가상자산을 사용·처분한 경우 이를 형사처벌하는 명문의 규정이 없는 현재의 상황에서 착오송금 시 횡령죄 성립을 긍정한 판례를 유추하여 신의칙을 근거로 배임죄로 처벌하는 것은 죄형법정주의에 반한다.

② 처벌규정의 소극적 구성요건을 문언의 가능한 의미를 벗어나 지나치게 좁게 해석하게 되면 피고인에 대한 가벌성의 범위를 넓히게 되어 죄형법정주의의 파생원칙인 유추해석금지원칙에 어긋날 우려가 있<u>으므로</u> 법률문언의 통상적인 의미를 벗어나지 않는 범위 내에서 합리적으로 해석할 필요가 있다.

③ 형법 조항에 관한 판례의 변경은 그 법률조항 자체가 변경된 것으로 볼 수 있기 때문에, 행위 당시의 판례에 의하면 처벌대상이 되지 아니하는 것으로 해석되었던 행위를 판례의 변경에 따라 확인된 내용의 형법 조항에 근거하여 처벌한다면 이는 헌법상 평등의 원칙과 형벌불소급의 원칙에 반한다.

④ 처벌법규의 구성요건이 다소 광범위하여 법관의 보충적인 해석을 필요로 하는 개념을 사용하였다고 하더라도 통상의 해석방법에 의하여 건전한 상식과 통상적인 법감정을 가진 사람이면 당해 처벌법규의 보호법익과 금지된 행위 및 처벌의 종류와 정도를 알 수 있도록 규정하였다면 명확성 원칙에 반하지 않는다.

02

형법의 적용범위에 대한 설명 중 가장 적절하지 <u>않은</u> 것은? (다툼이 있는 경우 판례에 의함)

① 포괄일죄로 되는 개개의 범죄행위가 법 개정의 전후에 걸쳐서 행하여진 경우에는 신·구법의 법정형에 대한 경중을 비교하여 볼 필요도 없이 범죄 실행 종료시의 법이라고 할 수 있는 신법을 적용하여 포괄일죄로 처단하여야 한다.

② 범죄 후 법률의 변경에 의하여 형이 구법보다 가벼운 때에는 원칙적으로 신법에 따라야 하므로, 신법에 경과규정을 두어 이러한 신법의 적용을 배제하는 것도 허용되지 않는 것으로서, 형을 종전보다 가볍게 형벌법규를 개정하면서 그 부칙에서 개정된 법의 시행 전의 범죄에 대하여는 종전의 형벌법규를 적용하도록 규정하였다면 신법우선의 원칙에 반한다.

③ 한국인 甲이 도박이 허용되는 외국의 카지노에서 도박을 한 경우 형법 제3조 속인주의 원칙에 따라 대한민국 형법이 적용된다.

④ 중국인 甲이 중국 북경시에 소재한 대한민국 영사관에서 A명의의 여권발급신청서를 위조한 경우 외국인의 국외범에 해당하므로 대한민국 형법이 적용되지 않는다.

03

범죄의 종류에 대한 설명 중 가장 적절한 것은? (다툼이 있는 경우 판례에 의함)

① 명예훼손죄의 구성요건이 결과 발생을 요구하는 침해범의 형태로 규정되어 있기 때문에 적시된 사실로 인하여 특정인의 사회적 평가를 침해할 위험만으로는 부족하고 침해의 결과 발생이 필요하다.

② 일반교통방해죄는 구체적 위험범이므로 교통방해의 결과가 현실적으로 발생하여야 하며, 교통방해행위로 인하여 교통이 현저히 곤란한 상태가 발생하면 미수가 된다.

③ 구 국가공무원법 제84조, 제65조 제1항에서 규정하는 공무원이 정당 그 밖의 정치단체에 가입한 죄는 공무원이 정당 등에 가입함으로써 즉시 성립하고 그와 동시에 완성되는 즉시범이므로 그 범죄성립과 동시에 공소시효가 진행한다.

④ 체포죄는 즉시범으로서 반드시 체포의 행위에 확실히 사람의 신체의 자유를 구속한다고 인정할 수 있을 정도의 시간적 계속성이 있을 필요는 없다.

04

법인의 처벌에 대한 설명 중 가장 적절한 것은? (다툼이 있는 경우 판례에 의함)

① 합병으로 인하여 소멸한 법인이 종업원 등의 위법행위에 대하여 양벌규정에 따라 부담하던 형사책임은 합병으로 존속하는 법인에 승계되지 않는다.

② 법인격 없는 사단과 같은 단체는 법인과 마찬가지로 사법상의 권리의무의 주체가 될 수 있으므로 법률에 명문의 규정 유무를 불문하고 그 범죄능력은 당연히 인정된다.

③ 양벌규정은 법인의 대표자 등 행위자가 법규위반행위를 저지른 경우, 일정 요건하에 행위자가 아닌 법인이 직접 법규위반행위를 저지른 것으로 평가하여 행위자와 같이 처벌하도록 규정한 것으로 이때의 법인의 처벌은 행위자의 처벌에 종속되는 것이다.

④ 지방자치단체의 장이 국가사무의 일부를 위임받아 사무를 처리하는 기관위임사무뿐만 아니라, 지방자치단체 고유의 자치사무를 처리하는 경우에도 지방자치단체는 국가기관과는 별도의 독립한 공법인이므로 양벌규정에 따라 처벌대상이 되는 법인에 해당한다.

05

인과관계에 대한 설명 중 옳은 것을 모두 고른 것은? (다툼이 있는 경우 판례에 의함)

⊙ 의사가 설명의무를 위반한 채 의료행위를 하여 피해자에게 상해가 발생하였다고 하더라도, 업무상 과실로 인한 형사책임을 지기 위해서는 피해자의 상해와 의사의 설명의무 위반 내지 승낙취득 과정의 잘못 사이에 상당인과관계가 존재하여야 한다.

© 살인의 실행행위가 피해자의 사망이라는 결과를 발생하게 한 유일한 원인일 필요는 없으나 직접적인 원인이어야만 하므로, 살인의 실행행위와 피해자의 사망 사이에 다른 사실이 개재되어 그 사실이 치사의 직접적인 원인이 되었다면, 그와 같은 사실이 통상 예견할 수 있는지를 불문하고 살인의 실행행위와 피해자의 사망 사이에 인과관계가 있는 것으로 보아야 한다.

© 폭행 또는 협박으로 타인의 재물을 강취하려는 행위와 이에 극도의 흥분을 느끼고 공포심에 사로잡혀 이를 피하려다 상해에 이르게 된 사실과는 상당인과관계가 인정될 수 없으므로, 이 경우 강취 행위자가 상해의 결과 발생을 예견할 수 있었다고 하더라도 이를 강도치상죄로 다스릴 수 없다.

② 피고인이 칼로 찌른 행위가 피해자를 사망하게 한 직접적 원인은 아니었다 하더라도 이로부터 발생된 다른 간접적 원인이 결합되어 사망의 결과를 발생하게 한 경우 그 행위와 사망 간에는 인과관계가 있다.

---

① ⊙, ©
② ⊙, ②
③ ©, ©
④ ©, ②

06

주관적 구성요건에 대한 설명 중 가장 적절한 것은? (다툼이 있는 경우 판례에 의함)

① 친족상도례가 적용되는 범죄에 있어서 '친족관계'와 특수폭행죄에 있어서 '위험한 물건을 휴대한다는 사실'은 고의의 인식 대상이다.

② 내란선동죄에서 국헌문란의 목적은 고의 외에 요구되는 초과주관적 위법요소로서 엄격한 증명사항에 속하므로 미필적 인식만으로는 부족하고, 적극적 의욕이나 확정적 인식이어야 한다.

③ 방조범은 정범의 실행을 방조한다는 이른바 방조의 고의와 정범의 행위가 구성요건에 해당하는 행위인 점에 대한 정범의 고의가 있어야 하며, 정범의 고의는 범죄의 미필적 인식 또는 예견만으로는 부족하고 정범에 의하여 실현되는 범죄의 구체적 내용을 인식하여야 한다.

④ 미필적 고의에서 행위자가 범죄사실이 발생할 가능성을 용인하고 있었는지의 여부는 행위자의 진술에 의존하지 아니하고 외부에 나타난 행위의 형태와 행위의 상황 등 구체적인 사정을 기초로 하여 일반인이라면 당해 범죄사실이 발생할 가능성을 어떻게 평가할 것인가를 고려하면서 행위자의 입장에서 그 심리상태를 추인하여야 한다.

07

사실의 착오에 대한 설명 중 가장 적절한 것은?

① 甲이 상해의 고의로 A를 향해 흉기를 휘둘렀으나 빗나가는 바람에 옆에 서 있는 B를 찔러 다치게 한 경우 법정적 부합설에 따르면 A에 대한 상해미수죄와 B에 대한 과실치상죄의 상상적 경합이 된다.

② 甲이 살해의 고의로 독약이 든 음료수를 A의 집으로 발송하였는데, 예상외로 A의 아들 B가 마시고 사망한 경우 구체적 부합설에 따르면 A에 대한 살인미수죄와 B에 대한 과실치사죄의 상상적 경합이 된다.

③ 甲이 살해의 고의로 A를 향해 총을 쏘았으나 빗나가는 바람에 A의 자동차 유리창을 깨뜨린 경우 법정적 부합설에 따르면 A에 대한 살인미수죄와 재물손괴죄의 상상적 경합이 된다.

④ 甲이 형 A를 살해하기 위하여 야간에 집 앞 골목에서 칼로 찔렀는데, 알고 보니 아버지 B를 A로 오인하고 살해한 경우 판례에 따르면 A에 대한 살인미수죄와 B에 대한 존속살해죄의 상상적 경합이 된다.

08

위법성조각사유에 대한 설명 중 가장 적절하지 <u>않은</u> 것은? (다툼이 있는 경우 판례에 의함)

① 방위행위가 그 정도를 초과한 경우에 야간이나 그 밖의 불안한 상태에서 공포를 느끼거나 경악하거나 흥분하거나 당황하였기 때문에 그 행위를 하였을 때에는 그 형을 감경하거나 면제할 수 있다.

② 외관상 서로 격투를 하는 것처럼 보이는 경우라고 할지라도 실지로는 한쪽 당사자가 일방적으로 불법한 공격을 가하고 甲이 이러한 공격으로부터 자신을 보호하고 이를 벗어나기 위한 저항수단으로 유형력을 행사한 경우라면 위법성이 조각된다.

③ 검사가 참고인 조사를 받는 줄 알고 검찰청에 자진 출석한 변호사 甲의 사무실 사무장을 합리적 근거 없이 긴급체포하자 甲이 이를 제지하는 과정에서 검사에게 상해를 가한 경우 정당방위에 해당한다.

④ 甲이 피해자와 공모하여 교통사고를 가장하여 보험금을 편취할 목적으로 피해자에게 상해를 가하였다면 피해자의 승낙이 있었다고 하더라도 甲의 행위가 피해자의 승낙에 의하여 위법성이 조각된다고 할 수 없다.

09

정당행위에 대한 설명 중 가장 적절하지 <u>않은</u> 것은?
(다툼이 있는 경우 판례에 의함)

① 甲이 자신의 차를 손괴하고 도망하려는 피해자를
도망하지 못하게 멱살을 잡고 흔들어 피해자에게
전치 14일의 흉부찰과상을 가한 경우 정당행위에
해당한다.

② 분쟁 중인 부동산관계로 따지러 온 피해자가 甲의
가게 안에 들어와서 甲 및 그의 아버지에게 행패를
부리자, 이에 甲이 피해자를 가게 밖으로 밀어내려
다가 피해자를 넘어지게 한 경우 사회통념상 용인
될 만한 상당성이 있는 행위로 위법성이 없다.

③ 甲이 외국에서 침구사자격을 취득하였으나 국내
에서 침술행위를 할 수 있는 면허나 자격을 취득하
지 못하였음에도 불구하고 단순한 수지침 정도의
수준을 넘어 체침을 시술한 경우 사회상규에 위배
되지 아니하는 무면허의료행위로 인정될 수 없다.

④ 국회의원 甲이 대기업 고위관계자와 중앙일간지
사주 간의 사적 대화를 불법 녹음한 자료를 입수한
후 그 대화내용과 위 대기업으로부터 이른바 떡값
명목의 금품을 수수하였다는 검사들의 실명이 게
재된 보도자료를 작성하여 자신의 인터넷 홈페이
지에 게재한 경우 공익에 대한 중대한 침해가 발생
할 가능성이 현저한 경우로서 비상한 공적 관심의
대상이 되고, 방법의 상당성도 갖추었으므로 정당
행위에 해당한다.

10

책임능력에 대한 설명 중 가장 적절하지 <u>않은</u> 것은?
(다툼이 있는 경우 판례에 의함)

① 정신적 장애가 있는 자라고 하여도 범행 당시 정상
적인 사물 판별능력이나 행위통제능력이 있었다면
심신장애로 볼 수 없다.

② 심신장애로 인하여 사물을 변별할 능력이 없거나
의사를 결정할 능력이 없는 자의 행위는 벌하지 아
니하며, 심신장애로 인하여 위의 능력이 미약한 자
의 행위에 대해서는 형을 감경한다.

③ 스스로 절도의 충동을 억제하지 못하는 충동조절
장애와 같은 성격적 결함은 원칙적으로 심신장애
에 해당한다고 볼 수 없고, 다만 그 증상이 매우
심각하여 원래의 의미의 정신병이 있는 사람과 동
등하다고 평가할 수 있다면 심신장애를 인정할여
지가 있다.

④ 형법 제10조 제3항은 고의에 의한 원인에 있어서
의 자유로운 행위만이 아니라 과실에 의한 원인에
있어서의 자유로운 행위까지도 포함하는 것으로서
위험의 발생을 예견할 수 있었는데도 자의로 심신
장애를 야기한 경우 그 적용 대상이 된다.

11

금지착오에 대한 설명 중 가장 적절한 것은? (다툼이 있는 경우 판례에 의함)

① 위법성의 인식에 필요한 노력의 정도는 행위자 개인의 인식능력과 행위자가 속한 사회집단에 따라 달리 평가되어서는 안 되며, 사회 평균적 일반인의 입장에서 객관적으로 판단되어야 한다.

② 숙박업자가 자신이 운영하는 숙박업소에서 위성방송수신장치를 이용하여 수신한 외국의 음란한 위성방송프로그램을 투숙객 등에게 제공한 경우 그 이전에 그와 유사한 행위로 '혐의없음' 처분을 받은 전력이 있거나 일정한 시청차단장치를 설치하였다면 형법 제16조의 정당한 이유가 인정된다.

③ 법률 위반 행위 중간에 일시적으로 판례에 따라 그 행위가 처벌대상이 되지 않는 것으로 해석되었던 적이 있었다고 하더라도 그것만으로 자신의 행위가 처벌되지 않는 것으로 믿은 데에 정당한 이유가 있다고 할 수 없다.

④ 처벌규정이 존재함에도 불구하고 행위자가 처벌규정의 존재를 인식하지 못한 법률의 부지의 경우 그 오인에 정당한 이유가 있으면 벌하지 아니한다.

12

결과적 가중범에 대한 설명 중 가장 적절하지 <u>않은</u> 것은? (다툼이 있는 경우 판례에 의함)

① 강간을 당한 피해자가 강간을 당함으로 인하여 생긴 수치심과 장래에 대한 절망감으로 자살한 경우 강간치사죄가 성립한다.

② 결과적 가중범인 상해치사죄의 공동정범은 폭행 기타의 신체침해 행위를 공동으로 할 의사가 있으면 성립되고 결과를 공동으로 할 의사는 필요 없다.

③ 상해행위로 인하여 피해자가 정신을 잃고 빈사상태에 빠지자 사망한 것으로 오인하고 이를 은폐하여 자살로 가장하기 위해 베란다 밑 바닥으로 떨어뜨려 사망케 한 경우 상해치사죄가 성립한다.

④ 4일 가량 물조차 제대로 마시지 못하고 잠도 자지 아니하여 거의 탈진 상태에 이른 피해자의 손과 발을 17시간 이상 묶어 두고 좁은 차량 속에서 움직이지 못하게 감금하였는데, 묶인 부위의 혈액 순환에 장애가 발생하여 혈전이 형성되고 그 혈전이 폐동맥을 막아 사망에 이르게 된 경우 감금치사죄가 성립한다.

13

부작위범에 대한 설명 중 가장 적절하지 <u>않은</u> 것은? (다툼이 있는 경우 판례에 의함)

① 부작위범에 대한 교사는 가능하지만, 부작위에 의한 교사는 불가능하다.

② 부진정부작위범의 작위의무에는 신의성실의 원칙이나 사회상규 또는 조리상 작위의무가 기대되는 경우도 포함된다.

③ 부진정부작위범은 작위범에 비해 불법의 정도가 가벼우므로 형법 제18조에 의하여 형을 감경할 수 있도록 규정하고 있다.

④ 일정한 기간 내에 잘못된 상태를 바로잡으라는 행정청의 지시를 이행하지 않았다는 것을 구성요건으로 하는 범죄는 이른바 진정부작위범으로서 그 의무이행기간의 경과에 의하여 범행이 기수에 이른다.

14

실행의 착수에 대한 설명으로 옳은 것을 모두 고른 것은? (다툼이 있는 경우 판례에 의함)

> ⊙ 야간에 아파트에 침입하여 물건을 훔칠 의도하에 아파트의 베란다 철제난간까지 올라가 유리창문을 열려고 시도한 경우 야간주거침입절도죄의 실행에 착수하였다.
> ⓛ 甲이 잠을 자고 있는 피해자 A의 옷을 벗긴 후 자신의 바지를 내린 상태에서 A의 음부 등을 만지고 자신의 성기를 A의 음부에 삽입하려고 하였으나 A가 몸을 뒤척이고 비트는 등 잠에서 깨어 거부하는 듯한 기색을 보이자 더 이상 간음행위에 나아가는 것을 포기한 경우 준강간죄의 실행에 착수하였다.
> ⓒ 위장결혼의 당사자 및 브로커와 공모한 甲이 허위로 결혼사진을 찍고 혼인신고에 필요한 서류를 준비하여 위장결혼의 당사자에게 건네준 것만으로는 공전자기록등불실기재죄의 실행에 착수한 것으로 볼 수 없다.
> ② 입영대상자가 병역면제처분을 받을 목적으로 병원으로부터 허위의 병사용진단서를 발급받은 경우 구 병역법 제86조 사위행위의 실행에 착수하였다.
> ⑩ 허위의 채권을 피보전권리로 삼아 가압류를 한 경우 그 채권에 관하여 현실적으로 청구의 의사표시를 한 것이라고 볼 수 있으므로, 본안소송을 제기하지 아니한 채 가압류를 한 경우에도 사기죄의 실행에 착수하였다.

① ⊙, ⓛ, ⓒ   ② ⊙, ⓛ, ⑩

③ ⊙, ⓒ, ②   ④ ⓛ, ②, ⑩

15

미수에 대한 설명 중 가장 적절한 것은? (다툼이 있는 경우 판례에 의함)

① 준강도죄의 기수 여부는 구성요건적 행위인 폭행 또는 협박이 종료되었는가의 여부에 따라 결정된다.

② 소송비용을 이미 송금받았음에도 불구하고 소송비용을 편취할 의사로 소송비용의 지급을 구하는 손해배상청구의 소를 제기한 경우 사기죄의 불능범에 해당한다.

③ 피해자를 살해하려고 그의 목 부위와 왼쪽 가슴 부위를 칼로 수 회 찔렀으나 피해자의 가슴 부위에서 많은 피가 흘러나오는 것을 발견하고 겁을 먹고 그만 둔 경우 살인죄의 중지미수에 해당한다.

④ 불능범과 구별되는 불능미수의 성립요건인 '위험성'은 행위 당시 행위자가 인식한 사정과 일반인이 인식할 수 있었던 사정을 기초로 일반적 경험법칙에 따라 객관적 사후적으로 판단하여야 한다.

16

공동정범에 대한 설명 중 가장 적절한 것은? (다툼이 있는 경우 판례에 의함)

① 공동가공의 의사는 공동행위자 상호간에 있어야 하며 행위자 일방의 가공의사만으로는 공동정범 관계가 성립할 수 없다.

② 甲이 피해자 일행을 한 사람씩 나누어 강간하자는 일행들의 제의에 아무런 대답도 하지 않고 따라 다니다가 자신의 강간상대방으로 남겨진 A에게 일체의 신체적 접촉도 시도하지 않은 채 다른 일행이 인근 숲 속에서 강간을 마칠 때까지 A와 함께 이야기만 나눈 경우 강간죄의 공동정범이 성립한다.

③ 회사직원이 영업비밀을 경쟁업체에 유출하거나 스스로의 이익을 위하여 이용할 목적으로 무단으로 반출한 때 업무상배임죄의 기수에 이르렀으며, 그 이후에 위 직원과 접촉하여 영업비밀을 취득하려고 한 자는 업무상배임죄의 공동정범이 된다.

④ 포괄일죄의 범행 도중에 공동정범으로 범행에 가담한 자가 그 범행에 가담할 때에 이미 이루어진 종전의 범행을 알았다면 가담 이후의 범행뿐만 아니라 가담 이전의 범행에 대하여도 공동정범으로 책임을 진다.

17

교사범에 대한 설명 중 가장 적절하지 않은 것은? (다툼이 있는 경우 판례에 의함)

① 교사범이 그 공범관계로부터 이탈하기 위해서는 피교사자가 범죄의 실행행위에 나아가기 전에 교사범에 의하여 형성된 피교사자의 범죄 실행의 결의를 해소하는 것이 필요하다.

② 교사범이 성립하기 위해서는 교사자의 교사행위와 정범의 실행행위가 있어야 하는 것이므로, 정범의 성립은 교사범의 구성요건의 일부를 형성하고 교사범이 성립함에는 정범의 범죄행위가 인정되는 것이 그 전제요건이 된다.

③ 교사범의 교사가 정범이 죄를 범한 유일한 조건일 필요는 없으므로, 교사행위에 의하여 정범이 실행을 결의하게 된 이상 비록 정범에게 범죄의 습벽이 있어 그 습벽과 함께 교사행위가 원인이 되어 정범이 범죄를 실행한 경우에도 교사범의 성립에 영향이 없다.

④ 교사자의 교사행위에도 불구하고 피교사자가 범행을 승낙하지 아니하거나 피교사자의 범행결의가 교사자의 교사행위에 의하여 생긴 것으로 보기 어려운 경우에는 이른바 효과 없는 교사로서 형법 제31조 제2항에 의하여 교사자와 피교사자 모두 음모 또는 예비에 준하여 처벌할 수 있다.

18

공범과 신분에 대한 설명 중 가장 적절하지 <u>않은</u> 것은? (다툼이 있는 경우 판례에 의함)

① 신분관계라 함은 널리 일정한 범죄행위에 관련된 범인의 인적관계인 특수한 지위 또는 상태를 지칭하는 것이므로, 고의나 목적과 같이 행위 관련적 요소는 이에 포함되지 않는다.

② 신분관계로 인하여 형의 경중이 있는 경우에 신분이 있는 자가 신분이 없는 자를 교사하여 죄를 범하게 한 때에는 형법 제33조 단서가 형법 제31조 제1항에 우선하여 적용됨으로써 신분이 있는 교사범이 신분이 없는 정범보다 중하게 처벌된다.

③ 공무원 아닌 자가 공무원과 공동하여 허위공문서작성죄를 범한 때에는 허위공문서작성죄의 공동정범이 된다.

④ 업무상배임죄에 있어서 업무상 임무라는 신분관계가 없는 자가 그러한 신분관계 있는 자와 공모하여 업무상배임죄를 저지르는 경우 신분관계 없는 공범은 신분범인 업무상배임죄가 성립하고, 다만 과형에서만 무거운 형이 아닌 단순배임죄의 법정형이 적용된다.

19

죄수론에 대한 설명 중 옳지 <u>않은</u> 것을 모두 고른 것은? (다툼이 있는 경우 판례에 의함)

㉠ 공무원 甲이 A를 기망하여 그로부터 뇌물을 수수한 경우 수뢰죄와 사기죄는 구성요건을 달리하는 별개의 범죄로서, 서로 보호법익을 달리하고 있으므로 양죄는 실체적 경합범의 관계에 있다.

㉡ 甲이 공무원이 취급하는 사건에 관하여 청탁 또는 알선을 할 의사와 능력이 없음에도 청탁 또는 알선을 한다고 A를 기망하여 금품을 교부받은 경우 사기죄와 변호사법위반죄는 상상적 경합범의 관계에 있다.

㉢ 甲이 A로부터 수수한 메스암페타민을 장소를 이동하여 투약하고서 잔량을 은닉하는 방법으로 소지한 행위는 그 소지의 경위나 태양에 비추어 볼 때 당초의 수수행위에 수반되는 필연적 결과로 볼 수 있으므로 향정신성의약품수수죄만 성립하고 별도로 그 소지죄는 성립하지 않는다.

㉣ 甲이 음주의 영향으로 정상적인 운전이 곤란한 상태에서 자동차를 운전하여 사람을 상해에 이르게 함과 동시에 다른 사람의 재물을 손괴한 경우 특정범죄가중처벌 등에 관한 법률 위반(위험운전치사상)죄 외에 업무상과실 재물손괴로 인한 도로교통법 위반죄가 성립하고, 양죄는 실체적 경합관계에 있다.

㉤ 甲이 음주상태로 자동차를 운전하다가 제1차 사고를 내고 그대로 진행하여 제2차 사고를 낸 경우 제1차 사고 당시의 음주운전으로 인한 도로교통법 위반(음주운전)죄와 제2차 사고 당시의 음주운전으로 인한 도로교통법 위반(음주운전)죄는 포괄일죄의 관계에 있다.

① ㉠, ㉡, ㉣   ② ㉠, ㉢, ㉣

③ ㉠, ㉢, ㉤   ④ ㉡, ㉢, ㉣, ㉤

20

몰수 추징에 대한 설명 중 가장 적절한 것은? (다툼이 있는 경우 판례에 의함)

① 몰수는 원칙적으로 타형에 부가하여 과하는 부가형이므로, 몰수의 요건이 있는 경우라도 행위자에게 유죄의 재판을 하지 아니할 때에는 몰수만을 선고할 수 없다.

② 형법 제357조 배임수증재죄에서 수재자가 증재자로부터 받은 재물을 그대로 가지고 있다가 증재자에게 반환한 경우 증재자로부터 이를 몰수하거나 그 가액을 추징할 수 없다.

③ 살인행위에 사용한 칼 등 범죄의 실행행위 자체에 사용한 물건뿐만 아니라 실행행위의 착수 전의 행위에 사용한 물건도 몰수할 수 있지만, 실행행위의 종료 후의 행위에 사용한 물건은 그것이 범죄행위의 수행에 실질적으로 기여하였다고 인정되더라도 몰수할 수 없다.

④ 피해자로 하여금 사기도박에 참여하도록 유인하기 위하여 수표를 제시해 보인 경우 수표가 직접적으로 도박자금에 사용되지 아니하였다 할지라도, 피해자로 하여금 사기도박에 참여하도록 만들기 위한 수단으로 사용되었다면 몰수할 수 있다.

21

살인의 죄에 대한 설명 중 가장 적절한 것은? (다툼이 있는 경우 판례에 의함)

① 사람의 시기(始期)는 규칙적인 진통을 동반하면서 분만이 개시된 때를 말하는데, 제왕절개 수술의 경우에는 '의학적으로 제왕절개 수술이 가능하였고 규범적으로 수술이 필요하였던 시기'를 분만의 시기로 볼 수 있다.

② 살인죄의 고의는 살해의 목적이나 계획적인 의도가 있어야만 인정되고, 사망의 결과에 대한 예견 또는 인식이 불확정적인 경우에는 살인의 범의가 인정될 수 없다.

③ 혼인 외의 출생자와 생모 간에는 생모의 인지나 출생신고를 기다리지 않고 당연히 법률상의 친족관계가 성립하므로 혼인 외의 자가 생모를 살해한 때에는 존속살해죄가 성립한다.

④ 살인예비죄가 성립하기 위해서는 살인죄의 실현을 위한 준비행위가 있어야 하는데, 이때 준비행위는 객관적으로 보아 살인죄의 실현에 실질적으로 기여할 수 있는 외적 행위일 필요는 없고, 단순한 범행의 의사 또는 계획이면 족하다.

22

협박의 죄에 대한 설명 중 가장 적절하지 <u>않은</u> 것은? (다툼이 있는 경우 판례에 의함)

① 협박죄에서 고의는 행위자가 해악을 고지한다는 것을 인식 또는 인용하는 것을 그 내용으로 하고, 고지한 해악을 실제로 실현할 의도나 욕구까지 요구하는 것은 아니다.

② 협박죄와 존속협박죄는 피해자의 명시한 의사에 반하여 공소를 제기할 수 없는 반의사불벌죄이다.

③ 피해자와 언쟁 중에 "입을 찢어 버릴라"라고 말한 것이 단순한 감정적인 욕설인 경우, 이러한 폭언이 형법상 협박에 해당하는 것은 아니다.

④ 협박죄는 사람의 의사결정의 자유를 보호법익으로 하는 위험범이라고 파악하는 것이 상당하므로, 해악의 고지가 상대방에 도달하였으나 상대방이 이를 지각하지 못하였거나 그 의미를 인식하지 못한 경우라도 협박죄의 기수를 인정할 수 있다.

23

감금의 죄에 대한 설명 중 가장 적절하지 <u>않은</u> 것은? (다툼이 있는 경우 판례에 의함)

① 감금하기 위한 수단으로 행사된 단순한 협박행위는 감금죄에 흡수되어 별도의 죄를 구성하지 않는다.

② 감금행위가 강간죄나 강도죄의 수단이 된 경우에 감금죄는 강간죄나 강도죄에 흡수되어 별도의 죄를 구성하지 않는다.

③ 피해자가 있었던 장소가 경찰서 내 대기실로서 일반인과 면회인 및 경찰관이 수시로 출입하는 곳이고, 여닫이문만 열면 나갈 수 있는 구조라고 하더라도 경찰서 밖으로 나가지 못하도록 신체의 자유를 제한하는 유·무형의 억압이 있었다면 이는 감금에 해당한다.

④ 甲이 생명 또는 신체에 심한 해를 입을지 모른다는 공포감에서 도피하기를 단념한 상태의 피해자 A를 호텔로 데려가서 같이 유숙한 후 항공기를 이용하여 함께 국외로 나간 경우 감금죄를 구성한다.

24

강간과 추행에 관한 죄에 대한 설명 중 옳고 그름의 표시(○, ×)가 바르게 된 것은? (다툼이 있는 경우 판례에 의함)

㉠ 강간죄에서의 폭행·협박과 간음 사이에는 인과관계가 있어야 하나, 폭행·협박이 반드시 간음행위보다 선행되어야 하는 것은 아니다. ㉡ 피고인은 피해자가 심신상실 또는 항거불능의 상태에 있다고 인식하고 그러한 상태를 이용하여 간음할 의사로 피해자를 간음하였으나 실제로는 피해자가 심신상실 또는 항거불능의 상태에 있지 않은 경우에는 준강간죄의 장애미수가 성립한다. ㉢ 강제추행에 관한 간접정범의 의사를 실현하는 도구로서의 타인에는 피해자도 포함될 수 있으므로, 피해자를 도구로 삼아 피해자의 신체를 이용하여 추행행위를 한 경우에도 강제추행죄의 간접정범에 해당할 수 있다. ㉣ 피고인이 놀이터 의자에 앉아서 통화 중이던 피해자의 뒤로 몰래 접근하여 성기를 드러내고 피해자의 등쪽에 소변을 본 경우 행위 당시에 피해자가 이를 인식하지 못하였더라도 추행에 해당할 수 있다.

① ㉠ (○) ㉡ (○) ㉢ (×) ㉣ (×)

② ㉠ (○) ㉡ (×) ㉢ (○) ㉣ (○)

③ ㉠ (○) ㉡ (×) ㉢ (○) ㉣ (×)

④ ㉠ (×) ㉡ (×) ㉢ (×) ㉣ (○)

25

명예에 관한 죄에 대한 설명 중 가장 적절하지 <u>않은</u> 것은? (다툼이 있는 경우 판례에 의함)

① 형법 제307조 명예훼손죄에 있어서 사실의 적시는 가치판단이나 평가를 내용으로 하는 의견표현에 대치되는 개념으로서 시간적으로나 공간적으로 구체적인 과거 또는 현재의 사실관계에 관한 보고나 진술을 뜻한다.

② 적시된 사실이 허위의 사실인 경우 행위자에게 허위성에 대한 인식이 없다면 형법 제307조 제1항의 명예훼손죄가 성립할 수 없다.

③ 집합적 명사를 사용한 경우 그 범위에 속하는 특정인을 가리키는 것이 명백하다면 특정된 각자의 명예를 훼손하는 행위라고 볼 수 있다.

④ 명예훼손 사실의 발언 여부를 확인하는 질문에 답하는 과정에서 타인의 명예를 훼손하는 사실을 발설하였다면 명예훼손의 범의를 인정할 수 없다.

26

업무방해죄에 대한 설명 중 가장 적절하지 <u>않은</u> 것은? (다툼이 있는 경우 판례에 의함)

① 업무방해죄의 성립에는 업무방해의 결과가 실제로 발생할 것을 요구하지 않고, 업무방해의 결과를 초래할 위험이 발생하는 것으로 족하며, 업무수행 자체가 아닌 업무의 적정성 내지 공정성이 방해된 경우에도 업무방해죄가 성립한다.

② 공무원이 직무상 수행하는 공무를 방해하는 행위에 대해서는 업무방해죄로 의율할 수 없다.

③ 주한외국영사관에 비자발급을 신청함에 있어 신청인이 제출한 허위의 자료 등에 대하여 업무담당자가 충분히 심사하였으나 신청사유 및 소명자료가 허위임을 발견하지 못하여 그 신청을 수리하게 된 경우 위계에 의한 업무방해죄가 성립하지 않는다.

④ 폭력조직 간부가 조직원들과 공모하여 타인이 운영하는 성매매업소 앞에 속칭 '병풍'을 치거나 차량을 주차해 놓는 등 위력으로써 성매매업을 방해한 경우 업무방해죄가 성립하지 않는다.

27

주거침입죄에 대한 설명 중 가장 적절하지 <u>않은</u> 것은? (다툼이 있는 경우 판례에 의함)

① 야간에 타인의 집의 창문을 열고 집 안으로 얼굴을 들이미는 등의 행위를 한 경우 피고인이 자신의 신체의 일부만 집 안으로 들어간다는 인식하에 행위하였더라도 주거침입죄의 범의는 인정된다.

② 사용자의 직장폐쇄가 정당한 쟁의행위로 인정되지 아니하는 경우 다른 특별한 사정이 없는 한 근로자가 평소 출입이 허용되는 사업장 안에 들어가는 행위는 주거침입죄를 구성하지 아니한다.

③ 피고인 甲이 A의 부재중에 A의 처인 B와 혼외 성관계를 가질 목적으로 B가 열어 준 현관 출입문을 통하여 A와 B가 공동으로 거주하는 아파트에 3회에 걸쳐 들어간 경우 주거침입죄가 성립하지 않는다.

④ 피고인 甲이 다른 손님들의 대화 내용 및 장면을 녹음 녹화할 수 있는 장치를 설치할 목적으로 음식점의 방실에 들어간 경우 음식점 영업주로부터 승낙을 받아 통상적인 출입방법에 따라 음식점의 방실에 들어갔더라도 주거침입죄는 성립한다.

28

사기와 공갈에 관한 죄에 대한 설명 중 가장 적절한 것은? (다툼이 있는 경우 판례에 의함)

① 피기망자가 처분행위의 의미나 내용을 인식하지 못하였더라도 피기망자의 작위 또는 부작위가 직접 재산상 손해를 초래하는 재산적 처분행위로 평가되고, 피기망자가 이러한 작위 또는 부작위를 인식하고 한 것이라면 처분행위에 상응하는 처분의사가 인정된다.

② 비의료인이 개설한 의료기관이 의료법에 의하여 적법하게 개설된 요양기관인 것처럼 국민건강보험공단에 요양급여비용의 지급을 청구하였더라도 명의를 빌려준 의료인으로 하여금 환자들에게 요양급여를 제공하도록 했다면 사기죄가 성립하지 않는다.

③ 조상천도제를 지내지 않으면 좋지 않은 일이 생긴다는 취지의 해악 고지는 협박으로 평가될 수 있어서 공갈죄가 성립한다.

④ 지역신문의 발행인이 시정에 관한 비판기사 및 사설을 보도하고, 관련 공무원에게 광고의뢰 및 직보배정을 다른 신문사와 같은 수준으로 높게 해달라고 요청한 사실만으로도 공갈죄의 수단으로서 그 상대방을 협박한 것으로 볼 수 있다.

29

횡령죄에 대한 설명 중 옳은 것을 모두 고른 것은? (다툼이 있는 경우 판례에 의함)

> ⊙ 사립학교의 교비회계에 속하는 수입을 적법한 교비회계의 세출에 포함되는 용도가 아닌 다른 용도로 사용한 경우 횡령죄가 성립한다.
> ⓒ 송금절차의 착오로 인하여 자기 명의의 은행 계좌에 입금된 금전을 영득할 의사로 인출하여 소비한 경우 횡령죄가 성립한다.
> ⓒ 부동산 실권리자명의 등기에 관한 법률을 위반한 양자 간 명의신탁의 경우 명의수탁자가 신탁받은 부동산을 임의로 처분하여도 명의신탁자에 대한 관계에서 횡령죄가 성립하지 않는다.
> ② 채무자가 기존의 금전채무를 담보하기 위하여 다른 금전채권을 채권자에게 양도한 후 제3채무자에게 채권양도 통지를 하지 않은 채 자신이 사용할 의도로 제3채무자로부터 변제금을 수령한 후 이를 임의로 소비한 경우 횡령죄가 성립하지 않는다.

① ㉠, ㉡
③ ㉡, ㉢, ㉣
② ㉠, ㉡, ㉢
④ ㉠, ㉡, ㉢, ㉣

30

배임죄에 대한 설명 중 가장 적절하지 <u>않은</u> 것은? (다툼이 있는 경우 판례에 의함)

① 채무담보를 위하여 채권자에게 부동산에 관하여 근저당권을 설정해 주기로 약정한 채무자가 담보목적물을 임의로 처분하여 담보가치를 상실시킨 경우 채무자에게 배임죄가 성립한다.

② 자기 소유의 동산에 대해 매수인과 매매계약을 체결한 매도인이 중도금까지 지급받은 상태에서 그 목적물을 제3자에 양도한 경우 매도인에게 배임죄가 성립하지 않는다.

③ 권리이전에 등기 등록을 요하는 자동차에 대한 매매계약에 있어 매도인이 매수인에게 소유권이전등록을 하지 않고 제3자에게 처분한 경우 매도인에게 배임죄가 성립하지 않는다.

④ 회사직원이 영업비밀이나 영업상 주요한 자산인 자료를 적법하게 반출했을지라도 퇴사 시에는 그 자료를 회사에 반환하거나 폐기할 의무가 있음에도 불구하고 경쟁업체에 유출하거나 자신의 이익을 위해 이용할 목적으로 반환 또는 폐기를 하지 않은 경우 업무상배임죄를 구성한다.

31

손괴죄에 대한 설명 중 가장 적절하지 <u>않은</u> 것은? (다툼이 있는 경우 판례에 의함)

① 형법 제366조의 재물손괴죄는 타인의 재물, 문서 또는 전자기록 등 특수매체기록을 손괴 또는 은닉 기타 방법으로 그 효용을 해하였을 때 성립할 수 있다.

② 손괴죄에서 재물의 효용을 해한다고 함은 물건 등을 본래의 목적에 사용할 수 없는 상태로 만드는 경우뿐만 아니라 일시적으로 물건 등이 구체적 역할을 할 수 없는 상태로 만들어 그 효용을 떨어뜨리는 경우도 포함한다.

③ 자동문을 수동으로만 개폐되도록 하여 자동잠금장치로서 역할을 할 수 없게 한 경우에는 재물손괴죄가 성립하지 않는다.

④ 해고노동자 등이 복직을 요구하는 집회를 개최하던 중 래커스프레이를 이용하여 회사 건물 외벽과 1층 벽면 등에 낙서한 행위는 건물의 효용을 해한 것으로 볼 수 있다.

32

권리행사를 방해하는 죄에 대한 설명 중 가장 적절한 것은? (다툼이 있는 경우 판례에 의함)

① 권리행사방해죄에서 '은닉'이란 타인의 점유 또는 권리의 목적이 된 자기 물건 등의 소재를 발견하기 불가능하게 하거나 또는 현저히 곤란한 상태에 두는 것을 말하고, 그로 인하여 현실적으로 권리행사가 방해되었을 것을 요한다.

② 피고인이 피해자에게 담보로 제공한 차량이 그 자동차등록원부에 타인 명의로 등록되어 있는 경우 피고인이 피해자의 승낙 없이 미리 소지하고 있던 위 차량의 보조키를 이용해서 운전하여 간 행위는 권리행사방해죄를 구성하지 않는다.

③ 물건의 소유자가 아닌 甲이 소유자 乙의 권리행사방해 범행에 가담한 경우, 乙에게 고의가 없어 범죄가 성립하지 않더라도 甲은 권리행사방해죄의 공범으로 처벌될 수 있다.

④ 채권자들이 피고인을 상대로 법적 절차를 취하기 위한 준비를 하고 있지 않았으나, 피고인이 어음의 지급기일 도래 전에 강제집행을 면탈하기 위해 자신의 형에게 허위채무를 부담하고 가등기를 해주었다면 강제집행면탈죄가 성립한다.

33

범죄단체 등 조직죄에 대한 설명 중 가장 적절하지 <u>않은</u> 것은? (다툼이 있는 경우 판례에 의함)

① 사형, 무기 또는 장기 4년 이상의 징역에 해당하는 범죄를 목적으로 하는 단체 또는 집단을 조직하거나 이에 가입 또는 그 구성원으로 활동한 사람은 그 목적한 죄에 정한 형으로만 처벌하고, 그 형을 감경할 수 없다.

② 피고인들이 소매치기를 범할 목적으로 그 실행행위를 분담하기로 약정한 경우에 형법 제114조에서 정한 '범죄를 목적으로 하는 단체'로 인정되기 위해서는 계속적인 결합체로서 그 단체를 주도하거나 내부의 질서를 유지하는 최소한의 통솔체계를 갖추어야 한다.

③ 형법 제114조에서 정한 '범죄를 목적으로 하는 집단'으로 인정되기 위해서는 최소한의 통솔체계를 갖출 필요는 없으나, 범죄의 계획과 실행을 용이하게 할 정도의 조직적 구조를 갖추어야 한다.

④ 사기범죄를 목적으로 구성된 다수인의 계속적인 결합체로서 총책을 중심으로 간부급 조직원들과 상담원들, 현금인출책 등으로 구성되어 내부의 위계질서가 유지되고 조직원의 역할 분담이 이루어지는 최소한의 통솔체계를 갖추고 있는 보이스피싱 사기조직은 형법상 범죄단체에 해당한다.

34

방화와 실화에 관한 죄에 대한 설명 중 가장 적절하지 <u>않은</u> 것은? (다툼이 있는 경우 판례에 의함)

① 방화죄의 객체인 건조물은 반드시 사람의 주거용이어야 하는 것은 아니지만 사람이 사실상 기거 취침에 사용할 수 있는 정도는 되어야 한다.

② 노상에서 전봇대 주변에 놓인 재활용품과 쓰레기 등 무주물에 불을 놓아 공공의 위험을 발생하게 한 경우 형법 제167조 제2항의 자기 소유 일반물건방화죄가 성립할 수 있다.

③ 사람이 현존하는 자동차에 방화한 경우에는 일반건조물등방화죄가 성립한다.

④ 성냥불이 꺼진 것을 확인하지 아니한 채 휴지가 들어있는 플라스틱 쓰레기통에 던진 것은 중대한 과실에 해당한다.

35

문서에 관한 죄에 대한 설명 중 가장 적절하지 <u>않은</u> 것은? (다툼이 있는 경우 판례에 의함)

① 행사할 목적으로 작성된 문서가 일반인으로 하여금 당해 명의인의 권한 내에서 작성된 문서라고 믿게 할 수 있는 정도의 형식과 외관을 갖추고 있다면 그 명의인이 실재하지 않는 허무인이거나 또는 문서의 작성일자 전에 이미 사망하였더라도 문서위조죄가 성립한다.

② '변호사회 명의의 경유증표'와 같이 '문서가 원본인지 여부'가 중요한 거래에서 문서의 사본을 진정한 원본인 것처럼 행사할 목적으로 다른 조작을 가함이 없이 문서의 원본을 그대로 컬러복사기로 복사한 후 복사한 문서의 사본을 원본인 것처럼 행사한 행위는 사문서위조죄 및 동행사죄에 해당한다.

③ 장애인사용자동차표지를 사용할 권한이 없는 사람이 실효된 '장애인전용주차구역 주차표지가 있는 장애인사용자동차표지'를 자신의 자동차에 단순히 비치하였으나 장애인전용주차구역이 아닌 장소에 주차한 경우 장애인사용자동차표지를 본래의 용도에 따라 사용했다고 볼 수 없으므로 공문서부정행사죄가 성립하지 않는다.

④ 공무원이 아닌 자가 관공서에 허위사실을 기재한 증명원을 제출하여 그 내용이 허위인 정을 모르는 담당 공무원으로부터 증명서를 발급받은 경우 공문서위조죄의 간접정범이 성립한다.

36

공공신용에 관한 죄에 대한 설명 중 가장 적절하지 <u>않은</u> 것은? (다툼이 있는 경우 판례에 의함)

① 통화의 변조는 권한 없이 진정한 통화에 가공하여 그 진실한 가치를 변경시키는 행위를 말하며, 진정한 통화를 그 재료로 삼는다.

② 자신의 신용력을 증명하기 위하여 타인에게 보일 목적으로 통화를 위조한 경우에는 행사할 목적을 인정할 수 없다.

③ 유가증권이란 증권상에 표시된 재산상의 권리의 행사와 처분에 그 증권의 점유를 필요로 하는 것을 총칭하고, 반드시 유통성을 가져야 한다.

④ 위조유가증권의 교부자와 피교부자가 서로 유가증권위조를 공모한 경우 그들 간의 위조유가증권교부 행위는 위조유가증권 행사죄에 해당하지 않는다.

37

공무원의 직무에 관한 죄에 대한 설명 중 가장 적절하지 <u>않은</u> 것은? (다툼이 있는 경우 판례에 의함)

① 교육기관의 장이 징계의결을 집행하지 못할 법률상·사실상 장애가 없는데도 징계의결서를 통보받은 날로부터 법정 시한이 지나도록 집행을 유보하는 것이 직무에 관한 의식적인 방임이나 포기에 해당한다고 볼 수 있는 경우 직무유기죄가 성립하지 않는다.

② 직권남용권리행사방해죄는 직권을 남용하여 현실적으로 다른 사람이 법령상 의무 없는 일을 하게 하였거나 다른 사람의 구체적인 권리행사를 방해하는 결과가 발생하여야 하고, 그 결과의 발생은 직권남용 행위로 인한 것이어야 한다.

③ 경찰관이 파출소로 연행되어 온 불법체류자의 신병을 출입국관리사무소에 인계하지 않고 훈방하면서 이들의 인적사항조차 기재해 두지 않은 경우 직무유기죄가 성립한다.

④ 검찰의 고위 간부가 특정 사건에 대한 수사가 진행 중인 상태에서 해당 사안에 관한 수사책임자의 잠정적인 판단과 같은 수사팀의 내부 상황을 확인한 뒤 그 내용을 수사 대상자 측에 전달한 경우 공무상비밀누설죄가 성립한다.

38

뇌물죄에 대한 설명 중 가장 적절하지 <u>않은</u> 것은? (다툼이 있는 경우 판례에 의함)

① 수의계약을 체결하는 공무원이 해당 공사업자와 적정한 금액 이상으로 계약금액을 부풀려서 계약하고 부풀린 금액을 자신이 되돌려 받기로 사전에 약정한 다음 그에 따라 수수한 돈은 뇌물이 아닌 횡령금에 해당한다.

② 공무원이 직무와 관련하여 뇌물수수를 약속하고 퇴직 후 이를 수수하는 경우 뇌물약속과 뇌물수수가 시간적으로 근접하여 연속되어 있다고 하더라도, 뇌물약속죄 및 사후수뢰죄가 성립 할 수 있음은 별론으로 하고, 뇌물수수죄는 성립하지 않는다.

③ 금품의 무상차용을 통하여 위법한 재산상 이익을 취득한 경우 범인이 받은 부정한 이익은 그로 인한 금융이익 상당액이므로 추징의 대상이 되는 것은 무상으로 대여받은 금품 그 자체가 아니라 위 금융이익 상당액이다.

④ 제3자뇌물수수죄에서 제3자란 행위자와 공동정범 및 교사범 이외의 사람을 말하고, 종범은 제3자에 포함될 수 있다.

39

공무방해에 관한 죄에 대한 설명 중 가장 적절하지 <u>않은</u> 것은? (다툼이 있는 경우 판례에 의함)

① 공무원의 직무집행이 적법한지 여부는 행위 당시의 구체적인 상황을 토대로 객관적 합리적으로 판단해야 한다.

② 공무원의 직무수행에 대한 비판이나 시정 등을 요구하는 집회 시위 과정에서 상대방에게 고통을 줄 의도로 의사전달수단으로서 합리적인 범위를 넘어서는 정도의 음향을 이용하였다면 공무집행방해죄의 폭행에 해당할 수 있다.

③ 음주운전을 하다가 교통사고를 야기한 후 그 형사처벌을 면하기 위해 타인의 혈액을 자신의 혈액인 것처럼 교통사고 조사경찰관에게 제출하여 감정하도록 한 경우 위계에 의한 공무집행방해죄가 성립한다.

④ 미결수용자 甲이 변호사 6명을 고용하여 총 51회에 걸쳐 변호인 접견을 가장해 변호사들로 하여금 甲의 개인적 업무와 심부름을 하도록 하고, 소송서류 외의 문서를 수수한 경우 변호인 접견 업무 담당 교도관의 직무집행을 대상으로 한 위계에 의한 공무집행방해죄가 성립한다.

40

무고죄에 대한 설명 중 가장 적절하지 <u>않은</u> 것은? (다툼이 있는 경우 판례에 의함)

① 스스로 본인을 무고하는 자기 무고행위는 무고죄의 구성요건에 해당하지 않는다.

② 무고죄에 있어서 허위사실 적시의 정도는 수사관서 또는 감독관서에 대하여 수사권 또는 징계권의 발동을 촉구하는 정도로는 충분하지 않고, 범죄구성요건 사실이나 징계요건 사실을 구체적으로 명시하여야 한다.

③ 甲이 허위내용의 고소장을 경찰관에게 제출하여 허위사실의 신고가 수사기관에 도달하였다면, 그 후에 해당 고소장을 되돌려 받았다 하더라도 무고죄 성립에 영향을 미치지 못한다.

④ 외관상 타인 명의의 고소장을 대리하여 작성하고 제출하는 형식으로 고소가 이루어진 경우, 그 명의자는 고소 의사 없이 이름만 빌려준 것에 불과하고 명의자를 대리한 자가 실제 고소의 의사를 가지고 고소행위를 주도한 경우라면 그 명의자를 대리한 자를 신고자로 보아 무고죄의 주체로 인정하여야 한다.

CHAPTER

02 2022년 기출문제

✔ 회독 CHECK 1 2 3

01

유추해석 금지의 원칙에 대한 설명으로 가장 적절한 것은? (다툼이 있는 경우 판례에 의함)

① 형법 제232조의2(사전자기록위작·변작)에서 정한 '위작'에 권한 있는 사람이 그 권한을 남용하여 허위의 정보를 입력함으로써 전자기록을 생성하는 행위까지도 포함하여 해석하는 것은 유추해석 금지의 원칙에 반한다.

② 법정소동죄 등을 규정한 형법 제138조에서의 '법원의 재판'에 '헌법재판소의 심판'을 포함시켜 해석하는 것은 유추해석 금지의 원칙에 반한다.

③ 유추해석 금지의 원칙은 모든 형벌법규의 구성요건과 가벌성에 관한 규정에 준용되나, 위법성 및 책임의 조각사유나 소추조건, 또는 처벌조각사유인 형면제 사유에 관하여 그 범위를 제한적으로 적용하여 가벌성의 범위가 확대되더라도 유추해석 금지의 원칙에 반하지 아니한다.

④ 법률에 특별한 규정이 없음에도 형법 제227조의2(공전자기록 위작·변작)의 행위주체에 공무원, 공무소와 계약 등에 의하여 공무와 관련되는 업무를 일부 대행하는 경우까지 포함된다고 해석하는 것은 죄형법정주의 원칙에 반한다.

02

형법의 적용범위에 대한 설명으로 가장 적절한 것은? (다툼이 있는 경우 판례에 의함)

① 형을 종전보다 가볍게 형벌법규를 개정하면서 그 부칙으로 개정된 법의 시행 전의 범죄에 대하여 종전의 형벌법규를 적용하도록 규정하는 것은 죄형법정주의에 반한다.

② 행위시법인 구법에 규정된 형이 3년 이하의 징역이고 재판시법인 신법에 규정된 형이 5년 이하의 징역 또는 1천만 원 이하의 벌금이라면, 구법에 비하여 벌금형을 선택할 수 있는 신법의 형이 더 경하므로 신법을 적용하여야 한다.

③ 법률의 변경으로 과거의 형벌법규가 부당하다는 반성적 고려에서 형이 폐지된 경우에는 과거의 형벌법규에 대한 위반행위의 가벌성이 소멸되므로 처벌할 수 없고, 다른 사정의 변천에 따라 그때 그때의 특수한 필요에 대처하기 위하여 법령을 개폐하는 경우에는 그 법령이 개폐되더라도 처벌할 수 있다.

④ 범죄 후 법률의 개정으로 법정형이 가벼워졌다고 하더라도 행위시법인 구법의 법정형이 공소시효기간의 기준이 된다.

03

법인의 처벌에 대한 설명으로 가장 적절한 것은? (다툼이 있는 경우 판례에 의함)

① 지방자치단체 소속 공무원이 압축트럭 청소차를 운전하여 고속도로를 운행하던 중 제한축중을 초과 적재 운행함으로써 도로관리청의 차량운행제한을 위반한 경우, 해당 지방자치단체는 구 도로법 제86조의 양벌규정에 따른 처벌대상이 아니다.

② 특별한 근거규정이 없는 한 법인 설립 이전의 자연인의 행위를 이유로 양벌규정을 적용하여 법인을 처벌할 수는 없다.

③ 양벌규정에 법인격 없는 사단이나 재단이 명시되어 있지 않더라도 그 양벌규정을 근거로 법인격 없는 사단이나 재단을 처벌할 수 있다.

④ 합병으로 인하여 소멸한 법인이 그 종업원 등의 위법행위에 대해 양벌규정에 따라 부담하던 형사책임은 합병으로 인하여 존속하는 법인에 승계된다.

04

다음의 설명 중 가장 적절하지 <u>않은</u> 것은? (다툼이 있는 경우 판례에 의함)

① 공범과 신분에 관하여 신분관계로 인하여 범죄가 성립하는 경우를 진정신분범, 신분관계로 형이 가중되거나 감경되는 경우를 부진정신분범이라 한다.

② 甲이 乙을 교사하여 乙의 아버지를 살해하게 한 경우, 甲에게는 보통살인죄의 교사범이 성립한다.

③ 부진정 부작위범에 있어서 작위의무는 법령, 법률행위, 선행행위로 인한 경우는 물론, 신의성실의 원칙이나 사회상규 혹은 조리상 작위의무가 기대되는 경우에도 인정된다.

④ 부진정 결과적가중범은 예견가능한 결과를 예견하지 못한 경우뿐만 아니라 그 결과를 예견하거나 고의가 있는 경우까지도 포함하는 것이므로, 공무원의 적법한 직무집행을 방해하는 집단행위의 과정에서 일부 집단원이 고의로 공무원에게 살상을 가한 경우, 다른 집단원에게 그 사상의 결과가 예견가능한 것이었다면 다른 집단원도 특수공무방해치사상의 책임을 면할 수 없다.

05

다음은 인과관계에 대한 설명이다. 아래 ㉠부터 ㉣까지의 설명 중 옳고 그름의 표시(O, X)가 바르게 된 것은? (다툼이 있는 경우 판례에 의함)

㉠ 임차인이 자신의 비용으로 설치 사용하던 가스설비의 휴즈콕크를 아무런 조치 없이 제거함으로써 가스가 유입되어 폭발사고가 발생한 경우, 임차인의 과실과 가스폭발사고 사이에는 인과관계가 인정된다.

㉡ 수술 후 의사 甲의 복막염에 대한 진단과 처치 지연 등의 과실로 A가 제때 필요한 조치를 받지 못하였다면, 비록 A가 甲의 지시를 일부 따르지 않거나 퇴원한 사실이 있더라도, 甲의 과실과 A의 사망사이에는 인과관계가 단절된다고 볼 수 없다.

㉢ 초지조성공사를 함에 있어서 현장에서 작업전반을 전적으로 지휘 감독하는 하수급인의 과실로 인하여 발생한 산림실화에 대하여, 해당공사를 도급받은 수급인 甲이 산불작업을 하도급을 준 이후에 계속하여 그 작업을 감독하지 않은 잘못은 위 실화와 상당인과관계가 있는 과실이라고는 할 수 없다.

㉣ 甲이 운전하는 차가 이미 정차하였음에도 뒤쫓아오던 차의 충돌로 인하여 앞차를 충격하여 사고가 발생한 경우, 甲에게 안전거리를 준수하지 않은 위법이 있었더라도 사고 피해 결과에 대하여 인과관계가 있다고 단정할 수 없다.

① ㉠ (O) ㉡ (O) ㉢ (O) ㉣ (O)

② ㉠ (X) ㉡ (O) ㉢ (X) ㉣ (O)

③ ㉠ (O) ㉡ (O) ㉢ (X) ㉣ (O)

④ ㉠ (O) ㉡ (X) ㉢ (X) ㉣ (X)

06

고의에 대한 설명으로 가장 적절하지 <u>않은</u> 것은? (다툼이 있는 경우 판례에 의함)

① 행위자가 범죄사실이 발생할 가능성을 용인하고 있었는지의 여부는 행위자의 진술에 의존하지 아니하고 외부에 나타난 행위의 형태와 행위의 상황 등 구체적인 사정을 기초로 하여 일반인이라면 당해 범죄사실이 발생할 가능성을 어떻게 평가할 것인가를 고려하면서 일반인의 입장에서 그 심리상태를 추인하여야 한다.

② 절도죄에 있어서 재물의 타인성을 오신하여 그 재물이 자기에게 취득될 것이 허용된 동일한 물건으로 오인하고 가져온 경우에는 범죄사실에 대한 인식이 있다고 할 수 없으므로 고의가 인정되지 않는다.

③ 불미스러운 소문의 진위를 확인하고자 질문을 하는 과정에서 타인의 명예를 훼손하는 발언을 한 경우에는 그 동기에 비추어 명예훼손의 고의를 인정하기 어렵다.

④ 부진정 부작위범의 고의는 반드시 구성요건적 결과발생에 대한 목적이나 계획적인 범행 의도가 있어야 하는 것은 아니고 법익침해의 결과발생을 방지할 법적 작위의무를 가지고 있는 사람이 의무를 이행함으로써 결과발생을 쉽게 방지할 수 있었음을 예견하고도 결과발생을 용인하고 이를 방관한 채 의무를 이행하지 아니한다는 인식을 하면 족하다.

07

아래 ㉠부터 ㉣까지의 설명 중 옳고 그름의 표시(○, ×)가 바르게 된 것은? (다툼이 있는 경우 판례에 의함)

㉠ 甲이 A를 살해하려는 고의로 어둠 속에서 B를 A로 오인하여 총을 쏘아 살해하였다면, 甲의 죄책에 대하여 구체적 부합설과 법정적 부합설의 결론은 서로 다르다.

㉡ 甲이 A 등 3명과 싸우다가 힘이 달리자 식칼을 가지고 이들 3명을 상대로 휘두르다가 이를 말리면서 식칼을 뺏으려던 피해자 B에게 상해를 입혔다면, 상해를 입은 사람이 목적한 사람이 아닌 다른 사람이므로 B에 대한 과실치상죄가 성립한다.

㉢ 甲이 가감삼십전대보초와 한약 가지 수에만 차이가 있는 십전대보초를 제조하고 그 효능에 관해 광고를 한 사실에 대하여 이전에 검찰의 혐의없음 결정을 받은 적이 있었다고 하더라도, 한의사, 약사, 한약업사 면허나 의약품판매업 허가 없이 의약품인 가감삼십전대보초를 판매한 자신의 행위가 죄가 되지 않는 것으로 믿을 수밖에 없었다거나 그렇게 오인함에 있어서 정당한 이유가 있는 경우에 해당한다고 할 수는 없다.

㉣ 외국인학교 경영자인 甲이 학교의 교비회계에 속하는 자금을 다른 외국인학교에 대여함으로써 사립학교법을 위반한 경우, 甲이 외국인으로서 국어에 능숙하지 못하였고 학교운영위원회에서 자금 대여 안건을 보고한 사실이 있었다면, 비록 그와 같은 대여행위가 적법한지에 관하여 관할 도교육청의 담당공무원에게 정확한 정보를 제공하고 회신을 받거나 법률 전문가에게 자문을 구하는 등의 조치를 취하지 않았더라도 형법 제16조에 따라 처벌되지 않는다.

① ㉠ (×) ㉡ (○) ㉢ (○) ㉣ (×)

② ㉠ (×) ㉡ (×) ㉢ (×) ㉣ (○)

③ ㉠ (○) ㉡ (○) ㉢ (×) ㉣ (○)

④ ㉠ (×) ㉡ (×) ㉢ (×) ㉣ (×)

08

다음 사례에 대한 설명으로 적절한 것을 모두 고른 것은?

[사례]
甲은 A를 살해하기 위하여 돌멩이로 A의 머리를 내리쳐서(제1행위) A가 정신을 잃고 쓰러지자 그가 사망한 것으로 오인하고 증거를 인멸할 목적으로 A를 그곳에서 150m 떨어진 개울가로 끌고 가웅덩이를 파고 A를 매장하였는데(제2행위), A는 제1행위가 아닌 제2행위로 인하여 질식사하였다.

ⓐ 판례는 전과정을 개괄적으로 보면 피해자의 살해라는 처음에 예견된 사실이 결국은 실현된 것으로 본다.
ⓑ 甲이 증거를 인멸할 목적으로 A를 매장하였더라도 증거인멸죄는 성립하지 않는다.
ⓒ 판례는 각 행위의 독립적 성격을 강조하여 살인미수죄와 과실치사죄의 실체적 경합범을 인정한다.
ⓓ 위와 유사한 사례에서 판례는 상해의 고의로 구타하여 피해자가 정신을 잃고 빈사상태에 빠지자(제1행위) 사망한 것으로 오인하고 자신의 행위를 은폐하기 위하여 피해자를 베란다 아래로 떨어뜨려 사망하게 한 경우(제2행위), 그 행위들을 포괄하여 단일의 살인죄에 해당한다고 본다.

① ⓐ, ⓑ
② ⓐ, ⓑ, ⓒ
③ ⓐ, ⓑ, ⓓ
④ ⓑ, ⓒ, ⓓ

09

다음 중 위법성이 조각되는 경우는? (다툼이 있는 경우 판례에 의함)

① 인근 상가의 통행로로 이용되고 있는 토지의 사실상 지배권자가 그 토지에 철주와 철망을 설치하고 포장된 아스팔트를 걷어냄으로써 통행로로 이용하지 못하게 한 경우
② 집회장소 사용 승낙을 하지 않은 A대학교 측의 집회 저지 협조요청에 따라 경찰관들이 A대학교 출입문에서 신고된 A대학교에서의 집회에 참가하려는 자의 출입을 저지하자, 그 때문에 소정의 신고 없이 B대학교로 장소를 옮겨서 집회를 한 경우
③ 아파트 입주자 대표회의 회장이 다수 입주민들의 민원에 따라 위성방송수신을 방해하는 케이블 TV 방송의 시험방송 송출을 중단시키기 위하여 위 케이블 방송의 방송 안테나를 절단하도록 지시한 경우
④ 선거관리위원회가 주최한 합동연설회장에서 일간지의 신문기사를 읽는 방법으로 상대 후보의 전과 사실을 적시한 사안에서, 상대후보의 평가를 저하시켜 스스로 자신이 당선되려는 사적 이익도 동기가 되었지만 유권자들에게 상대후보의 자질에 대한 자료를 제공함으로써 적절한 투표권을 행사하도록 하려는 공적 동기도 있었던 경우

10

책임에 대한 설명으로 가장 적절한 것은? (다툼이 있는 경우 판례에 의함)

① 자신의 강도상해 범행을 일관되게 부인하였으나 유죄판결이 확정된 甲이 별건으로 기소된 공범의 형사사건에서 유죄가 확정된 자신의 범행사실을 부인하는 증언을 한 경우, 甲에게 사실대로 진술할 기대가능성이 없어 위증죄가 성립하지 않는다.

② 심신장애로 인하여 사물을 변별할 능력이나 의사를 결정할 능력이 미약한 자의 행위는 형을 감경한다.

③ 모든 성의와 노력을 다했어도 임금이나 퇴직금의 체불이나 미불을 방지할 수 없었다는 것이 사회통념상 긍정할 정도가 되어 사용자에게 더 이상의 적법행위를 기대할 수 없거나 불가피한 사정이었음이 인정되는 경우, 그러한 사유는 근로기준법이나 근로자퇴직급여보장법에서 정하는 임금 및 퇴직금 등의 기일 내 지급의무 위반죄의 책임조각사유가 된다.

④ 사춘기 이전의 소아들을 상대로 한 성행위를 중심으로 성적 흥분을 강하게 일으키는 공상, 성적 충동, 성적 행동이 반복되어 나타나는 소아기호증과 같은 질환이 있다는 사정은 그 자체만으로 형의 감면사유인 심신장애에 해당한다.

11

다음의 설명 중 가장 적절하지 <u>않은</u> 것은? (다툼이 있는 경우 판례에 의함)

① 강도예비 음모죄가 성립하기 위해서는 예비 음모 행위자에게 미필적으로라도 '강도'를 할 목적이 있음이 인정되어야 하고 그에 이르지 않고 단순히 '준강도'할 목적이 있음에 그치는 경우에는 강도예비 음모죄로 처벌할 수 없다.

② 필로폰을 매수하려는 자에게서 필로폰을 구해 달라는 부탁과 함께 돈을 지급받았다고 하더라도, 당시 필로폰을 소지 또는 입수한 상태에 있었거나 그것이 가능하였다는 등 매매행위에 근접 밀착한 상태에서 대금을 지급받은 것이 아니라 단순히 필로폰을 구해 달라는 부탁과 함께 대금 명목으로 돈을 지급받은 것에 불과한 경우에는 필로폰 매매행위의 실행의 착수에 이르렀다고 볼 수 없다.

③ 도박장소 등 개설죄는 영리의 목적으로 도박을 하는 장소나 공간을 개설하면 기수에 이르고, 실제로 도박이 행하여져야 기수가 되는 것은 아니다.

④ 장애미수는 형을 감경할 수 있고, 중지미수는 형을 감경 또는 면제할 수 있으며, 불능미수는 형을 감경 또는 면제한다.

12

실행의 착수에 대한 설명으로 가장 적절한 것은? (다툼이 있는 경우 판례에 의함)

① 업무상 배임죄에서 부작위를 실행의 착수로 볼 수 있기 위해서는 작위의무가 이행되지 않으면 사무처리의 임무를 부여한 사람이 재산권을 행사할 수 없으리라고 객관적으로 예견되는 등으로 구성요건적 결과 발생의 위험이 구체화한 상황에서 부작위가 이루어져야 한다.

② 구 외국환거래법 에서 규정하는 신고를 하지 아니하거나 허위로 신고하고 지급수단 귀금속 또는 증권을 수출하는 행위는 지급 수단 등을 국외로 반출하기 위한 행위에 근접 밀착하는 행위가 행하여진 때에 그 실행의 착수가 있으므로, 공항 내에서 보안검색대에 나아가지 않은 채 휴대용 가방 안에 해당 물건을 가지고 탑승을 기다리던 중에 발각되었다면 이미 실행의 착수가 있는 것으로 볼 수 있다.

③ 타인의 사망을 보험사고로 하는 생명보험계약을 체결함에 있어 제3자가 피보험자인 것처럼 가장하여 체결하는 등으로 그 유효요건이 갖추어지지 못한 경우, 보험사고의 우연성과 같은 보험의 본질을 해칠 정도라고 볼 수 있는 특별한 사정이 없더라도, 그와 같이 하자 있는 보험계약을 체결한 행위는 보험금을 편취하려는 의사에 의한 기망행위의 실행에 착수한 것으로 볼 수 있다.

④ 정범의 실행의 착수 전에 장래의 실행행위를 예상하고 이를 용이하게 하는 행위를 하여 방조한 경우에도 정범이 그 실행행위에 나아갔다면 종범이 성립하지만, 정범이 실행의 착수에 이르지 못한 경우 방조자는 예비죄의 종범으로 처벌된다.

13

미수에 대한 설명으로 가장 적절한 것은? (다툼이 있는 경우 판례에 의함)

① 불능미수의 성립요건인 '위험성'은 피고인이 행위 당시에 인식한 사정과 일반인이 인식할 수 있었던 사정을 놓고 일반인이 객관적으로 판단하여 결과 발생의 가능성이 있는지 여부를 따져야 한다.

② 불능미수에서 '결과의 발생이 불가능'하다는 것은 범죄행위의 성질상 그 어떠한 경우에도 구성요건의 실현이 불가능하다는 것을 의미한다.

③ 예비 음모의 행위를 한 후 실행의 착수로 나아가기 전에 자의로 중지한 경우에는 예비 음모죄의 중지미수를 인정할 수 있다.

④ 타인의 재물을 공유하는 자가 공유자의 승낙을 받지 않고 공유대지를 담보에 제공하고 가등기를 경료한 후 자의로 가등기를 말소하였다면 이는 횡령죄의 중지미수에 해당한다.

14

공동정범에 대한 설명으로 가장 적절하지 <u>않은</u> 것은?
(다툼이 있는 경우 판례에 의함)

① 甲이 포괄일죄의 관계에 있는 범행의 일부를 실행한 후 공범관계에서 이탈하였으나 다른 공범자에 의하여 나머지 범행이 이루어진 경우, 甲은 자신이 관여하지 않은 부분에 대하여도 죄책을 부담한다.

② 甲과 乙이 서로 살인의 공모하에 실행행위로 나아가고 그들의 행위로 피해자가 사망하였다면 실제로 사망의 결과발생이 둘 중 누구의 행위로 인한 것인지 인과관계가 판명되지 아니한 때에도 甲과 乙모두 살인죄의 기수로 처벌된다.

③ 시공, 감독 및 유지관리 상 각각의 과실만으로는 교량의 붕괴원인이 되지 못한다고 하더라도, 그것이 합쳐지면 교량이 붕괴될 수 있다는 점은 쉽게 예상할 수 있고, 따라서 위 각 단계에 관여한 자는 전혀 과실이 없다거나 과실이 있다고 하여도 교량 붕괴의 원인이 되지 않았다는 등의 특별한 사정이 있는 경우를 제외하고는 붕괴에 대한 공동책임을 면할 수 없다.

④ 포괄일죄의 범행 도중에 공동정범으로 범행에 가담한 자가 그 범행에 가담할 때에 이미 이루어진 종전의 범행을 알았다면 포괄일죄 범행 전체에 대하여 공동정범으로 책임을 진다.

15

간접정범에 대한 설명으로 가장 적절하지 <u>않은</u> 것은?
(다툼이 있는 경우 판례에 의함)

① 인신구속에 관한 직무를 행하는 자 또는 이를 보조하는 자가 피해자를 구속하기 위하여 진술조서 등을 허위로 작성한 후 이를 기록에 첨부하여 구속영장을 신청하고, 진술조서 등이 허위로 작성된 정을 모르는 검사와 영장전담판사를 기망하여 구속영장을 발부받은 후 그 영장에 의하여 피해자를 구금한 경우, 직권남용감금죄의 간접정범이 성립한다.

② 공문서의 작성권한이 있는 공무원의 직무를 보좌하는 사람이 그 직위를 이용하여 행사할 목적으로 허위의 내용이 기재된 문서 초안을 그 정을 모르는 상사에게 제출하여 결재하도록 하는 등의 방법으로 작성권한이 있는 공무원으로 하여금 허위의 공문서를 작성하게 한 경우, 허위공문서작성죄의 간접정범이 성립한다.

③ 작성권한 있는 공무원의 직무를 보조하는 공무원이 임의로 작성권자의 직인 등을 부정 사용함으로써 공문서를 완성한 경우, 허위공문서작성죄의 간접정범이 성립한다.

④ 타인을 비방할 목적으로 허위의 기사재료를 그 정을 모르는 기자에게 제공하여 신문 등에 보도하게 한 경우, 출판물에 의한 명예훼손죄의 간접정범이 성립할 수 있다.

16

다음의 설명 중 가장 적절하지 <u>않은</u> 것은? (다툼이 있는 경우 판례에 의함)

① 乙이 甲의 교사행위 당시에는 범행을 승낙하지 않았으나 이후 그 교사행위에 의하여 범행을 결의한 것으로 인정되는 경우, 甲에게는 교사범이 성립한다.

② 甲이 乙에게 A를 살해할 것을 제의하였는데 乙이 그 제의를 거절한 경우 甲은 살인죄의 예비 음모에 준하여 처벌된다.

③ 간호보조원의 무면허 진료행위가 있은 후에 이를 의사가 환자의 계속적인 진료에 참고되는 진료부에 기재하는 행위는 불가벌적 사후행위가 아니라 무면허의료행위의 방조에 해당한다.

④ 甲이 乙에게 A를 상해할 것을 교사하였는데 乙이 이를 넘어 살인을 실행한 경우, 甲에게 A의 사망이라는 결과에 대하여 과실 내지 예견가능성이 있는 때에는 살인죄의 교사범으로서의 죄책을 지울 수 있다.

17

합동범에 대한 설명으로 가장 적절한 것은? (다툼이 있는 경우 판례에 의함)

① 甲이 乙과 공모한 대로 칼을 들고 강도를 하기 위하여 A의 집에 들어가 칼을 휘둘러 A에게 상해를 가한 이상 대문 밖에서 망을 본 乙이 구체적으로 상해를 가할 것까지 공모하지 않았다 하더라도 乙은 상해의 결과에 대하여도 공범으로서의 책임을 면할 수 없다.

② 甲이 乙 및 丙과 택시강도를 하기로 모의를 하였다면, 乙과 丙이 피해자에 대한 폭행에 착수하기 전에 겁을 먹고 미리 현장에서 도주해 버렸더라도 특수강도의 합동범이 성립한다.

③ 3인 이상의 범인이 절도의 범행을 공모한 후 적어도 2인 이상의 범인이 시간적, 장소적으로 협동관계를 이루어 절도의 실행행위를 분담하여 절도 범행을 한 경우, 현장에서 실행행위를 직접 분담하지 않은 가담자는 합동절도의 공동정범도 될 수 없다.

④ 甲은 乙, 丙과 실행행위의 분담을 공모하고, 乙과 丙의 절취행위 장소 부근에서 甲자신이 운전하는 차량 내에 대기한 경우, 甲에게는 합동절도가 성립할 수 없다.

18

죄수에 대한 설명이다. 아래 ㉠부터 ㉣까지의 설명 중 옳고 그름의 표시(○, ×)가 바르게 된 것은? (다툼이 있는 경우 판례에 의함)

㉠ 보이스피싱 범죄의 범인 甲이 A를 기망하여 A의 돈을 사기이용계좌로 이체받아 인출한 경우 – 사기죄는 성립하나 이체받은 돈의 인출행위는 불가벌적 사후행위로 횡령죄 불성립

㉡ 절도범인으로부터 장물보관의뢰를 받은 甲이 이후에 해당장물을 임의처분한 경우 – 장물보관죄는 성립하나 장물의 임의처분행위는 불가벌적 사후행위로 횡령죄 불성립

㉢ 컴퓨터로 음란 동영상을 제공한 제1 범죄행위로 서버 컴퓨터가 압수된 이후 다시 장비를 갖추어 동종의 제2 범죄행위를 한 경우 – 제1행위(음란 동영상 제공)에 대한 범죄는 성립하나 제2행위(음란 동영상 제공)는 불가벌적 사후행위로 범죄 불성립

㉣ 열차승차권을 절취한 甲이 그 승차권을 자기의 것인 양 속여 창구직원으로부터 환불받은 경우 – 절도죄는 성립하나 기망하여 환불받은 행위는 불가벌적 사후행위로 사기죄 불성립

① ㉠ (○) ㉡ (○) ㉢ (×) ㉣ (○)
② ㉠ (×) ㉡ (○) ㉢ (×) ㉣ (×)
③ ㉠ (○) ㉡ (○) ㉢ (×) ㉣ (×)
④ ㉠ (×) ㉡ (×) ㉢ (○) ㉣ (○)

19

과실범에 대한 설명으로 가장 적절한 것은? (다툼이 있는 경우 판례에 의함)

① 甲이 사업 당시 공사현장감독자이기는 하였으나 해당 공사의 발주자에 의하여 현장감독에 임명된 것이 아니고 구 건설업법상 요구되는 현장건설기술자의 자격도 없었다면, 비록 그의 현장감독 부주의로 인하여 근로자가 다쳤다고 하더라도 甲에게 업무상과실책임을 물을 수 없다.

② 의사가 설명의무를 위반한 채 의료행위를 하였다가 환자에게 사망의 결과가 발생한 경우, 의사에게 업무상 과실로 인한 형사책임을 지우기 위하여 의사의 설명의무위반과 환자의 사망 사이에 상당인과관계가 존재할 필요는 없다.

③ 의료사고에서 의사의 과실을 인정하기 위해서는 의사가 결과발생을 예견할 수 있었음에도 이를 예견하지 못하였고 결과발생을 회피할 수 있었음에도 이를 회피하지 못한 과실이 검토되어야 하고, 과실의 유무를 판단할 때에는 같은 업무와 직무에 종사하는 보통인의 주의정도를 표준으로 하여야 한다.

④ 법인 대표자의 법규위반행위에 대한 법인의 책임은 법인 자신의 법규위반행위로 평가될 수 있는 행위에 대한 법인의 직접책임으로서의 성격을 가지지만, 대표자의 과실에 의한 위반행위에 대하여는 법인 자신의 과실에 의한 책임이라고 할 수 없다.

20

살인의 죄에 대한 설명으로 가장 적절한 것은? (다툼이 있는 경우 판례에 의함)

① 살인예비죄가 성립하기 위하여는 살인죄를 범할 목적이 있으면 족하고, 살인의 준비에 관한 고의까지 있어야 하는 것은 아니다.

② 자살의 의미를 모르는 4세 유아에게 '함께 죽자'고 권유하여 익사하게 하였다면 위계에 의한 살인죄가 성립한다.

③ 혼인 외의 자(子)가 자신의 생모인 것을 알면서 그녀를 살해한 경우에는 존속살해죄가 성립하지 않는다.

④ 위계 또는 위력으로써 자신의 직계존속의 승낙을 받아 그를 살해한 때에는 존속살해죄의 예에 의해 처벌한다.

21

상해와 폭행의 죄에 대한 설명으로 가장 적절하지 <u>않은</u> 것은? (다툼이 있는 경우 판례에 의함)

① 甲과 乙이 의사연락 없이 우연히 A를 각각 폭행하여 상해의 결과가 발생한 경우, 상해가 甲의 폭행에 의한 것으로 밝혀졌다면 乙을 공동정범의 예에 의하여 처벌할 수는 없다.

② 상해죄 및 폭행죄의 상습범에 관한 형법 제264조에서 말하는 '상습'이란 동 규정에 열거된 상해 내지 폭행행위의 습벽을 말하고, 동 규정에 열거되지 아니한 다른 유형의 범죄까지 고려하여 상습성의 유무를 결정하여서는 안 된다.

③ 甲에게 폭행 범행을 반복하여 저지르는 습벽이 있고 이러한 습벽에 의하여 단순폭행, 존속폭행 범행을 저지른 사실이 인정된다면 그중 법정형이 가장 경한 단순폭행의 상습범만 성립한다.

④ 범행 현장에서 범행에 사용하려는 의도로 위험한 물건을 소지하거나 몸에 지닌 경우, 피해자가 이를 인식하지 못하였거나 실제 범행에 사용하지 아니하더라도 특수폭행죄의 '휴대'에 해당한다.

22

아래 ㉠부터 ㉣까지의 설명 중 옳고 그름의 표시(○, ×)가 바르게 된 것은? (다툼이 있는 경우 판례에 의함)

㉠ 건물 소유자가 안전배려나 안전관리 사무에 계속적으로 종사하거나 그러한 계속적 사무를 담당하는 지위를 가지지 않은 채 단지 건물을 비정기적으로 수리하거나 건물의 일부분을 임대하였다는 사정만으로는 업무상과실치상죄의 '업무'에 해당한다고 보기 어렵다.

㉡ 도급인이 수급인의 업무에 관하여 구체적인 관리 감독을 할 의무가 법령에 의하여 부여되어 있지 않거나 도급인이 공사의 시공이나 개별 작업에 관하여 구체적으로 지시 감독하였다는 등의 사정이 없더라도, 도급인에게는 수급인의 업무와 관련하여 사고방지에 필요한 안전조치를 할 주의의무가 있다.

㉢ 강간치상의 범행을 저지른 자가 그 범행으로 인하여 실신상태에 있는 피해자를 구호하지 아니하고 방치한 경우, 그에게 피해자를 보호할 법률상 또는 계약상 의무가 있지 않는 한, 유기죄는 별도로 성립하지 않는다.

㉣ 甲이 자신이 운영하는 주점에 손님으로 와서 수일 동안 식사는 한 끼도 하지 않은 채 계속하여 술을 마시고 만취한 A를 주점 내에 그대로 방치하여 저체온증 등으로 사망에 이르게 한 경우, 甲에게는 계약상의 부조 의무를 부담한다고 볼 수 없어 유기치사죄가 성립하지 않는다.

---

① ㉠ (○) ㉡ (○) ㉢ (×) ㉣ (×)

② ㉠ (○) ㉡ (×) ㉢ (○) ㉣ (×)

③ ㉠ (○) ㉡ (×) ㉢ (○) ㉣ (○)

④ ㉠ (×) ㉡ (○) ㉢ (○) ㉣ (×)

23

강간과 추행의 죄에 대한 설명이다. 아래 ㉠부터 ㉣까지의 설명 중 옳고 그름의 표시(○, ×)가 바르게 된 것은? (다툼이 있는 경우 판례에 의함)

> ㉠ 강제추행죄는 자수범이 아니므로 피해자를 도구로 삼아 추행하는 간접정범의 형태로도 범할 수 있다.
>
> ㉡ 甲이 A가 심신상실 또는 항거불능의 상태에 있다고 인식하고 그러한 상태를 이용하여 간음할 의사로 A를 간음하였으나 A가 실제로는 심신상실 또는 항거불능의 상태에 있지 않은 경우에는 준강간죄의 장애미수가 성립한다.
>
> ㉢ 형법 제302조의 위계에 의한 간음죄에서의 '위계'는 간음행위 그 자체에 대한 오인, 착각, 부지를 의미하고, 간음행위에 이르게 된 동기 내지 간음행위와 결부된 금전적 대가와 같은 요소는 위계의 대상이 될 수 없다.
>
> ㉣ 강제추행죄의 '추행'이란 일반인에게 성적 수치심이나 혐오감을 일으키고 선량한 성적 도덕관념에 반하는 행위인 것으로 족하고, 반드시 그 행위의 상대방인 피해자의 성적 자기결정의 자유를 침해할 필요까지는 없다.

① ㉠ (○) ㉡ (×) ㉢ (×) ㉣ (○)

② ㉠ (○) ㉡ (×) ㉢ (×) ㉣ (×)

③ ㉠ (○) ㉡ (×) ㉢ (○) ㉣ (×)

④ ㉠ (×) ㉡ (○) ㉢ (○) ㉣ (○)

24

명예에 관한 죄에 대한 설명으로 가장 적절하지 <u>않은</u> 것은? (다툼이 있는 경우 판례에 의함)

① 지방자치단체는 명예훼손죄나 모욕죄의 피해자가 될 수 없다.

② 공연히 적시한 사실이 허위의 사실이라고 하더라도 행위자에게 허위성에 대한 인식이 없는 경우에는 형법 제307조 제1항의 사실적시명예훼손죄가 성립될 수 있다.

③ 전국교직원노동조합 소속 교사가 작성 배포한 보도자료의 일부에 사실과 다른 기재가 있다면 전체적으로 그 기재 내용이 진실하고 공공의 이익을 위한 것이라도, 명예훼손죄의 위법성이 조각되지 않는다.

④ 모욕죄는 피해자의 외부적 명예를 저하시킬 만한 추상적 판단이나 경멸적 감정을 공연히 표시함으로써 성립하고, 피해자의 외부적 명예가 현실적으로 침해될 필요까지는 없다.

25

신용 업무 경매에 관한 죄에 대한 설명으로 적절한 것을 모두 고른 것은? (다툼이 있는 경우 판례에 의함)

> ⊙ 쟁의행위로서 파업이 언제나 업무방해죄에 해당하는 것으로 볼 것은 아니고, 전후 사정과 경위 등에 비추어 사용자가 예측할 수 없는 시기에 전격적으로 이루어져 사용자의 사업운영에 심대한 혼란 내지 막대한 손해를 초래하는 등으로 사용자의 사업계속에 관한 자유의사가 제압 혼란될 수 있다고 평가할 수 있는 경우, 집단적 노무제공의 거부는 위력에 해당하여 업무방해죄가 성립한다.
>
> ⓛ 공인중개사 甲이 공인중개사가 아닌 A와 동업하여 중개사무소를 운영하다가 동업관계가 종료된 후, 자신의 명의로 등록되어 있는 지위를 이용하여 임의로 폐업신고를 하였다면 위력에 의한 업무방해죄가 성립한다.
>
> ⓒ 위계에 의한 업무방해죄에서 '위계'란 상대방에게 오인, 착각 또는 부지를 일으키게 하여 업무수행 자체를 방해하는 것을 말하며, 그로써 업무의 적정성 내지 공정성이 방해된 정도에 그친 데 불과하다면 업무방해죄가 성립하지 않는다.
>
> ⓔ 컴퓨터등장애업무방해죄가 성립하기 위해서는 가해행위의 결과 정보처리장치가 그 사용목적에 부합하는 기능을 하지 못하거나 사용목적과 다른 기능을 하는 등 정보처리의 장애가 현실적으로 발생하였을 것을 요한다.

① ⊙, ⓛ 　　② ⊙, ⓒ

③ ⊙, ⓔ 　　④ ⓛ, ⓒ, ⓔ

26

주거침입의 죄에 대한 설명으로 가장 적절하지 <u>않은</u> 것은? (다툼이 있는 경우 판례에 의함)

① 관리자가 일정한 토지와 외부의 경계에 인적 또는 물적 설비를 갖추고 외부인의 출입을 제한하고 있더라도 그 토지에 인접하여 건조물로서의 요건을 갖춘 구조물이 존재하지 않는다면, 그러한 토지는 건조물침입죄의 객체인 위요지에 해당하지 않는다.

② 다른 사람의 주택에 무단 침입한 범죄사실로 이미 유죄판결을 받은 사람이 그 판결이 확정된 후에도 퇴거하지 않은 채 계속하여 당해 주택에 거주한 경우, 위 판결 확정 이후의 행위는 별도의 주거침입죄를 구성하지 않는다.

③ 이미 수일 전에 2차례에 걸쳐 A를 강간하였던 甲이 대문을 몰래 열고 들어와 담장과 A가 거주하던 방 사이의 좁은 통로에서 창문을 통하여 방안을 엿본 경우, 주거침입죄가 성립한다.

④ 공동거주자의 일부가 부재중인 사이에 외부인이 주거 내에 현재하는 거주자의 현실적인 승낙을 받아 통상적인 출입방법에 따라 공동 주거에 들어간 경우라면, 그것이 부재중인 다른 거주자의 추정적 의사에 반하는 경우에도 주거침입죄가 성립하지 않는다.

27

절도의 죄에 대한 설명으로 가장 적절한 것은? (다툼이 있는 경우 판례에 의함)

① 甲이 동거 중인 A의 지갑에서 현금을 꺼내 가는 것을 A가 목격하고서도 만류하지 않은 경우에는 위법성이 조각되어 절도죄가 성립하지 않는다.

② 甲과 A의 동업자금으로 구입하여 A가 관리하고 있던 건설기계를 甲이 A의 허락 없이 乙로 하여금 운전하여 가도록 한 행위는 절도죄를 구성하지 않는다.

③ 甲과 乙이 자신들의 A에 대한 물품대금 채권을 다른 채권자들보다 우선적으로 확보할 목적으로 A가 부도를 낸 다음날 새벽에 A의 승낙을 받지 아니한 채 A의 가구점의 시정장치를 쇠톱으로 절단하고 그곳에 침입하여 A의 가구들을 화물차에 싣고 가다른 장소에 옮겨 놓은 경우에는 甲과 乙에게 불법영득의사가 인정되지 않아 특수절도죄가 성립하지 않는다.

④ 반드시 영구적으로 보유할 의사가 아니더라도 재물의 소유권 또는 이에 준하는 본권을 침해하는 의사가 있으면 절도죄의 성립에 필요한 불법영득의 의사를 인정할 수 있고, 그것이 물건 자체를 영득할 의사인지 물건의 가치만을 영득할 의사인지는 불문한다.

28

강도의 죄에 대한 설명으로 가장 적절한 것은? (다툼이 있는 경우 판례에 의함)

① 감금행위가 강도죄의 수단이 된 경우에는 강도죄 외에 별도로 감금죄가 성립하고 양죄는 실체적 경합관계에 있다.

② 절도범이 체포를 면탈할 목적으로 체포하려는 여러 명의 피해자에게 같은 기회에 폭행을 가하여 그 중 1인에게만 상해를 가하였다면 피해자 각자에 대한 강도죄 및 1인에 대한 강도상해죄가 성립하고 이들 죄는 상상적 경합관계에 있다.

③ 강도가 실행에 착수하였으나 강도행위를 완료하기 전에 강간을 한 경우에는 강도강간죄가 성립하지 아니한다.

④ 재산상 이익을 취득한 후 체포를 면탈할 목적으로 피해자를 폭행하더라도 준강도죄는 성립할 수 없다.

29

사기의 죄에 대한 설명으로 가장 적절하지 <u>않은</u> 것은? (다툼이 있는 경우 판례에 의함)

① 침해행정 영역에서 일반 국민이 담당 공무원을 기망하여 권력작용에 의한 재산권 제한을 면하는 경우에는 사기죄가 성립할 수 없다.

② 사기죄의 '재산상의 이익'은 영속적 일시적 이익, 적극적 소극적 이익을 불문하며, 자기의 채권자에 대한 채무이행으로 존재하지 않는 채권을 양도한 경우에도 재산상의 이익을 취득한 것으로 볼 수 있다.

③ 사기죄의 요건으로서의 부작위에 의한 '기망'은 고지의무 있는 자가 일정한 사실에 관하여 상대방이 착오에 빠져 있음을 알면서도 이를 고지하지 않는 것을 말한다.

④ 피해자를 기망하여 착오를 일으키게 하고 피해자가 착오에 빠진 결과 채권의 존재를 알지 못하여 채권을 행사하지 않은 경우, 그와 같은 부작위는 사기죄에 있어서의 재산의 처분행위에 해당한다.

30

사기의 죄와 공갈의 죄에 대한 설명이다. 아래 ㉠부터 ㉣까지의 설명 중 옳고 그름의 표시(O, ×)가 바르게 된 것은? (다툼이 있는 경우 판례에 의함)

㉠ 사기죄의 피해자가 법인이나 단체인 경우에 피해자 법인이나 단체의 대표자 등 기망의 상대방이 기망행위자와 동일인이거나 기망행위자와 공모하는 등 기망행위를 알고 있었다면, 기망의 상대방이 재물을 교부하였더라도 사기죄는 성립하지 않는다.

㉡ 소송사기는 법원을 기망하여 자기에게 유리한 판결을 얻고 이에 터잡아 상대방으로부터 재물의 교부를 받거나 재산상 이익을 취득하는 것을 말하고, 소장이 유효하게 송달되지 않더라도 법원을 기망한다는 인식을 가지고 소를 제기하면 실행의 착수가 있다고 보아야 한다.

㉢ 예금주인 현금카드 소유자를 협박하여 그 카드를 갈취한 다음 피해자의 승낙에 의하여 현금카드를 사용할 권한을 부여받아 이를 이용하여 현금자동지급기에서 현금을 인출한 경우에는 포괄하여 하나의 공갈죄가 성립한다.

㉣ 현금카드 소유자로부터 일정한 금액의 현금을 인출해 오라는 부탁을 받았으나 위임받은 금액을 초과하여 현금을 인출한 경우에는 그 전체 인출액에 대하여 컴퓨터 등 사용사기죄가 성립한다.

① ㉠ (O) ㉡ (O) ㉢ (O) ㉣ (O)
② ㉠ (O) ㉡ (O) ㉢ (O) ㉣ (×)
③ ㉠ (O) ㉡ (×) ㉢ (O) ㉣ (×)
④ ㉠ (×) ㉡ (O) ㉢ (×) ㉣ (O)

31

횡령과 배임의 죄에 대한 설명으로 가장 적절한 것은? (다툼이 있는 경우 판례에 의함) **문제 변형**

① 부동산 실권리자명의 등기에 관한 법률을 위반하여 부동산을 소유자로부터 명의신탁 받아 소유권이전등기를 경료한 후 명의수탁자가 이를 임의처분하면 명의신탁자에 대한 횡령죄가 성립한다.

② 부동산 매매계약에 있어 매도인이 매수인으로부터 계약금과 중도금을 지급받아 매수인의 재산보전에 협력할 의무를 부담하게 되었더라도, 매도인은 통상의 계약에서의 이익대립관계를 넘어 배임죄에서 말하는 신임관계에 기초한 '타인의 사무를 처리하는 자'의 지위에 있다고 할 수는 없다.

③ 甲이 A에게 자신의 B에 대한 채권을 양도한 후 채권양도 통지를 하기 전에 B로부터 채권을 추심하여 금전을 수령한 경우, 채권양도인이 위와 같이 양도한 채권을 추심하여 수령한 금전에 관하여 채권양수인을 위해 보관하는 자의 지위에 있다고 볼 수 없으므로, 채권양도인이 위 금전을 임의로 처분하더라도 횡령죄는 성립하지 않는다.

④ 권리이전에 등기 등록을 요하는 자동차에 대한 매매계약에 있어 매도인은 매수인에 대하여 그의 사무를 처리하는 자의 지위에 있으므로, 매도인이 매수인에게 소유권이전등록을 하지 아니 하고 제3자에게 처분하였다면 배임죄가 성립한다.

32

장물의 죄에 대한 설명으로 적절한 것을 모두 고른 것은? (다툼이 있는 경우 판례에 의함)

> ㉠ 재산범죄를 저지른 이후에 별도의 재산범죄의 구성요건에 해당하는 사후행위가 있었다면 비록 그 행위가 불가벌적 사후행위로서 처벌의 대상이 되지 않는다 할지라도 그 사후행위로 인하여 취득한 물건은 재산범죄로 인하여 취득한 물건으로서 장물이 될 수 있다.
> ㉡ 횡령 교사를 한 후 그 횡령한 물건을 취득한 경우에는 횡령교사죄 이외에 장물취득죄는 별도로 성립하지 아니한다.
> ㉢ 본범 이외의 자가 본범이 절취한 차량이라는 정을 알면서 강도예비의 고의를 가지고 강도행위를 위해 그 차량을 운전해 준 경우에는 강도예비죄와 아울러 장물운반죄가 성립할 수 있다.
> ㉣ 재물을 인도받은 후에 비로소 장물이 아닌가 하는 의구심을 가졌다면 그 재물수수행위는 장물취득죄를 구성한다.

① ㉠, ㉢
② ㉠, ㉣
③ ㉡, ㉢
④ ㉢, ㉣

33

손괴의 죄 및 권리행사방해의 죄에 대한 설명으로 가장 적절한 것은? (다툼이 있는 경우 판례에 의함)

① 계란 30여 개를 건물에 투척한 행위는 건물의 효용을 해한 것으로 볼 수 있으므로 재물손괴죄를 구성한다.
② 소유자의 의사에 따라 어느 장소에 게시 중인 문서를 소유자의 의사에 반하여 떼어내는 것과 같이 소유자의 의사에 따라 형성된 종래의 이용상태를 변경시켜 종래의 상태에 따른 이용을 일시적으로 불가능하게 하는 경우에도 문서손괴죄가 성립할 수 있다.
③ 물건의 소유자가 아닌 甲이 소유자 乙의 권리행사방해 범행에 가담한 경우, 乙에게 고의가 없어 범죄가 성립하지 않더라도 甲은 권리행사방해죄의 공범으로 처벌될 수 있다.
④ 강제집행면탈죄가 성립하기 위해서는 재산의 은닉, 손괴, 허위양도 또는 허위의 채무를 부담하여 현실적으로 채권자를 해하는 결과가 야기되어야 하고, 채권자를 해할 위험만으로는 강제집행면탈죄가 성립하지 않는다.

34

친족상도례에 대한 설명으로 가장 적절하지 <u>않은</u> 것은? (다툼이 있는 경우 판례에 의함)

① 甲이 자신의 친구 A 소유의 재물로 알고 이를 절취하였는데 사실은 따로 거주하고 있는 자신의 숙부 B 소유의 물건이었던 경우에는 B의 고소가 있어야 공소를 제기할 수 있다.

② 甲과 친구 乙이 합동하여 甲의 아버지 A 소유의 물건을 절취한 경우, 甲에게는 친족상도례가 적용되어 형이 면제되고 乙에게는 친족상도례가 적용되지 않는다.

③ 甲의 숙부 A가 B에게 금원을 교부하면서 C에게 전달해 달라고 부탁하였는데, 甲이 'C에게 전달해 주겠다'며 B로부터 위 금원을 교부받아 임의로 사용하였다면, 甲과 B사이에 친족관계가 없더라도 친족상도례가 적용된다.

④ 甲의 아버지 A가 손님 B로부터 가공을 의뢰받아 보관하고 있던 다이아몬드를 甲이 절취한 경우, 甲과 B사이에 친족관계가 없다면 친족상도례가 적용되지 않는다.

35

방화와 실화의 죄에 대한 설명으로 가장 적절하지 <u>않은</u> 것은? (다툼이 있는 경우 판례에 의함)

① 현주건조물방화예비죄를 저지른 사람이 그 목적한 죄의 실행에 이르기 전에 자수한 때에는 형을 감경 또는 면제한다.

② 현주건조물방화치사죄는 사망의 결과발생에 대한 과실이 있는 경우뿐만 아니라 고의가 있는 경우를 포함한다.

③ 불을 놓아 무주물을 불태워 공공의 위험을 발생하게 한 경우에는 '무주물'을 '자기 소유의 물건'에 준하는 것으로 보아 형법 제167조 제2항(자기소유 일반물건방화죄)을 적용하여야 한다.

④ 지붕과 문짝, 창문이 없고 담장과 일부 벽체가 붕괴된 철거대상 건물로서 사실상 기거 취침에 사용할 수 없는 상태의 폐가에 쓰레기를 모아놓고 태워 폐가의 벽을 일부 그을리게 한 경우에는 일반물건방화죄의 미수범으로 처벌된다.

36

공공의 신용에 관한 죄에 대한 설명으로 가장 적절한 것은? (다툼이 있는 경우 판례에 의함)

① 컴퓨터 모니터에 나타나는 이미지는 문서에 해당하지 않으므로, 전세계약서 원본을 스캔하여 컴퓨터 화면에 띄운 후 그 보증금액란을 공란으로 만든 다음 이를 프린터로 출력하여 보증금액을 변조하고 변조된 전세계약서를 팩스로 송부하였더라도 사문서변조 및 동 행사죄는 성립하지 않는다.

② 위조통화를 행사하여 재물을 불법영득한 때에는 위조통화행사죄와 사기죄가 성립하고 양죄는 상상적 경합관계에 있다.

③ 허위진단서작성죄에 있어서 허위의 기재는 사실에 관한 것이건 판단에 관한 것이건 불문하나, 본죄는 원래 허위의 증명을 금지하려는 것이므로 그 내용이 허위라는 주관적 인식이 필요함은 물론 실질상 진실에 반하는 기재일 것이 필요하다.

④ 행사할 목적으로 허무인 명의의 유가증권을 작성한 경우, 외형상 일반인으로 하여금 진정하게 작성된 유가증권이라고 오신하게 할 수 있을 정도라고 하더라도, 유가증권위조죄는 성립하지 않는다.

37

공무원의 직무에 관한 죄에 대한 설명으로 가장 적절하지 <u>않은</u> 것은? (다툼이 있는 경우 판례에 의함)

① 공무원이 어떠한 위법사실을 발견하고도 직무상 의무에 따른 적절한 조치를 취하지 아니하고 위법사실을 적극적으로 은폐할 목적으로 허위공문서를 작성 행사한 경우에는 허위공문서작성죄 및 동 행사죄 이외에도 직무유기죄가 성립한다.

② 명문의 규정이 없더라도 법령과 제도를 종합적, 실질적으로 살펴보아 그것이 해당 공무원의 직무권한에 속한다고 해석되고, 이것이 남용된 경우 상대방으로 하여금 사실상 의무 없는 일을 하게 하거나 권리를 방해하기에 충분한 것이라고 인정되는 경우는 직권남용죄에서 말하는 일반적 직무권한에 포함된다.

③ 직권남용 행위의 상대방이 일반 사인인 경우 특별한 사정이 없는 한 직권에 대응하여 따라야 할 의무가 없으므로 그에게 어떠한 행위를 하게 하였다면 직권남용권리행사방해죄의 '의무 없는 일을 하게 한 때'에 해당할 수 있다.

④ 공무상비밀누설죄에서 말하는 '비밀'이란 실질적으로 그것을 비밀로서 보호할 가치가 있다고 인정할 수 있는 것이어야 한다.

38

뇌물죄에 대한 설명으로 가장 적절하지 <u>않은</u> 것은? (다툼이 있는 경우 판례에 의함)

① 공무원과 공동정범 관계에 있는 비공무원이 뇌물을 받은 경우, 비공무원은 제3자뇌물수수죄에서 말하는 제3자가 될 수 없다.

② 공무원들이 공모하여 특별사업비를 횡령하고 이를 공범자끼리 수수한 행위가 공동정범들 사이의 범행에 의하여 취득한 돈을 내부적으로 분배한 것에 지나지 않는다면 별도로 그 돈의 수수행위에 관하여 뇌물죄가 성립하는 것은 아니다.

③ 공무원 甲이 A에게 2,000만 원을 뇌물로 요구하였으나 A가 이를 즉각 거부한 경우에는 요구한 금품이 특정되었으므로, 甲으로부터 2,000만 원을 몰수하여야 한다.

④ 공무원이 뇌물을 수수함에 있어 공여자를 기망한 경우에도 뇌물수수죄 및 뇌물공여죄의 성립에는 영향이 없다.

39

공무방해에 관한 죄에 대한 설명으로 가장 적절하지 <u>않은</u> 것은? (다툼이 있는 경우 판례에 의함)

① 위계공무집행방해죄의 직무집행이란 법령의 위임에 따른 공무원의 권력적 작용을 의미하며, 사경제 주체로서의 활동을 비롯한 비권력적 작용은 이에 포함되지 않는다.

② 경찰관 A가 도로를 순찰하던 중 벌금 미납으로 지명수배된 甲과 조우하게 되어 형집행장 발부 사실은 고지하지 않은 채 노역장 유치의 집행을 위하여 甲을 구인하려 하자, 甲이 이에 저항하여 A의 가슴을 양손으로 수차례 밀친 경우에는 공무집행방해죄가 성립하지 않는다.

③ 피의자 등이 적극적으로 허위의 증거를 조작하여 제출하고 그 증거 조작의 결과 수사기관이 그 진위에 관하여 나름대로 충실한 수사를 하더라도 제출된 증거가 허위임을 발견하지 못할 정도에 이르렀다면 위계공무집행방해죄가 성립한다.

④ 위계가 공무원의 구체적인 직무집행을 저지하거나 현실적으로 곤란하게 하는 데까지는 이르지 않은 경우에는 위계공무집행방해죄로 처벌되지 아니한다.

40

다음의 설명 중 가장 적절하지 <u>않은</u> 것은? (다툼이 있는 경우 판례에 의함)

① 甲이 무면허 운전으로 교통사고를 내자 자신의 아들 乙을 경찰서에 대신 출석시켜 피의자로 조사받도록 한 경우, 乙을 범인도피죄로 처벌할 수는 없고 甲의 행위 역시 범인도피교사죄에 해당하지 않는다.

② 乙과 공동정범 관계에 있는 甲이 수사절차에서 조사받으면서 자기의 범행을 구성하는 사실관계에 관하여 허위로 진술하고 허위 자료를 제출한 경우, 그것이 乙을 도피하게 하는 결과가 되더라도 甲을 범인도피죄로 처벌할 수 없고 乙이 그러한 행위를 교사하였더라도 범인도피교사죄가 성립하지 않는다.

③ 증인이 증언거부권을 고지받지 못함으로 인하여 그 증언거부권을 행사하는 데 사실상 장애가 초래되었다고 볼 수 있는 경우에는 위증죄의 성립이 부정된다.

④ 무고죄에 있어서 '형사처분 또는 징계처분을 받게할 목적'은 허위신고를 함에 있어서 다른 사람이 그로 인하여 형사 또는 징계처분을 받게 될 것이라는 인식이 있으면 족하고 그 결과 발생을 희망하는 것을 요하는 것은 아니다.

2021년 기출문제

✅ 회독 CHECK ① ② ③

01

소급효금지의 원칙에 대한 설명으로 가장 적절한 것은? (다툼이 있는 경우 판례에 의함)

① 특정 범죄자에 대한 위치추적 전자장치 부착 등에 관한 법률에 의한 전자감시제도는 보안처분이지만, 실질적으로 행동의 자유를 지극히 제한하므로 형벌에 관한 소급입법금지원칙이 적용된다.

② 소급효금지의 원칙은 죄형법정주의의 파생원칙으로서 행위자에게 유리한 사후법의 소급효도 인정되지 않는다.

③ 공소시효가 이미 완성된 경우, 그 공소시효를 연장하는 법률은 진정소급입법으로서 예외없이 소급효금지의 원칙이 적용된다.

④ 행위 당시의 판례에 의하면 처벌대상이 되지 아니하는 것으로 해석되었던 행위를 판례의 변경에 따라 확인된 내용의 형법조항에 근거하여 처벌한다고 하여 그것이 소급효금지의 원칙에 반한다고 할 수는 없다.

02

형법의 적용범위에 대한 설명으로 가장 적절하지 <u>않은</u> 것은? (다툼이 있는 경우 판례에 의함)

① 한국인이 외국에서 죄를 지어 현지 법률에 따라 형의 전부 또는 일부의 집행을 받은 때에는 대한민국 법원은 그 집행된 형의 전부 또는 일부를 선고하는 형에 반드시 산입하여야 한다.

② 범죄행위시와 재판시 사이에 여러 차례 법령이 개정되어 형의 변경이 있는 경우에는 그 전부의 법령을 비교하여 그 중 가장 형이 가벼운 법령을 적용하여야 한다.

③ 범죄행위는 범죄의사가 외부적으로 표현된 상태로서 주관적 내부적인 의사와 객관적 외부적인 표현(동작)을 그 요소로 하는 것이므로, 공모공동정범의 공모지는 형법 제2조(국내범)가 적용되는 범죄지로 볼 수 없다.

④ 형법총칙은 다른 법령에 정한 죄에 적용되지만, 그 법령에 특별한 규정이 있는 때에는 예외로 한다.

03

계속범에 대한 설명으로 가장 적절한 것은? (다툼이 있는 경우 판례에 의함)

① 형법 제276조 제1항의 체포죄는 일시적으로 신체의 자유를 박탈하는 것으로서 계속범이 아니다.

② 계속범에 있어 공소시효의 기산점은 범행의 종료시점이 아니라 기수시점이다.

③ 일반적으로 계속범의 경우 실행행위가 종료되는 시점에서의 법률이 적용되어야 할 것이나, 법률이 개정되면서 그 부칙에서 '개정된 법 시행 전의 행위에 대한 벌칙의 적용에 있어서는 종전의 규정에 의한다'는 경과규정을 두고 있는 경우 개정된 법이 시행되기 전의 행위에 대해서는 개정 전의 법을, 그 이후의 행위에 대해서는 개정된 법을 각각 적용하여야 한다.

④ 형법 제185조의 일반교통방해죄에 있어 교통방해행위는 계속범이 아닌 즉시범의 성질을 가진다.

04

인과관계에 대한 설명이다. 아래 ㉠부터 ㉢까지의 설명 중 옳고 그름의 표시(O, ×)가 바르게 된 것은? (다툼이 있는 경우 판례에 의함)

㉠ 행위가 결과를 발생하게 한 유일하거나 직접적인 원인이 된 경우만이 아니라, 그 행위와 결과 사이에 피해자나 제3자의 과실 등 다른 사실이 개재된 때에도 그와 같은 사실이 통상예견될 수 있는 것이라면 상당인과관계를 인정할 수 있다.

㉡ 피고인이 자동차를 운전하다 횡단보도를 걷던 보행자 갑을 들이받아 그 충격으로 횡단보도 밖에서 갑과 동행하던 피해자 을이 밀려 넘어져 상해를 입은 경우, 피고인의 운전과 을의 상해 사이에는 인과관계가 부정된다.

㉢ 아동 청소년의 성보호에 관한 법률 제7조 제5항의 미성년자에 대한 위계간음죄에 있어 위계와 간음행위 사이의 인과관계를 판단함에 있어서는 일반적 평균적 판단능력을 갖춘 성인 또는 충분한 보호와 교육을 받은 또래의 시각에서 인과관계를 판단하여야 하며, 구체적인 범행상황에 놓인 피해자의 입장과 관점을 고려할 것은 아니다.

㉣ 강간을 당한 피해자가 집에 돌아가 음독자살하기에 이르른 원인이 강간을 당함으로 인하여 생긴 수치심과 장래에 대한 절망감 등에 있었다면 그 자살행위가 바로 강간행위로 인하여 생긴 당연의 결과라고 볼 수 있으므로 강간행위와 피해자의 자살행위 사이에 인과관계를 인정할 수 있다.

① ㉠ (O)　㉡ (O)　㉢ (×)　㉣ (O)

② ㉠ (O)　㉡ (×)　㉢ (O)　㉣ (×)

③ ㉠ (O)　㉡ (×)　㉢ (×)　㉣ (×)

④ ㉠ (×)　㉡ (O)　㉢ (O)　㉣ (O)

05

과실에 대한 설명으로 가장 적절한 것은? (다툼이 있는 경우 판례에 의함)

① 의료사고에서 의사에게 과실이 있다고 하기 위하여는 의사가 결과발생을 예견할 수 있고 또 회피할 수 있었는데도 이를 예견하지 못하거나 회피하지 못하였음이 인정되어야 하며, 과실의 유무를 판단할 때에는 구체적인 경우 당해 행위자가 기울일 수 있었던 주의정도를 표준으로 한다.

② 과실범에 관한 이른바 신뢰의 원칙은 상대방이 이미 비정상적인 행태를 보이고 있는 경우에는 적용될 여지가 없는 것이고, 이는 행위자가 경계의무를 게을리하는 바람에 상대방의 비정상적인 행태를 미리 인식하지 못한 경우에도 마찬가지이다.

③ 고속국도에서는 보행으로 통행, 횡단하거나 출입하는 것이 금지되어 있지만, 도로양측에 휴게소가 있는 경우에는 고속국도를 주행하는 차량의 운전자는 동 도로상에 보행자가 있음을 예상하여 감속 등 조치를 할 주의의무가 있다 할 것이다.

④ 피고인이 성냥불로 담배를 붙인 다음 그 성냥불이 꺼진 것을 확인하지 아니한 채 휴지가 들어 있는 플라스틱 휴지통에 던진 것으로는 형법 제171조 중실화죄에 있어 중대한 과실이 있는 경우에 해당한다고 할 수 없다.

06

다음 사례에 대한 설명으로 가장 적절하지 <u>않은</u> 것은? (형법 이외에 특별법의 적용은 고려하지 않음)

> 갑은 A가 키우는 강아지가 시끄럽게 짖자, A의 강아지를 죽이기 위해 소지하던 엽총을 발사하였다. 하지만 총알이 빗나가 강아지가 아닌 A가 맞아 현장에서 사망하였다.

① 사례는 구성요건적 착오(사실의 착오)의 문제로 추상적 사실의 착오 중 방법의 착오에 해당한다.

② 사례에 있어 법정적 부합설과 추상적 부합설의 결론은 동일하다.

③ 구체적 부합설에 의하면 강아지에 대한 손괴미수죄와 A에 대한 과실치사죄의 상상적 경합이 성립한다.

④ 만약 갑이 A의 부인을 쏘려고 하였으나 빗나가 A가 맞고 사망했다면, 판례는 갑에게 A에 대한 살인죄의 성립을 긍정한다.

07

정당방위 및 과잉방위에 대한 설명으로 가장 적절하지 <u>않은</u> 것은? (다툼이 있는 경우 판례에 의함)

① 경찰관의 불법한 현행범체포에 대해 그 체포를 면하려고 반항하는 과정에서 그 경찰관에게 상해를 입힌 행위는 정당방위에 해당하여 위법성을 조각한다.

② 정당방위의 상당성 판단에는 상대적 최소침해의 원칙 이외에 보충성의 원칙이 필수적으로 요구된다.

③ 형법 제21조 제2항에 의하면 과잉방위의 경우에는 그 형을 감면할 수 있다.

④ 정당방위의 방어행위에는 순수한 수비적 방어뿐만 아니라 적극적 반격을 포함하는 반격방어의 형태도 포함된다.

08

위법성조각사유에 대한 설명으로 가장 적절한 것은? (다툼이 있는 경우 판례에 의함)

① 정당방위는 부당한 침해에 대한 방어행위인데 반해 긴급피난은 부당한 침해가 아닌 위난에 대해서도 가능하다.

② 형법 제23조에 의하면 과잉자구행위가 야간 기타 불안스러운 상태하에서 공포 경악 흥분 또는 당황으로 인한 때에는 벌하지 아니한다.

③ 형법 제23조 제1항은 타인의 청구권 보전을 위한 자구행위도 가능한 것으로 명시하고 있다.

④ 건물의 소유자라고 주장하는 피고인과 그것을 점유 관리하고 있는 피해자 사이에 건물의 소유권에 대한 분쟁이 계속되고 있는 상황이라면, 피고인이 그 건물에 침입하였다 하더라도 피해자의 추정적 승낙이 있었다거나 피고인의 행위가 사회상규에 위배되지 않는다고 볼 수 있다.

09

책임능력에 대한 설명으로 가장 적절한 것은? (다툼이 있는 경우 판례에 의함)

① 형법 제10조 제3항은 고의에 의한 원인에 있어 자유로운 행위만이 아니라 과실에 의한 원인에 있어 자유로운 행위까지도 적용된다.

② 형법 제10조 제2항에 의하면 심신미약자의 행위는 형을 감경하여야 한다.

③ 형법 제10조에서 말하는 사물을 판별할 능력 또는 의사를 결정할 능력은 자유의사를 전제로 한 의사결정의 능력에 관한 것으로서, '그 능력의 유무와 정도' 및 '그 능력에 관해 확정된 사실이 심신상실 또는 심신미약에 해당하는지 여부'는 모두 감정사항에 속하는 사실문제에 해당한다.

④ 법률상 감경을 규정한 소년법 제60조 제2항의 적용대상인 소년인지 여부를 판단하는 기준시점은 사실심 판결선고시가 아니라 행위시이다.

10

위법성조각사유의 전제사실에 대한 착오의 설명으로 가장 적절한 것은? (다툼이 있는 경우 판례에 의함)

① 엄격책임설에 의하면 위법성조각사유의 전제사실에 대한 착오의 경우 형법 제13조를 직접 적용함으로써 고의범의 성립이 부정되고 과실이 있는 경우 과실범으로 처벌한다.

② 위법성조각사유의 요건을 총체적 불법구성요건의 소극적 표지로 이해하는 소극적 구성요건표지이론에 의하면 위법성조각사유의 전제사실에 대한 착오를 고의범으로 처벌한다.

③ 고의설과 법효과제한책임설은 위법성조각사유의 전제사실에 대한 착오의 법적 효과에 있어 동일한 결론을 취한다.

④ 유추적용설에 의하면 위법성조각사유의 전제사실에 대한 착오의 경우 형법 제13조를 유추적용함으로써 구성요건적 고의는 인정되지만 책임고의를 부정하여 고의범의 성립을 부정한다.

11

기대가능성에 대한 설명으로 가장 적절하지 <u>않은</u> 것은? (다툼이 있는 경우 판례에 의함)

① 피고인에게 적법행위를 기대할 가능성이 있는지 여부를 판단하기 위하여는 행위 당시의 구체적인 상황하에 행위자 대신에 사회적 평균인을 두고 이 평균인의 관점에서 그 기대가능성 유무를 판단하여야 한다.

② 형법 제12조 소정의 '저항할 수 없는 폭력'은 심리적인 의미에 있어서 육체적으로 어떤 행위를 절대적으로 할 수밖에 없게하는 경우와 윤리적 의미에서 강압된 경우를 의미한다.

③ 이미 유죄의 확정판결을 받은 피고인이라도 자신의 형사사건에서 시종일관 범행을 부인하였다면, 그 피고인이 별건으로 기소된 공범의 형사사건에서 증인으로 진술하는 경우 자기부죄거부의 권리에 입각하여 그 피고인에게 사실대로 진술할 것을 기대할 수는 없다.

④ 직장 상사의 지시로 인하여 그 부하가 범법행위에 가담한 경우 비록 직무상 지휘 복종 관계가 인정된다고 하더라도 그것 때문에 범법행위에 가담하지 않을 기대가능성이 부정된다고 볼 수는 없다.

12

예비·음모죄에 대한 설명으로 가장 적절하지 <u>않은</u> 것은? (다툼이 있는 경우 판례에 의함)

① 예비행위를 자의로 중지한 경우 중지미수에 관한 형법 제26조가 준용된다.

② 형법 제28조는 예비죄의 처벌이 가져올 범죄의 구성요건을 부당하게 유추 내지 확장해석하는 것을 금지하고 있기 때문에 형법각칙의 예비죄를 처단하는 규정을 바로 독립된 구성요건 개념에 포함시킬 수는 없다.

③ 판례는 예비죄의 공동정범 성립이 가능하다는 입장이다.

④ 내란음모죄에 해당하는 합의가 있다고 하기 위해서는 단순히 내란에 관한 범죄결심을 외부에 표시 전달하는 것만으로는 부족하고 객관적으로 내란범죄의 실행을 위한 합의라는 것이 명백히 인정되고, 그러한 합의에 실질적인 위험성이 인정되어야 한다.

13

다음 중 갑의 행위와 미수(불가벌적 불능범 포함)의 연결이 바르게 된 것을 모두 고른 것은? (다툼이 있는 경우 판례에 의함)

> ㉠ 소송비용을 편취할 의사로 민사소송법상 소송비용의 지급을 구하는 손해배상청구의 소를 제기한 갑의 행위 - 형법 제347조 사기죄의 불능미수
> ㉡ 갑은 피해자가 심신상실 또는 항거불능의 상태에 있다고 인식하고 그러한 상태를 이용하여 간음할 의사로 피해자를 간음하였으나 피해자가 실제로는 심신상실 또는 항거불능의 상태에 있지 않은 경우, 갑의 행위 - 형법 제299조 준강간죄의 불가벌적 불능범
> ㉢ 피해자를 살해하기 위해 그의 목 부위와 왼쪽 가슴 부위를 칼로 수 회 찔렀으나 피해자의 가슴 부위에서 많은 피가 흘러나오는 것을 발견하고 겁을 먹고 범행을 그만둔 갑의 행위 - 형법 제250조 살인죄의 중지미수
> ㉣ 강도행위 중에 피해자를 강간하려고 작은 방으로 끌고 가 팬티를 강제로 벗기고 음부를 만지자 피해자가 수술한 지 얼마 안 되어 배가 아프다면서 애원하는 바람에 강간을 그만둔 갑의 행위 - 형법 제339조 강도강간죄의 장애미수

① ㉠, ㉡, ㉣
② ㉠, ㉢
③ ㉡, ㉢
④ ㉣

14

공범에 대한 설명으로 가장 적절한 것은? (다툼이 있는 경우 판례에 의함)

① 형법 제30조의 공동정범이 성립하기 위하여는 공동가공의 의사가 필요한데, 여기서 공동가공의 의사란 타인의 범행을 인식하면서도 이를 제지하지 않고 용인하는 심리상태만으로도 충분하다.

② 형법 제31조 제2항은 기도된 교사 중 효과 없는 교사를 규정하고 있는데, 효과 없는 교사는 교사자만을 음모 또는 예비에 준하여 처벌한다.

③ 타인의 범죄를 방조한 자는 종범으로 처벌하는데, 종범의 형은 정범의 형보다 임의적 감경한다.

④ 공모에 의한 범죄의 공동실행은 모든 공범자가 스스로 범죄의 구성요건을 실현하는 것을 전제로 하지 아니하고, 그 실현행위를 하는 공범자에게 그 행위결정을 강화하도록 협력하는 것으로도 가능하다.

15

공범과 신분에 대한 설명으로 가장 적절하지 <u>않은</u> 것은? (다툼이 있는 경우 판례에 의함)

① 업무상의 임무라는 신분관계가 없는 자가 그러한 신분관계 있는 자와 공모하여 업무상배임죄를 저질렀다면, 신분관계 없는 공범에게도 형법 제33조 본문에 따라 일단 신분범인 업무상배임죄가 성립하고 다만 과형에서만 형법 제33조 단서가 적용되어 무거운 형이 아닌 단순배임죄의 법정형이 적용된다.

② 의료인이 의료인이나 의료법인 아닌 자의 의료기관 개설행위에 공모하여 가공하였더라도, 그 의료인을 '의료인이나 의료법인 아닌 자의 의료기관 개설행위를 처벌하는 의료법 위반행위'의 공동정범으로 처벌할 수는 없다.

③ 변호사가 변호사 아닌 자에게 고용되어 법률사무소의 개설 운영에 관여하였더라도, 그 변호사를 '변호사 아닌 자가 변호사를 고용하여 법률사무소를 개설 운영하는 행위를 처벌하는 변호사법 위반행위'의 공범으로 처벌할 수는 없다.

④ 형법 제33조 소정의 이른바 신분관계라 함은 남녀의 성별, 내 외국인의 구별, 친족관계, 공무원인 자격과 같은 관계뿐만 아니라 널리 일정한 범죄행위에 관련된 범인의 인적관계인 특수한 지위 또는 상태를 지칭하는 것이다.

16

부작위범에 대한 설명으로 가장 적절하지 <u>않은</u> 것은? (다툼이 있는 경우 판례에 의함)

① 형법상 방조행위는 정범의 실행을 용이하게 하는 직접적 행위만을 가리키는 것으로서 작위에 의한 방조만이 가능하고 부작위에 의해서는 성립할 수 없다.

② 부작위범에 있어 작위의무는 법적인 의무이어야 하므로 단순한 도덕상 또는 종교상의 의무는 포함되지 않으나 작위의무가 법적인 의무인 한 성문법이건 불문법이건 상관이 없고 또 공법이건 사법이건 불문하므로, 법령, 법률행위, 선행행위로 인한 경우는 물론이고 기타 신의성실의 원칙이나 사회상규 혹은 조리상 작위의무가 기대되는 경우에도 법적인 작위의무는 있다.

③ 부작위범 사이의 공동정범은 다수의 부작위범에게 공통된 의무가 부여되어 있고 그 의무를 공통으로 이행할 수 있을 때에만 성립한다.

④ 하나의 행위가 부작위범인 직무유기죄와 작위범인 허위공문서 작성 행사죄의 구성요건을 동시에 충족하는 경우, 공소제기권자는 재량에 의하여 작위범인 허위공문서작성 행사죄로 공소를 제기하지 않고 부작위범인 직무유기죄로만 공소를 제기할 수 있다.

17

결과적 가중범에 대한 설명으로 가장 적절하지 <u>않은</u> 것은? (다툼이 있는 경우 판례에 의함)

① 강간이 미수에 그친 경우 그로 인하여 피해자가 상해를 입었다면, 강간치상죄의 기수범이 성립하는 것이 아니라 강간미수죄와 과실치상죄의 상상적 경합이 성립한다.

② 형법 제144조 제2항의 특수공무집행방해치상죄는 중한 결과에 대한 예견가능성이 있었음에도 불구하고 예견하지 못한 경우 뿐만 아니라 고의가 있는 경우까지도 포함하는 부진정결과적 가중범이다.

③ 상해치사죄의 공동정범은 폭행 기타의 신체침해 행위를 공동으로 할 의사가 있으면 성립되고 결과를 공동으로 할 의사는 필요로 하지 않는다.

④ 교사자가 피교사자에 대하여 상해 또는 중상해를 교사하였는데 피교사자가 이를 넘어 살인을 실행한 경우에 교사자에게 피해자의 사망이라는 결과에 대하여 과실 내지 예견가능성이 있는 때에는 상해치사죄의 교사범의 죄책을 지울 수 있다.

18

사례와 죄수판단을 연결한 것으로 가장 적절한 것은? (다툼이 있는 경우 판례에 의함)

① 계속적으로 무면허운전을 할 의사를 가지고 여러 날에 걸쳐 무면허운전행위를 반복적으로 한 경우 – 도로교통법위반죄의 포괄일죄

② 강도가 체포면탈의 목적으로 경찰관에게 폭행을 가한 경우 – 강도죄와 공무집행방해죄의 상상적 경합

③ 동일한 공무를 집행하는 두 명의 경찰관에 대하여 동일한 장소에서 동일한 기회에 각각 폭행을 가한 경우 – 공무집행방해죄의 포괄일죄

④ 주취상태에서 운전을 하여 사람을 사상하게 함으로써 도로교통법상의 음주운전죄와 특정범죄가중처벌 등에 관한 법률 상의 위험운전치사상죄를 범한 경우 – 도로교통법위반죄와 특정범죄 가중처벌 등에 관한 법률 위반죄의 실체적 경합

19

다음의 설명 중 가장 적절한 것은? (다툼이 있는 경우 판례에 의함)

① 피고인이 범행 당시 살인의 범의는 없었고 단지 상해 또는 폭행의 범의만 있었을 뿐이라고 다투는 경우에 피고인에게 범행 당시 살인의 범의가 있었는지 여부는 피고인이 범행에 이르게 된 경위, 범행의 동기, 준비된 흉기의 유무 종류 용법, 공격의 부위와 반복성, 사망의 결과발생 가능성 정도 등 범행 전후의 객관적인 사정을 종합하여 판단할 수밖에 없다.

② 형법 제250조 제2항 존속살해죄의 직계존속은 법률상 존속뿐만 아니라 사실상의 존속을 포함한다.

③ 피고인이 인터넷 사이트 내 자살 관련 카페 게시판에 청산염 등 자살용 유독물의 판매광고를 한 행위가 단지 금원 편취 목적의 사기행각의 일환으로 이루어졌고, 변사자들이 다른 경로로 입수한 청산염을 이용하여 자살한 사정 등이 있다고 하더라도 피고인의 행위는 자살방조에 해당한다.

④ 제왕절개 수술의 경우 '의학적으로 제왕절개 수술이 가능하였고 규범적으로 수술이 필요하였던 시기'를 분만의 시기로 볼 수 있다.

20

상해와 폭행의 죄에 대한 설명으로 가장 적절하지 <u>않은</u> 것은? (다툼이 있는 경우 판례에 의함)

① 상해죄의 성립에는 상해의 원인인 폭행에 대한 인식이 있으면 충분하고 상해를 가할 의사의 존재까지는 필요하지 않다.

② 폭행죄의 폭행이란 소위 사람의 신체에 대한 유형력의 행사를 가리키며, 그 유형력의 행사는 신체적 고통을 주는 물리력의 작용을 의미하므로 신체의 청각기관을 직접적으로 자극하는 음향도 경우에 따라서는 유형력에 포함될 수 있다.

③ 폭행죄는 피해자의 명시한 의사에 반하여 공소를 제기할 수 없는 반의사불벌죄로서 처벌불원의 의사표시는 의사능력이 있는 피해자가 단독으로 할 수 있는 것이고, 피해자가 사망한 후 그 상속인이 피해자를 대신하여 처벌불원의 의사표시를 할 수는 없다고 보아야 한다.

④ 형법 제263조(동시범)는 '독립행위가 경합하여 상해의 결과를 발생하게 한 경우 공동정범의 예에 의한다'고 규정하고 있다.

21

다음의 설명 중 가장 적절하지 <u>않은</u> 것은? (다툼이 있는 경우 판례에 의함)

① 학대죄의 학대는 육체적으로 고통을 주거나 정신적으로 차별대우를 하는 행위를 가리키고, 이러한 학대행위는 단순히 상대방의 인격에 대한 반인륜적 침해만으로는 부족하고 적어도 유기에 준할 정도에 이르러야 한다.

② 유기죄의 보호의무는 법률이나 계약뿐만 아니라 사무관리 관습조리에 의해서도 발생할 수 있다.

③ 헌법재판소는 임신한 여성의 자기낙태를 처벌하는 형법 제269조 제1항(자기낙태죄 조항)과 의사가 임신한 여성의 촉탁 또는 승낙을 받아 낙태하게 한 경우를 처벌하는 같은 법 제270조 제1항 중 '의사'에 관한 부분(의사낙태죄 조항)이 각각 임신한 여성의 자기결정권을 침해하는지 여부와 관련하여 헌법에 합치되지 아니한다고 선언하되, 2020.12.31.을 시한으로 입법자가 개선입법을 할 때까지 계속적용을 명하였다.

④ 태아를 사망에 이르게 하는 행위가 임산부 신체의 일부를 훼손하는 것이라거나 태아의 사망으로 인하여 그 태아를 양육, 출산하는 임산부의 생리적 기능이 침해되어 임산부에 대한 상해가 된다고 볼 수는 없다.

22

협박의 죄에 대한 설명으로 가장 적절하지 <u>않은</u> 것은? (다툼이 있는 경우 판례에 의함)

① 정보보안과 소속 경찰관이 자신의 지위를 내세우면서 타인의 민사분쟁에 개입하여 빨리 채무를 변제하지 않으면 상부에 보고하여 문제를 삼겠다고 말한 것은 객관적으로 상대방이 공포심을 일으키기에 충분한 정도의 해악의 고지에 해당하므로 상대방이 그 의미를 인식한 이상 현실적으로 피해자가 공포심을 일으키지 않았다 하더라도 협박죄는 기수에 이른다.

② 협박죄의 미수범 처벌조항은 해악의 고지가 현실적으로 상대방에게 도달하지 아니한 경우나, 도달은 하였으나 상대방이 이를 지각하지 못하였거나 고지된 해악의 의미를 인식하지 못한 경우 등에 적용될 뿐이다.

③ 협박죄는 피해자의 명시한 의사에 반하여 공소를 제기할 수 없는 범죄이나, 존속협박죄는 그러하지 아니하다.

④ 조상천도제를 지내지 아니하면 좋지 않은 일이 생긴다는 취지의 해악의 고지는 협박으로 평가될 수 없다.

23

약취, 유인 및 인신매매의 죄에 대한 설명으로 적절한 것을 모두 고른 것은? (다툼이 있는 경우 판례에 의함)

> ㉠ 생후 약 13개월 된 자녀를 친부모가 함께 동거하면서 보호양육하여 오던 중 친모가 어떠한 폭행, 협박이나 불법적인 사실상의 힘을 행사함이 없이 친부의 의사에 반하여 그 자녀를 주거지에서 데리고 나와 국외에 이송한 경우 보호 양육권의 남용에 해당하는 등 특별한 사정이 없다 하더라도 친모의 행위를 약취행위로 볼 수 있다.
> ㉡ 형법 제289조의 인신매매죄를 범할 목적으로 예비 또는 음모한 사람은 처벌한다.
> ㉢ 미성년자가 혼자 머무는 주거에 침입하여 그를 감금한 뒤 폭행 또는 협박에 의하여 부모의 출입을 봉쇄하거나, 미성년자와 부모가 거주하는 주거에 침입하여 부모만을 강제로 퇴거시키고 독자적인 생활관계를 형성하기에 이르렀다면 비록 장소적 이전이 없었다 할지라도 미성년자약취죄에 해당한다.
> ㉣ 형법 제287조 미성년자약취 유인죄는 대한민국 영역 밖에서 죄를 범한 외국인에게 적용되지 않는다.

① ㉠, ㉡   ② ㉠, ㉣

③ ㉡, ㉢   ④ ㉡, ㉣

24

강간과 추행의 죄에 대한 설명으로 적절하지 <u>않은</u> 것을 모두 고른 것은? (다툼이 있는 경우 판례에 의함)

> ㉠ 폭행 또는 협박으로 사람에 대하여 구강, 항문에 손가락 등 신체(성기는 제외한다)의 일부 또는 도구를 넣는 행위를 한 사람은 형법 제297조의2 유사강간죄로 처벌한다.
> ㉡ 폭행에 대한 보복의 의미에서 피해자의 입술, 귀, 유두, 가슴 등을 입으로 깨문 피고인의 행위는 강제추행죄의 '추행'에 해당한다.
> ㉢ 강간죄에서의 폭행 협박과 간음 사이에는 인과관계가 있어야 하나, 폭행 협박이 반드시 간음행위보다 선행되어야 하는 것은 아니다.
> ㉣ 강제추행죄는 사람의 성적 자유 내지 성적 자기결정의 자유를 보호하기 위한 죄로서 정범 자신이 직접 범죄를 실행하여야 성립하는 자수범이라고 볼 수는 없으나, 강제추행에 관한 간접정범의 의사를 실현하는 도구로서의 타인에 피해자 본인은 포함될 수 없다.

① ㉠, ㉡   ② ㉠, ㉣

③ ㉡, ㉢   ④ ㉡, ㉣

25

다음의 설명 중 가장 적절한 것은? (다툼이 있는 경우 판례에 의함)

① 형법 제313조 신용훼손죄의 행위태양은 허위사실 유포, 위력, 기타 위계이다.

② 퀵서비스 운영자인 피고인이 허위사실을 유포하여 손님들로 하여금 불친절하고 배달을 지연시킨 사업체가 경쟁관계에 있는 피해자 운영의 퀵서비스인 것처럼 인식하게 한 행위는 신용훼손죄에 해당한다.

③ 인터넷카페의 운영진인 피고인들이 카페 회원들과 공모하여, 특정신문들에 광고를 게재하는 광고주들에게 불매운동의 일환으로 지속적 집단적으로 항의전화를 하거나 항의글을 게시하는 등의 방법으로 광고중단을 압박한 행위는 광고주들에 대하여는 업무방해죄에 해당하지만, 신문사들에 대하여는 업무방해죄를 구성하지 않는다.

④ 공무원이 직무상 수행하는 공무를 방해하는 행위에 대해서도 업무방해죄로 의율할 수 있다.

26

아래 ㉠부터 ㉣까지의 설명 중 옳고 그름의 표시(○, ×)가 바르게 된 것은? (다툼이 있는 경우 판례에 의함) [문제 변형]

> ㉠ 피고인이 피해자가 아직 집에 돌아오기 전에 간통의 목적으로 피해자의 처의 의사에 반함이 없이 피해자의 주거에 들어간 이상 주거의 평온을 해치는 것이 아니므로 주거침입죄가 성립하지 않는다.
> ㉡ 야간에 다세대주택에 침입하여 물건을 절취하기 위하여 가스배관을 타고 오르다가 순찰 중이던 경찰관에게 발각되어 그냥 뛰어내렸다면, 야간주거침입절도죄의 실행의 착수에 이르지 못했다.
> ㉢ 다가구용 단독주택이나 다세대주택 연립주택 아파트 등 공동주택의 내부에 있는 엘리베이터, 공용 계단과 복도는 특별한 사정이 없는 한 주거침입죄의 객체인 '사람의 주거'에 해당하지 않는다.
> ㉣ 진정부작위범인 형법 제319조 퇴거불응죄의 미수범은 처벌한다.

① ㉠ (○)　㉡ (○)　㉢ (○)　㉣ (○)
② ㉠ (○)　㉡ (○)　㉢ (×)　㉣ (○)
③ ㉠ (○)　㉡ (×)　㉢ (○)　㉣ (×)
④ ㉠ (×)　㉡ (○)　㉢ (×)　㉣ (×)

27

절도의 죄에 대한 설명으로 가장 적절하지 않은 것은? (다툼이 있는 경우 판례에 의함)

① 피해자를 살해한 방에서 사망한 피해자 곁에 4시간 30분쯤 있다가 그 곳 피해자의 자취방 벽에 걸려 있던 피해자가 소지하는 물건들을 영득의 의사로 가지고 나온 경우 절도죄가 성립한다.

② 입목을 절취하기 위하여 캐낸 때에 소유자의 입목에 대한 점유가 침해되어 범인의 사실적 지배하에 놓이게 되므로 범인이 그 점유를 취득하고 절도죄는 기수에 이른다.

③ 임차인이 임대계약 종료 후 식당건물에서 퇴거하면서 종전부터 사용하던 냉장고의 전원을 켜 둔 채 그대로 두었다가 약 1개월 후 철거해 가는 바람에 그 기간 동안 전기가 소비된 경우 타인의 전기에 대한 절도죄가 성립한다.

④ 종전 점유자의 점유가 그의 사망으로 인한 상속에 의하여 당연히 그 상속인에게 이전된다는 민법 제193조는 절도죄의 요건으로서의 '타인의 점유'와 관련하여서는 적용의 여지가 없고, 재물을 점유하는 소유자로부터 이를 상속받아 그 소유권을 취득하였다고 하더라도 상속인이 그 재물에 관하여 사실상의 지배를 가지게 되어야만 이를 점유하는 것으로서 그때부터 비로소 상속인에 대한 절도죄가 성립할 수 있다.

28

사기죄에 대한 설명이다. 아래 ㉠부터 ㉣까지의 설명 중 옳고 그름의 표시(O, ×)가 바르게 된 것은? (다툼이 있는 경우 판례에 의함)

> ㉠ 비록 피기망자가 처분행위의 의미나 내용을 인식하지 못하였더라도, 피기망자의 작위 또는 부작위가 직접 재산상 손해를 초래하는 재산적 처분행위로 평가되고, 이러한 작위 또는 부작위를 피기망자가 인식하고 한 것이라면 처분행위에 상응하는 처분의사는 인정된다.
>
> ㉡ 주유소 운영자가 농 어민 등에게 조세특례제한법에 정한 면세유를 공급한 것처럼 위조한 면세유류공급확인서로 정유회사를 기망하여 면세유를 공급받아 면세유와 정상유의 가격차이 상당의 이득을 취득한 경우 국가 또는 지방자치단체에 대한 사기죄로 의율할 수 없다.
>
> ㉢ 비의료인이 개설한 의료기관이 마치 의료법에 의하여 적법하게 개설된 요양기관인 것처럼 국민건강보험공단에 요양급여비용의 지급을 청구하는 것은 국민건강보험공단으로 하여금 요양급여비용 지급에 관한 의사결정에 착오를 일으키게 하는 것으로서 사기죄의 기망행위에 해당하고, 이러한 기망행위에 의하여 국민건강보험공단에서 요양급여비용을 지급받은 경우에는 사기죄가 성립한다.
>
> ㉣ 보험계약자가 보험계약 체결 시 보험금액이 목적물의 가액을 현저하게 초과하는 초과보험 상태를 의도적으로 유발한 후 보험사고가 발생하자 초과보험 사실을 알지 못하는 보험자에게 목적물의 가액을 묵비한 채 보험금을 청구하여 보험금을 교부받은 경우, 보험자가 보험금액이 목적물의 가액을 현저하게 초과한다는 것을 알았더라면 같은 조건으로 보험계약을 체결하지 않았을 뿐만 아니라 협정보험가액에 따른 보험금을 그대로 지급하지 아니하였을 관계가 인정된다면, 보험계약자가 보험금을 청구한 행위는 사기죄의 실행행위로서의 기망행위에 해당한다.

① ㉠ (O)   ㉡ (O)   ㉢ (O)   ㉣ (O)

② ㉠ (×)   ㉡ (O)   ㉢ (×)   ㉣ (O)

③ ㉠ (O)   ㉡ (×)   ㉢ (O)   ㉣ (×)

④ ㉠ (×)   ㉡ (×)   ㉢ (×)   ㉣ (×)

29

횡령죄에 대한 설명이다. 아래 ㉠부터 ㉣까지의 설명 중 적절하지 <u>않은</u> 것을 모두 고른 것은? (다툼이 있는 경우 판례에 의함)

> ㉠ 사립학교의 교비회계에 속하는 수입을 적법한 교비회계의 세출에 포함되는 용도가 아닌 다른 용도에 사용하는 행위는 그 자체로써 횡령죄가 성립한다.
>
> ㉡ 회사에 대하여 개인적인 채권을 가지고 있는 대표이사가 회사를 위하여 보관하고 있는 회사 소유의 금전으로 이사회의 승인 등의 절차 없이 자신의 채권 변제에 충당하는 행위는 횡령죄에 해당한다.
>
> ㉢ 타인의 금전을 위탁받아 보관하는 자가 보관방법으로 금융기관에 자신의 명의로 예치한 후 이를 함부로 인출하여 소비하거나 위탁자에게서 반환요구를 받았음에도 영득의 의사로 반환을 거부하는 경우 횡령죄는 성립하지 않는다.
>
> ㉣ 부동산실명법을 위반한 양자간 명의신탁의 경우 명의수탁자가 신탁받은 부동산을 임의로 처분하여도 명의신탁자에 대한 관계에서 횡령죄가 성립하지 아니한다.

① ㉠, ㉡

② ㉠, ㉣

③ ㉡, ㉢

④ ㉢, ㉣

30

배임죄에 대한 설명으로 가장 적절하지 <u>않은</u> 것은? (다툼이 있는 경우 판례에 의함)

① 동산매매계약에서의 매도인은 매수인에 대하여 그의 사무를 처리하는 지위에 있지 아니하므로, 매도인이 목적물을 매수인에게 인도하지 아니하고 이를 타에 처분하였다 하더라도 매도인에게 형법상 배임죄가 성립하지 않는다.

② 채무담보를 위하여 채권자에게 부동산에 관하여 근저당권을 설정해 주기로 약정한 채무자가 담보 목적물을 임의로 처분한 경우 채무자에게 배임죄가 성립하지 않는다.

③ 부동산 매도인인 피고인이 매수인 갑 등과 매매계약을 체결하고 갑 등으로부터 계약금과 중도금을 지급받은 후 매매목적물인 부동산을 제3자 을 등에게 이중으로 매도하고 소유권이전등기를 마쳐 준 것만으로는 피고인에게 배임죄가 성립하지 않는다.

④ 채무자가 금전채무를 담보하기 위하여 그 소유의 동산을 채권자에게 동산 채권 등의 담보에 관한 법률에 따른 동산담보로 제공함으로써 채권자인 동산담보권자에 대하여 담보물의 담보 가치를 유지 보전할 의무 또는 담보물을 타에 처분하거나 멸실, 훼손하는 등으로 담보권 실행에 지장을 초래하는 행위를 하지 않을 의무를 부담하게 된 경우라도 채무자는 배임죄의 주체인 '타인의 사무를 처리하는 자'에 해당하지 않는다.

31

장물의 죄에 대한 설명으로 가장 적절하지 <u>않은</u> 것은? (다툼이 있는 경우 판례에 의함)

① 장물인 현금을 금융기관에 예금의 형태로 보관하였다가 이를 반환받기 위하여 동일한 액수의 현금을 인출한 경우에 예금계약의 성질상 인출된 현금은 당초의 현금과 물리적인 동일성은 상실되었지만 액수에 의하여 표시되는 금전적 가치에는 아무런 변동이 없으므로 장물로서의 성질은 그대로 유지된다.

② 컴퓨터 등 사용사기죄의 범행으로 예금채권을 취득한 다음 자기의 현금카드를 사용하여 현금자동지급기에서 현금을 인출한 경우, 그 인출된 현금은 장물이 될 수 없다.

③ 장물인 귀금속의 매도를 부탁받은 피고인이 그 귀금속이 장물임을 알면서도 매매를 중개하고 매수인에게 이를 전달하려다가 매수인을 만나기도 전에 체포되었다면, 위 귀금속의 매매를 중개함으로써 장물알선죄가 성립한 것으로 볼 수 없다.

④ 장물죄에 있어서 본범의 행위에 관한 법적 평가는 그 행위에 대하여 우리 형법이 적용되지 아니하는 경우에도 우리 형법을 기준으로 하여야 하고, 본범의 행위가 우리 형법에 비추어 절도죄 등의 구성요건에 해당하는 위법한 행위라고 인정되는 이상 이에 의하여 영득된 재물은 장물에 해당한다.

32

손괴의 죄에 대한 설명으로 가장 적절하지 <u>않은</u> 것은? (다툼이 있는 경우 판례에 의함)

① 해고노동자 등이 복직을 요구하는 집회를 개최하던 중 래커스프레이를 이용하여 회사 건물 외벽과 1층 벽면 등에 낙서한 행위는 건물의 효용을 해한 것으로 볼 수 있으나, 이와 별도로 계란 30여 개를 건물에 투척한 행위는 건물의 효용을 해하는 정도의 것에 해당하지 않는다.

② 재건축사업으로 철거예정이고 그 입주자들이 모두 이사하여 아무도 거주하지 않은 채 비어 있는 아파트라 하더라도, 그 객관적 성상이 본래 사용목적인 주거용으로 쓰일 수 없는 상태라거나 재물로서의 이용가치나 효용이 없는 물건이라고도 할 수 없다면 재물손괴죄의 객체가 된다.

③ 수확되지 아니한 쪽파의 매수인이 명인방법을 갖추지 않은 경우, 그 쪽파의 소유권은 여전히 매도인에게 있고 매도인과 제3자 사이에 일정 기간 후 임의처분의 약정이 있었다면 그 기간 후에 그 제3자가 쪽파를 손괴하였더라도 재물손괴죄가 성립하지 않는다.

④ 자동문을 자동으로 작동하지 않고 수동으로만 개폐가 가능하게 하여 자동잠금장치로서 역할을 할 수 없도록 한 것만으로는 재물손괴죄가 성립하지 않는다.

33

형법상 범죄단체조직죄에 대한 설명으로 가장 적절하지 <u>않은</u> 것은? (다툼이 있는 경우 판례에 의함)

① 사형, 무기 또는 장기 4년 이상의 징역에 해당하는 범죄를 목적으로 하는 단체 또는 집단을 조직하거나 이에 가입 또는 그 구성원으로 활동한 사람은 그 목적한 죄에 정한 형으로 처벌한다. 다만, 그 형을 감경할 수 있다.

② 범죄를 목적으로 하는 단체라 함은 특정 다수인이 일정한 범죄를 수행한다는 공동목적 아래 구성한 계속적인 결합체로서 그 단체를 주도하거나 내부의 질서를 유지하는 최소한의 통솔체계를 갖추고 있음을 요한다.

③ 사기범죄를 목적으로 구성된 다수인의 계속적인 결합체로서 총책을 중심으로 간부급 조직원들과 상담원들, 현금인출책 등으로 구성되어 내부의 위계질서가 유지되고 조직원의 역할 분담이 이루어지는 최소한의 통솔체계를 갖추고 있는 보이스피싱 사기조직은 형법상의 범죄단체에 해당한다.

④ 사기범죄를 목적으로 구성된 범죄단체에 가입하는 행위 또는 그 범죄단체 구성원으로서 활동하는 행위와 목적된 범죄인 사기행위는 법조경합 관계로 사기죄만 성립한다.

34

방화와 실화의 죄에 대한 설명으로 가장 적절하지 <u>않은</u> 것은? (다툼이 있는 경우 판례에 의함)

① 형법상 방화죄의 객체인 건조물은 토지에 정착되고 벽 또는 기둥과 지붕 또는 천장으로 구성되어 사람이 내부에 기거하거나 출입할 수 있는 공작물을 말하고, 반드시 사람의 주거용이어야 하는 것은 아니라도 사람이 사실상 기거 취침에 사용할 수 있는 정도는 되어야 한다.

② 노상에서 전봇대 주변에 놓인 재활용품과 쓰레기 등을 발견하고 소지하고 있던 라이터를 이용하여 불을 붙인 다음 불상의 가연물을 집어넣어 화염을 키움으로써 공공의 위험을 발생하게 한 경우 형법 제167조 제1항에 정한 타인소유일반물건방화죄가 성립한다.

③ 피고인이 방화의 의사로 뿌린 휘발유가 인화성이 강한 상태로 주택주변과 피해자의 몸에 적지 않게 살포되어 있는 사정을 알면서도 라이터를 켜 불꽃을 일으킴으로써 피해자의 몸에 불이 붙은 경우, 비록 외부적 사정에 의하여 불이 방화 목적물인 주택 자체에 옮겨 붙지는 아니하였다 하더라도 현존건조물방화죄의 실행의 착수가 있었다고 봄이 상당하다.

④ 피해자의 사체 위에 옷가지 등을 올려놓고 불을 붙인 천조각을 던져서 그 불길이 방안을 태우면서 천정에까지 옮겨 붙었다면 도중에 진화되었다고 하더라도 일단 천정에 옮겨 붙은 때에 이미 현주건조물방화죄의 기수에 이른 것이다.

35

다음의 설명 중 가장 적절한 것은? (다툼이 있는 경우 판례에 의함)

① 일본국의 자동판매기 등에 투입하여 일본국의 500¥짜리 주화처럼 사용하기 위하여 한국은행발행 500원짜리 주화의 표면일부를 깎아내어 손상을 가한 경우, 그 크기와 모양 및 대부분의 문양이 그대로 남아 있더라도 형법 제207조 통화변조죄가 성립한다.

② 형법 제207조 통화위조죄에서 정한 '행사할 목적'은 자신의 신용력을 증명하기 위하여 타인에게 보일 목적으로 통화를 위조한 경우에도 인정할 수 있다.

③ 유가증권의 내용 중 권한 없는 자에 의하여 이미 변조된 부분을 다시 권한 없이 변경하였다고 하더라도 형법 제214조 유가증권변조죄는 성립하지 않는다.

④ 위조우표취득죄 및 위조우표행사죄에 관한 형법 제219조 및 제218조 제2항 소정의 "행사"라 함은 위조된 대한민국 또는 외국의 우표를 진정한 우표로서 사용하는 것으로 우편요금의 납부용으로 사용하는 것에 한정되고 우표수집의 대상으로서 매매하는 경우는 이에 해당하지 않는다.

36

문서에 관한 죄에 대한 설명으로 가장 적절하지 <u>않은</u> 것은? (다툼이 있는 경우 판례에 의함)

① 명의인이 실재하지 않는 허무인이거나 또는 문서의 작성일자 전에 이미 사망하였다고 하더라도 그러한 문서 역시 공공의 신용을 해할 위험성이 있으므로 문서위조죄의 객체가 되며, 이는 공문서뿐만 아니라 사문서의 경우에도 마찬가지이다.

② 문서가 원본인지 여부가 중요한 거래에서 문서의 사본을 진정한 원본인 것처럼 행사할 목적으로 다른 조작을 가함이 없이 문서의 원본을 그대로 컬러복사기로 복사한 후 복사한 문서의 사본을 원본인 것처럼 행사한 행위는 문서위조죄 및 동행사죄에 해당한다.

③ 간접정범을 통한 위조문서행사범행에 있어 도구로 이용된 자라고 하더라도 문서가 위조된 것임을 알지 못하는 자에게 행사한 경우에는 위조문서행사죄가 성립한다.

④ 허위공문서작성의 주체는 직무상 그 문서를 작성할 권한이 있는 공무원에 한하므로 작성권한이 없는 기안담당 공무원 갑이 그 직위를 이용하여 행사할 목적으로 허위의 내용이 기재된 문서 초안을 그정을 모르는 작성권한이 있는 상사에게 제출하여 결재하도록 하는 등의 방법으로 허위의 공문서를 작성하게 한 경우에는 갑에게 허위공문서작성죄의 간접정범이 성립하지 않는다.

37

직무유기죄에 대한 설명으로 가장 적절하지 <u>않은</u> 것은? (다툼이 있으면 판례에 의함)

① 교육기관 교육행정기관 지방자치단체 또는 교육연구기관의 장이 징계의결을 집행하지 못할 법률상 사실상의 장애가 없는데도 징계의결서를 통보받은 날로부터 법정 시한이 지나도록 집행을 유보하는 모든 경우에 직무유기죄가 성립한다.

② 당직사관으로 주번근무를 하던 육군 중위가 당직근무를 함에 있어서 훈육관실에서 학군사관후보생 2명과 함께 술을 마시고 내무반에서 학군사관후보생 2명 및 애인 등과 함께 화투놀이를 한 다음 애인과 함께 자고 난 뒤 교대할 당직근무자에게 당직근무의 인계, 인수도 하지 아니한 채 퇴근하였다면 직무유기죄가 성립한다.

③ 직무유기라 함은 공무원이 법령, 내규 등에 의한 추상적인 충근의무를 태만히 하는 일체의 경우를 이르는 것이 아니고, 직장의 무단이탈, 직무의 의식적인 포기 등과 같이 그것이 국가의 기능을 저해하며 국민에게 피해를 야기시킬 가능성이 있는 경우를 말한다.

④ 경찰관이 불법체류자의 신병을 출입국관리사무소에 인계하지 않고 훈방하면서 이들의 인적사항조차 기재해 두지 아니하였다면 직무유기죄가 성립한다.

38

뇌물죄에 대한 설명으로 가장 적절하지 <u>않은</u> 것은? (다툼이 있으면 판례에 의함)

① 법령에 기한 임명권자에 의하여 임용되어 공무에 종사하여 온 사람이 나중에 그가 임용결격자이었음이 밝혀져 당초의 임용행위가 무효라고 하더라도 그가 임용행위라는 외관을 갖추어 실제로 공무를 수행한 이상 형법 제129조에서 규정한 공무원으로 봄이 타당하고, 그가 그 직무에 관하여 뇌물을 수수한 때에는 수뢰죄로 처벌할 수 있다.

② 뇌물공여죄가 성립하기 위하여는 뇌물을 공여하는 행위와 상대방측에서 금전적으로 가치가 있는 그 물품 등을 받아들이는 행위가 필요할 뿐 반드시 상대방 측에서 뇌물수수죄가 성립하여야 하는 것은 아니다.

③ 뇌물약속죄에서 뇌물의 약속은 직무와 관련하여 장래에 뇌물을 주고받겠다는 양 당사자의 의사표시가 확정적으로 합치하면 성립하고, 뇌물의 가액이 얼마인지는 문제되지 않는다.

④ 알선뇌물수수죄와 관련하여 상대방으로 하여금 뇌물을 수수하는 자에게 잘 보이면 어떤 도움을 받을 수 있다거나 손해를 입을 염려가 없다는 정도의 막연한 기대감을 갖게 하고, 뇌물을 수수하는 자 역시 상대방이 그러한 기대감을 가질 것이라고 짐작하면서 수수하였다면 알선뇌물수수죄가 성립한다.

39

공무방해에 관한 죄에 대한 설명으로 가장 적절하지 <u>않은</u> 것은? (다툼이 있으면 판례에 의함)

① 공무집행방해죄는 공무원의 적법한 공무집행이 전제로 되는데, 추상적인 권한에 속하는 공무원의 어떠한 공무집행이 적법한지 여부는 행위 당시의 구체적 상황에 기하여 객관적 합리적으로 판단하여야 하고 사후적으로 순수한 객관적 기준에서 판단할 것은 아니다.

② 불심검문을 하게 된 경위, 불심검문 당시의 현장상황과 검문을 하는 경찰관들의 복장, 피고인이 공무원증 제시나 신분 확인을 요구하였는지 여부 등을 종합적으로 고려하여, 검문하는 사람이 경찰관이고 검문하는 이유가 범죄행위에 관한 것임을 피고인이 충분히 알고 있었다고 보이는 경우에는 신분증을 제시하지 않았다고 하여 그 불심검문이 위법한 공무집행이라고 할 수 없다.

③ 음주운전을 하다가 교통사고를 야기한 후 그 형사처벌을 면하기 위하여 타인의 혈액을 자신의 혈액인 것처럼 교통사고 조사 경찰관에게 제출하여 감정하도록 한 행위는 위계에 의한 공무집행방해죄에 해당한다.

④ 외국 주재 한국영사관의 비자발급 업무와 같이 상대방에게서 신청을 받아 일정한 자격요건 등을 갖춘 경우에 한하여 그에 대한 수용 여부를 결정하는 업무는 신청서에 기재된 사유가 사실과 부합하지 않을 수 있는 것을 전제로 그 자격요건 등을 심사 판단하는 것이므로, 업무담당자가 사실을 충분히 확인하지 아니한 채 신청인이 제출한 허위의 신청사유나 허위의 소명자료를 가볍게 믿고 이를 수용하였더라도 신청인에게 위계에 의한 공무집행방해죄가 성립한다.

40

무고죄에 대한 설명으로 적절하지 <u>않은</u> 것을 모두 고른 것은? (다툼이 있는 경우 판례에 의함)

> ⊙ 무고죄에서의 허위사실 적시의 정도는 수사관서 또는 감독관서에 대하여 수사권 또는 징계권의 발동을 촉구하는 정도의 것이면 충분하고 반드시 범죄구성요건 사실이나 징계요건 사실을 구체적으로 명시하여야 하는 것은 아니다.
>
> ⓛ 신고한 사실이 객관적 진실에 반하는 허위사실이라는 점에 관하여는 적극적인 증명이 있어야 하며, 신고사실의 진실성을 인정할 수 없다는 점만으로 곧 그 신고사실이 객관적 진실에 반하는 허위사실이라고 단정하여 무고죄의 성립을 인정할 수는 없다.
>
> © 피고인이 돈을 갚지 않는 갑을 차용금 사기로 고소하면서 대여금의 용도에 관하여 '도박자금'으로 빌려준 사실을 감추고 '내비게이션 구입에 필요한 자금'이라고 허위 기재했을 뿐 갑이 차용금의 용도를 속이는 바람에 대여하게 되었다는 취지로 주장한 사실이 없더라도, 피고인이 대여의 일시 장소를 사실과 달리 기재하였다면 무고죄가 성립한다.
>
> ⓔ 갑이 자기 자신을 무고하기로 을과 공모하고 이에 따라 무고행위에 가담하였다면 갑은 을과 함께 무고죄의 공동정범으로 처벌된다.

① ⊙, ⓛ   ② ⊙, ⓔ

③ ⓛ, ©   ④ ©, ⓔ

2020년 기출문제

01

죄형법정주의에 대한 설명 중 가장 적절한 것은? (다툼이 있는 경우 판례에 의함)

① 위법성 및 책임의 조각사유나 소추조건, 또는 처벌조각사유인 형면제 사유에 관하여 그 범위를 제한적으로 유추적용하게 되면 행위자의 가벌성의 범위는 확대되어 행위자에게 불리하게 되므로 유추해석금지의 원칙에 반한다.

② 대법원 양형위원회가 설정한 양형기준이 발효하기 전에 공소가 제기된 범죄에 대하여 위 양형기준을 참고하여 형을 양정한 경우 피고인에게 불리한 법률을 소급하여 적용하였으므로 소급효 금지의 원칙에 반한다.

③ 가정폭력범죄의 처벌 등에 관한 특례법이 정한 보호처분 중의 하나인 사회봉사명령은 형벌 그 자체가 아니라 보안처분의 성격을 가지는 것이므로 형벌불소급의 원칙이 적용되지 않고 재판시법을 적용함이 상당하다.

④ 헌법재판소가 형벌조항에 대해 헌법불합치결정을 선고하면서 개정시한을 정하여 입법개선을 촉구하였는데도 위 시한까지 법률 개정이 이루어지지 않은 경우 공소가 제기된 피고사건에 대하여 형사소송법 제326조 제4호에 따라 면소를 선고하여야 한다.

02

형법의 적용범위에 대한 설명 중 가장 적절하지 않은 것은? (다툼이 있는 경우 판례에 의함)

① 형법 제1조 제1항에서 범죄의 성립과 처벌은 행위 시의 법률에 의한다고 할 때의 '행위시'라 함은 범죄행위의 종료시를 의미한다.

② 죄를 지어 외국에서 형의 전부 또는 일부가 집행된 사람에 대해서는 그 집행된 형의 전부 또는 일부를 선고하는 형에 산입한다.

③ 형을 종전보다 가볍게 형벌법규를 개정하면서 그 부칙에서 개정된 법의 시행 전의 범죄에 대하여는 종전의 형벌법규를 적용하도록 규정한 경우 형벌불소급의 원칙이나 신법우선의 원칙에 반한다.

④ 외국인이 대한민국 공무원에게 알선한다는 명목으로 금품을 수수하는 행위가 대한민국 영역 내에서 이루어진 이상, 비록 금품수수의 명목이 된 알선행위를 하는 장소가 대한민국 영역외라 하더라도 대한민국의 형벌법규인 구 변호사법이 적용되어야 한다.

03

범죄의 종류에 대한 설명 중 가장 적절한 것은? (다툼이 있는 경우 판례에 의함)

① 협박죄는 사람의 의사결정의 자유를 침해하는 침해범으로서 해악의 고지가 상대방에게 도달하여 상대방이 그 의미를 인식하고 나아가 현실적으로 공포심을 일으켰을 때에 비로소 기수가 된다.

② 배임죄의 '손해를 가한 때'란 그 문언상 '손해를 현실적으로 발생하게 한 때'만을 의미하고 실해발생의 위험은 이에 해당하지 않으므로 침해범으로 보아야 한다.

③ 일반교통방해죄는 추상적 위험범으로서 교통이 불가능하거나 또는 현저히 곤란한 상태가 발생하면 바로 기수가 되고 교통 방해의 결과가 현실적으로 발생하여야 하는 것은 아니다.

④ 일정한 신분을 가진 자만이 행위주체가 되는 신분범으로 허위공문서작성죄, 공문서위조죄 등이 있다.

04

법인의 범죄능력과 양벌규정에 대한 설명 중 가장 적절한 것은? (다툼이 있는 경우 판례에 의함)

① 합병으로 인하여 소멸한 법인이 그 종업원 등의 위법행위에 대해 양벌규정에 따라 부담하던 형사책임은 합병으로 인하여 존속하는 법인에 승계된다.

② 양벌규정에 의해서 법인 또는 영업주를 처벌하는 경우 그 처벌은 직접 법률을 위반한 행위자에 대한 처벌에 종속하므로 행위자에 대한 처벌은 법인 또는 개인에 대한 처벌의 전제조건이 된다.

③ 회사 대표자의 위반행위에 대하여 징역형의 형량을 작량감경하고 병과하는 벌금형에 대하여 선고유예를 하였다면 양벌규정에 따라 그 회사를 처단함에 있어서도 같은 조치를 취하여야 한다.

④ 지입차주가 세무관서에 독립된 사업자등록을 하고 지입된 차량을 직접 운행 관리하면서 그 명의로 운송계약을 체결하였다고 하더라도, 지입차주는 객관적으로나 외형상으로나 그 차량의 소유자인 지입회사와의 위탁계약에 의하여 그 위임을 받아 운행·관리를 대행하는 지위에 있는 자로서 구 도로법 제100조 제1항에서 정한 대리인 사용인 그 밖의 종업원에 해당한다.

05

다음 사례 중 인과관계가 인정되는 경우를 모두 고른 것은? (다툼이 있는 경우 판례에 의함)

> ㉠ 甲이 좌회전 금지구역에서 좌회전하는데 50여 미터 후방에서 따라오던 후행차량이 중앙선을 넘어 甲운전차량의 좌측으로 돌진하여 사고가 발생한 경우 甲의 좌회전 금지구역에서 좌회전한 행위와 사고발생 사이
>
> ㉡ 甲의 살인행위와 피해자 A의 사망과의 사이에 다른 사실이 개재되어 그 사실이 치사의 직접적인 원인이 되었다고 하더라도 그와 같은 사실이 통상 예견할 수 있는 것에 지나지 않는 경우 甲의 살인행위와 A의 사망 사이
>
> ㉢ 甲이 계속 교제하기를 원하는 자신의 제의를 피해자 A가 거절한다는 이유로 A의 얼굴 등을 구타하는 등 폭행을 가하여 전치 10일간의 흉부피하출혈상 등을 가하였고, A가 계속되는 甲의 폭행을 피하려고 다시 도로를 건너 도주하다가 차량에 치여 사망한 경우 甲의 상해행위와 A의 사망 사이
>
> ㉣ 甲이 A의 뺨을 1회 때리고 오른손으로 목을 쳐 A로 하여금 뒤로 넘어지면서 머리를 땅바닥에 부딪치게 하여 두부 손상 등 상해를 가한 후, A가 병원에서 입원치료를 받다가 합병증인 폐렴으로 인한 패혈증 등으로 사망한 경우 甲의 상해행위와 A의 사망 사이

① ㉠, ㉢　　　　　　② ㉡, ㉣
③ ㉠, ㉡, ㉢　　　　④ ㉡, ㉢, ㉣

06

다음 중 고의의 인식대상을 모두 고른 것은?

> ㉠ 수뢰죄에 있어서 공무원이라는 신분
> ㉡ 사전수뢰죄에 있어서 공무원 또는 중재인이 된 사실
> ㉢ 친족상도례가 적용되는 범죄에 있어서 친족관계
> ㉣ 특수폭행죄에 있어서 위험한 물건을 휴대한다는 사실
> ㉤ 친고죄에 있어서 피해자의 고소

① ㉠, ㉣　　　　　　② ㉡, ㉢
③ ㉠, ㉣, ㉤　　　　④ ㉡, ㉢, ㉤

07

사실의 착오에 대한 설명 중 가장 적절하지 <u>않은</u> 것은?

① 甲이 형 A를 살해하기 위하여 집에 들어가 칼로 찔렀는데, 아버지 B를 A로 오인하고 살해한 경우 판례에 따르면 A에 대한 살인미수죄와 B에 대한 존속살해죄의 상상적 경합이 된다.

② 甲이 A를 살해하기 위하여 A의 집안에 독극물이 든 음료수를 두었는데, 예상과 달리 놀러 온 친구 B가 이를 마시고 사망한 경우 판례에 따르면 B에 대한 살인죄가 성립한다.

③ 甲이 상해의 고의로 A를 향해 돌을 던졌으나 빗나가는 바람에 옆에 있던 B가 맞아 상해를 입은 경우 구체적 부합설에 따르면 A에 대한 상해미수죄와 B에 대한 과실치상죄의 상상적 경합이 된다.

④ 甲은 자신을 괴롭히는 직장동료 A를 상해하기 위하여 늦은밤 퇴근하는 A의 무릎을 몽둥이로 강타하였는데, 알고 보니 외모가 비슷한 B가 맞아 상해를 입은 경우 법정적 부합설에 따르면 B에 대한 상해죄가 성립한다.

08

피해자의 승낙에 대한 설명 중 가장 적절하지 <u>않은</u> 것은? (다툼이 있는 경우 판례에 의함)

① 문서의 위조라고 하는 것은 작성권한 없는 자가 타인 명의를 모용하여 문서를 작성하는 것을 말하는 것이므로 사문서를 작성함에 있어 그 명의자의 명시적이거나 묵시적인 승낙(위임)이 있었다면 이는 사문서위조에 해당한다고 할 수 없다.

② 甲이 동거중인 피해자의 지갑에서 현금을 꺼내가는 것을 피해자가 현장에서 목격하고도 만류하지 아니하였다면 피해자가 이를 허용하는 묵시적 의사가 있었다고 볼 수 있으므로 절도죄가 성립하지 않는다.

③ 甲이 기관장들의 조찬모임에서의 대화내용을 도청하기 위한 도청장치를 설치할 목적으로 손님을 가장하여 그 조찬모임 장소인 음식점에 들어간 경우 영업주가 그 출입을 허용하지 않았을 것으로 보는 것이 경험칙에 부합하므로, 주거침입죄가 성립한다.

④ 甲이 피해자 A와 공모하여 교통사고를 가장하여 보험금을 편취할 목적으로 피해자에게 동의를 받아 상해를 가한 경우 피해자의 승낙으로 위법성이 조각된다.

09

책임능력에 대한 설명 중 가장 적절하지 <u>않은</u> 것은? (다툼이 있는 경우 판례에 의함)

① 정신적 장애가 있는 자는 범행 당시 정상적인 사물변별능력과 행위통제능력이 있었다고 하더라도 심신장애에 해당한다.

② 심신장애로 인하여 사물을 변별할 능력이나 의사를 결정할 능력이 미약한 자의 행위는 형을 감경할 수 있다.

③ 범행을 기억하고 있지 않다는 사실만으로 바로 범행 당시 심신상실 상태에 있었다고 단정할 수는 없다.

④ 피고인이 음주운전을 할 의사를 가지고 음주만취한 후 운전을 결행하여 교통사고를 일으켰다면 피고인은 음주시에 교통사고를 일으킬 위험성을 예견하였는데도 자의로 심신장애를 야기한 경우에 해당하므로 심신장애로 인한 감경 등을 할 수 없다.

10

금지착오에 대한 설명 중 가장 적절하지 <u>않은</u> 것은? (다툼이 있는 경우 판례에 의함)

① 행위자가 처벌되지 않는 행위를 처벌되는 행위로 오인하고 행위를 한 경우 금지착오에 해당하며 오인에 정당한 이유가 있으면 책임이 조각된다.

② 사인이 현행범인을 체포하면서 그 범인을 자기 집안에 24시간까지 감금할 수 있다고 오인하고 감금한 경우 금지착오에 해당한다.

③ 단순한 법률의 부지의 경우는 형법 제16조의 적용대상이 되지 않는다는 것이 판례의 입장이다.

④ 약 23년간 경찰공무원으로 근무해 온 형사계 강력 1반장이 검사의 수사지휘대로만 하면 모두 적법한 것이라고 믿고 허위공문서를 작성한 경우 오인에 정당한 이유가 없다.

11

실행의 착수시기에 대한 설명 중 가장 적절한 것은?
(다툼이 있는 경우 판례에 의함)

① 침입 대상인 아파트에 사람이 있는지를 확인하기 위해 그 집의 초인종을 누른 경우 주거의 사실상의 평온을 침해할 객관적인 위험성이 있으므로 주거침입죄의 실행의 착수가 인정된다.

② 야간에 다세대주택 2층의 불이 꺼져있는 것을 보고 물건을 절취하기 위하여 가스배관을 타고 올라가다가, 발은 1층 방범창을 딛고 두 손은 1층과 2층 사이에 있는 가스배관을 잡고 있던 상태에서 순찰 중이던 경찰관에게 발각되자 그대로 뛰어내린 경우 야간주거침입절도죄의 실행의 착수가 인정되지 않는다.

③ 야간에 아파트에 침입하여 물건을 훔칠 의도하에 아파트의 베란다 철제난간까지 올라가 유리창문을 열려고 시도하고 실제로 집안에 들어가지는 못한 경우 야간주거침입절도죄의 실행의 착수가 인정되지 않는다.

④ 노상에 세워 놓은 자동차안에 있는 물건을 훔칠 생각으로 자동차의 유리창을 통하여 그 내부를 손전등으로 비추어 본 경우 유리창을 따기 위해 면장갑을 끼고 있었고 칼을 소지하고 있었다면 절도죄의 실행의 착수가 인정된다.

12

불능미수에 대한 설명 중 가장 적절하지 <u>않은</u> 것은?
(다툼이 있는 경우 판례에 의함)

① 불능미수는 실행의 수단이나 대상의 착오로 처음부터 구성요건이 충족될 가능성이 없는 경우로, 결과적으로 구성요건의 충족은 불가능하지만 그 행위의 위험성이 있으면 불능미수로 처벌한다.

② 불능미수는 행위자가 실제로 존재하지 않는 사실을 존재한다고 오인하였다는 측면에서 존재하는 사실을 인식하지 못한 사실의 착오와 다르다.

③ '결과 발생의 불가능'은 실행의 수단 또는 대상의 원시적 불가능성으로 인하여 범죄가 기수에 이를 수 없는 것을 의미한다고 보아야 한다.

④ 불능범과 구별되는 불능미수의 성립요건인 '위험성'은 행위 당시에 행위자가 인식한 사정과 일반인이 인식할 수 있는 사정을 기초로 일반적 경험법칙에 따라 판단해야 한다.

13

부작위범에 대한 설명 중 가장 적절하지 <u>않은</u> 것은?
(다툼이 있는 경우 판례에 의함)

① 부작위범에 대한 교사는 가능하지만, 부작위에 의한 교사는 불가능하다.

② 부진정부작위범은 작위범에 비해 불법의 정도가 가벼우므로 형법 제18조에 의하여 형을 감경할 수 있도록 규정하고 있다.

③ 진정부작위범 사이의 공동정범은 다수의 부작위범에게 공통된 의무가 부여되어 있고 그 의무를 공통으로 이행할 수 있을 때에만 성립한다.

④ 의사 甲이 특정시술을 받으면 아들을 낳을 수 있을 것이라는 착오에 빠져있는 피해자들에게 그 시술의 효과와 원리에 관하여 사실대로 고지하지 아니한 채 아들을 낳을 수 있는 시술인 것처럼 가장하여 일련의 시술과 처방을 한 경우 부작위에 의한 사기죄가 성립한다.

14

결과적 가중범에 대한 설명 중 가장 적절한 것은? (다툼이 있는 경우 판례에 의함)

① 결과적 가중범에 있어서 기본범죄는 고의 과실, 기수·미수를 불문한다.

② 진정결과적 가중범이란 고의에 의한 기본범죄에 의하여 중한 결과가 과실뿐만 아니라 고의에 의하여도 발생할 수 있는 것을 말한다.

③ 부진정결과적 가중범에서 고의로 중한 결과를 발생하게 한 행위가 별도의 구성요건에 해당하고 그 고의범에 대하여 결과적 가중범에 정한 형보다 더 무겁게 처벌하는 규정이 없는 경우에는 그 고의범과 결과적 가중범이 상상적 경합관계에 있다.

④ 여러 사람이 상해의 범의로 범행 중 한 사람이 중한 상해를 가하여 피해자가 사망에 이르게 된 경우 나머지 사람들은 사망의 결과를 예견할 수 없는 때가 아닌 한 상해치사의 죄책을 면할 수 없다.

15

필요적 공범에 대한 설명 중 가장 적절한 것은? (다툼이 있는 경우 판례에 의함)

① 필요적 공범인 뇌물공여죄와 뇌물수수죄가 성립하기 위해서는 반드시 관여된 자 모두의 행위가 범죄로 성립되어야 하므로 일방에게 뇌물공여죄가 성립하려면 상대방 측에서 뇌물수수죄가 성립되어야 한다.

② 공무원이 직무상 비밀을 누설한 경우 형법 제127조의 공무상비밀누설죄로 처벌이 되며, 그 대향범인 비밀누설을 받은 자는 형법총칙의 공범규정이 적용되어 공무상비밀누설죄의 공범이 된다.

③ 변호사 甲이 변호사 아닌 자에게 고용되어 법률사무소를 개설 운영하는 행위에 관여한 행위가 형법총칙의 교사 방조에 해당할 경우 변호사 甲을 구 변호사법 제109조 제2호, 제34조 제4항 위반죄의 공범으로 처벌할 수 있다.

④ 甲이 세무사의 사무직원으로부터 그가 직무상 보관하고 있던 임대사업자 등의 인적사항, 사업자소재지가 기재된 서면을 교부받은 경우 구 세무사법상 직무상 비밀누설죄의 공동정범에 해당하지 않는다.

16

공동정범에 대한 설명 중 가장 적절하지 <u>않은</u> 것은? (다툼이 있는 경우 판례에 의함)

① 포괄일죄의 범행 도중에 공동정범으로 범행에 가담한 자는 그가 그 범행에 가담할 때에 이미 이루어진 종전의 범행을 알았다면 그 가담 이후의 범행뿐만 아니라 가담 이전의 범행에 대해서도 공동정범으로 책임을 진다.

② 공모공동정범에서 공모자 중 1인이 공모에 주도적으로 참여하여 다른 공모자의 실행에 영향을 미친 주도적 공모자인 경우에는 범행을 저지하기 위하여 적극적으로 노력하는 등 실행에 미친 영향력을 제거하여야 공모관계에서 이탈하였다고 볼 수 있다.

③ 공모공동정범에 있어서 주관적 요건인 공모가 이루어졌다면 실행행위에 관여하지 않았더라도 다른 공범자의 행위에 대하여 형사책임을 진다.

④ 공모자 중 어떤 사람이 다른 공모자가 실행행위에 이르기 전에 그 공모관계에서 이탈한 때에는 그 이후의 다른 공모자의 행위에 관하여 원칙적으로 공동정범으로서의 책임은 지지 않는다고 할 것이고 그 이탈의 표시는 반드시 명시적일 필요는 없다.

17

교사범에 대한 설명 중 가장 적절한 것은? (다툼이 있는 경우 판례에 의함)

① 고의에 의한 교사행위뿐만 아니라 과실에 의한 교사행위도 가능하다.

② 피교사자가 이미 범죄의 결의를 가지고 있는 경우에도 교사범이 성립할 수 있다.

③ 교사를 받은 자가 범죄의 실행을 승낙조차 하지 않은 이른바 실패한 교사의 경우 교사자와 피교사자를 음모 또는 예비에 준하여 처벌한다.

④ 교사범이 공범관계로부터 이탈하기 위해서는 피교사자가 범죄의 실행행위에 나아가기 전에 교사범에 의하여 형성된 피교사자의 범죄 실행의 결의를 해소하여야 한다.

18

공범과 신분에 대한 설명 중 가장 적절하지 <u>않은</u> 것은? (다툼이 있는 경우 판례에 의함)

① 형법 제33조 본문의 신분관계로 인하여 성립될 범죄에는 진정신분범뿐만 아니라 부진정신분범도 포함되며, 단서는 비신분자와 신분자의 과형의 개별화에 관한 규정으로 본다.

② 비신분자인 아내와 신분자인 아들이 공동하여 아버지를 살해한 경우 비신분자인 아내는 존속살해죄가 아닌 보통살인죄로 성립처벌된다.

③ 공무원이 뇌물공여자로 하여금 공무원과 뇌물수수죄의 공동정범 관계에 있는 비공무원에게 뇌물을 공여하게 하여 비공무원이 뇌물을 받은 경우 비공무원은 공무원과 함께 뇌물수수죄의 공동정범이 성립하고 제3자뇌물수수죄는 성립하지 않는다.

④ 지방공무원의 신분을 가지지 아니하는 사람이 구 지방공무원법에 따라 처벌되는 지방공무원의 범행에 가공한다면 형법 제33조 본문에 의해서 공범으로 처벌받을 수 있다.

19

다음 사례 중 포괄일죄에 해당하는 경우를 모두 고른 것은? (다툼이 있는 경우 판례에 의함)

> ㉠ 甲이 컴퓨터로 음란 동영상을 제공하는 행위를 하였다가 동영상이 저장되어 있던 서버 컴퓨터 2대를 압수당한 이후 다시 장비를 갖추어 영업을 재개한 경우
> ㉡ 하나의 사건에 관하여 한 번 선서한 증인 甲이 같은 기일에 여러 가지 사실에 관하여 기억에 반하는 허위의 진술을 한 경우
> ㉢ 甲이 1개의 기망행위에 의하여 다수의 피해자로부터 각각 재산상 이익을 편취한 경우
> ㉣ 은행장 甲이 乙로부터 정식이사가 될 수 있도록 도와달라는 부탁을 받고 1년 동안 12회에 걸쳐 그 사례금 명목으로 합계 1억 2,000만 원을 교부받은 경우

① ㉠, ㉡ ② ㉠, ㉢

③ ㉡, ㉣ ④ ㉢, ㉣

20

집행유예 선고유예에 대한 설명 중 가장 적절하지 <u>않은</u> 것은? (다툼이 있는 경우 판례에 의함)

① 집행유예의 선고를 받은 자가 유예기간 중 고의로 범한 죄로 금고 이상의 실형을 선고받아 그 판결이 확정된 때에는 집행유예의 선고는 효력을 잃는다.

② 집행유예 기간의 시기(始期)에 관하여 명문의 규정을 두고 있지는 않으므로 법원은 그 시기를 집행유예를 선고한 판결 확정일 이후의 시점으로 임의로 선택할 수 있다.

③ 형의 선고를 유예하는 경우에 재범방지를 위하여 지도 및 원호가 필요한 때에는 1년의 보호관찰을 받을 것을 명할 수 있다.

④ 형의 선고유예를 받은 날로부터 2년을 경과한 때에는 면소된 것으로 간주한다.

21

상해와 폭행의 죄에 대한 설명 중 가장 적절한 것은? (다툼이 있는 경우 판례에 의함)

① 형법의 폭행죄, 존속폭행죄, 특수폭행죄는 모두 미수범 처벌 규정이 없으며, 피해자의 명시한 의사에 반하여 공소를 제기할 수 없다.

② 甲과 乙이 독립하여 A를 살해하고자 총을 쏘아 탄환 하나가 A의 다리에 적중하여 A가 상해를 입었는데, 甲과 乙 중 누구의 탄환인지 밝혀지지 않은 경우 甲과 乙에게 형법 제263조의 동시범이 성립하지 않는다.

③ 甲은 A와 어머니 B 사이에서 태어난 친생자로 호적부상 등재되어 있으나 사실은 A가 수년간 집을 떠나 있는 사이에 B가 C와 정교관계를 맺어 甲을 출산한 경우 甲이 A에게 상해를 가하면 甲에게 존속상해죄가 성립한다.

④ 甲이 "방문을 열어주지 않으면 죽어버린다"고 방 안에 있는 A에게 폭언을 하면서 잠긴 방문을 발로 차는 경우 폭행죄가 성립한다.

22

협박의 죄에 대한 설명 중 가장 적절하지 <u>않은</u> 것은? (다툼이 있는 경우 판례에 의함)

① 특수협박죄와 상습협박죄는 피해자의 명시한 의사에 반하여 공소를 제기할 수 있다.

② 협박죄에서 고의는 행위자가 해악을 고지한다는 것을 인식, 인용하는 것을 그 내용으로 하고, 고지한 해악을 실제로 실현할 의도나 욕구는 필요하지 않다.

③ 해악의 고지는 적어도 발생 가능한 것으로 생각될 수 있는 정도로 구체적이어야 하며, 행위 전후의 여러 사정을 종합하여 볼 때 일반적으로 사람으로 하여금 공포심을 일으키게 하기에 충분한 것이어야 한다.

④ 채권추심회사의 지사장이 자신의 횡령행위에 대한 민·형사상 책임을 모면하기 위하여 회사 본사에 '회사의 내부비리 등을 관계 기관에 고발하겠다'는 취지의 서면을 보내는 한편, 위 회사 대표이사의 처남으로서 경영지원본부장인 피해자 A에게 전화를 걸어 위 서면의 내용과 같은 취지로 발언한 경우 회사 본사와 A 모두에 대해서 협박죄가 성립한다.

23

강요의 죄에 대한 설명 중 가장 적절한 것은? (다툼이 있는 경우 판례에 의함)

① 인질강요죄에서 강요의 상대방에 '인질'은 포함되지 않으며, 인질강요죄를 범한 자가 인질을 안전한 장소에 풀어준 때에는 그 형을 감경한다.

② 폭행 또는 협박으로 '법률상 의무없는 일' 뿐만 아니라, '법률상 의무있는 일'을 하게 한 경우에도 강요죄가 성립한다.

③ 환경단체 소속 회원들이 마치 단속의 권한이 있는 것처럼 축산농가들의 폐수배출 단속활동을 벌이면서, 폐수배출 현장을 사진 촬영하거나 폐수배출 사실확인서를 징구하는 과정에서 이에 서명하지 아니하면 법에 저촉된다고 겁을 주는 등의 행위를 한 경우 강요죄에 해당한다.

④ 투자금 회수를 위해 피해자를 강요하여 물품대금을 횡령하였다는 자인서를 받아낸 뒤 이를 근거로 돈을 갈취한 경우에는 강요죄와 공갈죄의 실체적 경합이 된다.

24

체포 감금의 죄에 대한 설명 중 옳고 그름의 표시(○, ×)가 바르게 된 것은? (다툼이 있는 경우 판례에 의함)

> ㉠ 감금행위가 강간죄나 강도죄의 수단이 된 경우에도 감금죄는 강간죄나 강도죄에 흡수되지 아니하고 별죄를 구성한다.
> ㉡ 감금하기 위한 수단으로 협박한 경우 협박행위는 감금죄에 흡수되어 별도의 죄를 구성하지 아니한다.
> ㉢ 중감금죄가 성립하기 위해서는 사람을 감금한 후 가혹행위를 하여 생명 신체에 대한 구체적 위험이 발생해야 한다.
> ㉣ 미성년자를 유인한 자가 계속하여 미성년자를 불법하게 감금한 경우 미성년자유인죄 외에 감금죄가 별도로 성립한다.

① ㉠ (○) ㉡ (○) ㉢ (×) ㉣ (○)
② ㉠ (○) ㉡ (×) ㉢ (○) ㉣ (×)
③ ㉠ (○) ㉡ (○) ㉢ (○) ㉣ (○)
④ ㉠ (×) ㉡ (○) ㉢ (×) ㉣ (○)

25

강간과 추행의 죄에 대한 설명 중 가장 적절한 것은? (다툼이 있는 경우 판례에 의함)

① 채팅으로 만난 16세의 여자 청소년에게 "성교를 해주면 그 대가로 돈을 주겠다"고 거짓말하고 성교한 경우 형법 제302조의 미성년자 위계간음죄가 성립한다.

② 사람 및 차량의 왕래가 빈번한 도로에서 甲이 자신의 말을 무시한 피해자에게 성적이지 않은 욕설을 하면서 단순히 바지를 내리고 자신의 성기를 피해자에게 보여준 경우 강제추행죄가 성립한다.

③ 피고인이 엘리베이터 안에서 피해자를 칼로 위협하는 등의 방법으로 꼼짝하지 못하도록 하여 자신의 실력적인 지배하에 둔 다음 자위행위 모습을 보여주고 피할 수 없게 한 경우 성폭력범죄의 처벌 등에 관한 특례법의 특수강제추행죄가 성립한다.

④ 야간에 강간을 목적으로 피해자의 집에 담을 넘어 침입한 후, 안방에서 자고 있던 피해자의 가슴과 엉덩이를 만지면서 강간하려고 하였으나, 피해자가 '야' 하고 비명을 지르는 바람에 도망한 경우 강간죄의 장애미수에 해당한다.

26

명예에 관한 죄에 대한 설명 중 가장 적절하지 <u>않은</u> 것은? (다툼이 있는 경우 판례에 의함)

① 적시된 사실이 허위의 사실이라고 하더라도 행위자에게 허위성에 대한 인식이 없는 경우에는 제307조 제2항의 명예훼손죄가 아니라 제307조 제1항의 명예훼손죄가 성립될 수 있다.

② 진실인 사실을 공연히 유포하여 타인의 신용을 훼손한 경우 명예훼손죄는 성립할 수 있으나 신용훼손죄는 성립하지 않는다.

③ 통상 사람에게 사실을 적시할 경우 그 자체로서 적시된 사실이 외부에 공표되는 것이므로 그 때부터 곧 전파가능성을 따져 공연성 여부를 판단하여야 할 것이고, 이는 기자를 통해 사실을 적시하는 경우라고 하여 달리볼 것은 아니다.

④ 사실을 발설하였는지 확인하는 질문에 답하는 과정에서 명예훼손 사실을 발설하게 된 것이라면, 명예훼손의 범의를 인정 할 수 없다.

27

업무방해죄에 대한 설명 중 옳은 것을 모두 고른 것은? (다툼이 있는 경우 판례에 의함)

> ⊙ 폭력조직 간부가 조직원들과 공모하여 타인이 운영하는 성매매업소 앞에 속칭 '병풍'을 치거나 차량을 주차해 놓는 등 위력으로써 성매매업을 방해한 경우 업무방해죄에 해당한다.
>
> ⓛ 업무방해죄의 성립에는 업무방해의 결과가 실제로 발생함을 요하지 않고, 업무방해의 결과를 초래할 위험이 발생하는 것이면 족하다.
>
> ⓒ 신규직원 채용권한을 가지고 있는 지방공사 사장인 피고인이 시험업무 담당자들에게 부정한 지시를 하여 상호 공모 내지 양해 하에 시험성적조작 등의 부정행위를 한 경우 위계에 의한 업무방해죄에 해당하지 않는다.
>
> ⓔ 선착장에 대한 공유수면점용허가를 받음이 없이 고흥군의 지시에 따라 선착장점용허가권자인 마을주민 대표들과 임대차 계약을 체결하고 선박으로 폐석을 운반하는 업무는 업무방해죄의 보호대상이 되는 업무에 해당하지 않는다.

① ㉠, ㉡   ② ㉠, ㉣

③ ㉡, ㉢   ④ ㉡, ㉣

28

주거침입의 죄에 대한 설명 중 가장 적절하지 <u>않은</u> 것은? (다툼이 있는 경우 판례에 의함)

① 형법의 주거침입죄와 퇴거불응죄는 미수범 처벌규정이 있다.

② 주거침입죄가 계속범이라는 견해에 따르면 불법하게 주거에 침입한 자가 퇴거요구를 받고 불응한 때에는 퇴거불응죄가 별도로 성립하지 아니한다.

③ 사용자의 직장폐쇄가 정당한 쟁의행위로 인정되지 아니하는 때에는 다른 특별한 사정이 없는 한 근로자가 평소 출입이 허용되는 사업장 안에 들어가는 행위는 주거침입죄를 구성하지 아니한다.

④ 다른 사람의 주택에 무단 침입한 범죄사실로 이미 유죄판결을 받은 사람이 그 판결이 확정된 후에도 퇴거하지 아니하고 계속하여 당해 주택에 거주한 경우 위 판결 확정 이후의 행위는 별도의 주거침입죄를 구성하지 않는다.

29

절도의 죄에 대한 설명 중 가장 적절하지 <u>않은</u> 것은? (다툼이 있는 경우 판례에 의함)

① 甲이 자신의 모(母) A 명의로 구입 등록하여 A에게 명의신탁한 자동차를 B에게 담보로 제공한 후 B 몰래 가져간 경우 甲은 절도죄로 처벌된다.

② 채권자 甲이 채무자가 점유하고 있는 양도담보 목적물인 동산을 제3자인 乙에게 매각하여 그 목적물의 소유권을 취득하게 한 다음 乙로 하여금 甲으로부터 목적물반환청구권을 양도받는 방법으로 그 목적물을 취거하게 한 경우 乙의 취거행위는 절도죄로 처벌되지 않지만 甲의 목적물 처분행위는 절도죄로 처벌된다.

③ 甲이 A 소유 토지에 권원 없이 식재한 감나무에서 감을 수확한 경우 甲은 절도죄로 처벌된다.

④ 甲과 乙이 합동하여 야간이 아닌 주간에 절도의 목적으로 타인의 주거에 침입하였다 하여도 아직 절취할 물건의 물색행위를 시작하기 전이라면 특수절도죄의 실행에 착수가 인정되지 않는다.

30

강도의 죄에 대한 설명 중 가장 적절한 것은? (다툼이 있는 경우 판례에 의함)

① 甲이 A의 집에 침입하여 TV를 훔쳐 나오다가 A와 A의 아내 B가 소리를 지르며 쫓아오자 체포면탈 목적으로 A의 얼굴을 팔꿈치로 1회 가격하여 폭행하고, 곧바로 B의 정강이를 발로 걸어 차 B에게만 약 3주간의 치료가 필요한 상해를 가한 경우 甲은 포괄하여 하나의 강도상해죄만 성립한다.

② 甲이 절취품을 물색하던 중 피해자가 잠에서 깨어 '도둑이야' 라고 고함치자 체포면탈목적으로 이불을 덮어씌우고 목을 졸라 상해를 입힌 경우 절도의 목적 달성 여부에 따라 강도상해죄의성립 여부가 결정된다.

③ 甲과 乙이 합동하여 강도를 하던 중 乙이 사람을 살해한 경우 살해행위에 대해 甲과 乙이 공모한 바 없더라도 甲에게 강도살인죄가 성립한다.

④ 甲이 피해자의 재물을 강취하려 했으나 피해자가 가진 것이 없어 미수에 그쳤고, 그 자리에서 피해자를 강간하려고 했으나 역시 미수에 그치고 반항을 억압하기 위한 폭행으로 피해자에게 상해를 입힌 경우 강도강간미수죄와 강도치상죄의 실체적 경합범이 성립한다.

31

사기의 죄에 대한 설명 중 가장 적절한 것은? (다툼이 있는 경우 판례에 의함)

① A회사 운영자 甲이 'A회사의 B에 대한 채권'이 존재하지 않는다는 사실을 알면서 그 사실을 모르는 A회사에 대한 채권자 C에게 'A회사의 B에 대한 채권'의 압류 및 전부(추심)명령을 신청하게 하여 그 명령을 받게 하였으나, 아직 C가 B를 상대로 전부금 소송을 제기하지 않은 경우 소송사기의 실행에 착수하였다고 볼 수 없다.

② 어음의 발행인들이 각자 자력이 부족한 상태에서 자금을 편법으로 확보하기 위해 서로 동액의 융통어음을 발행하여 교환한 경우 자기가 발행한 어음이 그 지급기일에 결제되지 않으리라는 점을 예견하였다면 사기죄가 성립한다.

③ 상대방으로부터 소송비용 명목으로 일정한 금액을 이미 송금 받았음에도 불구하고 상대방을 피고로 하여 소송비용 상당액의 지급을 구하는 손해배상금 청구의 소를 제기하였다가 판사의 권유에 따라 소를 취하한 경우 사기죄의 불능미수범으로 처벌된다.

④ 형질변경 및 건축허가를 받는 데 필요하다고 피해자를 속여 교부받은 인감증명서 등으로 등기소요 서류를 작성하여 피해자 소유의 부동산에 관해 자기 명의로 소유권이전등기를 마친 경우 해당 부동산에 대한 사기죄가 성립한다.

32

공갈의 죄에 대한 설명 중 가장 적절하지 <u>않은</u> 것은? (다툼이 있는 경우 판례에 의함)

① 부동산에 대한 공갈죄는 그 부동산의 소유권이전등기를 경료 받거나 또는 인도를 받은 때에 기수가 된다.

② 피공갈자의 처분행위는 반드시 작위에 한하지 않고 부작위로도 가능하여, 피공갈자가 외포심을 일으켜 묵인하고 있는 동안에 공갈자가 직접 재산상의 이익을 탈취한 경우 공갈죄가 성립할 수 있다.

③ A가 甲의 돈을 절취한 다음 다른 금전과 섞거나 교환하지 않고 쇼핑백에 넣어 자신의 집에 숨겨두었는데 乙이 甲의 지시를 받아 A를 위협하여 쇼핑백에 들어 있던 절취된 돈을 교부받은 경우 乙에게 공갈죄가 성립하지 않는다.

④ 甲이 예금주인 현금카드 소유자를 협박하여 그 카드를 갈취한 다음 피해자의 승낙에 의하여 현금카드를 사용할 권한을 부여받아 이를 이용하여 여러 차례 현금자동지급기에서 예금을 인출한 경우 공갈죄와 절도죄의 경합범이 성립한다.

33

횡령의 죄에 대한 설명 중 가장 적절한 것은? (다툼이 있는 경우 판례에 의함)

① 피고인이 근저당권설정등기를 마치는 방법으로 부동산을 횡령하여 취득한 구체적인 이득액은 부동산의 시가 상당액에서 위 범행 전에 설정된 피담보채무액을 공제한 잔액이다.

② 수의계약을 체결하는 공무원이 해당 공사업자와 적정한 금액이상으로 계약금액을 부풀려서 계약하고, 부풀린 금액을 자신이 되돌려 받기로 사전에 약정한 다음 그에 따라 수수한 돈은 성격상 뇌물이 아니고 횡령금에 해당한다.

③ A주식회사의 대표이사인 甲이 자신의 채권자 B에게 차용금에 대한 담보로 A주식회사 명의의 정기예금에 질권을 설정하여 주었는데, 그 후 B가 甲의 동의하에 위 정기예금 계좌에 입금되어 있던 A주식회사의 자금을 전액 인출하였다면 甲의 예금인출 동의행위는 업무상횡령죄에 해당한다.

④ 제3자 명의의 사기이용계좌(이른바 대포통장)의 계좌명의인이 영득의 의사로써 전기통신금융사기 피해금을 인출한 경우 계좌명의인이 사기 범행의 공범인지 여부와 상관없이 전기통신금융사기 피해자에 대한 횡령죄에 해당하지 않는다.

34

다음 중 배임죄 또는 업무상배임죄가 성립하지 <u>않는</u> 경우를 모두 고른 것은? (다툼이 있는 경우 판례에 의함)

㉠ 새마을금고 임 직원이 동일인 대출한도 제한규정을 위반하여 초과대출행위를 하였더라도 대출채권회수에 문제가 없는 것으로 판단되는 경우

㉡ 자기소유의 동산에 대해 매수인과 매매계약을 체결한 매도인이 중도금까지 지급받은 상태에서 그 목적물을 제3자에 대한 자기의 채무변제에 갈음하여 그 제3자에게 양도한 경우

㉢ 회사의 승낙없이 임의로 지정 할인율보다 더 높은 할인율을 적용하여 회사가 지정한 가격보다 낮은 가격으로 거래처에 제품을 판매하였지만 시장거래 가격에 따라 제품을 판매한 경우

㉣ 피고인의 채권에 대한 담보목적으로 피해자가 자신의 대지와 건물을 피고인에게 소유권이전등기를 해주었는데, 피해자가 약정기일까지 차용한 금전을 이행하지 못하자 피고인이 담보권의 실행으로 담보 부동산을 염가로 처분한 경우

---

① ㉠, ㉡

② ㉠, ㉢

③ ㉡, ㉢, ㉣

④ ㉠, ㉡, ㉢, ㉣

35

권리행사를 방해하는 죄에 대한 설명 중 가장 적절한 것은? (다툼이 있는 경우 판례에 의함)

① '보전처분 단계에서의 가압류채권자의 지위'는 강제집행면탈죄의 객체가 될 수 없다.

② 강제집행면탈죄가 적용되는 강제집행에는 '담보권 실행 등을 위한 경매'를 면탈할 목적으로 재산을 은닉하는 경우도 포함된다.

③ 채권자들이 피고인을 상대로 법적 절차를 취하기 위한 준비를 하고 있지 않았지만, 피고인이 어음의 부도가 있기 전에 강제집행을 면탈하기 위해 자기의 형에게 허위채무를 부담하고 가등기하여 주었다면 강제집행면탈죄가 성립한다.

④ 무효인 경매절차에서 경매목적물을 경락받아 이를 점유하고 있는 낙찰자의 점유는 동시이행 항변권이 있더라도 적법한 점유가 아니므로 그 점유자는 권리행사방해죄에 있어서 타인의 물건을 점유하고 있는 자라고 할 수 없다.

36

문서에 관한 죄에 대한 설명 중 가장 적절한 것은? (다툼이 있는 경우 판례에 의함)

① A주식회사의 대표이사 甲이 실질적 운영자인 1인 주주 B의 구체적인 위임이나 승낙 없이 이미 퇴임한 전(前) 대표이사 C를 대표이사로 표시하여 A회사 명의의 문서를 작성한 경우 사문서위조죄가 성립한다.

② 공무원이 아닌 자가 공무원에게 허위사실을 기재한 증명원을 제출하여 그것을 알지 못하는 공무원으로부터 증명서를 받아 낸 경우 허위공문서작성죄의 간접정범이 성립한다.

③ 부동산의 소유자로 하여금 근저당권자를 자금주라고 믿도록 속여서 근저당권설정등기를 경료케 한 경우라도 정당한 권한 있는 자에 의하여 작성된 문서를 제출하여 그 등기가 이루어진 것이라면 공정증서원본불실기재죄가 성립하지 않는다.

④ 부동산 거래 당사자가 '거래가액'을 시장 등에게 거짓으로 신고하여 받은 신고필증을 기초로 사실과 다른 내용의 거래가액이 부동산 등기부에 등재되도록 한 경우 공전자기록등불실기재죄 및 불실기재공전자기록등행사죄가 성립한다.

37

뇌물에 관한 죄에 대한 설명 중 가장 적절하지 <u>않은</u> 것은? (다툼이 있는 경우 판례에 의함)

① 배임수재자가 배임증재자에게서 무상으로 빌린 물건을 인도받아 사용하던 중 공무원이 되었고, 배임증재자가 뇌물공여 의사를 밝히면서 배임수재자가 물건을 계속 사용하도록 한 경우 처음에 정한 사용기간을 연장해 주는 등 새로운 이익을 제공한 것으로 평가할 만한 사정이 없다면 뇌물공여죄가 성립하지 않는다.

② 제3자뇌물공여죄에서 막연히 선처하여 줄 것이라는 기대에 의하거나 직무집행과는 무관한 다른 동기에 의하여 제3자에게 금품을 공여한 경우에는 묵시적인 의사표시에 의한 부정한 청탁이 있다고 보기 어렵다.

③ 뇌물약속죄에서 뇌물의 약속은 양 당사자의 뇌물수수의 합의를 말하고, 여기에서 '합의'란 그 방법에 아무런 제한이 없고 명시적일 필요도 없으므로, 양 당사자의 의사표시가 확정적으로 합치할 필요까지는 없다.

④ 공무원인 甲이 乙로부터 1,000만 원을 뇌물로 받아 그 중 500만 원을 소비하고 나머지 500만 원을 은행에 예금하여 두었다가 이를 인출하여 乙에게 반환한 경우, 甲으로부터 1,000만 원을 추징하여야 한다.

38

공무방해의 죄에 대한 설명 중 가장 적절한 것은? (다툼이 있는 경우 판례에 의함)

① 허위의 매매계약서 및 영수증을 소명자료로 첨부하여 가처분 신청을 한 후 법원으로부터 유체동산에 대한 가처분 결정을 받은 경우 위계에 의한 공무집행방해죄가 성립하지 않는다.

② 과속단속카메라에 촬영되더라도 불빛을 반사시켜 차량 번호판이 식별되지 않도록 하는 기능의 제품을 차량 번호판에 뿌린 상태로 차량을 운행하는 경우 교통단속 경찰공무원이 충실히 직무를 수행하더라도 사실상 적발하기가 어려워 위계에 의한 공무집행 방해죄가 성립한다.

③ 위계에 의한 공무집행방해죄에 있어서 범죄행위가 구체적인 공무집행을 저지하거나 현실적으로 곤란하게 하는 데까지는 이르지 아니하고 미수에 그친 경우 위계에 의한 공무집행방해죄의 미수죄가 성립한다.

④ 출동한 두 명의 경찰관에게 욕설을 하면서 차례로 폭행을 하여 신고처리 업무에 관한 정당한 직무집행을 방해한 경우, 동일한 장소에서 동일한 기회에 이루어진 폭행행위는 사회관념상 1개의 행위로 평가하는 것이 상당하므로 두 명의 경찰관에 대한 공무집행방해죄는 포괄일죄의 관계에 있다.

39

도주와 범인은닉의 죄에 대한 설명 중 가장 적절하지 <u>않은</u> 것은? (다툼이 있는 경우 판례에 의함)

① 도주죄는 즉시범으로서 범인이 간수자의 실력적 지배를 이탈한 상태에 이르렀을 때에 기수가 되어 도주행위가 종료하는 것이고, 도주죄의 범인이 도주행위를 하여 기수에 이른 이후에 범인의 도피를 도와주는 행위는 범인도피죄에 해당할 수 있을 뿐 도주원조죄에 해당하지 아니한다.

② 가석방 보석 중에 있는 자와 형집행정지 구속집행정지 중에 있는 자도 도주죄의 주체가 될 수 있다.

③ 범인이 기소중지자임을 알고도 범인의 부탁으로 다른 사람의 명의로 대신 임대차계약을 체결해 준 경우 범인도피죄가 성립한다.

④ 공범 중 1인이 그 범행에 관한 수사절차에서 참고인 또는 피의자로 조사받으면서 자기의 범행을 구성하는 사실관계에 관하여 허위로 진술하고 허위 자료를 제출하는 것은 자신의 범행에 대한 방어권 행사의 범위를 벗어난 것으로 볼 수 없어, 이러한 행위가 다른 공범을 도피하게 하는 결과가 된다고 하더라도 범인도피죄로 처벌할 수 없다.

40

위증과 무고의 죄에 대한 설명 중 가장 적절한 것은? (다툼이 있는 경우 판례에 의함)

① 유죄판결이 확정된 피고인이 별건으로 기소된 공범의 형사사건에서 자신의 범행사실을 부인하는 증언을 한 경우 피고인에게 사실대로 진술할 것이라는 기대가능성이 없으므로 위증죄가 성립하지 않는다.

② 별도의 증인신청 및 채택 절차를 거쳐 그 증인이 다시 신문을 받는 과정에서 종전 신문절차에서 한 허위의 진술을 철회 시정한 경우 위증죄가 성립하지 아니한다.

③ 상대방의 범행에 공범으로 가담한 자가 자신의 범죄 가담사실을 숨기고 상대방인 공범자만을 고소하였다면 무고죄가 성립한다.

④ 위증죄에 있어서 형의 감면 규정은 재판 확정전의 자백을 형의 필요적 감면 사유로 한다는 것이고, 자발적인 고백은 물론 법원이나 수사기관의 심문에 의한 고백도 위 자백의 개념에 포함된다.

01

죄형법정주의에 대한 설명으로 가장 적절하지 않은 것은? (다툼이 있는 경우 판례에 의함)

① '약국개설자가 아니면 의약품을 판매하거나 판매 목적으로 취득할 수 없다.'고 규정한 구 약사법 제44조 제1항의 '판매'에 무상으로 의약품을 양도하는 '수여'를 포함시키는 해석은 죄형법정주의에 위배되지 아니한다.

② 공공기관의 운영에 관한 법률 제53조가 공기업의 임직원으로서 공무원이 아닌 사람은 형법 제129조의 적용에 있어서는 이를 공무원으로 본다고 규정하고 있을 뿐 구체적인 공기업의 지정에 관하여는 그 하위규범인 기획재정부장관의 고시에 의하도록 규정하였더라도 죄형법정주의에 위배되지 아니한다.

③ '블로그', '미니 홈페이지', '카페' 등의 이름으로 개설된 사적 인터넷 게시공간의 운영자가 게시공간에 게시된 타인의 글을 삭제할 권한이 있는데도 이를 삭제하지 아니하고 그대로 둔 경우를 국가보안법 제7조 제5항의 '소지'행위로 보는 것은 죄형법정주의에 위배되지 아니한다.

④ 의사가 환자와 대면하지 아니하고 전화나 화상 등을 이용하여 환자의 용태를 스스로 듣고 판단하여 처방전 등을 발급한 행위를 구 의료법 상 '직접 진찰한 의사'가 아닌 자가 처방전 등을 발급한 경우에 해당한다고 해석하는 것은 죄형법정주의에 위배된다.

02

형법의 적용범위에 대한 설명으로 가장 적절하지 않은 것은? (다툼이 있는 경우 판례에 의함)

① 외국인 甲이 대한민국 영역 외에서 대한민국 국민의 법익이 직접적으로 침해되는 결과를 야기하는 범죄를 범한 경우에도 대한민국 형법을 적용할 수 있다.

② 한국인 乙이 외국에서 미결구금되었다가 무죄판결을 받은 경우 그 미결구금일수는 국내에서 동일한 행위로 인하여 선고받은 형에 산입하여야 한다.

③ 한국인 丙이 도박죄를 처벌하지 않는 외국 카지노에서 도박을 한 경우에도 대한민국 형법을 적용할 수 있다.

④ 외국인 丁이 외국에서 서울지방경찰청장 명의의 운전면허증을 위조한 경우에도 대한민국 형법을 적용할 수 있다.

03

법인의 범죄능력과 양벌규정에 대한 설명으로 가장 적절하지 <u>않은</u> 것은? (다툼이 있는 경우 판례에 의함)

① 법인이 처리할 의무를 지는 타인의 사무에 관하여는 법인이 배임죄의 주체가 될 수는 없고 그 법인을 대표하여 사무를 처리하는 자연인인 대표기관이 바로 타인의 사무를 처리하는 자 즉 배임죄의 주체가 된다.

② 형벌의 자기책임원칙에 비추어 볼 때 양벌규정은 법인이 사용인 등에 의하여 위반행위가 발생한 그 업무와 관련하여 상당한 주의 또는 관리감독 의무를 게을리한 때에 한하여 적용된다.

③ 양벌규정이 있는 경우에도 당해 양벌규정에 법인격 없는 사단이 명시되어 있지 않은 경우라면 법인격 없는 사단에 양벌규정을 적용할 수 없다.

④ 지방자치단체라도 국가로부터 위임받은 기관위임사무가 아니라 그 고유의 자치사무를 처리하는 경우에는 국가기관의 일부가 아니라 국가기관과는 별도로 독립한 공법인으로서 양벌규정에 의한 처벌대상이 되는 법인에 해당하지 않는다.

04

부작위범에 대한 설명으로 가장 적절하지 <u>않은</u> 것은? (다툼이 있는 경우 판례에 의함)

① 부작위범에서 작위의무는 법령, 법률행위, 선행행위로 인한 경우여야 하므로 기타 신의성실의 원칙이나 사회상규 혹은 조리상 작위의무는 여기에 포함되지 않는다.

② 형법상 진정부작위범의 미수범을 처벌하는 규정이 있다.

③ 일반거래의 경험칙상 상대방이 그 사실을 알았다면 당해 법률행위를 하지 않았을 것이 명백한 경우에는 신의칙에 비추어 그 사실을 고지할 법률상 의무가 인정된다.

④ 부작위범 사이의 공동정범은 다수의 부작위범에게 공통된 의무가 부여되어 있고 그 의무를 공통으로 이행할 수 있을 때에만 성립한다.

05

인과관계에 대한 설명 중 옳은 것을 모두 고른 것은? (다툼이 있는 경우 판례에 의함)

㉠ 피고인이 고속도로 2차로를 따라 자동차를 운전하다가 1차로를 진행하던 甲의 차량 앞에 급하게 끼어든 후 곧바로 정차하여, 甲의 차량 및 이를 뒤따르던 차량 두 대는 연이어 급정차 하였으나, 그 뒤를 따라오던 乙의 차량이 앞의 차량들을 연쇄적으로 추돌케 하여 乙을 사망에 이르게 하고 나머지 차량운전자 등 피해자들에게 상해를 입힌 경우, 피고인의 정차 행위와 피해자 사상의 결과 발생 사이에 상당인과관계가 있다.

㉡ 한의사인 피고인이 피해자에게 문진하여 과거 봉침(蜂鍼)을 맞고도 별다른 이상반응이 없었다는 답변을 듣고 알레르기 반응검사를 생략한 채 환부에 봉침시술을 하였는데, 피해자가 위 시술 직후 쇼크반응을 나타내는 등 상해를 입은 경우, 피고인이 알레르기 반응검사를 하지 않은 과실과 피해자의 상해 사이에 상당인과관계를 인정하기 어렵다.

㉢ 피고인은 결혼을 전제로 교제하던 甲의 임신 사실을 알고 수회에 걸쳐 낙태를 권유하였다가 거절당하였음에도 계속 甲에게 출산 여부는 알아서 하되 아이에 대한 친권을 행사할 의사가 없다고 하면서 낙태할 병원을 물색해 주기도 하였는데, 그 후 甲은 피고인에게 알리지 않고 자신이 알아본 병원에서 낙태시술을 받은 경우, 피고인의 낙태 교사행위와 甲의 낙태행위 사이에는 인과관계가 인정되지 않는다.

㉣ 의사인 피고인이 제왕절개수술 후 대량출혈이 있던 피해자를 전원(轉院) 조치하였으나 전원받는 병원 의료진에게 피해자가 고혈압환자이고 제왕절개수술 후 대량출혈이 있었던 사정을 설명하지 않아 전원받는 병원 의료진의 조치가 다소 미흡하여 도착 후 약 1시간 20분이 지나 수혈이 시작된 경우, 피고인의 전원지체 등의 과실로 신속한 수혈 등의 조치가 지연된 이상 피해자의 사망과 피고인의 과실 사이에 인과관계가 인정된다.

㉤ 피고인이 자동차를 운전하다 횡단보도를 건던 보행자 甲을 들이받아 그 충격으로 횡단보도 밖에서 甲과 동행하던 피해자 乙이 밀려 넘어져 상해를 입은 경우, 피고인의 구도로교통법 제27조 제1항에 따른 주의의무를 위반하여 운전한 업무상 과실과 乙의 상해 사이에는 인과관계가 인정될 수 없다.

① ㉠, ㉡, ㉢   ② ㉠, ㉡, ㉣

③ ㉠, ㉢, ㉤   ④ ㉡, ㉣, ㉤

06

사실의 착오에 대한 설명으로 가장 적절하지 <u>않은</u> 것은?

① 甲이 상해의 고의로 乙을 향해 돌을 던졌으나 빗나가서 옆에 있던 丙이 맞은 경우, 법정적 부합설에 따르면 丙에 대한 상해기수죄가 성립한다.

② 甲이 乙을 살해할 의사로 乙의 물병에 독약을 탔으나 乙의 개가 이 물을 마시고 죽은 경우 구체적 부합설에 따르면 살인미수죄와 손괴죄의 상상적 경합이 성립한다.

③ 甲이 丙을 乙로 오인하고 살해하려고 총을 쏘아 丙이 사망한 경우에 구체적 부합설과 법정적 부합설의 결론은 동일하다.

④ 甲이 손괴의 고의로 乙의 집 창문을 향해 돌을 던졌는데 빗나가서 옆에 있던 丙에게 상해를 입힌 경우 구체적 부합설에 따르면 손괴미수죄와 과실치상죄의 상상적 경합이 성립한다.

07

정당방위에 대한 설명으로 가장 적절하지 <u>않은</u> 것은? (다툼이 있는 경우 판례에 의함)

① 사용자가, 적법한 직장폐쇄 기간 중 일방적으로 업무에 복귀하겠다고 하면서 자신의 퇴거요구에 불응한 채 계속하여 사업장 내로 진입을 시도하는 해고 근로자를 폭행·협박한 행위는 사업장 내의 평온과 노동조합의 업무방해행위를 방지하기 위한 행위로서 정당방위 또는 정당행위에 해당한다.

② 불법체포에 대항하기 위하여 경찰관에게 상해를 가한 경우 이는 부당한 침해에서 벗어나기 위한 행위로서 정당방위에 해당한다.

③ 검사 甲이 검찰청에 자진출석한 乙변호사사무실 사무장 丙을 합리적 근거 없이 긴급체포하자 변호사 乙이 이를 제지하는 과정에서 검사 甲에게 상해를 가한 행위는 정당방위에 해당한다.

④ 공직선거 후보자 甲이 연설 중 유권자들의 적절한 투표권 행사를 위해 다른 후보자 乙의 과거 행적에 대한 신문에 게재된 자료를 제시하면서 후보자의 자질을 문제 삼자 乙이 물리력으로 甲의 연설을 중단시킨 것은 정당방위에 해당한다.

08

피해자의 승낙에 대한 설명으로 가장 적절하지 <u>않은</u> 것은? (다툼이 있는 경우 판례에 의함)

① 사문서변조죄와 관련하여 행위 당시 명의자의 현실적인 승낙은 없었지만 명의자가 그 사실을 알았다면 당연히 승낙했을 것이라고 추정되는 경우에는 사문서변조죄가 성립하지 아니한다.

② 피고인이 피해자가 사용 중인 공중화장실의 용변칸에 노크하여 남편으로 오인한 피해자가 용변칸 문을 열자 강간할 의도로 용변칸에 들어갔다면, 피해자가 명시적 또는 묵시적으로 이를 승낙하였다고 볼 수 없다.

③ 무고죄는 부수적으로 부당하게 처벌 또는 징계받지 아니할 개인의 이익을 보호하는 죄이므로 피무고인이 무고사실에 대하여 승낙한 경우 무고인을 처벌할 수 없다.

④ 의사의 불충분한 설명을 근거로 환자가 수술에 동의한 경우, 피해자의 승낙으로 수술의 위법성이 조각되지 않는다.

09

정당행위에 대한 설명이다. 아래 ㉠부터 ㉣까지의 설명 중 옳고 그름의 표시(O, ×)가 바르게 된 것은? (다툼이 있는 경우 판례에 의함)

㉠ 신문기자인 甲이 고소인에게 2회에 걸쳐 증여세 포탈에 대한 취재를 요구하면서 이에 응하지 않으면 자신이 취재한 내용대로 보도하겠다고 말한 경우 정당행위로서 위법성이 조각된다.

㉡ A주식회사 임원인 甲이 회사 직원들 및 그 가족들에게 수여할 목적으로 전문의약품인 타미플루 39,600정 등을 제약회사로부터 매수하여 취득한 행위는 사회상규에 위배되지 아니하는 정당행위로서 위법성이 조각된다.

㉢ 감정평가업자가 아닌 공인회계사가 타인의 의뢰에 의하여 일정한 보수를 받고 구 부동산 가격공시 및 감정평가에 관한 법률이 정한 토지에 대한 감정평가를 업으로 행하는 것은 특별한 사정이 없는 한 형법 제20조가 정한 '법령에 의한 행위'로서 정당행위에 해당한다고 볼 수 없다.

㉣ A회사 대표이사인 피고인 甲이 '회사 직원이 회사의 이익을 빼돌린다'는 소문을 확인할 목적으로, 비밀번호를 설정함으로써 비밀장치를 한 전자기록인 피해자가 사용하던 '개인용 컴퓨터 하드디스크'를 떼어내어 다른 컴퓨터에 연결한 다음 의심 드는 단어로 파일을 검색하여 메신저 대화내용, 이메일 등을 출력한 경우라면 정당행위에 해당한다고 볼 수 없다.

① ㉠ (O) ㉡ (O) ㉢ (×) ㉣ (×)

② ㉠ (O) ㉡ (×) ㉢ (O) ㉣ (×)

③ ㉠ (O) ㉡ (×) ㉢ (×) ㉣ (O)

④ ㉠ (×) ㉡ (×) ㉢ (O) ㉣ (O)

10

책임능력에 대한 설명으로 가장 적절하지 <u>않은</u> 것은? (다툼이 있는 경우 판례에 의함)

① 충동조절장애와 같은 성격적 결함은 원칙적으로 심신장애에 해당하지 않으나 그 정도가 매우 심각하여 원래의 의미의 정신병을 가진 사람과 동등하다고 평가할 수 있는 경우에는 심신장애를 인정할 수 있다.

② 행위자에게 정신적 장애가 있는 경우라고 하여도 범행 당시 정상적인 사물변별능력과 행위통제능력이 있었다면 심신장애로 볼 수 없다.

③ 형법 제10조에 규정된 심신장애의 유무 및 정도의 판단은 의학적 판단으로서 법원이 반드시 전문감정인의 의견에 기속되어야 하는 것은 아니다.

④ 형사미성년자의 행위는 벌하지 아니하고, 농아자의 행위는 형을 필요적으로 감경한다.

11

원인에 있어서 자유로운 행위에 대한 설명으로 가장 적절하지 <u>않은</u> 것은? (다툼이 있는 경우 판례에 의함)

① 원인에 있어서 자유로운 행위는 형법상 책임능력자의 행위와 동일하게 처벌된다.

② 판례는 형법 제10조 제3항이 고의에 의한 원인에 있어서의 자유로운 행위뿐만 아니라 과실에 의한 원인에 있어서의 자유로운 행위까지도 포함하는 것이라고 판시하였다.

③ 실행의 착수시기와 관련하여 원인행위를 실행행위로 보는 견해에 의하면 행위와 책임의 동시존재의 원칙을 유지할 수 있다.

④ 원인에 있어서 자유로운 행위의 가벌성 근거를 원인행위 자체에서 찾는 견해에 따르면 책임능력 결함상태에서 구성요건 해당행위를 시작한 때에 실행의 착수가 있는 것으로 본다.

12

법률의 착오에 대한 설명 중 옳은 것을 모두 고른 것은? (다툼이 있는 경우 판례에 의함)

> ㉠ 직장상사의 지시로 인하여 그 부하가 범법행위에 가담한 경우, 직무상 지휘·복종관계에 있다 하여 범법행위에 가담하지 않을 기대가능성이 부정된다고 할 수 없다.
>
> ㉡ 법률의 착오에 정당한 이유가 있는지 여부는 행위자가 위법한 행위를 하지 않으려는 진지한 노력을 했음에도 위법성을 인식하지 못한 것인지 여부를 기준으로 판단해야 하지만, 위법성 인식에 필요한 노력의 정도는 행위자 개인의 인식능력 및 행위자가 속한 사회집단에 따라 달리 평가되어서는 안 된다.
>
> ㉢ 광역시의회 의원 甲이 선거구민들에게 의정보고서를 배부하기에 앞서 미리 관할 선거관리위원회 소속 공무원들에게 자문을 구하고 그들의 지적에 따라 수정한 의정보고서를 배부한 경우, 甲의 행위는 형법 제16조의 정당한 이유가 인정된다.
>
> ㉣ 변호사 자격을 가진 국회의원이 낙천대상자로 선정된 사유에 대한 해명을 넘어 다른 동료 의원들이나 네티즌의 낙천대상자 선정이 부당하다는 취지의 반론을 담은 의정보고서를 발간하는 과정에서 보좌관을 통하여 선거관리위원회 직원에게 구두로 문의하여 답변 받은 결과 선거법규에 저촉되지 않는다고 오인한 경우 정당한 이유가 있다고 볼 수 있다.

① ㉠, ㉢

② ㉠, ㉣

③ ㉡, ㉢

④ ㉡, ㉣

13

예비·음모에 대한 설명으로 가장 적절하지 <u>않은</u> 것은? (다툼이 있는 경우 판례에 의함)

① 실행의 착수가 있기 전인 예비·음모를 처벌하는 경우에는 행위자가 자의로 실행의 착수를 포기하였더라도 중지범 규정을 적용할 수 없다.

② 절도를 준비하면서 뜻하지 않게 절도 범행이 발각될 경우에 대비하여 체포를 면탈할 목적으로 칼을 휴대하고 있었다면 강도예비죄가 성립한다.

③ 甲이 乙을 살해하기 위하여 丙, 丁등을 고용하면서 그들에게 대가의 지급을 약속한 경우, 甲에게는 살인예비죄가 성립한다.

④ 내란음모죄에 해당하는 합의가 있다고 하기 위해서는 단순히 내란에 관한 범죄결심을 외부에 표시·전달하는 것만으로는 부족하고 객관적으로 내란범죄의 실행을 위한 합의라는 것이 명백히 인정되고, 그러한 합의에 실질적인 위험성이 인정되어야 한다.

14

실행의 착수에 대한 설명으로 가장 적절하지 <u>않은</u> 것은? (다툼이 있는 경우 판례에 의함)

① 유치권자가 피담보채권인 공사대금 채권을 실제와 달리 허위로 부풀려 유치권에 의한 경매를 신청한 경우 소송사기죄의 실행의 착수가 인정된다.

② 2인 이상이 합동하여 주간에 절도의 목적으로 타인의 주거에 침입하였으나 아직 절취할 물건의 물색행위를 시작하기 전이라면 형법 제331조 제2항의 특수절도죄의 실행에 착수한 것은 아니다.

③ 법원을 기망하여 자기에게 유리한 판결을 얻고자 소송을 제기한 자가 상대방의 주소를 허위로 기재하여 소송을 제기함으로써 그 허위주소로 소송서류가 송달되어 그로 인하여 상대방 아닌 다른 사람이 그 서류를 받아 소송을 진행한 경우에는 소송사기죄의 실행의 착수가 인정되지 않는다.

④ 필로폰을 매수하려는 자에게서 필로폰을 구해 달라는 부탁과 함께 돈을 지급받았다고 하더라도, 당시 필로폰을 소지 또는 입수한 상태에 있었다는 등 매매행위에 근접·밀착한 상태에서 대금을 지급받은 것이 아니라 단순히 필로폰을 구해 달라는 부탁과 함께 대금 명목으로 돈을 지급받은 것에 불과한 경우에는 필로폰 매매행위의 실행의 착수에 이른 것이라고 볼 수 없다.

15

공동정범에 대한 설명이다. 아래 ⊙부터 ②까지의 설명 중 옳고 그름의 표시(○, ×)가 바르게 된 것은? (다툼이 있는 경우 판례에 의함)

⊙ 甲은 乙과 공모하여 가출 청소년 丙(여, 16세)에게 낙태수술비를 벌도록 해 주겠다고 유인하였고, 乙로 하여금 丙의 성매매 홍보용 나체사진을 찍도록 하였으며, 丙이 중도에 약속을 어길 경우 민형사상 책임을 진다는 각서를 작성하도록 한 후, 甲이 별건으로 체포되어 구치소에 수감 중인 동안 丙이 乙의 관리 아래 성매매를 계속한 경우, 丙의 성매매 기간 동안 甲은 수감되어 있었으므로 甲은 공모관계에서 이탈하였다고 할 수 있다.

ⓒ 공동가공의 의사는 타인의 범행을 인식하면서도 이를 제지하지 아니하고 용인하는 것만으로는 부족하고 공동의 의사로 특정한 범죄행위를 하기 위하여 일체가 되어 서로 다른 사람의 행위를 이용하여 자기의 의사를 실행에 옮기는 것을 내용으로 하는 것이어야 한다.

ⓒ 업무상배임죄로 이익을 얻는 수익자 또는 그와 밀접한 관련이 있는 제3자를 배임의 실행행위자와 공동정범으로 인정하기 위해서는 실행행위자의 행위가 피해자 본인에 대한 배임행위에 해당한다는 것을 알면서 소극적으로 배임행위에 편승하여 이익을 취득한 것으로 족하며, 실행행위자의 배임행위를 교사하거나 또는 배임행위의 전체 과정에 관여하는 등으로 배임행위에 적극 가담할 것을 요하지 않는다.

② 전국노점상연합회가 주관한 도로행진시위에 단순 가담자인 甲이 다른 시위 참가자들과 시위 중 경찰관 등에 대한 특수공무집행방해 행위로 체포된 경우 체포된 이후에 이루어진 다른 시위참가자들의 범행에 대해서는 공모공동정범의 죄책을 인정할 수 없다.

① ⊙ (×) ⓒ (○) ⓒ (×) ② (○)
② ⊙ (○) ⓒ (×) ⓒ (○) ② (×)
③ ⊙ (×) ⓒ (○) ⓒ (○) ② (×)
④ ⊙ (○) ⓒ (×) ⓒ (×) ② (○)

16

종범에 대한 설명으로 가장 적절하지 <u>않은</u> 것은? (다툼이 있는 경우 판례에 의함)

① 종범은 정범이 실행행위에 착수하여 범행을 하는 과정에서 이를 방조한 경우뿐 아니라, 정범의 실행의 착수 이전에 장래의 실행행위를 미필적으로나마 예상하고 이를 용이하게 하기 위하여 방조한 경우에도 그 후 정범이 실행행위에 나아갔다면 성립할 수 있다.

② 의사인 피고인이 입원치료를 받을 필요가 없는 환자들이 보험금 수령을 위하여 입원치료를 받으려고 하는 사실을 알면서도 입원을 허가하여 형식상으로 입원치료를 받도록 한 후 입원 확인서를 발급하여 준 경우, 사기방조죄가 성립한다.

③ 피고인들이, 자신들이 개설한 인터넷 사이트를 통해 회원들로 하여금 음란한 동영상을 게시하도록 하고, 다른 회원들로 하여금 이를 다운받을 수 있도록 하는 방법으로 정보통신망을 통한 음란한 영상의 배포·전시를 방조한 행위가 단일하고 계속된 범의 아래 일정 기간 계속하여 이루어졌고 피해법익도 동일한 경우, 방조행위는 포괄일죄의 관계에 있다.

④ 과실범에 대한 교사범은 성립할 수 있으나 과실범에 대한 방조범은 성립할 수 없다.

17

과실범에 대한 설명으로 가장 적절하지 <u>않은</u> 것은? (다툼이 있는 경우 판례에 의함)

① 골프 카트 운전자는 골프 카트 출발 전에 승객들에게 안전손잡이를 잡도록 고지하고 승객이 안전 손잡이를 잡은 것을 확인하고 출발하여야 할 업무상 주의의무가 있다.

② 의료사고에 있어서 의사의 과실 유무를 판단할 때에는 같은 업무와 직종에 종사하는 일반적 보통인의 주의 정도를 표준으로 하여야 하며, 이때 사고 당시의 일반적인 의학의 수준과 의료환경 및 조건, 의료행위의 특수성 등을 고려하여야 한다.

③ 도급인이 수급인에게 공사의 시공이나 개별 작업에 관하여 구체적으로 지시·감독하였더라도, 법령에 의하여 도급인에게 구체적인 관리·감독의무가 부여되어 있지 않다면 도급인에게는 수급인의 업무와 관련하여 사고방지에 필요한 안전조치를 해야 할 주의의무가 없다.

④ 교통이 빈번한 간선도로에서 횡단보도의 보행자 신호등이 적색으로 표시된 경우 운전자는 보행자가 동 적색신호를 무시하고 갑자기 뛰어나올 가능성에 대비하여 운전하여야 할 업무상 주의의무는 없다.

18

죄수(罪數)에 대한 설명으로 가장 적절하지 <u>않은</u> 것은? (다툼이 있는 경우 판례에 의함)

① 채권자들에 의한 복수의 강제집행이 예상되는 경우 재산을 은닉 또는 허위양도함으로써 채권자들을 해하였다면 채권자별로 각각 강제집행면탈죄가 성립하고, 상호 상상적 경합범의 관계에 있다.

② 경찰관이 압수물을 범죄 혐의의 입증에 사용하도록 하는 등의 적절한 조치를 취하지 않은 채 부하직원에게 지시하여 피압수자에게 돌려준 경우, 작위범인 증거인멸죄만이 성립하고 부작위범인 직무유기죄는 따로 성립하지 아니한다.

③ 범죄 피해 신고를 받고 출동한 두 명의 경찰관에게 욕설을 하면서 순차로 폭행을 하여 신고처리 및 수사업무에 관한 정당한 직무집행을 방해한 경우, 두 경찰관에 대한 공무집행방해죄는 상상적 경합관계에 있다.

④ 편취한 약속어음을 그와 같은 사실을 모르는 제3자에게 편취사실을 숨기고 할인 받은 경우, 그 약속어음을 취득한 제3자가 선의이고 약속어음의 발행인이나 배서인이 어음금을 지급할 의사와 능력이 있었다면 제3자에 대한 별도의 사기죄는 성립하지 않는다.

19

몰수·추징에 대한 설명으로 가장 적절하지 <u>않은</u> 것은? (다툼이 있는 경우 판례에 의함)

① 변호사법 위반의 범행으로 금품을 취득한 경우 그 범행과정에서 지출한 비용은 그 금품을 취득하기 위하여 지출한 부수적 비용이고, 몰수하여야 할 것은 변호사법 위반의 범행으로 취득한 금품 그 자체이므로, 취득한 금품이 이미 처분되어 추징할 금원을 산정할 때 그 금품의 가액에서 그 지출 비용을 공제하여야 한다.

② 금품의 무상대여를 통하여 위법한 재산상 이익을 취득한 경우 범인이 받은 부정한 이익은 그로 인한 금융이익 상당액이므로 추징의 대상이 되는 것은 무상으로 대여받은 금품 그 자체가 아니라 그 금융이익 상당액이다.

③ 히로뽕을 수수하여 그 중 일부를 직접 투약한 경우에는 수수한 히로뽕의 가액만을 추징할 수 있고 직접 투약한 부분에 대한 가액을 별도로 추징할 수 없다.

④ 몰수의 대상이 되는 물건은 반드시 압수되어 있는 물건에 대하여서만 하는 것이 아니므로, 몰수대상물건이 압수되어 있는가 하는 점 및 적법한 절차에 의하여 압수되었는가 하는 점은 몰수의 요건이 아니다.

20

형의 선고유예·집행유예에 대한 설명으로 가장 적절하지 <u>않은</u> 것은? (다툼이 있는 경우 판례에 의함)

① 형의 선고유예를 받은 날로부터 2년을 경과한 때에는 면소된 것으로 간주한다.

② 형의 선고를 유예하는 판결을 할 경우에는 유예되는 선고형에 대한 판단이 있어야 한다.

③ 하나의 자유형 중 일부에 대해서는 실형을, 나머지에 대해서는 집행유예를 선고하는 것은 허용되지 않는다.

④ 집행유예를 선고하면서 피고인에게 유죄로 인정된 범죄행위를 뉘우치거나 그 범죄행위를 공개하는 취지의 말이나 글을 발표하도록 하는 내용의 사회봉사를 명하는 것은 허용될 수 있다.

21

살인의 죄에 대한 설명으로 가장 적절하지 <u>않은</u> 것은? (다툼이 있는 경우 판례에 의함)

① 피고인이 7세, 3세 남짓된 어린자식들에 대하여 함께 죽자고 권유하여 물속에 따라 들어오게 하여 결국 익사하게 하였다면 비록 피해자들을 물속에 직접 밀어서 빠뜨리지 않았다고 하더라도 자살의 의미를 이해할 능력이 없고, 피고인의 말이라면 무엇이나 복종하는 어린 자식들을 권유하여 익사하게 한 이상 살인죄가 성립한다.

② 살인예비죄가 성립하기 위해서는 살인죄의 실현을 위한 준비행위가 있어야 하는데, 여기서 준비행위는 객관적으로 보아 살인죄의 실현에 실질적으로 기여할 수 있는 외적 행위임을 요하지 아니하고 단순히 범행의 의사 또는 계획만으로도 족하다.

③ 자살방조죄는 자살하려는 사람의 자살행위를 도와주어 용이하게 실행하도록 함으로써 성립되는 것으로서, 그 방법에는 자살도구인 총, 칼 등을 빌려주거나 독약을 만들어 주거나 조언 또는 격려를 한다거나 기타 적극적, 소극적, 물질적, 정신적 방법이 모두 포함될 수 있다.

④ 사람을 살해한 후에 그 사체를 다른 장소로 옮겨 유기하였다면 살인죄 외에 사체유기죄가 성립하고, 이와 같은 사체유기를 불가벌적 사후행위로 볼 수는 없다.

22

상해와 폭행의 죄에 대한 설명으로 가장 적절하지 <u>않은</u> 것은? (다툼이 있는 경우 판례에 의함)

① 독립행위가 경합하여 상해의 결과를 발생하게 한 경우에 있어서 원인된 행위가 판명되지 아니한 때에는 공동정범의 예에 의한다.

② 피해자에게 상해가 발생하였는지는 객관적·일률적으로 판단할 것이 아니라 피해자의 신체·정신상의 구체적인 상태나 신체·정신상의 변화와 내용 및 정도를 종합적으로 고려하여 판단하여야 한다.

③ 직계존속인 피해자를 폭행하고, 상해를 가한 것이 존속에 대한 동일한 폭력습벽의 발현에 의한 것으로 인정되는 경우, 법정형이 더 중한 상습존속상해죄에 상습존속폭행죄를 포괄시켜 하나의 죄만이 성립한다.

④ 피해자로부터 신용카드를 강취하고 비밀번호를 알아내는 과정에서 피해자에게 입힌 상처가 극히 경미하고 일상생활에 지장을 초래하지 않았고, 그 회복을 위하여 치료행위가 특별히 필요 하지 않은 경우에도 강도상해죄의 상해에 해당한다.

23

유기와 학대의 죄에 대한 설명 중 옳지 <u>않은</u> 것을 모두 고른 것은? (다툼이 있는 경우 판례에 의함)

> ㉠ 자기의 보호 또는 감독을 받는 16세 미만의 자를 그 생명 또는 신체에 위험한 업무에 사용할 영업자 또는 그 종업자에게 인도한 자는 형법 제274조 아동혹사죄에 해당한다.
> ㉡ 학대죄는 자기의 보호 또는 감독을 받는 사람에게 육체적으로 고통을 주거나 정신적으로 차별대우를 하는 행위가 있음과 동시에 범죄가 완성되는 상태범 또는 즉시범이라 할 것이다.
> ㉢ 학대행위는 단순히 상대방의 인격에 대한 반인륜적 침해만으로는 부족하고 적어도 유기에 준할 정도에 이르러야 한다.
> ㉣ 계약상 부수의무로서의 민사적 부조의무 또는 보호의무가 인정되는 경우 형법 상 유기죄의 '계약상 의무'는 당연히 긍정된다고 할 것이다.

① ㉠, ㉡
② ㉠, ㉣
③ ㉡, ㉢
④ ㉣

24

협박의 죄에 대한 설명으로 가장 적절하지 <u>않은</u> 것은? (다툼이 있는 경우 판례에 의함)

① 조상천도제를 지내지 아니하면 좋지 않은 일이 생긴다는 취지의 해악의 고지는 길흉화복이나 천재지변의 예고로서 행위자에 의하여 직접·간접적으로 좌우될 수 없는 것이고 가해자가 현실적으로 특정되어 있지도 않으며 해악의 발생가능성이 합리적으로 예견될 수 있는 것이 아니므로 협박으로 평가될 수 없다.

② 피해자 본인이나 그 친족뿐만 아니라 그 밖의 제3자에 대한 법익침해를 내용으로 하는 해악을 고지하는 것이라고 하더라도 피해자 본인과 제3자가 밀접한 관계에 있어 그 해악의 내용이 피해자 본인에게 공포심을 일으킬 만한 정도의 것이라면 협박죄가 성립할 수 있다. 이때 제3자에는 자연인뿐만 아니라 법인도 포함된다.

③ 협박죄는 사람의 의사결정의 자유를 보호법익으로 하는 위험범이라 봄이 상당하므로, 해악의 고지가 상대방에 도달은 하였으나 상대방이 이를 지각하지 못하였거나 고지된 해악의 의미를 인식하지 못한 경우라도 협박죄의 기수를 인정할 수 있다.

④ 사채업자인 피고인이 채무자 甲에게 채무를 변제하지 않으면 甲이 숨기고 싶어하는 과거 행적과 사채를 쓴 사실 등을 남편과 시댁에 알리겠다는 등의 문자메시지를 발송한 행위는 정당 행위에 해당하지 않아 협박죄가 성립한다.

25

강간과 추행의 죄에 대한 설명으로 가장 적절한 것은? (다툼이 있는 경우 판례에 의함)

① 피고인이 알고 지내던 여성인 피해자가 자신의 머리채를 잡아 폭행을 가하자 보복의 의미에서 피해자의 입술, 귀, 유두, 가슴 등을 입으로 깨무는 등의 행위를 한 것이라면 강제추행죄가 성립하지 않는다.

② 강제추행죄는 사람의 성적 자유 내지 성적 자기결정의 자유를 보호하기 위한 죄로서 정범 자신이 직접 범죄를 실행하여야 성립하는 자수범이라고 볼 수 없으므로, 처벌되지 아니하는 타인을 도구로 삼아 피해자를 강제로 추행하는 간접정범의 형태로도 범할 수 있다.

③ 강간할 목적으로 피해자의 집 안방에 침입하여 자고 있는 피해자의 가슴과 엉덩이를 만지면서 간음을 기도한 경우, 이 행위만으로도 강간의 수단으로서의 폭행이나 협박을 개시하였다고 할 수 있다.

④ 형법 제305조의 미성년자의제강제추행죄는 그 성립에 필요한 주관적 구성요건요소는 고의 이외에도 성욕을 자극·흥분·만족시키려는 주관적 동기나 목적이 있을 것을 요한다.

26

명예에 관한 죄에 대한 설명으로 가장 적절한 것은? (다툼이 있는 경우 판례에 의함)

① 장래의 희망이 아나운서라고 한 여학생들에게 "다 줄 생각을 해야 하는데, 그래도 아나운서 할 수 있겠느냐. ○○여대 이상은 자존심 때문에 그렇게 못하더라."라는 등의 말을 한 경우, 이른바 집단 표시에 의한 모욕으로서 여성 아나운서 개개인에 대한 모욕죄가 그 자체로 성립된다.

② 명예훼손죄에 있어서 피고인의 행위에 피해자를 비방할 목적이 함께 숨어 있었다면 그 주요한 동기가 공공의 이익을 위한 것이라도 형법 제310조의 적용이 배제된다.

③ 아파트 입주자 대표회의 감사가 업무처리에 항의하며 연장자인 관리소장에게 공연히 "야, 이따위로 일할래.", "나이 처먹은 게 무슨 자랑이냐."라고 말한 경우는 모욕죄가 성립한다.

④ 영화가 허위의 사실을 표현하여 개인의 명예를 훼손한 경우에도 행위자가 그것을 진실이라고 믿었고 또 그렇게 믿을 만한 상당한 이유가 있어 그 행위자에게 명예훼손으로 인한 불법행위 책임을 물을 수 없다면 특별한 사정이 없는 한 그 광고·홍보행위가 별도로 명예훼손의 불법행위를 구성한다고 볼 수 없다.

27

업무방해죄에 대한 설명이다. 아래 ⊙부터 ⓔ까지의 설명 중 옳고 그름의 표시(O, ×)가 바르게 된 것은? (다툼이 있는 경우 판례에 의함)

> ⊙ 업무방해죄의 성립에는 업무방해의 결과가 실제로 발생함을 요하지 않고 업무방해의 결과를 초래할 위험이 발생하는 것이면 족하며, 업무수행 자체가 아니라 업무의 적정성 내지 공정성이 방해된 경우에도 업무방해죄가 성립한다.
>
> ⓛ 임대인 甲으로부터 건물을 임차하여 학원을 운영하던 피고인이 건물을 인도한 이후에도 자신 명의로 된 학원설립등록을 말소하지 않고 휴원신고를 연장함으로써 새로운 임차인 乙이 그 건물에서 학원설립등록을 하지 못하도록 한 경우, 위력에 의한 업무방해죄가 성립하지 아니한다.
>
> ⓒ 컴퓨터 등 정보처리장치에 정보를 입력하는 등의 행위가 그 입력된 정보 등을 바탕으로 업무를 담당하는 사람의 오인, 착각 또는 부지를 일으킬 목적으로 행해진 경우 그 행위가 업무를 담당하는 사람을 직접적인 대상으로 이루어진 것이 아니라면 위계에 의한 업무방해죄가 성립하지 아니한다.
>
> ⓔ 인터넷 자유게시판 등에 실제의 객관적인 사실을 게시하더라도 그로 인하여 피해자의 업무가 방해된 경우에는 형법 제314조 제1항 소정의 위계에 의한 업무방해죄에 있어서의 '위계'에 해당한다.

① ⊙ (×)   ⓛ (×)   ⓒ (O)   ⓔ (O)
② ⊙ (O)   ⓛ (×)   ⓒ (O)   ⓔ (×)
③ ⊙ (O)   ⓛ (O)   ⓒ (×)   ⓔ (O)
④ ⊙ (O)   ⓛ (O)   ⓒ (×)   ⓔ (×)

28

주거침입의 죄에 대한 설명으로 가장 적절하지 <u>않은</u> 것은? (다툼이 있는 경우 판례에 의함)

① 퇴거불응죄의 법정형은 주거침입죄와 동일하다.

② 야간에 타인의 집의 창문을 열고 집 안으로 얼굴을 들이미는 등의 행위를 한 경우, 피고인이 자신의 신체의 일부가 집 안으로 들어간다는 인식하에 하였다면 주거침입죄의 범의는 인정된다.

③ 건조물의 이용에 기여하는 인접의 부속 토지라고 하더라도 인적 또는 물적 설비 등에 의한 구획 내지 통제가 없어 통상의 보행으로 그 경계를 쉽사리 넘을 수 있는 정도라고 한다면 일반적으로 외부인의 출입이 제한된다는 사정이 객관적으로 명확하게 드러났다고 보기 어려우므로, 이는 다른 특별한 사정이 없는 한 주거침입죄의 객체에 속하지 않는다.

④ 근로자들이 사용자와 제3자가 공동으로 관리·사용하는 공간을 사용자에 대한 정당한 쟁의행위를 이유로 관리자의 의사에 반하여 침입·점거한 경우, 제3자에 대하여는 정당행위로서 주거 침입의 위법성이 조각된다.

29

절도와 강도의 죄에 대한 설명으로 가장 적절하지 <u>않은</u> 것은? (다툼이 있는 경우 판례에 의함)

① 피고인이 내연관계에 있는 甲과 A아파트에서 동거하다가 甲의 사망으로 상속인인 乙 및 丙소유에 속하게 된 부동산등기권리증 등이 들어 있는 가방을 A아파트에서 가지고 간 경우 절도죄가 성립하지 않는다.

② 피고인이 자신의 명의로 등록된 자동차를 사실혼관계에 있던 甲에게 증여하여 甲만이 이를 운행·관리하여 오다가 서로 별거하면서 재산분할 내지 위자료 명목으로 甲이 소유하기로 하였는데, 피고인이 이를 임의로 운전해 간 경우 피고인에게는 절도죄가 인정된다.

③ 여관에 들어가 안내실에 있던 여관의 관리인을 칼로 찔러 상해를 가하고 그로부터 금품을 강취한 다음, 각 객실에 들어가 각 투숙객들로부터 금품을 강취한 행위가 시간적으로 접착된 상황에서 동일한 방법으로 이루어진 것이라면 포괄하여 1개의 강도상해죄만을 구성한다.

④ 강도죄의 성질상 그 권리의무관계의 외형상 변동의 사법상 효력의 유무는 그 범죄의 성립에 영향이 없고, 법률상 정당하게 그 이행을 청구할 수 있는 것이 아니라도 강도죄에 있어서의 재산상의 이익에 해당한다.

30

사기죄에 대한 설명으로 가장 적절한 것은? (다툼이 있는 경우 판례에 의함)

① 부동산 소유권이전등기절차 이행을 구하는 소를 제기하여 동시 이행 조건 없이 이행을 명하는 승소 확정판결을 받은 甲이 그 판결에 기해 이전등기를 할 수 있었음에도 그렇게 하지 않고 乙에게 위 부동산 이전등기를 경료해 주면 매매잔금을 공탁해 줄 것처럼 거짓말하여 위 부동산 소유권을 임의로 이전받고 매매 잔금을 공탁하지 않은 경우 사기죄의 기망행위에 해당한다.

② 피고인 등이 피해자 甲 등에게 자동차를 매도하겠다고 거짓말하고 자동차를 양도하면서 소유권이전 등록에 필요한 일체의 서류를 교부하고 매매대금을 편취한 다음, 자동차에 미리 부착해 놓은 지피에스(GPS)로 위치를 추적하여 자동차를 절취한 경우 피고인에게 사기죄와 특수절도죄가 성립한다.

③ 사무처리 목적에 비추어 정당하지 아니한 사무처리를 하게 하였다고 하더라도, 사무처리시스템의 프로그램 자체에서 발생하는 오류를 적극적으로 이용한 것에 불과하다면 컴퓨터 등 사용사기죄가 성립하지 않는다.

④ 부동산가압류결정을 받아 부동산에 관한 가압류집행까지 마친 자가 그 가압류를 해제하면 소유자는 가압류의 부담이 없는 부동산을 소유하는 이익을 얻게 되므로, 가압류를 해제하는 것 역시 사기죄에 말하는 재산적 처분행위에 해당하나, 그 이후 가압류의 피보전채권이 존재하지 않는 것으로 밝혀진 경우 가압류의 해제로 인한 재산상의 이익은 없었다고 할 것이다.

31

횡령과 배임의 죄에 대한 설명 중 옳은 것을 모두 고른 것은? (다툼이 있는 경우 판례에 의함)

⊙ 타인으로부터 용도가 엄격히 제한된 자금을 위탁받아 집행하면서 그 제한된 용도 이외의 목적으로 자금을 사용하였더라도 결과적으로 자금을 위탁한 본인을 위하는 면이 있다면 불법영득의사가 인정되지 않아 횡령죄가 성립하지 아니한다.

ⓛ 소유권의 취득에 등록이 필요한 타인 소유의 차량을 인도받아 보관하고 있는 사람이 이를 사실상 처분한 경우 보관 위임자나 보관자가 차량의 등록명의자가 아니라도 횡령죄가 성립한다.

ⓒ 대표이사가 대표권을 남용하여 자신의 개인채무에 대하여 회사 명의의 차용증을 작성하여 주었고, 그 상대방이 이와 같은 진의를 알았거나 알 수 있었던 경우일지라도 무효인 차용증을 작성하여 준 것만으로는 업무상 배임죄가 성립하지 않는다.

ⓔ 배임죄에서 재산상 실해 발생의 위험이란 본인에게 손해가 발생할 막연한 위험이 있는 것만으로는 부족하고 법률적인 관점에서 보아 본인에게 손해가 발생한 것과 같은 정도로 구체적인 위험이 있는 경우를 의미한다.

① ⊙, ⓛ

② ⓛ, ⓒ

③ ⓒ, ⓔ

④ ⊙, ⓔ

32

장물에 관한 죄에 대한 설명으로 가장 적절하지 않은 것은? (다툼이 있는 경우 판례에 의함)

① 형법상 장물죄의 행위 태양은 취득, 양도, 운반, 보관 또는 알선이며, 모두 동일한 법정형으로 규정되어 있다.

② 장물인 정을 알면서 장물을 취득·보관하려는 당사자 사이를 서로 연결하여 이를 중개하거나 편의를 제공하였다면 그 알선에 의하여 당사자 사이에 실제 취득 등의 계약이 성립하지 아니한 경우라도 장물알선죄가 성립한다.

③ 甲이 미등록 상태였던 수입자동차를 취득하여 신규등록을 마친 후 그 수입자동차가 장물일지도 모른다고 생각하면서도 이를 다시 제3자에게 양도한 경우, 구 자동차관리법이 '자동차 소유권의 득실변경은 등록을 하여야 그 효력이 생긴다.'라고 규정하고 있어 수입자동차를 신규등록하였을 때 그 최초등록 명의인인 甲이 해당수입자동차를 원시취득한 것이어서 장물성이 상실되므로 장물양도죄가 성립하지 않는다.

④ 본범의 행위에 관한 법적평가는 대한민국 형법이 적용되지 아니하는 경우에도 대한민국 형법을 기준으로 하여야 하고, 본범의 행위가 대한민국 형법에 비추어 절도죄 등의 구성요건에 해당하는 위법한 행위라고 인정되는 이상 이에 의하여 영득된 재물은 장물에 해당한다.

33

권리행사를 방해하는 죄에 대한 설명으로 가장 적절한 것은? (다툼이 있는 경우 판례에 의함)

① 권리행사방해죄에서 '은닉'이란 타인의 점유 또는 권리의 목적이 된 자기 물건 등의 소재를 발견하기 불가능하게 하거나 또는 현저히 곤란한 상태에 두는 것을 말하고, 그로 인하여 권리행사가 방해될 우려가 있는 상태만으로는 부족하고, 현실로 권리행사가 방해되었을 것을 요한다.

② 권리행사방해죄에 있어서의 '취거'란 타인의 점유 또는 권리의 목적이 된 자기의 물건을 그 점유자의 의사에 반하여 그 점유자의 점유로부터 자기 또는 제3자의 점유로 옮기는 것을 말하므로, 점유자의 하자있는 의사에 기하여 점유가 이전된 경우에도 여기에서 말하는 취거로 볼 수 있다.

③ 타인의 재물을 보관하는 자가 보관하고 있는 재물을 영득할 의사로 은닉하였다면 횡령죄를 구성하고 채권자들의 강제집행을 면탈하는 결과를 가져온다면 별도로 강제집행면탈죄를 구성하며 양 죄는 상상적 경합 관계에 있다.

④ 권리행사방해죄에서의 보호대상인 '타인의 점유'에는 일단 적법한 권원에 기하여 점유를 개시하였으나 사후에 점유권원을 상실한 경우의 점유, 점유권원의 존부가 외관상 명백하지 아니하여 법정절차를 통하여 권원의 존부가 밝혀질 때까지의 점유, 권원에 기하여 점유를 개시한 것은 아니나 동시이행항변권 등으로 대항 할 수 있는 점유 등이 포함된다.

34

방화와 실화의 죄에 대한 설명으로 가장 적절하지 <u>않은</u> 것은? (다툼이 있는 경우 판례에 의함)

① 방화 등 예비음모죄에 있어 실행에 이르기 전에 자수한 경우 형을 감경 또는 면제한다.

② 공무집행을 방해하는 집단행위의 과정에서 일부 집단원이 고의로 현주건조물에 방화행위를 하여 공무원에게 사상의 결과를 초래한 경우 그 방화행위 자체에 공모가담하지 않은 다른 집단원은 현주건조물방화치사상죄로 의율할 수 없다.

③ 방화죄의 객체인 건조물은 반드시 사람의 주거용이어야 하는 것은 아니라도 사람이 사실상 기거·취침에 사용할 수 있는 정도는 되어야 한다.

④ 노상에서 전봇대 주변에 놓인 재활용품과 쓰레기 등을 발견하고 자신의 라이터를 이용하여 불을 붙인 후, 가연물을 집어넣어 그 화염을 키움으로써 전선을 비롯한 주변의 가연물에 손상을 입히거나 바람에 의하여 다른 곳으로 불이 옮아 붙을 수 있는 공공의 위험을 발생하게 하였다면 형법 제167조 제1항의 타인 소유 일반물건 방화죄가 성립한다.

35

교통방해의 죄에 대한 설명으로 가장 적절하지 <u>않은</u> 것은? (다툼이 있는 경우 판례에 의함)

① 주민들에 의하여 공로로 통하는 유일한 통행로로 오랫동안 이용되어 온 폭 2m의 골목길을 자신의 소유라는 이유로 폭 50cm 내지 75cm 가량만 남겨 두고 담장을 설치하여 주민들의 통행을 현저히 곤란하게 하였다면 일반교통방해죄를 구성한다.

② 서울 중구 소공동의 왕복 4차로의 도로 중 편도 3개 차로 쪽에 차량 2, 3대와 간이테이블 수십 개를 이용하여 길가 쪽 2개 차로를 차지하는 포장마차를 설치하고 영업행위를 한 경우 교통량이 상대적으로 적은 야간에 이루어졌다면 일반교통방해죄를 구성하지 않는다.

③ 교통방해를 유발한 집회에 참가한 경우 참가 당시 이미 다른 참가자들에 의해 교통흐름이 차단된 상태였더라도 교통방해를 유발한 다른 참가자들과 암묵적·순차적으로 공모하여 교통방해의 위법상태를 지속시켰다고 평가할 수 있다면 일반교통방해죄가 성립한다.

④ 공항 여객터미널 버스정류장 앞 도로 중 공항리무진 버스 외의 다른 차의 주차가 금지된 구역에서 밴 차량을 40분간 불법주차하고 호객행위를 한 것은 다른 차량들의 통행을 현저히 곤란하게 한 것으로 볼 수 없어 일반교통방해죄를 구성하지 않는다.

36

유가증권에 관한 죄에 대한 설명이다. 아래 ㉠부터 ㉢까지의 설명 중 옳고 그름의 표시(○, ×)가 바르게 된 것은? (다툼이 있는 경우 판례에 의함)

> ㉠ 유가증권이란 증권상에 표시된 재산상의 권리의 행사와 처분에 그 증권의 점유를 필요로 하는 것을 총칭하는 것으로서 재산권이 증권에 화체된다는 것, 그 권리의 행사와 처분에 증권의 점유를 필요로 한다는 것과 반드시 유통성을 가질 것을 필요로 한다.
>
> ㉡ 甲이 백지 약속어음의 액면란을 부당 보충하여 위조한 후 乙이 甲과 공모하여 금액란을 임의로 변경한 경우 乙의 행위는 유가증권위조나 변조에 해당하지 않는다.
>
> ㉢ A회사의 대표이사로 재직한 바 있는 甲이 A회사의 대표이사가 이미 乙로 변경된 이후임에도 불구하고, 이전부터 사용하여 오던 자기 명의로 된 A회사 대표이사 명판을 이용하여 여전히 자신을 A회사 대표이사로 표시하여 약속어음을 발행하고 행사한 경우 유가증권위조죄 및 동행사죄가 성립한다.
>
> ㉣ 위조유가증권의 교부자와 피교부자가 서로 유가증권위조를 공모한 경우 그들 사이의 위조유가증권교부행위는 유가증권의 유통질서를 해할 우려가 있어 위조유가증권행사죄가 성립한다.

① ㉠ (○)   ㉡ (×)   ㉢ (○)   ㉣ (×)
② ㉠ (×)   ㉡ (○)   ㉢ (×)   ㉣ (○)
③ ㉠ (×)   ㉡ (○)   ㉢ (×)   ㉣ (×)
④ ㉠ (×)   ㉡ (×)   ㉢ (×)   ㉣ (○)

37

문서에 관한 죄에 대한 설명으로 가장 적절한 것은? (다툼이 있는 경우 판례에 의함)

① 직접적인 법률관계에 단지 간접적으로 연관된 의사표시 내지 권리·의무의 변동에 사실상으로 영향을 줄 수 있는 의사표시를 내용으로 하는 문서는 사문서위조의 객체가 되지 않는다.

② 사문서위조죄는 명의자가 진정으로 작성한 문서가 아님을 전제로 하므로 '문서가 원본인지 여부'가 중요한 거래에서 문서의 사본을 진정한 원본인 것처럼 행사할 목적으로 다른 조작을 가함이 없이 문서의 원본을 그대로 컬러복사기로 복사하여 사본을 행사한 경우, 사문서위조죄 및 동행사죄는 성립하지 아니한다.

③ 실제로는 채권·채무관계가 존재하지 아니함에도 공증인에게 허위신고를 하여 가장된 금전채권에 대하여 집행력이 있는 공정증서원본을 작성하고 이를 비치하게 한 것이라면 공정증서원본부실기재죄 및 부실기재공정증서원본행사죄가 성립한다.

④ 공무원이 고의로 법령을 잘못 적용하여 공문서를 작성하였다면 그 법령적용의 전제가 된 사실관계에 대한 내용에 거짓이 없다고 하더라도 허위공문서작성죄가 성립한다.

38

공무원의 직무에 관한 죄에 대한 설명으로 가장 적절하지 않은 것은? (다툼이 있는 경우 판례에 의함)

① 직무유기죄에서 공무원이 직무를 유기한 때라 함은 주관적으로 직무집행의사를 포기하고 객관적으로 정당한 이유없이 직무집행을 하지 아니하는 부작위상태가 있어 국가기능을 저해하는 경우를 말한다.

② 상급 경찰관이 직권을 남용하여 부하 경찰관들의 수사를 중단시키거나 사건을 다른 경찰관서로 이첩하게 한 경우, '의무 없는 일을 하게 함으로 인한 직권남용권리행사방해죄'만 성립하고 '권리행사를 방해함으로 인한 직권남용권리행사방해죄'는 따로 성립하지 아니한다.

③ 검찰 고위간부 甲이 사건에 대한 수사가 진행중인 상태에서 해당 사안에 관한 수사책임자 乙의 잠정적인 판단 등 수사팀의 내부 상황을 확인하고 그 내용을 수사 대상자에게 전달한 행위는 공무상 비밀누설죄를 구성한다.

④ 교육기관 등의 장이 징계의결을 집행하지 못할 법률상·사실상의 장애가 없는데도 징계의결서를 통보받은 날로부터 법정 시한이 지나도록 집행을 유보하는 모든 경우에 직무유기죄가 성립하는 것은 아니고, 그 유보가 의식적인 직무의 방임이나 포기에 해당한다고 볼 수 있는 경우에만 직무유기죄가 성립한다.

39

뇌물죄에 대한 설명으로 가장 적절한 것은? (다툼이 있는 경우 판례에 의함)

① 제3자뇌물공여죄에 있어서 묵시적인 의사표시에 의한 부정한 청탁이 있다고 하기 위하여는, 당사자 사이에 청탁의 대상이 되는 직무집행의 내용과 제3자에게 제공되는 금품이 그 직무집행에 대한 대가라는 점에 대하여 공통의 인식이나 양해가 존재하여야 한다.

② 공무원이 직무와 관련하여 뇌물수수를 약속하고 퇴직 후 이를 수수하는 경우에 뇌물약속과 뇌물수수가 시간적으로 근접하여 연속되어 있다면 뇌물수수죄가 성립한다.

③ 수의계약을 체결하는 공무원이 해당 공사업자와 적정한 금액 이상으로 계약금액을 부풀려서 계약하고 부풀린 금액을 자신이 되돌려 받기로 사전에 약정한 다음 그에 따라 돈을 수수하였다면 수뢰죄가 성립한다.

④ 알선수뢰죄에서 '공무원이 그 지위를 이용하여'라 함은 친구, 친족관계 등 사적인 관계를 이용하는 경우뿐만 아니라 다른 공무원이 취급하는 사무의 처리에 법률상이거나 사실상으로 영향을 줄 수 있는 관계에 있는 공무원이 그 지위를 이용하는 경우를 말한다.

40

도주와 범인은닉의 죄에 대한 설명으로 가장 적절하지 않은 것은? (다툼이 있는 경우 판례에 의함)

① 법률에 의하여 체포 또는 구금된 자가 수용설비 또는 기구를 손괴하거나 위험한 물건을 휴대하거나 2인 이상이 합동하여 도주한 때에는 특수도주죄로 가중처벌 된다.

② 형법 제151조 제2항은 친족 또는 동거의 가족이 본인을 위하여 범인도피죄를 범한 때에는 처벌하지 아니한다고 규정하고 있는데, 여기서 말하는 친족에는 사실혼 관계에 있는 자는 포함되지 않는다.

③ 참고인이 수사기관에서 범인에 관하여 조사를 받으면서 그가 알고 있는 사실을 묵비하거나 허위로 진술하였다고 하더라도, 그것이 적극적으로 수사기관을 기만하여 착오에 빠지게 함으로써 범인의 발견 또는 체포를 곤란 내지 불가능하게 할 정도가 아닌 한 범인도피죄를 구성하지 않고, 이러한 법리는 피의자가 수사기관에서 공범에 관하여 묵비하거나 허위로 진술한 경우에도 그대로 적용된다.

④ 공범자의 범인도피 행위 도중에 그 범행을 인식하면서 그와 공동의 범의를 가지고 기왕의 범인도피 상태를 이용하여 스스로 범인도피행위를 계속한 경우에는 범인도피죄의 공동정범이 성립하고, 이는 공범자의 범행을 방조한 종범의 경우도 마찬가지이다.

✅ 회독 CHECK ① ② ③

01

죄형법정주의에 대한 설명으로 가장 적절하지 <u>않은</u> 것은? (다툼이 있는 경우 판례에 의함)

① 군형법 제64조 제1항의 상관면전모욕죄의 구성요건은 '상관을 그 면전에서 모욕하는' 것인데, 여기에서 '면전에서'라 함은 얼굴을 마주 대한 상태를 의미하는 것임이 분명하므로, 전화를 통하여 통화하는 것을 면전에서의 대화라고는 할 수 없다.

② 행위 당시의 판례에 의하면 처벌대상이 되지 아니하는 것으로 해석되었던 행위를 판례의 변경에 따라 확인된 내용의 형법 조항에 근거하여 처벌한다고 하여 그것이 헌법상 평등의 원칙과 형벌불소급의 원칙에 반한다고 할 수는 없다.

③ 개정 형사소송법 시행 당시 공소시효가 완성되지 아니한 범죄에 대한 공소시효가 위 법률이 개정되면서 신설된 제253조 제3항에 의하여 피고인이 외국에 있는 기간 동안 정지된 경우, 공소제기시에 공소시효의 기간은 경과되지 아니하였다.

④ 유해화학물질관리법 제35조 제1항에서 금지하는 환각물질을 구체적으로 명확하게 규정하지 아니하고 다만 그 성질에 관하여 '흥분·환각 또는 마취의 작용을 일으키는 유해화학물질로서 대통령령이 정하는 물질'로 그 한계를 설정하여 놓고 같은 법 시행령 제22조에서 이를 구체적으로 규정하게 하고, 같은 법 제35조 제1항의 '섭취 또는 흡입'이라고만 규정하고 그 섭취기준을 따로 정하지 않은 것은 죄형법정주의에 반한다.

02

형법의 적용범위에 대한 설명으로 가장 적절하지 <u>않은</u> 것은? (다툼이 있는 경우 판례에 의함)

① 형의 경중의 비교는 원칙적으로 법정형을 표준으로 할 것이고 처단형이나 선고형에 의할 것이 아니며, 법정형의 경중을 비교함에 있어서 법정형 중 병과형 또는 선택형이 있을 때에는 이 중 가장 중한 형을 기준으로 하여 다른 형과 경중을 정하는 것이 원칙이다.

② 식품위생법에 의하여 단란주점의 영업시간을 제한하고 있던 보건복지부 고시가 실효되어 그 영업시간 제한이 해제됨으로써 처벌할 수 없게 된 경우 처벌 자체가 부당하다는 반성적 고려에서 비롯된 것이라 보기 어렵다.

③ 범죄에 의하여 외국에서 형의 전부 또는 일부의 집행을 받은 자에 대하여는 형을 감경 또는 면제할 수 있다.

④ 포괄일죄로 되는 개개의 범죄행위가 법개정의 전후에 걸쳐서 행하여진 경우에는 신·구법의 법정형에 대한 경중을 비교하여 볼 필요도 없이 범죄실행 종료시의 법이라고 할 수 있는 신법을 적용하여 포괄일죄로 처단하여야 한다.

03

범죄의 종류에 대한 설명으로 가장 적절하지 <u>않은</u> 것은? (다툼이 있는 경우 다수설에 의함)

① 구체적 위험범은 법익침해의 현실적 위험이 야기된 경우에 구성요건이 충족되는 범죄를 말한다.
② 부진정신분범은 신분으로 인하여 형이 가중·감경되는 범죄이다.
③ 상태범은 기수와 범죄행위의 종료시, 범죄행위의 종료시와 위법상태의 종료시가 모두 일치한다.
④ 거동범의 예로는 폭행죄, 주거침입죄가 있다.

04

다음 설명 중 가장 적절한 것은? (다툼이 있는 경우 판례에 의함)

① 甲이 피해자의 재물을 강취한 후 살해할 목적으로 피해자의 집에 방화하여 피해자가 사망하였다면 甲의 행위는 강도살인죄와 현주건조물방화치사죄의 상상적 경합이 성립한다.
② 경찰공무원이 지명수배 중인 범인을 발견하고도 직무상 의무에 따른 적절한 조치를 취하지 아니하고 오히려 범인을 도피하게 하는 행위를 한 경우, 범인도피죄와 직무유기죄가 성립하고 양 죄는 실체적 경합관계에 있다.
③ 건설업자가 건설기술자를 현장에 배치할 의무를 위반하여, 도로의 지반침하 방지를 위한 그라우팅 공사 과정에서 가스가 폭발하였다고 하더라도 건설업자의 건설기술자 현장배치의무위반과 가스 폭발사고 사이에 인과관계가 인정되지 않는다.
④ 성을 사는 행위를 알선하는 행위를 업으로 하는 자가 성매매알선을 위한 종업원을 고용하면서 고용대상자에 대하여 아동·청소년의 보호를 위한 연령확인의무의 이행을 다하지 아니한 채 아동·청소년을 고용하였다고 하더라도, 특별한 사정이 없는 한 아동·청소년의 성을 사는 행위의 알선에 관한 미필적 고의는 인정되지 않는다.

05

법률의 착오에 대한 설명으로 가장 적절하지 <u>않은</u> 것은? (다툼이 있는 경우 판례에 의함)

① 자기의 행위가 법령에 의하여 죄가 되지 아니하는 것으로 오인한 행위는 그 오인에 정당한 이유가 있는 때에 한하여 벌하지 아니한다.
② 자격기본법에 의한 민간자격관리자로부터 대체의학자격증을 수여받은 자가 사업자등록을 한 후 침술원을 개설하였다고 한다면, 자신의 행위가 무면허 의료행위에 해당되지 아니하여 죄가 되지 않는다고 믿은 데에 정당한 사유가 있었다고 볼 수 있다.
③ 숙박업자가 자신이 운영하는 숙박업소에서 위성방송수신장치를 이용하여 수신한 외국의 음란한 위성방송프로그램을 투숙객 등에게 제공하였는데, 그 이전에 그와 유사한 행위로 '혐의없음' 처분을 받은 전력이 있다거나 일정한 시청차단장치를 설치하였더라도 형법 제16조의 정당한 이유가 있다고 볼 수 없다.
④ 광역시의회 의원이 선거구민들에게 의정보고서를 배부하기에 앞서 관할 선거관리위원회 소속 공무원들에게 자문을 구하고 그들의 지적에 따라 수정한 의정보고서를 배부한 경우, 형법 제16조의 정당한 이유가 있다고 볼 수 있다.

06

교통사고와 의료사고에 대한 설명으로 가장 적절하지 않은 것은? (다툼이 있는 경우 판례에 의함)

① 비가 내려 노면이 미끄러운 고속도로의 주행선을 진행하던 추월선상의 A 차량이 갑자기 甲의 차선으로 들어왔고, 甲이 A 차량을 피하다가 빗길에 미끄러져 중앙분리대를 넘어가 반대편 추월선상의 B 차량과 충돌하여, B 차량의 운전자가 사망하였다면 甲의 업무상 과실이 인정되지 않는다.

② 야간 당직간호사가 담당 환자의 심근경색 증상을 당직의사에게 제대로 보고하지 않아 당직의사가 필요한 조치를 취하지 못한 채 환자가 사망한 경우, 당직간호사에게 업무상 과실이 인정된다.

③ 피해자를 감시하도록 업무를 인계받지 않은 간호사 A가 자기 환자의 회복처치에 전념하고 있었다면 회복실에 다른 간호사가 남아 있지 않은 경우에도 회복실 내의 모든 환자에 대하여 적극적, 계속적으로 주시, 점검을 할 의무가 있다고 할 수 없다.

④ 교차로를 녹색 등화에 따라 직진하는 차량의 운전자는 다른 차량이 신호를 위반하고 직진하는 차량의 앞을 가로질러 좌회전 할 경우까지를 예상하여 그에 따른 사고발생을 미연에 방지할 업무상의 주의의무는 없다.

07

결과적가중범에 대한 설명으로 가장 적절한 것은? (다툼이 있는 경우 판례에 의함)

① 부진정결과적가중범에서, 고의로 중한 결과를 발생하게 한 행위가 별도의 구성요건에 해당하고 그 고의범에 대하여 결과적가중범에 정한 형보다 더 무겁게 처벌하는 규정이 있다면, 결과적가중범만 성립하고 고의범에 대해서 별도의 죄가 성립하지 않는다.

② 교사자가 피교사자에 대하여 상해를 교사하였는데 피교사자가 이를 넘어 살인을 실행한 경우, 교사자에게 피해자의 사망이라는 결과에 대하여 과실 내지 예견가능성이 있는 때에는 상해치사죄의 교사범으로서의 죄책을 지울 수 있다.

③ 결과적가중범인 상해치사의 공동정범은 폭행 기타의 신체침해 행위를 공동으로 할 의사뿐만 아니라 결과를 공동으로 할 의사도 필요하다.

④ 甲이 A의 가슴, 얼굴 등 신체 여러 부위에 심하게 폭행을 가함으로써 A의 심장에 악영향을 초래하여 A가 심근경색 등으로 사망하게 하였더라도 A가 평소에 오른쪽 관상동맥폐쇄 및 심실의 허혈성근섬유화증세 등 심장질환을 앓고 있던 경우라면 폭행치사죄가 성립하지 아니한다.

08

위법성에 대한 설명으로 가장 적절하지 <u>않은</u> 것은? (다툼이 있는 경우 판례에 의함)

① 피난행위가 그 정도를 초과하더라도 야간 기타 불안스러운 상태하에서 공포, 경악, 흥분, 당황으로 인한 경우에는 벌하지 아니한다.

② 사문서위조죄는 사회적 법익에 관한 범죄이며 명의자의 명시적 또는 묵시적 승낙(위임)이 있으면 성립하지 않는다.

③ 회사의 대표이사인 甲이 '회사직원 A가 회사의 이익을 빼돌린다'는 소문을 확인할 목적으로, 비밀번호를 설정한 A의 '개인용 컴퓨터의 하드디스크'를 떼어내어 다른 컴퓨터에 연결한 다음, 의심이 드는 단어로 파일을 검색하여 메신저 대화 내용, 이메일 등을 출력한 행위는 정당행위에 해당한다.

④ 이혼소송 중인 남편이 찾아와 가위로 폭행하고 변태적 성행위를 강요하는 데에 격분하여 처가 칼로 남편의 복부를 찔러 사망에 이르게 한 경우, 그 행위는 정당방위에 해당한다.

09

실행의 착수시기 및 미수에 대한 설명으로 가장 적절한 것은? (다툼이 있는 경우 판례에 의함)

① 피고인이 임야를 편취할 목적으로 소송을 제기하였으나 소 제기시 이미 소송의 상대방이 사망하였을 경우에는 소송에서 승소판결을 받는다고 하더라도 판결의 효력이 해당 임야의 재산상속인에게 미칠 수 없으므로 이는 사기죄의 불능미수에 해당한다.

② 행위자가 처음부터 미수에 그치겠다는 고의를 가진 경우라도 미수범이 성립할 수 있다.

③ 금융기관 직원이 전산단말기를 이용하여 다른 공범들이 지정한 특정계좌에 돈이 입금된 것처럼 허위의 정보를 입력하는 방법으로 위 계좌로 입금되도록 한 경우, 그 후 그러한 입금이 취소되어 현실적으로 인출되지 못한 경우는 컴퓨터 등 사용사기 미수죄에 해당한다.

④ 甲이 부동산 경매절차에서 피담보채권인 공사대금채권을 실제와 달리 허위로 부풀려 유치권에 의한 경매를 신청한 경우 소송사기죄의 실행의 착수에 해당한다.

10

미수범에 대한 설명으로 가장 적절하지 <u>않은</u> 것은? (다툼이 있는 경우 판례에 의함)

① 일반적으로 사람으로 하여금 공포심을 일으키게 하기에 충분한 해악을 고지하였고, 상대방이 그 의미를 인식하였다면, 상대방이 현실적으로 공포심을 일으키지 않은 경우에도 협박죄가 성립한다.

② 낙태죄는 태아를 자연분만기에 앞서서 인위적으로 모체 밖으로 배출하거나 모체 안에서 살해함으로써 성립하므로, 낙태시술을 하였으나 태아가 살아서 미숙아 상태로 출생하자 그 미숙아에게 염화칼륨을 주입하여 사망에 이르게 하였다면 낙태미수죄와 살인죄가 성립한다.

③ 현행 형법에는 결과적가중범에 대한 미수범 처벌규정이 있다.

④ 실행의 수단 또는 대상의 착오로 인하여 결과의 발생이 불가능하더라도 위험성이 있는 때에는 처벌하지만, 그 형을 감경 또는 면제할 수 있다.

11

공범에 대한 설명으로 가장 적절하지 <u>않은</u> 것은? (다툼이 있는 경우 판례에 의함)

① 금품 등을 공여한 자에게 따로 처벌규정이 없는 이상, 그 공여행위는 그와 대향적 행위의 존재를 필요로 하는 상대방의 범행에 대하여 공범관계가 성립되지 아니하고, 오로지 금품 등을 공여한 자의 행위에 대하여만 관여하여 그 공여행위를 교사하거나 방조한 행위도 상대방의 범행에 대하여 공범관계가 성립되지 아니한다.

② 정치자금을 기부하는 자의 범죄가 성립하지 않으면 정치자금을 기부받는 자가 정치자금법이 정하지 않은 방법으로 정치자금을 제공받는다는 의사를 가지고 받더라도 정치자금부정수수죄가 성립하지 아니한다.

③ 정범의 성립은 교사범의 구성요건의 일부를 형성하고 교사범이 성립함에는 정범의 범죄행위가 인정되는 것이 그 전제요건이 된다.

④ 의사가 직접 환자를 진찰하지 않고 처방전을 작성하여 교부한 행위와 대향범 관계에 있는 '처방전을 교부받은 행위'에 대하여 공범에 관한 형법총칙 규정을 적용할 수 없다.

12

간접정범에 대한 설명으로 가장 적절하지 <u>않은</u> 것은? (다툼이 있는 경우 판례에 의함)

① 정유회사 경영자인 甲의 청탁으로, A 지역구 국회의원 乙이 甲과 A 지역구 지방자치단체장 사이에 정유공장의 지역구 유치를 위한 간담회를 주선하고, 甲은 위와 같은 사실을 알지 못하는 자신의 회사 직원들로 하여금 乙이 사실상 지배·장악하고 있던 후원회에 후원금을 기부하게 한 경우, 乙은 정치자금법 위반죄가, 甲은 정치자금법 위반죄의 간접정범이 성립한다.

② 공무원이 아닌 甲이 관공서에 허위내용의 증명원을 제출하여 그러한 사실을 모르는 공무원인 A로부터 그 증명원 내용과 같은 증명서를 발급받은 경우, 甲은 공문서위조죄의 간접정범에 해당하지 아니한다.

③ 甲이 채권의 존재에 관하여 乙과 다툼이 있는 상황에서 존재하지 않는 약정이자에 관한 내용을 부가하여 위조한 乙 명의 차용증을 바탕으로 乙에 대한 차용금채권을 丙에게 양도하고, 이러한 사정을 모르는 丙으로 하여금 乙을 상대로 양수금 청구소송을 제기하게 한 경우, 甲은 소송 당사자가 아니므로 甲의 위와 같은 행위는 사기죄에 해당하지 아니한다.

④ 경찰서 보안과장인 甲이 A의 음주운전을 눈감아주기 위하여 그에 대한 음주운전 적발보고서를 찢어버리고, 부하인 B로 하여금 일련번호가 동일한 가짜 음주운전 적발보고서에 乙에 대한 음주운전 사실을 기재케 하여 그 정을 모르는 담당경찰관으로 하여금 주취운전자 음주측정처리부에 乙에 대한 음주운전 사실을 기재하도록 한 경우, 甲은 허위공문서작성 및 동 행사죄의 간접정범에 해당한다.

13

예비죄에 대한 설명으로 가장 적절한 것은? (다툼이 있는 경우 판례에 의함)

① 예비음모의 행위를 처벌하는 경우에 있어서 중지범의 관념을 인정할 수 있다.

② 甲이 행사할 목적으로 미리 준비한 물건들과 옵세트 인쇄기를 사용하여 한국은행권 100원권을 사진 찍어 그 필름 원판 7매와 이를 확대하여 현상한 인화지 7매를 만들었다면 통화위조의 착수에 이른 것이다.

③ 살인예비죄가 성립하기 위해서는 살인죄를 범할 목적 외에 살인의 준비에 관한 고의가 있어야 하고, 실행의 착수에 이르지 아니하는 살인죄 실현을 위한 준비행위가 있어야 하는데, 여기서의 준비행위는 단순한 범행의 의사 또는 계획만으로 족하다.

④ 절도를 준비하면서 뜻하지 않게 절도 범행이 발각될 경우에 대비하여 체포를 면탈할 목적으로 칼을 휴대하고 있었더라도 강도예비죄가 성립하지 않는다.

14

공동정범에 대한 설명으로 가장 적절하지 <u>않은</u> 것은? (다툼이 있는 경우 판례에 의함)

① 甲이 부녀를 유인하여 성매매를 통해 수익을 얻을 것을 乙과 공모한 후, 乙로 하여금 유인된 A녀(16세)의 성매매 홍보용 나체사진을 찍도록 하고, A가 중도에 약속을 어길 경우 민·형사상 책임을 진다는 각서를 작성하도록 하였지만, 甲이 별건으로 체포되어 구치소에 수감 중인 동안 A가 乙의 관리 아래 성매수의 대가로 받은 돈을 A, 乙 및 甲의 처 등이 나누어 사용한 경우, 甲은 공모관계에서 이탈한 것으로 인정된다.

② 甲이 피해자 일행을 한 사람씩 나누어 강간하자는 乙의 제의에 아무런 대답도 하지 않고 따라다니다가 자신의 강간 상대방으로 남겨진 A에게 일체의 신체적 접촉도 시도하지 않은 채 乙이 인근 숲 속에서 강간을 마칠 때까지 A와 함께 이야기만 나눈 경우, 甲에게 乙의 강간 범행에 공동으로 가공할 의사가 있었다고 볼 수 없다.

③ 2인 이상이 범죄에 공동 가공하는 공범관계에서 공모는 법률상 어떤 정형을 요구하는 것이 아니고, 2인 이상이 공모하여 어느 범죄에 공동 가공하여 그 범죄를 실현하려는 의사의 결합만 있으면 되는 것으로서, 비록 전체의 모의과정이 없었다고 하더라도 수인 사이에 순차적으로 또는 암묵적으로 상통하여 그 의사의 결합이 이루어지면 공모관계가 성립한다.

④ 건설 관련 회사의 유일한 지배자인 甲이 회사 대표의 지위에서 장기간에 걸쳐 건설공사 현장소장들의 뇌물공여행위를 보고받고 이를 확인·결재하는 등의 방법으로 위 행위에 관여하였다면, 비록 사전에 구체적인 대상 및 액수를 정하여 뇌물공여를 지시하지 않았다고 하더라도 공모공동정범의 죄책이 인정된다.

15

교사범에 대한 설명으로 가장 적절하지 <u>않은</u> 것은? (다툼이 있는 경우 판례에 의함)

① 피교사자가 교사자의 교사행위 당시에는 범행을 승낙하지 않았으나, 이후 그 교사행위에 의하여 범행을 결의한 것으로 인정되는 경우에는 교사범이 성립한다.

② 甲이 A를 모해할 목적으로 乙에게 위증을 교사한 이상, 가사 정범인 乙에게 모해의 목적이 없었다고 하더라도, 형법 제33조 단서의 규정에 의하여 甲을 모해위증교사죄로 처단할 수 있다.

③ 자기의 형사사건에 관한 증거를 위조하기 위하여 甲이 타인인 乙을 교사하여 죄를 범하게 한 경우 증거위조교사죄가 성립한다.

④ 교사행위에 의하여 피교사자가 범죄 실행을 결의하였다 하더라도 피교사자에게 다른 원인이 있어 범죄를 실행한 경우에는 교사범이 성립하지 아니한다.

16

죄수에 대한 설명으로 가장 적절한 것은? (다툼이 있는 경우 판례에 의함)

① 甲이 치료받은 다음 날 오전 병원 앞에서 허위사실이 기재된 현수막을 설치하고 허위사실을 기재한 유인물을 불특정 다수에게 배포한 경우, 판례는 허위사실 유포에 의한 업무방해죄와 허위사실적시에 의한 명예훼손죄를 실체적 경합관계로 본다.

② 피해자에 대한 폭행행위가 동일한 피해자에 대한 업무방해죄의 수단이 되는 경우, 업무방해죄가 성립하기 위해서는 일반적으로 사람에 대한 폭행행위를 수반하므로 폭행행위는 업무방해죄의 불가벌적 수반행위에 해당한다.

③ 피고인이 당초부터 피해자를 기망하여 약속어음을 교부받은 경우에는 그 교부받은 즉시 사기죄가 성립하고 그 후 이를 피해자에 대한 피고인의 채권의 변제에 충당하였다 하더라도 불가벌적 사후행위가 됨에 그칠뿐, 별도로 횡령죄를 구성하지 않는다.

④ 업무상 과실로 장물을 보관하다가 임의로 처분한 행위는 별도의 횡령죄를 구성한다.

17

포괄일죄가 성립하는 경우로 가장 적절한 것은? (다툼이 있는 경우 판례에 의함)

① 甲이 계속적으로 무면허로 운전할 의사를 가지고 여러 날에 걸쳐 무면허운전행위를 반복한 경우(어느 날에 운전을 시작하여 다음날까지 동일한 기회에 일련의 과정에서 계속 운전을 한 경우와 같은 특별한 경우 등은 제외함)

② 작가협회 회원인 甲이 A의 명의를 도용하여 작가협회 교육원장을 비방하는 내용의 호소문을 작성한 후, 이를 작가협회 회원들에게 우편으로 송달한 경우

③ 금융기관 임직원인 甲이 그 직무에 관하여 乙로부터 정식 이사가 될 수 있도록 도와달라는 부탁을 받고 1년 동안 12회에 걸쳐 그 사례금 명목으로 합계 1억 2,000만 원을 교부받은 경우

④ 甲이 히로뽕 완제품을 제조하고, 그 때 함께 만든 액체 히로뽕 반제품을 땅에 묻어 두었다가 약 1년 9개월 후, 이전에 제조를 요구했던 사람이 아닌 다른 사람들의 요구에 따라 그들과 함께 위 반제품을 완제품으로 제조한 경우

18

경합범에 대한 설명으로 가장 적절한 것은? (다툼이 있는 경우 판례에 의함)

① 사후적 경합범은 동일인이 범한 수죄 중에서 일부의 죄에 관하여 벌금 이상의 형에 처한 확정판결이 있는 경우에, 판결이 확정된 범죄와 그 판결이 확정되기 전에 범한 죄 사이의 경합관계를 말한다.

② 형법 제37조 후단의 경합범에 있어서 '판결이 확정된 죄'라 함은 수개의 독립된 죄 중의 어느 죄에 대하여 확정판결이 있었던 사실 그 자체를 의미하고 일반사면으로 형의 선고의 효력이 상실되었는지 여부는 묻지 않는다.

③ 동시적 경합범은 원칙적으로 수죄 전부가 병합 심리될 것을 요하지 않는다.

④ 동시적 경합범에서 각 죄에 정한 형이 징역과 금고인 때에는 금고의 형기만큼 징역형으로 처벌할 수 없다.

19

형법 상 양형의 조건으로 가장 적절하지 <u>않은</u> 것은?

① 피해자에 대한 관계

② 범행 전의 정황

③ 범인의 연령, 성행, 지능과 환경

④ 범행의 동기, 수단과 결과

20

선고유예와 집행유예에 대한 설명으로 가장 적절한 것은? (다툼이 있는 경우 판례에 의함)

① 형의 선고를 유예하는 경우 재범방지를 위하여 필요한 때에는 보호관찰을 받을 것을 명할 수 있고 그 기간은 법원이 「형법」 제51조의 사항을 참작하여 재량으로 한다.

② 집행유예의 선고를 받은 후 그 선고의 실효 또는 취소됨이 없이 유예기간을 경과한 때에는 형의 선고는 효력을 잃는다.

③ 집행유예의 선고를 받은 자가 유예기간 중 고의 또는 과실로 범한 죄로 금고 이상의 실형을 선고받아 그 판결이 확정된 때에는 집행유예의 선고는 효력을 잃는다.

④ 주형에 대해 선고유예하지 않으면서 부가형에 대하여만 선고유예 할 수 있다.

21

'상해와 폭행의 죄'에 대한 설명으로 가장 적절한 것은? (다툼이 있는 경우 판례에 의함)

① 지하철 공사구간 현장안전업무 담당자인 甲이 공사현장에 인접한 기존의 횡단보도 표시선 안쪽으로 돌출된 강철빔 주위에 라바콘 3개를 설치하고 신호수 1명을 배치하였는데, 피해자가 위 횡단보도를 건너면서 강철빔에 부딪혀 상해를 입은 경우 업무상 과실치상죄가 성립한다.

② 속칭 '생일빵'을 한다는 명목으로 甲이 A를 폭행하였다면 폭행죄에 해당하나, '생일빵'은 사회상규에 위배되지 아니하는 정당행위에 해당하므로, 폭행죄에 대한 위법성이 조각된다.

③ 甲이 자신의 차를 가로막고 서 있는 A를 향해 차를 조금씩 전진시키고 A가 뒤로 물러나면 다시 차를 전진시키는 방식의 운행을 반복하였다면 甲은 특수폭행죄에 해당한다.

④ 상해죄의 성립에는 상해의 원인인 폭행에 관한 인식 및 상해를 가할 의사가 필요하다.

22

'자유에 대한 죄'에 대한 설명으로 가장 적절하지 <u>않은</u> 것은? (다툼이 있는 경우 판례에 의함)

① 골프시설의 운영자가 골프회원에게 불리하게 변경된 내용의 회칙에 대하여 동의한다는 내용의 등록신청서를 제출하지 아니하면 회원으로 대우하지 아니하겠다고 통지한 것이 강요죄에 해당한다.

② 형법 제296조의2는 동법 제287조부터 제292조까지 및 제294조를 인류에 대한 공통적인 범죄로서 대한민국 영역 밖에서 죄를 범한 외국인에게도 적용될 수 있도록 세계주의를 규정하였다.

③ 피고인이 피해자와 횟집에서 술을 마시던 중 피해자가 모래 채취에 관하여 항의하는 데에 화가 나서, 횟집 주방에 있던 회칼 2자루를 들고 나와 죽어버리겠다며 자해하려고 한 경우, 이러한 피고인의 행위는 피고인의 요구에 응하지 않으면 피해자에게 어떠한 해악을 가할 듯한 위세를 보인 행위로서 협박에 해당한다고도 볼 수 있다.

④ 미성년자를 유인한 자가 계속하여 미성년자를 불법하게 감금하였을 때에는 감금죄만 성립할 뿐 미성년자유인죄는 별도로 성립하지 않는다.

23

'성 관련 범죄'에 대한 설명으로 가장 적절하지 <u>않은</u> 것은? (다툼이 있는 경우 판례에 의함)

① 골프장 여종업원들이 거부의사를 밝혔음에도, 甲이 골프장 사장과의 친분관계를 내세워 함께 술을 마시지 않을 경우 신분상의 불이익을 가할 것처럼 협박하여 이른바 러브샷의 방법으로 여종업원들에게 술을 마시게 한 경우, 강제추행죄가 성립한다.

② 피고인이 강간할 목적으로 피해자를 따라 피해자가 거주하는 아파트 내부의 엘리베이터에 탄 경우 주거침입죄가 성립한다.

③ 피고인이 심신미약자인 피해자를 여관으로 유인하기 위하여 인터넷쪽지로 남자를 소개해 주겠다고 거짓말을 하여 피해자가 이에 속아 여관으로 오게 되었고, 그곳에서 성관계를 하게 되었다면 거짓말로 여관으로 유인한 행위는 위계에 의한 심신미약자 간음죄의 위계에 해당하지 않는다.

④ 甲이 A와 교제하면서 촬영한 성관계 동영상, 나체 사진 등의 촬영물을 A와 교제하던 다른 남성에게 A와 헤어지게 할 의도로 전송한 행위는 성폭력범죄의 처벌 등에 관한 특례법 제14조 제2항의 카메라 이용 촬영물의 '반포'에 해당한다.

24

'명예에 관한 죄'에 대한 설명으로 가장 적절하지 <u>않은</u> 것은? (다툼이 있는 경우 판례에 의함)

① 甲이 개인 블로그의 비공개 대화방에서 乙로부터 비밀을 지키겠다는 말을 듣고 일대일 비밀대화로 A에 대한 사실을 적시한 경우, 명예훼손죄의 요건인 공연성을 인정할 수 있다.

② 甲이 진정서 사본과 고소장 사본을 특정사람들에게만 개별적으로 우송하였더라도, 그 수가 200명에 이른 경우에는 명예훼손의 공연성이 인정된다.

③ 피고인이 자신의 아들 등에게 폭행을 당하여 입원한 피해자의 병실로 찾아가 그의 모(母) 甲과 대화 중 甲의 이웃 乙 및 피고인의 일행 丙등이 있는 자리에서 "학교에 알아보니 피해자에게 원래 정신병이 있었다고 하더라."라고 허위사실을 말한 경우, 그 자리에 있던 사람들의 관계 등 여러 사정에 비추어 공연성이 인정된다.

④ 정부 또는 국가기관은 형법상 명예훼손죄의 피해자가 될 수 없으나, 언론보도의 내용이 공직자 개인에 대한 악의적이거나 심히 경솔한 공격으로서 현저히 상당성을 잃은 것으로 평가된다면 공직자 개인에 대한 명예훼손에 해당할 수 있다.

25

절도죄에 대한 설명 중 옳은 것을 모두 고른 것은? (다툼이 있는 경우 판례에 의함)

⊙ 사실상 퇴사하면서 회사의 승낙 없이 가지고 간 부동산매매계약서 사본들은 절도죄의 객체인 재물에 해당하지 않는다.

⊙ 묘는 이장하고 망부석만 30년 방치된 상태에서 임야의 관리인으로서 망부석을 사실상 점유하여 온 자가 이를 처분한 경우 절도죄가 성립하지 않는다.

⊙ 피해품인 민화가 피고인의 오빠가 매수한 것이라면 이는 동인의 특유재산으로서 이에 대한 점유·관리권은 동인에게 있다 할 것이고 범행당시 비록 동인이 집에 없었다 하더라도 그것이 동인소유의 집 벽에 걸려있었던 이상 동인의 지배력이 미치는 범위 안에 있는 것이라 할 것이므로 동인의 소지에 속하고 그 부부의 공동점유 하에 있다고 볼 수는 없어 이를 절취한 행위에 대하여는 친족상도례가 적용된다.

⊙ 甲이 부정행위를 한 A를 꾸짖어 줄 목적으로 A의 소유물건을 가져와 보관하고 있으면 A가 이를 찾으러 올 것이고 그때에 그 물건을 반환하면서 A를 꾸짖어 줄 생각으로 그 물건을 가져온 것이라면 절도죄가 성립한다.

---

① ⊙, ⊙   ② ⊙, ⊙

③ ⊙, ⊜   ④ ⊙, ⊜

26

'재산에 대한 죄'에 대한 설명으로 가장 적절한 것은? (다툼이 있는 경우 판례에 의함)

① 甲이 A 자동차를 절취한 후 자동차등록번호판을 떼어내는 행위는 새로운 법익의 침해로 볼 수 없으므로, 절취한 A 자동차의 자동차등록 번호판을 떼어 내는 행위는 절도범행의 불가벌적 사후행위에 해당한다.

② 甲이 점유자 또는 소유자의 승낙 없이 물건을 갖고 나오다 경비원에게 발각되어 경비원이 절도범인 체포사실을 파출소에 신고 전화하려는데 甲이 경비원에게 대들면서 폭행을 가한 경우 준강도가 성립하지 않는다.

③ 특정 권원에 기하여 민사소송을 진행하던 중 법원에 조작된 증거를 제출하면서 종전에 주장하던 특정 권원과 별개의 허위의 권원을 추가로 주장하는 경우 소송사기의 실행의 착수로 볼 수 있다.

④ 피고인이 타인의 권리의 목적이 된 자기의 물건을 그 점유자의 점유로부터 자기의 점유로 옮긴 경우, 그것이 피고인의 기망에 의한 하자 있는 의사에 기한 것이었다면 권리행사방해죄가 성립한다.

27

횡령죄와 배임죄에 대한 설명으로 가장 적절하지 <u>않은</u> 것은? (다툼이 있는 경우 판례에 의함)

① 포주인 甲이 자신의 종업원인 A에게 윤락을 권유하여 고용한 후, A가 받은 화대를 甲이 일단 보관하다가 절반씩 분배하기로 약정하였음에도 불구하고 甲이 보관 중인 화대를 임의로 소비한 경우, 그 화대는 불법원인으로 인한 것이지만 甲의 행위는 횡령죄에 해당한다.

② 피해자는 자금만 투자하고 피고인은 공사 시공 및 일체의 거래행위를 담당하는 내용의 동업계약을 체결하였다가 위 계약이 종료되었는데, 그 정산과정에서 피고인이 임의로 제3자에 대하여 채권양도 행위를 한 경우 배임죄가 성립하지 않는다.

③ 상법상 주식은 자본구성의 단위 또는 주주의 지위를 의미하므로 재물이 아니며, 횡령죄의 객체가 될 수 없다.

④ 회사직원이 영업비밀 등을 적법하게 반출하였으나 퇴사 시에 회사에 반환하거나 폐기할 의무가 있음에도 경쟁업체에 유출하거나 스스로의 이익을 위하여 이용할 목적으로 이를 반환하거나 폐기하지 아니하였다면, 반출 시에 업무상배임죄의 기수가 된다.

28

합동범에 대한 설명으로 가장 적절하지 <u>않은</u> 것은? (다툼이 있는 경우 판례에 의함)

① 합동범의 공동정범은 가능하다.

② 합동범에 대한 교사·방조는 불가능하다.

③ 합동범이 성립하기 위해서는 주관적 요건으로서의 공모와 객관적 요건으로서의 실행행위의 분담이 필요하고 그 공모는 법률상 어떠한 정형을 요구하는 것은 아니어서, 공범자 상호간에 직접 또는 간접으로 범죄의 공동가공의사가 암묵리에 서로 상통하여도 합동범의 공모에 포함된다.

④ 乙, 丙과 A회사의 사무실 금고에서 현금을 절취할 것을 공모한 甲이 乙과 丙에게 범행도구를 구입하여 제공해주었을 뿐만 아니라 乙과 丙이 사무실에서 현금을 절취하는 동안 범행장소에서 100m 떨어진 곳에서 기다렸다가 절취한 현금을 운반한 경우, 甲은 乙과 丙의 합동절도의 공동정범의 죄책을 진다.

29

다음 설명 중 가장 적절하지 <u>않은</u> 것은? (다툼이 있는 경우 판례에 의함)

① 甲이 A의 영업점 내에 있는 A 소유의 휴대전화를 허락 없이 가지고 나와 통화 등에 사용한 다음 약 1~2시간 후 위 영업점 정문 옆 화분에 휴대전화를 놓아두고 갔다면 甲에게 불법영득의사가 인정된다.

② 어떠한 물건을 점유자의 의사에 반하여 취거하는 행위가 결과적으로 소유자의 이익으로 된다는 사정 또는 소유자의 추정적 승낙이 있다고 볼 만한 사정이 있다고 하더라도, 다른 특별한 사정이 없는 한 불법영득의 의사가 인정된다.

③ 甲이 피해자 A의 승낙 없이 혼인신고서를 작성하기 위하여 A의 도장을 몰래 꺼내어 사용한 후 곧바로 제자리에 가져다 놓았는데, 그 가치의 소모가 경미하다고 하더라도 도장에 대한 불법영득의 의사가 인정된다.

④ 甲이 乙의 돈을 절취한 다음 다른 금전과 섞거나 교환하지 않고 쇼핑백 등에 넣어 자신의 집에 숨겨 두었는데, 피고인이 乙의 지시로 폭력조직원 丙과 함께 甲에게 겁을 주어 쇼핑백 등에 들어 있던 절취된 돈을 교부받아 갈취하였다면 피고인에게는 공갈죄가 성립하지 아니한다.

30

사기죄에 대한 설명으로 가장 적절하지 <u>않은</u> 것은? (다툼이 있는 경우 판례에 의함)

① 사기죄의 처분행위라고 하는 것은 재산적 처분행위를 의미하고, 그것은 주관적으로 피기망자에게 처분의사 즉 처분결과에 대한 인식이 있고, 객관적으로 이러한 의사에 지배된 행위가 있을 것을 요한다.

② A가 甲의 기망행위로 인하여 착오에 빠진 결과 내심의 의사와 다른 효과를 발생시키는 내용의 처분문서에 서명 또는 날인함으로써 처분문서의 내용에 따른 재산상 손해가 초래되었다면 그와 같은 처분문서에 서명 또는 날인한 A의 행위는 사기죄에서 말하는 처분행위에 해당한다.

③ 주유소 운영자가 농·어민 등에게 조례특례제한법에 정한 면세유를 공급한 것처럼 위조한 유류공급확인서로 정유회사를 기망하여 면세유를 공급받은 경우, 국가 또는 지방자치단체에 대한 사기죄가 성립하지 않는다.

④ 비의료인이 개설한 의료기관이 의료법에 의하여 적법하게 개설된 요양기관인 것처럼 국민건강보험공단에 요양급여비용의 지급을 청구하여 지급받은 경우 사기죄가 성립한다.

31

다음 설명 중 옳지 <u>않은</u> 것을 모두 고른 것은? (다툼이 있는 경우 판례에 의함)

> ㉠ 목장 소유자가 목장운영을 위해 목장용지 내에 임도를 개설하고 차량 출입을 통제하면서 인근 주민들의 일부 통행을 부수적으로 묵인한 경우, 위 임도는 공공성을 지닌 장소로 일반교통방해죄의 '육로'에 해당한다.
> ㉡ 농촌주택에서 배출되는 생활하수의 배수관(소형 PVC관)을 토사로 막아 하수가 내려가지 못하게 한 경우, 수리방해죄에 해당하지 아니한다.
> ㉢ 피해자의 사체 위에 옷가지 등을 올려놓고 불을 붙인 천조각을 던져서 그 불길이 방안을 태우면서 천정에까지 옮겨 붙었다면 도중에 진화되었다고 하더라도 일단 천조각을 던진 때에 이미 현주건조물방화죄의 기수에 이른 것이다.
> ㉣ 도선사가 강제도선 구역 내에서 조기 하선함에 따라 적기에 충돌회피동작을 취하지 못하여 선박충돌사고가 일어난 경우 도선사에게 업무상과실선박파괴죄가 성립한다.
> ㉤ 피고인들이 위임받은 채권을 용이하게 추심하는 방편으로 합동수사반원임을 사칭하고 협박한 경우, 위 채권의 추심행위는 공무원자격사칭죄로 처벌할 수 있다.

① ㉠, ㉡, ㉢   ② ㉠, ㉢, ㉤

③ ㉡, ㉣, ㉤   ④ ㉢, ㉣, ㉤

32

'통화에 관한 죄'에 대한 설명으로 가장 적절한 것은?
(다툼이 있는 경우 판례에 의함)

① 통화의 위조는 통화발행권이 없는 자가 외견상 진정한 통화와 유사한 것을 제조하는 행위로 누구든지 쉽게 그 진부를 식별하기 불가능할 정도의 것임을 요한다.

② 통화의 변조는 권한 없이 진정한 통화에 가공하여 그 진실한 가치를 변경시키는 행위를 말하며 항상 진정한 통화를 그 재료로 삼는다.

③ 외국에서 통용하지 아니하는 지폐, 즉 강제통용력을 가지지 아니하는 지폐라도 일반인의 관점에서 통용할 것이라고 오인할 가능성이 있으므로 '외국에서 통용하는 외국의 지폐'에 해당한다.

④ 자신의 신용력을 증명하기 위하여 타인에게 보일 목적으로 통화를 위조한 경우에는 행사할 목적이 있다고 할 수 있다.

33

'문서에 관한 죄'에 대한 설명으로 가장 적절한 것은?
(다툼이 있는 경우 판례에 의함)

① 국립대학교 교무처장 명의의 '졸업증명서 파일'을 위조한 경우, 위 파일은 형법상의 문서에 해당한다.

② 공문서인 기안문서의 작성권한자가 직접 이에 서명하지 않고 피고인에게 지시하여 자기의 서명을 흉내내어 기안문서의 결재란에 대신 서명케 한 경우라면 작성권자의 지시 또는 승낙에 의한 것으로서 공문서위조죄의 위법성이 조각된다.

③ 원본파일의 변경까지 초래하지는 아니하였더라도 램에 올려진 전자기록에 허구의 내용을 권한 없이 수정입력한 경우, 사전자기록변작죄의 기수에 이르렀다.

④ 신주발행이 판결로써 무효로 확정되기 이전에 그 신주발행사실을 담당 공무원에게 신고하여 공정증서인 법인등기부에 기재하게 한 경우에는 그 행위가 공무원에 대하여 허위신고를 한 것이고, 그 기재 또한 불실기재에 해당한다.

34

다음 설명 중 옳은 것을 모두 고른 것은? (다툼이 있는 경우 판례에 의함)

⊙ 주식회사의 지배인이 자신을 그 회사의 대표이사로 표시하여 연대보증채무를 부담하는 취지의 회사 명의의 차용증을 작성한 경우에 그 문서에 일부 허위의 내용이 포함되어 있더라도 사문서위조죄를 구성하지 않는다.

ⓛ 사문서에 2인 이상의 작성명의인이 있는 때에는 그 명의자 가운데 1인이 나머지 명의자와 합의 없이 행사할 목적으로 그 문서의 내용을 변경하더라도 사문서변조죄를 구성하지 않는다.

ⓒ 휴대전화 신규 가입신청서를 위조한 후 이를 스캔한 이미지 파일을 제3자에게 이메일로 전송하여 컴퓨터 화면상으로 보게 한 행위는 위조사문서행사죄에 해당한다.

ⓔ 사문서의 작성명의자의 인장이 압날되지 아니하고 주민등록번호가 기재되지 않았더라도, 일반인으로 하여금 그 작성명의자가 진정하게 작성한 사문서로 믿기에 충분할 정도의 형식과 외관을 갖추었으면 사문서위조죄 및 동행사죄의 객체가 되는 사문서에 해당한다.

ⓜ '문서의 원본인지 여부'가 중요한 거래에서 문서의 사본을 진정한 원본인 것처럼 행사할 목적으로 문서의 원본을 다른 조작을 가함이 없이 그대로 컬러 복사기로 복사한 후 복사한 문서의 사본을 원본인 것처럼 행사하였다면 사문서위조, 위조사문서행사죄에 해당하지 않는다.

① ⓛ, ⓒ

② ⊙, ⓒ, ⓔ

③ ⓒ, ⓔ

④ ⓛ, ⓔ, ⓜ

35

'성풍속 및 도박에 관한 죄'에 대한 설명으로 가장 적절하지 <u>않은</u> 것은? (다툼이 있는 경우 판례에 의함)

① 고속도로에서 앞서가던 차량이 진로를 비켜주지 않는다는 이유로 그 차를 추월하여 정차하게 한 다음, 주위에 사람이 많은 가운데 옷을 모두 벗고 성기를 노출시킨 상태로 바닥에 드러눕거나 돌아다녔다면 공연음란죄가 성립한다.

② 인터넷사이트에 집단 성행위 목적의 비공개카페를 개설, 운영한 자가 남녀 회원을 모집한 후 특별모임을 빙자하여 집단으로 성행위를 하고 그 촬영물이나 사진 등을 카페에 게시한 경우, 음란물을 공연히 전시한 것에 해당하지 않는다.

③ 피고인들은 서로 친숙하게 지내온 사이로서 이 사건 당일 우연히 다방에서 만나게 되어 약 3,000원 상당의 음식내기 화투놀이를 약 30분 동안 한 사실은 도박죄를 구성하지 않는다.

④ 인터넷 고스톱게임 사이트를 유료화하는 과정에서 사이트를 홍보하기 위하여 고스톱대회를 개최하면서 참가자들로부터 참가비를 받고 입상자들에게 상금을 지급한 행위는 도박장소 등 개설죄를 구성한다.

36

'공무원의 직무에 관한 죄'에 대한 설명으로 가장 적절한 것은? (다툼이 있는 경우 판례에 의함)

① 교도소 계장이 재소자들을 호송함에 있어 호송교도관들에게 업무를 대강 지시하고 구체적인 감독을 하지 아니하여 피호송자들이 집단도주한 경우 직무유기죄가 성립한다.

② 정보통신부장관이 개인휴대통신 사업자선정과 관련하여 서류심사는 완결된 상태에서 직권을 남용하여 청문심사의 배점방식을 변경하였다면 직권남용죄가 성립한다.

③ 공무원이었던 자가 재직 중에 청탁을 받고 직무상 부정한 행위를 한 후 뇌물의 수수 등을 할 당시 이미 공무원의 지위를 떠난 경우에도, 형법 제129조 제1항의 수뢰죄로 처벌할 수 있다.

④ 공무원이 수수·요구 또는 약속한 금품에 그 직무행위에 대한 대가로서의 성질과 직무 외의 행위에 대한 사례로서의 성질이 불가분적으로 결합되어 있는 경우에는, 그 수수·요구 또는 약속한 금품전부가 불가분적으로 직무행위에 대한 대가로서의 성질을 가진다.

37

공무집행방해죄에 대한 설명으로 가장 적절하지 <u>않은</u> 것은? (다툼이 있는 경우 판례에 의함)

① 甲이 과속단속카메라에 촬영되더라도 불빛을 반사시켜 차량번호판이 식별되지 않도록 하는 기능이 있는 제품을 자신의 차량 번호판에 뿌린 상태로 차량을 운행한 행위는 교통단속 경찰공무원이 충실히 직무를 수행하더라도 사실상 적발이 어려운 위계를 사용한 공무집행방해에 해당한다.

② 재개발지역 내 주민들이 철거에 반대하여 건물 옥상에 망루를 설치하고 농성하던 중 피고인 등이 던진 화염병에 의해 발생한 화재로 일부 농성자 및 진압작전 중이던 일부 경찰관이 사망하거나 상해를 입은 경우, 경찰의 위 농성 진압작전을 위법한 직무수행으로 볼 수 없으므로 피고인들에게 특수공무집행방해치사상죄 등이 성립한다.

③ 경찰관 甲이 음주운전을 종료한 후 40분 이상이 경과한 시점에서 길가에 앉아 있던 운전자를 술냄새가 난다는 점만을 근거로 음주 운전의 현행범으로 체포한 것은 적법한 공무집행으로 볼 수 없다.

④ 경찰관의 체포행위가 적법한 공무집행을 벗어나 불법하게 체포한 것으로 볼 수밖에 없다면, 피의자가 그 체포를 면하려고 반항하는 과정에서 경찰관에게 상해를 가한 경우, 공무집행방해죄 및 상해죄가 성립하지 아니한다.

38

무고죄에 대한 설명으로 가장 적절하지 <u>않은</u> 것은? (다툼이 있는 경우 판례에 의함)

① 무고죄에서의 무고는 '타인으로 하여금 형사처분 또는 징계처분'을 받게 할 목적으로 허위의 사실을 신고하는 행위를 말하며 이때 '징계처분'에는 변호사에 대한 징계처분도 포함된다.

② 피무고자의 승낙을 받아 허위사실을 기재한 고소장을 제출하였다면 피무고자에 대한 형사처분이라는 결과발생을 의욕하지 않았더라도 그러한 결과발생에 대한 미필적 인식은 있었으므로 무고죄가 인정될 수 있다.

③ 피고인이 허위사실을 신고하였지만 신고된 범죄사실에 대한 공소시효가 완성되었음이 신고내용 자체에 의하여 분명한 경우 무고죄가 성립하지 않는다.

④ 피고인 자신이 상대방의 범행에 가담하였음에도 자신의 가담사실을 숨기고 상대방만을 고소한 경우에 무고죄가 성립한다.

39

'증거인멸 및 무고의 죄'에 대한 설명으로 가장 적절한 것은? (다툼이 있는 경우 판례에 의함)

① 자기의 형사사건에 관한 증거를 인멸하기 위하여 타인을 교사하여 죄를 범하게 한 자에 대하여 교사범의 죄책을 부담하게 할 수 없다.

② 피고인 자신이 직접 형사처분이나 징계처분을 받게 될 것을 두려워한 나머지 자기의 이익을 위하여 증인이 될 사람을 도피하게 하였다면, 그 행위가 동시에 다른 공범자의 형사사건이나 징계사건에 관한 증인을 도피하게 한 결과가 된다고 하더라도 이를 증인도피죄로 처벌할 수 없다.

③ 피고인이 고소를 한 목적이 피고소인들을 처벌받도록 하는 데에 있지 아니하고 단지 회사 장부상의 비리를 밝혀 정당한 정산을 구하는 데에 있다면 무고의 범의가 없다.

④ 甲이 경찰서에 "A가 송이의 채취권을 이중으로 양도하여 손해를 입었으니 엄벌하여 달라."는 내용의 고소장을 제출하였다면, 고소사실이 횡령이나 배임죄 기타 형사범죄를 구성하지 않는다고 하더라도 그 신고 내용이 허위라면 무고죄가 성립한다.

40

위증죄에 대한 설명으로 가장 적절하지 <u>않은</u> 것은? (다툼이 있는 경우 판례에 의함)

① 증인의 증언은 그 전부를 일체로 관찰·판단하는 것이므로 선서한 증인이 일단 기억에 반하는 허위의 진술을 하였더라도 그 신문이 끝나기 전에 그 진술을 철회·시정한 경우 위증이 되지 아니한다.

② 허위의 진술이란 그 객관적 사실이 허위라는 것이 아니라 스스로 체험한 사실을 기억에 반하여 진술하는 것을 뜻하고, 법률에 의하여 선서한 증인의 진술이 경험한 객관적 사실에 대한 증인 나름의 법률적·주관적 평가나 의견을 부연한 부분에 다소의 오류나 모순이 있더라도 위증죄가 성립하는 것은 아니다.

③ 하나의 사건에 관하여 한 번 선서한 증인이 같은 기일에 수개의 사실에 관하여 기억에 반하는 허위의 진술을 한 경우 한 개의 위증죄가 성립한다.

④ 민사소송의 당사자인 법인의 대표자 甲이 선서하고 증언을 한 경우 위증죄의 주체가 될 수 있다.

01

죄형법정주의에 관한 설명 중 옳고 그름의 표시(O, X)가 바르게 된 것은? (다툼이 있는 경우 판례에 의함)

> ㉠ '약국개설자가 아니면 의약품을 판매하거나 판매 목적으로 취득할 수 없다'고 규정한 구 약사법 제44조 제1항의 '판매'에 무상으로 의약품을 양도하는 '수여'를 포함시키는 해석은 죄형법정주의에 위배되지 아니한다.
>
> ㉡ 2011.1.1. 이전에 아동·청소년 대상 성폭력범죄를 범하고 아직 유죄판결이 확정되지 아니한 자에 대하여는 판결과 동시에 고지명령을 선고할 수 있는 근거를 따로 두고 있지 아니하므로, 2011.1.1. 이후 '아동·청소년 대상 성폭력범죄를 저지른 자'에 대하여만 판결과 동시에 고지명령을 선고할 수 있다고 보아야 한다.
>
> ㉢ 도로교통법 제43조 '운전면허를 받지 아니하고'라는 법률 문언의 의미에 '운전면허를 받았으나 그 후 운전면허의 효력이 정지된 경우'가 당연히 포함된다고 해석할 수 없다.
>
> ㉣ 국내 특정 지역의 수삼과 다른 지역의 수삼으로 만든 홍삼을 주원료로 하여 특정 지역에서 제조한 홍삼절편의 제품명이나 제조·판매자명에 특정 지역의 명칭을 사용한 행위를 '원산지를 혼동하게 할 우려가 있는 표시를 하는 행위'라고 해석하는 것은 죄형법정주의에 위배된다.

① ㉠ (O) ㉡ (O) ㉢ (O) ㉣ (O)
② ㉠ (O) ㉡ (X) ㉢ (O) ㉣ (X)
③ ㉠ (O) ㉡ (X) ㉢ (X) ㉣ (O)
④ ㉠ (X) ㉡ (O) ㉢ (O) ㉣ (X)

02

형법의 적용범위에 관한 설명 중 가장 적절하지 <u>않은</u> 것은? (다툼이 있는 경우 판례에 의함)

① 포괄일죄로 되는 개개의 범죄행위가 법률 개정 전·후에 걸쳐서 행하여진 경우에는 신·구법의 법정형에 대한 경중을 비교하여 볼 필요도 없이 범죄 실행 종료시의 법이라고 할 수 있는 신법을 적용하여 포괄일죄로 처단하여야 한다.

② 외국인이 외국에서 형법상 약취·유인죄나 인신매매죄 또는 그 미수범과 예비·음모죄를 범한 경우에는 우리나라 형법이 적용된다.

③ 종전에 허가를 받거나 신고를 하여야만 할 수 있던 행위의 일부를 허가나 신고 없이 할 수 있도록 개발제한구역의 지정 및 관리에 관한 특별조치법이 개정되었다 하더라도, 위의 개정된 법령이 시행되기 전에 이미 범한 무허가 비닐하우스 설치행위에 대한 가벌성이 소멸되지 않는다.

④ '추행 목적의 유인죄'를 가중처벌하였던 특정범죄 가중처벌 등에 관한 법률 제5조의2 제4항을 삭제한 것은 종전의 조치가 과중하다는 데서 나온 반성적 조치이므로 형법 제1조 제2항의 법률의 변경에 해당한다.

03

법인의 범죄능력과 양벌규정에 관한 설명 중 가장 적절하지 <u>않은</u> 것은? (다툼이 있는 경우 판례에 의함)

① 양벌규정이 있는 경우에는 당해 양벌규정에 법인격 없는 사단이나 재단이 명시되어 있지 않더라도 그 법인격 없는 사단이나 재단에 양벌규정을 적용할 수 있다.

② 형벌의 자기책임원칙에 비추어 보면, 종업원의 위반행위가 발생한 그 업무와 관련하여 법인이 상당한 주의 또는 관리감독 의무를 게을리 한 때에 한하여 양벌규정을 적용한다.

③ 합병으로 인하여 소멸한 법인이 그 종업원 등의 위법행위에 대해 양벌규정에 따라 부담하던 형사책임은 그 성질상 이전을 허용하지 않는 것으로서 합병으로 인하여 존속하는 법인에 승계되지 않는다.

④ 법인이 아닌 약국을 실질적으로 경영하는 약사가 다른 약사를 고용하여 그 고용된 약사를 명의상 개설약사로 등록하게 해두고 약사 아닌 종업원을 직접 고용하여 영업하던 중 그 종업원이 약사법위반 행위를 한 경우에 형사책임은 그 실질적 경영자가 진다.

04

부작위범에 관한 설명 중 가장 적절하지 <u>않은</u> 것은? (다툼이 있는 경우 판례에 의함)

① 진정부작위범과 부진정부작위범의 구별에 관한 학설 중 실질설은 거동범에 대하여는 부진정부작위범이 성립할 여지가 없다고 보는 반면에, 형식설은 결과범은 물론 거동범에 대하여도 부진정 부작위범이 성립할 수 있다고 본다.

② 부작위에 의한 방조범이 보증인 지위에 있는 자로 한정되는 반면, 부작위범에 대한 교사범은 보증인 지위에 있는 자로 한정되지 않는다.

③ 보증인 지위와 보증인의무를 모두 부진정부작위범의 구성요건요소로 이해하는 견해에 따르면 부진정부작위범의 구성요건해당성이 지나치게 확대된다.

④ 하나의 행위가 작위범과 부작위범의 구성요건을 동시에 충족하는 경우도 있다.

05

인과관계에 관한 설명 중 가장 적절하지 <u>않은</u> 것은? (다툼이 있는 경우 판례에 의함)

① 어떤 행위라도 죄의 요소되는 위험발생에 연결되지 아니한 때에는 그 결과로 인하여 벌하지 아니한다.

② 한의사인 피고인이 피해자에게 문진하여 과거 봉침을 맞고도 별다른 이상반응이 없었다는 답변을 듣고 알레르기 반응검사를 생략한 채 환부에 봉침시술을 하였는데 피해자가 위 시술 직후 쇼크반응을 나타내는 등 상해를 입은 경우, 피고인이 알레르기 반응검사를 하지 않은 과실과 피해자의 상해 사이에 상당인과 관계를 인정하기 어렵다.

③ 피고인이 고속도로 2차로를 따라 자동차를 운전하다가 1차로를 진행하던 甲의 차량 앞에 급하게 끼어든 후 곧바로 정차하여 甲의 차량 및 이를 뒤따르던 차량 두 대는 연이어 급제동 하였으나 그 뒤를 따라오던 乙의 차량이 앞의 차량들을 연쇄적으로 추돌케 하여 乙을 사망에 이르게 하고 나머지 차량 운전자 등 피해자들에게 상해를 입힌 경우, 피고인의 정차행위와 사상의 결과발생 사이에 상당인과 관계가 있다.

④ 피고인은 결혼을 전제로 교제하던 甲의 임신 사실을 알고 수회에 걸쳐 낙태를 권유하였다가 거절당하였음에도 계속 甲에게 출산여부는 알아서 하되 아이에 대한 친권을 행사할 의사가 없다고 하면서 낙태할 병원을 물색해 주기도 하였는데 그 후 甲은 피고인에게 알리지 않고 자신이 알아본 병원에서 낙태시술을 받은 경우, 피고인의 낙태교사행위와 甲의 낙태행위 사이에는 인과관계가 인정되지 않는다.

06

과실범에 관한 설명 중 가장 적절하지 <u>않은</u> 것은? (다툼이 있는 경우 판례에 의함)

① 형법상 과실범의 미수를 처벌하는 규정은 존재하지 않는다.

② 행정상의 단속을 주 내용으로 하는 법규라고 하더라도 '명문규정이 있거나 해석상 과실범도 벌할 뜻이 명확한 경우'를 제외하고는 형법의 원칙에 따라 고의가 있어야 벌할 수 있다.

③ 공사현장 감독인이 공사의 발주자에 의하여 현장 감독에 임명된 것이 아니고, 건설업법상 요구되는 현장건설기술자의 자격도 없다면 업무상 과실책임을 물을 수 없다.

④ 택시운전기사가 심야에 밀집된 주택 사이의 좁은 골목길이자 직각으로 구부러져 가파른 비탈길의 내리막에서 그다지 속도를 줄이지 않고 진행하다가 내리막에 누워 있던 피해자의 몸통부위를 택시 바퀴로 역과하여 그 자리에서 사망에 이르게 한 경우 그에게 업무상 주의의무 위반을 인정할 수 있다.

07

위법성조각사유에 관한 설명 중 가장 적절한 것은? (다툼이 있는 경우 판례에 의함)

① 정당방위에서의 방위행위란 순수한 수비적 방위를 말하는 것이고, 적극적 반격을 포함하는 반격방어의 형태는 포함되지 않는다.

② 명예훼손죄의 특별한 위법성조각사유를 규정한 형법 제310조의 요소 중 사실의 진실성에 대한 착오가 있는 경우에는 위법성조각사유의 전제사실에 관한 착오 또는 법률의 착오가 문제될 뿐이기 때문에 위법성 그 자체는 조각될 여지가 없다.

③ 방위행위, 피난행위 그리고 자구행위가 그 정도를 초과한 때에는 공통적으로 정황에 의하여 형을 감경 또는 면제할 수 있다.

④ 형법 제24조에 따르면 처분할 수 있는 자의 승낙에 의하여 그 법익을 훼손한 행위는 법률에 특별한 규정이 있는 경우에 한하여 벌하지 아니한다.

08

정당행위에 관한 설명 중 가장 적절하지 <u>않은</u> 것은? (다툼이 있는 경우 판례에 의함)

① 국회의원인 피고인이 구 국가안전기획부 내 정보수집팀이 대기업 고위관계자와 중앙일간지 사주 간의 사적 대화를 불법 녹음한 자료를 입수한 후 그 대화 내용과 위 대기업으로부터 이른바 떡값 명목의 금품을 수수하였다는 검사들의 실명이 게재된 보도자료를 작성하여 자신의 인터넷 홈페이지에 게재한 경우, 정당행위에 해당한다고 볼 수 없다.

② 신문기자인 피고인이 고소인에게 2회에 걸쳐 증여세 포탈에 대한 취재를 요구하면서 이에 응하지 않으면 자신이 취재한 내용대로 보도하겠다고 말하여 협박한 경우, 사회상규에 반하는 행위로 위법성이 조각되지 않는다.

③ 분쟁이 있던 옆집 사람이 야간에 술에 만취한 채 시비를 하여 거실로 들어오려 하므로 이를 제지하여 밀어내는 과정에서 2주간의 치료가 필요한 요부좌상을 입힌 경우, 피고인의 행위는 정당행위이다.

④ 대출의 조건 및 용도가 임야매수자금으로 한정되어 있는 정책 자금을 대출받으면서 임야매수자금 외의 용도에 사용할 목적으로 임야매수자금을 실제보다 부풀린 허위계약서를 제출하여 대출 받은 경우, 정책자금을 대출받은 자가 대출의 조건 및 용도에 위반하여 자금을 사용하는 관행이 있더라도 사회상규에 위배되지 않는 정당한 행위라고 할 수 없다.

09

원인에 있어서 자유로운 행위에 관한 설명 중 가장 적절한 것은? (다툼이 있는 경우 판례에 의함)

① 우리 형법상 원인에 있어서 자유로운 행위에는 심신상실, 심신미약 규정을 적용하지 아니하므로 책임조각 내지 책임감경이 되지 아니하고 책임능력자로 취급하여 처벌하고 있다.

② 원인에 있어서 자유로운 행위의 가벌성의 근거를 자신을 도구로 이용하는 간접정범으로 이해하여 원인설정행위를 실행행위로 파악하여 원인설정행위시의 책임능력을 기초로 책임을 인정하는 견해는 구성요건의 정형성을 중시하여 죄형법정주의의 보장적 기능을 관철하는데 부합하는 이론이다.

③ 원인에 있어서 자유로운 행위의 가벌성의 근거를 원인설정행위와 실행행위의 불가분적 관련에서 찾는 견해는 행위와 책임능력의 동시존재의 원칙을 따르는 이론이다.

④ 원인에 있어서 자유로운 행위에 관한 형법 제10조 제3항은 위험의 발생을 예견할 수 있었는데도 자의로 심신장애를 야기한 경우에는 적용되지 않는다.

10

법률의 착오에 관한 설명 중 가장 적절하지 <u>않은</u> 것은? (다툼이 있는 경우 판례에 의함)

① 변호사 자격을 가진 국회의원이 낙천대상자로 선정된 사유에 대한 해명을 넘어 다른 동료의원들이나 네티즌의 낙천대상자 선정이 부당하다는 취지의 반론을 담은 의정보고서를 발간하는 과정에서 보좌관을 통하여 선거관리위원회 직원에게 문의하여 답변받은 결과 선거법규에 저촉하지 않는다고 오인한 경우, 형법 제16조의 정당한 이유가 인정되지 않는다.

② 일반수요자가 아닌 장의사영업허가를 받은 상인이 장의에 소요되는 기구, 물품을 판매하는 도매업을 하기 위해 관할관청에 영업허가를 신청하자 관할관청이 이 경우 영업허가가 필요없다고 해석하여 영업허가를 해주지 않고 있다면, 이를 믿고 영업허가가 없이 위와 같은 도매업을 해온 경우 형법 제16조의 정당한 이유가 인정된다.

③ 위법성인식의 체계적 지위에 관한 엄격책임설에 대해서는 상습범 또는 확신범 등을 고의범으로 처벌할 수 없고 특별히 과실범 처벌규정이 있는 경우에 한하여 과실범으로 처벌할 수 밖에 없는 형사정책적인 결함을 가진다는 비판이 있다.

④ 자기의 행위가 법령에 의하여 죄가 되지 아니하는 것으로 오인한 행위는 그 오인에 정당한 이유가 있는 때에 한하여 벌하지 아니한다.

11

실행의 착수시기에 관한 설명 중 가장 적절하지 <u>않은</u> 것은? (다툼이 있는 경우 판례에 의함)

① 주거침입의 실행의 착수는 주거자, 관리자, 점유자 등의 의사에 반하여 주거나 관리하는 건조물 등에 들어가는 행위, 즉 구성요건의 일부를 실현하는 행위까지 요구하는 것은 아니고, 범죄구성요건의 실현에 이르는 현실적 위험성을 포함하는 행위를 개시하는 것으로 족하다.

② 입영대상자가 병역면제처분을 받을 목적으로 병원으로부터 허위의 병사용진단서를 발급받은 행위만으로는 사위행위에 의한 병역기피를 이유로 한 병역법위반죄의 실행에 착수한 것이 아니다.

③ 피담보채권인 공사대금 채권을 실제와 달리 허위로 부풀려 유치권에 의한 경매를 신청한 경우 소송사기죄의 실행의 착수가 인정되지 않는다.

④ 위조사문서행사죄는 상대방이 위조된 문서의 내용을 실제로 인식할 필요 없이 상대방으로 하여금 위조된 문서를 인식할 수 있는 상태에 둠으로써 기수가 된다.

12

형법상 예비·음모의 처벌규정이 <u>없는</u> 것을 모두 고른 것은?

> ㉠ 영아살해죄
> ㉡ 미성년자약취·유인죄
> ㉢ 통화유사물제조죄
> ㉣ 도주원조죄
> ㉤ 허위유가증권작성죄
> ㉥ 수도불통죄
> ㉦ 폭발물사용죄
> ㉧ 일반교통방해죄

① ㉠, ㉡, ㉤, ㉥

② ㉠, ㉢, ㉤, ㉧

③ ㉢, ㉣, ㉥, ㉧

④ ㉣, ㉤, ㉥, ㉦

13

교사범 및 방조범에 관한 설명 중 가장 적절하지 <u>않은</u> 것은? (다툼이 있는 경우 판례에 의함)

① 형법 제127조는 공무원 또는 공무원이었던 자가 법령에 의한 직무상 비밀을 누설하는 행위만을 처벌하고 있을 뿐 직무상 비밀을 누설받은 상대방을 처벌하는 규정이 없으므로, 직무상 비밀을 누설받은 자를 공무상 비밀누설죄의 교사범 또는 방조범으로 처벌할 수 없다.

② 자기의 지휘, 감독을 받는 자를 방조하여 범죄의 결과를 발생하게 한 자는 정범에 정한 형의 장기 또는 다액에 그 2분의 1까지 가중한 형으로 처벌한다.

③ 무면허운전으로 사고를 낸 자가 동생을 경찰서에 대신 출두시켜 허위의 자백을 하게 하여 범인도피죄를 범하게 한 경우 동생이 친족간의 특례규정(형법 제151조 제2항)에 의하여 처벌을 받지 않더라도 범인도피죄의 교사범이 성립한다.

④ 효과 없는 교사는 교사자와 피교사자 모두 예비·음모에 준하여 처벌되지만, 효과 없는 방조는 처벌되지 않는다.

14

공범과 신분에 관한 설명 중 가장 적절한 것은? (다툼이 있는 경우 판례에 의함)

① 공무원이 아닌 자는 형법 제228조의 경우를 제외하고는 허위공문서작성죄의 간접정범으로 처벌할 수 없으므로, 공무원이 아닌 자가 공무원과 공동하여 허위공문서작성죄를 범한 때에도 허위공문서작성죄의 공동정범으로 처벌할 수 없다.

② 공직선거법 제257조 제1항 제1호에서 규정하는 각 기부행위 제한 위반의 죄와 관련하여 각 기부행위의 주체로 인정되지 아니하는 자가 기부행위의 주체자 등과 공모하여 기부행위를 한 경우, 기부행위 주체자에 해당하는 법조 위반의 공동정범으로 처벌할 수 있다.

③ 신분관계로 인하여 형의 경중이 있는 경우에 신분이 있는 자가 신분이 없는 자를 교사하여 죄를 범하게 한 때에는 형법 제33조 단서가 형법 제31조 제1항에 우선하여 적용된다.

④ 업무상 타인의 사무를 처리하는 자가 그러한 신분관계가 없는 자와 공모하여 업무상 배임죄를 저질렀다면 그러한 신분관계가 없는 자에 대하여는 형법 제33조 단서에 의하여 업무상 배임죄의 정한 형으로 처벌한다.

15

죄수관계에 관한 설명 중 적절한 것을 모두 고른 것은? (다툼이 있는 경우 판례에 의함)

ㄱ 채권자들에 의한 복수의 강제집행이 예상되는 경우 재산을 은닉 또는 허위양도함으로써 채권자들을 해하였다면 채권자별로 각각 강제집행면탈죄가 성립하고, 상호 상상적 경합범의 관계에 있다.

ㄴ 타인의 사무를 처리하는 자가 여러 사람으로부터 각각 같은 종류의 부정한 청탁을 받고 그들로부터 각각 금품을 수수한 경우, 이는 단일하고 계속된 범의 아래 이루어진 것이고 그 피해법익도 동일하므로 포괄일죄로 보아야 한다.

ㄷ 甲이 A주식회사로부터 렌탈(임대차)하여 컴퓨터 본체, 모니터 등을 받아 보관하였고, B주식회사로부터 리스(임대차)하여 컴퓨터 본체, 모니터, 그래픽카드, 마우스 등을 보관하다가, 같은 날 성명불상의 업체에 한꺼번에 처분하여 횡령한 경우, 피해자들에 대한 각 횡령죄는 상상적 경합관계에 있다.

ㄹ 경찰서 생활질서계에 근무하는 피고인 甲이 피고인 乙로부터 뇌물을 수수하면서, 피고인 乙의 자녀 명의 은행 계좌에 관한 현금카드를 받은 뒤 피고인 乙이 위 계좌에 돈을 입금하면 피고인 甲이 현금카드로 돈을 인출하는 방법으로 범죄수익의 취득에 관한 사실을 가장한 경우, '범죄수익은닉의 규제 및 처벌 등에 관한 법률' 위반죄와 '특정범죄 가중처벌 등에 관한 법률' 위반(뇌물)죄가 성립하고 두 죄가 상상적 경합범 관계에 있다.

① ㄱ, ㄴ   ② ㄱ, ㄷ

③ ㄱ, ㄹ   ④ ㄴ, ㄹ

16

집행유예와 선고유예에 관한 설명 중 가장 적절하지 <u>않은</u> 것은? (다툼이 있는 경우 판례에 의함)

① 집행유예 시 받은 사회봉사명령 또는 수강명령은 집행유예기간 내에 이를 집행한다.

② 형의 집행을 유예하면서 피고인에게 유죄로 인정된 범죄행위를 뉘우치거나 그 범죄행위를 공개하는 취지의 말이나 글을 발표하도록 하는 내용의 사회봉사명령은 위법하다.

③ 주형과 부가형이 있는 경우 주형을 선고유예하면서 부가형도 선고유예 할 수 있지만, 주형을 선고유예하지 않으면서 부가형만을 선고유예 할 수는 없다.

④ 형법 제37조 후단 경합범 중 판결을 받지 아니한 죄에 대하여 형을 선고하는 경우에, 형법 제37조 후단에 규정된 '금고 이상의 형에 처한 판결이 확정된 죄'의 형은 형법 제59조 제1항 단서에서 정한 선고유예의 예외사유인 '자격정지 이상의 형을 받은 전과'에 포함되지 않는다.

17

상해와 폭행의 죄에 관한 설명 중 가장 적절하지 <u>않은</u> 것은? (다툼이 있는 경우 판례에 의함)

① 태아를 사망에 이르게 하는 행위가 임산부 신체의 일부를 훼손하는 것이라거나 태아의 사망으로 인하여 그 태아를 양육, 출산하는 임산부의 생리적 기능이 침해되어 임산부에 대한 상해가 된다고 볼 수는 없다.

② 폭행죄의 폭행이란 소위 사람의 신체에 대한 유형력의 행사를 가리키며, 그 유형력의 행사는 신체적 고통을 주는 물리력의 작용을 의미하므로 신체의 청각기관을 직접적으로 자극하는 음향도 경우에 따라서는 유형력에 포함될 수 있다.

③ 폭행죄는 반의사불벌죄로서 개인적 법익에 관한 죄이므로 피해자가 폭행과 무관한 사유로 사망한 경우 그 상속인이 피해자를 대신하여 처벌불원의 의사표시를 할 수 있다.

④ 중상해죄는 사람의 신체를 상해하여 생명에 대한 위험을 발생하게 함으로써 성립한다.

18

유기와 학대의 죄에 관한 설명 중 가장 적절한 것은? (다툼이 있는 경우 판례에 의함)

① 현행 형법은 부조를 요하는 자를 보호할 법률상 또는 계약상 의무 있는 자만을 유기죄의 주체로 규정하고 있다.

② 甲은 호텔 객실에서 애인인 乙女에게 성관계를 요구하였는데 乙女는 그 순간을 모면하기 위하여 甲이 모르는 사이에 7층 창문으로 뛰어내리다가 중상을 입었다. 그러나 이 사실을 모르는 甲이 빈사상태의 乙女를 방치하고 혼자서 호텔을 나온 경우 甲에게 유기죄가 성립한다.

③ 형법 제271조 제1항의 죄를 범하여 사람의 생명·신체에 대한 위험을 발생하게 한 때에는 중유기죄로서 가중처벌된다.

④ 유기죄는 형법상 상습범에 관한 가중처벌 규정이 있다.

19

협박죄에 관한 설명 중 가장 적절하지 <u>않은</u> 것은? (다툼이 있는 경우 판례에 의함)

① 협박죄가 성립하기 위해서는 적어도 발생 가능한 것으로 생각될 수 있는 정도의 구체적인 해악의 고지가 있어야 한다.

② 피고인이 혼자 술을 마시던 중 甲 정당이 국회에서 예산안을 강행처리하였다는 것에 화가 나서 공중전화를 이용하여 경찰서에 여러 차례 전화를 걸어 전화를 받은 각 경찰관에게 경찰서 관할구역 내에 있는 甲 정당의 당사를 폭파하겠다는 말을 한 경우, 피고인의 행위는 각 경찰관에 대한 협박죄를 구성한다.

③ 정보보안과 소속 경찰관이 자신의 지위를 내세우면서 타인의 민사분쟁에 개입하여 빨리 채무를 변제하지 않으면 상부에 보고하여 문제를 삼겠다고 말한 경우, 객관적으로 상대방이 공포심을 일으키기에 충분한 정도의 해악의 고지에 해당하므로 현실적으로 피해자가 공포심을 일으키지 않았다 하더라도 협박죄의 기수에 이르렀다고 할 수 있다.

④ 甲은 乙女에게 "자동차에 타라. 타지 않으면 가만 있지 않겠다"고 협박하면서 乙女를 자동차 뒷자석에 강제로 밀어 넣고 20여 분간 자동차를 운전한 경우 감금죄 외에 협박죄는 성립되지 아니한다.

20

약취 · 유인 및 인신매매의 죄에 관한 설명 중 가장 적절한 것은? (다툼이 있는 경우 판례에 의함)

① 베트남 국적 여성인 피고인이 남편의 동의 없이 생후 13개월 된 자녀를 베트남에 있는 친정으로 데려간 행위는 실력을 행사하여 자녀를 평온하던 종전의 보호 · 양육 상태로부터 이탈시킨 것으로서 국외이송약취죄 및 피약취자국외이송죄에 해당한다.

② 약취의 경우에 폭행 · 협박의 정도는 상대방의 반항을 억압할 정도의 것임을 요한다.

③ 형법 제288조 제1항의 영리목적 약취죄는 존속에 대한 범죄에 대하여 가중처벌 규정을 두고 있다.

④ 형법 제289조 제4항의 국외이송목적 인신매매 및 국외이송의 죄를 범한 사람이 매매 또는 이송된 사람을 안전한 장소로 풀어준 때에는 그 형을 감경할 수 있다.

21

강간과 추행죄에 관한 설명 중 가장 적절하지 <u>않은</u> 것은? (다툼이 있는 경우 판례에 의함)

① 강간죄가 성립하려면 가해자의 폭행 · 협박은 피해자의 항거를 불가능하게 하거나 현저히 곤란하게 할 정도의 것이어야 하고, 상대방에 대하여 폭행 또는 협박을 가하여 추행행위를 하는 경우에 강제추행죄가 성립하려면 그 폭행 또는 협박이 피해자의 항거를 곤란하게 할 정도일 것을 요한다.

② 피고인이 심신미약자인 피해자를 여관으로 유인하기 위하여 인터넷 쪽지로 남자를 소개해 주겠다고 거짓말을 하여 피해자가 이에 속아 여관으로 오게 되었고, 그곳에서 성관계를 하게 되었다면 거짓말로 여관으로 유인한 행위는 위계에 의한 심신미약자간음죄의 위계에 해당한다.

③ 피고인이 간음하기 위해 피해자의 바지를 벗기려는 순간 피해자가 어렴풋이 잠에서 깨어나 피고인을 자신의 애인으로 착각하여 불을 끄라고 말하였고, 피고인이 여관으로 가자고 제의하자 그냥 빨리 하라고 하면서 성교에 응하자 피고인이 피해자를 간음한 경우 준강간죄가 성립하지 않는다.

④ 단순히 피고인이 바지를 벗어 자신의 성기를 보여준 것만으로는 폭행 또는 협박으로 '추행'을 하였다고 볼 수 없다.

22

명예훼손죄에 관한 설명 중 가장 적절하지 <u>않은</u> 것은?
(다툼이 있는 경우 판례에 의함)

① 직장의 전산망에 설치된 전자게시판에 타인의 명예를 훼손하는 내용의 사실을 적시한 글을 게시한 경우 명예훼손죄가 성립한다.

② 적시된 사실이 공공의 이익에 관한 것인 경우에는 특별한 사정이 없는 한 형법 제309조 제1항(출판물 등에 의한 명예훼손) 소정의 비방의 목적이 인정되지 않는다.

③ 어느 사람에게 귀엣말 등 그 사람만 들을 수 있는 방법으로 그 사람 본인의 사회적 가치 내지 평가를 떨어뜨릴 만한 사실을 이야기하였다 하더라도 그 사람이 들은 말을 스스로 다른 사람들에게 전파하였다면 명예훼손죄의 구성요건인 공연성이 인정된다.

④ 기자를 통해 사실을 적시하는 경우에는 기사화되어 보도되어야만 적시된 사실이 외부에 공표된다고 보아야 할 것이므로 기자가 취재를 한 상태에서 아직 기사화하여 보도하지 아니한 경우에는 공연성이 없다.

23

업무방해죄에 관한 설명 중 적절한 것을 모두 고른 것은? (다툼이 있는 경우 판례에 의함)

> ㉠ 피고인이 자신의 명의로 등록되어 있는 피해자 운영의 학원에 대하여 피해자에게 사전에 통고를 하였으나 피해자의 승낙을 받지 아니한 상태에서 폐원신고를 한 경우에는 위계에 의한 업무방해는 성립하지 않는다.
>
> ㉡ 주식회사의 대표이사가 회사의 직원들과 공모하여 위 회사의 주주총회에서 위력으로 개인 주주들이 발언권과 의결권을 행사하지 못하도록 한 경우에는 업무방해죄가 성립하지 않는다.
>
> ㉢ 종중 정기총회를 주재하는 종중 회장의 의사진행업무는 업무방해죄의 보호대상이 되는 업무에 해당한다.
>
> ㉣ 법원으로부터 직무집행정지 가처분결정을 받아 그 직무집행이 정지된 자가 법원의 가처분결정에 반하여 계속 수행하는 업무도 업무방해죄의 보호대상이 되는 업무에 해당한다.

① ㉠

② ㉡, ㉢

③ ㉢, ㉣

④ ㉠, ㉡, ㉢

24

절도죄에 관한 설명 중 가장 적절하지 <u>않은</u> 것은? (다툼이 있는 경우 판례에 의함)

① 형법상 절취란 타인이 점유하고 있는 자기 이외의 자의 소유물을 점유자의 의사에 반하여 그 점유를 배제하고 자기 또는 제3자의 점유로 옮기는 것을 말한다.

② 절도범이 혼자 입목을 땅에서 완전히 캐낸 후에 비로소 제3자가 가담하여 함께 입목을 운반하였다면 특수절도죄가 성립한다.

③ 명의대여 약정에 따라 종업원 甲 명의로 음식점의 영업허가를 받고 사업자등록을 한 뒤 甲 명의의 영업허가증과 사업자등록증을 乙이 교부받아 보관하고 있던 중 甲이 이를 꺼내어 갔다면 절도죄에 해당한다.

④ 자동차 명의신탁관계에서 제3자가 명의수탁자로부터 승용차를 가져가 매도할 것을 허락받고 인감증명 등을 교부받아 위 승용차를 명의신탁자 몰래 가져간 경우 위 제3자와 명의수탁자는 절도죄의 공모공동정범에 해당한다.

25

강도의 죄에 관한 설명 중 가장 적절하지 <u>않은</u> 것은? (다툼이 있는 경우 판례에 의함)

① 강도죄와 준강도죄는 그 취지와 본질을 달리한다고 보아야 하며, 준강도죄의 주체는 절도이고 여기에는 기수는 물론 형법상 처벌규정이 있는 미수도 포함되는 것이지만, 준강도죄의 기수·미수의 구별은 구성요건적 행위인 폭행 또는 협박이 종료되었는가 하는 점에 따라 결정된다.

② 강도 실행의 범의를 포기한 직후로서 사회통념상 범죄행위가 완료되지 않았다고 볼 수 있는 단계에서 살인이 행해진 경우는 강도살인죄를 구성한다.

③ 채무자가 채무를 면탈할 의사로 채권자를 살해하였더라도 채무의 존재가 명백할 뿐만 아니라 채권자의 상속인이 존재하고 그 상속인에게 채권의 존재를 확인할 방법이 확보되어 있는 경우 강도살인죄가 성립할 수 없다.

④ 절도범인이 체포를 면탈할 목적으로 체포하려는 여러 사람에게 같은 기회에 폭행을 가하여 그 중 1인에게만 상해를 가하였다면 포괄하여 하나의 강도상해죄만 성립한다.

26

사기죄에 관한 설명 중 가장 적절한 것은? (다툼이 있는 경우 판례에 의함)

① 피고인이 타인과 공모하여 그를 상대로 자백간주 판결을 받아 소유권이전등기를 마친 경우에는 그 타인과 소송사기의 공동정범으로 처벌 받는다.

② 배당이의 소송의 1심에서 패소판결을 받고 항소한 자가 그 항소를 취하하는 것만으로는 사기죄에서 말하는 재산적 처분행위가 있다고 할 수 없다.

③ 자기에게 유리한 판결을 얻기 위하여 소송상의 주장이 사실과 다름이 객관적으로 명백하거나 증거가 조작되어 있는 점을 인식하지 못하는 제3자를 이용하여 그로 하여금 소송의 당사자가 되게 하고 법원을 기망하여 소송 상대방의 재물 또는 재산상 이익을 취득하려고 하였다면 간접정범의 형태에 의한 소송사기죄가 성립한다.

④ 자동차의 명의신탁관계에서 자동차의 명의수탁자가 명의신탁 사실을 고지하지 않고, 나아가 자신 소유라는 말을 하면서 자동차를 제3자(매수인)에게 매도하고 이전등록까지 마쳐준 경우, 제3자(매수인)에 대한 관계에서 사기죄가 성립한다.

27

공갈죄에 관한 설명 중 가장 적절하지 <u>않은</u> 것은? (다툼이 있는 경우 판례에 의함)

① 공갈죄의 수단으로서 협박은 사람의 의사결정의 자유를 제한하거나 의사실행의 자유를 방해할 정도로 겁을 먹게 할 만한 해악을 고지하는 것을 말하고 해악의 고지는 반드시 명시의 방법에 의할 것을 요하지 아니한다.

② 사회통념상 용인되기 어려운 정도를 넘는 협박을 수단으로 상대방을 외포케 하여 재물의 교부 또는 재산상의 이익을 받았다고 하더라도, 피고인이 피해자에 대하여 진정한 채권을 가지고 있다면 공갈죄는 성립하지 아니한다.

③ 지역신문의 발행인이 시정에 관한 비판기사 및 사설을 보도하고 관련 공무원에게 광고의뢰 및 직보 배정을 타 신문사와 같은 수준으로 높게 해달라고 요청한 사실만으로는 공갈죄의 수단으로서 그 상대방을 협박하였다고 볼 수 없다.

④ 공갈죄에 있어서 공갈의 상대방은 재산상의 피해자와 동일함을 요하지는 아니하나, 공갈의 목적이 된 재물 기타 재산상의 이익을 처분할 수 있는 사실상 또는 법률상의 권한을 갖거나 그러한 지위에 있음을 요한다.

28

횡령죄에 관한 설명 중 적절한 것을 모두 고른 것은? (다툼이 있는 경우 판례에 의함)

> ㉠ 부동산을 공동으로 상속한 자들 중 1인이 상속 부동산을 혼자 점유하던 중 다른 공동상속인의 상속지분을 임의로 처분한 경우 횡령죄의 죄책을 부담한다.
> ㉡ 원인무효인 소유권이전등기의 명의자는 횡령죄의 주체인 타인의 재물을 보관하는 자에 해당한다고 할 수 없다.
> ㉢ 주식회사의 대표이사가 회사의 금원을 인출하여 사용하였는데 그 사용처에 관한 증빙자료를 제시하지 못하고 있고 그 인출사유와 금원의 사용처에 관하여 납득할 만한 합리적인 설명을 하지 못하고 있다면, 이러한 금원은 그가 불법영득의 의사로 회사의 금원을 인출하여 개인적 용도로 사용한 것으로 추단할 수 있다.
> ㉣ 이른바 계약명의신탁 방식으로 명의수탁자가 당사자가 되어 명의신탁약정이 있다는 사실을 알고 있는 소유자와 부동산에 관한 매매계약을 체결하고 그 명의로 소유권이전등기를 마쳤는데, 명의수탁자가 자신의 채무를 담보하기 위해 위 부동산에 관해 제3자에게 근저당권을 설정해 준 경우 횡령죄가 성립한다.

① ㉠, ㉢
② ㉡, ㉢
③ ㉡, ㉣
④ ㉢, ㉣

29

배임죄에 관한 설명 중 가장 적절하지 <u>않은</u> 것은? (다툼이 있는 경우 판례에 의함)

① 배임죄에서 '재산상 손해를 가한 때'에는 '재산상 손해발생의 위험을 초래한 경우'도 포함되는 것이므로, 법인의 대표이사 甲이 회사의 이익이 아닌 자기 또는 제3자의 이익을 도모할 목적으로 권한을 남용하여 회사 명의의 금전소비대차 공정증서를 작성하여 법인 명의의 채무를 부담한 경우에는 상대방이 대표이사의 진의를 알았거나 알 수 있었다고 할지라도 배임죄가 성립한다.

② 업무상 배임죄에 있어서 타인의 사무를 처리하는 자란 고유의 권한으로서 그 처리를 하는 자에 한하지 않고 그 자의 보조기관으로서 직접 또는 간접으로 그 처리에 관한 사무를 담당하는 자도 포함한다.

③ 중도금 또는 잔금을 받은 단계에서 부동산을 이중으로 매도한 경우 매도인이 선매수인에게 소유권이전의무를 이행하였다고 하여 후매수인에 대한 관계에서 그가 임무를 위법하게 위배한 것이라고 할 수 없다.

④ 새마을금고 임·직원이 동일인 대출한도 제한규정을 위반하여 초과대출행위를 하였더라도 대출채권 회수에 문제가 없는 것으로 판단되는 경우라면 업무상배임죄가 성립하지 않는다.

30

횡령죄와 배임죄에 관한 설명 중 가장 적절하지 <u>않은</u> 것은? (다툼이 있는 경우 판례에 의함)

① 회사의 대표이사가 당초부터 진실한 주금납입으로 회사의 자금을 확보할 의사 없이 타인으로부터 금원을 차용하여 형식상 또는 일시적으로 주금을 납입하고 설립등기나 증자등기의 절차를 마친 다음 바로 이를 인출하여 차용채무금의 변제에 사용한 경우, 업무상횡령죄는 성립하지 않는다.

② 자기소유의 동산에 대해 매수인과 매매계약을 체결한 매도인이 중도금까지 지급받은 상태에서 그 목적물을 제3자에 대한 자기의 채무변제에 갈음하여 그 제3자에게 양도해 버린 경우에는 기존매수인에 대한 배임죄가 성립한다.

③ 채권담보의 목적으로 부동산에 대한 대물변제예약을 체결한 채무자가 대물로 변제하기로 한 부동산을 제3자에게 임의로 처분한 경우 배임죄가 성립하지 않는다.

④ 미리 부동산을 이전받은 매수인이 이를 담보로 제공하여 매매대금 지급을 위한 자금을 마련하고 이를 매도인에게 제공함으로써 잔금을 지급하기로 당사자 사이에 약정하였다고 하더라도, 이는 기본적으로 매수인이 매매대금의 재원을 마련하는 방편에 관한 것이고, 그 성실한 이행에 의하여 매도인이 대금을 모두 받게 되는 이익을 얻는다는 것만으로 매수인이 신임관계에 기하여 매도인의 사무를 처리하는 것이 된다고 할 수 없다.

31

장물죄에 관한 설명 중 가장 적절한 것은? (다툼이 있는 경우 판례에 의함)

① 장물인 귀금속의 매도를 부탁받은 피고인이 그 귀금속이 장물임을 알면서도 매매를 중개하고 매수인에게 이를 전달하려다가 매수인을 만나기 전에 체포되었다면 장물알선죄가 성립하지 아니한다.

② 장물범이 본범과 직계혈족일 경우, 장물범에 대하여 그 형을 감경 또는 면제할 수 있다.

③ 甲이 권한 없이 인터넷 뱅킹으로 타인의 예금계좌에서 자신의 예금계좌로 돈을 이체한 후 그 중 일부를 인출하여 그 정을 아는 乙에게 교부한 경우, 乙은 장물취득죄가 성립한다.

④ 장물죄는 타인(본범)이 불법하게 영득한 재물의 처분에 관여하는 범죄이므로 자기의 범죄에 의하여 영득한 물건에 대하여는 성립되지 아니하고 이는 불가벌적 사후행위에 해당한다고 할 것이지만, 여기에서 자기의 범죄라 함은 정범자(공동정범과 합동범을 포함한다)에 한정된다.

32

권리행사방해죄에 관한 설명 중 가장 적절하지 <u>않은</u> 것은? (다툼이 있는 경우 판례에 의함)

① 甲이 자동차등록원부상 A명의로 등록되어 있는 차량을 B에게 담보로 제공하였음에도 불구하고, B의 승낙 없이 미리 소지하고 있던 위 차량의 보조키를 이용하여 이를 운전하여 간 경우 권리행사방해죄가 성립하지 않는다.

② 무효인 경매절차에서 경매목적물을 경락받아 이를 점유하고 있는 낙찰자의 점유는 동시이행항변권이 있더라도 적법한 점유가 아니므로 그 점유자는 권리행사방해죄에 있어서의 타인의 물건을 점유하고 있는 자라고 할 수 없다.

③ 렌트카회사의 공동대표이사 중 1인이 회사 보유 차량을 자신의 개인적인 채무담보 명목으로 피해자에게 넘겨 주었는데 다른 공동대표이사인 피고인이 위 차량을 몰래 회수하도록 한 경우, 위 피해자의 점유는 권리행사방해죄의 보호대상인 점유에 해당한다.

④ 권리행사방해죄에는 친족상도례에 관한 규정이 적용된다.

33

강제집행면탈죄에 관한 설명 중 가장 적절하지 <u>않은</u> 것은? (다툼이 있는 경우 판례에 의함)

① 강제집행면탈죄에 있어서 재산에는 재산적 가치가 있어 민사소송법에 의한 강제집행 또는 보전처분이 가능한 특허 내지 실용신안 등을 받을 수 있는 권리도 포함된다.

② 채무자가 채권자의 가압류집행을 면탈할 목적으로 제3채무자에 대한 채권을 타인에게 허위양도한 경우, 가압류결정 정본이 제3채무자에게 송달되기 전에 채권을 허위로 양도하였다면 강제집행면탈죄가 성립한다.

③ 허위의 채무를 부담하는 내용의 채무변제계약 공정증서를 작성한 후 이에 기하여 채권압류 및 추심명령을 받은 다음 3개월 후에 실제로 위 강제집행에 따른 추심금을 수령한 경우, 강제집행면탈죄는 위 추심금을 수령한 때에 범죄행위가 종료한다고 보아야 하고 그때부터 공소시효가 진행한다.

④ 사업장의 유체동산에 대한 강제집행을 면탈할 목적으로 사업자 등록의 사업자 명의를 변경함이 없이 사업장에서 사용하는 금전등록기의 사업자 이름만을 변경한 경우도 강제집행면탈죄에 있어서 재산의 '은닉'에 해당한다.

34

방화와 실화의 죄에 관한 설명 중 가장 적절하지 <u>않은</u> 것은? (다툼이 있는 경우 판례에 의함)

① 장롱 안에 있는 옷가지에 불을 놓아 건물을 소훼하려 하였으나 불길이 치솟는 것을 보고 겁이 나서 물을 부어 불을 끈 경우에는 중지미수로 볼 수 없다.

② 성냥불로 담배를 붙인 다음 그 성냥불이 꺼진 것을 확인하지 아니한 채 휴지가 들어있는 플라스틱 휴지통에 던졌다면 중실화죄에 있어 중대한 과실에 해당한다.

③ 불을 놓아 무주물의 일반물건을 소훼하여 공공의 위험을 발생하게 한 경우에는 형법 제167조 제2항의 자기소유일반물건방화죄가 성립한다.

④ 방화의 의사로 뿌린 휘발유가 인화성이 강한 상태로 주택주변과 피해자의 몸에 적지 않게 살포되어 있는 사정을 알면서 라이터를 켜 불꽃을 일으킴으로써 피해자의 몸에 불이 붙었더라도 방화 목적물인 주택 자체에는 옮겨 붙지 아니하였다면 현존건조물방화죄의 실행의 착수가 인정되지 않는다.

35

문서위조(변조)죄에 관한 설명 중 가장 적절한 것은? (다툼이 있는 경우 판례에 의함)

① 문서위조죄가 성립하기 위해서는 공문서와 달리 사문서는 작성명의인이 실재해야 한다.

② 문서의 작성에는 작성자가 자필로 작성할 필요는 없고 명의인의 착각을 이용하여 명의인으로 하여금 진의에 반하는 문서를 작성·서명하도록 하는 것과 같이 간접정범에 의한 위조도 가능하다.

③ 공립학교 교사가 작성하는 교원의 인적사항과 전출희망사항 등을 기재하는 부분과 학교장이 작성하는 학교장의견란 등으로 구성되어 있는 교원실태조사카드의 교사 명의 부분을 명의자의 의사에 반하여 작성한 행위는 공문서위조죄를 구성한다.

④ 문서위조죄의 죄수는 침해된 보호법익의 수를 기준으로 결정해야 한다.

36

공정증서원본부실기재죄에 관한 설명 중 적절한 것을 모두 고른 것은? (다툼이 있는 경우 판례에 의함)

> ㉠ 부동산 매수인이 매도인과 사이에 부동산의 소유권이전에 관한 물권적 합의가 없는 상태에서, 소유권이전등기신청에 관한 대리권이 없이 단지 소유권이전등기에 필요한 서류를 보관하고 있을 뿐인 법무사를 기망하여 매수인 명의의 소유권이전등기를 신청하게 하여 그 등기가 완료된 경우, 이는 단지 소유권이전등기신청절차에 하자가 있는 것에 불과하여 공정증서원본부실기재죄가 성립하지 않는다.
>
> ㉡ 토지거래 허가구역 안의 토지에 관하여 실제로는 매매계약을 체결하고서도 처음부터 토지거래허가를 잠탈하려는 목적으로 등기원인을 '증여'로 하여 소유권이전등기를 경료한 경우 공정증서원본부실기재죄가 성립한다.
>
> ㉢ 종중 소유의 토지를 자신의 개인 소유로 신고하여 토지대장에 올린 경우 공정증서원본부실기재죄가 성립한다.
>
> ㉣ 발행인과 수취인이 통모하여 진정한 어음채무 부담이나 어음채권 취득 의사 없이 단지 발행인의 채권자에게서 채권추심이나 강제집행을 받는 것을 회피하기 위하여 형식적으로만 약속어음의 발행을 가장한 후 공증인에게 마치 진정한 어음발행 행위가 있는 것처럼 허위로 신고하여 어음공정증서원본을 작성·비치하게 한 경우에 공정증서원본부실기재 및 동행사죄가 성립한다.

① ㉠, ㉡   ② ㉠, ㉣
③ ㉡, ㉢   ④ ㉡, ㉣

37

위증죄에 관한 설명 중 가장 적절하지 <u>않은</u> 것은? (다툼이 있는 경우 판례에 의함)

① 제3자가 심문절차로 진행되는 가처분 신청사건에서 증인으로 출석하여 선서를 하고 허위의 진술을 한 경우 위증죄가 성립한다.

② 하나의 사건에 관하여 한 번 선서한 증인이 같은 기일에서 수개의 사실에 관하여 허위의 진술을 한 경우 한 개의 위증죄가 성립한다.

③ 민사소송의 당사자인 법인의 대표자가 선서하고 증언하였더라도 위증죄가 성립하지 아니한다.

④ 위증죄를 범한 자가 그 공술한 사건의 재판 또는 징계처분이 확정되기 전에 자백 또는 자수한 때에는 그 형을 감경 또는 면제한다.

38

뇌물죄에 관한 설명 중 가장 적절하지 <u>않은</u> 것은? (다툼이 있는 경우 판례에 의함)

① 공무원이 직접 뇌물을 받지 아니하고 증뢰자로 하여금 공무원 자신의 채권자에게 뇌물을 공여하도록 하여 공무원이 그만큼 지출을 면하게 된 경우에는 뇌물수수죄가 아니라 제3자뇌물제공죄가 성립한다.

② 수의계약을 체결하는 공무원이 해당 공사업자와 적정한 금액이상으로 계약금액을 부풀려서 계약하고 부풀린 금액을 자신이 되돌려 받기로 사전에 약정한 다음 그에 따라 수수한 돈은 성격상 뇌물이 아니고 횡령금에 해당한다.

③ 자동차를 뇌물로 공여한 경우 자동차등록원부에 뇌물수수자가 그 소유자로 등록되지 않았다고 하더라도 자동차의 사실상 소유자로서 자동차에 대한 실질적인 사용 및 처분권한이 있다면 자동차 자체를 뇌물로 취득한 것으로 보아야 한다.

④ 공무원이 수수한 뇌물가액이 3천만 원 이상이면 특정범죄 가중처벌 등에 관한 법률이 적용된다.

39

공무집행방해죄에 관한 설명 중 가장 적절하지 <u>않은</u> 것은? (다툼이 있는 경우 판례에 의함)

① 공무집행방해죄는 공무원의 적법한 공무집행이 전제로 된다 할 것이고, 그 공무집행이 적법하기 위하여는 그 행위가 당해 공무원의 추상적 직무 권한에 속할 뿐 아니라 구체적으로도 그 권한 내에 있어야 한다.

② 위계에 의한 공무집행방해죄에서의 공무원의 직무집행이란 법령의 위임에 따른 공무원의 적법한 직무집행인 이상 사경제주체로서의 활동을 비롯한 비권력적 작용도 포함된다.

③ 피고인이 노조원들과 함께 경찰관이 파업투쟁 중인 공장에 진입할 경우에 대비하여 그들의 부재중에 미리 윤활유나 철판조각을 바닥에 뿌려 놓아 위 경찰관들이 이에 미끄러져 넘어지거나 철판조각에 찔려 다쳤다면, 특수공무집행방해치상죄가 성립한다.

④ 위계에 의한 공무집행방해죄가 성립되려면 자기의 위계행위로 인하여 공무집행을 방해하려는 의사가 있어야 한다.

40

무고죄에 관한 설명 중 가장 적절하지 <u>않은</u> 것은? (다툼이 있는 경우 판례에 의함)

① 신고사실의 일부에 허위의 사실이 포함되어 있다고 하더라도 그 허위부분이 범죄의 성부에 영향을 미치는 중요한 부분이 아니고, 단지 신고한 사실을 과장한 것에 불과한 경우에는 무고죄에 해당하지 아니하지만, 그 일부 허위인 사실이 국가의 심판작용을 그르치거나 부당하게 처벌을 받지 아니할 개인의 법적 안정성을 침해할 우려가 있을 정도로 고소사실 전체의 성질을 변경시키는 때에는 무고죄가 성립될 수 있다.

② 고소당한 범죄가 유죄로 인정되는 경우, 고소를 당한 사람이 자신을 고소한 사람에 대하여 "고소당한 죄의 혐의가 없는 것으로 인정된다면 고소인이 자신을 무고한 것에 해당하므로 고소인을 처벌해 달라"는 내용의 고소장을 수사기관에 제출하였다면 자신의 결백을 주장하기 위한 것이라고 하더라도 무고죄의 범의를 인정할 수 있다.

③ 무고죄에 있어 신고한 사실이 객관적 사실에 반하는 허위사실이라는 요건은 신고사실의 진실성을 인정할 수 없다는 소극적 증명으로도 충분하다.

④ 변호사에 대한 징계처분은 형법 제156조에서 정하는 '징계처분'에 포함되고, 그 징계 개시의 신청권이 있는 지방변호사회의 장은 형법 제156조에서 정한 '공무소 또는 공무원'에 포함된다.

CHAPTER

08 2016년 기출문제

회독 CHECK 1 2 3

01

죄형법정주의에 관한 설명 중 가장 적절한 것은? (다툼이 있으면 판례에 의함)

① 형의 집행을 유예하는 경우 명할 수 있는 보호관찰도 형사제재이므로 행위 이전에 규정되어 있지 않으면 재판시의 규정에 의하여 보호관찰을 받을 것을 명할 수 없다.

② 군형법 제64조 제1항의 상관면전모욕죄의 구성요건의 해석에 있어 '전화통화'를 면전에서의 대화라고 해석하여 처벌하는 것은 유추해석에 해당되어 죄형법정주의에 반한다.

③ 소급효금지의 원칙은 실체법뿐만 아니라 절차법에 대하여도 적용되므로 형사소송법상의 규정이 행위 후에 행위자에게 불리하게 변경되어 소급적용된다면 이 원칙에 반한다.

④ 행위 당시의 판례에 의하면 처벌대상이 되지 아니하는 것으로 해석되었던 행위를 판례의 변경에 따라 확인된 내용의 형법조항에 근거하여 처벌하는 것은 형벌불소급의 원칙에 반한다.

02

형법의 시간적 적용범위에 관한 설명 중 가장 적절하지 않은 것은? (다툼이 있으면 판례에 의함)

① 범죄 후 여러 차례 법률이 변경되어 행위시법과 재판시법 사이에 중간시법이 있는 경우 그 중 가장 형이 경한 법률을 적용해야 한다.

② 범죄 후 법률의 변경에 의하여 형이 구법보다 경한 때에는 신법에 의한다고 규정하고 있으나 신법에 경과규정을 두어 이러한 신법의 적용을 배제하는 것도 허용된다.

③ 범죄 후 법률의 개정에 의하여 법정형이 가벼워진 경우라도 공소시효의 특성상 범죄시에 적용되었던 구법의 법정형이 공소시효기간의 기준이 된다.

④ '범죄의 성립과 처벌은 행위시의 법률에 의한다(형법 제1조 제1항)'고 할 때의 '행위시'라 함은 범죄행위의 종료시를 의미한다.

03

부작위범에 관한 설명 중 가장 적절한 것은? (다툼이 있으면 판례에 의함)

① 일정한 기간 내에 잘못된 상태를 바로잡으라는 행정청의 지시를 이행하지 않았다는 것을 구성요건으로 하는 범죄는 이른바 진정부작위범으로서 그 의무이행기간의 경과에 의하여 범행이 기수에 이른다.

② 구 도로교통법 제50조의 교통사고 운전자의 사상자 구호조치 의무는 위법한 선행행위의 경우에만 작위의무를 인정한 것이라고 할 수 있다.

③ 부작위범에서의 작위의무는 법적인 의무이어야 하므로 신의 성실의 원칙이나 사회상규 혹은 조리상 작위의무는 여기에 포함되지 않는다.

④ 은행지점장이 부하직원의 배임행위를 알면서도 이를 방치한 경우 묵시적인 공모에 의한 배임죄의 공모공동정범이 성립한다.

04

인과관계에 관한 설명 중 가장 적절하지 <u>않은</u> 것은? (다툼이 있으면 판례에 의함)

① 임산부를 강타한 것이 그 이후 낙태로 이어지고, 그에 따른 심근경색으로 임산부가 사망한 경우 피고인의 구타행위와 피해자의 사망 사이에는 인과관계가 인정된다.

② 임차인이 자신의 비용으로 설치·사용하던 가스설비의 휴즈콕크를 아무런 조치 없이 제거하고 이사를 간 후 주밸브가 열려져 가스가 유입되어 폭발사고가 발생한 경우 임차인의 과실과 가스폭발사고 사이에 상당인과관계가 인정되지 않는다.

③ 피고인들이 공동으로 피해자를 폭행하여 당구장 3층에 있는 화장실에 숨어 있던 피해자를 다시 폭행하려고 피고인 甲은 화장실을 지키고, 피고인 乙은 당구큐대로 화장실 문을 내리쳐 부수자 위협을 느낀 피해자가 화장실 창문 밖으로 숨으려다가 실족하여 떨어짐으로써 사망한 경우 피고인들의 위 폭행행위와 피해자 사망 사이에는 인과관계가 인정된다.

④ 운전자가 상당한 거리에서 보행자의 무단횡단을 미리 예상할 수 없는 야간에 고속도로를 무단횡단하는 보행자를 충격하여 사망에 이르게 한 운전자의 과실과 사고 사이에는 상당인과관계가 인정되지 않는다.

05

고의에 관한 설명 중 가장 적절하지 <u>않은</u> 것은? (다툼이 있으면 판례에 의함)

① 강도가 베개로 피해자의 머리부분을 약 3분간 누르던 중 피해자가 저항을 멈추고 사지가 늘어졌음에도 계속 눌러 사망하게 한 경우 살인죄의 고의가 인정되지 않는다.

② 상해죄의 성립에는 상해의 원인인 폭행에 대한 인식이 있으면 충분하고 상해를 가할 의사의 존재까지는 필요하지 않다.

③ 의무경찰의 지시에 따르지 않고 항의하던 택시운전자가 신경질적으로 갑자기 좌회전하여 택시 우측 앞 범퍼 부분으로 의무경찰의 무릎을 들이받은 경우 공무집행방해의 미필적 고의가 있다.

④ 유흥업소 업주가 고용대상자가 성인이라는 말만 믿고, 타인의 건강진단결과서만 확인한 채 청소년을 청소년유해업소에 고용한 경우 청소년 고용에 관한 미필적 고의가 있다.

06

과실에 관한 설명 중 가장 적절하지 <u>않은</u> 것은? (다툼이 있으면 판례에 의함)

① 차량의 운전자가 횡단보도의 신호가 적색인 상태에서 반대 차선상에 정지하여 있는 차량의 뒤로 보행자가 건너오는 사태를 예상하여야 할 주의의무가 없다.

② 술을 마시고 찜질방에 들어온 甲이 찜질방 직원 몰래 후문으로 나가 술을 더 마신 다음 후문으로 다시 들어와 발한실에서 잠을 자다가 사망한 경우 찜질방 직원 및 영업주에게 몰래 후문으로 출입하는 모든 자를 통제·관리하여야 할 업무상 주의의무가 있다고 보기 어렵다.

③ 의사 甲이 간호사에게 환자에 대한 수혈을 맡겼는데, 간호사가 다른 환자에게 수혈할 혈액을 당해 환자에게 잘못 수혈하여 환자가 사망한 경우 甲의 행위를 과실범으로 처벌할 수 있다.

④ 골프경기 중 골프공을 쳐서 아무도 예상하지 못한 자신의 등 뒤편으로 보내어 등 뒤에 있던 경기보조원(캐디)이 상해를 입은 경우에는 주의의무를 위반한 것으로 볼 수 없으므로 과실치상죄가 성립하지 않는다.

07

결과적 가중범에 관한 설명 중 가장 적절하지 <u>않은</u> 것은? (다툼이 있으면 판례에 의함)

① 결과적 가중범에 대해서는 교사범이 성립할 수 있다.
② 강도가 택시를 타고 가다가 요금지급을 면할 목적으로 소지한 과도로 운전수를 협박하자 이에 놀란 운전수가 택시를 급우회전하면서 그 충격으로 강도가 겨누고 있던 과도에 어깨부분이 찔려 상처를 입은 경우에는 강도치상죄가 성립한다.
③ 강간이 미수에 그쳤으나 그 과정에서 상해의 결과가 발생하였다면 강간치상죄가 성립한다.
④ 동료 사이에 말다툼을 하던 중 피고인의 삿대질을 피하려고 뒷걸음치던 피해자가 장애물에 걸려 넘어져 두개골 골절로 사망한 경우 폭행치사죄가 성립한다.

08

정당방위에 관한 설명 중 가장 적절하지 <u>않은</u> 것은? (다툼이 있으면 판례에 의함)

① 거주지 연립주택 내 도로의 차량통제 문제로 시비가 되어 차량의 진행을 제지하려고 길을 막은 아버지 앞으로 운전자가 차를 그대로 진행시키자 이를 막으려고 운전자의 머리털을 잡아당겨 상해를 입힌 아들의 행위는 정당방위에 해당한다.
② 검사가 검찰청에 자진출석한 변호사사무실 사무장을 합리적 근거없이 긴급체포하자 그 변호사가 이를 제지하는 과정에서 위 검사에게 상해를 가한 것은 정당방위에 해당한다.
③ 서로 공격할 의사로 싸우다가 먼저 공격을 받고 이에 대항하여 가해하게 된 경우 그 가해행위는 정당방위가 될 여지는 없으나 과잉방위가 될 수는 있다.
④ 절도범으로 오인받은 자가 야간에 군중들로부터 무차별 구타를 당하자 이를 방위하기 위하여 소지하고 있던 손톱깎이에 달린 줄칼을 휘둘러 상해를 입힌 행위는 정당방위에 해당한다.

09

위법성조각사유에 관한 설명 중 가장 적절하지 <u>않은</u> 것은? (다툼이 있으면 판례에 의함)

① 의사 甲이 모발이식시술을 하면서 모발이식시술에 관하여 어느 정도 지식을 지닌 간호조무사로 하여금 모발이식용 기기로 모발을 삽입하는 행위를 하도록 한 채 별반 관여를 하지 않았다면, 甲의 행위는 정당행위에 해당한다.
② 신고된 甲대학교에서의 집회가 집회장소 사용 승낙을 하지 아니한 甲대학교측의 요청으로 경찰관들에 의하여 저지되자, 신고 없이 乙대학교로 옮겨 집회를 한 것은 긴급피난에 해당한다고 볼 수 없다.
③ 임신의 지속이 모체의 건강을 해칠 우려가 현저할 뿐더러 기형아 내지 불구아를 출산할 가능성마저도 없지 않다는 판단하에 부득이 취하게 된 산부인과 의사의 낙태수술행위는 정당행위 내지 긴급피난에 해당되어 위법성이 없는 경우에 해당한다.
④ 선장 甲은 피조개 양식장 앞의 해상에 허가 없이 선박을 정박시켜 놓고 있다가 태풍이 내습하자 선원들과 선박의 안전을 위하여 닻줄을 늘여 정박하였는데, 태풍이 도래하여 풍랑이 심하게 이는 바람에 늘어진 닻줄이 피조개 양식장 바다 밑을 쓸고 지나가면서 양식장에 상당한 피해를 입힌 경우 긴급피난에 해당한다.

10

정당행위로서 위법성이 조각되는 경우로 가장 적절하지 <u>않은</u> 것은? (다툼이 있으면 판례에 의함)

① 남편과의 이혼소송 중, 남편이 내연녀의 방에서 간통을 할 것이라는 추측 하에 이혼소송에 사용할 증거를 확보하기 위하여 그 현장사진을 촬영할 목적으로 그 방에 침입한 경우

② 신문기자인 甲이 고소인에게 2회에 걸쳐 증여세 포탈에 대한 취재를 요구하면서 이에 응하지 않으면 자신이 취재한 내용대로 보도하겠다고 말한 경우

③ 쟁의행위에 대한 찬반투표 실시를 위하여 근무시간 중에 노동조합 임시총회를 개최하고 3시간에 걸친 투표 후 1시간의 여흥시간을 가진 경우

④ 차를 손괴하고 도망하려는 피해자를 도망하지 못하게 멱살을 잡고 흔들어 피해자에게 전치 14일의 흉부찰과상을 가한 경우

11

법률의 착오에 관한 설명 중 가장 적절하지 <u>않은</u> 것은? (다툼이 있으면 판례에 의함)

① 자기의 행위가 법령에 의하여 죄가 되지 아니하는 것으로 오인한 행위는 그 오인에 정당한 이유가 있는 때에 한하여 벌하지 아니한다.

② 행위자가 자기의 행위와 관련된 금지규범을 알지 못한 경우도 그 부지에 정당한 이유가 있는 경우에는 벌하지 않는다.

③ 범죄의 성립에 있어서 위법성의 인식은 그 범죄사실이 사회정의와 조리에 어긋난다는 것을 인식하는 것으로 족하며, 구체적인 해당 법조문까지 인식할 필요는 없다.

④ '타인의 상품과 피고인의 상품이 유사하지 않다'라는 변리사의 감정결과와 특허국의 등록사정을 믿고 발가락 5개의 양말을 제조·판매한 경우 형법 제16조에 해당하여 벌할 수 없다.

12

실행의 착수가 인정되는 경우로 가장 적절하지 <u>않은</u> 것은? (다툼이 있으면 판례에 의함)

① 소매치기의 경우 피해자의 양복상의 주머니로부터 금품을 절취하려고 그 호주머니에 손을 뻗쳐 그 겉을 더듬은 때

② 공범들이 피해회사 건물의 담을 넘어 마당에 들어가 그 중 1명이 그 곳에 있는 구리를 찾기 위해 담에 붙어 걸어간 때

③ 평소 잘 아는 피해자에게 전화채권을 사주겠다고 하면서 골목길로 유인하여 돈을 절취하려고 기회를 엿본 경우

④ 피해자 소유 자동차 안에 들어 있는 밍크코트를 발견하고 이를 절취할 생각으로 공범이 위 차 옆에서 망을 보는 사이, 위 차 오른쪽 앞문을 열려고 앞문 손잡이를 잡아당긴 때

13

공동정범에 관한 설명 중 가장 적절하지 <u>않은</u> 것은?
(다툼이 있으면 판례에 의함)

① 포괄일죄의 범행 도중에 공동정범으로 범행에 가담한 자는 비록 그가 그 범행에 가담할 때에 이미 이루어진 종전의 범행을 알았다 하더라도 그 가담 이후의 범행에 대하여만 공동정범으로 책임을 진다.

② 부하들이 흉기를 들고 싸움을 하고 있는 도중에 폭력단체의 두목급 수괴 甲이 사건 현장에서 "전부 죽이라"고 고함을 치자, 그 부하들이 피해자들을 난자하여 사망케 한 경우에 甲도 살인죄의 공동정범의 죄책을 진다.

③ 다른 3명의 공모자들과 강도 모의를 주도한 甲이, 다른 공모자들이 피해자를 뒤쫓아 가자 단지 '어?'라고만 하고 더 이상 만류하지 아니하여 공모자들이 강도상해의 범행을 한 경우, 甲은 그 공모관계에서 이탈하였다고 볼 수 없다.

④ 우연히 만난 자리에서 서로 협력하여 공동의 범의를 실현하려는 의사가 암묵적으로 상통하여 범행에 공동가공한 것이라면 공동정범은 성립하지 않는다.

14

교사 · 방조에 관한 설명 중 가장 적절하지 <u>않은</u> 것은?
(다툼이 있으면 판례에 의함)

① 입영기피를 결심한 자에게 "잘 되겠지, 몸 조심하라"고 하고 악수를 나눈 행위는 입영기피의 방조행위에 해당한다.

② 절도범들로부터 지속적으로 장물을 취득하여 온 자가 절도범들에게 드라이버 1개를 사주면서 "열심히 일을 하라"라고 말한 것은 절도의 교사가 된다.

③ 교사자가 피교사자에게 피해자를 "정신 차릴 정도로 때려 주라"고 교사하였다면 이는 상해에 대한 교사로 봄이 상당하다.

④ 종범이 처벌되기 위하여는 정범의 실행의 착수가 있는 경우에만 가능하고 정범이 예비의 단계에 그친 경우에는 이를 종범으로 처벌할 수 없다.

15

살인죄에 관한 설명 중 가장 적절하지 <u>않은</u> 것은? (다툼이 있으면 판례에 의함)

① 인체의 급소를 잘 알고 있는 무술교관 출신의 피고인이 무술의 방법으로 피해자의 울대를 가격하여 피해자를 사망케 한 행위에 살인의 범의가 있다.

② 피고인이 7세, 3세 남짓된 어린 자식들에 대하여 함께 죽자고 권유하여 물속에 따라 들어오게 하여 결국 익사하게 하였다면, 비록 피해자들을 물속에 직접 밀어서 빠뜨리지는 않았다고 하더라도 자살의 의미를 이해할 능력이 없고 피고인의 말이라면 무엇이나 복종하는 어린 자식들을 권유하여 익사하게 한 이상 자살교사죄에 해당한다.

③ 살인의 고의는 확정적 고의뿐만 아니라 미필적 고의로 충분하다.

④ 제왕절개 수술의 경우 '의학적으로 제왕절개 수술이 가능하였고 규범적으로 수술이 필요하였던 시기'를 분만의 시기로 볼 수 없다.

16

상해와 폭행의 죄에 관한 설명 중 가장 적절하지 <u>않은</u> 것은? (다툼이 있으면 판례에 의함)

① 난소를 이미 제거하여 임신불능 상태에 있는 피해자의 자궁을 적출했다 하더라도 그 경우 자궁을 제거한 것이 신체의 완전성을 해한 것이거나 생활기능에 아무런 장애를 주는 것이 아니고 건강상태를 불량하게 변경한 것도 아니라고 할 것이므로 상해에 해당한다고 볼 수 없다.

② 피해자가 입은 상처가 극히 경미하고 자연적으로 치유될 수 있는 정도라면 강도상해죄에서의 상해에 해당하지 않는다.

③ 신체의 청각기관을 직접적으로 자극하는 음향도 경우에 따라서는 폭행에 포함될 수 있다.

④ 상습적으로 상해죄를 범한 경우에는 형을 가중 처벌한다.

17

유기와 학대의 죄에 관한 설명 중 가장 적절하지 <u>않은</u> 것은? (다툼이 있으면 판례에 의함)

① 유기죄는 행위자가 요부조자에 대한 보호책임의 발생 원인이 된 사실이 존재한다는 것을 인식하고 이에 기한 부조의무를 해태한다는 의식이 있음을 요한다.

② 甲이 乙에게 강간치상의 범행을 저지르고 그 범행으로 인하여 실신상태에 있는 乙을 구호하지 않고 방치하였다고 하더라도 유기죄가 성립하지 않는다.

③ 유기죄의 보호의무는 법률이나 계약에 제한되지 않고 사무관리·관습·조리에 의해서도 가능하다는 것이 판례의 태도이다.

④ 술에 취한 甲과 乙이 우연히 같은 길을 가다가 개울에 떨어져 甲은 가까스로 귀가하고 乙은 머리를 다쳐 앓다가 추운 날씨에 심장마비로 사망한 경우 甲은 무죄이다.

18

협박죄에 관한 설명 중 가장 적절하지 <u>않은</u> 것은? (다툼이 있으면 판례에 의함)

① 협박죄에 있어서의 협박이라 함은 일반적으로 보아 사람으로 하여금 공포심을 일으킬 수 있는 정도의 해악을 고지하는 것을 의미한다.

② 협박죄가 성립하기 위해서는 발생 가능한 것으로 생각될 수 있는 정도의 구체적인 해악의 고지가 있어야 한다.

③ 피해자와 언쟁 중 "입을 찢어 버릴라"라고 한 말은 당시의 주위사정 등에 비추어 단순한 감정적인 욕설에 불과하고 피해자에게 해악을 가할 것을 고지한 행위라고 볼 수 없어 협박에 해당하지 않는다.

④ 甲정당의 국회 예산안 강행처리에 화가 나서 경찰서에 전화를 걸어 경찰관에게 관할구역 내에 있는 甲정당의 당사를 폭파하겠다고 말한 행위는 공무집행방해죄뿐만 아니라 그 경찰관에 대한 협박죄를 구성한다.

19

체포와 감금죄에 관한 설명 중 가장 적절하지 <u>않은</u> 것은? (다툼이 있으면 판례에 의함)

① 체포·감금죄는 행동의 자유와 의사를 가질 수 있는 자연인을 대상으로 하므로 정신병자나 영아는 본죄의 객체가 되지 못한다.

② 감금을 하기 위한 수단으로서 행사된 단순한 협박은 감금죄에 흡수되어 따로 협박죄를 구성하지 않는다.

③ 감금의 방법은 물리적·유형적 장해뿐만 아니라 심리적·무형적 장해에 의해서도 가능하고 행동의 자유의 박탈은 반드시 전면적이어야 할 필요가 없다.

④ 수용시설에 수용중인 부랑인들의 야간도주 방지를 위해 취침시간 중 출입문을 안에서 잠근 경우 감금죄가 성립하지 않는다.

20

강간과 추행죄에 관한 설명 중 가장 적절하지 <u>않은</u> 것은? (다툼이 있으면 판례에 의함)

① 형법은 법률상 처를 강간죄의 객체에서 제외하는 명문의 규정을 두고 있지 않으므로, 문언 해석상으로도 법률상 처가 강간죄의 객체에 포함된다고 새기는 것에 아무런 제한이 없다.

② 피고인이, 알고 지내던 여성인 피해자 甲이 자신의 머리채를 잡아 폭행을 가하자 보복의 의미에서 甲의 입술, 귀, 가슴 등을 입으로 깨무는 등의 행위를 한 경우 피고인의 행위는 강제추행죄의 '추행'에 해당한다.

③ 유부녀인 피해자에 대하여 성교 요구에 불응하면 혼인 외 성관계 사실을 폭로하겠으며 폭력조직 부하들을 동원하여 신체에 위해를 가할 수도 있다는 것을 암시하는 등 협박하여 피해자를 간음한 때에는 강간죄가 성립한다.

④ 강간죄와 강제추행죄에 있어 폭행·협박은 상대방의 항거를 불가능하게 하거나 또는 현저히 곤란하게 할 정도임을 요한다.

21

명예에 관한 죄에 대한 설명 중 가장 적절한 것은? (다툼이 있으면 판례에 의함)

① 모욕죄와 사자명예훼손죄는 반의사불벌죄이다.
② 지방의회 선거를 앞두고 현역 시의회의원이 후보자가 되려는 자에 대해서 특별한 친분관계도 없는 한 사람 한 사람에게 비방의 말을 한 경우라면 공연성이 없다.
③ 명예훼손죄에 있어서 공연성은 불특정 또는 다수인이 인식할 수 있는 상태를 의미한다.
④ "아무것도 아닌 똥꼬다리 같은 놈이 들어와서 잘 운영되어 가는 어촌계를 파괴하려는데 주민들은 이에 동조 현혹되지 말라"고 말한 것은 명예훼손에 해당한다.

22

업무방해죄에 관한 설명 중 가장 적절하지 <u>않은</u> 것은? (다툼이 있으면 판례에 의함)

① 형법상 업무방해죄의 보호대상이 되는 '업무'라 함은 직업 또는 계속적으로 종사하는 사무나 사업을 말하는 것으로서 타인의 위법한 행위에 의한 침해로부터 보호할 가치가 있어야 하는 것이므로 그 업무의 기초가 된 계약 또는 행정행위는 적법하여야 한다.
② 초등학생들이 학교에 등교하여 교실에서 수업을 듣는 것은 형법상 업무방해죄의 보호대상이 되는 업무에 해당한다고 할 수 없다.
③ 주주로서 주주총회에서 의결권 등을 행사하는 것은 형법상 업무방해죄의 보호대상이 되는 '업무'에 해당하지 않는다.
④ 대학의 컴퓨터시스템 서버를 관리하던 직원이 전보발령을 받아 더 이상 웹서버를 관리운영 할 권한이 없는 상태에서, 웹서버에 접속하여 홈페이지 관리자의 아이디와 비밀번호를 무단으로 변경한 행위는 컴퓨터 등 장애 업무방해죄에 해당한다.

23

주거침입의 죄에 관한 설명 중 가장 적절하지 <u>않은</u> 것은? (다툼이 있으면 판례에 의함)

① 다가구용 단독주택이나 다세대주택 · 연립주택 · 아파트 등 공동주택 안에서 공용으로 사용하는 엘리베이터, 계단과 복도는 특별한 사정이 없는 한 주거침입죄의 객체인 '사람의 주거'에 해당한다.
② 주거침입죄의 미수범은 처벌하지 않는다.
③ 야간에 아파트에 들어가 재물을 절취할 목적으로 침입 대상 아파트 창문이 열려 있으면 안으로 들어가겠다는 의사 아래 창문을 열어 보는 행위는 야간주거침입절도에 있어서 실행의 착수가 있었다고 볼 수 있다.
④ 피고인이 피해자가 사용 중인 공중화장실의 용변칸에 노크하여 남편으로 오인한 피해자가 용변칸 문을 열자 강간할 의도로 용변칸에 들어간 것이라면, 피해자가 명시적 또는 묵시적으로 이를 승낙하였다고 볼 수 없어 주거침입죄에 해당한다.

24

절도죄에 관한 설명 중 가장 적절하지 <u>않은</u> 것은? (다툼이 있으면 판례에 의함)

① 타인의 토지에 권원 없이 식재한 감나무에서 감을 수확한 것은 절도죄가 성립한다.
② 발행자가 회수하여 세 조각으로 찢어버림으로써 폐지로 되어 쓸모없는 것처럼 보이는 약속어음의 소지를 침해하여 가져갔다면 절도죄가 성립한다.
③ 甲이 피해자 경영의 금은방에서 마치 귀금속을 구입할 것처럼 가장하여 피해자로부터 순금목걸이 등을 건네받은 다음 화장실에 갔다 오겠다는 핑계를 대고 도주한 경우 절도죄가 성립한다.
④ 물건의 운반을 의뢰받은 짐꾼이 그 물건을 의뢰인에게 운반해 주지 않고 용달차에 싣고 가서 처분한 경우에는 절도죄를 구성한다.

25

강도의 죄에 관한 설명 중 가장 적절하지 <u>않은</u> 것은?
(다툼이 있으면 판례에 의함)

① 피고인이 술집 운영자 甲으로부터 술값의 지급을
   요구 받자 甲을 유인·폭행하고 도주하였다면, 甲
   에게 지급해야 할 술값의 지급을 면하여 재산상 이
   익을 취득하였으므로 준강도죄가 성립한다.

② 강도죄에 있어서 폭행과 협박의 정도는 사회통념
   상 객관적으로 상대방의 반항을 억압하거나 항거
   불능하게 할 정도의 것이라야 한다.

③ 강도가 체포를 면탈할 목적으로 경찰관에게 폭행
   을 가한 때에는 강도죄와 공무집행방해죄는 실체
   적 경합관계에 있다.

④ 甲이 날치기 수법으로 乙이 들고 있던 가방을 탈취
   하면서 가방을 놓지 않고 버티는 乙을 5m 가량 끌
   고 감으로써 乙의 무릎 등에 상해를 입힌 경우 甲
   은 강도치상죄의 죄책을 진다.

26

사기의 죄에 관한 설명 중 가장 적절한 것은? (다툼이
있으면 판례에 의함)

① 사기죄에 있어서 '재물의 교부'가 있었다고 하기
   위하여는 반드시 재물의 현실의 인도가 필요한 것
   이므로, 재물이 범인의 사실상의 지배 아래 들어가
   그의 자유로운 처분이 가능한 상태에 놓였더라도
   재물의 현실의 인도가 없었다면 재물의 교부가 있
   었다고 할 수 없다.

② 예금주인 甲이 제3자에게 편취당한 송금의뢰인으
   로부터 자신의 은행계좌에 계좌송금된 돈을 인출
   한 경우, 은행을 피해자로 한 사기죄가 성립한다.

③ '녹동달오리골드'(누에, 동충하초, 녹용 등을 혼합
   ·제조)라는 제품이 성인병에 특효약이라고 허위
   광고하여 고가에 판매한 경우 사기죄가 인정된다.

④ 타인의 명의를 모용하여 발급받은 신용카드를 이
   용하여 현금 자동지급기에서 현금을 인출한 행위
   와 ARS 전화서비스 등으로 신용대출을 받은 행위
   는 포괄적으로 카드회사에 대한 사기죄이다.

27

공갈의 죄에 관한 설명 중 가장 적절하지 <u>않은</u> 것은?
(다툼이 있으면 판례에 의함)

① 조상천도제를 지내지 아니하면 좋지 않은 일이 생
   긴다는 취지의 해악의 고지는 협박으로 평가 될 수
   있어 공갈죄가 성립한다.

② 공갈죄의 수단인 협박은 객관적으로 사람의 의사
   결정의 자유를 제한하거나 의사실행의 자유를 방
   해할 정도로 겁을 먹게 할 만한 해악을 고지하는
   것을 말한다.

③ 부동산에 대한 공갈죄는 그 부동산에 관하여 소유
   권이전등기를 경료받거나 또는 인도를 받은 때에
   기수로 되는 것이다.

④ 피해자의 기망에 의하여 부동산을 비싸게 매수한
   자가 그 계약을 취소하지 않고 등기를 자신의 앞으
   로 둔 채 피해자를 협박하여 전매차익을 받아낸 경
   우 공갈죄가 성립한다.

28

횡령의 죄에 관한 설명 중 가장 적절하지 <u>않은</u> 것은?
(다툼이 있으면 판례에 의함)   **문제 변형**

① 채권양도인이 양도 통지 전에 채무자로부터 채권을
   추심하여 수령한 금전을 채권양수인의 승낙 없이
   자신의 동생에게 빌려준 경우 횡령죄가 성립한다.

② 회사에 대하여 개인적인 채권을 가지고 있는 대표
   이사가 회사를 위하여 보관하고 있는 회사 소유의
   금전으로 이사회의 승인 등의 절차 없이 자신의 채
   권 변제에 충당한 경우 횡령죄가 성립하지 않는다.

③ 지사에 근무하는 직원들이 본사를 위하여 보관 중
   이던 돈의 일부를 접대비 명목으로 임의로 나누어
   사용하려고 비자금을 조성한 경우 횡령죄가 성립
   한다.

④ 주상복합상가의 매수인으로부터 우수상인 유치비
   명목으로 금원을 납부받아 보관하던 중 그 용도와
   무관하게 일반경비로 사용한 경우 횡령죄가 성립
   한다.

29

배임의 죄에 관한 설명 중 가장 적절하지 <u>않은</u> 것은? (다툼이 있으면 판례에 의함)

① 금융기관의 임직원은 예금주와의 사이에서 그의 재산관리에 관한 사무를 처리하는 자의 지위에 있다고 할 수 없다.

② 담보권자가 변제기 경과 후 담보권을 실행하기 위하여 담보목적물을 처분함에 있어 부당하게 염가로 처분한 경우 배임죄가 성립한다.

③ 낙찰계의 계주가 계원들에게서 계불입금을 징수하지 않은 상태에서 부담하는 계금지급 의무는 배임죄에서 말하는 '타인의 사무'에 해당하지 않는다.

④ 회사의 대표이사가 회사가 속한 재벌그룹의 前 회장이 부담하여야 할 원천징수소득세의 납부를 위하여 채권확보에 필요한 조치를 취하지 아니한 채 다른 회사에 회사자금을 대여한 경우에는 업무상 배임죄가 성립한다.

30

장물의 죄에 관한 설명 중 가장 적절한 것은? (다툼이 있으면 판례에 의함)

① 장물죄는 재산범인 본범이 영득한 재물에 사후적으로 관여하는 사후종범적 성격을 가지고 있으므로 절도죄보다 법정형을 가볍게 규정하고 있다.

② 장물인 정을 모르고 보관하던 중 장물인 정을 알게 되었고, 위 장물을 반환하는 것이 불가능하지 않음에도 불구하고 계속보관한 경우 장물보관죄에 해당하지 않는다.

③ 단순히 보수를 받고 본범을 위하여 장물을 일시 사용하거나 그와 같이 사용할 목적으로 장물을 건네받은 경우도 장물을 취득한 것에 해당된다.

④ 장물인 귀금속의 매도를 부탁받은 피고인이 그 귀금속이 장물임을 알면서도 매매를 중개하고 매수인에게 이를 전달하려다가 매수인을 만나기 전에 체포되었다면 장물알선죄가 성립한다.

31

손괴의 죄에 관한 설명 중 가장 적절하지 <u>않은</u> 것은? (다툼이 있으면 판례에 의함)

① 재물손괴의 범의를 인정함에 있어서는 반드시 계획적인 손괴의 의도가 있거나 물건의 손괴를 적극적으로 희망하여야 하는 것은 아니고, 소유자의 의사에 반하여 재물의 효용을 상실케 하는 데 대한 인식이 있으면 된다.

② 밭에서 재배하였으나 미처 수확되지 않은 농작물의 소유권을 이전받기 위해서는 명인방법을 실시하여야 하므로, 그러한 농작물을 매도한 사람이 매수인의 명인방법이 실시되기 전에 농작물을 파헤쳐 훼손하였다면 재물손괴죄가 성립한다.

③ 우물에 연결하고 땅속에 묻어서 수도관적 역할을 하고 있는 고무호스 중 약 1.5m를 발굴하여 우물가에 제쳐 놓음으로써 물이 통하지 못하게 한 경우 손괴죄가 성립한다.

④ 자기 명의의 문서라 할지라도 이미 타인에 접수되어 있는 문서에 대하여 함부로 이를 무효화시켜 그 용도에 사용하지 못하게 했다면 문서손괴죄가 성립한다.

32

방화와 실화의 죄에 관한 설명 중 가장 적절하지 <u>않은</u>
것은? (다툼이 있으면 판례에 의함)

① 불을 놓아 무주물의 일반물건을 소훼하여 공공의
  위험을 발생하게 한 경우에는 형법 제167조 제2항
  의 자기소유일반물건방화죄가 성립한다.
② 타인소유의 현주건조물에 방화하자 불이 옆에 있
  는 자기소유의 일반건조물에 옮겨 붙은 경우 연소
  죄가 성립한다.
③ 방화의 의사로 뿌린 휘발유가 인화성이 강한 상태
  로 주택 주변과 피해자의 몸에 적지 않게 살포되어
  있는 사정을 알면서도 라이터를 켜 불꽃을 일으킴
  으로써 피해자의 몸에 불이 붙은 경우, 현존건조물
  방화죄의 실행의 착수가 인정된다.
④ 강도가 피해자로부터 재물을 강취한 후 피해자를
  살해할 목적으로 주거를 방화하여 사망에 이르게
  한 때에는 강도살인죄와 현주건조물방화치사죄의
  상상적 경합이 성립한다.

33

문서에 관한 죄에 대한 설명 중 가장 적절하지 <u>않은</u>
것은? (다툼이 있으면 판례에 의함)

① 자연인 아닌 법인 또는 단체 명의의 문서에 있어서
  그 문서작성자로 표시된 사람의 실존여부는 위조
  죄의 성립에 영향이 없다.
② 사문서위조나 공정증서원본불실기재죄가 성립한
  후, 사후 피해자의 동의 또는 추인 등의 사정으로
  문서에 기재된 대로 효과의 승인을 받거나, 등기가
  실체적 권리관계에 부합하게 되었다 하더라도, 이
  미 성립한 범죄에는 아무런 영향이 없다.
③ 진정한 문서의 사본을 전자복사기를 이용하여 복
  사하면서 일부조작을 가하여 그 사본 내용과 전혀
  다르게 만드는 행위는 공공의 신용을 해할 우려가
  있는 별개의 문서사본을 창출하는 행위로서 문서
  위조행위에 해당한다.
④ 정부에서 발주하는 공사를 낙찰받기 위하여 허위
  사실을 기재한 공사실적증명원을 구청의 담당직원
  에게 제출하여 그 내용이 허위인정을 모르는 담당
  직원으로부터 기재된 사실을 증명한다는 취지로
  구청장의 직인을 날인 받은 경우 공문서위조죄의
  간접정범이 된다.

34

도박죄에 관한 설명 중 가장 적절하지 <u>않은</u> 것은? (다툼이 있으면 판례에 의함)

① 사기도박과 같이 도박당사자의 일방이 사기의 수단으로써 승패의 수를 지배하는 경우에는 도박에서의 우연성이 결여되어 사기죄만 성립하고 도박죄는 별도로 성립하지 않는다.

② 도박개장죄는 영리의 목적으로 스스로 주재자가 되어 그 지배하에 도박 장소를 개설함으로써 성립하는 것이며, 영리를 목적으로 도박을 개장하면 기수에 이르고, 현실로 도박이 행하여졌음을 묻지 않는다.

③ 도박행위를 처벌하지 않는 외국 카지노에서의 내국인의 도박에 대해서는, 내국인의 폐광지역 카지노출입을 허용하는 국내법을 유추적용하여 위법성이 조각되는 것으로 보아야 한다.

④ 도박의 습벽이 있는 자가 타인의 도박을 방조하면 상습도박방조의 죄가 성립한다.

35

직무유기죄가 성립되는 경우로 가장 적절하지 <u>않은</u> 것은? (다툼이 있으면 판례에 의함)

① 예비군 중대장 甲은 그 소속 예비군대원의 훈련불참사실을 알았지만, 예비군대원의 훈련불참 사실을 고의로 은폐할 목적으로 당해 예비군대원이 훈련에 참석한 양 허위내용의 학급편성명부를 작성, 행사한 경우

② 당직사관이 술을 마시고 내무반에서 화투놀이를 한 후 애인과 함께 자고나서 당직근무의 인수·인계 없이 퇴근한 경우

③ 경찰관이 방치된 오토바이가 있다는 신고를 받거나 순찰 중 이를 발견하고 오토바이 상회 운영자에게 연락하여 오토바이를 수거해가도록 하고 그 대가를 받은 경우

④ 경찰관 甲이 불법체류자의 신병을 출입국관리사무소에 인계하지 않고 훈방하면서 이들의 인적사항을 기재해 두지 않은 경우

36

뇌물죄에 관한 설명 중 가장 적절하지 <u>않은</u> 것은? (다툼이 있으면 판례에 의함)

① 뇌물공여죄의 성립에 반드시 상대방 측의 뇌물수수죄가 성립하여야만 하는 것은 아니다.

② 공무원이 직무집행의 의사 없이 타인을 공갈하여 재물을 교부하게 한 경우에도 재물의 교부자는 뇌물공여죄로 처벌한다.

③ 공무원이 직무에 관하여 금전을 무이자로 차용한 경우에는 차용 당시에 금융이익 상당의 뇌물을 수수한 것으로 보아야 하므로, 공소시효는 금전을 무이자로 차용한 때로부터 기산한다.

④ 뇌물로 공여된 당좌수표가 수수된 후 부도가 되었다 하더라도 뇌물수수죄가 성립한다.

37

공무방해에 관한 죄에 대한 설명 중 가장 적절하지 <u>않은</u> 것은? (다툼이 있으면 판례에 의함)

① 경찰관의 임의동행 요구에 이를 거절하고 자신의 방으로 피하여 문을 잠그고 면도칼로 가슴을 그어 피를 내어 죽어버리겠다고 한 경우 공무집행방해죄에 해당하지 않는다.

② 공무집행방해죄가 성립하기 위해서는 공무원의 직무집행이 적법해야 한다.

③ 불법주차 차량에 불법주차 스티커를 붙였다가 이를 다시 떼어 낸 직후에 있는 주차단속 공무원을 폭행한 경우, 공무집행방해죄가 성립한다.

④ 위계를 행사하여 공무집행을 방해한 경우에 위계에 의한 공무집행방해죄 이외에 별도로 업무방해죄가 성립한다.

38

도주와 범인은닉(도피)죄에 관한 설명 중 가장 적절하지 <u>않은</u> 것은? (다툼이 있으면 판례에 의함)

① 범인이 아닌 자가 수사기관에서 범인임을 자처하고 허위사실을 진술하여 진범의 체포와 발견에 지장을 초래하게 한 경우 범인은닉죄가 성립한다.

② 범인이 자신을 위하여 타인으로 하여금 허위의 자백을 하게 하여 범인도피죄를 범하게 하더라도 이는 자신을 방어하기 위한 것으로서 범인도피교사죄로 벌할 수 없다.

③ 범인이 기소중지자임을 알고도 범인의 부탁으로 다른 사람의 명의로 대신 임대차계약을 체결해 준 행위는 범인도피죄에 해당한다.

④ 참고인이 범인이 아닌 사람을 범인이 아닐지도 모른다고 생각하면서도 그가 범인이라고 지목하는 허위진술을 하여 구속 기소되게 하였다면 범인도피죄가 성립하지 아니한다.

39

위증죄에 관한 설명 중 가장 적절하지 <u>않은</u> 것은? (다툼이 있으면 판례에 의함)

① 진술의 내용은 반드시 요증사실에 대한 것으로서 판결에 영향을 미칠 수 있는 것임을 요하지 아니한다.

② 자기의 형사사건에 관하여 타인을 교사하여 위증죄를 범하게 한 경우에는 방어권남용으로서 위증죄의 교사범이 성립한다.

③ 하나의 사건에 관하여 한 번 선서한 증인이 같은 기일에 여러 가지 사실에 관하여 기억에 반하는 허위의 진술을 한 경우, 각 진술마다 수개의 위증죄를 구성한다.

④ 피고인 자신이 증언내용 사실을 잘 알지 못하면서도 잘 아는 것으로 증언했다면 피고인의 증언은 기억에 반한 진술이 될 것이고 위증죄가 성립하는 것이다.

40

무고죄에 관한 설명 중 가장 적절하지 <u>않은</u> 것은? (다툼이 있으면 판례에 의함)

① 위증으로 고소, 고발한 사실 중 위증한 당해사건의 요증사항이 아니고 재판결과에 영향을 미친 바 없는 사실만이 허위라고 인정되는 경우, 무고죄는 성립하지 않는다.

② 피고인이 허위사실을 신고하였지만 신고된 범죄사실에 대한 공소시효가 완성되었음이 신고내용 자체에 의하여 분명한 경우 무고죄가 성립하지 않는다.

③ 피무고자의 승낙을 받아 허위사실을 기재한 고소장을 제출한 경우 무고죄가 성립한다.

④ 피고인이 최초에 작성한 허위내용의 고소장을 경찰관에게 제출한 이상 그 후에 그 고소장을 되돌려 받았다 하더라도 무고죄의 성립에 영향이 없다.

01

죄형법정주의에 관한 설명 중 가장 적절하지 <u>않은</u> 것은? (다툼이 있는 경우 판례에 의함)

① 보호관찰을 도입한 형법 개정 전의 행위에 대하여 재판시의 규정에 의해 보호관찰을 명하는 것은 형벌불소급의 원칙 내지 죄형법정주의에 위배되는 것이 아니다.

② 행위 당시의 판례에 의하면 처벌대상이 되지 아니하는 것으로 해석되었던 행위를 판례의 변경에 따라 확인된 내용의 형법조항에 근거하여 처벌하는 것은 형벌불소급의 원칙에 반한다.

③ 형을 종전보다 가볍게 형벌법규를 개정하면서 그 부칙으로 개정 전의 범죄에 대하여는 종전의 형벌법규를 추급하여 적용하도록 규정한다 하여 죄형법정주의에 반한다고 할 수 없다.

④ 공직선거법 제262조의 '자수'를 통상 관용적으로 사용되는 용례와는 달리 범행발각 전에 자수한 경우로 한정하여 해석하는 것은 유추해석금지의 원칙에 위반된다.

02

형법의 시간적 적용범위에 관한 설명 중 가장 적절하지 <u>않은</u> 것은? (다툼이 있는 경우 판례에 의함)

① '범죄의 성립과 처벌은 행위시의 법률에 의한다(형법 제1조 제1항)'고 할 때의 '행위시'라 함은 범죄행위의 종료시를 의미한다.

② 범죄 후 법률의 변경에 의하여 그 행위가 범죄를 구성하지 아니하거나 형이 구법보다 경한 때에는 신법에 의한다.

③ 재판확정 후 법률의 변경에 의하여 그 행위가 범죄를 구성하지 아니하는 때에는 형의 집행을 면제한다.

④ 행위시와 재판시 사이에 수차의 법령개폐로 인하여 형의 변경이 있는 때에는 가장 최근의 신법을 적용해야 한다.

03

형법상 부작위범에 관한 설명 중 가장 적절하지 <u>않은</u> 것은? (다툼이 있는 경우 판례에 의함)

① 피고인이 조카인 피해자(10세)를 살해할 것을 마음먹고 저수지로 데리고 가서 미끄러지기 쉬운 제방쪽으로 유인하여 함께 걷다가 피해자가 물에 빠지자 그를 구호하지 아니하여 피해자를 익사하게 한 경우 피고인에게는 부작위에 의한 살인죄가 성립한다.

② 일반 거래의 경험칙상 상대방이 그 사실을 알았다면 당해 법률행위를 하지 않았을 것이 명백한 경우에는 신의칙에 비추어 그 사실을 고지할 법률상 의무가 인정된다.

③ 구 도로교통법 제50조의 교통사고 운전자의 사상자 구호조치 의무는 위법한 선행행위의 경우에만 작위의무를 인정한 것이라고 할 수 있다.

④ 의사 甲이 특정시술을 받으면 아들을 낳을 수 있을 것이라는 착오에 빠져있는 피해자들에게 그 시술의 효과와 원리에 관하여 사실대로 고지하지 아니한 채 아들을 낳을 수 있는 시술인 것처럼 가장하여 일련의 시술과 처방을 행한 경우 부작위에 의한 사기죄가 성립한다.

04

인과관계에 관한 설명 중 가장 적절하지 <u>않은</u> 것은? (다툼이 있는 경우 판례에 의함)

① 폭행 또는 협박으로 타인의 재물을 강취하려는 행위와 이에 극도의 흥분을 느끼고 공포심에 사로잡혀 이를 피하려다 상해에 이르게 된 사실과는 상당인과관계가 인정된다.

② 운전자가 상당한 거리에서 보행자의 무단횡단을 미리 예상할 수 없는 야간에 고속도로를 무단횡단하는 보행자를 충격하여 사망에 이르게 한 운전자의 과실과 사고 사이에는 상당인과관계가 인정되지 않는다.

③ 선행차량에 이어 피고인 운전차량이 피해자를 연속하여 역과하는 과정에서 피해자가 사망한 경우 피고인 운전차량의 역과와 피해자의 사망 사이에 인과관계가 인정된다.

④ 강간을 당한 피해자가 집에 돌아가 음독자살하기에 이른 원인이 강간을 당함으로 인하여 생긴 수치심과 장래에 대한 절망감 등에 있었다면 그 자살행위가 바로 강간행위로 인하여 생긴 당연한 결과라고 볼 수 있으므로 강간을 한 피고인을 강간치사죄로 처벌할 수 있다.

05

미필적 고의에 관한 설명 중 가장 적절하지 <u>않은</u> 것은?
(다툼이 있는 경우 판례에 의함)

① 새로 목사로 부임한 자가 전임목사에 관한 교회 내의 불미스러운 소문의 진위를 확인하기 위하여 이를 교회 집사들에게 물어본 경우 명예훼손에 대한 미필적 고의가 인정된다.

② 미필적 고의가 있었다고 하려면 범죄사실의 발생 가능성에 대한 인식이 있음은 물론 나아가 범죄사실이 발생할 위험을 용인하는 내심의 의사가 있어야 한다.

③ 건장한 체격의 군인이 왜소한 체격인 피해자의 목을 15초 내지 20초 동안 세게 졸라 설골이 부러질 정도로 폭력을 행사하였다면, 피해자가 실신하자 피해자에게 인공호흡을 실시하였다 하여도 살인의 미필적 고의가 인정된다.

④ 의무경찰의 지시에 따르지 않고 항의하던 택시운전자가 신경질적으로 갑자기 좌회전하여 택시 우측 앞 범퍼 부분으로 의무경찰의 무릎을 들이받은 경우 공무집행방해의 미필적 고의가 있다.

06

과실범에 관한 설명 중 가장 적절한 것은? (다툼이 있는 경우 판례에 의함)

① 의료과오사건에서 의사의 과실 유무를 판단할 때에는 동일 업종에 종사하는 일반적 보통인의 주의 정도를 표준으로 하고, 사고 당시의 일반적인 의학 수준과 의료환경 및 조건 등을 고려하여야 한다.

② 형법 제10조 제3항(원인에 있어서 자유로운 행위)은 고의에 의한 원인에 있어서의 자유로운 행위만을 규정하며, 과실에 의한 원인에 있어서의 자유로운 행위까지 포함하는 것은 아니다.

③ 교량붕괴 사고와 관련하여, 건설업자 甲과 이를 감독하는 공무원 乙 및 완공된 교량의 관리를 담당하는 공무원 丙의 과실이 서로 합쳐져 교량이 붕괴된 사실이 인정되더라도 과실범의 공동정범이 성립되지 않는다.

④ 택시운전기사가 심야에 밀집된 주택 사이의 좁은 골목길이자 직각으로 구부러져 가파른 비탈길의 내리막에서 그다지 속도를 줄이지 않고 진행하다가 내리막에 누워 있던 피해자의 몸통 부위를 택시 바퀴로 역과하여 그 자리에서 사망에 이르게 한 경우 그에게 업무상 주의의무 위반을 인정할 수 없다.

07

결과적 가중범에 관한 설명 중 가장 적절하지 <u>않은</u> 것은? (다툼이 있는 경우 판례에 의함)

① 친구를 살해할 의도로 친구가 살고 있는 집을 방화하여 그를 사망하게 한 경우 현주건조물방화치사죄는 살인죄에 대하여 특별관계에 있으므로 현주건조물방화치사죄만 성립한다.

② 피해자의 신체 여러 부위에 심하게 폭행을 가함으로써 피해자의 심장에 악영향을 초래하여 피해자를 심근경색 등으로 사망하게 하였더라도 피해자가 평소에 심장질환을 앓고 있던 경우라면 폭행치사죄가 성립하지 아니한다.

③ 여러 사람이 상해의 범의로 범행 중 한 사람이 중한 상해를 가하여 피해자가 사망에 이르게 된 경우, 나머지 사람들은 사망의 결과를 예견할 수 없는 때가 아닌 한 상해치사의 죄책을 면할 수 없다.

④ 강간이 미수에 그쳤으나 그 과정에서 상해의 결과가 발생하였다면 강간치상죄의 기수가 성립한다.

08

정당방위에 관한 설명 중 가장 적절한 것은? (다툼이 있는 경우 판례에 의함)

① 불법체포에 대항하기 위하여 경찰관에게 상해를 가한 경우 이는 부당한 침해에 대한 방위행위로서 정당방위가 인정된다.

② 치한이 심야에 혼자 귀가 중인 부녀자에게 달려들어 양팔을 붙잡고 어두운 골목길로 끌고 들어가 하체를 더듬으며 억지로 키스를 하려 하자, 그 부녀자가 치한의 혀를 깨물어 0.5cm 절단한 경우에는 정당방위가 인정되지 않는다.

③ 이혼소송중인 남편이 찾아와 가위로 폭행하고 변태적 성행위를 강요하는 데에 격분하여 처가 칼로 남편의 복부를 찔러 사망에 이르게 한 경우, 그 행위는 정당방위에 해당한다.

④ 피고인이 피해자로부터 뺨을 맞고 손톱깎이 칼에 찔려 약 1cm 정도의 상처를 입게 되자, 20cm의 과도로 피해자의 복부를 찌른 것은 정당방위에 해당한다.

09

긴급피난에 관한 설명 중 가장 적절하지 <u>않은</u> 것은? (다툼이 있는 경우 판례에 의함)

① 긴급피난은 타인의 법익을 위하여서도 할 수 있다.

② 피고인이 스스로 야기한 강간범행의 와중에서 피해자가 피고인의 손가락을 깨물며 반항하자, 물린 손가락을 비틀어 잡아 뽑다가 피해자에게 치아결손의 상해를 입힌 행위는 긴급피난에 해당하지 않는다.

③ 특정후보자에 대한 「공직선거 및 선거부정방지법」에 의한 선거운동 제한규정을 위반한 낙선운동은 시민불복종운동이므로 긴급피난의 요건을 갖춘 행위로 볼 수 있다.

④ 신고된 甲대학교에서의 집회가 집회장소 사용 승낙을 하지 아니한 甲대학교 측의 요청으로 경찰관들에 의하여 저지되자, 신고 없이 乙대학교로 옮겨 집회를 한 것은 긴급피난에 해당한다고 볼 수 없다.

10

정당행위에 관한 설명 중 가장 적절하지 <u>않은</u> 것은?
(다툼이 있는 경우 판례에 의함)

① 대공수사관이 조사 중인 피의자를 고문한 경우에는 그것이 상사의 명령에 의한 것이라도 정당행위가 되지 않는다.

② 불법선거운동을 적발할 목적으로 타인의 주거에 몰래 들어가 도청장치를 설치한 행위는 정당행위에 해당하지 않는다.

③ 기도원 운영자가 정신분열증 환자의 치료 목적으로 안수기도를 하다가 환자에게 상해를 입힌 경우 정당행위에 해당한다.

④ 아파트 입주자대표회의의 임원 또는 아파트관리회사의 직원들이 기존 관리회사의 직원들로부터 업무집행을 제지받던 중 저수조 청소를 위하여 출입문에 설치된 자물쇠를 손괴하고 중앙공급실에 침입한 행위는 정당행위에 해당한다.

11

법률의 착오에 관한 설명 중 가장 적절하지 <u>않은</u> 것은?
(다툼이 있는 경우 판례에 의함)

① 마약취급면허가 없는 자가 제약회사에 근무한다는 자로부터 마약이 없어 약을 제조하지 못하니 구해달라는 거짓 부탁을 받고 제약회사에서 쓰는 마약은 구해 주어도 죄가 되지 아니하는 것으로 믿고 생아편을 구해 주었다 하더라도 오인에 정당한 이유가 있는 경우라고 볼 수 없다.

② 정부공인 체육종목인 '활법'의 사회체육지도사 자격증을 취득한 자가 기공원을 운영하면서 환자들을 대상으로 척추교정시술행위를 한 자신의 행위가 무면허 의료행위에 해당되지 아니하여 죄가 되지 않는다고 믿었다면 정당한 이유가 있는 법률의 착오에 해당한다.

③ 채광업자가 허가를 담당하는 공무원에게 문의한 결과 허가를 요하지 않는다고 잘못 알려준 것을 믿고 허가 없이 산림을 훼손한 경우에는 허가를 받지 않더라도 죄가 되지 않는 것으로 착오를 일으킨데 대하여 정당한 이유가 있는 경우에 해당한다.

④ 20여 년간 경찰공무원으로 근무해온 형사계 강력반장이 검사의 수사지휘대로 하면 적법한 것이라 믿고 허위공문서를 작성한 경우에는 그 오인에 정당한 이유가 있다고 볼 수 없다.

12

다음 중 형법상 미수범 처벌규정이 <u>없는</u> 범죄는?

① 불법체포죄

② 특수도주죄

③ 상해죄

④ 폭행죄

13

실행의 착수시기에 관한 설명 중 가장 적절하지 <u>않은</u> 것은? (다툼이 있는 경우 판례에 의함)

① 피고인이 노상에 세워 놓은 자동차 안에 있는 물건을 훔칠 생각으로 유리창을 따기 위해 면장갑을 끼고 칼을 소지한 채 자동차의 유리창을 통하여 그 내부를 손전등으로 비추어 보았다면 절도의 실행의 착수에 이른 것이다.

② 사기도박에서 사기적인 방법으로 도금을 편취하려고 하는 자가 상대방에게 도박에 참가할 것을 권유하는 때에 실행의 착수가 있다.

③ 현주건조물에 방화하기 위하여 매개물에 불을 붙인 경우에는 현주건조물방화죄의 실행의 착수가 있다.

④ 간첩의 목적으로 외국 또는 북한에서 국내에 침투 또는 월남하는 경우에는 기밀탐지가 가능한 국내에 침투·상륙함으로써 간첩죄의 실행의 착수가 있다.

14

공동정범에 관한 설명 중 가장 적절하지 <u>않은</u> 것은? (다툼이 있는 경우 판례에 의함)

① 공동정범은 각자를 그 죄의 정범으로 처벌한다.

② 편면적 공동정범도 인정된다.

③ 공모에 주도적으로 참여한 공모자가 공모관계에서 이탈하여 공동정범으로서 책임을 지지 않기 위해서는 공모자는 공모에 의하여 담당한 기능적 행위지배를 해소하여야 한다.

④ 포괄일죄의 범행 도중에 공동정범으로 범행에 가담한 자는 비록 그가 그 범행에 가담할 때에 이미 이루어진 종전의 범행을 알았다 하더라도 그 가담 이후의 범행에 대하여만 공동정범으로 책임을 진다.

15

교사범에 관한 설명 중 가장 적절하지 <u>않은</u> 것은? (다툼이 있는 경우 판례에 의함)

① 교사자가 피교사자에게 피해자를 "정신 차릴 정도로 때려 주라"고 교사하였다면 이는 상해에 대한 교사로 봄이 상당하다.

② 범인 자신이 타인으로 하여금 허위의 자백을 하게 하여 자신을 도피시킨 경우 범인도피죄의 교사범이 성립한다.

③ 치과의사가 치과기공사들에게 진료행위를 하도록 지시한 것은 무면허의료행위의 교사에 해당한다.

④ 교사범이 성립하기 위해서는 교사자가 피교사자에게 범행의 일시, 장소, 방법 등의 세부적인 사항까지를 특정하여 교사하여야 한다.

16

다음 중 형법상 임의적 몰수의 대상인 것은?

① 유가증권위조죄에 있어서의 위조된 유가증권

② 배임수재에 의하여 취득한 재물

③ 공무원이 받은 뇌물

④ 아편에 관한 죄의 아편흡식기

17

생명과 신체에 대한 죄에 관한 설명 중 가장 적절하지 <u>않은</u> 것은? (다툼이 있는 경우 판례에 의함)

① 혼인 외의 출생자가 인지하지 않은 생모를 살해하면 보통살인죄가 성립한다.

② 소란을 피우는 피해자를 말리다가 피해자가 욕하는데 격분하여 예리한 칼로 피해자의 왼쪽 가슴부분에 길이 6cm, 깊이 17cm의 상처 등이 나도록 찔러 곧바로 좌측심낭까지 절단된 경우 피고인에게 살인의 고의가 인정된다.

③ 사람을 살해한 후에 그 사체를 다른 장소로 옮겨 유기하였다면 살인죄 외에도 사체유기죄가 성립한다.

④ 조산원이 분만이 개시된 후 분만 중인 태아를 질식사에 이르게 한 경우에는 업무상 과실치사죄가 성립한다.

18

상해죄에 관한 설명 중 가장 적절하지 <u>않은</u> 것은? (다툼이 있는 경우 판례에 의함)

① 1~2개월간 입원할 정도로 다리가 부러진 상해 또는 3주간의 치료를 요하는 우측흉부자상이 중상해에 해당하지 않는다.

② 피해자가 소형승용차 안에서 강간범행을 모면하려고 저항하는 과정에서 피고인과의 물리적 충돌로 인하여 입은 우측 슬관절 부위찰과상 등이 강간치상죄의 상해에 해당한다.

③ 피해자의 음모의 모근 부분을 남기고 모간 부분만을 일부 잘라냄으로써 음모의 전체적인 외관에 변형이 생겼다면 강제추행 치상죄의 상해에 해당한다.

④ 오랜 시간 동안의 협박과 폭행을 이기지 못하고 실신하여 범인들이 불러온 구급차 안에서야 정신을 차리게 되었다면, 외부적으로 어떤 상처가 발생하지 않았다고 하더라도 생리적 기능에 훼손을 입어 신체에 대한 상해가 있었다고 보아야 한다.

19

폭행죄에 관한 설명 중 가장 적절하지 <u>않은</u> 것은? (다툼이 있는 경우 판례에 의함)

① 폭행죄는 피해자의 명시한 의사에 반하여 공소를 제기할 수 없는 반의사불벌죄이다.

② 거리상 멀리 떨어져 있는 사람에게 전화기를 이용하여 전화하면서 고성을 내거나 그 전화대화를 녹음 후 듣게 하는 경우에는 유형력의 행사로서 폭행죄에 해당한다.

③ 피해자에게 욕설을 한 것이나 또는 피해자 집의 대문을 발로 찬 것만으로는 당연히 폭행을 한 것이라고 할 수는 없다.

④ 자기 또는 배우자의 직계존속에 대하여 폭행죄를 범한 때에는 가중 처벌한다.

20

유기와 학대의 죄에 관한 설명 중 가장 적절하지 <u>않은</u> 것은? (다툼이 있는 경우 판례에 의함)

① 현행 형법은 부조를 요하는 자를 보호할 법률상 또는 계약상의 의무 있는 자만을 유기죄의 주체로 규정하고 있다.

② 특정 종교의 신도인 甲이 교리에 어긋난다는 이유로 최선의 치료방법인 수혈을 요하는 수술을 거부하여 자신의 딸인 乙을 사망하게 한 경우에는 유기치사죄가 성립한다.

③ 甲은 호텔 객실에서 애인인 乙女에게 성관계를 요구하였는데, 乙女는 그 순간을 모면하기 위하여 甲이 모르는 사이에 7층 창문에서 뛰어내리다가 중상을 입었다. 그러나 이 사실을 모르는 甲이 빈사상태의 乙女를 방치하고 혼자서 호텔을 나온 경우 甲에게 유기죄가 성립한다.

④ 4세인 아들이 대소변을 가리지 못한다고 닭장에 가두고 전신을 구타한 사안에서 판례는 학대죄를 인정하였다.

21

협박죄에 관한 설명 중 가장 적절한 것은? (다툼이 있는 경우 판례에 의함)

① 친권자가 자(子)에게 야구방망이로 때릴 듯한 태도를 취하면서 "죽여 버린다"고 말한 경우에는 이를 교양권의 행사라고 볼 수 있으므로 협박죄를 구성하지 않는다.

② "앞으로 수박이 없어지면 네 책임으로 한다."는 말은 정당한 훈계의 범위를 벗어났으므로 해악의 고지에 해당하여 협박죄가 성립한다.

③ 협박에 의하여 상대방이 현실적으로 공포심을 일으킨 경우에 비로소 구성요건이 충족되어 협박죄는 기수에 이른다.

④ 해악의 고지가 있다 하더라도 그것이 사회의 관습이나 윤리관념 등에 비추어 볼 때에 사회통념상 용인할 수 있을 정도의 것이라면 협박죄는 성립하지 아니한다.

22

감금죄에 관한 설명 중 가장 적절하지 <u>않은</u> 것은? (다툼이 있는 경우 판례에 의함)

① 차량 내에서 피해자의 하차요구를 무시하고 빠른 속도로 진행하여 피해자를 내리지 못하게 하는 행위는 감금죄에 해당하지 않는다.

② 정신병자의 어머니의 의뢰 및 승낙 하에 그 감호를 위하여 그 보호실 문을 야간에 한해서 3일간 시정하여 출입을 못하게 한 감금행위는 그 병자의 신체의 안정과 보호를 위하여 사회통념상 부득이한 조처로서 수긍될 수 있는 것이면 위법성이 없다.

③ 피해자가 만약 도피하는 경우에는 생명·신체에 심한 해를 당할지도 모른다는 공포감에서 도피하기를 단념하고 있는 상태 하에서 호텔로 데리고 가서 함께 유숙한 후 함께 항공기로 국외로 나간행위는 감금죄를 구성한다.

④ 피고인들이 대한상이군경회원 80여 명과 공동으로 호텔출입문을 봉쇄하며 피해자들의 출입을 방해하였다면 감금죄에 해당한다.

23

약취와 유인의 죄에 관한 설명 중 가장 적절하지 <u>않은</u> 것은? (다툼이 있는 경우 판례에 의함)

① 미성년자 혼자 머무는 주거에 침입하여 강도 범행을 하는 과정에서 미성년자와 그 부모에게 폭행·협박을 가하여 일시적으로 부모와의 보호관계가 사실상 침해·배제된 경우 형법상 미성년자약취죄가 성립하지 않는다.

② 미성년자를 보호·감독하는 자라 하더라도 다른 보호감독자의 감호권을 침해하거나 자신의 감호권을 남용하여 미성년자 본인의 이익을 침해하는 경우에는 미성년자약취·유인죄의 주체가 될 수 있다.

③ 15세된 가출소녀를 유혹하여 단란주점에 팔 생각으로 피해자에게 접근하여 취직자리를 찾아 주겠다고 속여 자신의 원룸 아파트에 유인하였다가 단란주점 주인과 약속장소로 가는 도중에 검거되었다면 미성년자유인죄의 미수에 해당한다.

④ 간음의 목적으로 11세에 불과한 어린 나이의 피해자를 유혹하여 위 모텔 앞길에서부터 위 모텔 301호실까지 데리고 간 이상, 간음목적유인죄의 기수에 이른 것이다.

24

강간과 추행에 관한 설명 중 가장 적절하지 <u>않은</u> 것은? (다툼이 있는 경우 판례에 의함)

① 초등학교 4학년 담임교사(남자)가 교실에서 자신이 담당하는 반의 남학생의 성기를 만진 행위는 미성년자의제강제추행죄에서 말하는 '추행'에 해당한다.

② 엘리베이터 안에서 피해자들을 칼로 위협하는 등의 방법으로 꼼짝하지 못하도록 하여 자신의 실력적인 지배하에 둔 다음 자위행위 모습을 보여 주고 피해자들로 하여금 이를 외면하거나 피할 수 없게 한 행위는 강제추행죄의 추행에 해당하지 않는다.

③ 실질적인 혼인관계가 유지되고 있는 경우에도 남편이 반항을 불가능하게 하거나 현저히 곤란하게 할 정도의 폭행이나 협박을 가하여 아내를 간음한 경우 강간죄가 성립한다.

④ 자신의 처(妻)가 경영하는 가게 종업원들과 노래를 부르다가 여자 종업원을 뒤에서 껴안고 블루스를 추면서 순간적으로 유방을 만진 경우 강제추행죄가 성립한다.

25

명예에 관한 죄에 대한 설명 중 가장 적절하지 <u>않은</u> 것은? (다툼이 있는 경우 판례에 의함)

① 개인 블로그의 비공개 대화방에서 일대일 비밀대화로 사실을 적시한 경우 공연성을 인정할 수 있다.

② 골프클럽 경기보조원들의 구직편의를 위해 제작된 인터넷 사이트 내 회원 게시판에 특정 골프클럽의 운영상 불합리성을 비난하는 글을 게시하면서 위 클럽담당자에 대하여 한심하고 불쌍한 인간이라는 경멸적 표현을 한 경우 모욕죄를 구성한다.

③ 甲운영의 산후조리원을 이용한 피고인이 인터넷 카페나 자신의 블로그 등에 자신이 직접 겪은 불편사항 등을 후기 형태로 게시한 경우 「정보통신망 이용촉진 및 정보보호 등에 관한 법률」 제70조 제1항에서 정한 명예훼손죄의 구성요건요소인 사람을 비방할 목적이 있었다고 보기 어렵다.

④ 중학교 교사인 甲에 대하여 그 학교법인 이사장 앞으로 甲이 전과범으로서 악덕교사라는 취지의 진정서를 보낸 경우 명예훼손죄는 성립하지 않는다.

26

주거침입의 죄에 관한 설명 중 가장 적절하지 <u>않은</u> 것은? (다툼이 있는 경우 판례에 의함) 문제 변형

① 타인의 처와 간통할 목적으로 그 처의 동의를 얻어 타인의 주거에 들어가면 주거침입죄가 성립하지 않는다.

② 비록 출입이 허용된 자라 할지라도 그 침입이 주거권자의 의사에 반하는 경우에는 주거침입죄가 성립한다.

③ 5층 아파트 201호실에 침입하기 위해 그 아파트 1층의 공용계단 부분에 들어간 행위만으로는 주거침입죄가 성립하지 않는다.

④ 야간에 타인의 집의 창문을 열고 집 안으로 얼굴을 들이미는 등의 행위를 하면서 신체의 전부가 집 안으로 들어가지는 않은 경우에도 주거침입죄의 기수이다.

27

절도죄에 관한 설명 중 가장 적절하지 <u>않은</u> 것은? (다툼이 있는 경우 판례에 의함)

① 법원으로부터 송달된 심문기일소환장은 재산적 가치가 있는 물건으로서 절도죄의 재물에 해당한다.

② 타인의 유선전화기를 무단으로 사용하여 전화통화를 한 경우 절도죄가 성립하지 않는다.

③ 피고인이 甲의 영업점 내에 있는 甲소유의 휴대전화를 허락 없이 가지고 나와 이를 이용하여 통화를 하고 문자메시지를 주고받은 다음 약 1~2시간 후 甲에게 아무런 말을 하지 않고 위 영업점 정문 옆 화분에 놓아두고 간 경우 절도죄를 구성한다.

④ 甲이 상사와의 의견충돌 끝에 항의의 표시로 사표를 제출한 다음 평소 자신이 전적으로 보관·관리해 오던 비자금관련 서류 및 금품이 든 가방을 가지고 나온 경우 불법영득의사가 인정되어 절도죄가 성립한다.

28

강도죄와 관련된 판례의 태도 중 가장 적절하지 <u>않은</u> 것은?

① 강간범이 강간하는 과정에서 피해자들이 도망가지 못하게 하기 위해 손가방을 빼앗은 경우 강도강간죄에 해당한다.

② 여관에 들어가 안내실에 있던 여관의 관리인을 칼로 찔러 상해를 가하고 그로부터 금품을 강취한 다음, 각 객실에 들어가 각 투숙객들로부터 금품을 강취한 행위는 피해자별로 강도상해죄 및 강도죄의 실체적 경합범이 된다.

③ 강간범이 부녀를 강간할 목적으로 폭행, 협박에 의하여 반항을 억압한 후 반항억압 상태가 계속 중임을 이용하여 재물을 탈취하는 경우에는 재물탈취를 위한 새로운 폭행, 협박이 없더라도 강도죄는 성립한다.

④ 수회에 걸쳐 "총을 훔쳐 전역 후 은행이나 현금수송차량을 털어 한탕하자"는 말을 하는 것은 강도음모죄에 해당하지 않는다.

29

사기죄에 관한 설명 중 가장 적절하지 <u>않은</u> 것은? (다툼이 있는 경우 판례에 의함)

① 출판사 경영자가 출고현황표를 조작하는 방법으로 실제출판부수를 속여 작가에게 인세의 일부만을 지급한 경우 사기죄가 성립하지 않는다.

② 중고자동차 매매에 있어서 매도인의 할부금융회사 또는 보증보험에 대한 할부금 채무는 매수인에게 당연히 승계되는 것이 아니므로 그 할부금 채무의 존재를 매수인에게 고지하지 아니한 것은 부작위에 의한 기망에 해당하지 아니한다.

③ 수입소고기를 사용하는 식당영업주가 한우만을 취급한다는 취지의 상호를 사용하고 식단표 등에도 한우만을 사용한다고 기재한 경우는 사기죄의 기망행위에 해당된다.

④ 주권을 교부한 자가 그것을 분실하였다고 허위로 공시최고신청을 하여 제권판결을 받아 확정된 경우에는 사기죄가 성립한다.

30

공갈죄에 관한 설명 중 가장 적절하지 <u>않은</u> 것은? (다툼이 있는 경우 판례에 의함)

① 가출자의 가족에 대하여 그의 소재를 알려주는 조건으로 보험 가입을 요구한 경우는 공갈죄에 있어서의 협박으로 볼 수 없다.

② 사회통념상 용인되기 어려운 정도를 넘는 협박을 수단으로 상대방을 외포케 하여 재물의 교부 또는 재산상의 이익을 받았다고 하더라도, 피고인이 피해자에 대하여 진정한 채권을 가지고 있다면 공갈죄는 성립하지 아니한다.

③ 지역신문의 발행인이 시정에 관한 비판기사 및 사설을 보도하고 관련 공무원에게 광고의뢰 및 직보 배정을 타신문사와 같은 수준으로 높게 해달라고 요청한 사실만으로는 공갈죄의 수단으로서 그 상대방을 협박하였다고 볼 수 없다.

④ 피해자의 기망에 의하여 부동산을 비싸게 매수한 피고인이 그 계약을 취소함이 없이 등기를 피고인 앞으로 둔 채 피해자를 협박하여 재산상의 이득을 얻거나 돈을 받은 행위는 공갈죄를 구성한다.

31

횡령죄에 관한 설명 중 가장 적절하지 **않은** 것은? (다툼이 있는 경우 판례에 의함)

① 포주가 윤락녀와 사이에 윤락녀가 받은 화대를 포주가 보관하였다가 분배하기로 약정하고도 보관 중인 화대를 임의로 소비한 경우 불법원인급여이므로 횡령죄가 성립하지 않는다.

② 주상복합상가의 매수인들로부터 우수상인 유치비 명목으로 금원을 납부받아 보관하던 중 그 용도와 무관하게 일반경비로 사용한 경우 횡령죄가 성립한다.

③ 보험을 유치하면서 특별이익 제공과는 무관한 통상적인 실적급여로서의 시책비를 지급받아 그 중 일부를 개인적인 용도로 사용한 경우 횡령죄가 성립하지 않는다.

④ 사립학교에 있어서 학교교육에 직접 필요한 시설, 설비를 위한 경비 등과 같이 원래 교비회계에 속하는 자금으로 지출할 수 있는 항목에 관한 차입금을 상환하기 위하여 교비회계자금을 지출한 경우 횡령죄가 성립하지 않는다.

32

배임죄에 관한 설명 중 가장 적절한 것은? (다툼이 있는 경우 판례에 의함)

① 경영자가 적대적 M&A로부터 경영권을 유지하기 위하여 종업원의 자사주 매입에 회사자금을 지원한 경우에는 업무상 배임죄가 성립하지 않는다.

② 기업의 영업비밀을 사외로 유출하지 않을 것을 서약한 회사직원이 이익을 얻기 위하여 경쟁업체에 영업비밀을 유출하는 행위는 업무상 배임죄가 성립한다.

③ 미성년자와 친생자관계가 없으나 호적상 친모로 등재되어 있는 자가 미성년자의 상속재산 처분에 관여한 경우, 배임죄에 있어서 타인의 사무를 처리하는 자의 지위에 있다고 할 수 없다.

④ 낙찰계의 계주가 계원들에게서 계불입금을 징수하지 않은 상태에서 부담하는 계금지급의무는 배임죄에서 말하는'타인의 사무'에 해당한다.

33

장물죄에 관한 설명 중 가장 적절하지 **않은** 것은? (다툼이 있는 경우 판례에 의함)

① 장물취득죄에 있어서 장물의 인식은 확정적 인식임을 요하지 않으며 장물일지도 모른다는 의심을 가지는 정도의 미필적 인식으로도 충분하다.

② 장물인 현금을 금융기관에 예금의 형태로 보관하였다가 이를 반환하기 위하여 동일한 액수의 현금을 인출한 경우, 예금계약의 성질상 인출된 현금은 당초의 현금과 물리적 동일성은 상실되었지만 액수에 의하여 표시되는 금전적 가치에는 아무런 변동이 없으므로 장물로서의 성질은 그대로 유지된다.

③ 장물이라 함은 재산죄인 범죄행위에 의하여 영득된 물건을 말하는 것으로서 절도·강도·사기·공갈·횡령 등 영득죄에 의하여 취득된 물건이어야 한다.

④ 자전거를 인도받은 후 비로소 장물이 아닌가 하는 의구심을 가졌더라도 장물취득죄가 성립한다.

34

손괴죄에 관한 설명 중 가장 적절하지 <u>않은</u> 것은? (다툼이 있는 경우 판례에 의함)

① 해고노동자 등이 복직을 요구하는 집회를 개최하던 중 래커 스프레이를 이용하여 회사 건물 외벽과 1층 벽면 등에 낙서한 경우 손괴죄가 성립한다.

② 재건축사업으로 철거예정이고 그 입주자들이 모두 이사하여 아무도 거주하지 않은 채 비어있는 아파트를 손괴한 경우 손괴죄가 성립한다.

③ 해고노동자 등이 복직을 요구하는 집회를 개최하던 중 계란 30여 개를 회사 건물에 투척한 경우 손괴죄가 성립한다.

④ 재물은 반드시 경제적 교환가치를 가진 것임을 요하지 않으며 이용가치나 효용을 가진 것으로 족하다.

35

방화와 실화의 죄에 관한 설명 중 가장 적절하지 <u>않은</u> 것은? (다툼이 있는 경우 판례에 의함)

① 방화죄의 주된 보호법익은 공공의 안전으로서 방화죄의 기본적 성격은 공공위험죄이지만, 부차적으로는 개인의 재산도 보호법익에 포함된다.

② 매개물에 발화된 때에는 아직 목적물인 건조물에 불이 옮겨붙지 아니하였더라도 방화죄의 미수범이 성립한다.

③ 불이 매개물을 떠나 목적물에 옮겨 붙어 독립하여 연소할 수 있는 상태에 이르렀을 때 방화죄는 기수가 된다.

④ 성냥불로 담배를 붙인 다음 그 성냥불이 꺼진 것을 확인하지 아니한 채 휴지가 들어 있는 플라스틱 휴지통에 던졌다면 중실화죄에 있어 중대한 과실에 해당하지 않는다.

36

문서에 관한 죄에 대한 설명 중 가장 적절하지 <u>않은</u> 것은? (다툼이 있는 경우 판례에 의함)

① 사문서위조죄나 공정증서원본불실기재죄가 성립한 후, 사후에 이해관계인들의 동의 또는 추인 등의 사정으로 문서에 기재된 대로 효과의 승인을 받거나, 등기가 실체적 권리관계에 부합하게 되었다 하더라도, 이미 성립한 범죄에는 아무런 영향이 없다.

② 사문서위조죄는 그 명의자가 진정으로 작성한 문서로 볼 수 있을 정도의 형식과 외관을 갖추어 일반인이 명의자의 진정한 문서로 오신하기에 충분한 정도이면 성립하는 것이고, 반드시 그 작성명의자의 서명이나 날인이 있어야 하는 것은 아니다.

③ 문서의 작성명의인이 실재하지 않는 허무인이거나 또는 문서의 작성일자 전에 이미 사망한 경우에는 사문서위조죄가 성립하지 아니한다.

④ 명의인을 기망하여 문서를 작성케 하는 경우 서명날인이 정당히 성립된 경우에도 기망자는 명의인을 이용하여 서명날인자의 의사에 반하는 문서를 작성케 하는 것이므로 사문서위조죄가 성립한다.

37

성풍속에 관한 죄에 대한 설명 중 가장 적절하지 <u>않은</u> 것은? (다툼이 있는 경우 판례에 의함)

① 불특정다수인이 인터넷링크를 이용하여 별다른 제한 없이 음란한 부호 등에 바로 접할 수 있는 상태가 실제로 조성되었다면 이는 음란한 부호 등을 공연히 전시한다는 구성요건을 충족한다.

② 음행의 상습이 있는 미성년자를 영리의 목적으로 매개하여 간음하게 한 경우에는 형법 제242조의 음행매개죄가 성립한다.

③ 고속도로에서 승용차를 손괴하거나 타인에게 상해를 가하는 등의 행패를 부리던 자가 이를 제지하려는 경찰관에 대항하여 공중 앞에서 알몸이 되어 성기를 노출한 경우, 음란한 행위에 해당하지 않는다.

④ 컴퓨터 프로그램파일은 형법 제243조(음화반포 등)에서 규정하고 있는 음란한 문서, 도화, 필름 기타 물건에 해당하지 않는다.

38

뇌물죄에 있어 직무관련성이 인정되지 <u>않는</u> 것은? (다툼이 있는 경우 판례에 의함)

① 문교부 편수국 공무원인 피고인들이 교과서의 내용검토 및 개편 수정작업을 의뢰받고 그에 소요되는 비용을 받은 경우

② 경찰관이 재건축조합 직무대행자에 대한 진정사건을 수사하면서 진정인 측의 재건축 설계업체로 선정되기를 희망하던 건축사사무소 대표로부터 금원을 수수한 경우

③ 음주운전을 적발하여 단속에 관련된 제반서류를 작성한 후 운전면허 취소업무를 담당하는 직원에게 이를 인계하는 업무를 담당하는 경찰관이 피단속자로부터 운전면허가 취소되지 않도록 하여 달라는 청탁을 받고 금원을 교부받은 경우

④ 지방의회의 의장 선거에서 투표권을 가지고 있는 군의원들이 의장선거와 관련하여 금품 등을 수수한 경우

39

공무집행방해죄에 관한 설명 중 가장 적절하지 <u>않은</u> 것은? (다툼이 있는 경우 판례에 의함)

① 음주운전을 하다가 교통사고를 야기한 후 그 형사처벌을 면하기 위하여 타인의 혈액을 자신의 혈액인 것처럼 교통사고 조사 경찰관에게 제출하여 감정하도록 한 경우 위계에 의한 공무집행방해죄가 성립하지 않는다.

② 개인택시운송사업 양도·양수를 위하여 허위의 신청사유를 주장하면서 의사로부터 허위진단서를 발급받아 이를 소명자료로 제출하여 행정청으로부터 양도·양수 인가처분을 받은 경우 위계에 의한 공무집행방해죄가 성립한다.

③ 변호사가 접견을 핑계로 수용자를 위하여 휴대전화와 증권거래용 단말기를 구치소 내로 몰래 반입하여 이용하게 한 행위는 위계에 의한 공무집행방해죄에 해당한다.

④ 민사소송을 제기함에 있어 피고의 주소를 허위로 기재하여 법원 공무원으로 하여금 변론기일소환장 등을 허위주소로 송달하게 한 경우 위계에 의한 공무집행방해죄가 성립하지 않는다.

40

위증죄에 관한 설명 중 가장 적절하지 <u>않은</u> 것은? (다툼이 있는 경우 판례에 의함)

① 타인으로부터 전해 들은 금품전달사실을 마치 증인 자신이 전달한 것처럼 진술한 경우 위증죄가 성립한다.

② 위증죄는 법률에 의하여 선서한 증인 본인만이 행위주체가 되는 진정신분범이다.

③ 증인이 설령 객관적인 사실과 일치하더라도, 자기의 기억에 반하는 진술을 하였다면 위증죄가 성립한다.

④ 위증죄에 있어서 진술의 내용은 요증사실에 관한 것으로 판결에 영향을 미친 것에만 한정된다.

01

죄형법정주의에 관한 설명 중 옳은 것은 모두 몇 개인가? (다툼이 있는 경우 판례에 의함)

ㄱ 구성요건에 대한 확장적 유추해석은 금지되지만 위법성 및 책임의 조각사유나 소추조건 또는 처벌조각사유인 형면제 사유를 제한적으로 해석하는 것은 유추해석금지 원칙에 반하지 아니한다.

ㄴ 사고피해자를 유기한 도주차량 운전자에게 살인죄보다 무거운 법정형을 규정하였다 하여 그것만으로 적정성의 원칙에 반한다고 할 수 없다.

ㄷ 공공기관의 운영에 관한 법률 제53조가 공기업의 임직원으로서 공무원이 아닌 사람은 형법 제129조의 적용에서는 이를 공무원으로 본다고 규정하고 있을 뿐 구체적인 공기업의 지정에 관하여는 하위규범인 기획재정부장관의 고시에 의하도록 규정하였더라도 죄형법정주의에 위배되거나 위임입법의 한계를 일탈한 것으로 볼 수 없다.

ㄹ 대법원 양형위원회가 설정한 '양형기준'이 발효하기 전에 공소가 제기된 범죄에 대하여 위 '양형기준'을 참고하여 형을 양정한 경우 소급적용금지의 원칙을 위반한 것은 아니다.

① 1개
② 2개
③ 3개
④ 4개

02

다음 설명 중 가장 적절하지 <u>않은</u> 것은? (다툼이 있는 경우 판례에 의함)

① 형사처벌에 관한 위임입법은 특히 긴급한 필요가 있거나 미리 법률로써 자세히 정할 수 없는 부득이한 사정이 있는 경우에 한하여 허용된다.

② 포괄일죄로 되는 개개의 범죄행위가 법 개정의 전후에 걸쳐서 행하여진 경우에는 신·구법의 법정형에 대한 경중을 비교하여 법정형이 가벼운 법을 적용하여 포괄일죄로 처단하여야 한다.

③ 구 의료법이 약효에 관한 광고를 허용하고 그에 대한 벌칙조항을 삭제한 것은 종전의 조치가 부당하다는 반성적 고려에 의한 것이어서 형법 제1조 제2항에 따라 신법을 적용하여야 한다.

④ 부실의 사실이 기재된 공정증서의 정본을 그 정을 모르는 법원직원에게 교부한 행위를 부실기재공정증서원본행사죄에 해당하는 것으로 해석하는 것은 형법상 금지된 유추해석에 해당한다.

03

부작위범에 관한 설명 중 가장 적절하지 <u>않은</u> 것은?
(다툼이 있는 경우 판례에 의함)

① 부작위범에서 말하는 작위의무는 법령상 규정되어
   있는 경우에 한하여 성립한다.
② 작위의무는 법적인 의무이어야 하므로 단순한 도
   덕상 또는 종교상의 의무는 포함되지 않는다.
③ 형법상 방조행위는 부작위에 의해서도 성립할 수
   있다.
④ 부진정부작위범에 있어서 그 부작위가 작위에 의
   한 법익침해와 동등한 형법적 가치가 있는 것이어
   서 그 범죄의 실행행위로 평가될 만한 것이라면 작
   위에 의한 실행행위와 동일하게 처벌할 수 있다.

04

인과관계에 관한 설명 중 가장 적절하지 <u>않은</u> 것은?
(다툼이 있는 경우 판례에 의함)

① 4일 가량 물조차 제대로 마시지 못하고 잠도 자지
   아니하여 거의 탈진 상태에 이른 피해자의 손과 발
   을 17시간 이상 묶어 두고 좁은 차량 속에서 움직이
   지 못하게 감금한 행위와 묶인 부위의 혈액 순환에
   장애가 발생하여 혈전이 형성되고 그 혈전이 폐동
   맥을 막아 사망에 이르게 된 결과 사이에는 상당인
   과관계가 있다.
② 살인의 실행행위가 피해자의 사망이라는 결과를
   발생하게 한 유일한 원인이어야 하는 것은 아니나
   직접적인 원인일 것을 요하므로 살인의 실행행위
   와 피해자의 사망과의 사이에 통상 예견할 수 있는
   다른 사실이 개재되어 그 사실이 치사의 직접적인
   원인이 되었다면 살인의 실행행위와 피해자의 사
   망과의 사이에 인과관계가 있는 것으로 볼 수 없다.
③ 선행차량에 이어 피고인 운전 차량이 피해자를 연
   속하여 역과하는 과정에서 피해자가 사망한 경우
   피고인 운전 차량의 역과와 피해자의 사망 사이의
   인과관계가 인정된다.
④ 선행 교통사고와 후행 교통사고 중 어느 쪽이 원인
   이 되어 피해자가 사망에 이르게 되었는지 밝혀지
   지 않은 경우 후행 교통사고를 일으킨 사람의 과실
   과 피해자의 사망 사이에 인과관계가 인정되기 위
   해서는 후행 교통사고를 일으킨 사람이 주의의무
   를 게을리 하지 않았다면 피해자가 사망에 이르지
   않았을 것이라는 사실이 증명되어야 한다.

05

고의(범의)에 관한 설명 중 가장 적절하지 <u>않은</u> 것은? (다툼이 있는 경우 판례에 의함)

① 야간에 신체의 일부만이 집 안으로 들어간다는 인식 하에 타인의 집의 창문을 열고 집 안으로 얼굴을 들이미는 행위를 하였다면 주거침입죄의 범의는 인정되지 않는다.

② 행정상의 단속을 주안으로 하는 법규라 하더라도 '명문규정이 있거나 해석상 과실범도 벌할 뜻이 명확한 경우'를 제외하고는 형법의 원칙에 따라 '고의'가 있어야 벌할 수 있다.

③ 채무자가 차용원리금을 변제공탁한 것을 채권자가 아무런 이의 없이 이를 수령하고서도 담보물에 대한 경매 절차에 대하여 손을 쓰지 아니하는 바람에 타인에게 경락되게 하고 그 부동산의 경락잔금까지 받아간 경우 배임죄의 미필적고의가 인정된다.

④ 여관업을 하는 자가 신분증을 소지하지 않았다는 말을 듣고 단지 구두로만 연령을 확인하여 이성혼숙을 허용하였다면 청소년 이성혼숙에 대한 미필적 고의가 인정된다.

06

과실범에 관한 설명 중 가장 적절하지 <u>않은</u> 것은? (다툼이 있는 경우 판례에 의함)

① 공동정범은 고의범이나 과실범을 불문하고 의사의 연결이 있는 경우이면 그 성립을 인정할 수 있다.

② 고속국도를 주행하는 차량의 운전자는 도로 양측에 휴게소가 있다 하더라도 동 도로상에 보행자가 있을 것을 예상하여 감속 등 조치를 할 주의의무는 없다.

③ 술을 마시고 찜질방에 들어온 甲이 찜질방 직원 몰래 후문으로 나가 술을 더 마신 다음 후문으로 다시 들어와 발한실(發汗室)에서 잠을 자다가 사망한 경우 찜질방 직원 및 영업주에게 몰래 후문으로 출입하는 모든 자를 통제·관리하여야 할 업무상 주의의무가 있다고 보기 어렵다.

④ 과실일수죄는 형법상 처벌규정이 있으나 과실교통방해죄는 형법상 처벌규정이 없다.

07

결과적 가중범에 관한 설명 중 옳은 것은 모두 몇 개인가? (다툼이 있는 경우 판례에 의함)

> ㉠ 교사자가 피교사자에 대하여 상해를 교사하였는데 피교사자가 이를 넘어 살인을 실행한 경우 교사자에게 피해자의 사망이라는 결과에 대하여 과실 내지 예견가능성이 있는 때에는 상해치사죄의 죄책을 지울 수 있다.
>
> ㉡ 강도가 택시를 타고 가다가 요금지급을 면할 목적으로 소지한 과도로 운전수를 협박하자 이에 놀란 운전수가 택시를 급우회전하면서 그 충격으로 강도가 겨누고 있던 과도에 어깨부분이 찔려 상처를 입은 경우에는 강도치상죄가 성립한다.
>
> ㉢ 인질치사상죄에 대해서는 형법상 미수범처벌규정이 있다.

① 없음   ② 1개

③ 2개   ④ 3개

08

위법성 조각사유에 관한 설명 중 가장 적절하지 <u>않은</u> 것은? (다툼이 있는 경우 판례에 의함)

① 자신의 배우자가 상간자의 방에서 간통을 할 것이라고 추측하고 이혼소송에 사용할 증거자료 수집을 목적으로 그들의 간통현장을 직접 목격하고 그 사진을 촬영하기 위하여 상간자의 주거에 침입한 경우 정당행위에 해당하지 않는다.

② 현직 군수로서 전국동시지방선거 지방자치단체장 선거에 특정 정당 후보로 출마가 확실시되는 피고인이 같은 정당지역청년위원장 등 선거구민 20명에게 약 36만 원 상당의 식사를 제공하여 기부행위를 한 경우 위법성이 인정된다.

③ 형법 제24조는 '처분할 수 있는 자의 승낙에 의하여 그 법익을 훼손한 행위는 법률에 특별한 규정이 있는 경우에 한하여 벌하지 아니한다'라고 규정하고 있다.

④ 검사가 참고인 조사를 받는 줄 알고 검찰청에 자진 출석한 변호사사무실 사무장을 합리적 근거 없이 긴급체포하자 그 변호사가 이를 제지하는 과정에서 위 검사에게 상해를 가한 것은 정당방위에 해당한다.

09

책임능력에 관한 설명 중 가장 적절하지 <u>않은</u> 것은? (다툼이 있는 경우 판례에 의함) **문제 변형**

① 충동조절장애와 같은 성격적 결함은 원칙적으로 심신장애에 해당하지 않으나 그 정도가 매우 심각하여 원래의 의미의 정신병을 가진 사람과 동등하다고 평가할 수 있는 경우에는 심신장애를 인정할 수 있다.

② 소년법 제60조 제2항 소정의 '소년'인지의 여부는 원칙적으로 심판시, 즉 사실심 판결 선고시를 기준으로 하여 판단하여야 한다.

③ 형법 제11조는 '듣거나 말하는 데 모두 장애가 있는 사람의 행위 형을 감경한다'라고 규정하고 있다.

④ 심신장애로 인하여 사물을 변별할 능력이나 의사를 결정할 능력이 미약한 자의 행위는 형을 감경할 수 있다.

10

법률의 착오에 관한 설명 중 가장 적절하지 <u>않은</u> 것은? (다툼이 있는 경우 판례에 의함)

① 일본 영주권을 가진 재일교포가 영리를 목적으로 관세물품을 구입한 것이 아니라거나 국내 입국시 관세신고를 하지 않아도 되는 것으로 착오한 경우 정당한 이유가 있다.

② 수사처리의 관례상 일부 상치된 내용을 일치시키기 위하여 적법하게 작성된 참고인진술조서를 찢어버리고 진술인의 진술도 듣지 아니하고 그 내용을 일치시킨 새로운 진술조서를 작성한 경우 정당한 이유가 있다고 볼 수 없다.

③ 자기의 행위가 법령에 의하여 죄가 되지 아니하는 것으로 오인한 행위는 그 오인에 정당한 이유가 있는 때에 한하여 벌하지 아니한다.

④ 20여 년간 사법경찰관으로 근무한 자가 검사의 수사지휘를 받았으니 허위로 수사기록을 작성해도 된다고 생각하고 수사기록에 허위의 내용을 수록한 경우 정당한 이유가 있다고 볼 수 없다.

11

실행의 착수시기 또는 기수시기에 관한 설명 중 가장 적절하지 <u>않은</u> 것은? (다툼이 있는 경우 판례에 의함)

① 사기도박에서 사기적인 방법으로 도금을 편취하려고 하는 자가 상대방에게 도박에 참가할 것을 권유하는 등 기망행위를 개시한 때에 실행의 착수가 있는 것으로 보아야 한다.

② 소송사기의 고의로 소를 제기한 경우 아직 그 소장이 피고에게 송달되지 않아도 사기죄의 실행의 착수가 인정된다.

③ 금융기관 직원이 전산단말기를 이용하여 다른 공범들이 지정한 특정 계좌에 돈이 입금된 것처럼 허위의 정보를 입력하는 방법으로 위 계좌로 돈이 입금되도록 하였으나 그 후 그러한 입금이 취소되어 현실적으로 인출되지 못하였다면 컴퓨터등사용사기죄의 미수에 해당한다.

④ 피고인이 지하철 환승 에스컬레이터 내에서 카메라폰으로 성적 수치심을 느낄 수 있는 치마 속 신체부위를 피해자 의사에 반하여 동영상 촬영 중 경찰관에게 발각되어 저장버튼을 누르지 않고 촬영을 종료하였더라도 구 성폭력범죄의 처벌 및 피해자 보호 등에 관한 법률에서 정한 '카메라 등 이용촬영죄'의 기수에 해당한다.

12

예비·음모 및 미수범에 관한 설명 중 가장 적절하지 <u>않은</u> 것은? (다툼이 있는 경우 판례에 의함)

① 상해죄, 퇴거불응죄, 재물손괴죄, 공무집행방해죄는 형법상 미수범 처벌규정이 있다.

② 기수범에 비하여 장애미수는 형을 감경할 수 있고 중지미수는 형을 감경 또는 면제하며 불능미수는 형을 감경 또는 면제할 수 있다.

③ 강도예비·음모죄가 성립하기 위해서는 예비·음모 행위자에게 미필적으로라도 '강도'를 할 목적이 있음이 인정되어야 하고 그에 이르지 않고 단순히 '준강도'할 목적이 있음에 그치는 경우에는 강도예비·음모죄로 처벌할 수 없다.

④ 정범이 실행의 착수에 이르지 아니한 예비단계에 그친 경우에는 이에 가공한다 하더라도 예비의 공동정범이 되는 때를 제외하고는 종범으로 처벌할 수 없다.

13

공범에 관한 설명 중 가장 적절하지 <u>않은</u> 것은? (다툼이 있는 경우 판례에 의함)

① 전국노점상연합회가 주관한 도로행진시위 단순참가자 甲이 다른 시위 참가자들과 시위 중 경찰관 등에 대한 특수공무집행방해 행위로 체포된 경우 체포된 이후에 이루어진 다른 시위참가자들의 범행에 대해서는 공모공동정범의 죄책을 인정할 수 없다.

② 甲은 어느 행위로 인하여 처벌되지 아니하는 乙의 행위를 적극적으로 유발하였으나 그 과정에서 乙의 의사를 부당하게 억압한 것은 아니었던 경우 甲이 乙의 행위를 이용하여 자신의 범죄를 실현하였다고 하더라도 형법 제34조 제1항이 정하는 간접정범의 죄책을 지는 것은 아니다.

③ 공모자가 공모에 주도적으로 참여하여 다른 공모자의 실행에 영향을 미친 때에는 범행을 저지하기 위하여 적극적으로 노력하는 등 실행에 미친 영향력을 제거하지 아니하는 한 공모관계에서 이탈하였다고 할 수 없다.

④ 공범자의 범인도피행위 도중에 그 범행을 인식하면서 그와 공동의 범의를 가지고 기왕의 범인도피 상태를 이용하여 스스로 범인도피행위를 계속한 자는 범인도피죄의 공동정범이 성립한다.

14

교사 · 방조에 관한 설명 중 가장 적절하지 <u>않은</u> 것은? (다툼이 있는 경우 판례에 의함)

① 교사범이 성립하기 위해서는 교사자의 교사행위와 정범의 실행행위가 있어야 하는 것이므로 정범의 성립은 교사범의 구성요건의 일부를 형성하고 교사범이 성립함에는 정범의 범죄행위가 인정되는 것이 그 전제요건이 된다.

② 교사를 받은 자가 범죄의 실행을 승낙하지 아니한 때에는 교사한 자는 교사한 범죄의 미수범으로 처벌한다.

③ 방조범에 있어서 정범의 고의는 정범에 의하여 실현되는 범죄의 구체적인 내용을 인식할 것을 요하는 것은 아니고 미필적 인식 또는 예견으로 충분하다.

④ 방조자의 인식과 정범의 실행 간에 착오가 있고 양자의 구성요건을 달리한 경우에는 원칙적으로 방조자의 고의는 조각되는 것이나 그 구성요건이 중첩되는 부분이 있는 경우에는 그 중복되는 한도 내에서는 방조자의 죄책을 인정하여야 할 것이다.

15

죄수에 관한 설명 중 가장 적절하지 <u>않은</u> 것은? (다툼이 있는 경우 판례에 의함)

① 범죄 피해신고를 받고 출동한 두 명의 경찰관에게 욕설을 하면서 순차로 폭행을 하여 신고 처리 및 수사 업무에 관한 정당한 직무집행을 방해한 경우 두 경찰관에 대한 공무집행방해죄는 실체적 경합 관계에 있다.

② 직계존속인 피해자를 폭행하고 상해를 가한 것이 존속에 대한 동일한 폭력 습벽의 발현에 의한 것으로 인정되는 경우 중한 상습존속상해죄에 나머지 행위들을 포괄시켜 하나의 죄만이 성립한다.

③ 동일 죄명에 해당하는 수 개의 행위를 단일하고 계속된 범의 하에 일정기간 계속하여 행하고 그 피해 법익도 동일한 경우에는 이들 각 행위를 통틀어 포괄일죄로 처단하여야 할 것이나 범의의 단일성과 계속성이 인정되지 아니하거나 범행방법이 동일하지 않은 경우에는 각 범행은 실체적 경합범에 해당한다.

④ 감금행위가 단순히 강도상해 범행의 수단이 되는데 그치지 아니하고 강도상해의 범행이 끝난 뒤에도 계속되는 경우에는 감금죄와 강도상해죄는 실체적 경합범의 관계에 있다.

16

살인의 죄에 관한 설명 중 가장 적절한 것은? (다툼이 있는 경우 판례에 의함)

① 제왕절개 수술의 경우 '의학적으로 제왕절개 수술이 가능하였고 규범적으로 수술이 필요하였던 시기(時期)'를 분만의 시기(始期)로 볼 수 없다.

② 사람을 살해한 자가 그 사체를 다른 장소로 옮겨 유기하였을 때에는 이와 같은 사체유기는 불가벌적 사후행위에 해당하므로 별도로 사체유기죄가 성립하지 아니한다.

③ 강도가 베개로 피해자의 머리부분을 약 3분간 누르던 중 피해자가 저항을 멈추고 사지가 늘어졌음에도 계속 눌러 사망하게 한 경우 살인죄의 고의가 인정되지 않는다.

④ 피고인이 인터넷 사이트 내 자살관련 카페 게시판에 자살용 유독물의 판매광고를 한 행위가 단지 금원편취 목적의 사기행각의 일환으로 이루어졌더라도 피고인의 행위는 자살방조죄에 해당한다.

17

상해와 폭행의 죄에 관한 설명 중 가장 적절하지 <u>않은</u> 것은? (다툼이 있는 경우 판례에 의함)

① 피해자에게 근접하여 욕설을 하면서 때릴 듯이 손발이나 물건을 휘두르거나 던지는 행위를 한 경우 직접 피해자의 신체에 접촉하지 않았다고 하여도 피해자에 대한 유형력의 행사로서 폭행에 해당한다.

② 상해죄의 성립에는 상해의 원인인 폭행에 대한 인식만으로는 부족하고 상해를 가할 의사의 존재까지 필요하다.

③ 1~2개월간 입원할 정도로 다리가 부러진 상해 또는 3주간의 치료를 요하는 우측흉부자상은 중상해에 해당하지 않는다.

④ 피고인의 구타행위로 상해를 입은 피해자가 정신을 잃고 빈사상태에 빠지자 사망한 것으로 오인하고 자신의 행위를 은폐하고 피해자가 자살한 것처럼 가장하기 위하여 피해자를 베란다 아래의 바닥으로 떨어뜨려 사망케 한 경우 포괄하여 단일의 상해치사죄에 해당한다.

18

협박죄에 관한 설명 중 가장 적절하지 <u>않은</u> 것은? (다툼이 있는 경우 판례에 의함)

① 일반적으로 사람으로 하여금 공포심을 일으킬 수 있는 정도의 해악을 고지함으로써 상대방이 그 의미를 인식한 이상 상대방이 현실적으로 공포심을 일으켰는지 여부와 관계없이 협박죄의 기수에 이르는 것으로 보아야 한다.

② 협박죄가 성립하기 위해서는 행위자가 해악의 내용을 실현할 수 있는 위치에 있어야 하고 고지한 해악을 실제로 실현할 의도나 욕구가 필요하다.

③ 피고인이 피해자인 누나의 집에서 온 몸에 연소성이 높은 고무놀을 바르고 라이타 불을 켜는 동작을 하면서 이를 말리려는 피해자 등에게 가위, 송곳을 휘두르면서 '방에 불을 지르겠다', '가족 전부를 죽여 버리겠다'고 소리친 경우 피고인에게 협박의 고의가 있다.

④ 甲은 乙녀에게 '자동차에 타라. 타지 않으면 가만 있지 않겠다'고 협박하면서 乙녀를 자동차 뒷좌석에 강제로 밀어 넣고 자동차를 운전한 경우 감금죄 외에 협박죄는 성립되지 아니한다.

19

체포와 감금의 죄에 관한 설명 중 가장 적절하지 <u>않은</u> 것은? (다툼이 있는 경우 판례에 의함)

① 감금의 방법은 물리적·유형적 장애뿐만 아니라 심리적·무형적 장애에 의해서도 가능하고 행동의 자유의 박탈은 반드시 전면적이어야 할 필요가 없다.

② 감금행위가 강간미수죄의 수단이 된 경우 감금행위는 강간미수죄에 흡수되어 따로 범죄를 구성하지 않는다.

③ 피고인들이 대한상이군경회원 80여 명과 공동으로 호텔출입문을 봉쇄하며 피해자들의 출입을 방해하였다면 감금죄에 해당한다.

④ 미성년자를 유인한 자가 계속하여 미성년자를 불법하게 감금하였을 때에는 미성년자유인죄 이외에 감금죄가 별도로 성립한다.

20

약취와 유인의 죄에 관한 설명 중 가장 적절하지 <u>않은</u> 것은? (다툼이 있는 경우 판례에 의함)

① 미성년의 자녀를 부모가 함께 동거하면서 보호·양육하여 오던 중 부모의 일방이 그 자녀에게 어떠한 폭행, 협박이나 불법적인 사실상의 힘을 행사함이 없이 그 자녀를 데리고 종전의 거소를 벗어나 다른 곳으로 옮겨 자녀에 대한 보호·양육을 계속하였다면 형법상 미성년자에 대한 약취죄의 성립이 인정된다.

② 미성년자유인죄라 함은 기망 또는 유혹을 수단으로 하여 미성년자를 꾀어 현재의 보호상태로부터 이탈하게 하여 자기 또는 제3자의 사실적 지배하로 옮기는 행위를 말한다.

③ 미성년자를 보호감독하는 자라 하더라도 다른 보호감독자의 감호권을 침해하거나 자신의 감호권을 남용하여 미성년자 본인의 이익을 침해하는 경우 미성년자 약취·유인죄의 주체가 될 수 있다.

④ 미성년자 혼자 머무는 주거에 침입하여 강도 범행을 하는 과정에서 미성년자와 그 부모에게 폭행·협박을 가하여 일시적으로 부모와의 보호관계가 사실상 침해·배제된 경우 형법상 미성년자약취죄가 성립하지 않는다.

21

강간과 추행의 죄에 관한 설명 중 가장 적절하지 <u>않은</u> 것은? (다툼이 있는 경우 판례에 의함)

① 초등학교 4학년 남자 담임교사가 교실에서 자기 반 남학생의 성기를 만진 행위는 미성년자의제강 제추행죄에서 말하는 '추행'에 해당한다.

② 실질적인 혼인관계가 유지되고 있는 경우에도 남편이 반항을 불가능하게 하거나 현저히 곤란하게 할 정도의 폭행이나 협박을 가하여 아내를 간음한 경우 강간죄가 성립한다.

③ 피고인이 아파트 엘리베이터 내에 11세의 乙녀와 단둘이 탄 다음 乙녀를 향하여 성기를 꺼내어 잡고 여러 방향으로 움직이다가 이를 보고 놀란 乙쪽으로 가까이 다가갔으나 乙녀의 신체에 대한 접촉은 하지 않은 경우 성폭력범죄의 처벌 등에 관한 특례법상 위력에 의한 추행에 해당한다.

④ 피해자가 성경험을 가진 여자로서 특이체질로 인해 새로 형성된 처녀막이 파열되었다 하더라도 강간치상죄를 구성하는 상처에 해당하지 않는다.

22

명예에 관한 죄에 관한 설명 중 가장 적절하지 <u>않은</u> 것은? (다툼이 있는 경우 판례에 의함)

① 개인 블로그의 비공개 대화방에서 일대일 비밀대화로 사실을 적시한 경우 공연성을 인정할 수 있다.

② 골프클럽 경기보조원들의 구직편의를 위해 제작된 인터넷사이트 내 회원 게시판에 특정 골프클럽의 운영상 불합리성을 비난하는 글을 게시하면서 위 클럽담당자에 대하여 '한심하고 불쌍한 인간'이라는 등 경멸적 표현을 한 경우 모욕죄를 구성한다.

③ 甲운영의 산후조리원을 이용한 피고인이 인터넷 카페나 자신의 블로그 등에 자신이 직접 겪은 불편사항 등을 후기형태로 게시한 경우 정보통신망 이용촉진 및 정보보호 등에 관한 법률 제70조 제1항에서 정한 명예훼손죄 구성요건 요소인 '사람을 비방할 목적'이 있었다고 보기 어렵다.

④ 형법 제310조 소정의 '공공의 이익'이라 함은 널리 국가·사회 기타 일반 다수인의 이익에 관한 것뿐만 아니라 특정한 사회집단이나 그 구성원의 관심과 이익에 관한 것도 포함한다.

23

주거침입의 죄에 관한 설명 중 가장 적절한 것은? (다툼이 있는 경우 판례에 의함)

① 다른 사람의 주택에 무단 침입한 범죄사실로 이미 유죄판결을 받은 사람이 그 판결이 확정된 후에도 퇴거하지 않은 채 계속하여 당해 주택에 거주한 경우 위 판결 확정 이후의 행위는 별도의 주거침입죄를 구성하지 아니한다.

② 형법 제331조 제2항의 특수절도에 있어서 주간에 절도범인이 그 범행수단으로 주거침입을 한 경우에 그 주거침입행위는 절도죄에 흡수되지 아니하고 별개로 주거침입죄를 구성하여 절도죄와는 실체적 경합의 관계에 서는 것이 원칙이다.

③ 주거침입죄와 퇴거불응죄는 법정형이 다르다.

④ 다가구용 단독주택인 빌라의 잠기지 않은 대문을 열고 들어가 공용 계단으로 빌라 3층까지 올라갔다가 1층으로 내려온 경우 주거침입죄를 구성하지 아니한다.

24

다음 중 업무방해죄가 성립하는 것은 모두 몇 개인가? (다툼이 있는 경우 판례에 의함)

> ⊙ 특정회사가 제공하는 게임사이트에서 정상적인 포커게임을 하고 있는 것처럼 가장하면서 통상적인 업무처리 과정하에서 적발해 내기 어려운 사설 프로그램을 이용하여 약관상 양도가 금지되는 포커머니를 약속된 상대방에게 이전해 준 경우
> ⓛ 신규 직원 채용권한을 가지고 있는 지방공사 사장이 시험업무 담당자에게 지시하여 상호 공모 내지 양해하에 시험성적조작 등의 부정한 행위를 한 경우
> ⓒ 도급인의 공사계약해제가 적법하고 수급인이 스스로 공사를 중단한 상태에서 도급인이 공사현장에 남아 있는 수급인 소유의 공사자재 등을 다른 곳으로 옮긴 경우
> ⓔ 주식회사 대표이사가 직원들을 동원하여 주주총회에서 위력으로 개인주주들이 발언권·의결권을 행사하지 못하도록 방해한 경우

① 없음 　　　　 ② 1개

③ 2개 　　　　 ④ 3개

25

친족상도례에 관한 설명 중 가장 적절하지 <u>않은</u> 것은? (다툼이 있는 경우 판례에 의함)

① 횡령범인이 위탁자가 소유자를 위해 보관하고 있는 물건을 위탁자로부터 보관받아 이를 횡령한 경우 횡령범인이 피해물건의 소유자와는 친족관계가 있으나 피해물건의 위탁자와는 친족관계가 없다면 친족상도례 규정이 적용되지 않는다.

② 형법 제354조에 의하여 준용되는 제328조 제1항에서 '직계혈족, 배우자, 동거친족, 동거가족 또는 그 배우자 간의 제323조의 죄는 그 형을 면제한다.'고 규정하고 있는바 여기서 '그 배우자'는 동거가족의 배우자만을 의미하는 것이 아니라 직계혈족, 동거친족, 동거가족 모두의 배우자를 의미하는 것으로 볼 것이다.

③ 흉기 기타 위험한 물건을 휴대하고 공갈죄를 범하여 폭력행위 등 처벌에 관한 법률 제3조 제1항에 의해 가중처벌되는 경우에도 친족상도례의 규정이 적용된다.

④ 손자가 할아버지 소유의 농업협동조합 예금통장을 절취하여 이를 현금자동지급기에 넣고 조작하는 방법으로 예금 잔고를 자신의 거래 은행계좌로 이체한 경우 컴퓨터등사용사기죄는 친족간의 범행에 해당하여 친족상도례가 적용된다.

26

절도죄에 관한 설명 중 가장 적절하지 <u>않은</u> 것은? (다툼이 있는 경우 판례에 의함)

① 피고인이 컴퓨터에 저장된 정보를 출력하여 생성한 문서는 피해회사의 업무를 위하여 생성되어 피해회사에 의하여 보관되고 있던 문서가 아니라 피고인이 가지고 갈 목적으로 피해회사의 업무와 관계없이 새로이 생성시킨 문서라 할 것이므로 이는 피해회사 소유의 문서라고 볼 수는 없다 할 것이어서 이를 가지고 간 행위를 들어 피해회사 소유의 문서를 절취한 것으로 볼 수는 없다.

② 피고인이 甲의 영업점 내에 있는 甲소유의 휴대전화를 허락 없이 가지고 나와 이를 이용하여 통화를 하고 문자메시지를 주고받은 다음 약 1~2시간 후 甲에게 아무런 말을 하지 않고 위 영업점 정문 옆 화분에 놓아두고 간 경우 절도죄를 구성한다.

③ 피고인이 자신의 모(母)인 甲의 명의로 구입·등록하여 甲에게 명의신탁한 자동차를 乙에게 담보로 제공한 후 乙 몰래 가져간 경우 乙에 대한 관계에서 자동차의 소유자는 甲이고 피고인은 소유자가 아니므로 乙이 점유하고 있는 자동차를 임의로 가져간 이상 절도죄가 성립한다.

④ 피고인이 절취한 타인의 신용카드를 이용하여 현금지급기에서 자신의 계좌로 돈을 이체한 후 현금지급기에서 피고인 자신의 신용카드나 현금카드를 이용하여 현금을 인출한 행위는 절도죄를 구성한다.

27

강도의 죄에 관한 설명 중 가장 적절하지 <u>않은</u> 것은? (다툼이 있는 경우 판례에 의함)

① 甲이 날치기 수법으로 乙이 들고 있던 가방을 탈취하면서 가방을 놓지 않고 버티는 乙을 5m가량 끌고 감으로써 乙의 무릎 등에 상해를 입힌 경우 甲은 강도치상죄의 죄책을 진다.

② 채무자가 채무를 면탈할 의사로 채권자를 살해하였더라도 채무의 존재가 명백할 뿐만 아니라 채권자의 상속인이 존재하고 그 상속인에게 채권의 존재를 확인할 방법이 확보되어 있는 경우 강도살인죄가 성립할 수 없다.

③ 준강도죄의 기수 여부는 절도행위의 기수 여부를 기준으로 하여 판단할 것이 아니라 폭행 또는 협박이 종료되었는가 하는 점에 따라 결정하여야 한다.

④ 준강도죄의 성립에 필요한 수단으로서의 폭행이나 협박의 정도는 상대방의 반항을 억압하는 수단으로서 일반적·객관적으로 가능하다고 인정되는 정도의 것이면 되고 현실적으로 반항을 억압하였음을 필요로 하는 것은 아니다.

28

사기의 죄에 관한 설명 중 가장 적절하지 <u>않은</u> 것은? (다툼이 있는 경우 판례에 의함)

① 의사가 전화를 이용하여 진찰한 것임에도 내원 진찰인 것처럼 가장하여 국민건강보험관리공단에 요양급여비용을 청구하여 진찰료를 수령한 경우 사기죄가 성립하지 않는다.

② 타인의 폭행으로 상해를 입고 병원에서 치료를 받으면서 상해를 입은 경위에 관하여 거짓말을 하여 국민건강보험 관리공단으로부터 보험급여 처리를 받은 경우 위 상해가 '전적으로 또는 주로 피고인의 범죄행위에 기인하여 입은 상해'라고 할 수 없다면 사기죄가 성립하지 않는다.

③ 식육식당을 경영하는 자가 음식점에서 한우만을 취급한다는 취지의 상호를 사용하면서 광고선전판, 식단표 등에도 한우만을 사용한다고 기재하면서 이를 보고 찾아온 손님들에게 수입소갈비를 판매한 경우 사기죄가 성립한다.

④ 농업협동조합의 조합원이나 검품위원이 아닌 자가 TV홈쇼핑업체에 납품한 삼이 제3자가 산삼의 종자인지 여부가 불분명한 삼의 종자를 뿌려 이식하면서 인공적으로 재배한 삼이라는 사실을 알면서도 광고방송에 출연하여 위 삼이 조합의 조합원들이 자연산삼의 종자를 심산유곡에 심고 자연방임 상태에서 성장시킨 산양산삼이며 자신이 조합의 검품위원으로서 위 삼중 우수한 것만을 선정하여 감정인의 감정을 받은 것처럼 허위 내용의 광고를 한 경우 사기죄가 성립한다.

29

공갈의 죄에 관한 설명 중 가장 적절하지 <u>않은</u> 것은? (다툼이 있는 경우 판례에 의함)

① 예금주인 현금카드 소유자를 협박하여 그 카드를 갈취한 다음 피해자의 승낙에 의하여 현금카드를 사용할 권한을 부여받아 이를 이용하여 현금자동지급기에서 현금을 인출한 행위와 관련하여 현금자동지급기에서 피해자의 예금을 인출한 행위는 현금카드 갈취행위와 분리하여 따로 절도죄로 처단할 수는 없다.

② 공갈죄의 수단으로서 협박은 사람의 의사결정의 자유를 제한하거나 의사실행의 자유를 방해할 정도로 겁을 먹게 할만한 해악을 고지하는 것을 말하고 해악의 고지는 반드시 명시의 방법에 의할 것을 요하지 아니한다.

③ 피고인이 甲주식회사가 특정 신문들에 광고를 편중했다는 이유로 기자회견을 열어 甲회사에 대하여 불매운동을 하겠다고 하면서 특정 신문들에 대한 광고를 중단할 것과 다른 신문들에 대해서도 동등하게 광고를 집행할 것을 요구하고 甲회사 인터넷 홈페이지에 그와 같은 내용의 팝업창을 띄우게 한 경우 강요죄나 공갈죄의 협박에 해당하지 않는다.

④ 피해자가 피고인에게 계속해서 택시요금의 지급을 요구하였으나 피고인이 이를 면하고자 피해자를 폭행하고 달아났을 뿐 피해자가 폭행을 당하여 외포심을 일으켜 수동적·소극적으로라도 피고인이 택시요금 지급을 면하는 것을 용인하여 이익을 공여하는 처분행위를 하였다고 할 수 없는 경우 공갈죄가 성립하지 아니한다.

30

횡령의 죄에 관한 설명 중 가장 적절하지 <u>않은</u> 것은?
(다툼이 있는 경우 판례에 의함)

① 회사의 이사가 업무상의 임무에 위배하여 보관 중
인 회사의 자금으로 뇌물을 공여한 경우 뇌물공여
죄만 성립할 뿐 별도로 업무상횡령죄는 성립하지
않는다.

② 본사(本社)와 가맹점계약(프랜차이즈계약)을 맺
은 가맹점주인인 피고인이 보관 중인 물품판매 대금
을 임의로 소비한 경우 횡령죄가 성립하지 않는다.

③ 수인이 부동산경매절차에서 대금을 분담하되 그
중 1인의 단독명의로 낙찰받기로 약정하여 그에 따
라 낙찰이 이루어진 후 그 명의자가 임의로 처분한
경우 횡령죄가 성립하지 않는다.

④ 동업관계에 있는 피고인과 피해자 사이에 손익분
배의 정산이 되지 아니하였다면 동업자의 한 사람
인 피고인은 피고인과 피해자의 합유에 속하는 동
업재산이나 동업재산의 매각대금에 대한 지분을
처분할 권한이 없는 것이므로 피고인이 동업재산
인 교회건물의 매각대금을 매수인으로부터 받아
보관 중 임의로 소비하였다면 지분 비율에 관계없
이 임의로 소비한 금액 전부에 대해 횡령죄의 죄책
을 부담한다.

31

배임의 죄에 관한 설명 중 적절하지 <u>않은</u> 것은 모두
몇 개인가? (다툼이 있는 경우 판례에 의함)

> ㉠ 업무상 배임죄는 본인에게 재산상의 손해를 가하는
> 외에 배임행위로 인하여 행위자 스스로 재산상의 이
> 익을 취득하거나 제3자로 하여금 재산상의 이익을 취
> 득하게 할 것을 요건으로 하므로 본인에게 손해를 가
> 하였다고 할지라도 행위자 또는 제3자가 재산상 이익
> 을 취득한 사실이 없다면 배임죄가 성립할 수 없다.
> ㉡ 금융기관 임직원이 보통예금계좌에 입금된 예금주의
> 예금을 무단으로 인출한 경우 그 임직원은 예금주와
> 의 사이에서 그의 재산관리에 관한 사무를 처리하는
> 자의 지위에 있다고 할 것이므로 그러한 예금인출행
> 위는 예금주에 대한 관계에서 배임죄를 구성한다.
> ㉢ 甲주식회사와 가맹점 관리대행계약 등을 체결하고
> 그 대리점으로서 가맹점 관리업무 등을 수행하는 乙
> 주식회사 대표이사인 피고인이 임무에 위배하여 甲
> 회사의 가맹점을 다른 경쟁업체 가맹점으로 임의로
> 전환하여 甲회사에 재산상 손해를 가한 경우 업무상
> 배임죄가 성립한다.
> ㉣ 동산매매계약에서의 매도인은 매수인에 대하여 매수
> 인의 사무를 처리하는 지위에 있으므로 매도인이 목
> 적물을 매수인에게 인도하지 아니하고 이를 타에 처
> 분한 경우 형법상 배임죄가 성립한다.

① 없음   ② 1개

③ 2개   ④ 3개

32

장물에 관한 죄에 관한 설명 중 가장 적절하지 <u>않은</u> 것은? (다툼이 있는 경우 판례에 의함)

① 절도 범인으로부터 장물보관 의뢰를 받은 자가 그 정을 알면서 이를 인도받아 보관하고 있다가 임의로 처분한 경우 장물보관죄가 성립하는 때에는 별도로 횡령죄가 성립하지 않는다.

② 甲이 회사 자금으로 乙에게 주식매각 대금조로 금원을 지급한 경우 그 금원은 단순히 횡령행위에 제공된 물건으로 장물에 해당하지 않는다.

③ 재산범죄를 저지른 이후에 별도의 재산범죄의 구성요건에 해당하는 사후행위가 있었다면 비록 그 행위가 불가벌적 사후행위로서 처벌의 대상이 되지 않는다 할지라도 그 사후행위로 인하여 취득한 물건은 재산범죄로 인하여 취득한 물건으로서 장물이 될 수 있다.

④ 장물취득죄에 있어서 장물의 인식은 확정적 인식임을 요하지 않으며 장물일지도 모른다는 의심을 가지는 정도의 미필적 인식으로도 충분하다.

33

손괴의 죄에 관한 설명 중 가장 적절하지 <u>않은</u> 것은? (다툼이 있는 경우 판례에 의함)

① 타인소유의 광고용 간판을 백색페인트로 도색하여 광고문안을 지워버린 행위는 재물손괴죄에 해당한다.

② 약속어음의 수취인이 은행에 보관시킨 약속어음을 은행지점장이 발행인의 부탁을 받고 그 지급기일란의 일자를 지움으로써 그 효용을 해한 경우에는 문서손괴죄가 성립한다.

③ 해고노동자 등이 복직을 요구하는 집회를 개최하던 중 래커 스프레이를 이용하여 회사건물 외벽과 1층 벽면 등에 낙서한 행위와 이와 별도로 계란 30여 개를 건물에 투척한 행위 모두 건물의 효용을 해하는 것으로 볼 수 있어 각각 재물손괴죄가 성립한다.

④ 재물손괴죄에서 재물의 효용을 해한다고 함은 그 물건의 본래의 사용목적에 공할 수 없게 하는 상태로 만드는 것은 물론 일시 그것을 이용할 수 없는 상태로 만드는 것도 이에 해당한다.

34

권리행사를 방해하는 죄에 관한 설명 중 가장 적절하지 <u>않은</u> 것은? (다툼이 있는 경우 판례에 의함)

① 피고인이 피해자에게 담보로 제공한 차량이 그 자동차등록원부에 타인명의로 등록되어 있는 경우 그 차량은 피고인의 소유가 아니므로 피고인이 피해자의 승낙 없이 미리 소지하고 있던 위 차량의 보조키를 이용하여 이를 운전하여 간 행위가 권리행사방해죄를 구성하지 않는다.

② 렌트카회사의 공동대표이사 중 1인이 회사나 피고인 명의로 신규등록을 하지 않은 회사보유차량을 자신의 개인적인 채무담보 명목으로 피해자에게 넘겨주었는데 다른 공동 대표이사가 위 차량을 몰래 회수하도록 한 경우 권리행사방해죄를 구성하지 않는다.

③ 채권자에 의하여 압류된 채무자 소유의 유체동산을 채무자의 모(母) 소유인 것으로 사칭하면서 모(母)의 명의로 제3자이의의 소를 제기하고 집행정지결정을 받아 그 집행을 저지하였다면 이는 재산을 은닉한 경우에 해당하여 강제집행면탈죄가 성립한다.

④ 채권자들에 의한 복수의 강제집행이 예상되는 경우 재산을 은닉 또는 허위양도함으로써 채권자들을 해하였다면 채권자별로 각각 강제집행면탈죄가 성립하고 상호 실체적 경합범의 관계에 있다.

35

문서에 관한 죄에 관한 설명 중 가장 적절하지 <u>않은</u> 것은? (다툼이 있는 경우 판례에 의함)

① 주식회사의 지배인은 회사의 영업에 관하여 재판상 또는 재판 외의 모든 행위를 할 권한이 있으므로 지배인이 직접 주식회사 명의의 문서를 작성하는 행위는 위조나 자격모용사문서작성에 해당하지 않는 것이 원칙이고 이는 그 문서의 내용이 진실에 반하는 허위이거나 권한을 남용하여 자기 또는 제3자의 이익을 도모할 목적으로 작성된 경우에도 마찬가지이다.

② 사문서의 작성명의자의 인장이 압날되지 아니하고 주민등록번호의 기재가 없더라도 일반인으로 하여금 작성명의자가 진정하게 작성한 사문서로 믿기에 충분할 정도의 형식과 외관을 갖추었으면 사문서위조죄의 객체가 된다고 보아야 한다.

③ 이혼신고서를 가정법원에 제출한 甲은 가정법원의 서기관이 교부한 이혼의사확인서등본과 간인으로 연결된 이혼신고서를 떼어내고 원래 이혼신고서의 내용과는 다른 이혼신고서를 작성하여 이혼의사확인서등본과 함께 호적관서에 제출한 경우 공문서인 이혼의사확인서등본을 변조하였다거나 변조된 이혼의사확인서등본을 행사하였다고 할 수 있다.

④ 십지지문 지문대조표는 수사기관이 피의자의 신원을 특정하고 지문대조조회를 하기 위하여 직무상 작성하는 서류로서 비록 자서란에 피의자로 하여금 스스로 성명 등의 인적 사항을 기재하도록 하고 있다 하더라도 이를 사문서로 볼 수는 없다.

36

직무유기죄에 관한 설명 중 가장 적절하지 <u>않은</u> 것은?
(다툼이 있는 경우 판례에 의함)

① 직무유기죄는 구체적으로 그 직무를 수행하여야
할 작위의무가 있는 사람이 이러한 직무를 버린다
는 인식하에 그 작위의무를 수행하지 아니하면 성
립하는 것이다.

② 경찰관이 불법체류자의 신병을 출입국관리사무소
에 인계하지 않고 훈방하면서 이들의 인적사항조차
기재해 두지 아니한 경우 직무유기죄가 성립한다.

③ 경찰관인 피고인이 벌금미납자에 대한 노역장유치
집행을 위하여 검사의 지휘를 받아 형집행장을 집
행하는 경우에 벌금미납자로 지명수배되어 있던
甲을 세 차례에 걸쳐 만나고도 그를 검거하여 검찰
청에 신병을 인계하는 등 필요한 조치를 취하지 않
은 경우 직무유기죄가 성립한다.

④ 경찰서 방범과장이 부하직원으로부터 음반·비디
오물 및 게임물에 관한 법률 위반 혐의로 오락실을
단속하여 증거물로 오락기의 변조기판을 압수하여
사무실에 보관 중임을 보고받아 알고 있었음에도
부하직원에게 위와 같이 압수한 변조기판을 돌려
주라고 지시하여 오락실 업주에게 이를 돌려준 경
우 직무유기죄가 성립한다.

37

위계에 의한 공무집행방해죄가 성립하는 것은 모두 몇
개인가? (다툼이 있는 경우 판례에 의함)

○ 감척어선 입찰자격이 없는 자가 제3자와 공모하여 제
3자의 대리인 자격으로 제3자 명의로 입찰에 참가하
고 낙찰받은 후 자신의 자금으로 낙찰대금을 지급하
여 감척어선에 대한 실질적 소유권을 취득한 경우

○ 지방자치단체의 공사입찰에 있어서 허위서류를 제출
하여 입찰참가자격을 얻고 낙찰자로 결정되어 계약
을 체결한 경우

○ 민사소송을 제기함에 있어 피고의 주소를 허위로 기
재하여 변론기일소환장 등 소송서류를 허위주소로
송달하게 한 경우

○ 음주운전을 하다가 교통사고를 야기한 후 형사처벌
을 면하기 위하여 타인의 혈액을 자신의 혈액인 것처
럼 교통사고 조사 경찰관에게 제출하여 감정하도록
한 경우

---

① 없음   ② 1개

③ 2개   ④ 3개

38

도주와 범인은닉의 죄에 관한 설명 중 가장 적절하지 **않은** 것은? (다툼이 있는 경우 판례에 의함)

① 범인도피죄에 있어서 벌금 이상의 형에 해당하는 자에 대한 인식은 실제로 벌금 이상의 형에 해당하는 범죄를 범한 자라는 것을 인식함으로써 족하고 그 법정형이 벌금 이상이라는 것까지 알 필요는 없는 것이다.

② 범인이 기소중지자임을 알고도 범인의 부탁으로 다른 사람의 명의로 대신 임대차계약을 체결해 준 행위는 범인도피죄에 해당한다.

③ 범인이 자신을 위하여 타인으로 하여금 허위의 자백을 하게 하여 범인도피죄를 범하게 하더라도 이는 자신을 방어하기 위한 것으로서 범인도피교사죄로 벌할 수 없다.

④ 참고인이 수사기관에서 진술을 함에 있어 단순히 범인으로 체포된 사람과 참고인이 목격한 범인이 동일함에도 불구하고 동일한 사람이 아니라고 허위진술을 하였고 그 허위진술로 말미암아 증거가 불충분하게 되어 범인을 석방하게 되는 결과가 되었다 하더라도 바로 범인도피죄를 구성한다고는 할 수 없다.

39

위증과 증거인멸의 죄에 관한 설명 중 가장 적절한 것은? (다툼이 있는 경우 판례에 의함)

① 증인이 1회 또는 수회의 기일에 걸쳐 이루어진 1개의 증인 신문절차에서 허위의 진술을 하고 그 진술이 철회·시정된바 없이 그대로 증인신문절차가 종료된 경우 그로써 위증죄는 기수에 달하고 그 후 별도의 증인 신청 및 채택 절차를 거쳐 그 증인이 다시 신문을 받는 과정에서 종전 신문절차에서의 진술을 철회·시정한다 하더라도 이미 종결된 종전 증인신문절차에서 행한 위증죄의 성립에 어떤 영향을 주는 것은 아니다.

② 증언거부사유가 있음에도 증언거부권을 고지받지 못함으로 인하여 그 증언거부권을 행사하는데 사실상 장애가 초래 되었다고 볼 수 있는 경우 위증죄가 성립한다.

③ 형법 제155조 제1항에서 말하는 '징계사건'이란 국가의 징계사건에 한정되는 것이 아니라 사인간의 징계사건도 포함한다.

④ 자기의 형사사건에 관한 증거를 인멸하기 위하여 타인을 교사하여 죄를 범하게 한 자에 대하여는 증거인멸죄의 교사범이 성립하지 아니한다.

40

무고죄에 관한 설명 중 가장 적절하지 <u>않은</u> 것은? (다툼이 있는 경우 판례에 의함)

① 무고죄에 있어서 허위사실 적시의 정도는 수사관서 또는 감독관서에 대하여 수사권 또는 징계권의 발동을 촉구하는 정도의 것이면 충분하고 반드시 범죄구성요건 사실이나 징계요건 사실을 구체적으로 명시하여야 하는 것은 아니다.

② 고소당한 범죄가 유죄로 인정되는 경우 고소를 당한 사람이 고소인에 대하여 '고소당한 죄의 혐의가 없는 것으로 인정된다면 고소인이 자신을 무고한 것에 해당하므로 고소인을 처벌해 달라'는 내용의 고소장을 제출하였다면 무고죄의 고의를 인정할 수 있다.

③ 피고인이 돈을 갚지 않는 甲을 차용금 사기로 고소하면서 대여금의 용도에 관하여 '도박자금'으로 빌려준 사실을 감추고 '내비게이션 구입에 필요한 자금'이라고 허위기재하고 대여의 일시·장소도 사실과 달리 기재한 경우 무고죄가 성립한다.

④ 피무고자의 승낙을 받아 허위사실을 기재한 고소장을 제출한 경우 무고죄가 성립한다.

모든 일에 있어서, 시간이 부족하지 않을까를 걱정하지 말고,
다만 내가 마음을 바쳐 최선을 다할 수 있을지, 그것을 걱정하라.

- 정조 -

PART

2

10개년 정답 및 해설

2023년 정답 및 해설

01	02	03	04	05	06	07	08	09	10	11	12	13	14	15	16	17	18	19	20
③	②	③	①	②	④	②	①	④	②	③	①	③	①	②	①	④	①	②	④
21	22	23	24	25	26	27	28	29	30	31	32	33	34	35	36	37	38	39	40
③	④	②	②	②	③	④	①	④	①	③	②	①	③	④	③	①	④	④	②

01

답 ③

┃ 정답해설 ┃

③ 형사처벌의 근거가 되는 것은 법률이지 판례가 아니고, 형법 조항에 관한 판례의 변경은 그 법률조항의 내용을 확인하는 것에 지나지 아니하여 이로써 그 법률조항 자체가 변경된 것이라고 볼 수는 없으므로, 행위 당시의 판례에 의하면 처벌대상이 되지 아니하는 것으로 해석되었던 행위를 판례의 변경에 따라 확인된 내용의 형법 조항에 근거하여 처벌한다고 하여 그것이 헌법상 평등의 원칙과 형벌불소급의 원칙에 반한다고 할 수는 없다(대판 1999.9.17. 97도3349).

┃ 오답해설 ┃

① 대판 2021.12.16. 2020도9789
② 대판 2018.10.25. 2018도7041
④ 대판 2014.1.29. 2013도12939

02

답 ②

┃ 정답해설 ┃

② 형법 제조 제2항 및 제8조에 의하면 범죄 후 법률의 변경에 의하여 형이 구법보다 경한 때에는 신법에 의한다고 규정하고 있으나 신법에 경과규정을 두어 이러한 신법의 적용을 배제하는 것도 허용되는 것으로서, 형을 종전보다 가볍게 형벌법규를 개정하면서 그 부칙으로 개정된 법의 시행 전의 범죄에 대하여 종전의 형벌법규를 적용하도록 규정한다 하여 헌법상의 형벌불소급의 원칙이나 신법우선주의에 반한다고 할 수 없다(대판 1999.4.13. 99초76).

┃ 오답해설 ┃

① 대판 2001.9.25. 2001도3990
③ 대법원 2004.4.23. 2002도2518
④ 형법의 적용에 관하여 같은 법 제2조는 대한민국 영역 내에서 죄를 범한 내국인과 외국인에게 적용한다고 규정하고 있으며, 같은 법 제6조 본문은 대한민국 영역 외에서 대한민국 또는 대한민국 국민에 대하여 같은 법 제5조에 기재한 이외의 죄를 범한 외국인에게 적용한다고 규정하고 있는바, 중국 북경시에 소재한 대한민국 영사관 내부는 여전히 중국의 영토에 속할 뿐 이를 대한민국의 영토로서 그 영역에 해당한다고 볼 수 없을 뿐 아니라, 사문서위조죄가 형법 제6조의 대한민국 또는 대한민국 국민에 대하여 범한 죄에 해당하지 아니함은 명백하다. 따라서 원심이 내국인이 아닌 피고인이 위 영사관 내에서 공소외인 명의의 여권발급신청서 1장을 위조하였다는 취지의 공소사실에 대하여 외국인의 국외범에 해당한다는 이유로 피고인에 대한 재판권이 없다고 판단한 것은 옳고, 거기에 상고이유의 주장과 같이 재판권에 관한 법리오해 등의 잘못은 없다(대판 2006.9.22. 2006도5010).

03

답 ③

┃ 정답해설 ┃

③ 구 정당법(2011.7.21. 법률 제10866호로 개정되기 전의 것) 제53조, 제22조 제1항에서 규정하는 공무원이나 사립학교의 교원이 정당의 당원이 된 죄와 구 국가공무원법(2010.3.22. 법률 제10148호로 개정되기 전의 것) 제84조, 제65조 제1항에서 규정하는 공무원이 정당 그 밖의 정치단체에 가입한 죄는 공무원이나 사립학교의 교원 등이 정당 등에 가입함으로써 즉시 성립하고 그와 동시에

완성되는 즉시범이므로 그 범죄성립과 동시에 공소시효가 진행한다(대판 2014.5.16. 2012도12867).

┃오답해설┃

① 추상적 위험범으로서 명예훼손죄는 개인의 명예에 대한 사회적 평가를 진위에 관계없이 보호함을 목적으로 하고, 적시된 사실이 특정인의 사회적 평가를 침해할 가능성이 있을 정도로 구체성을 띠어야 하나, 위와 같이 침해할 위험이 발생한 것으로 족하고 침해의 결과를 요구하지 않으므로, 다수의 사람에게 사실을 적시한 경우뿐만 아니라 소수의 사람에게 발언하였다고 하더라도 그로 인해 불특정 또는 다수인이 인식할 수 있는 상태를 초래한 경우에도 공연히 발언한 것으로 해석할 수 있다(대판 2020.11.19. 2020도5813 전합).

② 일반교통방해죄는 이른바 추상적 위험범으로서 교통이 불가능하거나 또는 현저히 곤란한 상태가 발생하면 바로 기수가 되고 교통방해의 결과가 현실적으로 발생하여야 하는 것은 아니다(대법원 2018.1.24. 2017도11408).

④ 체포죄는 계속범으로서 체포의 행위에 확실히 사람의 신체의 자유를 구속한다고 인정할 수 있을 정도의 시간적 계속이 있어야 기수에 이르고, 신체의 자유에 대한 구속이 그와 같은 정도에 이르지 못하고 일시적인 것으로 그친 경우에는 체포죄의 미수범이 성립할 뿐이다(대판 2020.3.27. 2016도18713).

04 답 ①

┃정답해설┃

① 형사소송법 제328조가 '피고인인 법인이 존속하지 아니하게 되었을 때'를 공소기각결정의 사유로 규정하고 있는 것은 형사책임이 승계되지 않음을 전제로 한 것이라고 볼 수 있는 점 등에 비추어 보면, 합병으로 인하여 소멸한 법인이 그 종업원 등의 위법행위에 대해 양벌규정에 따라 부담하던 형사책임은 그 성질상 이전을 허용하지 않는 것으로서 합병으로 인하여 존속하는 법인에 승계되지 않는다(대판 2007.8.23. 2005도4471).

┃오답해설┃

② 법인격 없는 사단과 같은 단체는 법인과 마찬가지로 사법상의 권리의무의 주체가 될 수 있음은 별론으로 하더라도 법률에 명문의 규정이 없는 한 그 범죄능력은 없고 그 단체의 업무는 단체를 대표하는 자연인인 대표기관의 의사결정에 따른 대표행위에 의하여 실현될 수밖에 없는바,

구 건축법(1995.1.5. 법률 제4919호로 개정되기 전의 것) 제26조 제1항의 규정에 의하여 건축물의 유지·관리의 무를 지는 '소유자 또는 관리자'가 법인격 없는 사단인 경우에는 자연인인 대표기관이 그 업무를 수행하는 것이므로, 같은 법 제79조 제4호에서 같은 법 제26조 제1항의 규정에 위반한 자라 함은 법인격 없는 사단의 대표기관인 자연인을 의미한다(대판 1997.1.24. 96도524).

③ 양벌규정은 법인의 대표자나 법인 또는 개인의 대리인, 사용인, 그 밖의 종업원 등 행위자가 법규위반행위를 저지른 경우, 일정 요건하에 이를 행위자가 아닌 법인 또는 개인이 직접 법규위반행위를 저지른 것으로 평가하여 행위자와 같이 처벌하도록 규정한 것으로서, 이때의 법인 또는 개인의 처벌은 행위자의 처벌에 종속되는 것이 아니라 법인 또는 개인의 직접책임 내지 자기책임에 기초하는 것이기는 하다. 그러나 양벌규정에 따라 처벌되는 행위자와 행위자가 아닌 법인 또는 개인 간의 관계는, 행위자가 저지른 법규위반행위가 사업주의 법규위반행위와 사실관계가 동일하거나 적어도 중요 부분을 공유한다는 점에서 내용상 불가분적 관련성을 지닌다고 보아야 하고, 따라서 형법 총칙의 공범관계 등과 마찬가지로 인권보장적인 요청에 따라 형사소송법 제312조 제3항이 이들 사이에서도 적용된다고 보는 것이 타당하다(대판 2020.6.11. 2016도9367).

④ 지방자치단체 소속 공무원이 지정항만순찰 등의 업무를 위해 관할관청의 승인 없이 개조한 승합차를 운행함으로써 구 자동차관리법(2007.10.17. 법률 제8658호로 개정되기 전의 것)을 위반한 사안에서, 지방자치법, 구 항만법(2007.8.3. 법률 제8628호로 개정되기 전의 것), 구 항만법 시행령(2007.12.31. 대통령령 제20506호로 개정되기 전의 것) 등에 비추어 위 항만순찰 등의 업무가 지방자치단체의 장이 국가로부터 위임받은 기관위임사무에 해당하여, 해당 지방자치단체가 구 자동차관리법 제83조의 양벌규정에 따른 처벌대상이 될 수 없다고 한 사례(대판 2009.6.11. 2008도6530).

05 답 ②

┃정답해설┃

㉠ (○) 의사가 설명의무를 위반한 채 의료행위를 하여 피해자에게 상해가 발생하였다고 하더라도, 업무상 과실로 인한 형사책임을 지기 위해서는 피해자의 상해와 의사의 설명의무 위반 내지 승낙취득 과정의 잘못 사이에 상당인과관계가 존재하여야 하고, 이는 한의사의 경우에도 마찬가지이다(대판 2011.4.14. 2010도10104).

ⓔ (○) 피고인의 자상행위가 피해자를 사망하게 한 직접적 원인은 아니었다 하더라도 이로부터 발생된 다른 간접적 원인이 결합되어 사망의 결과를 발생하게 한 경우라도 그 행위와 사망간에는 인과관계가 있다(대판 1982.12.28. 82도2525).

┃오답해설┃

ⓛ (×) 살인의 실행행위가 피해자의 사망이라는 결과를 발생하게 한 유일한 원인이거나 직접적인 원인이어야만 되는 것은 아니므로, 살인의 실행행위와 피해자의 사망과의 사이에 다른 사실이 개재되어 그 사실이 치사의 직접적인 원인이 되었다고 하더라도 그와 같은 사실이 통상 예견할 수 있는 것에 지나지 않는다면 살인의 실행행위와 피해자의 사망과의 사이에 인과관계가 있는 것으로 보아야 한다(대판 1994.3.22. 93도3612).

ⓒ (×) 폭행 또는 협박으로 타인의 재물을 강취하려는 행위와 이에 극도의 흥분을 느끼고 공포심에 사로잡혀 이를 피하려다 상해에 이르게 된 사실과는 상당인과관계가 있다 할 것이고 이 경우 강취 행위자가 상해의 결과의 발생을 예견할 수 있었다면 이를 강도치상죄로 다스릴 수 있다(1996.7.12. 96도1142).

06 ┃답┃ ④

┃정답해설┃

④ 미필적 고의가 있었다고 하려면 범죄사실의 발생가능성에 대한 인식이 있음은 물론, 나아가 범죄사실이 발생할 위험을 용인하는 내심의 의사가 있어야 하며, 그 행위자가 범죄사실이 발생할 가능성을 용인하고 있었는지의 여부는 행위자의 진술에 의존하지 아니하고, 외부에 나타난 행위의 형태와 행위의 상황 등 구체적인 사정을 기초로 하여 일반인이라면 당해 범죄사실이 발생할 가능성을 어떻게 평가할 것인가를 고려하면서 행위자의 입장에서 그 심리상태를 추인하여야 한다(대판 2008.1.18. 2007도8781).

┃오답해설┃

① 친족상도례는 인적 처벌조각사유이므로 친족관계가 객관적으로 존재하면 족하고 행위자가 그 존재를 인식할 필요는 없다. 또 행위자가 비록 위험한 물건을 휴대하였다 할지라도 그 사실을 인식하지 못할 때에는 특수폭행죄는 성립하지 않고 (단순)폭행죄가 성립한다.

② 내란선동죄에서 '국헌을 문란할 목적'이란 "헌법 또는 법률에 정한 절차에 의하지 아니하고 헌법 또는 법률의 기능을 소멸시키는 것(형법 제91조 제1호)" 또는 "헌법에 의하여 설치된 국가기관을 강압에 의하여 전복 또는 그 권능행사를 불가능하게 하는 것(같은 조 제2호)"을 말한다. 국헌문란의 목적은 범죄 성립을 위하여 고의 외에 요구되는 초과주관적 위법요소로서 엄격한 증명사항에 속하나, 확정적 인식임을 요하지 아니하며, 다만 미필적 인식이 있으면 족하다. 그리고 국헌문란의 목적이 있었는지 여부는 피고인들이 이를 자백하지 않는 이상 외부적으로 드러난 피고인들의 행위와 그 행위에 이르게 된 경위 등 사물의 성질상 그와 관련성 있는 간접사실 또는 정황사실을 종합하여 판단하면 되고, 선동자의 표현 자체에 공격대상인 국가기관과 그를 통해 달성하고자 하는 목표, 실현방법과 계획이 구체적으로 나타나 있어야만 인정되는 것은 아니다(대판 2015.1.22. 2014도10978 전합).

③ 방조범은 정범의 실행을 방조한다는 이른바 방조의 고의와 정범의 행위가 구성요건에 해당하는 행위인 점에 대한 정범의 고의가 있어야 하나, 이와 같은 고의는 내심적 사실이므로 피고인이 이를 부정하는 경우에는 사물의 성질상 고의와 상당한 관련성이 있는 간접사실을 증명하는 방법에 의하여 증명할 수밖에 없다. 이때 무엇이 상당한 관련성이 있는 간접사실에 해당할 것인가는 정상적인 경험칙에 바탕을 두고 치밀한 관찰력이나 분석력에 의하여 사실의 연결상태를 합리적으로 판단하여야 하고, 방조범에서 요구되는 정범의 고의는 정범에 의하여 실현되는 범죄의 구체적 내용을 인식할 것을 요하는 것은 아니고 미필적 인식이나 예견으로 족하다(대판 2018.9.13. 2018도7658, 2018전도54, 55, 2018보도6, 2018모2593).

07 ┃답┃ ②

┃정답해설┃

② 구체적 사실의 착오 중 방법의 착오의 사례로 구체적 부합설에 따르면 인식사실에 대한 미수와 발생결과에 대한 과실의 상상적 경합범이 성립한다. 따라서 甲이 살해의 고의로 독약이 든 음료수를 A의 집으로 발송하였는데, 예상외로 A의 아들 B가 마시고 사망한 경우 구체적 부합설에 따르면 A에 대한 살인미수죄와 B에 대한 과실치사죄의 상상적 경합이 된다.

┃오답해설┃

① 구체적 사실의 착오 중 방법의 착오로 법정적 부합설에 따르면 발생사실에 대한 고의기수책임이 인정된다. 따라서 B에 대한 상해죄가 성립한다.

③ 추상적 사실의 착오 중 방법의 착오로 인식사실의 미수와 발생결과의 과실책임이 인정된다. 따라서 과실재물손괴는 불가벌이므로 A에 대한 살인미수죄만 성립한다.

④ 구체적 사실의 착오 중 객체의 착오로 판례에 따르면 제15조 제1항이 적용되어 보통살인죄가 성립하고(대판 1960.10.31. 4243형상494) 법정적 부합설에 의하더라도 추상적 사실의 착오 중 객체의 착오로 A에 대한 보통살인죄의 미수와 B에 대한 과실치사죄의 상상적 경합이 된다.

08　　답 ①

▍정답해설▍

① 방위행위가 그 정도를 초과한 경우에 야간이나 그 밖의 불안한 상태에서 공포를 느끼거나 경악하거나 흥분하거나 당황하였기 때문에 그 행위를 하였을 때에는 벌하지 아니한다(제21조 제3항 참조).

제21조(정당방위)

① 현재의 부당한 침해로부터 자기 또는 타인의 법익(法益)을 방위하기 위하여 한 행위는 상당한 이유가 있는 경우에는 벌하지 아니한다.

② 방위행위가 그 정도를 초과한 경우에는 정황(情況)에 따라 그 형을 감경하거나 면제할 수 있다.

③ 제2항의 경우에 야간이나 그 밖의 불안한 상태에서 공포를 느끼거나 경악(驚愕)하거나 흥분하거나 당황하였기 때문에 그 행위를 하였을 때에는 벌하지 아니한다.

▍오답해설▍

② 대판 1999.10.12. 99도3377

③ 대판 2006.9.8. 2006도148

④ 대판 2008.12.11. 2008도9606

09　　답 ④

▍정답해설▍

④ 국회의원인 피고인이, 구 국가안전기획부 내 정보수집팀이 대기업 고위관계자와 중앙일간지 사주 간의 사적 대화를 불법 녹음한 자료를 입수한 후 그 대화내용과, 위 대기업으로부터 이른바 떡값 명목의 금품을 수수하였다는 검사들의 실명이 게재된 보도자료를 작성하여 자신의 인터넷

홈페이지에 게재하였다고 하여 통신비밀보호법 위반으로 기소된 사안에서, 피고인이 국가기관의 불법 녹음 자체를 고발하기 위하여 불가피하게 위 녹음 자료에 담겨 있던 대화 내용을 공개한 것이 아니고, 위 대화가 피고인의 공개행위시로부터 8년 전에 이루어져 이를 공개하지 아니하면 공익에 대한 중대한 침해가 발생할 가능성이 현저한 경우로서 비상한 공적 관심의 대상이 되는 경우에 해당한다고 보기 어려우며, 전파성이 강한 인터넷 매체를 이용하여 불법 녹음된 대화의 상세한 내용과 관련 당사자의 실명을 그대로 공개하여 방법의 상당성을 결여하였고, 위 게재 행위와 관련된 사정을 종합하여 볼 때 위 게재에 의하여 얻어지는 이익 및 가치가 통신비밀이 유지됨으로써 얻어지는 이익 및 가치를 초월한다고 볼 수 없으므로, 피고인이 위 녹음 자료를 취득하는 과정에 위법이 없었더라도 위 행위는 형법 제20조의 정당행위에 해당한다고 볼 수 없는데도, 이와 달리 본 원심판단에 법리오해의 위법이 있다고 한 사례(대판 2011.5.13. 2009도14442).

▍오답해설▍

① 대판 1999.1.26. 98도3029

② 대판 1986.6.10. 86도400

③ 대판 2002.12.26. 2002도5077

10　　답 ②

▍정답해설▍

② 심신장애로 인하여 사물을 변별할 능력이 없거나 의사를 결정할 능력이 없는 자의 행위는 벌하지 아니하며, 심신장애로 인하여 위의 능력이 미약한 자의 행위에 대해서는 형을 감경할 수 있다(제10조).

▍오답해설▍

① 형법 제10조에 규정된 심신장애는 생물학적 요소로서 정신병, 정신박약 또는 비정상적 정신상태와 같은 정신적 장애가 있는 외에 심리학적 요소로서 이와 같은 정신적 장애로 말미암아 사물에 대한 판별능력과 그에 따른 행위통제능력이 결여되거나 감소되었음을 요하므로, 정신적 장애가 있는 자라고 하여도 범행 당시 정상적인 사물판별능력이나 행위통제능력이 있었다면 심신장애로 볼 수 없음은 물론이나, 정신적 장애가 정신분열증과 같은 고정적 정신질환의 경우에는 범행의 충동을 느끼고 범행에 이르게 된 과정에 있어서의 범인의 의식상태가 정상인과 같아 보이는 경우에도 범행의 충동을 억제하지 못한 것이 흔히

정신질환과 연관이 있을 수 있고, 이러한 경우에는 정신질환으로 말미암아 행위통제능력이 저하된 것이어서 심신미약이라고 볼 여지가 있다(대판 1992.8.18. 92도1425).
③ 대판 1999.4.27. 99도693
④ 대판 1992.7.28. 92도999

11   답 ③

┃ 정답해설 ┃

③ 법률 위반 행위 중간에 일시적으로 판례에 따라 그 행위가 처벌대상이 되지 않는 것으로 해석되었던 적이 있었다고 하더라도 그것만으로 자신의 행위가 처벌되지 않는 것으로 믿은 데에 정당한 이유가 있다고 할 수 없다(대판 2021.11.25. 2021도10903).

┃ 오답해설 ┃

① 위법성의 인식에 필요한 노력의 정도는 구체적인 행위정황과 행위자 개인의 인식능력, 그리고 행위자가 속한 사회집단에 따라 달리 평가되어야 한다(대판 2008.10.23. 2008도5526).
② 구 풍속영업의 규제에 관한 법률 제3조 제2호 위반행위를 한 피고인이 그 이전에 그와 유사한 행위로 '혐의없음' 처분을 받은 전력이 있다거나 일정한 시청차단장치를 설치하였다는 등의 사정만으로는, 형법 제16조의 정당한 이유가 있다고 볼 수 없다고 한 사례(대판 2010.7.15. 2008도11679).
④ 형법 제16조에 의하여 처벌하지 아니하는 경우란 단순한 법률의 부지의 경우를 말하는 것이 아니고, 일반적으로 범죄가 되는 행위이지만 자기의 특수한 경우에는 법령에 의하여 허용된 행위로서 죄가 되지 아니한다고 그릇 인식하고 그와 같이 인식함에 있어 정당한 이유가 있는 경우에는 벌하지 아니한다는 취지이므로, 피고인이 자신의 행위가 건축법상의 허가대상인 줄을 몰랐다는 사정은 단순한 법률의 부지에 불과하고 특히 법령에 의하여 허용된 행위로서 죄가 되지 않는다고 적극적으로 그릇 인식한 경우가 아니어서 이를 법률의 착오에 기인한 행위라고 할 수 없다(대판 1991.10.11. 91도1566).

12   답 ①

┃ 정답해설 ┃

① 강간을 당한 피해자가 집에 돌아가 음독자살하기에 이른 원인이 강간을 당함으로 인하여 생긴 수치심과 장래에 대한 절망감 등에 있었다 하더라도 그 자살행위가 바로 강간행위로 인하여 생긴 당연의 결과라고 볼 수는 없으므로 강간행위와 피해자의 자살행위 사이에 인과관계를 인정할 수는 없다(대판 1982.11.23. 82도1446).

┃ 오답해설 ┃

② 결과적 가중범인 상해치사죄의 공동정범은 폭행 기타의 신체침해행위를 공동으로 할 의사가 있으면 성립되고 결과를 공동으로 할 의사는 필요없다 할 것이므로 패싸움중 한사람이 칼로 찔러 상대방을 죽게 한 경우에 다른 공범자가 그 결과 인식이 없다 하여 상해치사죄의 책임이 없다고 할 수 없다(대판 1978.1.17. 77도2193).
③ 대판 1994.11.4. 94도2361
④ 대판 2002.10.11. 2002도4315

13 답 ③

┃ 정답해설 ┃

③ 부진정부작위범에 대하여 우리 형법은 임의적 감경규정을 두고 있지 않으므로, 작위범과 동일하게 처벌된다.

┃ 오답해설 ┃

① 교사범에게 보증인지위가 없더라도 부작위범에 대한 교사는 가능하지만, 부작위만으로는 범행결의를 일으킬 수 없기 때문에 부작위에 의한 교사는 불가능하다.
② 부진정부작위범의 작위의무는 법령, 법률행위, 선행행위로 인한 경우는 물론, 신의성실의 원칙이나 사회상규 혹은 조리상 작위의무가 기대되는 경우에도 인정된다고 할 것이다(대판 1992.2.11. 91도2951).
④ 일정한 기간 내에 잘못된 상태를 바로잡으라는 행정청의 지시를 이행하지 않았다는 것을 구성요건으로 하는 범죄는 이른바 진정부작위범으로서 그 의무리행기간의 경과에 의하여 범행이 기수에 이름과 동시에 작위의무를 발생시킨 행정청의 지시 역시 그 기능을 다한 것으로 보아야 한다(대판 1994.4.26. 93도1731).

14

정답 ①

답 ①

▮정답해설▮

ㄱ (○) 야간에 아파트에 침입하여 물건을 훔칠 의도하에 아파트의 베란다 철제난간까지 올라가 유리창문을 열려고 시도하였다면 야간주거침입절도죄의 실행에 착수한 것으로 보아야 한다고 한 사례(대판 2003.10.24. 2003도4417).

ㄴ (○) 피고인이 잠을 자고 있는 피해자의 옷을 벗긴 후 자신의 바지를 내린 상태에서 피해자의 음부 등을 만지고 자신의 성기를 피해자의 음부에 삽입하려고 하였으나 피해자가 몸을 뒤척이고 비트는 등 잠에서 깨어 거부하는 듯한 기색을 보이자 더 이상 간음행위에 나아가는 것을 포기한 경우, 준강간죄의 실행에 착수하였다고 본 사례(대판 2000.1.14. 99도5187).

ㄷ (○) 위장결혼의 당사자 및 브로커와 공모한 피고인이 허위로 결혼사진을 찍고 혼인신고에 필요한 서류를 준비하여 위장결혼의 당사자에게 건네준 것만으로는 공전자기록등불실기재죄의 실행에 착수한 것으로 볼 수 없다고 한 사례(대판 2009.9.24. 2009도4998).

▮오답해설▮

ㄹ (×) 입영대상자가 병역면제처분을 받을 목적으로 병원으로부터 허위의 병사용진단서를 발급받았다고 하더라도 이러한 행위만으로는 사위행위의 실행에 착수하였다고 볼 수 없다고 한 사례(대판 2005.9.28. 2005도3065).

ㅁ (×) 가압류는 강제집행의 보전방법에 불과한 것이어서 허위의 채권을 피보전권리로 삼아 가압류를 하였다고 하더라도 그 채권에 관하여 현실적으로 청구의 의사표시를 한 것이라고는 볼 수 없으므로, 본안소송을 제기하지 아니한 채 가압류를 한 것만으로는 사기죄의 실행에 착수하였다고 할 수 없다(대판 1988.9.13. 88도55).

15

답 ②

▮정답해설▮

② 소송비용을 편취할 의사로 소송비용의 지급을 구하는 손해배상청구의 소를 제기한 경우, 사기죄의 불능범에 해당한다고 한 사례(대판 2005.12.8. 2005도8105).

▮오답해설▮

① 형법 제335조에서 절도가 재물의 탈환을 항거하거나 체포를 면탈하거나 죄적을 인멸할 목적으로 폭행 또는 협박을 가한 때에 준강도로서 강도죄의 예에 따라 처벌하는 취지는, 강도죄와 준강도죄의 구성요건인 재물탈취와 폭행·협박 사이에 시간적 순서상 전후의 차이가 있을 뿐 실질적으로 위법성이 같다고 보기 때문인바, 이와 같은 준강도죄의 입법 취지, 강도죄와의 균형 등을 종합적으로 고려해 보면, 준강도죄의 기수 여부는 절도행위의 기수 여부를 기준으로 하여 판단하여야 한다(대판 2004.11.18. 2004도5074 전합).

③ 범죄의 실행행위에 착수하고 그 범죄가 완수되기 전에 자기의 자유로운 의사에 따라 범죄의 실행행위를 중지한 경우에 그 중지가 일반 사회통념상 범죄를 완수함에 장애가 되는 사정에 의한 것이 아니라면 이는 중지미수에 해당한다고 할 것이지만, 피고인이 피해자를 살해하려고 그의 목 부위와 왼쪽 가슴 부위를 칼로 수 회 찔렀으나 피해자의 가슴 부위에서 많은 피가 흘러나오는 것을 발견하고 겁을 먹고 그만두는 바람에 미수에 그친 것이라면, 위와 같은 경우 많은 피가 흘러나오는 것에 놀라거나 두려움을 느끼는 것은 일반 사회통념상 범죄를 완수함에 장애가 되는 사정에 해당한다고 보아야 할 것이므로, 이를 자의에 의한 중지미수라고 볼 수 없다(대판 1999.4.13. 99도640).

④ 불능범의 판단기준으로서 위험성 판단은 피고인이 행위 당시에 인식한 사정을 놓고 이것이 객관적으로 일반인의 판단으로 보아 결과발생의 가능성이 있느냐를 따져야 하므로 히로뽕 제조를 위하여 에페트린에 빙초산을 혼합한 행위가 불능범이 아니라고 인정하려면 위와 같은 사정을 놓고 객관적으로 제약방법을 아는 과학적 일반인의 판단으로 보아 결과발생의 가능성이 있어야 한다(대판 1978.3.28. 77도4049).

16

답 ①

▮정답해설▮

① 공동정범은 행위자 상호간에 범죄행위를 공동으로 한다는 공동가공의 의사를 가지고 범죄를 공동실행하는 경우에 성립하는 것으로서, 여기에서의 공동가공의 의사는 공동행위자 상호간에 있어야 하며 행위자 일방의 가공의 사만으로는 공동정범관계가 성립할 수 없다(대판 1985.5.14. 84도2118).

▮오답해설▮

② 피해자 일행을 한 사람씩 나누어 강간하자는 피고인 일행의 제의에 아무런 대답도 하지 않고 따라다니다가 자신의 강간 상대방으로 남겨진 공소외인에게 일체의 신체적 접촉도 시도하지 않은 채 다른 일행이 인근 숲 속에서 강간

을 마칠 때까지 공소외인과 함께 이야기만 나눈 경우, 피고인에게 다른 일행의 강간 범행에 공동으로 가공할 의사가 있었다고 볼 수 없다고 한 사례(대판 2003.3.28. 2002도7477).

③ 회사직원이 퇴사한 후에는 특별한 사정이 없는 한 퇴사한 회사직원은 더 이상 업무상배임죄에서 타인의 사무를 처리하는 자의 지위에 있다고 볼 수 없고, 위와 같이 반환하거나 폐기하지 아니한 영업비밀 등을 경쟁업체에 유출하거나 스스로의 이익을 위하여 이용하더라도 이는 이미 성립한 업무상배임 행위의 실행행위에 지나지 아니하므로, 그 유출 내지 이용행위가 부정경쟁방지 및 영업비밀보호에 관한 법률 위반(영업비밀누설등)죄에 해당하는지는 별론으로 하더라도, 따로 업무상배임죄를 구성할 여지는 없다. 그리고 위와 같이 퇴사한 회사직원에 대하여 타인의 사무를 처리하는 자의 지위를 인정할 수 없는 이상 제3자가 위와 같은 유출 내지 이용행위에 공모·가담하였더라도 타인의 사무를 처리하는 자의 지위에 있다는 등의 사정이 없는 한 업무상배임죄의 공범 역시 성립할 수 없다(대판 2017.6.29. 2017도3808).

④ 포괄일죄의 범행 도중에 공동정범으로 범행에 가담한 자는 비록 그가 그 범행에 가담할 때에 이미 이루어진 종전의 범행을 알았다 하더라도 그 가담 이후의 범행에 대하여만 공동정범으로 책임을 진다(대판 1997.6.27. 97도163).

17　답 ④

▌정답해설▐

④ 교사범이란 정범인 피교사자로 하여금 범죄를 결의하게 하여 그 죄를 범하게 한 때에 성립하므로, 교사자의 교사행위에도 불구하고 피교사자가 범행을 승낙하지 아니하거나 피교사자의 범행결의가 교사자의 교사행위에 의하여 생긴 것으로 보기 어려운 경우에는 이른바 실패한 교사로서 형법 제31조 제3항에 의하여 교사자를 음모 또는 예비에 준하여 처벌할 수 있을 뿐이다(대판 2013.9.12. 2012도2744).

▌오답해설▐

① 대판 2012.11.15. 2012도7407
② 대판 2000.2.25. 99도1252
③ 대판 1991.5.14. 91도542

18　답 ①

▌정답해설▐

① 형법 제152조 제1항과 제2항은 위증을 한 범인이 형사사건의 피고인 등을 '모해할 목적'을 가지고 있었는가 아니면 그러한 목적이 없었는가 하는 범인의 특수한 상태의 차이에 따라 범인에게 과할 형의 경중을 구별하고 있으므로, 이는 바로 형법 제33조 단서 소정의 "신분관계로 인하여 형의 경중이 있는 경우"에 해당한다고 봄이 상당하다(대판 1994.12.23. 93도1002).

▌오답해설▐

② 형법 제31조 제1항은 협의의 공범의 일종인 교사범이 그 성립과 처벌에 있어서 정범에 종속한다는 일반적인 원칙을 선언한 것에 불과하고, 신분관계로 인하여 형의 경중이 있는 경우에 신분이 있는 자가 신분이 없는 자를 교사하여 죄를 범하게 한 때에는 형법 제33조 단서가 형법 제31조 제1항에 우선하여 적용됨으로써 신분이 있는 교사범이 신분이 없는 정범보다 중하게 처벌된다(대판 1994.12.23. 93도1002).

③ 공무원이 아닌 자는 형법 제228조의 경우를 제외하고는 허위공문서작성죄의 간접정범으로 처벌할 수 없으나(대판 1971.1.26. 70도2598), 공무원이 아닌 자가 공무원과 공동하여 허위공문서작성죄를 범한 때에는 공무원이 아닌 자도 형법 제33조, 제30조에 의하여 허위공문서작성죄의 공동정범이 된다(대판 2006.5.11. 2006도1663).

④ 업무상배임죄는 업무상 타인의 사무를 처리하는 지위에 있는 사람이 그 임무를 위반하는 행위로써 재산상의 이익을 취득하거나 제3자로 하여금 이를 취득하게 하여 본인에게 손해를 입힌 때에 성립한다. 이는 타인의 사무를 처리하는 지위라는 점에서 보면 단순배임죄에 대한 가중규정으로서 신분관계로 형의 경중이 있는 경우라고 할 것이다. 따라서 그와 같은 업무상의 임무라는 신분관계가 없는 자가 그러한 신분관계 있는 자와 공모하여 업무상배임죄를 저질렀다면, 그러한 신분관계가 없는 공범에 대하여는 형법 제33조 단서에 따라 단순배임죄에서 정한 형으로 처단하여야 한다. 이 경우에는 신분관계 없는 공범에게도 같은 조 본문에 따라 일단 신분범인 업무상배임죄가 성립하고 다만 과형에서만 무거운 형이 아닌 단순배임죄의 법정형이 적용된다(대판 1986.10.28. 86도1517).

19

▌정답해설▌

㉠ (×) 피고인이 그 판시 기재와 같이 공소외 1, 공소외 3, 공소외 4, 공소외 5, 공소외 6, 공소외 7, 공소외 8을 각 기망하여 재산상 이익을 취득하고, 동시에 뇌물을 수수한 것은 사회관념상 하나의 행위가 수개의 죄에 해당하는 경우에 해당하므로 상상적 경합의 관계에 있다고 보아야 함에도 이를 간과하여 위 각 뇌물수수죄와 사기죄가 실체적 경합의 관계에 있다고 보아 경합범 가중을 한 것은 뇌물죄와 사기죄 간의 죄수에 관한 법리를 오해한 것이다 (대판 2015.10.29. 2015도12838).

㉢ (×) 수수한 메스암페타민을 장소를 이동하여 투약하고서 잔량을 은닉하는 방법으로 소지한 행위는 그 소지의 경위나 태양에 비추어 볼 때 당초의 수수행위에 수반되는 필연적 결과로 볼 수는 없고, 사회통념상 수수행위와는 독립한 별개의 행위를 구성한다고 보아야 한다(대판 1999.8.20. 99도1744).

㉣ (×) 음주 또는 약물의 영향으로 정상적인 운전이 곤란한 상태에서 자동차를 운전하여 사람을 상해에 이르게 함과 동시에 다른 사람의 재물을 손괴한 때에는 특정범죄가중처벌 등에 관한 법률 위반(위험운전치사상)죄 외에 업무상과실 재물손괴로 인한 도로교통법 위반죄가 성립하고, 위 두 죄는 1개의 운전행위로 인한 것으로서 상상적 경합 관계에 있다(대판 2010.1.14. 2009도10845).

▌오답해설▌

㉡ (○) 공무원이 취급하는 사건에 관하여 청탁 또는 알선을 할 의사와 능력이 없음에도 청탁 또는 알선을 한다고 기망하고 금품을 교부받은 경우의 죄책 및 그 죄수관계(=사기죄와 변호사법 위반죄의 상상적 경합)(대판 2007.5.10. 2007도2372).

㉤ (○) 음주운전으로 인한 도로교통법 위반죄의 보호법익과 처벌방법을 고려할 때, 혈중알콜농도 0.05% 이상의 음주상태로 동일한 차량을 일정기간 계속하여 운전하다가 1회 음주측정을 받았다면 이러한 음주운전행위는 동일 죄명에 해당하는 연속된 행위로서 단일하고 계속된 범의하에 일정기간 계속하여 행하고 그 피해법익도 동일한 경우이므로 포괄일죄에 해당한다(대판 2007.7.26. 2007도4404).

20

▌정답해설▌

④ 피해자로 하여금 사기도박에 참여하도록 유인하기 위하여 고액의 수표를 제시해 보인 경우, 형법 제48조 소정의 몰수가 임의적 몰수에 불과하여 법관의 자유재량에 맡겨져 있고, 위 수표가 직접적으로 도박자금으로 사용되지 아니하였다 할지라도, 위 수표가 피해자로 하여금 사기도박에 참여하도록 만들기 위한 수단으로 사용된 이상, 이를 몰수할 수 있고, 그렇다고 하여 피고인에게 극히 가혹한 결과가 된다고 볼 수는 없다고 한 사례(대판 2002.9.24. 2002도3589).

▌오답해설▌

① 제49조 참고

> **제49조(몰수의 부가성)**
> 몰수는 타형에 부가하여 과한다. 단, 행위자에게 유죄의 재판을 아니할 때에도 몰수의 요건이 있는 때에는 몰수만을 선고할 수 있다.

② 수재자가 증재자로부터 받은 재물을 그대로 가지고 있다가 증재자에게 반환하였다면 증재자로부터 이를 몰수하거나 그 가액을 추징하여야 한다(대판 2017.4.7. 2016도18104).

③ 형법 제48조 제1항 제1호의 "범죄행위에 제공한 물건"은, 가령 살인행위에 사용한 칼 등 범죄의 실행행위 자체에 사용한 물건에만 한정되는 것이 아니며, 실행행위의 착수 전의 행위 또는 실행행위의 종료 후의 행위에 사용한 물건이더라도 그것이 범죄행위의 수행에 실질적으로 기여하였다고 인정되는 한 위 법조 소정의 제공한 물건에 포함된다(대판 2006.9.14. 2006도4075).

21

▌정답해설▌

③ 혼인 외의 출생자와 생모간에는 생모의 인지나 출생신고를 기다리지 않고 자의 출생으로 당연히 법률상의 친족관계가 생기는 것이다(대판 1980.9.9. 80도1731).

▌오답해설▌

① 제왕절개 수술의 경우 '의학적으로 제왕절개 수술이 가능하였고 규범적으로 수술이 필요하였던 시기(時期)'는 판단하는 사람 및 상황에 따라 다를 수 있어, 분만개시 시점

즉, 사람의 시기(始期)도 불명확하게 되므로 이 시점을 분만의 시기(始期)로 볼 수는 없다(대판 2007.6.29. 2005도3832).

② 살인죄에 있어서의 범의는 반드시 살해의 목적이나 계획적인 살해의 의도가 있어야 하는 것은 아니고 자기의 행위로 인하여 타인의 사망의 결과를 발생시킬 만한 가능 또는 위험이 있음을 인식하거나 예견하면 족한 것이고 그 인식 또는 예견은 확정적인 것은 물론 불확정적인 것이라도 소위 미필적 고의로 인정된다(대판 1988.2.9. 87도2564).

④ 형법 제255조, 제250조의 살인예비죄가 성립하기 위하여는 형법 제255조에서 명문으로 요구하는 살인죄를 범할 목적 외에도 살인의 준비에 관한 고의가 있어야 하며, 나아가 실행의 착수까지에는 이르지 아니하는 살인죄의 실현을 위한 준비행위가 있어야 한다. 여기서의 준비행위는 물적인 것에 한정되지 아니하며 특별한 정형이 있는 것도 아니지만, 단순히 범행의 의사 또는 계획만으로는 그것이 있다고 할 수 없고 객관적으로 보아서 살인죄의 실현에 실질적으로 기여할 수 있는 외적 행위를 필요로 한다(대판 2009.10.29. 2009도7150).

22 답 ④

정답해설

④ [1] 협박죄가 성립하려면 고지된 해악의 내용이 행위자와 상대방의 성향, 고지 당시의 주변 상황, 행위자와 상대방 사이의 친숙의 정도 및 지위 등의 상호관계, 제3자에 의한 해악을 고지한 경우에는 그에 포함되거나 암시된 제3자와 행위자 사이의 관계 등 행위 전후의 여러 사정을 종합하여 볼 때에 일반적으로 사람으로 하여금 공포심을 일으키게 하기에 충분한 것이어야 하지만, 상대방이 그에 의하여 현실적으로 공포심을 일으킬 것까지 요구하는 것은 아니며, 그와 같은 정도의 해악을 고지함으로써 상대방이 그 의미를 인식한 이상, 상대방이 현실적으로 공포심을 일으켰는지 여부와 관계없이 그로써 구성요건은 충족되어 협박죄의 기수에 이르는 것으로 해석하여야 한다.
[2] 결국, 협박죄는 사람의 의사결정의 자유를 보호법익으로 하는 위험범이라 봄이 상당하고, 협박죄의 미수범 처벌조항은 해악의 고지가 현실적으로 상대방에게 도달하지 아니한 경우나, 도달은 하였으나 상대방이 이를 지각하지 못하였거나 고지된 해악의 의미를 인식하지 못한 경우 등에 적용될 뿐이다(대판 2007.9.28. 2007도606 전합).

오답해설

① 협박죄에 있어서의 협박이라 함은 일반적으로 보아 사람으로 하여금 공포심을 일으킬 수 있는 정도의 해악을 고지하는 것을 의미하므로 그 주관적 구성요건으로서의 고의는 행위자가 그러한 정도의 해악을 고지한다는 것을 인식, 인용하는 것을 그 내용으로 하고 고지한 해악을 실제로 실현할 의도나 욕구는 필요로 하지 아니하고, 다만 행위자의 언동이 단순한 감정적인 욕설 내지 일시적 분노의 표시에 불과하여 주위사정에 비추어 가해의 의사가 없음이 객관적으로 명백한 때에는 협박행위 내지 협박의 의사를 인정할 수 없으나 위와 같은 의미의 협박행위 내지 협박의사가 있었는지의 여부는 행위의 외형뿐만 아니라 그러한 행위에 이르게 된 경위, 피해자와의 관계 등 주위상황을 종합적으로 고려하여 판단해야 할 것이다(대판 1991.5.10. 90도2102).

② 제283조 참고

> **제283조(협박, 존속협박)**
> ① 사람을 협박한 자는 3년 이하의 징역, 500만원 이하의 벌금, 구류 또는 과료에 처한다.
> ② 자기 또는 배우자의 직계존속에 대하여 제1항의 죄를 범한 때에는 5년 이하의 징역 또는 700만원 이하의 벌금에 처한다.
> ③ 제1항 및 제2항의 죄는 피해자의 명시한 의사에 반하여 공소를 제기할 수 없다.

③ 대판 1986.7.22. 86도1140

23 답 ②

정답해설

② 감금행위가 강간죄나 강도죄의 수단이 된 경우에도 감금죄는 강간죄나 강도죄에 흡수되지 아니하고 별죄를 구성한다(대판 1997.1.21. 96도2715).

오답해설

① 대판 1982.6.22. 82도705

③ 감금죄에 있어서의 감금행위는 사람으로 하여금 일정한 장소 밖으로 나가지 못하도록 하여 신체의 자유를 제한하는 행위를 가리키는 것이고, 그 방법은 반드시 물리적, 유형적 장애를 사용하는 경우뿐만 아니라 심리적, 무형적 장애에 의하는 경우도 포함되는 것이므로, 설사 그 장소가 경찰서 내 대기실로서 일반인과 면회인 및 경찰관이 수시로 출입하는 곳이고 여닫이문만 열면 나갈 수 있도록

된 구조라 하여도 경찰서 밖으로 나가지 못하도록 그 신체의 자유를 제한하는 유형, 무형의 억압이 있었다면 이는 감금에 해당한다(대판 1997.6.13. 97도877).
④ 피해자가 만약 도피하는 경우에는 생명 신체에 심한 해를 당할지도 모른다는 공포감에서 도피하기를 단념하고 있는 상태하에서 그를 호텔로 데리고 가서 함께 유숙한 후 그와 함께 항공기로 국외에 나간 행위는 감금죄를 구성한다(대판 1991.8.27. 91도1604).

24 답 ②

┃정답해설┃

㉠ (○) 강간죄가 성립하려면 가해자의 폭행·협박은 피해자의 항거를 불가능하게 하거나 현저히 곤란하게 할 정도의 것이어야 한다. 폭행·협박이 피해자의 항거를 불가능하게 하거나 현저히 곤란하게 할 정도의 것이었는지 여부는 폭행·협박의 내용과 정도는 물론, 유형력을 행사하게 된 경위, 피해자와의 관계, 성교 당시와 그 후의 정황 등 모든 사정을 종합하여 판단하여야 한다. 또한 강간죄에서의 폭행·협박과 간음 사이에는 인과관계가 있어야 하나, 폭행·협박이 반드시 간음행위보다 선행되어야 하는 것은 아니다(대판 2017.10.12. 2016도16948, 2016전도156).

㉡ (×) 형법 제300조는 준강간죄의 미수범을 처벌한다. 또한 형법 제27조는 "실행의 수단 또는 대상의 착오로 인하여 결과의 발생이 불가능하더라도 위험성이 있는 때에는 처벌한다. 단, 형을 감경 또는 면제할 수 있다."라고 규정하여 불능미수범을 처벌하고 있다. 따라서 피고인이 피해자가 심신상실 또는 항거불능의 상태에 있다고 인식하고 그러한 상태를 이용하여 간음할 의사로 피해자를 간음하였으나 피해자가 실제로는 심신상실 또는 항거불능의 상태에 있지 않은 경우에는, 실행의 수단 또는 대상의 착오로 인하여 준강간에서 규정하고 있는 구성요건적 결과의 발생이 처음부터 불가능하였고 실제로 그러한 결과가 발생하였다고 할 수 없다. 피고인이 준강간의 실행에 착수하였으나 범죄가 기수에 이르지 못하였으므로 준강간죄의 미수범이 성립한다. 피고인이 행위 당시에 인식한 사정을 놓고 일반인이 객관적으로 판단하여 보았을 때 준강간의 결과가 발생할 위험성이 있었으므로 준강간죄의 불능미수가 성립한다(대판 2019.3.28. 2018도16002 전합).

㉢ (○) 강제추행죄는 사람의 성적 자유 내지 성적 자기결정의 자유를 보호하기 위한 죄로서 정범 자신이 직접 범죄를 실행하여야 성립하는 자수범이라고 볼 수 없으므로, 처벌되지 아니하는 타인을 도구로 삼아 피해자를 강제로 추행하는 간접정범의 형태로도 범할 수 있다. 여기서 강제추행에 관한 간접정범의 의사를 실현하는 도구로서의 타인에는 피해자도 포함될 수 있으므로, 피해자를 도구로 삼아 피해자의 신체를 이용하여 추행행위를 한 경우에도 강제추행죄의 간접정범에 해당할 수 있다(대판 2018.2.8. 2016도17733).

㉣ (○) 피고인이 아파트 놀이터의 의자에 앉아 전화통화를 하고 있던 甲(女, 18세)의 뒤로 몰래 다가가 甲의 머리카락 및 옷 위에 소변을 보아 강제추행하였다는 내용으로 기소된 사안에서, 피고인이 처음 보는 여성인 甲의 뒤로 몰래 접근하여 성기를 드러내고 甲을 향한 자세에서 甲의 등 쪽에 소변을 본 행위는 객관적으로 일반인에게 성적 수치심이나 혐오감을 일으키게 하고 선량한 성적 도덕관념에 반하는 행위로서 甲의 성적 자기결정권을 침해하는 추행행위에 해당한다고 볼 여지가 있고, 행위 당시 甲이 이를 인식하지 못하였더라도 마찬가지라는 이유로, 이와 달리 보아 공소사실을 무죄로 판단한 원심판결에 법리오해 및 심리미진의 잘못이 있다고 한 사례(대판 2021.10.28. 2021도7538).

25 답 ②

┃정답해설┃

② 형법 제307조 제1항, 제2항, 제310조의 체계와 문언 및 내용에 의하면, 제307조 제1항의 '사실'은 제2항의 '허위의 사실'과 반대되는 '진실한 사실'을 말하는 것이 아니라 가치판단이나 평가를 내용으로 하는 '의견'에 대치되는 개념이다. 따라서 제307조 제항의 명예훼손죄는 적시된 사실이 진실한 사실인 경우이든 허위의 사실인 경우이든 모두 성립될 수 있고, 특히 적시된 사실이 허위의 사실이라고 하더라도 행위자에게 허위성에 대한 인식이 없는 경우에는 제307조 제2항의 명예훼손죄가 아니라 제307조 제1항의 명예훼손죄가 성립될 수 있다. 제307조 제1항의 법정형이 2년 이하의 징역 등으로 되어 있는 반면 제307조 제2항의 법정형은 5년 이하의 징역 등으로 되어 있는 것은 적시된 사실이 객관적으로 허위일 뿐 아니라 행위자가 그 사실의 허위성에 대한 주관적 인식을 하면서 명예훼손행위를 하였다는 점에서 가벌성이 높다고 본 것이다(대판 2017.4.26. 2016도18024).

① 대판 2017.4.26. 2016도18024

③ 명예훼손죄는 어떤 특정한 사람 또는 인격을 보유하는 단체에 대하여 그 명예를 훼손함으로써 성립하는 것이므로 그 피해자는 특정한 것임을 요하고, 다만 서울시민 또는 경기도민이라 함과 같은 막연한 표시에 의해서는 명예훼손죄를 구성하지 아니한다 할 것이지만, 집합적 명사를 쓴 경우에도 그것에 의하여 그 범위에 속하는 특정인을 가리키는 것이 명백하면, 이를 각자의 명예를 훼손하는 행위라고 볼 수 있다(대판 2000.10.10. 99도5407).

④ 허위사실적시 명예훼손이든, 사실적시 명예훼손이든 명예훼손죄가 성립하기 위해서는 주관적 요소로서 타인의 명예를 훼손한다고 하는 고의를 가지고 사람의 사회적 평가를 저하시키는 데 충분한 구체적 사실을 적시하는 행위를 할 것이 요구되는바(대판 1983.8.23. 83도1017), 명예훼손 사실을 발설한 것이 정말이냐는 질문에 대답하는 과정에서 타인의 명예를 훼손하는 사실을 발설하게 된 것이라면, 그 발설내용과 동기에 비추어 명예훼손의 범의를 인정할 수 없다(대판 2008.10.23. 2008도6515).

26 답 ③

■ 정답해설 ■

③ 주한외국영사관의 비자발급업무와 같이 상대방으로부터 신청을 받아 일정한 자격요건 등을 갖춘 경우에 한하여 그에 대한 수용 여부를 결정하는 업무에 있어서는 신청서에 기재된 사유가 사실과 부합하지 않을 수 있음을 전제로 하여 그 자격요건 등을 심사·판단하는 것이므로, 그 업무담당자가 사실을 충분히 확인하지 아니한 채 신청인이 제출한 허위의 신청사유나 허위의 소명자료를 가볍게 믿고 이를 수용하였다면 이는 업무담당자의 불충분한 심사에 기인한 것으로서 신청인의 위계가 업무방해의 위험성을 발생시켰다고 할 수 없어 위계에 의한 업무방해죄를 구성하지 않는다고 할 것이지만, 신청인이 업무담당자에게 허위의 주장을 하면서 이에 부합하는 허위의 소명자료를 첨부하여 제출한 경우 그 수리 여부를 결정하는 업무담당자가 관계 규정이 정한 바에 따라 그 요건의 존부에 관하여 나름대로 충분히 심사를 하였으나 신청사유 및 소명자료가 허위임을 발견하지 못하여 그 신청을 수리하게 될 정도에 이르렀다면 이는 업무담당자의 불충분한 심사가 아니라 신청인의 위계행위에 의하여 업무방해의 위험성이 발생된 것이어서 이에 대하여 위계에 의한 업무방해죄가 성립된다(대판 2004.3.26. 2003도7927).

① 대판 2018.5.15. 2017도19499

② 대판 2009.11.19. 2009도4166 전합

④ 대판 2011.10.13. 2011도7081

27 답 ④

■ 정답해설 ■

④ 피고인들이 공모하여, 갑, 을이 운영하는 각 음식점에서 인터넷 언론사 기자 병을 만나 식사를 대접하면서 병이 부적절한 요구를 하는 장면 등을 확보할 목적으로 녹음·녹화장치를 설치하거나 장치의 작동 여부 확인 및 이를 제거하기 위하여 각 음식점의 방실에 들어감으로써 갑, 을의 주거에 침입하였다는 내용으로 기소된 사안에서, 피고인들이 각 음식점 영업주로부터 승낙을 받아 통상적인 출입방법에 따라 각 음식점의 방실에 들어간 행위는 주거침입죄에서 규정하는 침입행위에 해당하지 아니하고, 설령 다른 손님인 병과의 대화 내용과 장면을 녹음·녹화하기 위한 장치를 설치하거나 장치의 작동 여부 확인 및 이를 제거할 목적으로 각 음식점의 방실에 들어갔더라도, 그러한 사정만으로는 피고인들에게 주거침입죄가 성립하지 않는다고 한 사례(대판 2022.3.24. 2017도18272 전합).

① 대판 1995.9.15. 94도2561

② 대판 2002.9.24. 2002도2243

③ 외부인이 공동거주자의 일부가 부재중에 주거 내에 현재하는 거주자의 현실적인 승낙을 받아 통상적인 출입방법에 따라 공동주거에 들어간 경우라면 그것이 부재중인 다른 거주자의 추정적 의사에 반하는 경우에도 주거침입죄가 성립하지 않는다고 보아야 한다(대판 2021.9.9. 전합).

28 답 ①

■ 정답해설 ■

① 피기망자가 기망당한 결과 자신의 작위 또는 부작위가 갖는 의미를 제대로 인식하지 못하여 그러한 행위가 초래하는 결과를 인식하지 못하였더라도 그와 같은 착오 상태에서 재산상 손해를 초래하는 행위를 하기에 이르렀다면 피기망자의 처분행위와 그에 상응하는 처분의사가 있다고 보아야 한다(대판 2017.2.16. 2016도13362 전합).

② 국민건강보험법 제42조 제1항 제1호는 요양급여를 실시할 수 있는 요양기관 중 하나인 의료기관을 '의료법에 따라 개설된 의료기관'으로 한정하고 있다. 따라서 의료법 제33조 제2항을 위반하여 적법하게 개설되지 아니한 의료기관에서 환자를 진료하는 등의 요양급여를 실시하였다면 해당 의료기관은 국민건강보험법상 요양급여비용을 청구할 수 있는 요양기관에 해당되지 아니하므로 요양급여비용을 적법하게 지급받을 자격이 없다. 따라서 비의료인이 개설한 의료기관이 마치 의료법에 의하여 적법하게 개설된 요양기관인 것처럼 국민건강보험공단에 요양급여비용의 지급을 청구하는 것은 국민건강보험공단으로 하여금 요양급여비용 지급에 관한 의사결정에 착오를 일으키게 하는 것으로서 사기죄의 기망행위에 해당하고, 이러한 기망행위에 의하여 국민건강보험공단에서 요양급여비용을 지급받을 경우에는 사기죄가 성립한다. 이 경우 의료기관의 개설인인 비의료인이 개설 명의를 빌려준 의료인으로 하여금 환자들에게 요양급여를 제공하게 하였다 하여도 마찬가지이다(대판 2015.7.9. 2014도11843).

③ 조상천도제를 지내지 아니하면 좋지 않은 일이 생긴다는 취지의 해악의 고지는 길흉화복이나 천재지변의 예고로서 행위자에 의하여 직접, 간접적으로 좌우될 수 없는 것이고 가해자가 현실적으로 특정되어 있지도 않으며 해악의 발생가능성이 합리적으로 예견될 수 있는 것이 아니므로 협박으로 평가될 수 없다고 한 사례(대판 2002.2.8. 2000도3245).

④ 지역신문의 발행인이 시정에 관한 비판기사 및 사설을 보도하고 관련 공무원에게 광고의뢰 및 직보배정을 타신문사와 같은 수준으로 높게 해달라고 요청한 사실만으로 공갈죄의 수단으로서 그 상대방을 협박하였다고 볼 수 없다고 한 사례(대판 2002.12.10. 2001도7095).

29

답 ④

┃정답해설┃

㉠ (○) 타인으로부터 용도가 엄격히 제한된 자금을 위탁받아 집행하면서 그 제한된 용도 이외의 목적으로 자금을 사용하는 것은 그 사용이 개인적인 목적에서 비롯된 경우는 물론 결과적으로 자금을 위탁한 본인을 위하는 면이 있더라도 그 사용행위 자체로서 불법영득의 의사를 실현한 것이 되어 횡령죄가 성립하므로, 사립학교의 교비회계에 속하는 수입을 적법한 교비회계의 세출에 포함되는

용도 즉, 당해 학교의 교육에 직접 필요한 용도가 아닌 다른 용도에 사용하였다면 그 사용행위 자체로서 불법영득의사를 실현하는 것이 되어 그로 인한 죄책을 면할 수 없다(대판 2008.2.29. 2007도9755).

㉡ (○) 어떤 예금계좌에 돈이 착오로 잘못 송금되어 입금된 경우에는 그 예금주와 송금인 사이에 신의칙상 보관관계가 성립한다고 할 것이므로, 피고인이 송금 절차의 착오로 인하여 피고인 명의의 은행 계좌에 입금된 돈을 임의로 인출하여 소비한 행위는 횡령죄에 해당하고(대법원 1968.7.24. 1966도1705, 대법원 2005.10.28. 2005도5975, 대법원 2006.10.12. 2006도3929), 이는 송금인과 피고인 사이에 별다른 거래관계가 없다고 하더라도 마찬가지이다.

㉢ (○) 동산실명법을 위반한 양자간 명의신탁의 경우 명의수탁자가 신탁받은 부동산을 임의로 처분하여도 명의신탁자에 대한 관계에서 횡령죄가 성립하지 아니한다(대판 2021.2.18. 2016도18761 전합).

㉣ (○) 채무자가 제3채무자에게 채권양도 통지를 하지 않은 채 자신이 사용할 의도로 제3채무자로부터 변제를 받아 변제금을 수령한 경우, 이는 단순한 민사상 채무불이행에 해당할 뿐, 채무자가 채권자와의 위탁신임관계에 의하여 채권자를 위해 위 변제금을 보관하는 지위에 있다고 볼 수 없고, 채무자가 이를 임의로 소비하더라도 횡령죄는 성립하지 않는다(대판 2021.2.25. 2020도12927).

30

답 ①

┃정답해설┃

① 채무자가 저당권설정계약에 따라 채권자에 대하여 부담하는 저당권을 설정할 의무는 계약에 따라 부담하게 된 채무자 자신의 의무이다. 채무자가 위와 같은 의무를 이행하는 것은 채무자 자신의 사무에 해당할 뿐이므로, 채무자를 채권자에 대한 관계에서 '타인의 사무를 처리하는 자'라고 할 수 없다. 따라서 채무자가 제3자에게 먼저 담보물에 관한 저당권을 설정하거나 담보물을 양도하는 등으로 담보가치를 감소 또는 상실시켜 채권자의 채권실현에 위험을 초래하더라도 배임죄가 성립한다고 할 수 없다(대판 2020.6.18. 2019도14340 전합).

┃오답해설┃

② 매매의 목적물이 동산일 경우, 매도인은 매수인에게 계약에 정한 바에 따라 그 목적물인 동산을 인도함으로써 계약의 이행을 완료하게 되고 그때 매수인은 매매목적물에

대한 권리를 취득하게 되는 것이므로, 매도인에게 자기의 사무인 동산인도채무 외에 별도로 매수인의 재산의 보호 내지 관리 행위에 협력할 의무가 있다고 할 수 없다. 동산 매매계약에서의 매도인은 매수인에 대하여 그의 사무를 처리하는 지위에 있지 아니하므로, 매도인이 목적물을 매수인에게 인도하지 아니하고 이를 타에 처분하였다 하더라도 형법상 배임죄가 성립하는 것은 아니다(대판 2011.1.20. 2008도10479 전합).

③ 매매와 같이 당사자 일방이 재산권을 상대방에게 이전할 것을 약정하고 상대방이 그 대금을 지급할 것을 약정함으로써 효력이 생기는 계약의 경우(민법 제563조), 쌍방이 그 계약의 내용에 좇은 이행을 하여야 할 채무는 특별한 사정이 없는 한 '자기의 사무'에 해당하는 것이 원칙이다. 동산 매매계약에서의 매도인은 매수인에 대하여 그의 사무를 처리하는 지위에 있지 아니하므로, 매도인이 목적물을 타에 처분하였다 하더라도 형법상 배임죄가 성립하지 아니한다. 위와 같은 법리는 권리이전에 등기·등록을 요하는 동산에 대한 매매계약에서도 동일하게 적용되므로, 자동차 등의 매도인은 매수인에 대하여 그의 사무를 처리하는 지위에 있지 아니하여, 매도인이 매수인에게 소유권이전등록을 하지 아니하고 타에 처분하였다고 하더라도 마찬가지로 배임죄가 성립하지 아니한다(대판 2020.10.22. 2020도6258 전합).

④ 회사 관련 파일에 관한 보안준수서약서 또는 비밀유지서약서, 고용계약에 따른 부수적 의무 내지 신의칙상 퇴사 시 위 파일들을 회사에 반환하거나 폐기할 의무가 있고, 업무상 필요가 있는 경우에 한하여 업무용 자료의 반출을 용인하고 있음에도, 회사직원이 회사의 승낙을 받지 않은 채 위 파일들을 반출하고, 퇴사시에 위 사실을 고지하지 않은 채 위 파일들을 폐기하지 않고 계속 보관하여 위 파일들 중 일부를 경쟁업체에 반출한 사안에서, 위 파일들이 회사의 영업비밀 또는 영업상 주요한 자산에 해당한다면, 위 파일들의 각 반출행위 또는 파일들의 미반환·미폐기 행위는 업무상배임죄를 구성한다고 본 사례(대판 2008.4.24. 2006도9089).

31
답 ③

▌정답해설▌

③ 재물손괴죄는 타인의 재물, 문서 또는 전자기록 등 특수매체기록을 손괴 또는 은닉 기타 방법으로 그 효용을 해한 경우에 성립한다(형법 제366조). 여기에서 손괴 또는 은닉 기타 방법으로 그 효용을 해하는 경우에는 물질적인

파괴행위로 물건 등을 본래의 목적에 사용할 수 없는 상태로 만드는 경우뿐만 아니라 일시적으로 물건 등의 구체적 역할을 할 수 없는 상태로 만들어 효용을 떨어뜨리는 경우도 포함된다. 따라서 자동문을 자동으로 작동하지 않고 수동으로만 개폐가 가능하게 하여 자동잠금장치로서 역할을 할 수 없도록 한 경우에도 재물손괴죄가 성립한다(대판 2016.11.25. 2016도9219).

▌오답해설▌

① 제366조

② 대판 2016.11.25. 2016도9219

④ 해고노동자 등이 복직을 요구하는 집회를 개최하던 중 래커 스프레이를 이용하여 회사 건물 외벽과 1층 벽면 등에 낙서한 행위는 건물의 효용을 해한 것으로 볼 수 있으나, 이와 별도로 계란 30여 개를 건물에 투척한 행위는 건물의 효용을 해하는 정도의 것에 해당하지 않는다고 본 사례(대판 2007.6.28. 2007도2590).

32
답 ②

▌정답해설▌

② 피고인이 피해자에게 담보로 제공한 차량이 그 자동차등록원부에 타인 명의로 등록되어 있는 이상 그 차량은 피고인의 소유는 아니라는 이유로, 피고인이 피해자의 승낙 없이 미리 소지하고 있던 위 차량의 보조키를 이용하여 이를 운전하여 간 행위가 권리행사방해죄를 구성하지 않는다고 한 사례(대판 2005.11.10. 2005도6604).

▌오답해설▌

① 형법 제323조의 권리행사방해죄는 타인의 점유 또는 권리의 목적이 된 자기의 물건 또는 전자기록 등 특수매체기록을 취거, 은닉 또는 손괴하여 타인의 권리행사를 방해함으로써 성립한다. 여기서 '은닉'이란 타인의 점유 또는 권리의 목적이 된 자기 물건 등의 소재를 발견하기 불가능하게 하거나 또는 현저히 곤란한 상태에 두는 것을 말하고, 그로 인하여 권리행사가 방해될 우려가 있는 상태에 이르면 권리행사방해죄가 성립하고 현실로 권리행사가 방해되었을 것까지 필요로 하는 것은 아니다(대판 2017.5.17. 2017도2230).

③ 형법 제323조의 권리행사방해죄는 타인의 점유 또는 권리의 목적이 된 자기의 물건을 취거, 은닉 또는 손괴하여 타인의 권리행사를 방해함으로써 성립하므로 그 취거, 은닉 또는 손괴한 물건이 자기의 물건이 아니라면 권리행사

방해죄가 성립할 수 없다. 물건의 소유자가 아닌 사람은 형법 제33조 본문에 따라 소유자의 권리행사방해 범행에 가담한 경우에 한하여 그의 공범이 될 수 있을 뿐이다. 그러나 권리행사방해의 공범으로 기소된 물건의 소유자에게 고의가 없는 등으로 범죄가 성립하지 않는다면 공동정범이 성립할 여지가 없다(대판 2017.5.30. 2017도4578).

④ 강제집행면탈죄가 성립되려면 행위자의 주관적인 강제집행을 면탈하려는 의도가 객관적으로 강제집행을 당할 급박한 상태하에서 나타나야 한다고 풀이해야 할 것이며 이는 당원이 지켜오는 판결례의 견해이다. 원판결은 피고인이 그 형에게 빚진 것 같이 꾸미고 그 때문에 자기소유 부동산을 그에게 넘긴 것으로 꾸며 가등기하여 줄 때에는 피고인이 발행한 약속어음들의 지급기일이 되기 전이었으며 어음의 부도도 있기 전이었으며 피고인이 어음소지인 등으로부터 어음금의 지급요구를 받는 등 채무변제의 독촉을 받았다거나 채권자들이 피고인을 상대로 법적 절차를 취하기 위한 준비를 하고 있었다는 사실을 인정한 바도 없으니 피고인이 그 재산을 형에게 빼돌린 일이 그가 강제집행을 당할 급박한 객관적 상태하에서 한 것으로 아니 본 원심이 공소범행 사실이 그 증명이 없다고 한 판단을 한 것은 옳고, 거기에 채증상의 위법도 법리오해도 없다(대판 1979.9.11. 79도436).

33

┃ 정답해설 ┃

① 제114조 참고

제114조(범죄단체 등의 조직)
사형, 무기 또는 장기 4년 이상의 징역에 해당하는 범죄를 목적으로 하는 단체 또는 집단을 조직하거나 이에 가입 또는 그 구성원으로 활동한 사람은 그 목적한 죄에 정한 형으로 처벌한다. 다만, 형을 감경할 수 있다.

┃ 오답해설 ┃

② 형법 제114조 제1항 소정의 범죄단체란 특정다수인이 일정한 범죄를 범할 공동목적하에 이루어진 계속적인 결합체로서 그 단체를 주도하는 최소한의 통솔체제를 갖추어 있어야 함을 요한다(대판 1976.4.13. 76도340).

③ 형법 제114조에서 정한 '범죄를 목적으로 하는 집단'이란 특정 다수인이 사형, 무기 또는 장기 4년 이상의 범죄를 수행한다는 공동목적 아래 구성원들이 정해진 역할분담에 따라 행동함으로써 범죄를 반복적으로 실행할 수 있는 조직체계를 갖춘 계속적인 결합체를 의미한다. '범죄단

체'에서 요구되는 '최소한의 통솔체계'를 갖출 필요는 없지만, 범죄의 계획과 실행을 용이하게 할 정도의 조직적 구조를 갖추어야 한다(대판 2020.8.20. 2019도16263).

④ 피고인들이 불특정 다수의 피해자들에게 전화하여 금융기관 등을 사칭하면서 신용등급을 올려 낮은 이자로 대출을 해주겠다고 속여 신용관리비용 명목의 돈을 송금받아 편취할 목적으로 보이스피싱 사기 조직을 구성하고 이에 가담하여 조직원으로 활동함으로써 범죄단체를 조직하거나 이에 가입·활동하였다는 내용으로 기소된 사안에서, 위 보이스피싱 조직은 형법상의 범죄단체에 해당하고, 조직의 업무를 수행한 피고인들에게 범죄단체 가입 및 활동에 대한 고의가 인정되며, 피고인들의 사기범죄 행위가 범죄단체 활동에 해당한다고 본 원심판단을 수긍한 사례(대판 2017.10.26. 2017도8600).

34

┃ 정답해설 ┃

③ 현주건조물 등 방화죄가 성립한다(제164조 참고).

제164조(현주건조물 등 방화)
① 불을 놓아 사람이 주거로 사용하거나 사람이 현존하는 건조물, 기차, 전차, 자동차, 선박, 항공기 또는 지하채굴시설을 불태운 자는 무기 또는 3년 이상의 징역에 처한다.
② 제1항의 죄를 지어 사람을 상해에 이르게 한 경우에는 무기 또는 5년 이상의 징역에 처한다. 사망에 이르게 한 경우에는 사형, 무기 또는 7년 이상의 징역에 처한다.

┃ 오답해설 ┃

① 형법상 방화죄의 객체인 건조물은 토지에 정착되고 벽 또는 기둥과 지붕 또는 천장으로 구성되어 사람이 내부에 기거하거나 출입할 수 있는 공작물을 말하고, 반드시 사람의 주거용이어야 하는 것은 아니라도 사람이 사실상 기거·취침에 사용할 수 있는 정도는 되어야 한다(대판 2013.12.12. 2013도3950).

② 무주물에 방화하는 행위는 그 무주물을 소유의 의사로 점유하는 것이라고 볼 여지가 있는 점 등을 종합하여 보면, 불을 놓아 무주물을 소훼하여 공공의 위험을 발생하게 한 경우에는 '무주물'을 '자기 소유의 물건'에 준하는 것으로 보아 형법 제167조 제2항을 적용하여 처벌하여야 한다(대판 2009.10.15. 2009도7421).

④ 대판 1993.7.27. 93도135

▌정답해설▐

④ 어느 문서의 작성권한을 갖는 공무원이 그 문서의 기재사항을 인식하고 그 문서를 작성할 의사로써 이에 서명날인하였다면, 설령 그 서명날인이 타인의 기망으로 착오에 빠진 결과 그 문서의 기재사항이 진실에 반함을 알지 못한 데 기인한다고 하여도, 그 문서의 성립은 진정하며 여기에 하등 작성명의를 모용한 사실이 있다고 할 수는 없으므로, 공무원 아닌 자가 관공서에 허위 내용의 증명원을 제출하여 그 내용이 허위인 정을 모르는 담당공무원으로부터 그 증명원 내용과 같은 증명서를 발급받은 경우 공문서위조죄의 간접정범으로 의율할 수는 없다(대판 2001.3.9. 2000도938).

▌오답해설▐

① 문서위조죄는 문서의 진정에 대한 공공의 신용을 그 보호법익으로 하는 것이므로 행사할 목적으로 작성된 문서가 일반인으로 하여금 당해 명의인의 권한 내에서 작성된 문서라고 믿게 할 수 있는 정도의 형식과 외관을 갖추고 있으면 문서위조죄가 성립하는 것이고, 위와 같은 요건을 구비한 이상 그 명의인이 실재하지 않는 허무인이거나 또는 문서의 작성일자 전에 이미 사망하였다고 하더라도 그러한 문서 역시 공공의 신용을 해할 위험성이 있으므로 문서위조죄가 성립한다고 봄이 상당하며, 이는 공문서뿐만 아니라 사문서의 경우에도 마찬가지라고 보아야 한다(대판 2005.2.24. 2002도18 전합).

② 문서위조 및 동행사죄의 보호법익은 문서에 대한 공공의 신용이므로 '문서가 원본인지 여부'가 중요한 거래에서 문서의 사본을 진정한 원본인 것처럼 행사할 목적으로 다른 조작을 가함이 없이 문서의 원본을 그대로 컬러복사기로 복사한 후 복사한 문서의 사본을 원본인 것처럼 행사한 행위는 사문서위조죄 및 동행사죄에 해당한다(대판 2016.7.14. 2016도2081).

③ 대판 2022.9.29. 2021도14514

▌정답해설▐

③ 형법 제214조의 유가증권이란 증권상에 표시된 재산상의 권리의 행사와 처분에 그 증권의 점유를 필요로 하는 것을 총칭하는 것으로서 그 명칭에 불구하고 재산권이 증권에 화체된다는 것과 그 권리의 행사와 처분에 증권의 점유를 필요로 한다는 두 가지 요소를 갖추면 족하고, 반드시 유통성을 가질 필요도 없다(대판 1995.3.14. 95도20).

▌오답해설▐

① 변조는 정당한 권한 없이 진화에 가공하여 그 가치를 변경하는 것을 말한다.

② 형법 제207조에서 정한 '행사할 목적'이란 유가증권위조의 경우와 달리 위조·변조한 통화를 진정한 통화로서 유통에 놓겠다는 목적을 말하므로, 자신의 신용력을 증명하기 위하여 타인에게 보일 목적으로 통화를 위조한 경우에는 행사할 목적이 있다고 할 수 없다(대판 2012.3.29. 2011도7704).

④ 위조유가증권행사죄의 처벌목적은 유가증권의 유통질서를 보호하고자 함에 있는 만큼 단순히 문서의 신용성을 보호하고자 하는 위조 공·사문서행사죄의 경우와는 달리 교부자가 진정 또는 진실한 유가증권인 것처럼 위조유가증권을 행사하였을 때뿐만 아니라 위조유가증권임을 알고 있는 자에게 교부하였더라도 피교부자가 이를 유통시킬 것임을 인식하고 교부하였다면, 그 교부행위 그 자체가 유가증권의 유통질서를 해할 우려가 있어 처벌의 이유와 필요성이 충분히 있다고 할 것이므로 위조유가증권행사죄가 성립한다고 보아야 할 것이지만(대판 1983.6.14. 81도2492), 위조유가증권의 교부자와 피교부자가 서로 유가증권위조를 공모하였거나 위조유가증권을 타에 행사하여 그 이익을 나누어 가질 것을 공모한 공범의 관계에 있다면, 그들 사이의 위조유가증권 교부행위는 그들 이외의 자에게 행사함으로써 범죄를 실현하기 위한 전 단계의 행위에 불과한 것으로서 위조유가증권은 아직 범인들의 수중에 있다고 볼 것이지 행사되었다고 볼 수는 없다고 할 것이다(대판 2003.6.27. 2003도2372).

37 ■답 ①

┃정답해설┃

① 교육기관·교육행정기관·지방자치단체 또는 교육연구기관의 장이 징계의결을 집행하지 못할 법률상·사실상의 장애가 없는데도 징계의결서를 통보받은 날로부터 법정 시한이 지나도록 집행을 유보하는 모든 경우에 직무유기죄가 성립하는 것은 아니고, 그러한 유보가 직무에 관한 의식적인 방임이나 포기에 해당한다고 볼 수 있는 경우에 한하여 직무유기죄가 성립한다고 보아야 한다(대판 2014.4.10. 2013도229).

┃오답해설┃

② 형법 제123조의 직권남용죄에 있어서 직권남용이란 공무원이 그 일반적 직무권한에 속하는 사항에 관하여 직권의 행사에 가탁하여 실질적, 구체적으로 위법·부당한 행위를 하는 경우를 의미하고, 위 죄에 해당하려면 현실적으로 다른 사람이 의무 없는 일을 하였거나 다른 사람의 구체적인 권리행사가 방해되는 결과가 발생하여야 하며, 또한 그 결과의 발생은 직권남용 행위로 인한 것이어야 한다(대판 2005.4.15. 2002도3453).

③ 대판 2008.2.14. 2005도4202

④ 대판 2007.6.14. 2004도5561

38 ■답 ④

┃정답해설┃

④ 제3자뇌물수수죄에서 제3자란 행위자와 공동정범 이외의 사람을 말하고, 교사자나 방조자도 포함될 수 있다. 그러므로 공무원 또는 중재인이 부정한 청탁을 받고 제3자에게 뇌물을 제공하게 하고 제3자가 그러한 공무원 또는 중재인의 범죄행위를 알면서 방조한 경우에는 그에 대한 별도의 처벌규정이 없더라도 방조범에 관한 형법총칙의 규정이 적용되어 제3자뇌물수수방조죄가 인정될 수 있다(대판 2017.3.15. 2016도19659).

┃오답해설┃

① 대판 2007.10.12. 2005도7112
② 대판 2008.2.1. 2007도5190
③ 대판 2014.5.16. 2014도1547

39 ■답 ④

┃정답해설┃

④ 피고인의 변호인 접견교통권 행사가 한계를 일탈한 규율위반행위에 해당하더라도 그 행위가 위계공무집행방해죄의 '위계'에 해당하려면 행위자가 상대방에게 오인, 착각, 부지를 일으키게 하여 그 오인, 착각, 부지를 이용함으로써 상대방이 이에 따라 그릇된 행위나 처분을 하여야만 한다. 만약 그러한 행위가 구체적인 직무집행을 저지하거나 현실적으로 곤란하게 하는 데까지는 이르지 않은 경우에는 위계에 의한 공무집행방해죄로 처벌할 수 없다(대판 2022.6.30. 2021도244).

┃오답해설┃

① 공무집행방해죄는 공무원의 적법한 공무집행이 전제되어야 하고, 그 공무집행이 적법하기 위해서는 그 행위가 당해 공무원의 추상적 직무 권한에 속할 뿐 아니라 구체적으로 그 권한 내에 있어야 하며, 직무행위로서의 중요한 방식을 갖추어야 한다. 추상적인 권한에 속하는 공무원의 어떠한 공무집행이 적법한지 여부는 행위 당시의 구체적 상황에 기하여 객관적·합리적으로 판단하여야 하고, 사후적으로 순수한 객관적 기준에서 판단할 것은 아니다(대판 2021.9.30. 2014도17900).

② 민주사회에서 공무원의 직무수행에 대한 시민들의 건전한 비판과 감시는 가능한 한 널리 허용되어야 한다는 점에서 볼 때, 공무원의 직무 수행에 대한 비판이나 시정 등을 요구하는 집회·시위 과정에서 일시적으로 상당한 소음이 발생하였다는 사정만으로는 이를 공무집행방해죄에서의 음향으로 인한 폭행이 있었다고 할 수는 없다. 그러나 의사전달수단으로서 합리적 범위를 넘어서 상대방에게 고통을 줄 의도로 음향을 이용하였다면 이를 폭행으로 인정할 수 있을 것인바, 구체적인 상황에서 공무집행방해죄에서의 음향으로 인한 폭행에 해당하는지 여부는 음량의 크기나 음의 높이, 음향의 지속시간, 종류, 음향발생 행위자의 의도, 음향발생원과 직무를 집행 중인 공무원과의 거리, 음향발생 당시의 주변 상황을 종합적으로 고려하여 판단하여야 한다(대판 2009.10.29. 2007도3584).

③ 대판 2003.7.25. 2003도1609

40

▌**정답해설**▐

② 무고죄에 있어서 허위사실 적시의 정도는 수사관서 또는 감독관서에 대하여 수사권 또는 징계권의 발동을 촉구하는 정도의 것이면 충분하고 반드시 범죄구성요건 사실이나 징계요건 사실을 구체적으로 명시하여야 하는 것은 아니다(대판 1985.2.26. 84도2774).

▌**오답해설**▐

① 형법 제156조의 무고죄는 국가의 형사사법권 또는 징계권의 적정한 행사를 주된 보호법익으로 하는 죄이나, 스스로 본인을 무고하는 자기무고는 무고죄의 구성요건에 해당하지 아니하여 무고죄를 구성하지 않는다. 그러나 피무고자의 교사·방조 하에 제3자가 피무고자에 대한 허위의 사실을 신고한 경우에는 제3자의 행위는 무고죄의 구성요건에 해당하여 무고죄를 구성하므로, 제3자를 교사·방조한 피무고자도 교사·방조범으로서의 죄책을 부담한다(대판 2008.10.23. 2008도4852).

③ 피고인이 최초에 작성한 허위내용의 고소장을 경찰관에게 제출하였을 때 이미 허위사실의 신고가 수사기관에 도달되어 무고죄의 기수에 이른 것이라 할 것이므로 그 후에 그 고소장을 되돌려 받았다 하더라도 이는 무고죄의 성립에 아무런 영향이 없다(대판 1985.2.8. 84도2215).

④ 대판 2006.7.13. 2005도7588

01	02	03	04	05	06	07	08	09	10	11	12	13	14	15	16	17	18	19	20
④	③	②	②	①	①	④	①	④	③	④	①	②	④	③	④	①	①	③	④
21	22	23	24	25	26	27	28	29	30	31	32	33	34	35	36	37	38	39	40
③	②	②	③	③	②	④	④	②	②	③	①	②	③	④	③	①	③	①	①

01

정답 ④

┃정답해설┃

④ 형법 제227조의2(공전자기록위작·변작)는 "사무처리를 그르치게 할 목적으로 공무원 또는 공무소의 전자기록 등 특수매체기록을 위작 또는 변작한 자는 10년 이하의 징역에 처한다."라고 규정하고 있다. 여기에서 '공무원'이란 원칙적으로 법령에 의해 공무원의 지위를 가지는 자를 말하고, '공무소'란 공무원이 직무를 행하는 관청 또는 기관을 말하며, '공무원 또는 공무소의 전자기록'은 공무원 또는 공무소가 직무상 작성할 권한을 가지는 전자기록을 말한다. 따라서 그 행위주체가 공무원과 공무소가 아닌 경우에는 형법 또는 특별법에 의하여 공무원 등으로 의제되는 경우를 제외하고는 계약 등에 의하여 공무와 관련되는 업무를 일부 대행하는 경우가 있더라도 공무원 또는 공무소가 될 수 없다. 형벌법규의 구성요건인 공무원 또는 공무소를 법률의 규정도 없이 확장해석하거나 유추해석하는 것은 죄형법정주의 원칙에 반하기 때문이다(대판 2020.3.12. 2016도19170).

┃오답해설┃

① 사전자기록등위작죄가 성립하기 위해서는 '위작' 이외에도 '사무처리를 그르치게 할 목적'과 '권리·의무 또는 사실증명에 관한 타인의 전자기록 등 특수매체기록'이란 구성요건을 충족해야 한다. 형법 제232조의2에 정한 전자기록과 '사무처리를 그르치게 할 목적'에 관한 판례의 법리에 따르면 해당 전자기록이 시스템에서 쓰임으로써 예정된 증명적 기능을 수행하는 경우에 해당하지 않거나, 위 시스템을 설치·운영하는 주체의 의사에 반하더라도 사무처리를 그르치게 할 목적이 없다면 사전자기록등위작죄는 성립하지 않는다. 따라서 형법 제232조의2에서 정한 '위작'의 개념에 권한 있는 사람이 그 권한을 남용하여 허위의 정보를 입력함으로써 시스템 설치·운영 주체의 의사에 반하는 전자기록을 생성하는 행위를 포함하더라도 처벌의 범위가 지나치게 넓어져 죄형법정주의의 원칙에 반하는 것으로 볼 수도 없다(대판 2020.8.27. 2019도11294 전합).

② 본조에서의 법원의 재판에 헌법재판소의 심판이 포함된다고 보는 해석론은 문언이 가지는 가능한 의미의 범위 안에서 그 입법 취지와 목적 등을 고려하여 문언의 논리적 의미를 분명히 밝히는 체계적 해석에 해당할 뿐, 피고인에게 불리한 확장해석이나 유추해석이 아니라고 볼 수 있다(대판 2021.8.26. 2020도12017).

③ 형벌법규의 해석에서 법규정 문언의 가능한 의미를 벗어나는 경우에는 유추해석으로서 죄형법정주의에 위반하게 되고, 이러한 유추해석금지의 원칙은 모든 형벌법규의 구성요건과 가벌성에 관한 규정에 준용되는데, 위법성 및 책임의 조각사유나 소추조건 또는 처벌조각사유인형면제 사유에 관하여도 그 범위를 제한적으로 유추적용하게 되면 행위자의 가벌성의 범위는 확대되어 행위자에게 불리하게 되는바, 이는 가능한 문언의 의미를 넘어 범죄구성요건을 유추적용하는 것과 같은 결과가 초래되므로 죄형법정주의의 파생원칙인 유추해석금지의 원칙에 위반하여 허용될 수 없다(대판 2010.9.30. 2008도4762).

02
답 ③

③ 형벌법규 제정의 이유가 된 법률이념의 변경에 따라 종래의 처벌 자체가 부당하였다거나 또는 과형이 과중하였다는 반성적 고려에서 법령을 변경하였을 경우에만 형법 제1조 제2항과 형사소송법 제326조 제4호가 적용된다고 해석하여, 이러한 경우가 아니라 그때그때의 특수한 필요에 대처하기 위하여 법령을 변경한 것에 불과한 때에는 이를 적용하지 아니하고 행위 당시의 형벌법규에 따라 위반행위를 처벌하여야 한다(대법원 1963.1.31. 62도257).

① 형법 제1조 제2항 및 제8조에 의하면 범죄 후 법률의 변경에 의하여 형이 구법보다 경한 때에는 신법에 의한다고 규정하고 있으나 신법에 경과규정을 두어 이러한 신법의 적용을 배제하는 것도 허용되는 것으로서, 형을 종전보다 가볍게 형벌법규를 개정하면서 그 부칙으로 개정된 법의 시행 전의 범죄에 대하여 종전의 형벌법규를 적용하도록 규정한다 하여 헌법상의 형벌불소급의 원칙이나 신법우선주의에 반한다고 할 수 없다(대판 1999.4.13. 자, 99초76, 결정).

② 행위시법인 구 변호사법(1982.12.31. 개정 전의 법률) 제54조에 규정된 형은 징역 3년이고 재판시법인 현행변호사법 제78조에 규정된 형은 5년 이하의 징역 또는 1천만원 이하의 벌금으로서 신법에서는 벌금형의 선택이 가능하다 하더라도 법정형의 경중은 병과형 또는 선택형 중 가장 중한 형을 기준으로 하여 다른 형과 경중을 정하는 것이므로 행위시법인 구법의 형이 더 경하다(대판 1983.11.8. 83도2499).

④ 범죄 후 법률의 개정에 의하여 법정형이 가벼워진 경우에는 형법 제1조 제2항에 의하여 당해 범죄사실에 적용될 가벼운 법정형(신법의 법정형)이 공소시효기간의 기준이 된다(대판 2008.12.11. 2008도4376).

03
답 ②

② 일반적으로 자연인이 법인의 기관으로서 범죄행위를 한 경우에도 행위자인 자연인이 그 범죄행위에 대한 형사책임을 지는 것이고, 다만 법률이 그 목적을 달성하기 위하여 특별히 규정하고 있는 경우에만 행위자를 벌하는 외에 법률효과가 귀속되는 법인에 대하여도 벌금형을 과할 수 있는 것인 만큼, 법인이 설립되기 이전에 어떤 자연인이 한 행위의 효과가 설립 후의 법인에게 당연히 귀속된다고 보기 어려울 뿐만 아니라, 양벌규정에 의하여 사용자인 법인을 처벌하는 것은 형벌의 자기책임원칙에 비추어 위반행위가 발생한 그 업무와 관련하여 사용자인 법인이 상당한 주의 또는 관리감독 의무를 게을리한 선임감독상의 과실을 이유로 하는 것인데, 법인이 설립되기 이전의 행위에 대하여는 법인에게 어떠한 선임감독상의 과실이 있다고 할 수 없으므로, 특별한 근거규정이 없는 한 법인이 설립되기 이전에 자연인이 한 행위에 대하여 양벌규정을 적용하여 법인을 처벌할 수는 없다고 봄이 타당하다(대판 2018.8.1. 2015도10388).

① 지방자치단체 소속 공무원이 압축트럭 청소차를 운전하여 고속도로를 운행하던 중 제한축중을 초과 적재 운행함으로써 도로관리청의 차량운행제한을 위반한 사안에서, 해당 지방자치단체가 도로법 제86조의 양벌규정에 따른 처벌대상이 된다고 한 사례(대판 2005.11.10. 2004도2657).

③ 자동차운수사업법 제72조 제5호는 같은 법 제58조의 규정에 의한 허가를 받지 아니하고 자가용자동차를 유상으로 운송용에 제공하거나 임대한 자를 처벌한다고 규정하고, 같은 법 제74조는 이른바 양벌규정으로서 "법인의 대표자나 법인 또는 개인의 대리인, 사용인 기타의 종업원이 그 법인 또는 개인의 업무와 관련하여 같은 법 제72조의 위반행위를 한 때에는 행위자를 벌하는 외에 그 법인 또는 개인에 대하여도 각 해당 조항의 벌금형에 처한다"고 규정하고 있을 뿐이고 법인격 없는 사단에 대하여서도 위 양벌규정을 적용할 것인가에 관하여는 아무런 명문의 규정을 두고 있지 아니하므로, 죄형법정주의의 원칙상 법인격 없는 사단에 대하여는 같은 법 제74조에 의하여 처벌할 수 없고, 나아가 법인격 없는 사단에 고용된 사람이 유상운송행위를 하였다 하여 법인격 없는 사단의 구성원 개개인이 위 법 제74조 소정의 "개인"의 지위에 있다 하여 처벌할 수도 없다(대판 1995.7.28. 94도3325).

④ 회사합병이 있는 경우 피합병회사의 권리·의무는 사법상의 관계나 공법상의 관계를 불문하고 모두 합병으로 인하여 존속하는 회사에 승계되는 것이 원칙이지만, 그 성질상 이전을 허용하지 않는 것은 승계의 대상에서 제외되어야 할 것인바, 양벌규정에 의한 법인의 처벌은 어디까지나 형벌의 일종으로서 행정적 제재처분이나 민사상 불법행위책임과는 성격을 달리하는 점, 형사소송법 제328조가 '피고인인 법인이 존속하지 아니하게 되었을 때'를 공소기각결정의 사유로 규정하고 있는 것은 형사책임이 승계되지 않음을 전제로 한 것이라고 볼 수 있는 점 등에 비추어 보면, 합병으로 인하여 소멸한 법인이 그 종업원 등의 위법행위에 대해 양벌규정에 따라 부담하던 형사책임은 그 성질상 이전을 허용하지 않는 것으로서 합병으로 인하여 존속하는 법인에 승계되지 않는다(대판 2007.8.23. 2005도4471).

04 답 ②

┃정답해설┃

② 부진정신분범에 있어 신분관계 없는 자가 신분관계 있는 자의 범죄에 가공하면 신분이 없는 자도 형법 제33조 본문에 의해 부진정신분범이 성립하지만, 제33조 단서에 의하여 중한 형으로 벌하지 아니한다. 따라서 갑은 존속살해죄의 교사범이 성립하고 처벌은 제33조 단서에 따라 보통살인죄로 처벌된다.

┃오답해설┃

③ 살인죄와 같이 일반적으로 작위를 내용으로 하는 범죄를 부작위에 의하여 범하는 이른바 부진정 부작위범의 경우에는 보호법익의 주체가 법익에 대한 침해위협에 대처할 보호능력이 없고, 부작위행위자에게 침해위협으로부터 법익을 보호해 주어야 할 법적 작위의무가 있을 뿐 아니라, 부작위행위자가 그러한 보호적 지위에서 법익침해를 일으키는 사태를 지배하고 있어 작위의무의 이행으로 결과발생을 쉽게 방지할 수 있어야 부작위로 인한 법익침해가 작위에 의한 법익침해와 동등한 형법적 가치가 있는 것으로서 범죄의 실행행위로 평가될 수 있다. 다만 여기서의 작위의무는 법령, 법률행위, 선행행위로 인한 경우는 물론, 신의성실의 원칙이나 사회상규 혹은 조리상 작위의무가 기대되는 경우에도 인정된다(대판 2015.11.12. 2015도6809).

④ 특수공무방해치사상과 같은 이른바 부진정결과적가중범은 예견가능한 결과를 예견하지 못한 경우뿐만 아니라 그 결과를 예견하거나 고의가 있는 경우까지도 포함하는 것이므로, 공무집행을 방해하는 집단행위의 과정에서 일부 집단원이 고의행위로 살상을 가한 경우에도 다른 집단원에게 그 사상의 결과가 예견가능한 것이었다면 다른 집단원도 그 결과에 대하여 특수공무방해치사상의 책임을 면할 수 없다(대판 1990.6.26. 90도765).

05 답 ①

┃정답해설┃

㉠ (○) 임차인이 자신의 비용으로 설치·사용하던 가스설비의 휴즈콕크를 아무런 조치 없이 제거하고 이사를 간 후 가스공급을 개별적으로 차단할 수 있는 주밸브가 열려져 가스가 유입되어 폭발사고가 발생한 경우, 구 액화석유가스의 안전 및 사업관리법상의 관련 규정 취지와 그 주밸브가 누군가에 의하여 개폐될 가능성을 배제할 수 없다는 점 등에 비추어 그 휴즈콕크를 제거하면서 그 제거부분에 아무런 조치를 하지 않고 방치하면 주밸브가 열리는 경우 유입되는 가스를 막을 아무런 안전장치가 없어 가스 유출로 인한 대형사고의 가능성이 있다는 것은 평균인의 관점에서 객관적으로 볼 때 충분히 예견할 수 있다는 이유로 임차인의 과실과 가스폭발사고 사이의 상당인과관계를 인정한 사례(대법원 2001.6.1. 99도5086).

㉡ (○) 피고인의 수술 후 복막염에 대한 진단과 처치 지연 등의 과실로 피해자가 제때 필요한 조치를 받지 못하였다면 피해자의 사망과 피고인의 과실 사이에는 인과관계가 인정된다. 비록 피해자가 피고인의 지시를 일부 따르지 않거나 퇴원한 적이 있더라도, 그러한 사정만으로는 피고인의 과실과 피해자의 사망 사이에 인과관계가 단절된다고 볼 수 없다(대판 1994.12.9. 93도2524).

㉢ (○) 초지조성공사를 도급받은 수급인이 불경운작업(산불작업)을 하도급을 준 이후에 계속하여 그 작업을 감독하지 아니한 잘못이 있다 하더라도 이는 도급자에 대한 도급계약상의 책임이지 위 하수급인의 과실로 인하여 발생한 산림실화에 상당인과관계가 있는 과실이라고는 할 수 없다(대판 1987.4.28. 87도297).

㉣ (○) 피고인 운전의 차가 이미 정차하였음에도 뒤쫓아오던 차의 충돌로 인하여 앞차를 충격하여 사고가 발생한 경우, 설사 피고인에게 안전거리를 준수치 않은 위법이 있었다 할지라도 그것이 이 사건 피해 결과에 대하여 인과관계가 있다고 단정할 수 없다(대판 1983.8.23. 82도3222).

06

답 ①

∎ 정답해설 ∎

① 사기죄의 주관적 구성요건인 편취의 범의는 피고인이 자백하지 않는 이상 범행 전후의 피고인의 재력, 환경, 범행의 내용, 거래의 이행과정 등과 같은 객관적인 사정 등을 종합하여 판단할 수밖에 없으며, 미필적 고의에 의하여도 사기죄는 성립되는 것인바, 범죄구성요건의 주관적 요소로서 미필적 고의라 함은 범죄사실의 발생가능성을 불확실한 것으로 표상하면서 이를 용인하고 있는 경우를 말하고, 미필적 고의가 있었다고 하려면 범죄사실의 발생가능성에 대한 인식이 있음은 물론, 나아가 범죄사실이 발생할 위험을 용인하는 내심의 의사가 있어야 하며, 그 행위자가 범죄사실이 발생할 가능성을 용인하고 있었는지의 여부는 <u>행위자의 진술에 의존하지 아니하고, 외부에 나타난 행위의 형태와 행위의 상황 등 구체적인 사정을 기초로 하여 일반인이라면 당해 범죄사실이 발생할 가능성을 어떻게 평가할 것인가를 고려하면서 행위자의 입장에서 그 심리상태를 추인하여야 한다</u>(대판 2008.1.18. 2007도8781).

∎ 오답해설 ∎

② 대판 1983.9.13. 83도1762
③ 대판 2018.6.15. 2018도4200
④ 대판 2015.11.12. 2015도6809

07

답 ④

∎ 정답해설 ∎

㉠ (×) 구체적 사실의 착오 중 객체의 착오로 구체적 부합설과 법정적 부합설은 발생사실에 대한 고의 기수책임을 인정한다.

㉡ (×) 갑이 을 등 3명과 싸우다가 힘이 달리자 식칼을 가지고 이들 3명을 상대로 휘두르다가 이를 말리면서 식칼을 뺏으려던 피해자 병에게 상해를 입혔다면 갑에게 상해의 범의가 인정되며 상해를 입은 사람이 목적한 사람이 아닌 다른 사람이라 하여 과실상해죄에 해당한다고 할 수 없다(대판 1987.10.26. 87도1745).

㉢ (×) 가감삼십전대보초와 한약 가지수에만 차이가 있는 십전대보초를 제조하고 그 효능에 관하여 광고를 한 사실에 대하여 이전에 검찰의 혐의없음 결정을 받은 적이 있다면, 피고인이 비록 한의사 약사 한약업사 면허나 의약품판매업 허가가 없이 의약품인 가감삼십전대보초를 '나'항과 같이 판매하였다고 하더라도 자기의 행위가 법령에

의하여 죄가 되지 않는 것으로 믿을 수밖에 없었고, 또 그렇게 오인함에 있어서 정당한 이유가 있는 경우에 해당한다(대판 1995.8.25. 95도717).

㉣ (×) 사립학교인 甲 외국인학교 경영자인 피고인이 甲 학교의 교비회계에 속하는 수입을 수회에 걸쳐 乙 외국인학교에 대여하였다고 하여 사립학교법 위반으로 기소된 사안에서, 甲 학교와 乙 학교는 각각 설립인가를 받은 별개의 학교이므로 甲 학교의 교비회계에 속하는 수입을 乙 학교에 대여하는 것은 구 사립학교법(2013.12.30. 법률 제12125호로 개정되기 전의 것) 제29조 제6항에 따라 금지되며, 한편 피고인은 위와 같은 대여행위가 적법한지에 관하여 관할 도교육청의 담당공무원에게 정확한 정보를 제공하고 회신을 받거나 법률전문가에게 자문을 구하는 등의 조치를 취하지 않았고, 피고인이 외국인으로서 국어에 능숙하지 못하였다거나 甲 학교 설립·운영협약의 당사자에 불과한 관할청의 소속 공무원들이 참석한 甲 학교 학교운영위원회에서 乙 학교에 대한 자금 대여 안건을 보고하였다는 것만으로는 피고인이 자신의 지적 능력을 다하여 행위의 위법 가능성을 회피하기 위한 진지한 노력을 다하였다고 볼 수 없으므로, 피고인이 위와 같은 대여행위가 법률상 허용되는 것으로서 죄가 되지 않는다고 그릇 인식하고 있었더라도 그와 같이 그릇된 인식에 정당한 이유가 없다고 한 사례(대법원 2017.3.15. 2014도12773).

08

답 ①

∎ 정답해설 ∎

㉠ (○) 사안은 개괄적 고의의 사례로 판례는 행위자가 처음에 의도했던 결과가 개괄적으로 보면 실현되었으므로 발생결과에 대한 고의기수를 인정한다.

㉡ (○) 증거인멸죄는 타인의 형사사건 또는 징계사건에 관한 증거를 인멸하는 경우에 성립하는 것으로서, 피고인 자신이 직접 형사처분이나 징계처분을 받게 될 것을 두려워한 나머지 자기의 이익을 위하여 그 증거가 될 자료를 인멸하였다면 증거인멸죄는 성립하지 않는다.

∎ 오답해설 ∎

㉢ (×) 甲은 乙을 살해하기 위하여 돌로 乙의 머리와 가슴을 수차례 내리쳐 실신하자, 乙을 사망한 것으로 오인하고 증거를 인멸할 목적으로 乙을 땅에 파묻었는데, 乙은 땅에 파묻힌 까닭에 질식사한 경우에 이는 개괄적 고의의 문제로서, 乙이 甲의 살해의 의도로 행한 구타행위에 의하여 직접 사망한 것이 아니라 죄적을 인멸할 목적으로

행한 매장행위에 의하여 사망하게 되었다 하더라도 전과정을 개괄적으로 보면 결국 甲이 처음에 예견한 살인을 실현한 것이므로, 甲은 살인죄가 성립한다(대판 1988.6.28. 88도650).

ㄹ (×) 피고인의 구타행위로 상해를 입은 피해자가 정신을 잃고 빈사상태에 빠지자 사망한 것으로 오인하고, 자신의 행위를 은폐하고 피해자가 자살한 것처럼 가장하기 위하여 피해자를 베란다 아래의 바닥으로 떨어뜨려 사망케 하였다면, 피고인의 행위는 포괄하여 단일의 상해치사죄에 해당한다(대판 1994.11.4. 94도2361).

09 답 ④

정답해설

④ 선거관리위원회가 주체한 합동연설회장에서 일간지의 신문기사를 읽는 방법으로 전과사실을 적시하였다는 점과 그 사실 적시에 있어서 과장 또는 왜곡된 것이 없는 점 및 그 표현방법 등에 비추어 볼 때 피고인이 위 사실을 적시한 것은 상대 후보의 평가를 저하시켜 스스로가 당선되려는 사적 이익도 동기가 되었지만 유권자들에게 상대 후보자의 자질에 대한 자료를 제공함으로써 적절한 투표권을 행사하도록 하려는 공공의 이익도 한 동기가 되었다고 보는 것이 상당하다. 또한 전과사실이 공표됨으로써 상대 후보가 입는 명예(인격권)의 침해정도와 만일 이를 금지할 경우 생기는 피고인의 표현의 자유에 대한 제한과 유권자들의 올바른 선택권에 대한 장애의 정도를 교량한다면 후자가 전자보다 중하다고 보는 것이 상당하다. 따라서 피고인이 상대 후보의 전과사실을 적시한 것은 진실한 사실로서 공공의 이익에 관한 때에 해당하므로 공직선거및선거부정방지법 제251조 단서에 의하여 위법성이 조각된다고 본 사례(대법원 1996.6.28. 96도977).

오답해설

① 인근 상가의 통행로로 이용되고 있는 토지의 사실상 지배권자가 위 토지에 철주와 철망을 설치하고 포장된 아스팔트를 걷어냄으로써 통행로로 이용하지 못하게 한 경우, 이는 일반교통방해죄를 구성하고 자구행위에 해당하지 않는다고 한 사례(대판 2007.12.28. 2007도7717).

② 집회장소 사용 승낙을 하지 않은 갑대학교측의 집회 저지 협조요청에 따라 경찰관들이 갑대학교 출입문에서 신고된 갑대학교에서의 집회에 참가하려는 자의 출입을 저지한 것은 경찰관직무집행법 제6조의 주거침입행위에 대한 사전 제지조치로 볼 수 있고, 비록 그 때문에 소정의

신고없이 을대학교로 장소를 옮겨서 집회를 하였다 하여 그 신고없이 한 집회가 긴급피난에 해당한다고도 할 수 없다(대판 1990.8.14. 90도870).

③ 아파트 입주자대표회의 회장이 다수 입주민들의 민원에 따라 위성방송 수신을 방해하는 케이블TV방송의 시험방송 송출을 중단시키기 위하여 위 케이블TV방송의 방송안테나를 절단하도록 지시한 행위를 긴급피난 내지는 정당행위에 해당한다고 볼 수 없다고 한 원심의 판단을 수긍한 사례(대판 2006.4.13. 2005도9396).

10 답 ③

정답해설

③ 사용자가 기업이 불황이라는 사유만을 이유로 하여 임금이나 퇴직금을 지급하지 않거나 체불하는 것은 근로기준법이 허용하지 않는 바이나, 사용자가 모든 성의와 노력을 다했어도 임금의 체불이나 미불을 방지할 수 없었다는 것이 사회통념상 긍정할 정도가 되어 사용자에게 더 이상의 적법행위를 기대할 수 없다거나, 사용자가 퇴직금 지급을 위하여 최선의 노력을 다하였으나 경영부진으로 인한 자금사정 등으로 도저히 지급기일 내에 퇴직금을 지급할 수 없었다는 등의 불가피한 사정이 인정되는 경우에는 그러한 사유는 근로기준법 제36조, 제42조 각 위반범죄의 책임조각사유로 된다(대판 2001.2.23. 2001도204).

오답해설

① 자신의 강도상해 범행을 일관되게 부인하였으나 유죄판결이 확정된 피고인이 별건으로 기소된 공범의 형사사건에서 자신의 범행사실을 부인하는 증언을 한 사안에서, 피고인에게 사실대로 진술할 것이라는 기대가능성이 있으므로 위증죄가 성립한다고 판단한 사례(대판 2008.10.23. 2005도10101).

② 제10조 참고

제10조(심신장애인)
① 심신장애로 인하여 사물을 변별할 능력이 없거나 의사를 결정할 능력이 없는 자의 행위는 벌하지 아니한다.

④ 특단의 사정이 없는 한 성격적 결함을 가진 자에 대하여 자신의 충동을 억제하고 법을 준수하도록 요구하는 것이 기대할 수 없는 행위를 요구하는 것이라고는 할 수 없으므로, 사춘기 이전의 소아들을 상대로 한 성행위를 중심으로 성적 흥분을 강하게 일으키는 공상, 성적 충동, 성적 행동이 반복되어 나타나는 소아기호증은 성적인 측면에

서의 성격적 결함으로 인하여 나타나는 것으로서, 소아기호증과 같은 질환이 있다는 사정은 그 자체만으로는 형의 감면사유인 심신장애에 해당하지 아니한다고 봄이 상당하고, 다만 그 증상이 매우 심각하여 원래의 의미의 정신병이 있는 사람과 동등하다고 평가할 수 있거나, 다른 심신장애사유와 경합된 경우 등에는 심신장애를 인정할 여지가 있으며, 이 경우 심신장애의 인정 여부는 소아기호증의 정도, 범행의 동기 및 원인, 범행의 경위 및 수단과 태양, 범행 전후의 피고인의 행동, 증거인멸 공작의 유무, 범행 및 그 전후의 상황에 관한 기억의 유무 및 정도, 반성의 빛의 유무, 수사 및 공판정에서의 방어 및 변소의 방법과 태도, 소아기호증 발병 전의 피고인의 성격과 그 범죄와의 관련성 유무 및 정도 등을 종합하여 법원이 독자적으로 판단할 수 있다(대판 2007.2.8. 2006도7900).

11

탑 ④

▎정답해설▎

④ 장애미수는 형을 감경할 수 있고(임의적 감경), 중지미수는 형을 감경 또는 면제하며(필요적 감면), 불능미수는 형을 감경 또는 면제할 수 있다(임의적 감면).

제25조(미수범)
① 범죄의 실행에 착수하여 행위를 종료하지 못하였거나 결과가 발생하지 아니한 때에는 미수범으로 처벌한다.
② 미수범의 형은 기수범보다 감경할 수 있다.

제26조(중지범)
범인이 실행에 착수한 행위를 자의(自意)로 중지하거나 그 행위로 인한 결과의 발생을 자의로 방지한 경우에는 형을 감경하거나 면제한다.

제27조(불능범)
실행의 수단 또는 대상의 착오로 인하여 결과의 발생이 불가능하더라도 위험성이 있는 때에는 처벌한다. 단, 형을 감경 또는 면제할 수 있다.

▎오답해설▎

① 대판 2006.9.14. 2004도6432
② 대판 2015.3.20. 2014도16920
③ 형법 제247조의 도박개장죄는 영리의 목적으로 스스로 주재자가 되어 그 지배하에 도박장소를 개설함으로써 성립하는 것으로서 도박죄와는 별개의 독립된 범죄이고,

'도박'이라 함은 참여한 당사자가 재물을 걸고 우연한 승부에 의하여 재물의 득실을 다투는 것을 의미하며, '영리의 목적'이란 도박개장의 대가로 불법한 재산상의 이익을 얻으려는 의사를 의미하는 것으로, 반드시 도박개장의 직접적 대가가 아니라 도박개장을 통하여 간접적으로 얻게 될 이익을 위한 경우에도 영리의 목적이 인정되고, 또한 현실적으로 그 이익을 얻었을 것을 요하지는 않는다(대판 2002.4.12. 2001도5802).

12

탑 ①

▎정답해설▎

① 업무상배임죄는 타인과의 신뢰관계에서 일정한 임무에 따라 사무를 처리할 법적 의무가 있는 자가 그 상황에서 당연히 할 것이 법적으로 요구되는 행위를 하지 않는 부작위에 의해서도 성립할 수 있다. 그러한 부작위를 실행의 착수로 볼 수 있기 위해서는 작위의무가 이행되지 않으면 사무처리의 임무를 부여한 사람이 재산권을 행사할 수 없으리라고 객관적으로 예견되는 등으로 구성요건적 결과 발생의 위험이 구체화한 상황에서 부작위가 이루어져야 한다. 그리고 행위자는 부작위 당시 자신에게 주어진 임무를 위반한다는 점과 그 부작위로 인해 손해가 발생할 위험이 있다는 점을 인식하였어야 한다(대판 2021.5.27. 2020도15529).

▎오답해설▎

② 외국환거래법 제28조 제1항 제3호에서 규정하는, 신고를 하지 아니하거나 허위로 신고하고 지급수단·귀금속 또는 증권을 수출하는 행위는 지급수단 등을 국외로 반출하기 위한 행위에 근접·밀착하는 행위가 행하여진 때에 그 실행의 착수가 있다고 할 것인데, 피고인이 일화 500만 ¥은 기탁화물로 부치고 일화 400만 ¥은 휴대용 가방에 넣어 국외로 반출하려고 하는 경우에, 500만 ¥에 대하여는 기탁화물로 부칠 때 이미 국외로 반출하기 위한 행위에 근접·밀착한 행위가 이루어졌다고 보아 실행의 착수가 있었다고 할 것이지만, 휴대용 가방에 넣어 비행기에 탑승하려고 한 나머지 400만 ¥에 대하여는 그 휴대용 가방을 보안검색대에 올려 놓거나 이를 휴대하고 통과하는 때에 비로소 실행의 착수가 있다고 볼 것이고, 피고인이 휴대용 가방을 가지고 보안검색대에 나아가지 않은 채 공항 내에서 탑승을 기다리고 있던 중에 체포되었다면 일화 400만 ¥에 대하여는 실행의 착수가 있다고 볼 수 없다(대판 2001.7.27. 2000도4298).

③ 타인의 사망을 보험사고로 하는 생명보험계약을 체결함에 있어 제3자가 피보험자인 것처럼 가장하여 체결하는 등으로 그 유효요건이 갖추어지지 못한 경우에도, 보험계약 체결 당시에 이미 보험사고가 발생하였음에도 이를 숨겼다거나 보험사고의 구체적 발생 가능성을 예견할 만한 사정을 인식하고 있었던 경우 또는 고의로 보험사고를 일으키려는 의도를 가지고 보험계약을 체결한 경우와 같이 보험사고의 우연성과 같은 보험의 본질을 해칠 정도라고 볼 수 있는 특별한 사정이 없는 한, 그와 같이 하자 있는 보험계약을 체결한 행위만으로는 미필적으로라도 보험금을 편취하려는 의사에 의한 기망행위의 실행에 착수한 것으로 볼 것은 아니다(대판 2013.11.14. 2013도7494).

④ 종범은 정범이 실행행위에 착수하여 범행을 하는 과정에서 이를 방조한 경우뿐 아니라, 정범의 실행의 착수 이전에 장래의 실행행위를 미필적으로나마 예상하고 이를 용이하게 하기 위하여 방조한 경우에도 그 후 정범이 실행행위에 나아갔다면 성립할 수 있다(대법원 2013.11.14. 2013도7494).

13   답 ②

▌정답해설▐

② 형법 제27조(불능범)는 "실행의 수단 또는 대상의 착오로 인하여 결과의 발생이 불가능하더라도 위험성이 있는 때에는 처벌한다. 단, 형을 감경 또는 면제할 수 있다."라고 규정하고 있다. 불능미수란 행위자에게 범죄의사가 있고 실행의 착수라고 볼 수 있는 행위가 있더라도 실행의 수단이나 대상의 착오로 처음부터 결과발생 또는 법익침해의 가능성이 없지만 다만 그 행위의 위험성 때문에 미수범으로 처벌하는 경우를 말한다(대판 1998.10.23. 98도2313). 여기에서 '결과의 발생이 불가능'하다는 것은 범죄행위의 성질상 어떠한 경우에도 구성요건의 실현이 불가능하다는 것을 의미한다(대판 2019.5.16. 2019도97).

▌오답해설▐

① 불능범의 판단기준으로서 위험성 판단은 피고인이 행위 당시에 인식한 사정을 놓고 이것이 객관적으로 일반인의 판단으로 보아 결과발생의 가능성이 있느냐를 따져야 하므로 히로뽕제조를 위하여 에페트린에 빙초산을 혼합한 행위가 불능범이 아니라고 인정하려면 위와 같은 사정을 놓고 객관적으로 제약방법을 아는 과학적 일반인의 판단으로 보아 결과발생의 가능성이 있어야 한다(대판 1978.3.28. 77도4049).

③ 중지범은 범죄의 실행에 착수한 후 자의로 그 행위를 중지한 때를 말하는 것이고, 실행의 착수가 있기 전인 예비음모의 행위를 처벌하는 경우에 있어서는 중지범의 관념은 이를 인정할 수 없다(대판 1991.6.25. 91도436).

④ 타인의 재물을 공유하는 자가 공유자의 승낙을 받지 않고 공유대지를 담보에 제공하고 가등기를 경료한 경우 횡령행위는 기수에 이르고 그 후 가등기를 말소했다고 하여 중지미수에 해당하는 것이 아니며 가등기말소 후에 다시 새로운 영득의사의 실현행위가 있을 때에는 그 두개의 횡령행위는 경합범 관계에 있다(대판 1978.11.28. 78도2175).

14   답 ④

▌정답해설▐

④ 포괄일죄의 범행 도중에 공동정범으로 범행에 가담한 자는 비록 그가 그 범행에 가담할 때에 이미 이루어진 종전의 범행을 알았다 하더라도 그 가담 이후의 범행에 대하여만 공동정범으로 책임을 진다(대판 1997.6.27. 97도163).

▌오답해설▐

① 피고인이 포괄일죄의 관계에 있는 범행의 일부를 실행한 후 공범관계에서 이탈하였으나 다른 공범자에 의하여 나머지 범행이 이루어진 경우, 피고인이 관여하지 않은 부분에 대하여도 죄책을 부담한다(대판 2011.1.13. 2010도9927).

② 공동정범은 인과관계를 전체적으로 판단하므로 개별적 인과관계가 밝혀지지 않아도 인과관계가 인정될 수 있다.

③ 성수대교와 같은 교량이 그 수명을 유지하기 위하여는 건설업자의 완벽한 시공, 감독공무원들의 철저한 제작시공상의 감독 및 유지·관리를 담당하고 있는 공무원들의 철저한 유지·관리라는 조건이 합치되어야 하는 것이므로, 위 각 단계에서의 과실 그것만으로 붕괴원인이 되지 못한다고 하더라도, 그것이 합쳐지면 교량이 붕괴될 수 있다는 점은 쉽게 예상할 수 있고, 따라서 위 각 단계에 관여한 자는 전혀 과실이 없다거나 과실이 있다고 하여도 교량붕괴의 원인이 되지 않았다는 등의 특별한 사정이 있는 경우를 제외하고는 붕괴에 대한 공동책임을 면할 수 없다(대판 1997.11.28. 97도1740).

15

답 ③

┃정답해설┃

③ 허위공문서작성죄의 주체는 문서를 작성할 권한이 있는 명의인인 공무원에 한하고 그 공무원의 문서작성을 보조하는 직무에 종사하는 공무원은 허위공문서작성죄의 주체가 될 수 없다. 따라서 보조 직무에 종사하는 공무원이 허위공문서를 기안하여 허위임을 모르는 작성권자의 결재를 받아 공문서를 완성한 때에는 허위공문서작성죄의 간접정범이 될 것이지만, 이러한 결재를 거치지 않고 임의로 작성권자의 직인 등을 부정 사용함으로써 공문서를 완성한 때에는 공문서위조죄가 성립한다(대판 2017.5.17. 2016도13912).

┃오답해설┃

① 감금죄는 간접정범의 형태로도 행하여질 수 있는 것이므로, 인신구속에 관한 직무를 행하는 자 또는 이를 보조하는 자가 피해자를 구속하기 위하여 진술조서 등을 허위로 작성한 후 이를 기록에 첨부하여 구속영장을 신청하고, 진술조서 등이 허위로 작성된 정을 모르는 검사와 영장전담판사를 기망하여 구속영장을 발부받은 후 그 영장에 의하여 피해자를 구금하였다면 형법 제124조 제1항의 직권남용감금죄가 성립한다(대판 2006.5.25. 2003도3945).

② 공문서의 작성권한이 있는 공무원의 직무를 보좌하는 자가 그 직위를 이용하여 행사할 목적으로 허위의 내용이 기재된 문서 초안을 그 정을 모르는 상사에게 제출하여 결재하도록 하는 등의 방법으로 작성권한이 있는 공무원으로 하여금 허위의 공문서를 작성하게 한 경우에는 간접정범이 성립되고 이와 공모한 자 역시 그 간접정범의 공범으로서의 죄책을 면할 수 없는 것이고, 여기서 말하는 공범은 반드시 공무원의 신분이 있는 자로 한정되는 것은 아니라고 할 것이다(대판 1992.1.17. 91도2837).

④ 출판물에 의한 명예훼손죄는 간접정범에 의하여 범하여질 수도 있으므로 타인을 비방할 목적으로 허위의 기사 재료를 그 정을 모르는 기자에게 제공하여 신문 등에 보도되게 한 경우에도 성립할 수 있으나 제보자가 기사의 취재·작성과 직접적인 연관이 없는 자에게 허위의 사실을 알렸을 뿐인 경우에는, 제보자가 피제보자에게 그 알리는 사실이 기사화되도록 특별히 부탁하였다거나 피제보자가 이를 기사화할 것이 고도로 예상되는 등의 특별한 사정이 없는 한, 피제보자가 언론에 공개하거나 기자들에게 취재됨으로써 그 사실이 신문에 게재되어 일반 공중에게 배포되더라도 제보자에게 출판·배포된 기사에 관하여 출판물에 의한 명예훼손죄의 책임을 물을 수는 없다(대판 2002.6.28. 2000도3045).

16

답 ④

┃정답해설┃

④ 교사자가 피교사자에 대하여 상해 또는 중상해를 교사하였는데 피교사자가 이를 넘어 살인을 실행한 경우 일반적으로 교사자는 상해죄 또는 중상해죄의 교사범이 되지만 이 경우 교사자에게 피해자의 사망이라는 결과에 대하여 과실 내지 예견가능성이 있는 때에는 상해치사죄의 교사범으로서의 죄책을 지울 수 있다(대판 1993.10.8. 93도1873).

┃오답해설┃

① 피교사자가 범죄의 실행에 착수한 경우 그 범행결의가 교사자의 교사행위에 의하여 생긴 것인지는 교사자와 피교사자의 관계, 교사행위의 내용 및 정도, 피교사자가 범행에 이르게 된 과정, 교사자의 교사행위가 없더라도 피교사자가 범행을 저지를 다른 원인의 존부 등 제반 사정을 종합적으로 고려하여 사건의 전체적 경과를 객관적으로 판단하는 방법에 의하여야 하고, 이러한 판단 방법에 의할 때 피교사자가 교사자의 교사행위 당시에는 일응 범행을 승낙하지 아니한 것으로 보여진다 하더라도 이후 그 교사행위에 의하여 범행을 결의한 것으로 인정되는 이상 교사범의 성립에는 영향이 없다(대판 2013.9.12. 2012도2744).

② 실패한 교사의 경우로 갑은 살인죄의 예비·음모에 준해 처벌된다.

③ 진료부는 환자의 계속적인 진료에 참고로 공하여지는 진료상황부이므로 간호보조원의 무면허 진료행위가 있은 후에 이를 의사가 진료부에다 기재하는 행위는 정범의 실행행위종료 후의 단순한 사후행위에 불과하다고 볼 수 없고 무면허 의료행위의 방조에 해당한다(대판 1982.4.27. 82도122).

17

답 ①

┃정답해설┃

① 강도합동범 중 1인이 피고인과 공모한대로 과도를 들고 강도를 하기 위하여 피해자의 거소를 들어가 피해자를 향하여 칼을 휘두른 이상 이미 강도의 실행행위에 착수한 것임이 명백하고, 그가 피해자들을 과도로 찔러 상해를 가하였다면 대문 밖에서 망을 본 공범인 피고인이 구체적으로 상해를 가할 것까지 공모하지 않았다 하더라도 피고인은 상해의 결과에 대하여도 공범으로서의 책임을 면할 수 없다(대판 1998.4.14. 98도356).

② 형법 제334조 제2항에 규정된 합동범은 주관적 요건으로서 공모가 있어야 하고 객관적 요건으로서 현장에서의 실행행위의 분담이라는 협동관계가 있어야 하는 것이므로 피고인이 다른 피고인들과 택시강도를 하기로 모의한 일이 있다고 하여도 다른 피고인들이 피해자에 대한 폭행에 착수하기 전에 겁을 먹고 미리 현장에서 도주해 버렸다면 다른 피고인들과의 사이에 강도의 실행행위를 분담한 협동관계가 있었다고 보기는 어려우므로 피고인을 특수강도의 합동범으로 다스릴 수는 없다(대판 1985.3.26. 84도2956).

③ 3인 이상의 범인이 합동절도의 범행을 공모한 후 적어도 2인 이상의 범인이 범행 현장에서 시간적, 장소적으로 협동관계를 이루어 절도의 실행행위를 분담하여 절도 범행을 한 경우에는 공동정범의 일반 이론에 비추어 그 공모에는 참여하였으나 현장에서 절도의 실행행위를 직접 분담하지 아니한 다른 범인에 대하여도 그가 현장에서 절도 범행을 실행한 위 2인 이상의 범인의 행위를 자기 의사의 수단으로 하여 합동절도의 범행을 하였다고 평가할 수 있는 정범성의 표지를 갖추고 있다고 보여지는 한 그 다른 범인에 대하여 합동절도의 공동정범의 성립을 부정할 이유가 없다고 할 것이다(대판 1998.5.21. 98도321).

④ 피고인이 甲, 乙과 공모한 후 甲, 乙은 피해자 회사의 사무실 금고에서 현금을 절취하고, 피고인은 위 사무실로부터 약 100m 떨어진 곳에서 망을 보는 방법으로 합동하여 재물을 절취하였다고 하여 주위적으로 기소된 사안에서, 제반 사정에 비추어 甲, 乙의 합동절도 범행에 대한 공동정범으로서 죄책을 면할 수 없는데도, 이와 달리 보아 피고인에게 무죄를 인정한 원심판결에 법리오해의 위법이 있다고 한 사례(대판 2011.5.13. 2011도2021).

18   🅐 ①

㉠ (○) 전기통신금융사기(이른바 보이스피싱 범죄)의 범인이 피해자를 기망하여 피해자의 자금을 사기이용계좌로 송금·이체받으면 사기죄는 기수에 이르고, 범인이 피해자의 자금을 점유하고 있다고 하여 피해자와의 어떠한 위탁관계나 신임관계가 존재한다고 볼 수 없을 뿐만 아니라, 그 후 범인이 사기이용계좌에서 현금을 인출하였더라도 이는 이미 성립한 사기범행이 예정하고 있던 행위에 지나지 아니하여 새로운 법익을 침해한다고 보기도 어려우므로, 위와 같은 인출행위는 사기의 피해자에 대하여 별도의 횡령죄를 구성하지 아니한다(대판 2017.5.31. 2017도3894).

㉡ (○) 절도 범인으로부터 장물보관 의뢰를 받은 자가 그 정을 알면서 이를 인도받아 보관하고 있다가 임의 처분하였다 하여도 장물보관죄가 성립하는 때에는 이미 그 소유자의 소유물 추구권을 침해하였으므로 그 후의 횡령행위는 불가벌적 사후행위에 불과하여 별도로 횡령죄가 성립하지 않는다(대판 2004.4.9. 2003도8219).

㉢ (×) 컴퓨터로 음란 동영상을 제공한 제1범죄행위로 서버 컴퓨터가 압수된 이후 다시 장비를 갖추어 동종의 제2범죄행위를 하고 제2범죄행위로 인하여 약식명령을 받아 확정된 사안에서, 피고인에게 범의의 갱신이 있어 제1범죄행위는 약식명령이 확정된 제2범죄행위와 실체적 경합관계에 있다고 보아야 할 것이라는 이유로, 포괄일죄를 구성한다고 판단한 원심판결을 파기한 사례(대판 2005.9.30. 2005도4051).

㉣ (○) 열차승차권은 그 자체에 권리가 화체되어 있는 무기명증권이므로 이를 곧 사용하여 승차하거나 권면가액으로 양도할 수 있고 매입금액의 환불을 받을 수 있는 것으로서 열차승차권을 절취한 자가 환불을 받음에 있어 비록 기망행위가 수반한다 하더라도 절도죄 외에 따로히 사기죄가 성립하지 아니한다(대판 1975.8.29. 75도1996).

19   🅐 ③

③ 의료사고에서 의사의 과실을 인정하기 위해서는 의사가 결과발생을 예견할 수 있었음에도 이를 예견하지 못하였고 결과발생을 회피할 수 있었음에도 이를 회피하지 못한 과실이 검토되어야 하고, 과실의 유무를 판단할 때에는 같은 업무와 직무에 종사하는 보통인의 주의정도를 표준으로 하여야 하며, 여기에는 사고 당시의 일반적인 의학의 수준과 의료환경 및 조건, 의료행위의 특수성 등이 고려되어야 하고, 이러한 법리는 한의사의 경우에도 마찬가지이다(대판 2011.4.14. 2010도10104).

① 피고인이 사업당시 공사현장감독인인 이상 그 공사의 원래의 발주자의 직원이 아니고 또 동 발주자에 의하여 현장감독에 임명된 것도 아니며, 건설업법상 요구되는 현장건설기술자의 자격도 없다는 등의 사유는 업무상과실책임을 물음에 아무런 영향도 미칠 수 없다(대판 1983.6.14. 82도2713).

② 의사가 설명의무를 위반한 채 의료행위를 하였다가 환자에게 상해 또는 사망의 결과가 발생한 경우 의사에게 업무상 과실로 인한 형사책임을 지우기 위해서는 의사의 설명의무 위반과 환자의 상해 또는 사망 사이에 상당인과관계가 존재하여야 한다(대법원 2011.4.14. 2010도10104).

④ 법인은 기관을 통하여 행위를 하므로 법인이 대표자를 선임한 이상 그의 행위로 인한 법률효과는 법인에게 귀속되어야 하고, 법인 대표자의 범죄행위에 대하여는 법인 자신이 자신의 행위에 대한 책임을 부담하여야 하는바, 법인 대표자의 법규위반행위에 대한 법인의 책임은 법인 자신의 법규위반행위로 평가될 수 있는 행위에 대한 법인의 직접책임으로서, 대표자의 고의에 의한 위반행위에 대하여는 법인 자신의 고의에 의한 책임을, 대표자의 과실에 의한 위반행위에 대하여는 법인 자신의 과실에 의한 책임을 부담하는 것이다. 따라서, 이 사건 법률조항은 대표자의 책임을 요건으로 하여 법인을 처벌하므로 책임주의원칙에 반하지 아니한다(헌재 2010.9.30. 2010헌가61, 공보 168, 1644, 1644).

20 답 ④

▎정답해설▎

④ 제253조 참고

> **제253조(위계 등에 의한 촉탁살인 등)**
> 전조의 경우에 위계 또는 위력으로써 촉탁 또는 승낙하게 하거나 자살을 결의하게 한 때에는 제250조의 예에 의한다.

▎오답해설▎

① 형법 제255조, 제250조의 살인예비죄가 성립하기 위하여는 형법 제255조에서 명문으로 요구하는 살인죄를 범할 목적 외에도 살인의 준비에 관한 고의가 있어야 하며, 나아가 실행의 착수까지에는 이르지 아니하는 살인죄의 실현을 위한 준비행위가 있어야 한다(대판 2009.10.29. 2009도7150).

② 피고인이 7세, 3세 남짓된 어린자식들에 대하여 함께 죽자고 권유하여 물속에 따라 들어오게 하여 결국 익사하게 하였다면 비록 피해자들을 물속에 직접 밀어서 빠뜨리지는 않았다고 하더라도 자살의 의미를 이해할 능력이 없고 피고인의 말이라면 무엇이나 복종하는 어린 자식들을 권유하여 익사하게 한 이상 살인죄의 범의는 있었음이 분명하다(대법원 1987.1.20. 86도2395).

③ 혼인 외의 출생자와 생모간에는 생모의 인지나 출생신고를 기다리지 않고 자의 출생으로 당연히 법률상의 친족관계가 생기는 것이다(대판 1980.9.9. 80도1731). 따라서 존속살인죄가 성립한다.

21 답 ③

▎정답해설▎

③ 폭행죄의 상습성은 폭행 범행을 반복하여 저지르는 습벽을 말하는 것으로서, 동종 전과의 유무와 그 사건 범행의 횟수, 기간, 동기 및 수단과 방법 등을 종합적으로 고려하여 상습성 유무를 결정하여야 하고, 단순폭행, 존속폭행의 범행이 동일한 폭행 습벽의 발현에 의한 것으로 인정되는 경우, 그중 법정형이 더 중한 상습존속폭행죄에 나머지 행위를 포괄하여 하나의 죄만이 성립한다고 봄이 타당하다(대판 2018.4.24. 2017도10956).

▎오답해설▎

① 갑과 을은 의사연락이 없었으므로 공동정범으로 처벌할 수 없으며 상해가 甲의 폭행에 의한 것으로 밝혀졌으므로 동시범도 성립하지 않는다.

② 상해죄 및 폭행죄의 상습범에 관한 형법 제264조는 "상습으로 제257조, 제258조, 제258조의2, 제260조 또는 제261조의 죄를 범한 때에는 그 죄에 정한 형의 2분의 1까지 가중한다."라고 규정하고 있다. 형법 제264조에서 말하는 '상습'이란 위 규정에 열거된 상해 내지 폭행행위의 습벽을 말하는 것이므로, 위 규정에 열거되지 아니한 다른 유형의 범죄까지 고려하여 상습성의 유무를 결정하여서는 아니 된다(대판 2018.4.24. 2017도21663).

④ 성폭력범죄의 처벌 및 피해자 보호 등에 관한 법률의 목적과 같은 법 제6조의 규정 취지에 비추어 보면 같은 법 제6조 제1항 소정의 '흉기 기타 위험한 물건을 휴대하여 강간죄를 범한 자'란 범행 현장에서 그 범행에 사용하려는 의도 아래 흉기를 소지하거나 몸에 지니는 경우를 가리키는 것이고, 그 범행과는 전혀 무관하게 우연히 이를 소지하게 된 경우까지를 포함하는 것은 아니라 할 것이나, 범행 현장에서 범행에 사용하려는 의도 아래 흉기 등 위험한 물건을 소지하거나 몸에 지닌 이상 그 사실을 피해자가 인식하거나 실제로 범행에 사용하였을 것까지 요구되는 것은 아니다(대판 2004.6.11. 2004도2018).

22

답 ②

┃정답해설┃

㉠ (○) 업무상과실치상죄의 '업무'란 사람의 사회생활면에서 하나의 지위로서 계속적으로 종사하는 사무를 말한다. 여기에는 수행하는 직무 자체가 위험성을 갖기 때문에 안전배려를 의무의 내용으로 하는 경우는 물론 사람의 생명·신체의 위험을 방지하는 것을 의무의 내용으로 하는 업무도 포함된다. 그러나 건물 소유자가 안전배려나 안전관리 사무에 계속적으로 종사하거나 그러한 계속적 사무를 담당하는 지위를 가지지 않은 채 단지 건물을 비정기적으로 수리하거나 건물의 일부분을 임대하였다는 사정만으로는 건물 소유자의 위와 같은 행위가 업무상과실치상죄의 '업무'에 해당한다고 보기 어렵다(대판 2017.12.5. 2016도16738).

㉡ (×) 공사도급계약의 경우 원칙적으로 도급인에게는 수급인의 업무와 관련하여 사고방지에 필요한 안전조치를 취할 주의의무가 없으나, 법령에 의하여 도급인에게 수급인의 업무에 관하여 구체적인 관리·감독의무 등이 부여되어 있거나 도급인이 공사의 시공이나 개별 작업에 관하여 구체적으로 지시·감독하였다는 등의 특별한 사정이 있는 경우에는 도급인에게도 수급인의 업무와 관련하여 사고방지에 필요한 안전조치를 취할 주의의무가 있다고 할 것이다(대법원 2009.5.28. 2008도7030).

㉢ (○) 강간치상의 범행을 저지른 자가 그 범행으로 인하여 실신상태에 있는 피해자를 구호하지 아니하고 방치하였다고 하더라도 그 행위는 포괄적으로 단일의 강간치상죄만을 구성한다(대판 1980.6.24. 80도726).

㉣ (×) 피고인이 자신이 운영하는 주점에 손님으로 와서 수일 동안 식사는 한 끼도 하지 않은 채 계속하여 술을 마시고 만취한 피해자를 주점 내에 그대로 방치하여 저체온증 등으로 사망에 이르게 하였다는 내용으로 예비적으로 기소된 사안에서, 피고인은 피해자에게 생명 또는 신체에 대한 위해가 발생하지 아니하도록 필요한 조치를 강구하여야 할 계약상의 부조의무를 부담한다고 판단하여 유기치사죄를 인정한 원심판결을 수긍한 사례(대판 2011.11.24. 2011도12302).

23

답 ②

┃정답해설┃

㉠ (○) 강제추행죄는 사람의 성적 자유 내지 성적 자기결정의 자유를 보호하기 위한 죄로서 정범 자신이 직접 범죄를 실행하여야 성립하는 자수범이라고 볼 수 없으므로, 처벌되지 아니하는 타인을 도구로 삼아 피해자를 강제로 추행하는 간접정범의 형태로도 범할 수 있다(대법원 2018.2.8. 2016도17733).

㉡ (×) 피고인이 피해자가 심신상실 또는 항거불능의 상태에 있다고 인식하고 그러한 상태를 이용하여 간음할 의사로 피해자를 간음하였으나 피해자가 실제로는 심신상실 또는 항거불능의 상태에 있지 않은 경우에는, 실행의 수단 또는 대상의 착오로 인하여 준강간죄에서 규정하고 있는 구성요건적 결과의 발생이 처음부터 불가능하였고 실제로 그러한 결과가 발생하였다고 할 수 없다. 피고인이 준강간의 실행에 착수하였으나 범죄가 기수에 이르지 못하였으므로 준강간죄의 미수범이 성립한다. 피고인이 행위 당시에 인식한 사정을 놓고 일반인이 객관적으로 판단하여 보았을 때 준강간의 결과가 발생할 위험성이 있었으므로 준강간죄의 불능미수가 성립한다(대법원 2019.3.28. 2018도16002).

㉢ (×) 위계에 의한 간음죄에서 '위계'란 행위자의 행위목적을 달성하기 위하여 피해자에게 오인, 착각, 부지를 일으키게 하여 이를 이용하는 것을 말한다. 이러한 위계의 개념 및 성폭력범죄에 특히 취약한 사람을 보호하고 행위자를 강력하게 처벌하려는 입법 태도, 피해자의 인지적·심리적·관계적 특성으로 온전한 성적 자기결정권 행사를 기대하기 어려운 사정 등을 종합하면, 행위자가 간음의 목적으로 피해자에게 오인, 착각, 부지를 일으키고 피해자의 그러한 심적 상태를 이용하여 간음의 목적을 달성하였다면 위계와 간음행위 사이의 인과관계를 인정할 수 있고, 따라서 위계에 의한 간음죄가 성립한다. 왜곡된 성적 결정에 기초하여 성행위를 하였다면 왜곡이 발생한 지점이 성행위 그 자체인지 성행위에 이르게 된 동기인지는 성적 자기결정권에 대한 침해가 발생한 것은 마찬가지라는 점에서 핵심적인 부분이라고 하기 어렵다. 피해자가 오인, 착각, 부지에 빠지게 되는 대상은 간음행위 자체일 수도 있고, 간음행위에 이르게 된 동기이거나 간음행위와 결부된 금전적·비금전적 대가와 같은 요소일 수도 있다(대판 2020.8.27. 2015도9436 전합).

㉣ (×) 형법 제298조는 "폭행 또는 협박으로 사람에 대하여 추행을 한 자"를 강제추행죄로 벌할 것을 정한다. 그런데 강제추행죄는 개인의 성적 자유라는 개인적 법익을 침해

하는 죄로서, 위 법규정에서의 '추행'이란 일반인에게 성적 수치심이나 혐오감을 일으키고 선량한 성적 도덕관념에 반하는 행위인 것만으로는 부족하고 그 행위의 상대방인 피해자의 성적 자기결정의 자유를 침해하는 것이어야 한다(대판 2012.7.26. 2011도8805).

24
답 ③

┃정답해설┃

③ 전국교직원노동조합 소속 교사가 작성·배포한 보도자료의 일부에 사실과 다른 기재가 있으나 전체적으로 그 기재 내용이 진실하고 공공의 이익을 위한 것이라고 보아 명예훼손죄의 위법성이 조각된다고 한 사례(대판 2001.10.9. 2001도3594).

┃오답해설┃

① 형법이 명예훼손죄 또는 모욕죄를 처벌함으로써 보호하고자 하는 사람의 가치에 대한 평가인 외부적 명예는 개인적 법익으로서, 국민의 기본권을 보호 내지 실현해야 할 책임과 의무를 지고 있는 공권력의 행사인 국가나 지방자치단체는 기본권의 수범자일 뿐 기본권의 주체가 아니고, 정책결정이나 업무수행과 관련된 사항은 항상 국민의 광범위한 감시와 비판의 대상이 되어야 하며 이러한 감시와 비판은 그에 대한 표현의 자유가 충분히 보장될 때에 비로소 정상적으로 수행될 수 있으므로, 국가나 지방자치단체는 국민에 대한 관계에서 형벌의 수단을 통해 보호되는 외부적 명예의 주체가 될 수는 없고, 따라서 명예훼손죄나 모욕죄의 피해자가 될 수 없다(대판 2016.12.27. 2014도15290).

② 형법 제307조 제1항, 제2항, 제310조의 체계와 문언 및 내용에 의하면, 제307조 제1항의 '사실'은 제2항의 '허위의 사실'과 반대되는 '진실한 사실'을 말하는 것이 아니라 가치판단이나 평가를 내용으로 하는 '의견'에 대치되는 개념이다. 따라서 제307조 제1항의 명예훼손죄는 적시된 사실이 진실한 사실인 경우이든 허위의 사실인 경우이든 모두 성립될 수 있고, 특히 적시된 사실이 허위의 사실이라고 하더라도 행위자에게 허위성에 대한 인식이 없는 경우에는 제307조 제2항의 명예훼손죄가 아니라 제307조 제1항의 명예훼손죄가 성립될 수 있다(대판 2017.4.26. 2016도18024).

④ 모욕죄는 공연히 사람을 모욕하는 경우에 성립하는 범죄로서(형법 제311조), 사람의 가치에 대한 사회적 평가를 의미하는 외부적 명예를 보호법익으로 하고, 여기에서

'모욕'이란 사실을 적시하지 아니하고 사람의 사회적 평가를 저하시킬 만한 추상적 판단이나 경멸적 감정을 표현하는 것을 의미한다. 그리고 모욕죄는 피해자의 외부적 명예를 저하시킬 만한 추상적 판단이나 경멸적 감정을 공연히 표시함으로써 성립하므로, 피해자의 외부적 명예가 현실적으로 침해되거나 구체적·현실적으로 침해될 위험이 발생하여야 하는 것도 아니다(대판 2016.10.13. 2016도9674).

25
답 ③

┃정답해설┃

㉠ (○) 쟁의행위로서의 파업이 언제나 업무방해죄에 해당하는 것으로 볼 것은 아니고, 전후 사정과 경위 등에 비추어 사용자가 예측할 수 없는 시기에 전격적으로 이루어져 사용자의 사업운영에 심대한 혼란 내지 막대한 손해를 초래하는 등으로 사용자의 사업계속에 관한 자유의사가 제압·혼란될 수 있다고 평가할 수 있는 경우에 비로소 그 집단적 노무제공의 거부가 위력에 해당하여 업무방해죄가 성립한다고 봄이 상당하다(대판 2011.3.17. 2007도482 전합).

㉣ (○) 형법 제314조 제2항의 '컴퓨터 등 장애 업무방해죄'가 성립하기 위해서는 가해행위 결과 정보처리장치가 그 사용목적에 부합하는 기능을 하지 못하거나 사용목적과 다른 기능을 하는 등 정보처리에 장애가 현실적으로 발생하였을 것을 요하나, 정보처리에 장애를 발생하게 하여 업무방해의 결과를 초래할 위험이 발생한 이상, 나아가 업무방해의 결과가 실제로 발생하지 않더라도 위 죄가 성립한다(대판 2009.4.9. 2008도11978).

┃오답해설┃

㉡ (×) 공인중개사인 피고인이 자신의 명의로 등록되어 있으나 실제로는 공인중개사가 아닌 피해자가 주도적으로 운영하는 형식으로 동업하여 중개사무소를 운영하다가 위 동업관계가 피해자의 귀책사유로 종료되고 피고인이 동업관계의 종료로 부동산중개업을 그만두기로 한 경우, 피해자의 중개업은 법에 의하여 금지된 행위로서 형사처벌의 대상이 되는 범죄행위에 해당하는 것으로서 업무방해죄의 보호대상이 되는 업무라고 볼 수 없다고 한 사례(대판 2007.1.12. 2006도6599).

㉢ (×) 위계에 의한 업무방해죄에서 '위계'란 행위자가 행위목적을 달성하기 위하여 상대방에게 오인·착각 또는 부지를 일으키게 하여 이를 이용하는 것을 말하고, 업무

방해죄의 성립에는 업무방해의 결과가 실제로 발생함을 요하지 않고 업무방해의 결과를 초래할 위험이 발생하면 족하며, 업무수행 자체가 아니라 업무의 적정성 내지 공정성이 방해된 경우에도 업무방해죄가 성립한다(대법원 2010.3.25. 2009도8506, 대법원 2013.11.28. 2013도5117).

26   답 ②

┃정답해설┃

② 다른 사람의 주택에 무단 침입한 범죄사실로 이미 유죄판결을 받은 사람이 그 판결이 확정된 후에도 퇴거하지 않은 채 계속하여 당해 주택에 거주한 사안에서, 위 판결 확정 이후의 행위는 별도의 주거침입죄를 구성한다고 한 사례(대판 2008.5.8. 2007도11322).

┃오답해설┃

① 건조물침입죄에서 침입행위의 객체인 '건조물'은 건조물침입죄가 사실상 주거의 평온을 보호법익으로 하는 점에 비추어 엄격한 의미에서의 건조물 그 자체뿐만이 아니라 그에 부속하는 위요지를 포함한다고 할 것이나, 여기서 위요지라고 함은 건조물에 인접한 그 주변의 토지로서 외부와의 경계에 담 등이 설치되어 그 토지가 건조물의 이용에 제공되고 또 외부인이 함부로 출입할 수 없다는 점이 객관적으로 명확하게 드러나야 한다(대판 2010.4.29. 2009도14643). 그러나 관리자가 일정한 토지와 외부의 경계에 인적 또는 물적 설비를 갖추고 외부인의 출입을 제한하고 있더라도 그 토지에 인접하여 건조물로서의 요건을 갖춘 구조물이 존재하지 않는다면 이러한 토지는 건조물침입죄의 객체인 위요지에 해당하지 않는다고 봄이 타당하다(대판 2017.12.22. 2017도690).

③ 대판 2001.4.24. 2001도1092

④ 대판 2021.9.9. 2020도12630 전합

27   답 ④

┃정답해설┃

④ 형법상 절취란 타인이 점유하고 있는 자기 이외의 자의 소유물을 점유자의 의사에 반하여 점유를 배제하고 자기 또는 제3자의 점유로 옮기는 것을 말한다. 그리고 절도죄의 성립에 필요한 불법영득의 의사란 타인의 물건을 그 권리자를 배제하고 자기의 소유물과 같이 그 경제적 용법에 따라 이용·처분하고자 하는 의사를 말하는 것으로서, 단순히 타인의 점유만을 침해하였다고 하여 그로써 곧 절도죄가 성립하는 것은 아니나, 재물의 소유권 또는 이에 준하는 본권을 침해하는 의사가 있으면 되고 반드시 영구적으로 보유할 의사가 필요한 것은 아니며, 그것이 물건 자체를 영득할 의사인지 물건의 가치만을 영득할 의사인지를 불문한다. 따라서 어떠한 물건을 점유자의 의사에 반하여 취거하는 행위가 결과적으로 소유자의 이익으로 된다는 사정 또는 소유자의 추정적 승낙이 있다고 볼 만한 사정이 있다고 하더라도, 다른 특별한 사정이 없는 한 그러한 사유만으로 불법영득의 의사가 없다고 할 수는 없다(대판 2014.2.21. 2013도14139).

┃오답해설┃

① 피고인이 동거 중인 피해자의 지갑에서 현금을 꺼내가는 것을 피해자가 현장에서 목격하고도 만류하지 아니하였다면 피해자가 이를 허용하는 묵시적 의사가 있었다고 봄이 상당하여 이는 절도죄를 구성하지 않는다(구성요건 배제사유)(대판 1985.11.26. 85도1487).

② 피고인이 피고인과 피해자의 동업자금으로 구입하여 피해자가 관리하고 있던 다이야포크레인 1대를 그의 허락 없이 공소외인으로 하여금 운전하여 가도록 한 행위는 절도죄를 구성한다(대판 1990.9.11. 90도1021).

③ 형법상 자구행위라 함은 법정절차에 의하여 청구권을 보전하기 불능한 경우에 그 청구권의 실행불능 또는 현저한 실행곤란을 피하기 위한 상당한 행위를 말하는 것인바(대판 1984.12.26. 84도2582, 84감도397), 이 사건에서 피고인들에 대한 채무자인 피해자가 부도를 낸 후 도피하였고 다른 채권자들이 채권확보를 위하여 피해자의 물건들을 취거해 갈 수도 있다는 사정만으로는 피고인들이 법정절차에 의하여 자신들의 피해자에 대한 청구권을 보전하는 것이 불가능한 경우에 해당한다고 볼 수 없을 뿐만 아니라, 또한 피해자 소유의 가구점에 관리종업원이 있음에도 불구하고 위 가구점의 시정장치를 쇠톱으로 절단하고 들어가 가구들을 무단으로 취거한 행위가 피고인들의 피해자에 대한 청구권의 실행불능이나 현저한 실행곤란을 피하기 위한 상당한 이유가 있는 행위라고도 할 수 없다(대판 2006.3.24. 2005도8081).

28 답 ④

▌정답해설▌

④ 피고인이 술집 운영자 甲으로부터 술값의 지급을 요구받자 甲을 유인·폭행하고 도주함으로써 술값의 지급을 면하여 재산상 이익을 취득하고 상해를 가하였다고 하여 강도상해로 기소되었는데, 원심이 위 공소사실을 '피고인이 甲에게 지급해야 할 술값의 지급을 면하여 재산상 이익을 취득하고 甲을 폭행하였다'는 범죄사실로 인정하여 준강도죄를 적용한 사안에서, 원심이 인정한 범죄사실에는 그 자체로 절도의 실행에 착수하였다는 내용이 포함되어 있지 않음에도 준강도죄를 적용하여 유죄로 인정한 원심판결에 준강도죄의 주체에 관한 법리오해의 잘못이 있다고 한 사례(대판 2014.5.16. 2014도2521).

▌오답해설▌

① 감금행위가 단순히 강도상해 범행의 수단이 되는 데 그치지 아니하고 강도상해의 범행이 끝난 뒤에도 계속된 경우에는 1개의 행위가 감금죄와 강도상해죄에 해당하는 경우라고 볼 수 없고, 이 경우 감금죄와 강도상해죄는 형법 제37조의 경합범 관계에 있다(대판 2003.1.10. 2002도4380).

② 절도범이 체포를 면탈할 목적으로 체포하려는 여러 명의 피해자에게 같은 기회에 폭행을 가하여 그 중 1인에게만 상해를 가하였다면 이러한 행위는 포괄하여 하나의 강도상해죄만 성립한다(대판 2001.8.21. 2001도3447).

③ 형법 제339조의 강도강간죄는 강도범인이 강도의 기회에 강간행위를 한 경우에 성립되는 것으로서 강도가 실행에 착수하였으나 아직 강도행위를 완료하기 전에 강간을 한 경우도 이에 포함된다(대판 1984.10.10. 84도1880).

29 답 ②

▌정답해설▌

② 사기죄는 사람을 기망하여 자기 또는 제3자로 하여금 재물 또는 재산상의 이익을 얻거나 얻게 하는 경우에 성립하는 것인바, 자기의 채권자에 대한 채무이행으로 채권을 양도하였다 하더라도 위 채권이 존재하지 않는다면 이를 양도하였다 하여 권리이전의 효력을 발생할 수 없는 것이고 따라서 채권자에 대한 기존의 채무도 소멸하는 것이 아니므로 채무면탈의 효과도 발생할 수 없어 위 채권의 양도로써 재산상의 이득을 취하였다고는 볼 수 없으므로 사기죄는 성립하지 않는다(대판 1985.3.12. 85도74).

▌오답해설▌

① 기망행위에 의하여 국가적 또는 공공적 법익을 침해한 경우라도 그와 동시에 형법상 사기죄의 보호법익인 재산권을 침해하는 것과 동일하게 평가할 수 있는 때에는 당해 행정법규에서 사기죄의 특별관계에 해당하는 처벌규정을 별도로 두고 있지 않는 한 사기죄가 성립할 수 있다. 그런데 기망행위에 의하여 조세를 포탈하거나 조세의 환급·공제를 받은 경우에는 조세범처벌법 제9조에서 이러한 행위를 처벌하는 규정을 별도로 두고 있을 뿐만 아니라, 조세를 강제적으로 징수하는 국가 또는 지방자치단체의 직접적인 권력작용을 사기죄의 보호법익인 재산권과 동일하게 평가할 수 없는 것이므로 조세범처벌법 위반죄가 성립함은 별론으로 하고, 형법상 사기죄는 성립하지 않는다(대판 2008.11.27. 2008도7303).

③ 사기죄의 요건으로서의 기망은 널리 재산상의 거래관계에 있어 서로 지켜야 할 신의와 성실의 의무를 저버리는 모든 적극적 또는 소극적 행위를 말하는 것이고, 이러한 소극적 행위로서의 부작위에 의한 기망은 법률상 고지의무 있는 자가 일정한 사실에 관하여 상대방이 착오에 빠져 있음을 알면서도 이를 고지하지 아니함을 말하는 것으로서, 일반거래의 경험칙상 상대방이 그 사실을 알았더라면 당해 법률행위를 하지 않았을 것이 명백한 경우에는 신의칙에 비추어 그 사실을 고지할 법률상 의무가 인정되는 것이다(대판 1998.12.8. 98도3263).

④ 사기죄는 타인을 기망하여 착오를 일으키게 하고 그로 인한 처분행위를 유발하여 재물·재산상의 이득을 얻음으로써 성립하고, 여기서 처분행위라 함은 재산적 처분행위로서 피해자가 자유의사로 직접 재산상 손해를 초래하는 작위에 나아가거나 또는 부작위에 이른 것을 말하므로, 피해자가 착오에 빠진 결과 채권의 존재를 알지 못하여 채권을 행사하지 아니하였다면 그와 같은 부작위도 재산의 처분행위에 해당한다(대판 2007.7.12. 2005도9221).

30

답 ②

┃정답해설┃

㉠ (○) 사기죄는 타인을 기망하여 착오에 빠뜨려 재물을 교부받거나 재산상의 이익을 얻음으로써 성립하므로 기망행위의 상대방 또는 피기망자는 재물 또는 재산상 이익을 처분할 권한이 있어야 한다. 사기죄의 피해자가 법인이나 단체인 경우에 기망행위가 있었는지는 법인이나 단체의 대표 등 최종 의사결정권자 또는 내부적인 권한 위임 등에 따라 실질적으로 법인의 의사를 결정하고 처분을 할 권한을 가지고 있는 사람을 기준으로 판단하여야 한다. 피해자 법인이나 단체의 대표자 또는 실질적으로 의사결정을 하는 최종결재권자 등 기망의 상대방이 기망행위자와 동일인이거나 기망행위자와 공모하는 등 기망행위를 알고 있었던 경우에는 기망의 상대방에게 기망행위로 인한 착오가 있다고 볼 수 없고, 기망의 상대방이 재물을 교부하는 등의 처분을 했더라도 기망행위와 인과관계가 있다고 보기 어렵다. 이러한 경우에는 사안에 따라 업무상횡령죄 또는 업무상배임죄 등이 성립하는 것은 별론으로 하고 사기죄가 성립한다고 보기 어렵다(대판 2017.8.29. 2016도18986).

㉡ (○) 소송사기는 법원을 기망하여 자기에게 유리한 판결을 얻고 이에 터잡아 상대방으로부터 재물의 교부를 받거나 재산상 이익을 취득하는 것을 말하는 것으로서 소송에서 주장하는 권리가 존재하지 않는 사실을 알고 있으면서도 법원을 기망한다는 인식을 가지고 소를 제기하면 이로써 실행의 착수가 있고 소장의 유효한 송달을 요하지 아니한다고 할 것인바, 이러한 법리는 제소자가 상대방의 주소를 허위로 기재함으로써 그 허위주소로 소송서류가 송달되어 그로 인하여 상대방 아닌 다른 사람이 그 서류를 받아 소송이 진행된 경우에도 마찬가지로 적용된다(대판 2006.11.10. 2006도5811).

㉢ (○) 예금주인 현금카드 소유자를 협박하여 그 카드를 갈취하였고, 하자 있는 의사표시이기는 하지만 피해자의 승낙에 의하여 현금카드를 사용할 권한을 부여받아 이를 이용하여 현금을 인출한 이상, 피해자가 그 승낙의 의사표시를 취소하기까지는 현금카드를 적법, 유효하게 사용할 수 있고, 은행의 경우에도 피해자의 지급정지 신청이 없는 한 피해자의 의사에 따라 그의 계산으로 적법하게 예금을 지급할 수밖에 없는 것이므로, 피고인이 피해자로부터 현금카드를 사용한 예금인출의 승낙을 받고 현금카드를 교부받은 행위와 이를 사용하여 현금자동지급기에서 예금을 여러 번 인출한 행위들은 모두 피해자의 예금을 갈취하고자 하는 피고인의 단일하고 계속된 범의 아래에서 이루어진 일련의 행위로서 포괄하여 하나의 공갈죄를 구성한다고 볼 것이지, 현금지급기에서 피해자의 예금을 취득한 행위를 현금지급기 관리자의 의사에 반하여 그가 점유하고 있는 현금을 절취한 것이라 하여 이를 현금카드 갈취행위와 분리하여 따로 절도죄로 처단할 수는 없다(대판 1996.9.20. 95도1728).

㉣ (×) 예금주인 현금카드 소유자로부터 일정한 금액의 현금을 인출해 오라는 부탁을 받으면서 이와 함께 현금카드를 건네받은 것을 기화로 그 위임을 받은 금액을 초과하여 현금을 인출하는 방법으로 그 차액 상당을 위법하게 이득할 의사로 현금자동지급기에 그 초과된 금액이 인출되도록 입력하여 그 초과된 금액의 현금을 인출한 경우에는 그 인출된 현금에 대한 점유를 취득함으로써 이 때에 그 인출한 현금 총액 중 인출을 위임받은 금액을 넘는 부분의 비율에 상당하는 재산상 이익을 취득한 것으로 볼 수 있으므로 이러한 행위는 그 차액 상당액에 관하여 형법 제347조의2(컴퓨터등사용사기)에 규정된 '컴퓨터 등 정보처리장치에 권한 없이 정보를 입력하여 정보처리를 하게 함으로써 재산상의 이익을 취득'하는 행위로서 컴퓨터 등 사용사기죄에 해당된다(대판 2006.3.24. 2005도3516).

31

답 ③

┃정답해설┃

③ 채권양도인이 채무자에게 채권양도 통지를 하는 등으로 채권양도의 대항요건을 갖추어 주지 않은 채 채무자로부터 채권을 추심하여 금전을 수령한 경우, 특별한 사정이 없는 한 금전의 소유권은 채권양수인이 아니라 채권양도인에게 귀속하고 채권양도인이 채권양수인을 위하여 양도 채권의 보전에 관한 사무를 처리하는 신임관계가 존재한다고 볼 수 없다. 따라서 채권양도인이 위와 같이 양도한 채권을 추심하여 수령한 금전에 관하여 채권양수인을 위해 보관하는 자의 지위에 있다고 볼 수 없으므로, 채권양도인이 위 금전을 임의로 처분하더라도 횡령죄는 성립하지 않는다(대판 2022.6.23. 2017도3829 전합).

┃오답해설┃

① 부동산실명법을 위반한 양자간 명의신탁의 경우 명의수탁자가 신탁받은 부동산을 임의로 처분하여도 명의신탁자에 대한 관계에서 횡령죄가 성립하지 아니한다(대판 2021.2.18. 2016도18761 전합).

② 부동산 매매계약에서 계약금만 지급된 단계에서는 어느 당사자나 계약금을 포기하거나 그 배액을 상환함으로써 자유롭게 계약의 구속력에서 벗어날 수 있다. 그러나 중도금이 지급되는 등 계약이 본격적으로 이행되는 단계에 이른 때에는 계약이 취소되거나 해제되지 않는 한 매도인은 매수인에게 부동산의 소유권을 이전하여 줄 의무에서 벗어날 수 없다. 따라서 이러한 단계에 이른 때에 매도인은 매수인에 대하여 매수인의 재산보전에 협력하여 재산적 이익을 보호·관리할 신임관계에 있게 된다. 그때부터 매도인은 배임죄에서 말하는 '타인의 사무를 처리하는 자'에 해당한다고 보아야 한다(대판 2020.5.14. 2019도16228).

④ 동산 매매계약에서의 매도인은 매수인에 대하여 그의 사무를 처리하는 지위에 있지 아니하므로, 매도인이 목적물을 타에 처분하였다 하더라도 형법상 배임죄가 성립하지 아니한다. 위와 같은 법리는 권리이전에 등기·등록을 요하는 동산에 대한 매매계약에서도 동일하게 적용되므로, 자동차 등의 매도인은 매수인에 대하여 그의 사무를 처리하는 지위에 있지 아니하여, 매도인이 매수인에게 소유권이전등록을 하지 아니하고 타에 처분하였다고 하더라도 마찬가지로 배임죄가 성립하지 아니한다(대판 2020.10.22. 2020도6258 전합).

32 답 ①

┃정답해설┃

㉠ (○) 형법 제41장의 장물에 관한 죄에 있어서의 '장물'이라 함은 재산범죄로 인하여 취득한 물건 그 자체를 말하므로, 재산범죄를 저지른 이후에 별도의 재산범죄의 구성요건에 해당하는 사후행위가 있었다면 비록 그 행위가 불가벌적 사후행위로서 처벌의 대상이 되지 않는다 할지라도 그 사후행위로 인하여 취득한 물건은 재산범죄로 인하여 취득한 물건으로서 장물이 될 수 있다(대판 2004.4.16. 2004도353).

㉢ (○) 본범자와 공동하여 장물을 운반한 경우에 본범자는 장물죄에 해당하지 않으나 그 외의 자의 행위는 장물운반죄를 구성하므로, 피고인이 본범이 절취한 차량이라는 정을 알면서도 본범 등으로부터 그들이 위 차량을 이용하여 강도를 하려 함에 있어 차량을 운전해 달라는 부탁을 받고 위 차량을 운전해 준 경우, 피고인은 강도예비와 아울러 장물운반의 고의를 가지고 위와 같은 행위를 하였다고 봄이 상당하다(대판 1999.3.26. 98도3030).

┃오답해설┃

㉡ (×) 횡령 교사를 한 후 그 횡령한 물건을 취득한 때에는 횡령교사죄와 장물취득죄의 경합범이 성립된다(대판 1969.6.24. 69도692).

㉣ (×) 장물취득죄는 취득 당시 장물인 정을 알면서 재물을 취득하여야 성립하는 것이므로 피고인이 재물을 인도받은 후에 비로소 장물이 아닌가 하는 의구심을 가졌다고 하여 그 재물수수행위가 장물취득죄를 구성한다고 할 수 없다(대판 1971.4.20. 71도468).

33 답 ②

┃정답해설┃

② 문서손괴죄는 타인 소유의 문서를 손괴 또는 은닉 기타 방법으로 효용을 해함으로써 성립하고, 문서의 효용을 해한다는 것은 문서를 본래의 사용목적에 제공할 수 없게 하는 상태로 만드는 것은 물론 일시적으로 그것을 이용할 수 없는 상태로 만드는 것도 포함한다. 따라서 소유자의 의사에 따라 어느 장소에 게시 중인 문서를 소유자의 의사에 반하여 떼어내는 것과 같이 소유자의 의사에 따라 형성된 종래의 이용상태를 변경시켜 종래의 상태에 따른 이용을 일시적으로 불가능하게 하는 경우에도 문서손괴죄가 성립할 수 있다(대판 2015.11.27. 2014도13083).

┃오답해설┃

① 해고노동자 등이 복직을 요구하는 집회를 개최하던 중 래커 스프레이를 이용하여 회사 건물 외벽과 1층 벽면 등에 낙서한 행위는 건물의 효용을 해한 것으로 볼 수 있으나, 이와 별도로 계란 30여 개를 건물에 투척한 행위는 건물의 효용을 해하는 정도의 것에 해당하지 않는다고 본 사례(대판 2007.6.28. 2007도2590).

③ 형법 제323조의 권리행사방해죄는 타인의 점유 또는 권리의 목적이 된 자기의 물건을 취거, 은닉 또는 손괴하여 타인의 권리행사를 방해함으로써 성립하므로 그 취거, 은닉 또는 손괴한 물건이 자기의 물건이 아니라면 권리행사방해죄가 성립할 수 없다. 물건의 소유자가 아닌 사람은 형법 제33조 본문에 따라 소유자의 권리행사방해 범행에 가담한 경우에 한하여 그의 공범이 될 수 있을 뿐이다. 그러나 권리행사방해죄의 공범으로 기소된 물건의 소유자에게 고의가 없는 등으로 범죄가 성립하지 않는다면 공동정범이 성립할 여지가 없다(대판 2017.5.30. 2017도4578).

④ 강제집행면탈죄는 위태범으로서 강제집행을 당할 구체적인 위험이 있는 상태에서 재산을 은닉, 손괴, 허위양도 또는 허위의 채무를 부담하면 바로 성립하는 것이고 반드시 채권자를 해하는 결과가 야기되거나 이로 인하여 행위자가 어떤 이득을 취하여야 범죄가 성립하는 것은 아니다(대판 1994.10.14. 94도2056).

34

답 ③

┃정답해설┃

③ 복수의 피해자가 있는 경우에 친족상도례규정은 피해자와 가해자 모두가 친족관계가 있어야 성립되므로 甲과 B사이에 친족관계가 없으므로 친족상도례 규정은 적용되지 않는다.

┃오답해설┃

① 친족상도례가 적용되기 위하여는 친족관계가 객관적으로 존재하면 족하고 행위자가 이를 인식할 것을 요하지 않는다. 행위자가 친족관계에 착오를 일으키더라도 고의의 성립에는 영향을 미치지 않으며, 범죄의 성립에 지장을 주지 않는다. 갑이 절취한 재물은 숙부 B소유이므로 B의 고소가 있어야 공소를 제기할 수 있다(제328조 제2항).
② 친족상도례는 공범 중 친족관계가 없는 공범에는 적용되지 않는다(제328조 제3항).
④ 친족상도례에 관한 규정은 범인과 피해물건의 소유자 및 점유자 모두 사이에 친족관계가 있는 경우에만 적용되는 것이고 절도범인이 피해물건의 소유자나 점유자의 어느 일방과 사이에서만 친족관계가 있는 경우에는 그 적용이 없다.

35

답 ④

┃정답해설┃

④ 형법상 방화죄의 객체인 건조물은 토지에 정착되고 벽 또는 기둥과 지붕 또는 천장으로 구성되어 사람이 내부에 기거하거나 출입할 수 있는 공작물을 말하고, 반드시 사람의 주거용이어야 하는 것은 아니라도 사람이 사실상 기거·취침에 사용할 수 있는 정도는 되어야 한다(대판 2013.12.12. 2013도3950).

┃오답해설┃

① 제175조 참고

> **제175조(예비, 음모)**
> 제164조 제1항(현주건조물등 방화), 제165조(공용건조물 등 방화), 제166조 제1항(일반건조물 등 방화), 제172조 제1항(폭발성물건파열), 제172조의2 제1항(가스·전기 등 방류), 제173조(가스·전기등 공급방해) 제1항과 제2항의 죄를 범할 목적으로 예비 또는 음모한 자는 5년 이하의 징역에 처한다. 단 그 목적한 죄의 실행에 이르기 전에 자수한 때에는 형을 감경 또는 면제한다.

② 형법 제164조 후단이 규정하는 현주건조물방화치사상죄는 그 전단이 규정하는 죄에 대한 일종의 가중처벌 규정으로서 과실이 있는 경우뿐만 아니라, 고의가 있는 경우에도 포함된다고 볼 것이므로 사람을 살해할 목적으로 현주건조물에 방화하여 사망에 이르게 한 경우에는 현주건조물방화치사죄로 의율하여야 하고 이와 더불어 살인죄와의 상상적경합범으로 의율할 것은 아니며, 다만 존속살인죄와 현주건조물방화치사죄는 상상적경합범 관계에 있으므로, 법정형이 중한 존속살인죄로 의율함이 타당하다(대판 1996.4.26. 96도485).
③ 형법 제167조 제2항은 방화의 객체인 물건이 자기의 소유에 속한 때에는 같은 조 제1항보다 감경하여 처벌하는 것으로 규정하고 있는바, 방화죄는 공공의 안전을 제1차적인 보호법익으로 하지만 제2차적으로는 개인의 재산권을 보호하는 것이라고 볼 수 있는 점, 현재 소유자가 없는 물건인 무주물에 방화하는 경우에 타인의 재산권을 침해하지 않는 점은 자기의 소유에 속한 물건을 방화하는 경우와 마찬가지인 점, 무주의 동산을 소유의 의사로 점유하는 경우에 소유권을 취득하는 것에 비추어(민법 제252조) 무주물에 방화하는 행위는 그 무주물을 소유의 의사로 점유하는 것이라고 볼 여지가 있는 점 등을 종합하여 보면, 불을 놓아 무주물을 소훼하여 공공의 위험을 발생하게 한 경우에는 '무주물'을 '자기 소유의 물건'에 준하는 것으로 보아 형법 제167조 제2항을 적용하여 처벌하여야 한다(대판 2009.10.15. 2009도7421).

36

답 ③

▌정답해설▌

③ 허위진단서작성죄에 있어서 허위의 기재는 사실에 관한 것이건 판단에 관한 것이건 불문하는 것이나, 본죄는 원래 허위의 증명을 금지하려는 것이므로 그 내용이 허위라는 의사의 주관적 인식이 필요함은 물론, 실질상 진실에 반하는 기재일 것이 필요하다(대판 1990.3.27. 89도2083).

▌오답해설▌

① 그러나 앞서 본 바와 같이 이 사건 제사문서변조 및 행사의 점에 관한 공소사실은 "피고인이 사무실전세계약서 원본을 스캐너로 복사하여 컴퓨터 화면에 띄운 후 그 보증금액란을 공란으로 만든 다음 이를 프린터로 출력하여 검정색 볼펜으로 보증금액을 '삼천만 원(30,000,000원)'으로 변조하고, 이와 같이 변조된 사무실전세계약서를 팩스로 송부하여 행사하였다."는 것이므로, 이 부분 공소사실에서 적시된 범죄사실은 '컴퓨터 모니터 화면상의 이미지'를 변조하고 이를 행사한 행위가 아니라 '프린터로 출력된 문서'인 사무실전세계약서를 변조하고 이를 행사한 행위임을 알 수 있다. 그럼에도 원심은, 검사가 기소하지 아니한 공소사실, 즉 컴퓨터 모니터 화면상의 이미지 파일에 대한 변조 및 그 행사의 점이 이 부분 공소사실인 것처럼 보아 이를 무죄로 판단하고 말았으니, 이러한 원심의 판단에는 심판대상의 범위에 관한 법리를 오해하여 판결에 영향을 미친 위법이 있어 그대로 유지될 수 없다(대판 2011.11.10. 2011도10468).

② 통화위조죄에 관한 규정은 공공의 거래상의 신용 및 안전을 보호하는 공공적인 법익을 보호함을 목적으로 하고 있고, 사기죄는 개인의 재산법익에 대한 죄이어서 양죄는 그 보호법익을 달리하고 있으므로 위조통화를 행사하여 재물을 불법영득한 때에는 위조통화행사죄와 사기죄의 양죄가 성립된다(대판 1979.7.10. 79도840).

④ 허무인명의의 유가증권이라 할지라도 적어도 그것이 행사할 목적으로 작성되었고 외형상 일반인으로 하여금 진정하게 작성된 유가증권이라고 오신케 할 수 있을 정도라면 그 위조죄가 성립된다고 해석함이 상당하다(대판 1971.7.27. 71도905).

37

답 ①

▌정답해설▌

① 공무원이 어떠한 위법사실을 발견하고도 직무상 의무에 따른 적절한 조치를 취하지 아니하고 위법사실을 적극적으로 은폐할 목적으로 허위공문서를 작성, 행사한 경우에는 직무위배의 위법상태는 허위공문서작성 당시부터 그 속에 포함되는 것으로 작위범인 허위공문서작성, 동행사죄만이 성립하고 부작위범인 직무유기죄는 따로 성립하지 아니한다(대판 1999.12.24. 99도2240).

▌오답해설▌

② 직권남용권리행사방해죄는 공무원이 일반적 직무권한에 속하는 사항에 관하여 직권을 행사하는 모습으로 실질적, 구체적으로 위법·부당한 행위를 한 경우에 성립한다. '직권남용'이란 공무원이 일반적 직무권한에 속하는 사항에 관하여 그 권한을 위법·부당하게 행사하는 것을 뜻한다. 어떠한 직무가 공무원의 일반적 직무권한에 속하는 사항이라고 하기 위해서는 그에 관한 법령상 근거가 필요하다. 법령상 근거는 반드시 명문의 규정만을 요구하는 것이 아니라 명문의 규정이 없더라도 법령과 제도를 종합적, 실질적으로 살펴보아 그것이 해당 공무원의 직무권한에 속한다고 해석되고, 이것이 남용된 경우 상대방으로 하여금 사실상 의무 없는 일을 하게 하거나 권리를 방해하기에 충분한 것이라고 인정되는 경우에는 직권남용죄에서 말하는 일반적 직무권한에 포함된다(대판 2020.2.13. 2019도5186).

③ 공무원이 한 행위가 직권남용에 해당한다고 하여 그러한 이유만으로 상대방이 한 일이 '의무 없는 일'에 해당한다고 인정할 수는 없다. '의무 없는 일'에 해당하는지는 직권을 남용하였는지와 별도로 상대방이 그러한 일을 할 법령상 의무가 있는지를 살펴 개별적으로 판단하여야 한다. 직권남용 행위의 상대방이 일반 사인인 경우 특별한 사정이 없는 한 직권에 대응하여 따라야 할 의무가 없으므로 그에게 어떠한 행위를 하게 하였다면 '의무 없는 일을 하게 한 때'에 해당할 수 있다(대판 2020.2.13. 2019도5186).

④ 대판 1996.5.10. 95도780

38   답 ③

▮정답해설▮

③ [1] 형법 제134조는 뇌물에 공할 금품을 필요적으로 몰수하고 이를 몰수하기 불가능한 때에는 그 가액을 추징하도록 규정하고 있는바, 몰수는 특정된 물건에 대한 것이고 추징은 본래 몰수할 수 있었음을 전제로 하는 것임에 비추어 뇌물에 공할 금품이 특정되지 않았던 것은 몰수할 수 없고 그 가액을 추징할 수도 없다(대법원 1996.5.8. 96도221).

[2] 그러나 기록에 의하면, 피고인이 위와 같이 공소외 1, 공소외 2에게 돈을 빌려달라고 요구하였으나 공소외 1, 공소외 2가 이를 즉각 거부하여 공소외 1, 공소외 2가 피고인에게 뇌물로 제공한 금품이 특정되지 않아 이를 몰수할 수 없으므로 그 가액을 추징할 수도 없는 것임에도 이를 간과하고 그 가액을 피고인으로부터 추징한 원심판결은 앞서 본 바와 같은 형법 제134조가 규정한 추징에 관한 법리를 오해하여 판결에 영향을 미친 잘못이 있다. 이 점을 지적하는 피고인의 상고이유 주장은 이유 있다(대판 2015.10.29. 2015도12838).

▮오답해설▮

① 공무원이 뇌물공여자로 하여금 공무원과 뇌물수수죄의 공동정범 관계에 있는 비공무원에게 뇌물을 공여하게 한 경우에는 공동정범의 성질상 공무원 자신에게 뇌물을 공여하게 한 것으로 볼 수 있다. 공무원과 공동정범 관계에 있는 비공무원은 제3자뇌물수수죄에서 말하는 제3자가 될 수 없고, 공무원과 공동정범 관계에 있는 비공무원이 뇌물을 받은 경우에는 공무원과 함께 뇌물수수죄의 공동정범이 성립하고 제3자뇌물수수죄는 성립하지 않는다(대판 2019.8.29. 2018도2738 전합).

② 횡령 범행으로 취득한 돈을 공범자끼리 수수한 행위가 공동정범들 사이의 범행에 의하여 취득한 돈을 공모에 따라 내부적으로 분배한 것에 지나지 않는다면 별도로 그 돈의 수수행위에 관하여 뇌물죄가 성립하는 것은 아니다(대판 2019.11.28. 2019도11766).

④ 뇌물은 수수함에 있어서 공여자를 기망한 점이 있다 하여도 뇌물수수, 뇌물공여죄의 성립에는 아무런 소장이 없다(대판 1985.2.8. 84도2625).

39   답 ①

▮정답해설▮

① 위계에 의한 공무집행방해죄는 행위목적을 이루기 위하여 상대방에게 오인, 착각, 부지를 일으키게 하여 이를 이용함으로써 법령에 의하여 위임된 공무원의 적법한 직무에 관하여 그릇된 행위나 처분을 하게 하는 경우에 성립하고, 여기에서 공무원의 직무집행이란 법령의 위임에 따른 공무원의 적법한 직무집행인 이상 공권력의 행사를 내용으로 하는 권력적 작용뿐만 아니라 사경제주체로서의 활동을 비롯한 비권력적 작용도 포함되는 것으로 봄이 상당하다(대판 2003.12.26. 2001도6349).

▮오답해설▮

② 대판 2017.9.26. 2017도9458

③ 수사기관이 범죄사건을 수사함에 있어서는 피의자나 참고인의 진술 여하에 불구하고 피의자를 확정하고 그 피의사실을 인정할 만한 객관적인 제반 증거를 수집·조사하여야 할 권리와 의무가 있는 것이고, 한편, 피의자는 진술거부권과 자기에게 유리한 진술을 할 권리와 유리한 증거를 제출할 권리가 있지만 수사기관에 대하여 진실만을 진술하여야 할 의무가 있는 것은 아니며, 또한 수사기관에서의 참고인은 형사소송절차에서 선서를 한 증인이 허위로 공술을 한 경우에 위증죄가 성립하는 것과 달리 반드시 진실만을 말하도록 법률상의 의무가 부과되어 있는 것은 아니므로, 피의자나 참고인이 피의자의 무고함을 입증하는 등의 목적으로 수사기관에 대하여 허위사실을 진술하거나 허위의 증거를 제출하였다 하더라도, 수사기관이 충분한 수사를 하지 아니한 채 이와 같은 허위의 진술과 증거만으로 잘못된 결론을 내렸다면, 이는 수사기관의 불충분한 수사에 의한 것으로서 피의자 등의 위계에 의하여 수사가 방해되었다고 볼 수 없어 위계에 의한 공무집행방해죄가 성립된다고 할 수 없을 것이나, 피의자나 참고인이 피의자의 무고함을 입증하는 등의 목적으로 적극적으로 허위의 증거를 조작하여 제출하였고 그 증거조작의 결과 수사기관이 그 진위에 관하여 나름대로 충실한 수사를 하더라도 제출된 증거가 허위임을 발견하지 못하여 잘못된 결론을 내리게 될 정도에 이르렀다면, 이는 위계에 의하여 수사기관의 수사행위를 적극적으로 방해한 것으로서 위계에 의한 공무집행방해죄가 성립된다(대판 2003.7.25. 2003도1609).

④ 위계에 의한 공무집행방해죄에서 위계란 행위자의 행위 목적을 이루기 위하여 상대방에게 오인, 착각, 부지를 일으키게 하여 그 오인, 착각, 부지를 이용하는 것을 말하는 것으로 상대방이 이에 따라 그릇된 행위나 처분을 하여야만 이 죄가 성립하는 것이고, 만약 범죄행위가 구체적인 공무집행을 저지하거나 현실적으로 곤란하게 하는 데까지는 이르지 아니하고 미수에 그친 경우에는 위계에 의한 공무집행방해죄로 처벌할 수 없다(대판 2021.4.29. 2018도18582).

40

┃ 정답해설 ┃

① [1] 범인이 자신을 위하여 타인으로 하여금 허위의 자백을 하게 하여 범인도피죄를 범하게 하는 행위는 방어권의 남용으로 범인도피교사죄에 해당하는바, 이 경우 그 타인이 형법 제151조 제2항에 의하여 처벌을 받지 아니하는 친족, 호주 또는 동거 가족에 해당한다 하여 달리 볼 것은 아니다.

[2] 무면허 운전으로 사고를 낸 사람이 동생을 경찰서에 대신 출두시켜 피의자로 조사받도록 한 행위는 범인도피교사죄를 구성한다(대판 2006.12.7. 2005도3707).

┃ 오답해설 ┃

② 형법 제151조가 정한 범인도피죄에서 '도피하게 하는 행위'란 은닉 이외의 방법으로 범인에 대한 수사, 재판, 형의 집행 등 형사사법의 작용을 곤란하게 하거나 불가능하게 하는 일체의 행위를 말한다. 범인도피죄는 타인을 도피하게 하는 경우에 성립할 수 있는데, 여기에서 타인에는 공범도 포함되나 범인 스스로 도피하는 행위는 처벌되지 않는다. 또한 공범 중 1인이 그 범행에 관한 수사절차에서 참고인 또는 피의자로 조사받으면서 자기의 범행을 구성하는 사실관계에 관하여 허위로 진술하고 허위 자료를 제출하는 것은 자신의 범행에 대한 방어권 행사의 범위를 벗어난 것으로 볼 수 없다. 이러한 행위가 다른 공범을 도피하게 하는 결과가 된다고 하더라도 범인도피죄로 처벌할 수 없다. 이때 공범이 이러한 행위를 교사하였더라도 범죄가 될 수 없는 행위를 교사한 것에 불과하여 범인도피교사죄가 성립하지 않는다(대판 2018.8.1. 2015도20396).

③ 증언거부권 제도는 증인에게 증언의무의 이행을 거절할 수 있는 권리를 부여한 것이고, 형사소송법상 증언거부권의 고지 제도는 증인에게 그러한 권리의 존재를 확인시켜 침묵할 것인지 아니면 진술할 것인지에 관하여 심사숙고할 기회를 충분히 부여함으로써 침묵할 수 있는 권리를 보장하기 위한 것임을 감안할 때, 재판장이 신문 전에 증인에게 증언거부권을 고지하지 않은 경우에도 당해 사건에서 증언 당시 증인이 처한 구체적인 상황, 증언거부사유의 내용, 증인이 증언거부사유 또는 증언거부권의 존재를 이미 알고 있었는지 여부, 증언거부권을 고지 받았더라도 허위진술을 하였을 것이라고 볼 만한 정황이 있는지 등을 전체적·종합적으로 고려하여 증인이 침묵하지 아니하고 진술한 것이 자신의 진정한 의사에 의한 것인지 여부를 기준으로 위증죄의 성립 여부를 판단하여야 한다. 그러므로 헌법 제12조 제2항에 정한 불이익 진술의 강요 금지 원칙을 구체화한 자기부죄거부특권에 관한 것이거나 기타 증언거부사유가 있음에도 증인이 증언거부권을 고지받지 못함으로 인하여 그 증언거부권을 행사하는 데 사실상 장애가 초래되었다고 볼 수 있는 경우에는 위증죄의 성립을 부정하여야 할 것이다(대판 2010.1.21. 2008도942 전합).

④ 대판 1986.8.19. 86도1259

214 경찰승진 형법 10개년 기출문제집

2021년 정답 및 해설

01	02	03	04	05	06	07	08	09	10	11	12	13	14	15	16	17	18	19	20
④	③	③	③	②	②	②	①	①	③	③	④	③	④	②	①	①	④	①	④
21	22	23	24	25	26	27	28	29	30	31	32	33	34	35	36	37	38	39	40
②	③	③	②	③	②	③	①	③	③	③	④	④	②	③	④	①	④	④	④

01
답 ④

┃정답해설┃

④ 형사처벌의 근거가 되는 것은 법률이지 판례가 아니고, 형법 조항에 대한 판례의 변경은 그 법률조항의 내용을 확인하는 것에 지나지 아니하여 이로써 그 법률조항 자체가 변경된 것이라고는 볼 수 없으므로 소급효금지의 원칙이 적용되지 않는다(대판 1999.9.7. 97도3349).

┃오답해설┃

① 특정 범죄자에 대한 위치추적 전자장치 부착에 관한 법률에 의한 전자감시제도는, 범죄행위를 한 자에 대한 응보를 주된 목적으로 그 책임을 추궁하는 사후적 처분인 형벌과 구별되어 그 본질을 달리하는 것으로서 형벌에 관한 소급입법금지의 원칙이 그대로 적용되지 않는다(대판 2010.12.23. 2010도11996, 2010전도86).

② 행위자에게 불리한 소급효는 금지되지만 유리한 소급효는 허용된다(제1조 제2항 참고).

제1조(범죄의 성립과 처벌)
② 범죄 후 법률이 변경되어 그 행위가 범죄를 구성하지 아니하게 되거나 형이 구법(舊法)보다 가벼워진 경우에는 신법(新法)에 따른다.

③ 새로운 입법으로 이미 종료된 사실관계 또는 법률관계에 작용케 하는 진정소급입법은 개인의 신뢰를 침해하므로 특단의 사정이 없는 한 허용되지 아니하는 것이 원칙이다. 다만 국민이 소급입법을 예상할 수 있었던 경우, 법적 상태가 불확실한 경우, 소급입법에 의해 당사자의 손실이 없거나 경미한 경우, 신뢰보호의 요청에 우선하는 심히 중대한 공익상의 사유가 소급입법을 정당화하는 경우 등에는 예외적으로 진정소급입법이 허용된다(헌재 1999.7.22. 97헌바76).

02
답 ③

┃정답해설┃

③ 홍콩에서 히로뽕을 구입하여 괌에서 판매하기로 서울의 모 호텔 커피숍에서 공모하고 홍콩에서 히로뽕을 구입한 외국인의 행위(구 향정신성의약품관리법 위반죄)에 대하여, 공모공동정범에 있어서 공모지도 범죄지에 해당하므로 형법 제2조의 속지주의가 적용된다(대판 1998.11.28. 98도2734).

┃오답해설┃

① 종전 형법 제7조 '외국에서 받은 형의 집행' 규정에서는 임의적 감면으로 규정되어 있었으나 2016.12.20. 헌법불합치결정으로 인해 필요적 산입 규정으로 개정되었다.

제7조(외국에서 집행된 형의 산입)
죄를 지어 외국에서 형의 전부 또는 일부가 집행된 사람에 대해서는 그 집행된 형의 전부 또는 일부를 선고하는 형에 산입한다. [전문개정 2016.12.20.]
[2016.12.20 법률 제14415호에 의하여 2015.5.28. 헌법재판소에서 헌법불합치 결정된 이 조를 개정함.]

② 대판 1968.9.17. 68도914

④ 형법 제8조

제8조(총칙의 적용)
본법 총칙은 타법령에 정한 죄에 적용한다. 단, 그 법령에 특별한 규정이 있는 때에는 예외로 한다.

03

┃정답해설┃

③ 일반적으로 계속범의 경우 실행행위가 종료되는 시점에서의 법률이 적용되어야 할 것이나, 법률이 개정되면서 그 부칙에서 '개정된 법 시행 전의 행위에 대한 벌칙의 적용에 있어서는 종전의 규정에 의한다'는 경과규정을 두고 있는 경우 개정된 법이 시행되기 전의 행위에 대해서는 개정 전의 법을, 그 이후의 행위에 대해서는 개정된 법을 각각 적용하여야 한다(대판 2001.9.25. 2001도3990).

┃오답해설┃

① 체포죄는 계속범으로서 체포의 행위에 확실히 사람의 신체의 자유를 구속한다고 인정할 수 있을 정도의 시간적 계속이 있어야 하나, 체포의 고의로써 타인의 신체적 활동의 자유를 현실적으로 침해하는 행위를 개시한 때 체포죄의 실행에 착수하였다고 볼 것이다(대법원 2018.2.28. 2017도21249).

② 계속범의 공소시효 기산점은 즉시범과 마찬가지로 범행의 종료시점이다.

④ 일반교통방해죄에서 교통방해 행위는 계속범의 성질을 가지는 것이어서 교통방해의 상태가 계속되는 한 위법상태는 계속 존재한다(대법원 2018.5.11. 2017도914).

04

┃정답해설┃

㉠ (○) 직접사인의 유발에 위 피해자 자신의 과실이 개재되었다고 하더라도 이와 같은 사실은 통상 예견할 수 있는 것으로 인정되므로, 위 피고인들의 이 사건 범행과 위 피해자의 사망과의 사이에는 인과관계가 있다고 보지 않을 수 없다(대판 1994.3.22. 93도3612).

㉡ (×) 피고인이 자동차를 운전하다 횡단보도를 걷던 보행자 甲을 들이받아 그 충격으로 횡단보도 밖에서 甲과 동행하던 피해자 乙이 밀려 넘어져 상해를 입은 사안에서, 주의의무를 위반하여 운전한 업무상 과실로 야기되었고, 乙의 상해는 이를 직접적인 원인으로 하여 발생하였다는 이유로, 피고인의 행위가 횡단보도 보행자 보호의무 위반행위에 해당한다(대법원 2011.4.28. 2009도12671).

㉢ (×) 위계에 의한 간음죄가 보호대상으로 삼는 아동·청소년, 미성년자, 심신미약자, 피보호자·피감독자, 장애인 등의 성적 자기결정 능력은 그 나이, 성장과정, 환경, 지능 내지 정신기능 장애의 정도 등에 따라 개인별로 차이가 있으므로 간음행위와 인과관계가 있는 위계에 해당하는지 여부를 판단함에 있어서는 구체적인 범행 상황에 놓인 피해자의 입장과 관점이 충분히 고려되어야 하고, 일반적·평균적 판단능력을 갖춘 성인 또는 충분한 보호와 교육을 받은 또래의 시각에서 인과관계를 쉽사리 부정하여서는 안 된다.

㉣ (×) 강간을 당한 피해자가 집에 돌아가 음독자살하기에 이르른 원인이 강간을 당함으로 인하여 생긴 수치심과 장래에 대한 절망감 등에 있었다 하더라도 그 자살행위가 바로 강간행위로 인하여 생긴 당연의 결과라고 볼 수는 없으므로 강간행위와 피해자의 자살행위 사이에 인과관계를 인정할 수는 없다(대판 1982.11.23. 82도1446).

05

┃정답해설┃

② 과실범에 관한 이른바 신뢰의 원칙은 상대방이 이미 비정상적인 행태를 보이고 있는 경우에는 적용될 여지가 없는 것이고, 이는 행위자가 경계의무를 게을리하는 바람에 상대방의 비정상적인 행태를 미리 인식하지 못한 경우에도 마찬가지이다(대법원 2009.4.23. 2008도11921).

┃오답해설┃

① 의료사고에 있어서 의료종사자의 과실을 인정하기 위해서는 의료종사자가 결과발생을 예견할 수 있었음에도 그 결과발생을 예견하지 못하였고 그 결과발생을 회피할 수 있었음에도 그 결과발생을 회피하지 못한 과실이 검토되어야 하고, 그 과실의 유무를 판단함에는 같은 업무와 직무에 종사하는 일반적 보통인의 주의 정도를 표준으로 하여야 하며, 이에는 사고 당시의 일반적인 의학의 수준과 의료환경 및 조건, 의료행위의 특수성 등이 고려되어야 한다(대판 2007.9.20. 2006도294).

③ 고속도로에서는 양측에 휴게소가 있더라도 무단횡단하는 보행자가 있을 것을 예상하여 감속조치를 취할 의무가 없다(대법원 1977.6.28. 77도403).

④ 성냥불이 꺼진 것을 확인하지 아니한 채 플라스틱 휴지통에 던진 것이 중대한 과실에 해당한다(대법원 1993.7.27. 93도135).

06

┃정답해설┃

② 사례는 구성요건적 착오(사실의 착오)사례로서 추상적 사실의 착오 중 방법의 착오에 해당한다. 따라서 법정적 부합설과 추상적 부합설은 결론이 다르다.

구성요건적 착오(사실의 착오)

종류		구체적 부합설	법정적 부합설 (통설판례)	추상적 부합설
구체적 사실의 착오	객체의 착오	발생사실에 대한 고의기수	발생사실에 대한 고의기수	발생사실에 대한 고의기수
	방법의 착오	인식사실 미수, 발생사실 과실 상상적 경합	발생사실에 대한 고의기수	발생사실에 대한 고의기수
추상적 사실의 착오	객체의 착오	인식사실 미수, 발생사실 과실 상상적 경합	인식사실 미수, 발생사실 과실 상상적 경합	① 경한 고의로 중한 결과가 발생한 경우 → 경한 사실의 기수와 중한 사실의 과실의 상상적 경합
	방법의 착오	인식사실 미수, 발생사실 과실 상상적 경합	인식사실 미수, 발생사실 과실 상상적 경합	② 중한 고의로 경한 결과가 발생한 경우 → 경한 사실의 기수와 중한 사실의 미수의 상상적 경합

07

┃정답해설┃

② 정당방위는 부정 대 정의 관계이므로 보충성의 원칙이 요구되지 않는다.

┃오답해설┃

① 피고인이 경찰관의 불심검문을 받아 운전면허증을 교부한 후 경찰관에게 큰 소리로 욕설을 하였는데, 경찰관이 피고인을 모욕죄의 현행범으로 체포하려고 하자 피고인이 반항하면서 경찰관에게 상해를 가한 사안에서, 위 행위가 정당방위에 해당한다는 이유로, 피고인에 대한 '상해'

및 '공무집행방해'의 공소사실을 무죄로 인정한 원심판단을 수긍한 사례(대판 2011.5.26. 2011도3682).

③ 형법 제21조 제2항 참고

제21조(정당방위)

② 방위행위가 그 정도를 초과한 때에는 정황에 의하여 그 형을 감경 또는 면제할 수 있다.

④ 정당방위가 성립하려면 침해행위에 의하여 침해되는 법익의 종류, 정도, 침해의 방법, 침해행위의 완급과 방위행위에 의하여 침해될 법익의 종류, 정도 등 일체의 구체적 사정들을 참작하여 방위행위가 사회적으로 상당한 것이어야 하고, 정당방위의 성립요건으로서의 방어행위에는 순수한 수비적 방어뿐 아니라 적극적 반격을 포함하는 반격방어의 형태도 포함되나, 그 방어행위는 자기 또는 타인의 법익침해를 방위하기 위한 행위로서 상당한 이유가 있어야 한다(대판 1992.12.22. 92도2540).

08

┃정답해설┃

① 정당방위는 부정 대 정의 관계인데 비해 긴급피난은 정 대 정의 관계이므로 정당한 위난에 대해서도 긴급피난이 가능하다.

┃오답해설┃

② 과잉자구행위에 대해서는 정당방위 및 긴급피난과 달리 형법 제21조 제3항(과잉방위 행위가 야간 기타 불안스러운 상태에서 공포, 경악 흥분 또는 당황으로 인한 때에는 벌하지 아니한다)의 준용 규정이 없다.

③ 형법 제23조 제1항에는 '타인의 청구권을 위한다.'는 명문 규정이 없다.

제23조(자구행위)

① 법정절차에 의하여 청구권을 보전하기 불능한 경우에 그 청구권의 실행불능 또는 실행곤란을 피하기 위한 행위는 상당한 이유가 있는 때에는 벌하지 아니한다.

④ 건물의 소유권에 대한 분쟁이 계속되고 있는 상황이라면, 소유자가 그 건물에 침입하는 것을 건물 점유자가 추정적으로 승낙했다고 할 수 없다(대판 1989.9.12. 89도889).

09

답 ①

▌정답해설 ▌

① 형법 제10조 제3항은 고의에 의한 원인에 있어서의 자유로운 행위만이 아니라 과실에 의한 원인에 있어서의 자유로운 행위까지도 포함하는 것으로서 위험의 발생을 예견할 수 있었는데도 자의로 심신장애를 야기한 경우도 그 적용대상이 된다(대판 1992.7.28. 92도999).

▌오답해설 ▌

② 제10조 제2항 참고

> **제10조 제2항(심신미약자)**
> 심신장애로 인하여 전항의 능력이 미약한 자의 행위는 형을 감경할 수 있다.

③ 심산상실 여부의 판단은 법률문제이며 사실문제가 아니므로 반드시 전문감정인의 감정절차를 거쳐야 하는 것은 아니다.

④ 소년법이 적용되는 '소년'이란 19세 미만인 사람을 말하므로(같은 법 제2조), 피고인이 소년법의 적용을 받으려면 심판시에 19세 미만이어야 한다. 따라서 소년법 제60조 제2항의 적용대상인 '소년'인지의 여부도 심판시, 즉 사실심판결 선고시를 기준으로 판단되어야 한다(대판 2009.5.28. 2009도2682).

10

답 ③

▌정답해설 ▌

③ 위법성조각사유의 전제사실에 대한 착오에 대해 고의설과 법효과제한책임설은 모두 고의를 탈락시켜 과실범 또는 무죄로 처리한다.

▌오답해설 ▌

① 엄격책임설은 위법성조각사유의 전제사실에 대한 착오를 금지착오로 보아 착오에 정당한 이유가 있으면 이미 성립한 구성요건적 고의에는 영향을 미치지 못하고 책임만 조각되고 정당한 이유가 없으면 책임이 조각되지 않고 고의의 기수범이 성립한다.

② 위법성조각사유의 요건을 총체적 불법구성요건의 소극적 표지로 이해하는 소극적 구성요건표지이론에 의하면 위법성조각사유의 전제사실에 대한 착오를 과실범 또는 무죄로 처리된다.

④ 유추적용설에 의하면 위법성조각사유의 전제사실에 대한 착오의 경우 형법 제13조를 유추적용함으로써 구성요건적 고의의 부정되어 과실범으로 처벌한다. 구성요건적 고의는 인정되지만책임고의를 부정하여 고의범의 성립을 부정하는 견해는 법효과제한적 책임설이다.

11

답 ③

▌정답해설 ▌

③ 자신의 강도상해 범행을 일관되게 부인하였으나 유죄판결이 확정된 피고인이 별건으로 기소된 공범의 형사사건에서 자신의 범행사실을 부인하는 증언을 한 경우, 피고인에게 사실대로 진술할 기대가능성이 있으므로 위증죄가 성립한다(대판 2008.10.23. 2005도10101).

▌오답해설 ▌

① 피고인에게 그의 양심상의 결정에 반한 행위를 기대할 가능성이 있는지 여부를 판단하기 위해서는, 행위 당시의 구체적 상황하에 행위자 대신에 사회적 평균인을 두고 이 평균인의 관점에서 그 기대가능성 유무를 판단하여야 한다(대판 2004.7.15. 2004도2965).

② 법 제12조 소정의 저항할 수 없는 폭력은, 심리적인 의미에 있어서 육체적으로 어떤 행위를 절대적으로 하지 아니할 수 없게 하는 경우와 윤리적 의미에 있어서 강압된 경우를 말하고, 협박이란 자기 또는 친족의 생명, 신체에 대한 위해를 달리 막을 방법이 없는 협박을 말하며, 강요라 함은 피강요자의 자유스런 의사결정을 하지 못하게 하면서 특정한 행위를 하게 하는 것을 말한다(대판 1983.12.13. 83도2276).

④ 직장의 상사가 범법행위를 하는 데 가담한 부하가 직무상 지휘·복종관계에 있다 하여 범법행위에 가담하지 않을 기대가능성이 없다고 할 수는 없는 것이다(대법원 1999.7.23. 선고 99도1911).

12

답 ①

▌정답해설 ▌

① 중지범은 범죄의 실행에 착수한 후 자의로 그 행위를 중지한 때를 말하는 것이고, 실행의 착수가 있기 전인 예비·음모의 행위를 처벌하는 경우에 있어서는 중지범의 관념은 이를 인정할 수 없다(대판 1991.6.25. 91도436).

오답해설

② 형법 제28조에 의하면 범죄의 음모 또는 예비행위가 실행의 착수에 이르지 아니한 때에는 법률에 특별한 규정이 없는 한 벌하지 아니한다고 규정하여 예비죄의 처벌이 가져올 범죄의 구성요건을 부당하게 유추내지 확장해석하는 것을 금지하고 있기 때문에 형법각칙의 예비죄를 처단하는 규정을 바로 독립된 구성요건 개념에 포함시킬수는 없다(대판 1976.5.25. 75도1549).

③ 판례는 정범이 실행의 착수의 단계에 이르지 아니한 예비단계에 그친 경우에는 이에 가공하는 행위가 예비의 공동정범이 되는 경우를 제외하고는 이를 종범으로 처벌할 수 없다(대판 1976.5.25. 75도1549)고 하여 예비죄의 공동정범 성립을 인정한다.

④ 형법상 음모죄가 성립하는 경우의 음모란 2인 이상의 자 사이에 성립한 범죄실행의 합의를 말하는 것으로, 범죄실행의 합의가 있다고 하기 위하여는 단순히 범죄결심을 외부에 표시·전달하는 것만으로는 부족하고, 객관적으로 보아 특정한 범죄의 실행을 위한 준비행위라는 것이 명백히 인식되고, 그 합의에 실질적인 위험성이 인정될 때에 비로소 음모죄가 성립한다(대법원 2015.1.22. 2014도10978).

13 답 ④

정답해설

ㄹ (○) 피해자가 수술한 지 얼마 안 되어 배가 아프다면서 애원하는 바람에 그 뜻을 이루지 못하였다면, 강도행위의 계속 중 이미 공포상태에 빠진 피해자를 강간하려고 한 이상 강간의 실행에 착수한 것이고, 피고인들이 간음행위를 중단한 것은 피해자를 불쌍히 여겨서가 아니라 피해자의 신체조건상 강간을 하기에 지장이 있다고 본 데에 기인한 것이므로, 이는 일반의 경험상 강간행위를 수행함에 장애가 되는 외부적 사정에 의하여 범행을 중지한 것에 지나지 않는 것으로서 중지범의 요건인 자의성을 결여하였다(대법원 1992.7.28. 92도917).

오답해설

ㄱ (×) 소송비용의 청구는 소송비용액 확정절차에 의하도록 규정하고 있으므로, 위 절차에 의하지 아니하고 손해배상금 청구의 소 등으로 소송비용의 지급을 구한 것은 소의 이익이 없는 부적법한 소로서 허용될 수 없다. 따라서 소송비용을 편취할 의사로 소송비용의 지급을 구하는 손해배상청구의 소를 제기한 경우, 결과발생의 가능성이 없으므로 사기죄의 불능범에 해당한다고 한 사례(대판 2005.12.8. 2005도8105).

ㄴ (×) 피고인이 피해자가 심신상실 또는 항거불능의 상태에 있다고 인식하고 그러한 상태를 이용하여 간음할 의사로 피해자를 간음하였으나 피해자가 실제로는 심신상실 또는 항거불능의 상태에 있지 않은 경우에는, 피고인이 행위 당시에 인식한 사정을 놓고 일반인이 객관적으로 판단하여 보았을 때 준강간의 결과가 발생할 위험성이 있었으므로 준강간죄의 불능미수가 성립한다(대법원 2019.3.28. 2018도16002 전합).

ㄷ (×) 피고인이 피해자를 살해하려고 그의 목 부위와 왼쪽 가슴 부위를 칼로 수 회 찔렀으나 피해자의 가슴 부위에서 많은 피가 흘러나오는 것을 발견하고 겁을 먹고 그만두는 바람에 미수에 그친 것이라면, 위와 같은 경우 많은 피가 흘러나오는 것에 놀라거나 두려움을 느끼는 것은 일반 사회통념상 범죄를 완수함에 장애가 되는 사정에 해당한다고 보아야 할 것이므로, 이를 자의에 의한 중지미수라고 볼 수 없다(대판 1999.4.13. 99도640).

14 답 ④

정답해설

④ 공모에 의한 범죄의 공동실행은 모든 공범자가 스스로 범죄의 구성요건을 실현하는 것을 전제로 하지 아니하고, 그 실현행위를 하는 공범자에게 그 행위결정을 강화하도록 협력하는 것으로도 가능하며, 이에 해당하는지 여부는 행위 결과에 대한 각자의 이해 정도, 행위 가담의 크기, 범행지배에 대한 의지 등을 종합적으로 고려하여 판단하여야 한다(대판 2006.12.22. 2006도1623).

오답해설

① 공동정범이 성립하기 위한 주관적 요건으로서 공동가공의 의사는 타인의 범행을 인식하면서도 이를 제지하지 아니하고 용인하는 것만으로 부족하고, 공동의 의사로 특정한 범죄행위를 하기 위하여 일체가 되어 서로 다른 사람의 행위를 이용하여 자기의 의사를 옮기는 것을 내용으로 하는 것이어야 한다(대판 1999.9.17. 99도2889).

② 기도된 교사에는 실패한 교사와 효과 없는 교사가 있다. 실패한 교사는 피교사자가 거절하거나 이미 범행실행의 결의를 하고 있는 경우를 말하고 효과 없는 교사는 피교사자가 행위를 안하거나 예비, 음모의 행위만을 한 경우 및 불가벌적 미수가 되는 경우를 말한다. 효과 없는 교사는 교사자와 피교사자 모두 예비·음모에 준하여 처벌한다.

제31조(교사범)
② 교사를 받은 자가 범죄의 실행을 승낙하고 실행의 착수에 이르지 아니한 때에는 교사자와 피교사자를 음모 또는 예비에 준하여 처벌한다.

③ (×) 종범의 형은 필요적으로 감경한다.

제32조(종범)
① 타인의 범죄를 방조한 자는 종범으로 처벌한다.
② 종범의 형은 정범의 형보다 감경한다.

15 답 ②

┃정답해설┃

② 의료인일지라도 의료인 아닌 자의 의료행위에 공모하여 가공하면 의료법 제25조 제1항이 규정하는 무면허의료행위의 공동정범으로서의 책임을 진다(대법원 1986.2.11. 85도448).

┃오답해설┃

① 업무상의 임무라는 신분관계가 없는 자가 그러한 신분관계 있는 자와 공모하여 업무상배임죄를 저질렀다면, 그러한 신분관계가 없는 공범에 대하여는 형법 제33조 단서에 따라 단순배임죄에서 정한 형으로 처단하여야 한다. 이 경우에는 신분관계 없는 공범에게도 같은 조 본문에 따라 일단 신분범인 업무상배임죄가 성립하고 다만 과형에서만 무거운 형이 아닌 단순배임죄의 법정형이 적용된다(대법원 1986.10.28. 86도1517).

③ 변호사가 변호사 아닌 자에게 고용되어 법률사무소의 개설·운영에 관여하는 행위는 위 범죄가 성립하는 데 당연히 예상될 뿐만 아니라 범죄의 성립에 없어서는 아니 되는 것인데도 이를 처벌하는 규정이 없는 이상, 그 입법취지에 비추어 볼 때 변호사 아닌 자에게 고용되어 법률사무소의 개설·운영에 관여한 변호사의 행위가 일반적인 형법 총칙상의 공모, 교사 또는 방조에 해당된다고 하더라도 변호사를 변호사 아닌 자의 공범으로서 처벌할 수는 없다(대법원 2004.10.28. 2004도3994).

④ 형법 제33조 소정의 이른바 신분관계라 함은 남녀의 성별, 내 외국인의 구별, 친족관계, 공무원 자격과 같은 관계뿐만 아니라 널리 일정한 범죄행위에 관련된 범인의 인적관계인 특수한 지위 또는 상태를 지칭하는 것이다(대법원 1994.12.23. 93도100).

16 답 ①

┃정답해설┃

① 판례는 부작위에 방조를 인정하고 '결과방지의무있는 자가 의무이행으로써 쉽게 결과를 방지할 수 있는 자가 결과의 발생을 용인·방관'하여 결과의 발생을 가져오면 작위범과 마찬가지로 볼 수 있다고 한다.

┃오답해설┃

② 작위의무는 법적인 의무이어야 하므로 단순한 도덕상 또는 종교상의 의무는 포함되지 않으나 작위의무가 법적인 의무인 한 성문법이건 불문법이건 상관이 없고 또 공법이건 사법이건 불문하므로, 법령, 법률행위, 선행행위로 인한 경우는 물론이고 기타 신의성실의 원칙이나 사회상규 혹은 조리상 작위의무가 기대되는 경우에도 법적인 작위의무는 있다(대판 1996.9.6. 95도2551).

③ 대판 2008.3.27. 2008도89

④ 하나의 행위가 부작위범인 직무유기죄와 작위범인 범인도피죄의 구성요건을 동시에 충족하는 경우 공소제기권자는 재량에 의하여 작위범인 범인도피죄로 공소를 제기하지 않고 부작위범인 직무유기죄로만 공소를 제기할 수도 있다(대판 1999.11.26. 99도1904).

17 답 ①

┃정답해설┃

① 성폭력범죄의 처벌 및 피해자보호 등에 관한 법률 제9조 제1항에 의하면 같은 법 제6조 제1항에서 규정하는 특수강간의 죄를 범한 자뿐만 아니라 특수강간이 미수에 그쳤다고 하더라도 그로 인하여 피해자가 상해를 입었으면 특수강간치상죄가 성립하는 것이다(대판 2008.4.24. 2007도10058).

┃오답해설┃

② 특수공무집행방해치상죄는 원래 결과적가중범이기는 하지만, 이는 중한 결과에 대하여 예견가능성이 있었음에 불구하고 예견하지 못한 경우에 벌하는 진정결과적가중범이 아니라 그 결과에 대한 예견가능성이 있었음에도 불구하고 예견하지 못한 경우뿐만 아니라 고의가 있는 경우까지도 포함하는 부진정결과적가중범이다(대판 1995.1.20. 94도2842).

③ 결과적가중범인 상해치사죄의 공동정범은 폭행 기타의 신체침해행위를 공동으로 할 의사가 있으면 성립되고 결과를 공동으로 할 의사는 필요없다 할 것이므로, 패싸움 중 한 사람이 칼로 찔러 상대방을 죽게 한 경우에 다른 공범자가 그 결과 인식이 없다 하여 상해치사죄의 책임이 없다고 할 수 없다(대판 2009.10.15. 2009도7421).

④ 교사자가 피교사자에 대하여 상해 또는 중상해를 교사하였는데 피교사자가 이를 넘어 살인을 실행한 경우 일반적으로 교사자는 상해죄 또는 중상해의 교사범이 되지만 이 경우 교사자에게 피해자의 사망이라는 결과에 대하여 과실 내지 예견가능성이 있는 때에는 상해치사죄의 교사범으로서의 죄책을 지울 수 있다(대법원 1993.10.8. 93도1873).

18 답 ④

▌정답해설▐

④ 음주로 인한 특정범죄가중처벌 등에 관한 법률 위반(위험운전치사상)죄와 도로교통법 위반(음주운전)죄는 입법취지와 보호법익 및 적용영역을 달리하는 별개의 범죄이므로, 양 죄가 모두 성립하는 경우 두 죄는 실체적 경합관계에 있다(대판 2008.11.13. 2008도7143).

▌오답해설▐

① 특별한 경우를 제외하고는 사회통념상 운전한 날을 기준으로 운전한 날마다 1개의 운전행위가 있다고 보는 것이 상당하므로 운전한 날마다 무면허운전으로 인한 도로교통법위반의 1죄가 성립한다고 보아야 할 것이고, 비록 계속적으로 무면허운전을 할 의사를 가지고 여러 날에 걸쳐 무면허운전행위를 반복하였다 하더라도 이를 포괄하여 일죄로 볼 수는 없다(대판 2002.7.23. 2001도6281).

② 절도범인이 체포를 면탈할 목적으로 경찰관에게 폭행 협박을 가한 때에는 준강도죄와 공무집행방해죄를 구성하고 양죄는 상상적 경합관계에 있으나, 강도범인이 체포를 면탈할 목적으로 경찰관에게 폭행을 가한 때에는 강도죄와 공무집행방해죄는 실체적 경합관계에 있고 상상적 경합관계에 있는 것이 아니다(대판 1992.7.28. 92도917).

③ 동일한 공무를 집행하는 여럿의 공무원에 대하여 폭행·협박 행위를 한 경우에는 공무를 집행하는 공무원의 수에 따라 여럿의 공무집행방해죄가 성립하고, 위와 같은 폭행·협박 행위가 동일한 장소에서 동일한 기회에 이루어진 것으로서 사회관념상 1개의 행위로 평가되는 경우에는 여럿의 공무집행방해죄는 상상적 경합의 관계에 있다(대판 2009.6.25. 2009도3505).

19 답 ①

▌정답해설▐

① 살인죄에 있어서의 범의는 반드시 살해의 목적이나 계획적인 살해의 의도가 있어야만 인정되는 것은 아니고 자기의 행위로 인하여 타인의 사망의 결과를 발생시킬 만한 가능 또는 위험이 있음을 인식하거나 예견하면 족한 것이고 그 인식 또는 예견은 확정적인 것은 물론 불확정적인 것이라도 이른바 미필적 고의로도 인정되는 것인데, 피고인이 살인의 범의를 자백하지 아니하고 상해 또는 폭행의 범의만이 있었을 뿐이라고 다투고 있는 경우에 피고인에게 범행 당시 살인의 범의가 있었는지 여부는 피고인이 범행에 이르게 된 경위, 범행의 동기, 준비된 흉기의 유무·종류·용법, 공격의 부위와 반복성, 사망의 결과발생 가능성 정도, 범행 후에 있어서의 결과회피행동의 유무 등 범행 전후의 객관적인 사정을 종합하여 판단할 수밖에 없다(대판 2000.8.18. 2000도2231).

▌오답해설▐

② 형법 제250조 제2항 존속살해죄의 직계존속과 배우자는 법률상의 개념이다. 따라서 사실상 부자관계일지라도 법적으로 인지절차를 완료하지 않는 한 직계존속이라 할 수 없고, 타인 사이라도 법적으로 입양신고를 했다면 직계존속이 된다. 배우자도 법률상의 배우자를 의미하며 사실혼관계는 포함되지 않는다. 또한 여기의 배우자는 살아있는 배우자를 의미한다. 따라서 사망한 배우자의 직계존속을 살해한 때에는 존속살해죄가 성립하지 않는다. 다만, 배우자의 신분관계는 살해행위에 착수할 때 존재하면 족하므로 동일한 기회에 배우자를 먼저 살해하고 계속하여 그 직계존속을 살해한 때에는 존속살해죄가 성립한다.

③ 피고인이 인터넷 사이트 내 자살 관련 카페 게시판에 청산염 등 자살용 유독물의 판매광고를 한 행위가 단지 금원 편취 목적의 사기행각의 일환으로 이루어졌고, 변사자들이 다른 경로로 입수한 청산염을 이용하여 자살한 사정 등에 비추어, 피고인의 행위는 자살방조에 해당하지 않는다(대판 2005.6.10. 2005도1373).

④ 제왕절개 수술의 경우 '의학적으로 제왕절개 수술이 가능하였고 규범적으로 수술이 필요하였던 시기(時期)'는 판단하는 사람 및 상황에 따라 다를 수 있어, 분만개시 시점 즉, 사람의 시기(始期)도 불명확하게 되므로 이 시점을 분만의 시기(始期)로 볼 수는 없다(대판 2007.6.29. 2005도3832).

20

답 ④

┃정답해설┃

④ 상해죄의 동시범특례는 독립행위가 경합하여 상해의 결과를 발생한 경우 원인된 행위가 판명되지 않은 때 공동정범으로 처벌하는 것이다(제263조 참고).

> **제263조(동시범)**
> 독립행위가 경합하여 상해의 결과를 발생하게 한 경우에 있어서 원인된 행위가 판명되지 아니한 때에는 공동정범의 예에 의한다.

┃오답해설┃

① 상해죄는 결과범이므로 그 성립에는 상해의 원인인 폭행에 관한 인식이 있으면 충분하고 상해를 가할 의사의 존재는 필요하지 않으나, 폭행을 가한다는 인식이 없는 행위의 결과로 피해자가 상해를 입었던 경우에는 상해죄가 성립하지 아니한다(대판 1983.3.22. 83도231).

② 폭행죄는 사람의 신체에 대한 유형력의 행사를 가리키며, 그 유형력의 행사는 신체적 고통을 주는 물리력의 작용을 의미하므로 신체의 청각기관을 직접적으로 자극하는 음향도 경우에 따라서는 유형력에 포함될 수 있다(대판 2003.1.10. 2000도5716).

③ 폭행죄는 피해자의 명시한 의사에 반하여 공소를 제기할 수 없는 반의사불벌죄로서 처벌불원의 의사표시는 의사능력이 있는 피해자가 단독으로 할 수 있는 것이고, 피해자가 사망한 후 그 상속인이 피해자를 대신하여 처벌불원의 의사표시를 할 수는 없다고 보아야 한다(대판 2010.5.27. 2010도2680).

21

답 ②

┃정답해설┃

② 유기죄의 보호의무는 법률상 또는 계약상 의무에 의해서만 발생한다(제271조 제1항 참고).

> **제271조(유기)**
> ① 노유, 질병 기타 사정으로 인하여 부조를 요하는 자를 보호할 법률상 또는 계약상 의무 있는 자가 유기한 때에는 3년 이하의 징역 또는 500만 원 이하의 벌금에 처한다.

┃오답해설┃

① 형법 제273조 제1항에서 말하는 '학대'라 함은 육체적으로 고통을 주거나 정신적으로 차별대우를 하는 행위를 가리키고, 이러한 학대행위는 형법의 규정체제상 학대와 유기의 죄가 같은 장에 위치하고 있는 점 등에 비추어 단순히 상대방의 인격에 대한 반인륜적 침해만으로는 부족하고 적어도 유기에 준할 정도에 이르러야 한다(대판 2000.4.25. 2000도223).

③ 자기낙태죄 조항은 입법목적을 달성하기 위하여 필요한 최소한의 정도를 넘어 임신한 여성의 자기결정권을 제한하고 있어 침해의 최소성을 갖추지 못하였고, 태아의 생명 보호라는 공익에 대하여만 일방적이고 절대적인 우위를 부여함으로써 법익균형성의 원칙도 위반하였으므로, 과잉금지원칙을 위반하여 임신한 여성의 자기결정권을 침해한다. 자기낙태죄 조항과 동일한 목표를 실현하기 위하여 임신한 여성의 촉탁 또는 승낙을 받아 낙태하게 한 의사를 처벌하는 의사낙태죄 조항도 같은 이유에서 위헌이라고 보아야 한다. 자기낙태죄 조항과 의사낙태죄 조항에 대하여 단순위헌 결정을 하는 대신 각각 헌법불합치 결정을 선고하되, 다만 입법자의 개선입법이 이루어질 때까지 계속적용을 명함이 타당하다(헌재 2019.4.11. 2017헌바127).

④ 현행 형법이 사람에 대한 상해 및 과실치사상의 죄에 관한 규정과는 별도로 태아를 독립된 행위객체로 하는 낙태죄, 부동의 낙태죄, 낙태치상 및 낙태치사의 죄 등에 관한 규정을 두어 포태한 부녀의 자기낙태행위 및 제3자의 부동의 낙태행위, 낙태로 인하여 위 부녀에게 상해 또는 사망에 이르게 한 행위 등에 대하여 처벌하도록 한 점, 과실낙태행위 및 낙태미수행위에 대하여 따로 처벌규정을 두지 아니한 점 등에 비추어 보면, 우리 형법은 태아를 임산부 신체의 일부로 보거나, 낙태행위가 임산부의 태아 양육, 출산 기능의 침해라는 측면에서 낙태죄와는 별개로 임산부에 대한 상해죄를 구성하는 것으로 보지는 않는다고 해석된다. 따라서 태아를 사망에 이르게 하는 행위가 임산부 신체의 일부를 훼손하는 것이라거나 태아의 사망으로 인하여 그 태아를 양육, 출산하는 임산부의 생리적 기능이 침해되어 임산부에 대한 상해가 된다고 볼 수는 없다(대판 2007.6.29. 2005도3832).

22

답 ③

┃정답해설┃

③ 협박죄, 존속협박죄는 반의사불벌죄에 해당한다(제283조). 단 특수협박죄는 반의사불벌죄에 해당하지 않는다(제284조).

> **제283조(협박, 존속협박)**
> ① 사람을 협박한 자는 3년 이하의 징역, 500만 원 이하의 벌금, 구류 또는 과료에 처한다.
> ② 자기 또는 배우자의 직계존속에 대하여 제1항의 죄를 범한 때에는 5년 이하의 징역 또는 700만 원 이하의 벌금에 처한다.
> ③ 제1항 및 제2항의 죄는 피해자의 명시한 의사에 반하여 공소를 제기할 수 없다.

> **제284조(특수협박)**
> 단체 또는 다중의 위력을 보이거나 위험한 물건을 휴대하여 전조 제1항, 제2항의 죄를 범한 때에는 7년 이하의 징역 또는 1천만 원 이하의 벌금에 처한다.

┃오답해설┃

① 해악을 고지함으로써 상대방이 그 의미를 인식한 이상, 상대방이 현실적으로 공포심을 일으켰는지 여부와 관계없이 그로써 구성요건은 충족되어 협박죄의 기수에 이르는 것으로 해석하여야 한다(대판 2007.9.28. 2007도606).

② 협박죄는 사람의 의사결정의 자유를 보호법익으로 하는 위험범이라 봄이 상당하고, 협박죄의 미수범 처벌조항은 해악의 고지가 현실적으로 상대방에게 도달하지 아니한 경우나, 도달은 하였으나 상대방이 이를 지각하지 못하였거나 고지된 해악의 의미를 인식하지 못한 경우 등에 적용될 뿐이다(대판 2007.9.28. 2007도606).

④ 조상천도제를 지내지 아니하면 좋지 않은 일이 생긴다는 취지의 해악의 고지는 길흉화복이나 천재지변의 예고로서 행위자에 의하여 직접, 간접적으로 좌우될 수 없는 것이고 가해자가 현실적으로 특정되어 있지도 않으며 해악의 발생가능성이 합리적으로 예견될 수 있는 것이 아니므로 협박으로 평가될 수 없다(대판 2002.2.8. 2000도3245).

23

답 ③

┃정답해설┃

ⓒ (○) 인신매매죄는 예비·음모죄 처벌규정이 존재한다.

> **제289조(인신매매)**
> ① 사람을 매매한 사람은 7년 이하의 징역에 처한다.

> **제296조(예비, 음모)**
> 제287조부터 제289조까지, 제290조 제1항, 제291조 제1항과 제292조 제1항의 죄를 범할 목적으로 예비 또는 음모한 사람은 3년 이하의 징역에 처한다.

ⓒ (○) 미성년자가 혼자 머무는 주거에 침입하여 그를 감금한 뒤 폭행 또는 협박에 의하여 부모의 출입을 봉쇄하거나, 미성년자와 부모가 거주하는 주거에 침입하여 부모만을 강제로 퇴거시키고 독자적인 생활관계를 형성하기에 이르렀다면 비록 장소적 이전이 없었다 할지라도 형법 제287조의 미성년자약취죄에 해당한다(대판 2008.1.17. 2007도8485).

┃오답해설┃

㉠ (×) 자녀에게 어떠한 폭행, 협박이나 불법적인 사실상의 힘을 행사함이 없이 그 자녀를 데리고 종전의 거소를 벗어나 다른 곳으로 옮겨 자녀에 대한 보호·양육을 계속하였다면, 그 행위가 보호·양육권의 남용에 해당한다는 등 특별한 사정이 없는 한 설령 이에 관하여 법원의 결정이나 상대방 부모의 동의를 얻지 아니하였다고 하더라도 그러한 행위에 대하여 곧바로 형법상 미성년자에 대한 약취죄의 성립을 인정할 수는 없다(대판 2013.6.20. 2010도14328).

㉣ (×) 약취·유인·인신매매에 관한 죄는 세계주의가 적용된다.

> **제287조(미성년자의 약취, 유인)**
> 미성년자를 약취 또는 유인한 사람은 10년 이하의 징역에 처한다.

> **제296조의2(세계주의)**
> 제287조부터 제292조까지 및 제294조는 대한민국 영역 밖에서 죄를 범한 외국인에게도 적용한다.

24

▌정답해설▐

㉠ (×) 구강에 성기를 제외한 신체의 일부(⑩ 손가락) 또는 도구를 넣는 행위는 유사강간이 아니다.

> **제297조의2(유사강간)**
> 폭행 또는 협박으로 사람에 대하여 구강, 항문 등 신체(성기는 제외 한다)의 내부에 성기를 넣거나 성기, 항문에 손가락 등 신체(성기는 제외한다)의 일부 또는 도구를 넣는 행위를 한 사람은 2년 이상의 유기징역에 처한다.

㉣ (×) 강제추행죄는 사람의 성적 자유 내지 성적 자기결정의 자유를 보호하기 위한 죄로서 정범 자신이 직접 범죄를 실행하여야 성립하는 자수범이라고 볼 수 없으므로, 처벌되지 아니하는 타인을 도구로 삼아 피해자를 강제로 추행하는 간접정범의 형태로도 범할 수 있다. 여기서 강제추행에 관한 간접정범의 의사를 실현하는 도구로서의 타인에는 피해자도 포함될 수 있으므로, 피해자를 도구로 삼아 피해자의 신체를 이용하여 추행행위를 한 경우에도 강제추행죄의 간접정범에 해당할 수 있다(대법원 2018.2.8. 2016도17733).

▌오답해설▐

㉡ (○) 강제추행죄의 성립에 필요한 주관적 구성요건으로 성욕을 자극·흥분·만족시키려는 주관적 동기나 목적이 있어야 하는 것은 아니다(대판 2013.9.26. 2013도5856).

㉢ (○) 강간죄에서의 폭행·협박과 간음 사이에는 인과관계가 있어야 하나, 폭행·협박이 반드시 간음행위보다 선행되어야 하는 것은 아니다(대판 2017.10.12. 2016도16948, 2016전도156).

25

▌정답해설▐

③ 인터넷카페의 운영진인 피고인들이 카페 회원들과 공모하여, 특정 신문들에 광고를 게재하는 광고주들에게 불매운동의 일환으로 지속적·집단적으로 항의전화를 하거나 항의글을 게시하는 등의 방법으로 광고중단을 압박함으로써 위력으로 광고주들 및 신문사들의 업무를 방해하였다는 내용으로 기소된 사안에서, 피고인들의 행위가 광고주들에 대하여는 업무방해죄의 위력에 해당하지만, 신문사들에 대하여는 직접적인 위력의 행사가 있었다고 보기에 부족하다고 본 사례(대판 2013.3.14. 2010도410).

▌오답해설▐

① 제313조의 신용훼손죄는 허위 사실 유포 또는 위계로써 신용을 훼손하는 범죄이다.

> **제313조(신용훼손)**
> 허위의 사실을 유포하거나 기타 위계로써 사람의 신용을 훼손한 자는 5년 이하의 징역 또는 1천500만 원 이하의 벌금에 처한다.

② 퀵서비스 운영자인 피고인이 배달업무를 하면서, 손님의 불만이 예상되는 경우에는 평소 경쟁관계에 있는 피해자 운영의 퀵서비스 명의로 된 영수증을 작성·교부함으로써 손님들로 하여금 불친절하고 배달을 지연시킨 사업체가 피해자 운영의 퀵서비스인 것처럼 인식하게 한 사안에서, 퀵서비스의 주된 계약내용이 신속하고 친절한 배달이라 하더라도, 그와 같은 사정만으로 위 행위가 피해자의 경제적 신용, 즉 지급능력이나 지급의사에 대한 사회적 신뢰를 저해하는 행위에 해당한다고 보기는 어렵다(대판 2011.5.13. 2009도5549).

④ 형법이 업무방해죄와는 별도로 공무집행방해죄를 규정하고 있는 것은 사적 업무와 공무를 구별하여 공무에 관해서는 공무원에 대한 폭행, 협박 또는 위계의 방법으로 그 집행을 방해하는 경우에 한하여 처벌하겠다는 취지라고 보아야 할 것이고, 따라서 공무원이 직무상 수행하는 공무를 방해하는 행위에 대해서는 업무방해죄로 의율할 수는 없다고 해석함이 상당하다(대판 2010.2.25. 2008도9049).

26

┃정답해설┃

㉠ (○) 피고인이 갑의 부재중에 갑의 처 을과 혼외 성관계를 가질 목적으로 을이 열어 준 현관 출입문을 통하여 갑과 을이 공동으로 거주하는 아파트에 들어간 사안에서, 피고인이 을로부터 현실적인 승낙을 받아 통상적인 출입방법에 따라 주거에 들어갔으므로 주거의 사실상 평온상태를 해치는 행위태양으로 주거에 들어간 것이 아니어서 주거에 침입한 것으로 볼 수 없고, 피고인의 주거 출입이 부재중인 갑의 의사에 반하는 것으로 추정되더라도 주거침입죄의 성립 여부에 영향을 미치지 않는다고 한 사례(2021.9.9. 2020도12630 전합).

㉡ (○) 야간에 다세대주택에 침입하여 물건을 절취하기 위하여 가스배관을 타고 오르다가 순찰 중이던 경찰관에게 발각되어 그냥 뛰어내렸다면, 야간주거침입절도죄의 실행의 착수에 이르지 못했다(대판 2008.3.27. 2008도917).

㉢ (×) 주거침입죄에서 주거란 단순히 가옥 자체만을 말하는 것이 아니라 그 정원 등 위요지를 포함한다. 따라서 다가구용 단독주택이나 다세대주택·연립주택·아파트 등 공동주택 안에서 공용으로 사용하는 계단과 복도는, 주거로 사용하는 각 가구 또는 세대의 전용 부분에 필수적으로 부속하는 부분으로서 그 거주자들에 의하여 일상생활에서 감시·관리가 예정되어 있고 사실상의 주거의 평온을 보호할 필요성이 있는 부분이므로, 특별한 사정이 없는 한 주거침입죄의 객체인 '사람의 주거'에 해당한다(대법원 2009.8.20. 2009도3452).

㉣ (○) 퇴거불응죄는 진정부작위범이나 미수를 처벌한다(제319조, 제322조 참고).

제319조(주거침입, 퇴거불응)
② 전항의 장소에서 퇴거요구를 받고 응하지 아니한 자도 전항의 형과 같다.

제322조(미수범)
본장의 미수범은 처벌한다.

27

┃정답해설┃

③ 임차인이 임대계약 종료 후 식당건물에서 퇴거하면서 종전부터 사용하던 냉장고의 전원을 켜 둔 채 그대로 두었다가 약 1개월 후 철거해 가는 바람에 그 기간 동안 전기가 소비된 사안에서, 임차인이 퇴거 후에도 냉장고에 관한 점유·관리를 그대로 보유하고 있었다고 보아야 하므로, 냉장고를 통하여 전기를 계속 사용하였다고 하더라도 이는 당초부터 자기의 점유·관리하에 있던 전기를 사용한 것일 뿐 타인의 점유·관리하에 있던 전기가 아니어서 절도죄가 성립하지 않는다(대판 2008.7.10. 2008도3252).

┃오답해설┃

① 피해자를 살해한 방에서 사망한 피해자 곁에 4시간 30분쯤 있다가 그곳 피해자의 자취방 벽에 걸려 있던 피해자가 소지하는 물건들을 영득의 의사로 가지고 나온 경우 피해자가 생전에 가진 점유는 사망 후에도 여전히 계속되는 것으로 보아야 한다(대판 1993.9.28. 93도2143).

② 입목을 절취하기 위하여 캐낸 때에 소유자의 입목에 대한 점유가 침해되어 범인의 사실적 지배하에 놓이게 되므로 범인이 그 점유를 취득하고 절도죄는 기수에 이른다. 이를 운반하거나 반출하는 등의 행위는 필요하지 않다(대판 2008.10.23. 2008도6080).

④ 종전 점유자의 점유가 그의 사망으로 인한 상속에 의하여 당연히 그 상속인에게 이전된다는 민법 제193조는 절도죄의 요건으로서의 '타인의 점유'와 관련하여서는 적용의 여지가 없고, 재물을 점유하는 소유자로부터 이를 상속받아 그 소유권을 취득하였다고 하더라도 상속인이 그 재물에 관하여 위에서 본 의미에서의 사실상의 지배를 가지게 되어야만 이를 점유하는 것으로서 그때부터 비로소 상속인에 대한 절도죄가 성립할 수 있다(대법원 2012.4.26. 2010도6334).

28 답 ①

┃정답해설┃

ⓐ (○) 피기망자가 처분행위의 의미나 내용을 인식하지 못하였더라도, 피기망자의 작위 또는 부작위가 직접 재산상 손해를 초래하는 재산적 처분행위로 평가되고, 이러한 작위 또는 부작위를 피기망자가 인식하고 한 것이라면 처분행위에 상응하는 처분의사는 인정된다. 다시 말하면 피기망자가 자신의 작위 또는 부작위에 따른 결과까지 인식하여야 처분의사를 인정할 수 있는 것은 아니다(대판 2017.2.16. 2016도13362).

ⓑ (○) 주유소 운영자가 농·어민 등에게 조세특례제한법에 정한 면세유를 공급한 것처럼 위조한 면세유류공급확인서로 정유회사를 기망하여 면세유를 공급받음으로써 면세유와 정상유의 가격 차이 상당의 이득을 취득한 사안에서, 정유회사에 대하여 사기죄를 구성하는 것은 별론으로 하고, 국가 또는 지방자치단체를 기망하여 국세 및 지방세의 환급세액 상당을 편취한 것으로 볼 수 없다(대판 2008.11.27. 2008도7303).

ⓒ (○) 비의료인이 개설한 의료기관이 마치 의료법에 의하여 적법하게 개설된 요양기관인 것처럼 국민건강보험공단에 요양급여비용의 지급을 청구하는 것은 국민건강보험공단으로 하여금 요양급여비용 지급에 관한 의사결정에 착오를 일으키게 하는 것으로서 사기죄의 기망행위에 해당하고, 이러한 기망행위에 의하여 국민건강보험공단에서 요양급여비용을 지급받을 경우에는 사기죄가 성립한다(대판 2015.7.9. 2014도11843).

ⓓ (○) 보험계약자가 보험계약 체결 시 보험금액이 목적물의 가액을 현저하게 초과하는 초과보험 상태를 의도적으로 유발한 후 보험사고가 발생하자 초과보험 사실을 알지 못하는 보험자에게 목적물의 가액을 묵비한 채 보험금을 청구하여 보험금을 교부받은 경우, 보험자가 보험금액이 목적물의 가액을 현저하게 초과한다는 것을 알았더라면 같은 조건으로 보험계약을 체결하지 않았을 뿐만 아니라 협정보험가액에 따른 보험금을 그대로 지급하지 아니하였을 관계가 인정된다면, 보험계약자가 초과보험 사실을 알지 못하는 보험자에게 목적물의 가액을 묵비한 채 보험금을 청구한 행위는 사기죄의 실행행위로서의 기망행위에 해당한다(대판 2015.7.23. 2015도6905).

29 답 ③

┃정답해설┃

ⓑ (×) 대표이사가 이사회의 승인 등의 절차 없이 그와 같이 자신의 회사에 대한 채권을 변제하였더라도 이는 대표이사의 권한 내에서 한 회사채무의 이행행위로서 유효하며, 따라서 그에게 불법영득의 의사가 인정되지 아니하여 횡령죄의 죄책을 물을 수 없다(대판 1999.2.23. 98도2296).

ⓒ (×) 횡령죄에 있어서 보관이라 함은 재물이 사실상 지배 하에 있는 경우뿐만 아니라 법률상의 지배·처분이 가능한 상태를 모두 가리키는 것으로 타인의 금전을 위탁받아 보관하는 자는 보관방법으로 이를 은행 등의 금융기관에 예치한 경우에도 보관자의 지위를 갖는 것이다(대판 2000.8.18. 2000도1856).

┃오답해설┃

ⓐ (○) 타인으로부터 용도가 엄격히 제한된 자금을 위탁받아 집행하면서 그 제한된 용도 이외의 목적으로 자금을 사용하는 것은 그 사용이 개인적인 목적에서 비롯된 경우는 물론 결과적으로 자금을 위탁한 본인을 위하는 면이 있더라도 그 사용행위 자체로서 불법영득의 의사를 실현한 것이 되어 횡령죄가 성립하므로, 결국 사립학교의 교비회계에 속하는 수입을 적법한 교비회계의 세출에 포함되는 용도 즉, 당해 학교의 교육에 직접 필요한 용도가 아닌 다른 용도에 사용하였다면 그 사용행위 자체로써 불법영득의사를 실현하는 것이 되어 그로 인한 죄책을 면할 수 없다(대판 2008.2.29. 2007도9755, 대판 2012.5.10. 2011도12408).

ⓓ (○) 부동산 실권리자명의 등기에 관한 법률을 위반하여 명의신탁자가 그 소유인 부동산의 등기명의를 명의수탁자에게 이전하는 이른바 양자간 명의신탁의 경우, 명의수탁자가 명의신탁자에 대한 관계에서 '타인의 재물을 보관하는 자'의 지위에 있는지 여부(소극) 및 이때 명의수탁자가 신탁받은 부동산을 임의로 처분하면 명의신탁자에 대한 관계에서 횡령죄가 성립하는지 여부(소극) / 이러한 법리는, 부동산 명의신탁이 같은 법 시행 전에 이루어졌고 같은 법에서 정한 유예기간 내에 실명등기를 하지 아니함으로써 그 명의신탁약정 및 이에 따라 행하여진 등기에 의한 물권변동이 무효로 된 후에 처분행위가 이루어진 경우에도 마찬가지로 적용되는지 여부(적극)(대판 2021.2.18. 2016도18761 전합).

30
답 ③

▌정답해설▌

③ 부동산 매매계약에서 계약금만 지급된 단계에서는 어느 당사자나 계약금을 포기하거나 그 배액을 상환함으로써 자유롭게 계약의 구속력에서 벗어날 수 있다. 그러나 중도금이 지급되는 등 계약이 본격적으로 이행되는 단계에 이른 때에는 계약이 취소되거나 해제되지 않는 한 매도인은 매수인에게 부동산의 소유권을 이전해 줄 의무에서 벗어날 수 없다. 따라서 이러한 단계에 이른 때에 매도인은 매수인에 대하여 매수인의 재산보전에 협력하여 재산적 이익을 보호·관리할 신임관계에 있게 된다. 그때부터 매도인은 배임죄에서 말하는 '타인의 사무를 처리하는 자'에 해당한다고 보아야 한다. 그러한 지위에 있는 매도인이 매수인에게 계약 내용에 따라 부동산의 소유권을 이전해 주기 전에 그 부동산을 제3자에게 처분하고 제3자 앞으로 그 처분에 따른 등기를 마쳐 준 행위는 매수인의 부동산 취득 또는 보전에 지장을 초래하는 행위이다. 이는 매수인과의 신임관계를 저버리는 행위로서 배임죄가 성립한다(대법원 2018.5.17. 2017도4027 전합).

▌오답해설▌

① 매매와 같이 당사자 일방이 재산권을 상대방에게 이전할 것을 약정하고 상대방이 그 대금을 지급할 것을 약정함으로써 그 효력이 생기는 계약의 경우(민법 제563조), 쌍방이 그 계약의 내용에 좇은 이행을 하여야 할 채무는 특별한 사정이 없는 한 '자기의 사무'에 해당하는 것이 원칙이다(대판 2011.1.20. 2008도10479).

② 채무자가 금전채무를 담보하기 위한 저당권설정계약에 따라 채권자에게 그 소유의 부동산에 관하여 저당권을 설정할 의무를 부담하게 되었다고 하더라도, 이를 들어 채무자가 통상의 계약에서 이루어지는 이익대립관계를 넘어서 채권자와의 신임관계에 기초하여 채권자의 사무를 맡아 처리하는 것으로 볼 수 없다(대판 2020.6.18. 2019도1434).

④ 채무자가 금전채무를 담보하기 위하여 그 소유의 동산을 채권자에게 양도담보로 제공함으로써 채권자인 양도담보권자에 대하여 담보물의 담보가치를 유지·보전할 의무 내지 담보물을 타에 처분하거나 멸실, 훼손하는 등으로 담보권 실행에 지장을 초래하는 행위를 하지 않을 의무를 부담하게 되었더라도, 이를 들어 채무자가 통상의 계약에서의 이익대립관계를 넘어서 채권자와의 신임관계에 기초하여 채권자의 사무를 맡아 처리하는 것으로 볼 수 없다(대판 2020.2.20. 2019도9756 전합).

31
답 ③

▌정답해설▌

③ 장물인 귀금속의 매도를 부탁받은 피고인이 그 귀금속이 장물임을 알면서도 매매를 중개하고 매수인에게 이를 전달하려다가 매수인을 만나기도 전에 체포되었다 하더라도, 위 귀금속의 매매를 중개함으로써 장물알선죄가 성립한다(대판 2009.4.23. 2009도1203).

▌오답해설▌

① 장물의 처분대가는 장물성을 상실하는 것이지만, 금전은 고도의 대체성을 가지고 있어 다른 종류의 통화와 쉽게 교환할 수 있고, 그 금전 자체는 별다른 의미가 없고 금액에 의하여 표시되는 금전적 가치가 거래상 의미를 가지고 유통되고 있는 점에 비추어 볼 때, 장물인 현금을 금융기관에 예금의 형태로 보관하였다가 이를 반환받기 위하여 동일한 액수의 현금을 인출한 경우에 예금계약의 성질상 인출된 현금은 당초의 현금과 물리적인 동일성은 상실되었지만 액수에 의하여 표시되는 금전적 가치에는 아무런 변동이 없으므로 장물로서의 성질은 그대로 유지된다고 봄이 상당하고, 자기앞수표도 그 액면금을 즉시 지급받을 수 있는 등 현금에 대신하는 기능을 가지고 거래상 현금과 동일하게 취급되고 있는 점에서 금전의 경우와 동일하게 보아야 한다(대판 2000.3.10. 98도2579).

② 컴퓨터 등 사용사기죄의 범행으로 예금채권을 취득한 다음 자기의 현금카드를 사용하여 현금자동지급기에서 현금을 인출한 경우, 현금카드 사용권한 있는 자의 정당한 사용에 의한 것으로서 현금자동지급기 관리자의 의사에 반하거나 기망행위 및 그에 따른 처분행위도 없었으므로, 별도로 절도죄나 사기죄의 구성요건에 해당하지 않는다 할 것이고, 그 결과 그 인출된 현금은 재산범죄에 의하여 취득한 재물이 아니므로 장물이 될 수 없다(대판 2004.4.16. 2004도353).

④ 본범의 행위에 관한 법적 평가는 그 행위에 대하여 우리 형법이 적용되지 아니하는 경우에도 우리 형법을 기준으로 하여야 하고 또한 이로써 충분하므로, 본범의 행위가 우리 형법에 비추어 절도죄 등의 구성요건에 해당하는 위법한 행위라고 인정되는 이상 이에 의하여 영득된 재물은 장물에 해당한다(대판 2011.4.28. 2010도15350).

32

▌정답해설 ▌

④ 손괴 또는 은닉 기타 방법으로 그 효용을 해하는 경우에는 물질적인 파괴행위로 물건 등을 본래의 목적에 사용할 수 없는 상태로 만드는 경우뿐만 아니라 일시적으로 물건 등의 구체적 역할을 할 수 없는 상태로 만들어 효용을 떨어뜨리는 경우도 포함된다. 따라서 자동문을 자동으로 작동하지 않고 수동으로만 개폐가 가능하게 하여 자동잠금장치로서 역할을 할 수 없도록 한 경우에도 재물손괴죄가 성립한다(대판 2016.11.25. 2016도9219).

▌오답해설 ▌

① 건조물의 벽면에 낙서를 하거나 게시물을 부착하는 행위 또는 오물을 투척하는 행위 등이 그 건조물의 효용을 해하는 것에 해당하는지 여부는, 당해 건조물의 용도와 기능, 그 행위가 건조물의 채광·통풍·조망 등에 미치는 영향과 건조물의 미관을 해치는 정도, 건조물 이용자들이 느끼는 불쾌감이나 저항감, 원상회복의 난이도와 거기에 드는 비용, 그 행위의 목적과 시간적 계속성, 행위 당시의 상황 등 제반 사정을 종합하여 사회통념에 따라 판단하여야 할 것이다(대법원 2007.6.28. 2007도2590).

② 아파트 자체의 객관적 성상이 그 본래의 사용목적인 주거용으로 사용될 수 없는 상태로 되어 있었다는 점을 인정할 자료가 없고, 더욱이 피해자들이 반포주공2단지 주택재건축 정비사업조합(이하 '이 사건 조합'이라 한다)에의 신탁등기 및 명도를 거부하는 방법으로 계속 그 소유권을 행사하고 있는 상황에서, 위와 같은 사정만으로는 위 각 아파트가 재물로서의 이용가치나 효용이 없는 물건으로 되었다고 할 수 없으므로, 위 각 아파트는 재물손괴죄의 객체가 된다고 할 것이다(대법원 2007.9.20. 2007도5207).

③ 쪽파의 매수인이 명인방법을 갖추지 않은 경우, 쪽파에 대한 소유권을 취득하였다고 볼 수 없어 그 소유권은 여전히 매도인에게 있고 매도인과 제3자 사이에 일정 기간 후 임의처분의 약정이 있었다면 그 기간 후에 제3자가 쪽파를 손괴하였더라도 재물손괴죄가 성립하지 않는다(법원 1996.2.23. 95도2754).

33

▌정답해설 ▌

④ 범죄단체 가입행위 또는 범죄단체 구성원으로서 활동하는 행위와 사기행위는 각각 별개의 범죄구성요건을 충족하는 독립된 행위이고 서로 보호법익도 달라 법조경합 관계로 목적된 범죄인 사기죄만 성립하는 것은 아니다(대법원 2017.10.26. 2017도8600).

▌오답해설 ▌

① 형법 제114조 참고

> **제114조(범죄단체 등의 조직)**
> 사형, 무기 또는 장기 4년 이상의 징역에 해당하는 범죄를 목적으로 하는 단체 또는 집단을 조직하거나 이에 가입 또는 그 구성원으로 활동한 사람은 그 목적한 죄에 정한 형으로 처벌한다. 다만, 형을 감경할 수 있다.

② 형법 제114조 제1항 소정의 범죄를 목적으로 하는 단체라 함은 특정다수인이 일정한 범죄를 수행한다는 공동목적 아래 이루어진 계속적인 결합체로서 그 단체를 주도하는 최소한의 통솔체제를 갖추고 있음을 요한다(대판 1985.10.8. 85도1515).

③ 보이스피싱 조직은 보이스피싱이라는 사기범죄를 목적으로 구성된 다수인의 계속적인 결합체로서 총책을 중심으로 간부급 조직원들과 상담원들, 현금인출책 등으로 구성되어 내부의 위계질서가 유지되고 조직원의 역할 분담이 이루어지는 최소한의 통솔체계를 갖춘 형법상의 범죄단체에 해당한다(대판 2017.10.26. 2017도8600).

34

▌정답해설 ▌

② 무주물에 방화하는 행위는 그 무주물을 소유의 의사로 점유하는 것이라고 볼 여지가 있는 점 등을 종합하여 보면, 불을 놓아 무주물을 소훼하여 공공의 위험을 발생하게 한 경우에는 '무주물'을 '자기 소유의 물건'에 준하는 것으로 보아 형법 제167조 제2항을 적용하여 처벌하여야 한다(대법원 2009.10.15. 2009도7421).

▌오답해설 ▌

① 대법원 2013.12.12. 2013도3950
③ 대법원 2002.3.26. 2001도6641
④ 대법원 2007.3.16. 2006도9164

35

답 ③

▌정답해설▐

③ 유가증권변조죄에서 '변조'는 진정하게 성립된 유가증권의 내용에 권한 없는 자가 유가증권의 동일성을 해하지 않는 한도에서 변경을 가하는 것을 의미하고, 이와 같이 권한 없는 자에 의해 변조된 부분은 진정하게 성립된 부분이라 할 수 없다. 따라서 유가증권의 내용 중 권한 없는 자에 의하여 이미 변조된 부분을 다시 권한 없이 변경하였다고 하더라도 유가증권변조죄는 성립하지 않는다(대법원 2012.9.27. 2010도15206).

▌오답해설▐

① 기존의 500원짜리 주화의 명목가치나 실질가치가 변경되었다거나, 객관적으로 보아 일반인으로 하여금 일본국의 500¥짜리 주화로 오신케 할 정도의 새로운 화폐를 만들어 낸 것이라고 볼 수 없고, 일본국의 자동판매기 등이 위와 같이 가공된 주화를 일본국의 500¥짜리 주화로 오인한다는 사정만을 들어 그 명목가치가 일본국의 500¥으로 변경되었다거나 일반인으로 하여금 일본국의 500¥짜리 주화로 오신케 할 정도에 이르렀다고 볼 수도 없다(대판 2002.1.11. 2000도3950).

② 형법 제207조에서 정한 '행사할 목적'이란 유가증권위조의 경우와 달리 위조·변조한 통화를 진정한 통화로서 유통에 놓겠다는 목적을 말하므로, 자신의 신용력을 증명하기 위하여 타인에게 보일 목적으로 통화를 위조한 경우에는 행사할 목적이 있다고 할 수 없다(대판 2012.3.29. 2011도7704).

④ 위조우표취득죄 및 위조우표행사죄에 관한 형법 제219조 및 제218조 제2항 소정의 "행사"라 함은 위조된 대한민국 또는 외국의 우표를 진정한 우표로서 사용하는 것으로 반드시 우편요금의 납부용으로 사용하는 것에 한정되지 않고 우표수집의 대상으로서 매매하는 경우도 이에 해당된다(대법원 1989.4.11. 88도1105).

36

답 ④

▌정답해설▐

④ 허위공문서작성죄의 주체는 그 문서를 작성할 권한이 있는 명의인인 공무원에 한하고, 그 공무원의 문서작성을 보조하는 직무에 종사하는 공무원은 위 죄의 주체가 되지 못하므로 보조 공무원이 허위공문서를 기안하여 그 정을 모르는 작성권자의 결재를 받아 공문서를 완성한 때에는 허위공문서작성죄의 간접정범이 되고, 이러한 결재를 거치지 않고 임의로 허위내용의 공문서를 완성한 때에는 공문서위조죄가 성립한다(대판 1981.7.28. 81도898).

▌오답해설▐

① 문서위조죄는 문서의 진정에 대한 공공의 신용을 그 보호법익으로 하는 것이므로 행사할 목적으로 작성된 문서가 일반인으로 하여금 당해 명의인의 권한 내에서 작성된 문서라고 믿게 할 수 있는 정도의 형식과 외관을 갖추고 있으면 문서위조죄가 성립하는 것이고, 위와 같은 요건을 구비한 이상 그 명의인이 실재하지 않는 허무인이거나 또는 문서의 작성일자 전에 이미 사망하였다고 하더라도 그러한 문서 역시 공공의 신용을 해할 위험성이 있으므로 문서위조죄가 성립한다고 봄이 상당하며, 이는 공문서뿐만 아니라 사문서의 경우에도 마찬가지라고 보아야 한다(대법원 2005.2.24. 2002도18).

② 문서위조 및 동행사죄의 보호법익은 문서에 대한 공공의 신용이므로 '문서가 원본인지 여부'가 중요한 거래에서 문서의 사본을 진정한 원본인 것처럼 행사할 목적으로 다른 조작을 가함이 없이 문서의 원본을 그대로 컬러복사기로 복사한 후 복사한 문서의 사본을 원본인 것처럼 행사한 행위는 사문서위조죄 및 동행사죄에 해당한다(대법원 2016.7.14. 2016도2081).

③ 위조문서행사죄에 있어서 행사는 위조된 문서를 진정한 것으로 사용함으로써 문서에 대한 공공의 신용을 해칠 우려가 있는 행위를 말하므로 그 행사의 상대방에는 아무런 제한이 없고, 다만 문서가 위조된 것임을 이미 알고 있는 공범자 등에게 행사하는 경우에는 위조문서행사죄가 성립할 수 없으나, 간접정범을 통한 위조문서행사범행에 있어 도구로 이용된 자라고 하더라고 문서가 위조된 것임을 알지 못하는 자에게 행사한 경우에는 위조문서행사죄가 성립한다(대법원 2012.2.23. 2011도14441).

37

▌정답해설▐

① 교육기관·교육행정기관·지방자치단체 또는 교육연구기관의 장이 징계의결을 집행하지 못할 법률상·사실상의 장애가 없는데도 징계의결서를 통보받은 날로부터 법정 시한이 지나도록 집행을 유보하는 모든 경우에 직무유기죄가 성립하는 것은 아니고, 그러한 유보가 직무에 관한 의식적인 방임이나 포기에 해당한다고 볼 수 있는 경우에 한하여 직무유기죄가 성립한다고 보아야 한다(대판 2014.4.10. 2013도229).

▌오답해설▐

② 학생군사교육단의 당직사관으로 주번근무를 하던 육군 중위가 당직근무를 함에 있어서 훈육관실에서 학군사관후보생 2명과 함께 술을 마시고 내무반에서 학군사관후보생 2명 및 애인 등과 함께 화투놀이를 한 다음 애인과 함께 자고 난 뒤 교대할 당직근무자에게 당직근무의 인계, 인수도 하지 아니한 채 퇴근하였다면 직무유기죄가 성립된다(대판 1990.12.21. 90도2425).

③ 직무유기죄는 구체적으로 그 직무를 수행하여야 할 작위의무가 있는데도 불구하고 이러한 직무를 버린다는 인식하에 그 작위의무를 수행하지 아니함으로써 성립하는 것이고, 또 그 직무를 유기한 때라 함은 공무원이 법령, 내규 등에 의한 추상적인 충근의무를 태만히 하는 일체의 경우를 이르는 것이 아니고, 직장의 무단이탈, 직무의 의식적인 포기 등과 같이 그것이 국가의 기능을 저해하며 국민에게 피해를 야기시킬 가능성이 있는 경우를 말하는 것이다(대판 1997.4.22. 95도748).

④ 경찰관이 불법체류자의 신병을 출입국관리사무소에 인계하지 않고 훈방하면서 이들의 인적사항조차 기재해두지 아니하였다면 직무유기죄가 성립한다(대판 2008.2.14. 2005도4202).

38

▌정답해설▐

④ 단지 상대방으로 하여금 뇌물을 수수하는 자에게 잘 보이면 어떤 도움을 받을 수 있다거나 손해를 입을 염려가 없다는 정도의 막연한 기대감을 갖게 하는 정도에 불과하고, 뇌물을 수수하는 자 역시 상대방이 그러한 기대감을 가질 것이라고 짐작하면서 수수하였다는 사정만으로는

알선뇌물수수죄가 성립하지 않는다(대판 2017.12.22. 2017도12346).

▌오답해설▐

① 법령에 기한 임명권자에 의하여 임용되어 공무에 종사하여 온 사람이 나중에 그가 임용결격자이었음이 밝혀져 당초의 임용행위가 무효라고 하더라도, 그가 임용행위라는 외관을 갖추어 실제로 공무를 수행한 이상 공무 수행의 공정과 그에 대한 사회의 신뢰 및 직무행위의 불가매수성은 여전히 보호되어야 한다. 따라서 이러한 사람은 형법 제129조에서 규정한 공무원으로 봄이 타당하다(대판 2014.3.27. 2013도11357).

② 뇌물증여죄가 성립되기 위하여서는 뇌물을 공여하는 행위와 상대방 측에서 금전적으로 가치가 있는 그 물품 등을 받아들이는 행위(부작위 포함)가 필요할 뿐이지 반드시 상대방 측에서 뇌물수수죄가 성립되어야만 한다는 것을 뜻하는 것은 아니다(대판 1987.12.22. 87도1699).

③ 뇌물약속죄에서 뇌물의 약속은 직무와 관련하여 장래에 뇌물을 주고받겠다는 양 당사자의 의사표시가 확정적으로 합치하면 성립하고, 뇌물의 가액이 얼마인지는 문제되지 아니한다. 또한 뇌물의 목적물이 이익인 경우에 그 가액이 확정되어 있지 않아도 뇌물약속죄가 성립하는 데에는 영향이 없다(대판 2001.9.18. 2000도5438).

39

▌정답해설▐

④ 외국 주재 한국영사관의 비자발급 업무와 같이, 상대방에게서 신청을 받아 일정한 자격요건 등을 갖춘 경우에 한하여 그에 대한 수용 여부를 결정하는 업무는 신청서에 기재된 사유가 사실과 부합하지 않을 수 있는 것을 전제로 그 자격요건 등을 심사·판단하는 것이므로, 업무담당자가 사실을 충분히 확인하지 아니한 채 신청인이 제출한 허위의 신청사유나 허위의 소명자료를 가볍게 믿고 이를 수용하였다면, 이는 업무담당자의 불충분한 심사에 기인한 것이어서 위계에 의한 공무집행방해죄를 구성하지 아니한다(대판 2011.4.28. 2010도14696).

▌오답해설▐

① 경찰관의 제지 조치가 적법한지 여부는 제지 조치 당시의 구체적 상황을 기초로 판단하여야 하고 사후적으로 순수한 객관적 기준에서 판단할 것은 아니다(대판 2013.6.13. 2012도9937).

② 검문하는 사람이 경찰관이고 검문하는 이유가 범죄행위에 관한 것임을 피고인이 충분히 알고 있었다고 보이는 경우에는 신분증을 제시하지 않았다고 하여 그 불심검문이 위법한 공무집행이라고 할 수 없다(대판 2014.12.11. 2014도7976).
③ 음주운전을 하다가 교통사고를 야기한 후 그 형사처벌을 면하기 위하여 타인의 혈액을 자신의 혈액인 것처럼 교통사고 조사 경찰관에게 제출하여 감정하도록 한 행위는, 단순히 피의자가 수사기관에 대하여 허위사실을 진술하거나 자신에게 불리한 증거를 은닉하는 데 그친 것이 아니라 수사기관의 착오를 이용하여 적극적으로 피의사실에 관한 증거를 조작한 것으로서 위계에 의한 공무집행방해죄가 성립한다(대판 2003.7.25. 2003도1609).

40

답 ④

정답해설

㉢ (×) 금원을 대여한 고소인이 차용금을 갚지 않은 차용인을 사기죄로 고소하는 데 있어서, 피고소인이 차용금의 용도를 사실대로 이야기하였더라면 금원을 대여하지 않았을 것인데 차용금의 용도를 속이는 바람에 대여하였다고 주장하는 사안이라면, 차용금의 실제 용도는 사기죄의 성립 여부에 영향을 미치는 것으로서 고소사실의 중요한 부분이 되고 따라서 실제 용도에 관하여 고소인이 허위로 신고할 경우에는 그것만으로도 무고죄에서 허위의 사실을 신고한 경우에 해당한다고 할 수 있다. 그러나 단순히 차용인이 변제의사와 능력의 유무에 관하여 기망하였다는 내용으로 고소한 경우에는, 차용금의 용도와 무관하게 다른 자료만으로도 충분히 차용인의 변제의사나 능력의 유무에 관한 기망사실을 인정할 수 있는 경우도 있을 것이므로, 차용금의 실제 용도에 관하여 사실과 달리 신고하였다는 것만으로는 범죄사실의 성립 여부에 영향을 줄 정도의 중요한 부분을 허위로 신고하였다고 할 수 없다. 이와 같은 법리는 고소인이 차용사기로 고소할 때 묵비하거나 사실과 달리 신고한 차용금의 실제 용도가 도박자금이었더라도 달리 볼 것은 아니다(대판 2011.9.8. 2011도3489).
㉣ (×) 형법 제156조에서 정한 무고죄는 타인으로 하여금 형사처분 또는 징계처분을 받게 할 목적으로 허위의 사실을 신고하는 것을 구성요건으로 하는 범죄이다. 자기 자신으로 하여금 형사처분 또는 징계처분을 받게 할 목적으로 허위의 사실을 신고하는 행위, 즉 자기 자신을 무고하는 행위는 무고죄의 구성요건에 해당하지 않아 무고죄가 성립하지 않는다. 따라서 자기 자신을 무고하기로 제3자와 공모하고 이에 따라 무고행위에 가담하였더라도 이는 자기 자신에게는 무고죄의 구성요건에 해당하지 않아 범죄가 성립할 수 없는 행위를 실현하고자 한 것에 지나지 않아 무고죄의 공동정범으로 처벌할 수 없다(대법원 2017.4.26. 2013도12592).

오답해설

㉠ (○) 무고죄에 있어서 허위사실 적시의 정도는 수사관서 또는 감독관서에 대하여 수사권 또는 징계권의 발동을 촉구하는 정도의 것이면 충분하고 반드시 범죄구성요건 사실이나 징계요건 사실을 구체적으로 명시하여야 하는 것은 아니다(대판 1985.2.26. 84도2774).
㉡ (○) 무고죄는 타인으로 하여금 형사처분이나 징계처분을 받게 할 목적으로 신고한 사실이 객관적 진실에 반하는 허위사실인 경우에 성립되는 범죄이므로 신고한 사실이 객관적 진실에 반하는 허위사실이라는 요건은 적극적 증명이 있어야 하며 신고사실의 진실성을 인정할 수 없다는 소극적 증명만으로 곧 그 신고사실이 객관적 진실에 반하는 허위의 사실이라 단정하여 무고죄의 성립을 인정할 수는 없다(대판 1984.1.24. 83도1401).

2020년 정답 및 해설

01	02	03	04	05	06	07	08	09	10	11	12	13	14	15	16	17	18	19	20
①	③	③	④	④	①	①	④	①	①	②	④	②	④	④	①	④	②	③	②

21	22	23	24	25	26	27	28	29	30	31	32	33	34	35	36	37	38	39	40
②	④	③	①	③	③	③	④	②	①	①	④	③	①	④	③	③	①	②	④

01

답 ①

┃정답해설┃

① 형벌법규의 해석에 있어서 법규정 문언의 가능한 의미를 벗어나는 경우에는 유추해석으로서 죄형법정주의에 위반하게 된다. 그리고 유추해석금지의 원칙은 모든 형벌법규의 구성요건과 가벌성에 관한 규정에 준용되는데, 위법성 및 책임의 조각사유나 소추조건, 또는 처벌조각사유인 형면제 사유에 관하여 그 범위를 제한적으로 유추적용하게 되면 행위자의 가벌성의 범위는 확대되어 행위자에게 불리하게 되는바, 이는 가능한 문언의 의미를 넘어 범죄구성요건을 유추적용하는 것과 같은 결과가 초래되므로 죄형법정주의의 파생원칙인 유추해석금지의 원칙에 위반하여 허용될 수 없다(대판 1997.3.20. 96도1167 전합).

┃오답해설┃

② 법관이 형을 양정함에 있어서 참고할 수 있는 자료에 달리 제한이 있는 것도 아닌 터에 원심이 위 양형기준이 발효하기 전에 법원에 공소가 제기된 이 사건 범죄에 관하여 형을 양정함에 있어서 위 양형기준을 참고자료로 삼았다고 하여, 거기에 상고이유로 주장하는 바와 같이 피고인에게 불리한 법률을 소급하여 적용한 위법이 있다고 할 수 없다(대판 2009.12.10. 2009도11448).

③ 가정폭력범죄의 처벌 등에 관한 특례법이 정한 보호처분 중의 하나인 사회봉사명령은 가정폭력범죄행위에 대하여 형사처벌 대신 부과되는 것으로서 가정폭력범죄를 범한 자에게 의무적 노동을 부과하고 여가시간을 박탈하여 실질적으로는 신체적 자유를 제한하게 되므로, 이에 대하여는 원칙적으로 형벌불소급의 원칙에 따라 행위시법을 적용함이 상당하다(대결 2008.7.24. 2008어4).

④ 헌법재판소의 헌법불합치결정은 위헌결정에 해당하므로, 그 대상인 형벌조항을 적용하여 기소된 사건은 범죄로 되지 않는 때에 해당하여 법원이 무죄를 선고해야 한다(대판 2011.6.23. 2008도7562 전합).

02

답 ③

┃정답해설┃

③ 형을 종전보다 가볍게 형벌법규를 개정하면서 그 부칙으로 개정된 법의 시행 전의 범죄에 대하여 종전의 형벌법규를 적용하도록 규정한다 하여 헌법상의 형벌불소급의 원칙이나 신법우선주의에 반한다고 할 수 없다(대결 1999.4.13. 99초76).

┃오답해설┃

① 범죄의 성립과 처벌은 행위시의 법률에 의한다고 할 때의 "행위시"라 함은 범죄행위의 종료시를 의미한다(대판 1994.5.10. 94도563).

② 형법 제7조

제7조(외국에서 집행된 형의 산입)
죄를 지어 외국에서 형의 전부 또는 일부가 집행된 사람에 대해서는 그 집행된 형의 전부 또는 일부를 선고하는 형에 산입한다.

④ 외국인이 대한민국 공무원에게 알선한다는 명목으로 금품을 수수하는 행위가 대한민국 영역 내에서 이루어진 이상, 비록 금품수수의 명목이 된 알선행위를 하는 장소가 대한민국 영역 외라 하더라도 대한민국 영역 내에서 죄를 범한 것이라고 하여야 할 것이므로, 형법 제2조에

의하여 대한민국의 형벌법규인 구 변호사법(2000.1.28. 법률 제6207호로 전문 개정되기 전의 것) 제90조 제1호가 적용되어야 한다(대판 2000.4.21. 99도3403).

03
답 ③

┃정답해설┃

③ 형법 제185조의 일반교통방해죄는 일반 공중의 교통안전을 그 보호법익으로 하는 범죄로서 육로 등을 손괴 또는 불통케 하거나 기타의 방법으로 교통을 방해하여 통행을 불가능하게 하거나 현저하게 곤란하게 하는 일체의 행위를 처벌하는 것을 그 목적으로 하고 있고, 또한 일반교통방해죄는 이른바 추상적 위험범으로서 교통이 불가능하거나 또는 현저히 곤란한 상태가 발생하면 바로 기수가 되고 교통방해의 결과가 현실적으로 발생하여야 하는 것은 아니다(대판 2007.12.14. 2006도4662).

┃오답해설┃

① 협박죄는 사람의 의사결정의 자유를 보호법익으로 하는 위험범으로, 협박죄가 성립하려면 고지된 해악의 내용이 일반적으로 사람으로 하여금 공포심을 일으키게 하기에 충분한 것이어야 하지만 상대방이 그에 의하여 현실적으로 공포심을 일으킬 것까지 요구하는 것은 아니며, 그와 같은 정도의 해악을 고지함으로써 상대방이 그 의미를 인식한 이상 상대방이 현실적으로 공포심을 일으켰는지 여부와 관계없이 그로써 구성요건은 충족되어 협박죄의 기수에 이르는 것으로 해석하여야 한다(대판 2007.9.28. 2007도606 전합).

② [1] 배임죄에 있어 본인에게 재산상의 손해를 가한다 함은 현실적인 손해를 가한 경우뿐만 아니라 재산상 실해발생의 위험을 초래한 경우도 포함된다(대판 2012.2.23. 2011도15857).
[2] 배임죄는 현실적인 재산상 손해액이 확정될 필요까지는 없고 단지 재산상 권리의 실행을 불가능하게 할 염려 있는 상태 또는 손해 발생의 위험이 있는 경우에 바로 성립되는 위태범이다(대판 2000.4.11. 99도334).

④ 허위공문서작성죄는 진정신분범에 해당하나, 공문서위조죄는 그 주체에 아무런 제한이 없으므로 신분범이 아니다.

04
답 ④

┃정답해설┃

④ 지입차주가 고용한 운전자가 과적운행으로 구 도로법을 위반한 경우, 지입차주는 구 도로법(2008.3.21. 법률 제8976호로 전부 개정되기 전의 것) 제86조에 정한 '대리인·사용인 기타의 종업원'의 지위에 있을 뿐이고 지입차량의 소유자이자 대외적인 경영 주체는 지입회사이므로, 지입회사가 구 도로법상 사용자로서의 형사책임을 부담한다고 한 사례(대판 2009.9.24. 2009도5302).

┃오답해설┃

① 합병으로 인하여 소멸한 법인이 그 종업원 등의 위법행위에 대해 양벌규정에 따라 부담하던 형사책임은 그 성질상 이전을 허용하지 않는 것으로서 합병으로 인하여 존속하는 법인에 승계되지 않는다(대판 2007.8.23. 2005도4471).

② 양벌규정에 의한 영업주의 처벌은 금지위반행위자인 종업원의 처벌에 종속하는 것이 아니라 독립하여 그 자신의 종업원에 대한 선임감독상의 과실로 인하여 처벌되는 것이므로 종업원의 범죄성립이나 처벌이 영업주 처벌의 전제조건이 될 필요는 없다(대판 2006.2.24. 2005도7673).

③ 회사 대표자의 위반행위에 대하여 징역형의 형량을 작량감경하고 병과하는 벌금형에 대하여 선고유예를 한 이상 양벌규정에 따라 그 회사를 처단함에 있어서도 같은 조치를 취하여야 한다는 논지는 독자적인 견해에 지나지 아니하여 받아들일 수 없다(대판 1995.12.12. 95도1893).

05
답 ④

┃정답해설┃

ⓛ (○) 살인의 실행행위와 피해자의 사망과의 사이에 다른 사실이 개재되어 그 사실이 치사의 직접적인 원인이 되었다고 하더라도 그와 같은 사실이 통상 예견할 수 있는 것에 지나지 않는다면 살인의 실행행위와 피해자의 사망과의 사이에 인과관계가 있는 것으로 보아야 한다(대판 1994.3.22. 93도3612).

ⓒ (○) 상해행위를 피하려고 하다가 차량에 치어 사망한 경우 상해행위와 피해자의 사망 사이에 상당인과관계가 있어 상해치사죄가 성립한다(대판 1996.5.10. 96도529).

ⓔ (○) A가 두부 손상을 입은 후 병원에서 입원치료를 받다가 합병증으로 사망에 이르게 되어 피고인의 범행과 A의 사망 사이에 인과관계를 부정할 수 없고, 사망 결과에 대한 예견가능성이 있었다고 한 사례(대판 2012.3.15. 2011도17648).

┃오답해설┃

ⓖ (×) 좌회전 금지구역에서 좌회전한 행위와 사고발생 사이에 상당인과관계가 인정되지 아니한다(대판 1996.5.28. 95도1200).

06 **답** ①

┃정답해설┃

ⓖ (○) 수뢰죄에서 공무원이라는 신분(진정신분범에서의 신분), 위증죄에서의 법률에 의하여 선서한 증인은 행위의 주체에 해당하므로 고의의 인식대상이 된다.

ⓔ (○) 특수폭행죄에서의 '위험한 물건을 휴대하여'는 행위태양(행위방법)으로서 고의의 인식대상이다.

┃오답해설┃

ⓛ (×) 사전수뢰죄에서 '공무원 또는 중재인이 된 때(사실)'은 객관적 처벌조건으로 고의의 인식대상이 아니다.

ⓒ (×) 친족상도례에 있어서의 '친족'인 신분은 처벌조건으로 고의의 인식대상이 아니다.

ⓜ (×) 소추조건(친고죄에서의 '고소', 반의사불벌죄에서의 '피해자의 의사')은 고의의 인식대상이 아니다.

07 **답** ①

┃정답해설┃

① 캄캄한 밤중에 자신의 장모를 다른 사람으로 알고 살해한 경우, 존속살해죄로 처벌할 수 없다(대판 1960.10.31. 4293형상494). 따라서 형법 제15조 제1항에 의하여 보통살인죄가 성립한다.

┃오답해설┃

② 피고인이 갑을 살해할 의사로 농약 1포를 숭늉 그릇에 투입하여 식당에 놓아둠으로써 그 정을 알지 못한 갑의 장녀가 마시게 되어 사망케 하였다면 인과관계가 있다고 할 것이므로 갑의 장녀에 대한 살인죄가 성립한다(대판 1968.8.23. 68도884).

③ 구체적 사실의 착오 중 방법의 착오에 해당하고 구체적 부합설에 의하면 A에 대한 상해미수죄와 B에 대한 과실치상죄의 상상적 경합이 된다.

④ 구체적 사실의 착오 중 객체의 착오에 해당하고 법정적 부합설에 의하면 B에 대한 상해죄가 성립한다.

08 **답** ④

┃정답해설┃

④ 형법 제24조의 규정에 의하여 위법성이 조각되는 피해자의 승낙은 개인적 법익을 훼손하는 경우에 법률상 이를 처분할 수 있는 사람의 승낙이어야 할 뿐만 아니라 그 승낙이 윤리적·도덕적으로 사회상규에 반하는 것이 아니어야 한다. 甲이 A와 공모하여 보험사기를 목적으로 A에게 상해를 가한 경우, 甲의 행위는 피해자의 승낙으로 위법성이 조각되지 아니한다(대판 2008.12.11. 2008도9606).

┃오답해설┃

① 문서의 위조라고 하는 것은 작성권한 없는 자가 타인 명의를 모용하여 문서를 작성하는 것을 말하는 것이므로 사문서를 작성함에 있어 그 명의자의 명시적이거나 묵시적인 승낙 내지 위임이 있었다면 이는 사문서위조에 해당한다고 할 수 없을 것이지만, 문서 작성권한의 위임이 있는 경우라고 하더라도 그 위임을 받은 자가 그 위임받은 권한을 초월하여 문서를 작성한 경우는 사문서위조죄가 성립하고, 단지 위임받은 권한의 범위 내에서 이를 남용하여 문서를 작성한 것에 불과하다면 사문서위조죄가 성립하지 아니한다고 할 것이다(대판 2008.4.10. 2007도9987).

② 피고인이 동거 중인 피해자의 지갑에서 현금을 꺼내가는 것을 피해자가 현장에서 목격하고도 만류하지 아니하였다면 피해자가 이를 허용하는 묵시적 의사가 있었다고 봄이 상당하여 이는 절도죄를 구성하지 않는다(대판 1985.11.26. 85도1487).

③ 대판 1997.3.28. 95도2674

09 **답** ①

┃정답해설┃

① 정신적 장애가 있는 자라도 범행 당시 정상적인 사물변별능력과 행위통제능력을 가지고 있었다면 심신장애자로 볼 수 없다(대판 1992.8.18. 92도1425).

② 형법 제10조 제2항

> **제10조(심신장애인)**
> ② 심신장애로 인하여 전항의 능력이 미약한 자의 행위는 형을 감경할 수 있다.

③ 형법상 심신상실자라고 하려면 그 범행 당시에 심신장애로 인하여 사물의 시비선악을 변식할 능력이나 또 그 변식하는 바에 따라 행동할 능력이 없어 그 행위의 위법성을 의식하지 못하고 또는 이에 따라 행위를 할 수 없는 상태에 있어야 하며 범행을 기억하고 있지 않다는 사실만으로 바로 범행 당시 심신상실 상태에 있었다고 단정할 수는 없다(대판 1985. 5. 28. 85도361).

④ 대판 1992. 7. 28. 92도999

10 답 ①

▌정답해설 ▌

① 행위자가 처벌되지 않는 행위를 처벌되는 행위로 오인하고 행위를 한 경우는 반전된 금지착오(환각범)로 불가벌이다.

▌오답해설 ▌

② 사례는 위법성조각사유의 한계에 대한 착오로, 통설은 금지착오의 경우로 본다. 금지착오의 경우 책임설에 의하면 그 착오가 고의에는 영향이 없으므로 감금죄의 고의가 인정되고, 나아가 그 착오에 정당한 이유가 없는 한 감금죄의 죄책을 진다.

③ 형법 제16조에서 "자기가 행한 행위가 법령에 의하여 죄가 되지 아니한 것으로 오인한 행위는 그 오인에 정당한 이유가 있는 때에 한하여 벌하지 아니한다."라고 규정하고 있는 것은 단순한 법률의 부지를 말하는 것이 아니고 일반적으로 범죄가 되는 경우이지만 자기의 특수한 경우에는 법령에 의하여 허용된 행위로서 죄가 되지 아니한다고 그릇 인식하고 그와 같이 그릇 인식함에 정당한 이유가 있는 경우에는 벌하지 않는다는 취지이다(대판 2005. 9. 29. 2005도4592).

④ 대판 1995. 11. 10. 95도2088

11 답 ②

▌정답해설 ▌

② 야간에 다세대주택에 침입하여 물건을 절취하기 위하여 가스배관을 타고 오르다가 순찰 중이던 경찰관에게 발각되어 그냥 뛰어내렸다면, 야간주거침입절도죄의 실행의 착수에 이르지 못했다(대판 2008. 3. 27. 2008도917).

▌오답해설 ▌

① 침입 대상인 아파트에 사람이 있는지를 확인하기 위해 그 집의 초인종을 누른 행위만으로는 주거침입죄의 실행의 착수가 있다고 볼 수 없다(대판 2008. 4. 10. 2008도1464).

③ 야간에 아파트에 침입하여 물건을 훔칠 의도하에 아파트의 베란다 철제난간까지 올라가 유리창문을 열려고 시도하였다면 야간주거침입절도죄의 실행에 착수한 것으로 보아야 한다(대판 2003. 10. 24. 2003도4417).

④ 비록 유리창을 따기 위해 면장갑을 끼고 있었고 칼을 소지하고 있었다 하더라도 절도의 예비행위로 볼 수는 있겠으나 타인의 재물에 대한 지배를 침해하는데 밀접한 행위를 한 것이라고는 볼 수 없어 절취행위의 착수에 이른 것이었다고 볼 수 없다(대판 1985. 4. 23. 85도464).

12 답 ④

▌정답해설 ▌

④ 불능범과 구별되는 불능미수의 판단 기준으로서 위험성 판단은 피고인이 행위 당시에 인식한 사정을 놓고 이것이 객관적으로 일반인의 판단으로 보아 결과 발생의 가능성이 있느냐를 따지는 것이다(대판 2005. 12. 8. 2005도8105).

▌오답해설 ▌

① 대판 2019. 5. 16. 2019도97

② 형법 제27조에서 규정하고 있는 불능미수는 행위자에게 범죄의사가 있고 실행의 착수라고 볼 수 있는 행위가 있지만 실행의 수단이나 대상의 착오로 처음부터 구성요건이 충족될 가능성이 없는 경우이다. 다만 결과적으로 구성요건의 충족은 불가능하지만, 그 행위의 위험성이 있으면 불능미수로 처벌한다. 불능미수는 행위자가 실제로 존재하지 않는 사실을 존재한다고 오인하였다는 측면에서 존재하는 사실을 인식하지 못한 사실의 착오와 다르다(대판 2019. 3. 28. 2018도16002 전합).

③ 형법 제27조에서 정한 '실행의 수단 또는 대상의 착오'는 행위자가 시도한 행위방법 또는 행위객체로는 결과의 발생이 처음부터 불가능하다는 것을 의미한다. 그리고 '결과 발생의 불가능'은 실행의 수단 또는 대상의 원시적 불가능성으로 인하여 범죄가 기수에 이를 수 없는 것을 의미한다고 보아야 한다(대판 2019.3.28. 2018도16002 전합).

13   답 ②

┃정답해설┃

② 형법은 부진정부작위범에 대하여 작위범과 동일한 법정형으로 처벌하며 임의적 감경규정을 두고 있지 않다.

┃오답해설┃

① 부작위범에 대해 작위에 의한 교사는 가능하다. 부작위에 의한 교사의 방법으로는 피교사자의 범행을 결의하게 할 수 없어 불가능하다.

③ 부작위범 사이의 공동정범은 다수의 부작위범에게 공통된 의무가 부여되어 있고 그 의무를 공통으로 이행할 수 있을 때에만 성립한다(대판 2008.3.27. 2008도89).

④ 대판 2000.1.28. 99도2884

14   답 ④

┃정답해설┃

④ 결과적 가중범인 상해치사죄의 공동정범은 폭행 기타의 신체 침해행위를 공동으로 할 의사가 있으면 성립되고 결과를 공동으로 할 의사는 필요없다 할 것이므로 패싸움 중 한 사람이 칼로 찔러 상대방을 죽게 한 경우에 다른 공범자가 그 결과 인식이 없다 하여 상해치사죄의 책임이 없다고 할 수 없다(대판 1978.1.17. 77도2193).

┃오답해설┃

① 결과적 가중범의 기본범죄는 고의범이어야 한다. 기본범죄가 과실범인 경우에는 결과적 가중범이 인정되지 않는다. 기본범죄가 미수인 경우에도 이를 처벌하는 규정이 있는 경우에는 결과적 가중범의 기수가 성립한다(대판 1999.4.9. 99도519).

② 진정결과적 가중범은 고의에 의한 기본범죄에 의하여 중한 결과가 '과실'에 의하여 발생한 경우에 성립하는 결과적 가중범을 말한다.

③ 기본범죄를 통하여 고의로 중한 결과를 발생하게 한 경우에 가중처벌하는 부진정결과적가중범에서, 고의로 중한 결과를 발생하게 한 행위가 별도의 구성요건에 해당하고 고의범에 대하여 더 무겁게 처벌하는 규정이 <u>없는 경우</u>에는 결과적가중범이 고의범에 대하여 특별관계에 있으므로 <u>결과적가중범만 성립하고 이와 법조경합의 관계에 있는 고의범에 대하여는 별도로 죄를 구성하지 않는다</u>(대판 2008.11.27. 2008도7311).

15   답 ④

┃정답해설┃

④ (○) 세무사의 사무직원으로부터 그가 직무상 보관하고 있던 임대사업자 등의 인적사항, 사업자소재지가 기재된 서면을 교부받은 행위가 세무사법상 직무상 비밀누설죄의 공동정범에 해당하지 않는다(대판 2007.10.25. 2007도6712).

┃오답해설┃

① (×) 뇌물공여죄가 성립되기 위하여 반드시 상대방 측에서 뇌물수수죄가 성립되어야 하는 것은 아니다(대판 1987.12.22. 87도1699).

② (×) 형법 제127조는 공무원 또는 공무원이었던 자가 법령에 의한 직무상 비밀을 누설하는 행위만을 처벌하고 있을 뿐 직무상 비밀을 누설 받은 상대방을 처벌하는 규정이 없으므로, 직무상 비밀을 누설 받은 자를 공무상비밀누설죄의 교사범 또는 방조범으로 처벌할 수는 없다(대판 2009.6.23. 2009도544).

③ (×) 변호사 아닌 자에게 고용된 변호사는 변호사 아닌 자가 변호사를 고용하여 법률사무소를 개설·운영하는 행위를 처벌하도록 규정하고 있는 변호사법 위반죄의 공범으로 처벌할 수 없다(대판 2004.10.28. 2004도3994).

16   답 ①

┃정답해설┃

① 포괄일죄의 범행 도중에 공동정범으로 가담한 자라도 그가 그 범행에 가담할 때에 이미 이루어진 종전의 범행을 알았다 하더라도 그 가담 이전의 범행에 대해서는 공동정범으로 책임을 지지 않는다(대판 1997.6.27. 97도163).

┃ 오답해설 ┃

② 공모공동정범에 있어서 공모자 중의 1인이 다른 공모자가 실행행위에 이르기 전에 그 공모관계에서 이탈한 때에는 그 이후의 다른 공모자의 행위에 관하여는 공동정범으로서의 책임은 지지 않는다 할 것이나, 공모관계에서의 이탈은 공모자가 공모에 의하여 담당한 기능적 행위지배를 해소하는 것이 필요하므로 공모자가 공모에 주도적으로 참여하여 다른 공모자의 실행에 영향을 미친 때에는 범행을 저지하기 위하여 적극적으로 노력하는 등 실행에 미친 영향력을 제거하지 아니하는 한 공모관계에서 이탈되었다고 할 수 없다(대판 2008.4.10. 2008도1274).

③ 대판 2009.6.23. 2009도2994

④ 대판 1986.1.21. 85도2371

17

답 ④

┃ 정답해설 ┃

④ 교사범이 그 공범관계로부터 이탈하기 위해서는 피교사자가 범죄의 실행행위에 나아가기 전에 교사범에 의하여 형성된 피교사자의 범죄 실행의 결의를 해소하는 것이 필요하다(대판 2012.11.15. 2012도7407).

┃ 오답해설 ┃

① 교사범은 고의범을 전제로 한 것이며 과실에 의한 교사는 인정되지 않는다.

② 교사범이란 타인(정범)으로 하여금 범죄를 결의하게 하여 그 죄를 범하게 한 때에 성립하는 것이고 피교사자는 교사범의 교사에 의하여 범죄실행을 결의하여야 하는 것이므로, 피교사자가 이미 범죄의 결의를 가지고 있을 때에는 교사범이 성립할 여지가 없다(대판 1991.5.14. 91도542).

③ 교사자만 음모 또는 예비에 준하여 처벌한다(제31조 제3항).

제31조(교사범)

① 타인을 교사하여 죄를 범하게 한 자는 죄를 실행한 자와 동일한 형으로 처벌한다.

② 교사를 받은 자가 범죄의 실행을 승낙하고 실행의 착수에 이르지 아니한 때에는 교사자와 피교사자를 음모 또는 예비에 준하여 처벌한다.

③ 교사를 받은 자가 범죄의 실행을 승낙하지 아니한 때에도 교사자에 대하여는 전항과 같다.

18

답 ②

┃ 정답해설 ┃

② 子와 더불어 남편을 살해한 처는 존속살해죄의 공동정범이 성립한다(대판 1961.8.2. 4294형상284). ※성립은 존속살해죄이나 처벌은 보통살인죄이다(제33조 단서 참고).

제33조(공범과 신분)

신분이 있어야 성립되는 범죄에 신분 없는 사람이 가담한 경우에는 그 신분 없는 사람에게도 제30조부터 제32조까지의 규정을 적용한다. 다만, 신분 때문에 형의 경중이 달라지는 경우에 신분이 없는 사람은 무거운 형으로 벌하지 아니한다.

┃ 오답해설 ┃

① 판례에 의하면 형법 제33조의 본문은 진정신분범과 부진정신분범에 대한 공범성립의 문제를, 단서는 부진정신분범의 과형만의 문제를 규정한 것이다.

③ 공무원이 뇌물공여자로 하여금 공무원과 뇌물수수죄의 공동정범 관계에 있는 비공무원에게 뇌물을 공여하게 한 경우에는 공동정범의 성질상 공무원 자신에게 뇌물을 공여하게 한 것으로 볼 수 있다. 공무원과 공동정범 관계에 있는 비공무원은 제3자뇌물수수죄에서 말하는 제3자가 될 수 없고, 공무원과 공동정범 관계에 있는 비공무원이 뇌물을 받은 경우에는 공무원과 함께 뇌물수수죄의 공동정범이 성립하고 제3자뇌물수수죄는 성립하지 않는다(대판 2019.8.29. 2018도2738 전합).

④ 대판 2012.6.14. 2010도14409

19

답 ③

┃ 정답해설 ┃

ⓒ (○) 포괄하여 1개의 위증죄를 구성하는 것이고 각 진술마다 수 개의 위증죄를 구성하는 것이 아니다(대판 1998.4.14. 97도3340).

ⓔ (○) 금융기관 임직원인 甲이 그 직무에 관하여 乙로부터 정식이사가 될 수 있도록 도와달라는 부탁을 받고 1년 동안 12회에 걸쳐 그 사례금 명목으로 합계 1억 2,000만 원을 교부받은 경우, 각 범행을 통틀어 포괄일죄로 볼 것이다(대판 2000.6.27. 2000도1155).

㉠ (×) 컴퓨터로 음란 동영상을 제공한 제1범죄행위로 서버 컴퓨터가 압수된 이후 다시 장비를 갖추어 동종의 제2범죄행위를 하고 제2범죄행위로 인하여 약식명령을 받아 확정된 경우, 제1범죄행위와 제2범죄행위는 포괄일죄를 구성하지 않는다(대판 2005.9.30. 2005도4051).

㉢ (×) 1개의 기망행위에 의하여 다수의 피해자로부터 각각 재산상 이익을 편취한 경우에는 피해자별로 수 개의 사기죄가 성립하고, 그 사이에는 상상적 경합의 관계에 있는 것으로 보아야 한다(대판 2015.4.23. 2014도16980).

20

답 ②

▌정답해설▐

② 집행유예를 함에 있어 그 집행유예기간의 시기는 집행유예를 선고한 판결 확정일로 하여야 하고 법원이 판결 확정일 이후의 시점을 임의로 선택할 수는 없다(대판 2002.2.26. 2000도4637).

▌오답해설▐

① 형법 제63조

> **제63조(집행유예의 실효)**
> 집행유예의 선고를 받은 자가 유예기간 중 고의로 범한 죄로 금고 이상의 실형을 선고받아 그 판결이 확정된 때에는 집행유예의 선고는 효력을 잃는다.

③ 형법 제59조의2 제1항

> **제59조의2(보호관찰)**
> ① 형의 선고를 유예하는 경우에 재범방지를 위하여 지도 및 원호가 필요한 때에는 보호관찰을 받을 것을 명할 수 있다.

④ 형법 제60조

> **제60조(선고유예의 효과)**
> 형의 선고유예를 받은 날로부터 2년을 경과한 때에는 면소된 것으로 간주한다.

21

답 ②

▌정답해설▐

② 형법 제263조는 독립행위가 경합하여 상해의 결과를 발생하게 한 경우에 있어서 원인된 행위가 판명되지 아니한 때에는 공동정범으로 처벌하는 경우이나 사례는 甲과 乙이 살인의 의사로 총을 쏘았으나 상해를 입히는데 그친 경우로 제263조가 적용될 사안이 아니라 각각 살인미수죄에 해당한다.

▌오답해설▐

① 폭행죄, 존속폭행죄, 특수폭행죄는 모두 미수범 처벌규정이 없다. 폭행죄와 존속폭행죄는 반의사 불벌죄로 피해자의 명시한 의사에 반하여 공소를 제기할 수 없으나(제260조 제3항), 특수폭행죄는 피해자의 명시한 의사에 반하여도 공소제기할 수 있다(제261조).

③ 친자관계라는 사실은 호적상의 기재여하에 의하여 좌우되는 것은 아니며 호적상 친권자라고 등재되어 있다 하더라도 사실에 있어서 그렇지 않은 경우에는 법률상 친자관계가 생길 수 없다 할 것인바, 피고인은 호적부상 피해자와 모 사이에 태어난 친생자로 등재되어 있으나 피해자가 집을 떠난 사이 모가 타인과 정교관계를 맺어 피고인을 출산하였다면 피고인과 피해자 사이에는 친자관계가 없으므로 존속상해죄는 성립될 수 없다(대판 1983.6.28. 83도996).

④ 다방종업원이 자기를 만나주지 않는다는 이유로 시정된 탁구장문과 주방문을 부수고 주방으로 들어가 방문을 열어 주지 않으면 모두 죽여버린다고 폭언을 하면서 시정된 방문을 수회 발로 찬 행위는 피해자들의 신체에 대한 유형력의 행사로 볼 수 없어 폭행죄에 해당하지 않는다(대판 1984.2.14. 83도3186).

22

답 ④

▌정답해설▐

④ 협박죄는 사람의 의사결정의 자유를 보호법익으로 하는 범죄로서 형법규정의 체계상 개인적 법익, 특히 사람의 자유에 대한 죄 중 하나로 구성되어 있는바, 위와 같은 협박죄의 보호법익, 형법규정상 체계, 협박의 행위 개념 등에 비추어 볼 때, 협박죄는 자연인만을 그 대상으로 예정하고 있을 뿐 법인은 협박죄의 객체가 될 수 없다. 따라서 상무이사에 대한 협박죄는 인정되지만, 회사에 대한 협박죄는 성립하지 않는다(대판 2010.7.15. 2010도1017).

23

 ③

│정답해설│

③ 환경단체 소속 회원들이 축산 농가들의 폐수 배출 단속활
동을 벌이면서 폐수 배출현장을 사진촬영하거나 지적하
는 한편 폐수 배출사실을 확인하는 내용의 사실확인서를
징구하는 과정에서 서명하지 아니할 경우 법에 저촉된다
고 겁을 주는 등 행한 일련의 행위가 '협박'에 의한 강요행
위에 해당한다(대판 2010.4.29. 2007도7064).

│오답해설│

① 인질강요죄에서 강요의 상대방에 '인질'은 포함되지 않는
다(제324조의2). 인질강요죄를 범한 자가 인질을 안전한
장소에 풀어준 때에는 그 형을 감경할 수 있다(제324조의
6).

> **제324조의2(인질강요)**
> 사람을 체포·감금·약취 또는 유인하여 이를 인질로 삼
> 아 제3자에 대하여 권리행사를 방해하거나 의무없는 일
> 을 하게 한 자는 3년 이상의 유기징역에 처한다.

> **제324조의6(형의 감경)**
> 제324조의2 또는 제324조의3의 죄를 범한 자 및 그 죄의
> 미수범이 인질을 안전한 장소로 풀어준 때에는 그 형을
> 감경할 수 있다.

② 폭행 또는 협박으로 법률상 의무 있는 일을 하게 한 경우
에는 폭행 또는 협박죄만 성립할 뿐 강요죄는 성립하지
아니한다(대판 2008.5.15. 2008도1097).

④ 피고인이 투자금의 회수를 위해 피해자를 강요하여 물품
대금을 횡령하였다는 자인서를 받아낸 뒤 이를 근거로
돈을 갈취한 경우, 피고인의 주된 범의가 피해자로부터
돈을 갈취하는 데에 있었던 것이라면 피고인은 단일한
공갈의 범의하에 갈취의 방법으로 일단 자인서를 작성케
한 후 이를 근거로 계속하여 갈취행위를 한 것으로 보아
야 할 것이므로 위 행위는 포함하여 공갈죄 일죄만을 구
성한다고 보아야 한다(대판 1985.6.25. 84도2083).

24

 ①

│정답해설│

㉠ (○) 감금행위가 강간죄나 강도죄의 수단이 된 경우에도
감금죄는 강간죄나 강도죄에 흡수되지 아니하고 별죄를
구성한다(대판 1997.1.21. 96도2715).

㉡ (○) 감금을 하기 위한 수단으로서 행사된 단순한 협박행
위는 감금죄에 흡수되어 따로 협박죄를 구성하지 아니한
다(대판 1962.6.22. 82도705).

㉢ (×) 중체포, 중감금죄는 사람을 체포 또는 감금하여 '가혹
한 행위'를 함으로써 성립하는 범죄로 생명·신체에 대한
구체적 위험의 발생을 요하지 않는다(제277조 제1항).

> **제277조(중체포, 중감금, 존속중체포, 존속중감금)**
> ① 사람을 체포 또는 감금하여 가혹한 행위를 가한 자는
> 7년 이하의 징역에 처한다.

㉣ (○) 미성년자를 유인한 자가 계속하여 미성년자를 불법
하게 감금하였을 때에는 미성년자유인죄 이외에 감금죄
가 별도로 성립한다(대판 1998.5.26. 98도1036).

25

 ③

│정답해설│

③ 피고인이 엘리베이터 안에서 피해자를 칼로 위협하는 등
의 방법으로 꼼짝하지 못하도록 하여 자신의 실력적인
지배하에 둔 다음 자위행위 모습을 보여준 행위가 강제추
행죄의 추행에 해당한다고 본 사례(대판 2010.2.25.
2009도13716).

│오답해설│

① 이로 인하여 청소년이 간음행위 자체에 대한 착오에 빠졌
다거나 이를 알지 못하였다고 할 수 없으므로, 피고인의
행위는 구 청소년의 성보호에 관한 법률 제10조 제4항
소정의 위계에 해당하지 아니한다(대판 2001.12.24.
2001도5074).

② 단순히 피고인이 바지를 벗어 자신의 성기를 보여준 것만
으로는 폭행 또는 협박으로 '추행'을 하였다고 볼 수 없는
데도, 이와 달리 보아 유죄를 인정한 원심판결에 강제추
행죄의 추행에 관한 법리오해의 위법이 있다고 한 사례
(대판 2012.7.26. 2011도8805).

④ 강간죄의 실행의 착수가 있었다고 하려면 강간의 수단으
로서 폭행이나 협박을 한 사실이 있어야 할 터인데 피고인
이 강간할 목적으로 피해자의 집에 침입하였다 하더라도

안방에 들어가 누워 자고 있는 피해자의 가슴과 엉덩이를 만지면서 간음을 기도하였다는 사실만으로는 강간의 수단으로 피해자에게 폭행이나 협박을 개시하였다고 하기는 어렵다(대판 1990.5.25. 90도607). ※실행의 착수가 없으므로 장애미수가 될 수 없다.

26

답 ③

┃정답해설┃

③ 통상 기자가 아닌 보통 사람에게 사실을 적시할 경우에는 그 자체로서 적시된 사실이 외부에 공표되는 것이므로 그 때부터 곧 전파가능성을 따져 공연성 여부를 판단하여야 할 것이지만, 그와는 달리 기자를 통해 사실을 적시하는 경우에는 기사화되어 보도되어야만 적시된 사실이 외부에 공표된다고 보아야 할 것이므로 기자가 취재를 한 상태에서 아직 기사화하여 보도하지 아니한 경우에는 전파가능성이 없다고 할 것이어서 공연성이 없다고 봄이 상당하다(대판 2000.5.16. 99도5622).

┃오답해설┃

① 형법 제307조 제1항, 제2항, 제310조의 체계와 문언 및 내용에 의하면, 제307조 제1항의 '사실'은 제2항의 '허위의 사실'과 반대되는 '진실한 사실'을 말하는 것이 아니라 가치판단이나 평가를 내용으로 하는 '의견'에 대치되는 개념이다. 따라서 제307조 제1항의 명예훼손죄는 적시된 사실이 진실한 사실인 경우이든 허위의 사실인 경우이든 모두 성립될 수 있고, 특히 적시된 사실이 허위의 사실이라고 하더라도 행위자에게 허위성에 대한 인식이 없는 경우에는 제307조 제2항의 명예훼손죄가 아니라 제307조 제1항의 명예훼손죄가 성립될 수 있다. 제307조 제1항의 법정형이 2년 이하의 징역 등으로 되어 있는 반면 제307조 제2항의 법정형은 5년 이하의 징역 등으로 되어 있는 것은 적시된 사실이 객관적으로 허위일 뿐 아니라 행위자가 그 사실의 허위성에 대한 주관적 인식을 하면서 명예훼손행위를 하였다는 점에서 가벌성이 높다고 본 것이다(대판 2017.4.26. 2016도18024).

② 신용훼손죄는 허위의 사실을 유포하거나 기타 위계로써 사람의 신용을 훼손한 때 성립한다(제313조). 따라서 진실인 사실을 공연히 유포하여 타인의 신용을 훼손한 경우 명예훼손죄는 성립할 수 있으나 신용훼손죄는 성립하지 않는다.

④ 대판 2010.10.28. 2010도2877

27

답 ③

┃정답해설┃

ⓒ (○) 대판 2008.1.17. 2006도1721

ⓒ (○) 신규직원 채용권한을 가지고 있는 지방공사 사장이 시험업무 담당자들에게 지시하여 상호 공모 내지 양해하에 시험성적조작 등의 부정한 행위를 한 경우, 법인인 공사에게 신규직원 채용업무와 관련하여 오인·착각 또는 부지를 일으키게 한 것이 아니므로, '위계'에 의한 업무방해죄에 해당하지 않는다(대판 2007.12.27. 2005도6404).

┃오답해설┃

㉠ (×) 甲의 성매매업소 운영업무는 업무방해죄의 보호대상이 되는 업무라고 볼 수 없는데, 이와 달리 보아 피고인에게 유죄를 인정한 원심판결에 법리오해의 위법이 있다고 한 사례(대판 2011.10.13. 2011도7081).

㉣ (×) 형법상 업무방해죄의 보호대상이 되는 '업무'라 함은 직업 또는 계속적으로 종사하는 사무나 사업을 말하는 것으로서 타인의 위법한 행위에 의한 침해로부터 보호할 가치가 있는 것이면 되고, 그 업무의 기초가 된 계약 또는 행정행위 등이 반드시 적법하여야 하는 것은 아니라고 할 것이다(대판 1991.6.28. 91도944). 선착장에 대한 공유수면점용허가를 받지 아니하고 선박으로 폐석을 운반하는 행위는 업무방해죄의 업무에 해당한다(대판 1996.11.12. 96도2214).

28

답 ④

┃정답해설┃

④ 피고인이 주택에 무단 침입한 범죄사실로 이미 유죄판결을 받고 그 판결이 확정되었음에도 퇴거하지 아니한 채 계속해서 주택에 거주한 경우 판결이 확정된 이후로도 피고인의 주거침입행위 및 그로 인한 위법상태가 계속되고 있으므로 별도의 주거침입죄가 성립한다(대판 2008.5.8. 2007도11322).

┃오답해설┃

① 주거침입죄와 퇴거불응죄는 미수범을 처벌한다(제322조).

② 주거침입죄를 계속범으로 보는 견해에 의하면 주거에 침입한 자가 퇴거요구를 받고 불응한 때에는 주거침입의 위법상태가 계속 이어지는 것이므로 별도의 퇴거불응죄는 성립하지 않는다.

③ 사용자의 직장폐쇄가 정당한 쟁의행위로 인정되지 아니하는 때에는 다른 특별한 사정이 없는 한 근로자가 평소 출입이 허용되는 사업장 안에 들어가는 행위가 주거침입죄를 구성하지 아니한다(대판 2002.9.24. 2002도2243).

29   답 ②

┃정답해설┃

② 채권자가 양도담보 목적물을 위와 같은 방법으로 제3자에게 처분하여 그 목적물의 소유권을 취득하게 한 다음 그 제3자로 하여금 그 목적물을 취거하게 한 경우, 그 제3자로서는 자기의 소유물을 취거한 것에 불과하므로, 채권자의 이 같은 행위는 절도죄를 구성하지 않는다(대판 2008.11.27. 2006도4263).

┃오답해설┃

① 대판 2012.4.26. 2010도11771
③ 타인의 토지상에 권원 없이 식재한 수목의 소유권은 토지소유자에게 귀속하고 권원에 의하여 식재한 경우에는 그 소유권이 식재한 자에게 있으므로, 권원 없이 식재한 감나무에서 감을 수확한 것은 절도죄에 해당한다(대판 1998.4.24. 97도3425).
④ 형법 제331조 제2항의 특수절도에 있어서 주거침입은 그 구성요건이 아니므로, 절도범인이 그 범행수단으로 주거침입을 한 경우에 그 주거침입행위는 절도죄에 흡수되지 아니하고 별개로 주거침입죄를 구성하여 절도죄와는 실체적 경합의 관계에 있게 되고, 2인 이상이 합동하여 야간이 아닌 주간에 절도의 목적으로 타인의 주거에 침입하였다 하여도 아직 절취할 물건의 물색행위를 시작하기 전이라면 특수절도죄의 실행에는 착수한 것으로 볼 수 없는 것이어서 그 미수죄가 성립하지 않는다(대판 2009.12.24. 2009도9667).

30   답 ①

┃정답해설┃

① 절도범이 체포를 면탈할 목적으로 체포하려는 여러 명의 피해자에게 같은 기회에 폭행을 가하여 그 중 1인에게만 상해를 가하였다면 이러한 행위는 포괄하여 하나의 강도상해죄만 성립한다(대판 2001.8.21. 2001도3447).

┃오답해설┃

② 피고인이 절취품을 물색 중 피해자가 잠에서 깨어나 "도둑이야"라고 고함치자 체포를 면탈할 목적으로 그녀에게 이불을 덮어 씌우고 입과 목을 졸라 상해를 입혔다면 절도의 목적달성여부에 관계없이 강도상해죄가 성립한다(대판 1985.5.28. 85도682).
③ 강도의 공범자 중 1인의 강도의 기회에 피해자에게 폭행 또는 상해를 가하여 살해한 경우에 다른 공범자는 강도의 수단으로 폭행 또는 상해가 가해지리라는 점에 대하여 상호 인식이 있었으므로 살해에 대하여 공모한 바가 없다고 하여도 강도치사죄의 죄책을 면할 수 없다(대판 1988.9.13. 88도1046).
④ 강도강간미수죄와 강도치상죄의 상상적 경합관계가 성립된다(대판 1988.6.28. 88도820).

31   답 ①

┃정답해설┃

① 피고인(甲회사 운영자)이 '甲회사의 乙에 대한 채권'이 존재하지 않는다는 사실을 알면서 그 사실을 모르는 丙(甲회사에 대한 채권자)에게 '甲회사의 乙에 대한 채권'의 압류 및 전부(추심)명령을 신청하게 하여 그 명령을 받게 한 사안에서, 丙이 甲회사에 대하여 진정한 채권을 가지고 있는 이상, 위와 같은 사정만으로는 법원을 기망하였다고 볼 수 없고, 丙이 乙을 상대로 전부(추심)금 소송을 제기하지 않은 이상 소송사기의 실행에 착수하였다고 볼 수도 없다(대판 2009.12.10. 2009도9982).

┃오답해설┃

② 자기가 발행한 어음이 그 지급기일에 결제되지 않으리라는 점을 예견하였거나 지급기일에 지급될 수 있다는 확신 없이 상대방으로부터 어음을 교부받았다고 하더라도 사기죄가 성립하는 것은 아니다(대판 2002.4.23. 2001도6570).
③ 소송비용을 편취할 의사로 소송비용의 지급을 구하는 손해배상청구의 소를 제기한 경우 사기죄의 불능범에 해당한다(대판 2005.12.8. 2005도8105).
④ 피고인이 피해자에게 부동산매도용인감증명 및 등기의 무자본인확인서면의 진실한 용도를 속이고 그 서류들을 교부받아 피고인 등 명의로 위 부동산에 관한 소유권이전등기를 경료하였다 하여도 피해자의 위 부동산에 관한 처분행위가 있었다고 할 수 없을 것이고 따라서 사기죄를 구성하지 않는다(대판 2001.7.13. 2001도1289).

32

┃정답해설┃

④ 이러한 행위들은 모두 피해자의 예금을 갈취하고자 하는 피고인의 단일하고 계속된 범의 아래에서 이루어진 일련의 행위로서 포괄하여 하나의 공갈죄를 구성한다(대판 1996.9.20. 95도1728).

┃오답해설┃

① 부동산에 대한 공갈죄는 그 부동산에 관하여 소유권이전 등기를 경료받거나 또는 인도를 받은 때에 기수로 되는 것이고, 소유권이전등기에 필요한 서류를 교부 받은 때에 기수로 되어 그 범행이 완료되는 것은 아니다(대판 1992.9.14. 92도1506).

② 재산상 이익의 취득으로 인한 공갈죄가 성립하려면 폭행 또는 협박과 같은 공갈행위로 인하여 피공갈자가 재산상 이익을 공여하는 처분행위가 있어야 한다. 물론 그러한 처분행위는 반드시 작위에 한하지 아니하고 부작위로도 족하여서, 피공갈자가 외포심을 일으켜 묵인하고 있는 동안에 공갈자가 직접 재산상의 이익을 탈취한 경우에도 공갈죄가 성립할 수 있다. 그러나 폭행의 상대방이 위와 같은 의미에서의 처분행위를 한 바 없고, 단지 행위자가 법적으로 의무 있는 재산상 이익의 공여를 면하기 위하여 상대방을 폭행하고 현장에서 도주함으로써 상대방이 행위자로부터 원래라면 얻을 수 있었던 재산상 이익의 실현에 장애가 발생한 것에 불과하다면, 그 행위자에게 공갈죄의 죄책을 물을 수 없다(대판 2012.1.27. 2011도16044).

③ 피고인 등이 甲에게서 되찾은 돈은 절취 대상인 당해 금전이라고 구체적으로 특정할 수 있어 객관적으로 甲의 다른 재산과 구분됨이 명백하므로 이를 타인인 甲의 재물이라고 볼 수 없고, 따라서 비록 피고인 등이 甲을 공갈하여 돈을 교부받았더라도 타인의 재물을 갈취한 행위로서 공갈죄가 성립된다고 볼 수 없다(대판 2012.8.30. 2012도6157).

33

┃정답해설┃

② 수의계약을 체결하는 공무원이 해당 공사업자와 적정한 금액 이상으로 계약금액을 부풀려서 계약하고 부풀린 금액을 자신이 되돌려 받기로 사전에 약정한 다음 그에 따라 수수한 돈은 성격상 뇌물이 아니고 횡령금에 해당한다(대판 2007.10.12. 2005도7112).

┃오답해설┃

① 피고인이 근저당권설정등기를 마치는 방법으로 각 부동산을 횡령하여 취득한 구체적인 이득액은 부동산을 담보로 제공한 피담보채무액 또는 채권최고액이지 각 부동산의 시가 상당액에서 범행 전에 설정된 피담보채무액을 공제한 잔액이 아니다(대판 2013.5.9. 2013도2857).

③ 위와 같은 예금인출동의행위는 이미 배임행위로써 이루어진 질권설정행위의 불가벌적 사후행위에 해당한다(대판 2012.11.29. 2012도10980).

④ 계좌명의인은 피해자와 사이에 아무런 법률관계 없이 송금·이체된 사기피해금 상당의 돈을 피해자에게 반환하여야 하므로, 피해자를 위하여 사기피해금을 보관하는 지위에 있다고 보아야 하고, 만약 계좌명의인이 그 돈을 영득할 의사로 인출하면 피해자에 대한 횡령죄가 성립한다. 이때 계좌명의인이 사기의 공범이라면 자신이 가담한 범행의 결과 피해금을 보관하게 된 것일 뿐이어서 피해자와 사이에 위탁관계가 없고, 그가 송금·이체된 돈을 인출하더라도 이는 자신이 저지른 사기범행의 실행행위에 지나지 아니하여 새로운 법익을 침해한다고 볼 수 없으므로 사기죄 외에 별도로 횡령죄를 구성하지 않는다(대판 2018.7.19. 2017도17494 전합).

34

┃정답해설┃

㉠ (×) 동일인 대출한도를 초과하여 대출함으로써 구 새마을금고법을 위반하였다고 하더라도, 대출한도 제한규정 위반으로 처벌함은 별론으로 하고, 그 사실만으로 특별한 사정이 없는 한 업무상배임죄가 성립한다고 할 수 없다(대판 2008.6.19. 2006도4876 전합).

㉡ (×) 동산매매계약에서의 매도인은 매수인에 대하여 그의 사무를 처리하는 지위에 있지 아니하므로, 매도인이 목적물을 매수인에게 인도하지 아니하고 이를 타에 처분하였다 하더라도 형법상 배임죄가 성립하는 것은 아니다(대판 2011.1.20. 2008도10479 전합).

ⓒ (×) 피고인이 피해 회사가 정한 할인율 제한을 위반하였다 하더라도 시장에서 거래되는 가격에 따라 제품을 판매하였다면 지정 할인율에 의한 제품가격과 실제 판매시 적용된 할인율에 의한 제품가격의 차액 상당을 거래처가 얻은 재산상의 이익이라고 볼 수는 없다(대판 2009.12.24. 2007도2484).

ⓔ (×) 담보권자가 담보권을 실행하기 위하여 담보목적물을 처분함에 있어 시가에 따른 적절한 처분을 하여야 할 의무는 담보계약상의 민사채무일 뿐 그와 같은 형법상의 의무가 있는 것은 아니므로 그에 위반한 경우 배임죄가 성립된다고 할 수 없다(대판 1997.12.23. 97도2430).

35 답 ①

▌정답해설▐

① '보전처분 단계에서의 가압류채권자의 지위' 자체는 원칙적으로 민사집행법상 강제집행 또는 보전처분의 대상이 될 수 없어 강제집행면탈죄의 객체에 해당하지 않는다(대판 2008.9.11. 2006도8721).

▌오답해설▐

② 형법 제327조의 강제집행면탈죄가 적용되는 강제집행은 민사집행법 제2편의 적용 대상인 '강제집행' 또는 가압류·가처분 등의 집행을 가리키는 것이고, 민사집행법 제3편의 적용 대상인 '담보권 실행 등을 위한 경매'를 면탈할 목적으로 재산을 은닉하는 등의 행위는 위 죄의 규율 대상에 포함되지 않는다(대판 2015.3.26. 2014도14909).

③ 피고인이 공소장기재와 같은 채무를 부담하고 있기는 하였으나 이행기가 도과되어 채권자들로부터 채무변제의 독촉을 받고 있는 상태는 아니었으며 채권자들 또한 피고인1을 상대로 법적절차를 취하기 위한 준비를 하고 있던 것도 아니어서 현실적으로 강제집행을 받을 위험이 있는 객관적 상태에 있지 아니 하였다는 것이므로 이러한 경우에는 객관적으로 강제 집행을 면탈할 상태가 아니어서 강제집행면탈죄가 성립되지 않는다(대판 1974.10.8. 74도1798).

④ 무효인 경매절차에서 경매목적물을 경락받아 이를 점유하고 있는 낙찰자의 점유는 적법한 점유로서 그 점유자는 권리행사방해죄에 있어서의 타인의 물건을 점유하고 있는 자라고 할 것이다(대판 2003.11.28. 2003도4257).

36

▌정답해설▐

③ 부동산의 소유자로 하여금 근저당권자를 자금주라고 믿도록 속여서 근저당권설정등기를 경료케 한 경우라도 정당한 권한있는 자에 의하여 작성된 문서를 제출하여 그 등기가 이루어진 것이라면 당사자의 의사에 합치되는 등기라 할 것이므로 공정증서원본부실기재죄가 성립하지 않는다(대판 1982.7.13. 82도39).

▌오답해설▐

① 주식회사의 대표이사가 실질적 운영자인 1인 주주의 구체적인 위임이나 승낙을 받지 않고 이미 퇴임한 전 대표이사를 대표이사로 표시하여 회사 명의의 문서를 작성한 경우에 문서위조죄의 성립을 부정한 사례(대판 2008.11.27. 2006도9194).

② 공무원 아닌 자가 공무원을 기망하여 허위내용의 증명서를 작성케 한 후 행사하였다고 하더라도 허위공문서작성 및 동행사죄는 성립되지 않는다(대판 1976.8.24. 76도151).

④ 형법상의 공전자기록등부실기재죄 및 부실기재공전자기록등행사죄가 성립하지는 아니한다(대판 2013.1.24. 2012도12363).

37 답 ③

▌정답해설▐

③ 형법 제129조의 구성요건인 뇌물의 '약속'은 양 당사자의 뇌물수수의 합의를 말하고, 여기에서 '합의'란 그 방법에 아무런 제한이 없고 명시적일 필요도 없지만, 장래 공무원의 직무와 관련하여 뇌물을 주고 받겠다는 양 당사자의 의사표시가 확정적으로 합치하여야 한다(대판 2012.11.15. 2012도9417).

▌오답해설▐

① 배임수재자가 배임증재자에게서 그가 무상으로 빌려준 물건을 인도받아 사용하고 있던 중에 공무원이 된 경우, 그 사실을 알게 된 배임증재자가 배임수재자에게 앞으로 물건은 공무원의 직무에 관하여 빌려주는 것이라고 하면서 뇌물공여의 뜻을 밝히고 물건을 계속하여 배임수재자가 사용할 수 있는 상태로 두더라도, 처음에 배임증재로 무상 대여할 당시에 정한 사용기간을 추가로 연장해 주는

등 새로운 이익을 제공한 것으로 평가할 만한 사정이 없다면, 이는 종전에 이미 제공한 이익을 나중에 와서 뇌물로 하겠다는 것에 불과할 뿐 새롭게 뇌물로 제공되는 이익이 없어 뇌물공여죄가 성립하지 않는다(대판 2015.10.15. 2015도6232).

② 형법 제130조의 제3자뇌물공여죄에서 '부정한 청탁'을 요건으로 하는 취지는 처벌의 범위가 불명확해지지 않도록 하기 위한 것으로서, 이러한 '부정한 청탁'은 명시적인 의사표시에 의한 것은 물론 묵시적인 의사표시에 의한 것도 가능하다. 묵시적인 의사표시에 의한 부정한 청탁이 있다고 하기 위하여는, 당사자 사이에 청탁의 대상이 되는 직무집행의 내용과 제3자에게 제공되는 금품이 그 직무집행에 대한 대가라는 점에 대하여 공통의 인식이나 양해가 존재하여야 하고, 그러한 인식이나 양해 없이 막연히 선처하여 줄 것이라는 기대에 의하거나 직무집행과는 무관한 다른 동기에 의하여 제3자에게 금품을 공여한 경우에는 묵시적인 의사표시에 의한 부정한 청탁이 있다고 보기 어렵다. 공무원이 먼저 제3자에게 금품을 공여할 것을 요구한 경우에도 마찬가지이다(대판 2009.1.30. 2008도6950).

④ [1] 수뢰죄에 있어서 수뢰자가 일단 수수한 뇌물을 소비하여 몰수하기 불능하게 되었을 때에는 그후에 동액의 금원을 증뢰자에게 반환하였다 하여도 수뢰자로부터 그 가액을 추징하여야 한다(대판 1986.10.14. 86도1189). [2] 뇌물로 받은 돈을 은행에 예금한 후 같은 액수의 돈을 증뢰자에게 반환하였다 하더라도 이를 뇌물 자체의 반환으로 볼 수 없으니 이러한 경우에는 수뢰자로부터 그 가액을 추징하여야 한다(대판 1996.10.25. 96도2022). 따라서 공무원인 甲이 乙로부터 1,000만 원을 뇌물로 받아 그 중 500만 원을 소비하고 나머지 500만 원을 은행에 예금하여 두었다가 이를 인출하여 乙에게 반환한 경우, 甲으로부터 1,000만 원을 추징하여야 한다.

38 답 ①

┃정답해설┃

① 법원은 당사자의 허위 주장 및 증거 제출에도 불구하고 진실을 밝혀야 하는 것이 그 직무이므로, 가처분신청 시 당사자가 허위의 주장을 하거나 허위의 증거를 제출하였다 하더라도 그것만으로 법원의 구체적이고 현실적인 어떤 직무집행이 방해되었다고 볼 수 없으므로 이로써 바로 위계에 의한 공무집행방해죄가 성립한다고 볼 수 없다(대판 2012.4.26. 2011도17125).

┃오답해설┃

② 과속단속카메라에 촬영되더라도 불빛을 반사시켜 차량 번호판이 식별되지 않도록 하는 기능이 있는 제품('파워매직세이퍼')을 차량 번호판에 뿌린 상태로 차량을 운행한 행위만으로는, 교통단속 경찰공무원이 충실히 직무를 수행하더라도 통상적인 업무처리과정 하에서 사실상 적발이 어려운 위계를 사용하여 그 업무집행을 하지 못하게 한 것으로 보기 어렵다(대판 2010.4.15. 2007도8024).

③ 위계에 의한 공무집행방해죄는 미수범 처벌규정이 없다(대판 2003.2.11. 2002도4293).

④ 여럿의 공무집행방해죄는 상상적 경합의 관계에 있다(대판 2009.6.25. 2009도3505).

39 답 ②

┃정답해설┃

② 도주죄(제145조 제1항)가 성립하려면 '법률에 따라 체포되거나 구금된 자'가 도주하는 경우여야 하므로 '가석방·보석 중에 있는 자'와 '형집행정지 및 구속집행정지 중에 있는 자'는 '법률에 의하여 체포 또는 구금된 자'가 아니므로 도주죄의 주체가 될 수 없다.

┃오답해설┃

① 도주죄는 즉시범으로서 범인이 간수자의 실력적 지배를 이탈한 상태에 이르렀을 때에 기수가 되어 도주행위가 종료하는 것이고, 도주원조죄는 도주죄에 있어서의 범인의 도주행위를 야기시키거나 이를 용이하게 하는 등 그와 공범관계에 있는 행위를 독립한 구성요건으로 하는 범죄이므로, 도주죄의 범인이 도주행위를 하여 기수에 이르른 이후에 범인의 도피를 도와주는 행위는 범인도피죄에 해당할 수 있을 뿐 도주원조죄에는 해당하지 아니한다(대판 1991.10.11. 91도1656).

③ 범인이 기소중지자임을 알고도 범인의 부탁으로 다른 사람의 명의로 대신 임대차계약을 체결해 준 행위가 범인도피죄에 해당한다고 한 사례(대판 2004.3.26. 2003도8226).

④ 범인도피죄는 타인을 도피하게 하는 경우에 성립할 수 있는데, 여기에서 타인에는 공범도 포함되나 범인 스스로 도피하는 행위는 처벌되지 않는다. 또한 공범 중 1인이 그 범행에 관한 수사절차에서 참고인 또는 피의자로 조사받으면서 자기의 범행을 구성하는 사실관계에 관하여 허위로 진술하고 허위 자료를 제출하는 것은 자신의 범행에 대한 방어권 행사의 범위를 벗어난 것으로 볼 수 없다.

이러한 행위가 다른 공범을 도피하게 하는 결과가 된다고 하더라도 범인도피죄로 처벌할 수 없다. 이때 공범이 이러한 행위를 교사하였더라도 범죄가 될 수 없는 행위를 교사한 것에 불과하여 범인도피교사죄가 성립하지 않는다(대판 2018.8.1. 2015도20396).

40

답 ④

┃ 정답해설 ┃

④ 형법 제153조 소정의 위증죄를 범한 자가 자백, 자수를 한 경우의 형의 감면규정은 재판 확정 전의 자백을 형의 필요적 감경 또는 면제사유로 한다는 것이며, 또 위 자백의 절차에 관하여는 아무런 제한이 없으므로 그가 공술한 사건을 다루는 기관에 대한 자발적인 고백은 물론, 위증사건의 피고인 또는 피의자로서 법원이나 수사기관의 심문에 의한 고백도 위 자백의 개념에 포함된다(대판 1973.11.27. 73도1639).

┃ 오답해설 ┃

① 자신의 강도상해 범행을 일관되게 부인하였으나 유죄판결이 확정된 피고인이 별건으로 기소된 공범의 형사사건에서 자신의 범행사실을 부인하는 증언을 한 사안에서, 피고인에게 사실대로 진술할 기대가능성이 있으므로 위증죄가 성립한다고 판단한 사례(대판 2008.10.23. 2005도10101).

② 증인이 1회 또는 수회의 기일에 걸쳐 이루어진 1개의 증인신문절차에서 허위의 진술을 하고 그 진술이 철회·시정된 바 없이 그대로 증인신문절차가 종료된 경우 그로써 위증죄는 기수에 달하고, 그 후 별도의 증인 신청 및 채택절차를 거쳐 그 증인이 다시 신문을 받는 과정에서 종전 신문절차에서의 진술을 철회·시정한다 하더라도 그러한 사정은 형법 제153조가 정한 형의 감면사유에 해당할 수 있을 뿐, 이미 종결된 종전 증인신문절차에서 행한 위증죄의 성립에 어떤 영향을 주는 것은 아니다. 위와 같은 법리는 증인이 별도의 증인신문절차에서 새로이 선서를 한 경우뿐만 아니라 종전 증인신문절차에서 한 선서의 효력이 유지됨을 고지받고 진술한 경우에도 마찬가지로 적용된다(대판 2010.9.30. 2010도7525).

③ 상대방의 범행에 피고인이 공범으로 가담한 사실을 숨겼다고 하여도 그것이 상대방에 대한 관계에서 독립하여 형사처분 등의 대상이 되지 아니할뿐더러 전체적으로 보아 상대방의 범죄사실의 성립 여부에 직접 영향을 줄 정도에 이르지 아니하는 내용에 관계되는 것이므로 무고죄가 성립하지 않는다(대판 2008.8.21. 2008도3754).

2019년 정답 및 해설

01	02	03	04	05	06	07	08	09	10	11	12	13	14	15	16	17	18	19	20
③	②	④	①	②	②	④	③	②	③	④	①	②	③	①	④	③	④	①	④
21	22	23	24	25	26	27	28	29	30	31	32	33	34	35	36	37	38	39	40
②	④	④	③	②	④	④	④	③	①	②	③	④	④	②	③	③	②	①	①

01

답 ③

▌정답해설▐

③ 죄형법정주의로부터 파생된 유추해석금지 원칙과 국가보안법 제1조 제2항, 제7조 제1항, 제5항에 비추어 볼 때, '블로그', '미니 홈페이지', '카페' 등의 이름으로 개설된 사적(私的) 인터넷 게시공간의 운영자가 사적 인터넷 게시공간에 게시된 타인의 글을 삭제할 권한이 있는데도 이를 삭제하지 아니하고 그대로 두었다는 사정만으로 사적 인터넷 게시공간의 운영자가 타인의 글을 국가보안법 제7조 제5항에서 규정하는 바와 같이 '소지'하였다고 볼 수는 없다(대판 2013.4.11. 2010도1388).

▌오답해설▐

① 구 약사법(2007.10.17. 법률 제8643호로 개정되기 전의 것, 이하 '구 약사법'이라 한다) 제2조 제1호가 약사법에서 사용되는 '약사(藥事)'의 개념에 대해 정의하면서 '판매(수여를 포함한다. 이하 같다)'라고 규정함으로써 구 약사법 제44조 제1항을 포함하여 위 정의규정 이하 조항의 '판매'에는 '수여'가 포함됨을 명문으로 밝히고 있는 점, 구 약사법은 약사(藥事)에 관한 일들이 원활하게 이루어질 수 있도록 필요한 사항을 규정하여 국민보건 향상에 기여하는 것을 목적으로 하고(제1조), 약사 또는 한약사가 아니면 약국을 개설할 수 없도록 하며(제20조 제1항), 의약품은 국민의 보건과 직결되는 것인 만큼 엄격한 의약품 관리를 통하여 의약품이 남용 내지 오용되는 것을 막고 의약품이 비정상적으로 유통되는 것을 막고자 구 약사법 제44조 제1항에서 약국 개설자가 아니면 의약품을 판매하거나 또는 판매 목적으로 취득할 수 없다고 규정한

것인데, 국내에 있는 불특정 또는 다수인에게 무상으로 의약품을 양도하는 수여의 경우를 처벌대상에서 제외한다면 약사법의 위와 같은 입법목적을 달성하기 어려울 것이고, 따라서 이를 처벌대상에서 제외하려는 것이 입법자의 의도였다고 보기는 어려운 점 등을 종합하면, 결국 국내에 있는 불특정 또는 다수인에게 무상으로 의약품을 양도하는 수여행위도 구 약사법 제44조 제1항의 '판매'에 포함된다고 보는 것이 체계적이고 논리적인 해석이라 할 것이고, 그와 같은 해석이 죄형법정주의에 위배된다고 볼 수 없다(대판 2011.10.13. 2011도6287).

② 대판 2013.6.13. 2013도1685

④ 2007.4.11. 법률 제8366호로 전부 개정되기 전의 구 의료법 제18조 제1항은 '의료업에 종사하고 자신이 진찰한 의사'가 아니면 진단서·검안서·증명서 또는 처방전(이하 '처방전 등'이라 한다)을 작성하여 환자에게 교부하지 못한다고 규정하고, 2007.4.11. 법률 제8366호로 전부 개정된 구 의료법(2009.1.30. 법률 제9386호로 개정되기 전의 것) 제17조 제1항은 '의료업에 종사하고 직접 진찰한 의사'가 아니면 처방전 등을 작성하여 환자에게 교부하지 못한다고 규정하고 있다. 개정 전후의 위 조항은 어느 것이나 스스로 진찰을 하지 않고 처방전을 발급하는 행위를 금지하는 규정일 뿐 대면진찰을 하지 않았거나 충분한 진찰을 하지 않은 상태에서 처방전을 발급하는 행위 일반을 금지하는 조항이 아니다. 따라서 죄형법정주의 원칙, 특히 유추해석금지의 원칙상 전화 진찰을 하였다는 사정만으로 '자신이 진찰'하거나 '직접 진찰'을 한 것이 아니라고 볼 수는 없다(대판 2013.4.11. 2010도1388).

02

┃ 정답해설 ┃

② 형법 제7조는 "죄를 지어 외국에서 형의 전부 또는 일부가 집행된 사람에 대해서는 그 집행된 형의 전부 또는 일부를 선고하는 형에 산입한다."라고 규정하고 있다. 이 규정의 취지는, 형사판결은 국가주권의 일부분인 형벌권 행사에 기초한 것이어서 피고인이 외국에서 형사처벌을 과하는 확정판결을 받았더라도 그 외국 판결은 우리나라 법원을 기속할 수 없고 우리나라에서는 기판력도 없어 일사부재리의 원칙이 적용되지 않으므로, 피고인이 동일한 행위에 관하여 우리나라 형벌법규에 따라 다시 처벌받는 경우에 생길 수 있는 실질적인 불이익을 완화하려는 것이다. 그런데 여기서 '외국에서 형의 전부 또는 일부가 집행된 사람'이란 문언과 취지에 비추어 '외국 법원의 유죄판결에 의하여 자유형이나 벌금형 등 형의 전부 또는 일부가 실제로 집행된 사람'을 말한다고 해석하여야 한다. 따라서 형사사건으로 외국 법원에 기소되었다가 무죄판결을 받은 사람은, 설령 그가 무죄판결을 받기까지 상당 기간 미결구금되었더라도 이를 유죄판결에 의하여 형이 실제로 집행된 것으로 볼 수는 없으므로, '외국에서 형의 전부 또는 일부가 집행된 사람'에 해당한다고 볼 수 없고, 그 미결구금 기간은 형법 제7조에 의한 산입의 대상이 될 수 없다(대판 2017.8.24. 2017도5977 전합).

┃ 오답해설 ┃

① 대판 2002.11.26. 2002도4929
③ 대판 2001.9.25. 99도3337
④ 제5조 제6호 참고

> **제5조(외국인의 국외범)**
> 본법은 대한민국영역 외에서 다음에 기재한 죄를 범한 외국인에게 적용한다.
> 1. 내란의 죄
> 2. 외환의 죄
> 3. 국기에 관한 죄
> 4. 통화에 관한 죄
> 5. 유가증권, 우표와 인지에 관한 죄
> 6. 문서에 관한 죄 중 제225조 내지 제230조
> 7. 인장에 관한 죄 중 제238조

03

┃ 정답해설 ┃

④ 헌법 제117조, 지방자치법 제3조 제1항, 제9조, 제93조, 도로법 제54조, 제83조, 제86조의 각 규정을 종합하여 보면, 국가가 본래 그의 사무의 일부를 지방자치단체의 장에게 위임하여 그 사무를 처리하게 하는 기관위임사무의 경우에는 지방자치단체는 국가기관의 일부로 볼 수 있는 것이지만, 지방자치단체가 그 고유의 자치사무를 처리하는 경우에는 지방자치단체는 국가기관의 일부가 아니라 국가기관과는 별도의 독립한 공법인이므로, 지방자치단체 소속 공무원이 지방자치단체 고유의 자치사무를 수행하던 중 도로법 제81조 내지 제85조의 규정에 의한 위반행위를 한 경우에는 지방자치단체는 도로법 제86조의 양벌규정에 따라 처벌대상이 되는 법인에 해당한다(대판 2005.11.10. 2004도2657).

┃ 오답해설 ┃

① 대판 1994.2.8. 93도1483
② 대판 2010.9.9. 2008도7834
③ 대판 1997.1.24. 96도524

04

┃ 정답해설 ┃

① 형법상 부작위범이 인정되기 위해서는 형법이 금지하고 있는 법익침해의 결과 발생을 방지할 법적인 작위의무를 지고 있는 자가 그 의무를 이행함으로써 결과 발생을 쉽게 방지할 수 있었음에도 불구하고 그 결과의 발생을 용인하고 이를 방관한 채 그 의무를 이행하지 아니한 경우에, 그 부작위가 작위에 의한 법익침해와 동등한 형법적 가치가 있는 것이어서 그 범죄의 실행행위로 평가될 만한 것이라면, 작위에 의한 실행행위와 동일하게 부작위범으로 처벌할 수 있고, 여기서 작위의무는 법적인 의무이어야 하므로 단순한 도덕상 또는 종교상의 의무는 포함되지 않으나 작위의무가 법적인 의무인 한 성문법이건 불문법이건 상관이 없고 또 공법이건 사법이건 불문하므로, 법령, 법률행위, 선행행위로 인한 경우는 물론이고 기타 신의성실의 원칙이나 사회상규 혹은 조리상 작위의무가 기대되는 경우에도 법적인 작위의무는 있다(대판 1996.9.6. 95도2551).

② 퇴거불응죄(제322조), 집합명령위반죄(제149조)는 진정
　부작위범의 미수범을 처벌한다.

③ 대판 2004.5.27. 2003도4531

④ 대판 2008.3.27. 2008도89

05　　　　　　　　　　　　답 ②

┃정답해설┃

㉠ (○) 피고인이 고속도로 2차로를 따라 자동차를 운전하다
　가 1차로를 진행하던 甲의 차량 앞에 급하게 끼어든 후
　곧바로 정차하여, 甲의 차량 및 이를 뒤따르던 차량 두
　대는 연이어 급제동하여 정차하였으나, 그 뒤를 따라오던
　乙의 차량이 앞의 차량들을 연쇄적으로 추돌케 하여 乙
　을 사망에 이르게 하고 나머지 차량 운전자 등 피해자들
　에게 상해를 입힌 사안에서, 편도 2차로의 고속도로 1차
　로 한가운데에 정차한 피고인은 현장의 교통상황이나 일
　반인의 운전 습관·행태 등에 비추어 고속도로를 주행하
　는 다른 차량 운전자들이 제한속도 준수나 안전거리 확보
　등의 주의의무를 완전하게 다하지 않을 수도 있다는 점을
　알았거나 충분히 알 수 있었으므로, 피고인의 정차 행위
　와 사상의 결과 발생 사이에 상당인과관계가 있고, 사상
　의 결과 발생에 대한 예견가능성도 인정된다는 이유로,
　피고인에게 일반교통방해치사상죄를 인정한 원심판단이
　정당하다고 한 사례(대판 2014.7.24. 2014도6206).

㉡ (○) 한의사인 피고인이 피해자에게 문진하여 과거 봉침
　을 맞고도 별다른 이상반응이 없었다는 답변을 듣고 알레
　르기 반응검사(skin test)를 생략한 채 환부인 목 부위에
　봉침시술을 하였는데, 피해자가 위 시술 직후 아나필락시
　쇼크반응을 나타내는 등 상해를 입은 사안에서, 피고인에
　게 과거 알레르기 반응검사 및 약 12일 전 봉침시술에서
　도 이상반응이 없었던 피해자를 상대로 다시 알레르기
　반응검사를 실시할 의무가 있다고 보기는 어렵고, 설령
　그러한 의무가 있다고 하더라도 제반 사정에 비추어 알레
　르기 반응검사를 하지 않은 과실과 피해자의 상해 사이에
　상당인과관계를 인정하기 어렵다는 이유로, 같은 취지의
　원심판단을 수긍한 사례(대판 2011.4.14. 2010도10104).

㉣ (○) 피고인이 전원(轉院)받는 병원 의료진에게 피해자
　가 고혈압환자이고 제왕절개수술 후 대량출혈이 있었던
　사정을 설명하지 않은 사안에서, 피고인에게 전원과정에
　서 피해자의 상태 및 응급조치의 긴급성에 관하여 충분히
　설명하지 않은 과실이 있다고 한 사례(대판 2010.4.29.
　2009도7070).

㉢ (×) 피고인이 결혼을 전제로 교제하던 여성 甲의 임신
　사실을 알고 수회에 걸쳐 낙태를 권유하였다가 거부당하
　자, 甲에게 출산 여부는 알아서 하되 더 이상 결혼을 진행
　하지 않겠다고 통보하고, 이후에도 아이에 대한 친권을
　행사할 의사가 없다고 하면서 낙태할 병원을 물색해 주기
　도 하였는데, 그 후 甲이 피고인에게 알리지 아니한 채
　자신이 알아본 병원에서 낙태시술을 받은 사안에서, 피고
　인은 甲에게 직접 낙태를 권유할 당시뿐만 아니라 출산
　여부는 알아서 하라고 통보한 이후에도 계속 낙태를 교사
　하였고, 甲은 이로 인하여 낙태를 결의·실행하게 되었
　다고 보는 것이 타당하며, 甲이 당초 아이를 낳을 것처럼
　말한 사실이 있다는 사정만으로 피고인의 낙태교사행위
　와 甲의 낙태결의 사이에 인과관계가 단절되는 것은 아니
　라는 이유로, 피고인에게 낙태교사죄를 인정한 원심판단
　을 정당하다고 한 사례(대판 2013.9.12. 2012도2744).

㉤ (×) 피고인이 자동차를 운전하다 횡단보도를 걷던 보행
　자 甲을 들이받아 그 충격으로 횡단보도 밖에서 甲과 동
　행하던 피해자 乙이 밀려 넘어져 상해를 입은 사안에서,
　위 사고는, 피고인이 횡단보도 보행자 甲에 대하여 구
　도로교통법(2009.12.29. 법률 제9845호로 개정되기 전
　의 것) 제27조 제1항에 따른 주의의무를 위반하여 운전한
　업무상 과실로 야기되었고, 乙의 상해는 이를 직접적인
　원인으로 하여 발생하였다는 이유로, 피고인의 행위가
　구 교통사고처리 특례법(2010.1.25. 법률 제9941호로 개
　정되기 전의 것) 제3조 제2항 단서 제6호에서 정한 횡단
　보도 보행자 보호의무의 위반행위에 해당한다고 한 사례
　(대판 2011.4.28. 2009도12672).

06　　　　　　　　　　　　답 ②

┃정답해설┃

② 추상적 사실의 착오 중 방법의 착오로 구체적 부합설에
　따르면 인식사실의 미수와 발생사실의 과실범의 상상적
　경합에 해당한다. 따라서 살인미수와 과실손괴(처벌규정
　×)의 상상적 경합범이므로 살인미수죄의 죄책을 진다.

┃오답해설┃

① 구체적 사실의 착오 중 방법의 착오로 법정적 부합설에
　의하면 丙에 대한 상해기수죄가 성립한다.

③ 구체적 사실의 착오 중 객체의 착오로 구체적 부합설과
　법정적 부합설에 따르면 丙에 대한 살인기수죄가 성립하
　므로 동일하다.

④ 추상적 사실의 착오 중 방법의 착오로 구체적 부합설에 의하면 손괴미수죄와 과실치상죄의 상상적 경합이 성립한다.

07

目 ④

┃정답해설┃

④ 공직선거 후보자 합동연설회장에서 후보자 갑이 적시한 연설 내용이 다른 후보자 을에 대한 명예훼손 또는 후보자비방의 요건에 해당되나 그 위법성이 조각되는 경우, 갑의 연설 도중에 을이 마이크를 빼앗고 욕설을 하는 등 물리적으로 갑의 연설을 방해한 행위가 갑의 '위법하지 않은 정당한 침해'에 대하여 이루어진 것일 뿐만 아니라 '상당성'을 결여하여 정당방위의 요건을 갖추지 못하였다고 한 사례(대판 2003.11.13. 2003도3606).

┃오답해설┃

① 대판 2005.6.9. 2004도7218
② 대판 2002.5.10. 2001도300
③ 대판 2006.9.8. 2006도148

08

目 ③

┃정답해설┃

③ 무고죄는 국가의 형사사법권 또는 징계권의 적정한 행사를 주된 보호법익으로 하고 다만, 개인의 부당하게 처벌 또는 징계받지 아니할 이익을 부수적으로 보호하는 죄이므로, 설사 무고에 있어서 피무고자의 승낙이 있었다고 하더라도 무고죄의 성립에는 영향을 미치지 못한다 할 것이고, 무고죄에 있어서 형사처분 또는 징계처분을 받게 할 목적은 허위신고를 함에 있어서 다른 사람이 그로 인하여 형사 또는 징계처분을 받게 될 것이라는 인식이 있으면 족한 것이고 그 결과발생을 희망하는 것까지를 요하는 것은 아니므로, 고소인이 고소장을 수사기관에 제출한 이상 그러한 인식은 있었다고 보아야 한다(대판 2005.9.30. 2005도2712).

┃오답해설┃

① 대판 2008.4.10. 2007도9987
② 대판 2003.5.30. 2003도1256
④ 대판 1983.7.27. 92도2345

09

目 ②

┃정답해설┃

㉠ (○) 신문기자인 피고인이 고소인에게 2회에 걸쳐 증여세 포탈에 대한 취재를 요구하면서 이에 응하지 않으면 자신이 취재한 내용대로 보도하겠다고 말하여 협박하였다는 취지로 기소된 사안에서, 위 행위가 설령 협박죄에서 말하는 해악의 고지에 해당하더라도 특별한 사정이 없는 한 사회상규에 반하지 아니하는 행위라고 보는 것이 타당한데도, 이와 달리 본 원심판단에 정당행위에 관한 법리오해의 위법이 있다고 한 사례(대판 2011.7.14. 2011도639).

㉡ (×) 甲 주식회사 임원인 피고인들이 회사 직원들 및 그 가족들에게 수여할 목적으로 전문의약품인 타미플루 39,600정 등을 제약회사로부터 매수하여 취득하였다고 하여 구 약사법(2007.10.17. 법률 제8643호로 개정되기 전의 것) 위반죄로 기소된 사안에서, 불특정 또는 다수인에게 무상으로 의약품을 양도하는 수여행위도 '판매'에 포함되므로 위와 같은 행위가 같은 법 제44조 제1항 위반행위에 해당한다는 전제에서, 사회상규에 위배되지 아니하는 정당행위로서 위법성이 조각된다는 취지의 피고인들 주장을 배척한 원심의 조치를 정당하다고 한 사례(대판 2011.10.13. 2011도6287).

㉢ (○) 감정평가업자가 아닌 공인회계사가 타인의 의뢰에 의하여 일정한 보수를 받고 부동산공시법이 정한 토지에 대한 감정평가를 업으로 행하는 것은 부동산공시법 제43조 제2호에 의하여 처벌되는 행위에 해당하고, 특별한 사정이 없는 한 형법 제20조가 정한 '법령에 의한 행위'로서 정당행위에 해당한다고 볼 수는 없다(대판 2015.11.27. 2014도191).

㉣ (×) 피해자의 범죄 혐의를 구체적이고 합리적으로 의심할 수 있는 상황에서 피고인이 긴급히 확인하고 대처할 필요가 있었고, 그 열람의 범위를 범죄 혐의와 관련된 범위로 제한하였으며, 피해자가 입사시 회사 소유의 컴퓨터를 무단 사용하지 않고 업무 관련 결과물을 모두 회사에 귀속시키겠다고 약정하였고, 검색 결과 범죄행위를 확인할 수 있는 여러 자료가 발견된 사정 등에 비추어, 피고인의 그러한 행위는 사회통념상 허용될 수 있는 상당성이 있는 행위로서 형법 제20조의 '정당행위'라고 본 원심의 판단을 수긍한 사례(대판 2009.12.24. 2007도6243).

10 답 ③

▌정답해설▐

③ 형법 제10조 제1항, 제2항에 규정된 심신장애의 유무 및 정도의 판단은 <u>법률적 판단</u>으로서 반드시 전문감정인의 의견에 기속되어야 하는 것은 아니고, 정신분열증의 종류와 정도, 범행의 동기, 경위, 수단과 태양, 범행 전후의 피고인의 행동, 반성의 정도 등 여러 사정을 종합하여 법원이 독자적으로 판단할 수 있다(대판 1999.1.26. 98도3812).

▌오답해설▐

① 대판 2002.5.24. 2002도1541
② 대판 1992.8.18. 92도1425
④ 제9조, 제11조 참고

> **제9조(형사미성년자)**
> 14세되지 아니한 자의 행위는 벌하지 아니한다.
>
> **제11조(청각 및 언어 장애인)**
> 듣거나 말하는 데 모두 장애가 있는 사람의 행위에 대해서는 형을 감경한다.

11 답 ④

▌정답해설▐

④ 원인에 있어서 자유로운 행위의 가벌성 근거를 원인행위 자체에서 찾는 견해에 따르면 원인설정행위시를 실행의 착수시기로 본다.

▌오답해설▐

① 제10조 제3항 참고

> **제10조(심신장애인)**
> ③ 위험의 발생을 예견하고 자의로 심신장애를 야기한 자의 행위에는 전2항의 규정을 적용하지 아니한다.

② 형법 제10조 제3항은 "위험의 발생을 예견하고 자의로 심신장애를 야기한 자의 행위에는 전2항의 규정을 적용하지 아니한다."고 규정하고 있는바, 이 규정은 고의에 의한 원인에 있어서의 자유로운 행위만이 아니라 과실에 의한 원인에 있어서의 자유로운 행위까지도 포함하는 것으로서 위험의 발생을 예견할 수 있었는데도 자의로 심신장애를 야기한 경우도 그 적용 대상이 된다고 할 것이어서, 피고인이 음주운전을 할 의사를 가지고 음주만취한 후 운전을

결행하여 교통사고를 일으켰다면 피고인은 음주시에 교통사고를 일으킬 위험성을 예견하였는데도 자의로 심신장애를 야기한 경우에 해당하므로 위 법조항에 의하여 심신장애로 인한 감경 등을 할 수 없다(대판 1992.7.28. 92도999).

③ 실행의 착수시기와 관련하여 원인행위를 실행행위로 보는 견해에 의하면 행위와 책임의 동시존재원칙에는 부합하나, 구성요건의 정형성 원칙에 반한다.

12 답 ①

▌정답해설▐

㉠ (O) 직장 상사의 범법행위에 가담한 부하에 대하여 직무상 지휘·복종관계에 있다는 이유만으로 범법행위에 가담하지 않을 기대가능성이 없다고는 할 수 없다(대판 2007.5.11. 2007도1373).

㉢ (O) 형법 제16조에 자기의 행위가 법령에 의하여 죄가 되지 아니하는 것으로 오인한 행위는 그 오인에 정당한 이유가 있는 때에 한하여 벌하지 아니한다고 규정하고 있는 것은 단순한 법률의 부지의 경우를 말하는 것이 아니고, 일반적으로 범죄가 되는 경우이지만 자기의 특수한 경우에는 법령에 의하여 허용된 행위로서 죄가 되지 아니한다고 그릇 인식하고 그와 같은 그릇 인식함에 정당한 이유가 있는 경우에는 벌하지 아니한다는 취지이다(대판 2005.6.10. 2005도835).

▌오답해설▐

㉡ (×) 형법 제16조는 "자기의 행위가 법령에 의하여 죄가 되지 아니하는 것으로 오인한 행위는 그 오인에 정당한 이유가 있는 때에 한하여 벌하지 아니한다."고 한다. 이 경우 행위자가 오인한 데에 정당한 이유가 있는지 여부는 행위자가 자기 행위의 위법의 가능성에 대해 심사숙고하거나 또는 권한 있는 관청에 문의하는 등 진지한 노력을 다하였다면 스스로의 행위에 대하여 위법성을 인식할 수 있는 가능성이 있었음에도 이를 다하지 못한 결과 자기 행위의 위법성을 인식하지 못한 것인지 여부에 따라 판단하여야 할 것이고, 이러한 위법성의 인식에 필요한 노력의 정도는 구체적인 행위정황과 행위자 개인의 인식능력 및 그의 사회적 지위 등에 따라 달리 평가되어야 한다(대판 2009.10.22. 2009도7436).

㉣ (×) 국회의원이 의정보고서를 발간하는 과정에서 선거법규에 저촉되지 않는다고 오인한 것에 형법 제16조의 정당한 이유가 없다고 한 사례(대판 2006.3.24. 2005도3717).

13 답 ②

▌정답해설▌

② 강도예비·음모죄가 성립하기 위해서는 예비·음모 행위자에게 미필적으로라도 '강도'를 할 목적이 있음이 인정되어야 하고 그에 이르지 않고 단순히 '준강도'할 목적이 있음에 그치는 경우에는 강도예비·음모죄로 처벌할 수 없다고 봄이 상당하다(대판 2006.9.14. 2004도6432).

▌오답해설▌

① 대판 1999.4.9. 99도424
③ 대판 2009.10.29. 2009도7150
④ 대판 2005.1.22. 2014도10978 전합

14 답 ③

▌정답해설▌

③ 소송사기는 법원을 기망하여 자기에게 유리한 판결을 얻고 이에 터잡아 상대방으로부터 재물의 교부를 받거나 재산상 이익을 취득하는 것을 말하는 것으로서 소송에서 주장하는 권리가 존재하지 않는 사실을 알고 있으면서도 법원을 기망한다는 인식을 가지고 소를 제기하면 이로써 실행의 착수가 있고 소장의 유효한 송달을 요하지 아니한다고 할 것인바, 이러한 법리는 제소자가 상대방의 주소를 허위로 기재함으로써 그 허위주소로 소송서류가 송달되어 그로 인하여 상대방 아닌 다른 사람이 그 서류를 받아 소송이 진행된 경우에도 마찬가지로 적용된다(대판 2006.11.10. 2006도5811).

▌오답해설▌

① 유치권에 의한 경매를 신청한 유치권자는 일반채권자와 마찬가지로 피담보채권액에 기초하여 배당을 받게 되는 결과 피담보채권인 공사대금 채권을 실제와 달리 허위로 크게 부풀려 유치권에 의한 경매를 신청할 경우 정당한 채권액에 의하여 경매를 신청한 경우보다 더 많은 배당금을 받을 수도 있으므로, 이는 법원을 기망하여 배당이라는 법원의 처분행위에 의하여 재산상 이익을 취득하려는 행위로서, 불능범에 해당한다고 볼 수 없고, 소송사기죄의 실행의 착수에 해당한다(대판 2012.11.15. 2012도9603).

② 형법 제331조 제2항의 특수절도에 있어서 주거침입은 그 구성요건이 아니므로, 절도범인이 그 범행수단으로 주거침입을 한 경우에 그 주거침입행위는 절도죄에 흡수되지 아니하고 별개로 주거침입죄를 구성하여 절도죄와는 실체적 경합의 관계에 있게 되고, 2인 이상이 합동하여 야간이 아닌 주간에 절도의 목적으로 타인의 주거에 침입하였다 하여도 아직 절취할 물건의 물색행위를 시작하기 전이라면 특수절도죄의 실행에는 착수한 것으로 볼 수 없는 것이어서 그 미수죄가 성립하지 않는다(대판 2009.12.24. 2009도9667).

④ 대판 2015.3.20. 2014도16920

15 답 ①

▌정답해설▌

㉠ (×) 공모공동정범에 있어서 공모자 중의 1인이 다른 공모자가 실행행위에 이르기 전에 그 공모관계에서 이탈한 때에는 그 이후의 다른 공모자의 행위에 관하여는 공동정범으로서의 책임은 지지 않는다 할 것이나, 공모관계에서의 이탈은 공모자가 공모에 의하여 담당한 기능적 행위지배를 해소하는 것이 필요하므로 공모자가 공모에 주도적으로 참여하여 다른 공모자의 실행에 영향을 미친 때에는 범행을 저지하기 위하여 적극적으로 노력하는 등 실행에 미친 영향력을 제거하지 아니하는 한 공모자가 구속되었다는 등의 사유만으로 공모관계에서 이탈하였다고 할 수 없다(대판 2010.9.9. 2010도6924).

㉡ (○) 대판 2001.11.9. 2001도4792

㉢ (×) 업무상배임죄의 실행으로 인하여 이익을 얻게 되는 수익자 또는 그와 밀접한 관련이 있는 제3자를 배임의 실행행위자와 공동정범으로 인정하기 위하여는 실행행위자의 행위가 피해자 본인에 대한 배임행위에 해당한다는 것을 알면서도 소극적으로 그 배임행위에 편승하여 이익을 취득한 것만으로는 부족하고, 실행행위자의 배임행위를 교사하거나 또는 배임행위의 전 과정에 관여하는 등으로 배임행위에 적극 가담할 것을 필요로 한다(대판 2007.4.12. 2007도1033).

㉣ (○) 대판 2009.6.23. 2009도2994

16

┃ 정답해설 ┃

④ 과실범에 대한 교사·방조는 제34조 제1항에 따라 간접 정범으로 처벌되므로 과실범에 대한 교사범, 과실범에 대한 방조범은 성립하지 않는다.

┃ 오답해설 ┃

① 대판 2018.9.13. 2018도7658
② 대판 2006.1.12. 2004도6557
③ 대판 2010.11.25. 2010도1588

17

┃ 정답해설 ┃

③ 법령에 의하여 도급인에게 수급인의 업무에 관하여 구체적인 관리·감독의무가 부여되어 있거나 도급인이 공사의 시공이나 개별 작업에 관하여 구체적으로 지시·감독하였다는 등의 특별한 사정이 있는 경우에는, 도급인에게 수급인의 업무와 관련하여 사고방지에 필요한 안전조치를 할 주의의무가 있다(대판 2009.5.28. 2008도7030).

┃ 오답해설 ┃

① 대판 2010.7.22. 2010도1911
② 대판 2007.9.20. 2006도294
④ 교통이 빈번한 간선도로에서 횡단보도의 보행자 신호등이 적색으로 표시된 경우, 자동차운전자에게 보행자가 동 적색신호를 무시하고 갑자기 뛰어나오리라는 것까지 미리 예견하여 운전하여야 할 업무상의 주의의무까지는 없다(대판 1985.11.12. 85도1893).

18

┃ 정답해설 ┃

④ 편취한 약속어음을 그와 같은 사실을 모르는 제3자에게 편취사실을 숨기고 할인받는 행위는 당초의 어음 편취와는 별개의 새로운 법익을 침해하는 행위로서 기망행위와 할인금의 교부행위 사이에 상당인과관계가 있어 새로운 사기죄를 구성한다 할 것이고, 설령 그 약속어음을 취득한 제3자가 선의이고 약속어음의 발행인이나 배서인이 어음금을 지급할 의사와 능력이 있었다 하더라도 이러한 사정은 사기죄의 성립에 영향이 없다(대판 2000.9.5. 99도3590).

┃ 오답해설 ┃

① 대판 2011.12.8. 2010도4129
② 대판 2006.10.19. 2005도3909
③ 대판 2009.6.25. 2009도3505

19

┃ 정답해설 ┃

변호사법 위반의 범행으로 금품을 취득한 경우 그 범행과정에서 지출한 비용은 그 금품을 취득하기 위하여 지출한 부수적 비용에 불과하고, 몰수하여야 할 것은 변호사법 위반의 범행으로 취득한 금품 그 자체이므로, 취득한 금품이 이미 처분되어 추징할 금원을 산정할 때 그 금품의 가액에서 위 지출 비용을 공제할 수는 없다(대판 2008.10.9. 2008도6944).

┃ 오답해설 ┃

② 대판 2008.9.25. 2008도2590
③ 대판 2000.9.8. 2000도546
④ 범죄행위에 제공하려고 한 물건은 범인 이외의 자의 소유에 속하지 아니하거나 범죄 후 범인 이외의 자가 정을 알면서 취득한 경우 이를 몰수할 수 있고, 한편 법원이나 수사기관은 필요한 때에는 증거물 또는 몰수할 것으로 사료하는 물건을 압수할 수 있으나, 몰수는 반드시 압수되어 있는 물건에 대하여서만 하는 것이 아니므로, 몰수 대상물건이 압수되어 있는가 하는 점 및 적법한 절차에 의하여 압수되었는가 하는 점은 몰수의 요건이 아니다(대판 2003.5.30. 2003도705).

20

답 ④

▌정답해설▐

④ 재벌그룹 회장의 횡령행위 등에 대하여 집행유예를 선고하면서 사회봉사명령으로서 일정액의 금전출연을 주된 내용으로 하는 사회공헌계획의 성실한 이행을 명하는 것은 시간 단위로 부과될 수 있는 일 또는 근로활동이 아닌 것을 명하는 것이어서 허용될 수 없고, 준법경영을 주제로 하는 강연과 기고를 명하는 것은 헌법상 양심의 자유 등에 대한 심각하고 중대한 침해가능성, 사회봉사명령의 의미나 내용에 대한 다툼의 여지 등의 문제가 있어 허용될 수 없다(대판 2008.4.11. 2007도8373).

▌오답해설▐

① 제60조 참고

제60조(선고유예의 효과)
형의 선고유예를 받은 날로부터 2년을 경과한 때에는 면소된 것으로 간주한다.

② 대판 1993.6.11. 92도3437
③ 대판 2007.2.22. 2006도8555

21

답 ②

▌정답해설▐

② 형법 제255조, 제250조의 살인예비죄가 성립하기 위하여는 형법 제255조에서 명문으로 요구하는 살인죄를 범할 목적 외에도 살인의 준비에 관한 고의가 있어야 하며, 나아가 실행의 착수까지에는 이르지 아니하는 살인죄의 실현을 위한 준비행위가 있어야 한다. 여기서의 준비행위는 물적인 것에 한정되지 아니하며 특별한 정형이 있는 것도 아니지만, 단순히 범행의 의사 또는 계획만으로는 그것이 있다고 할 수 없고 객관적으로 보아서 살인죄의 실현에 실질적으로 기여할 수 있는 외적 행위를 필요로 한다(대판 2009.10.29. 2009도7150).

▌오답해설▐

① 대판 1987.1.20. 86도2395
③ 대판 2005.6.10. 2005도1373
④ 대판 1997.7.25. 97도1142

22

답 ④

▌정답해설▐

④ 강도상해죄에 있어서의 상해는 피해자의 신체의 건강상태가 불량하게 변경되고 생활기능에 장애가 초래되는 것을 말하는 것으로서, 피해자가 입은 상처가 극히 경미하여 굳이 치료할 필요가 없고 치료를 받지 않더라도 일상생활을 하는 데 아무런 지장이 없으며 시일이 경과함에 따라 자연적으로 치유될 수 있는 정도라면, 그로 인하여 피해자의 신체의 건강상태가 불량하게 변경되었다거나 생활기능에 장애가 초래된 것으로 보기 어려워 강도상해죄에 있어서의 상해에 해당한다고 할 수 없다(대판 2003.7.11. 2003도2313).

▌오답해설▐

① 제263조 참고

제263조(동시범)
독립행위가 경합하여 상해의 결과를 발생하게 한 경우에 있어서 원인된 행위가 판명되지 아니한 때에는 공동정범의 예에 의한다.

② 대판 2017.6.29. 2017도3196
③ 대판 2003.2.28. 2002도7335

23

답 ④

▌정답해설▐

ㄹ (×) 계약상 부수의무로서의 민사적 부조의무 또는 보호의무가 인정된다고 해서 형법 제271조 소정의 '계약상 의무'가 당연히 긍정된다고는 말할 수 없고, 사정을 고려하여 위 '계약상 부조의무'의 유무를 신중하게 판단하여야 한다(대판 2011.11.24. 2011도12302).

▌오답해설▐

ㄱ (○) 제274조 참고

제274조(아동혹사)
자기의 보호 또는 감독을 받는 16세 미만의 자를 그 생명 또는 신체에 위험한 업무에 사용할 영업자 또는 그 종업자에게 인도한 자는 5년 이하의 징역에 처한다. 그 인도를 받은 자도 같다.

ㄴ (○) 대판 1986.7.8. 84도2922
ㄷ (○) 대판 2000.4.25. 2000도223

24

目 ③

┃정답해설┃

③ 협박죄는 사람의 의사결정의 자유를 보호법익으로 하는 위험범이라 봄이 상당하고, 협박죄의 미수범 처벌조항은 해악의 고지가 현실적으로 상대방에게 도달하지 아니한 경우나, 도달은 하였으나 상대방이 이를 지각하지 못하였거나 고지된 해악의 의미를 인식하지 못한 경우 등에 적용될 뿐이다(대판 2007.9.28. 2007도606 전합).

┃오답해설┃

① 대판 2002.2.8. 2000도3245
② 대판 2010.7.15. 2010도1017
④ 대판 2011.5.26. 2011도2412

25

目 ②

┃정답해설┃

② 강제추행죄는 사람의 성적 자유 내지 성적 자기결정의 자유를 보호하기 위한 죄로서 정범 자신이 직접 범죄를 실행하여야 성립하는 자수범이라고 볼 수 없으므로, 처벌되지 아니하는 타인을 도구로 삼아 피해자를 강제로 추행하는 간접정범의 형태로도 범할 수 있다. 여기서 강제추행에 관한 간접정범의 의사를 실현하는 도구로서의 타인에는 피해자도 포함될 수 있으므로, 피해자를 도구로 삼아 피해자의 신체를 이용하여 추행행위를 한 경우에도 강제추행죄의 간접정범에 해당할 수 있다(대판 2018.2.8. 2016도17733).

┃오답해설┃

① 피고인이, 알고 지내던 여성인 피해자 甲이 자신의 머리채를 잡아 폭행을 가하자 보복의 의미에서 甲의 입술, 귀, 유두, 가슴 등을 입으로 깨무는 등의 행위를 한 사안에서, 객관적으로 여성인 피해자의 입술, 귀, 유두, 가슴을 입으로 깨무는 행위는 일반적이고 평균적인 사람으로 하여금 성적 수치심이나 혐오감을 일으키게 하고 선량한 성적 도덕관념에 반하는 행위로서, 甲의 성적 자유를 침해하였다고 보는 것이 타당하다는 이유로, 피고인의 행위가 강제추행죄의 '추행'에 해당한다(대판 2013.9.26. 2013도5856).

③ 강간죄의 실행의 착수가 있었다고 하려면 강간의 수단으로서 폭행이나 협박을 한 사실이 있어야 할 터인데 피고인이 강간할 목적으로 피해자의 집에 침입하였다 하더라도 안방에 들어가 누워 자고 있는 피해자의 가슴과 엉덩이를 만지면서 간음을 기도하였다는 사실만으로는 강간의 수단으로 피해자에게 폭행이나 협박을 개시하였다고 하기는 어렵다(대판 1990.5.25. 90도607).

④ 형법 제305조의 미성년자의제강제추행죄는 '13세 미만의 아동이 외부로부터의 부적절한 성적 자극이나 물리력의 행사가 없는 상태에서 심리적 장애 없이 성적 정체성 및 가치관을 형성할 권익'을 보호법익으로 하는 것으로서, 그 성립에 필요한 주관적 구성요건요소는 고의만으로 충분하고, 그 외에 성욕을 자극·흥분·만족시키려는 주관적 동기나 목적까지 있어야 하는 것은 아니다(대판 2006.1.13. 2005도6791).

26

目 ④

┃정답해설┃

④ 실제 인물이나 역사적 사건을 모델로 한 영화라 하더라도 상업영화의 경우에는 대중적 관심을 이끌어 내고 이를 확산하기 위하여 통상적으로 광고·홍보행위가 수반되는바, 영화가 허위의 사실을 표현하여 개인의 명예를 훼손한 경우에도 행위자가 그것을 진실이라고 믿었고 또 그렇게 믿을 만한 상당한 이유가 있어 그 행위자에게 명예훼손으로 인한 불법행위책임을 물을 수 없다면 그 광고·홍보의 내용이 영화에서 묘사된 허위의 사실을 넘어서는 등의 특별한 사정이 없는 한 그 광고·홍보행위가 별도로 명예훼손의 불법행위를 구성한다고 볼 수 없다(대판 2010.7.15. 2007다3483).

┃오답해설┃

① 종합해 보면, 피고인의 이 사건 발언은 여성 아나운서 일반을 대상으로 한 것으로서 그 개별구성원인 피해자들에 이르러서는 비난의 정도가 희석되어 피해자 개개인의 사회적 평가에 영향을 미칠 정도에까지는 이르지 아니하므로 형법상 모욕죄에 해당한다고 보기는 어렵다고 볼 여지가 충분하다(대판 2014.3.27. 2011도15631).

② 피고인들의 소행에 피해자를 비방할 목적이 함께 숨어 있었다고 하더라도 그 주요한 동기가 공공의 이익을 위한 것이라면 형법 제310조의 적용을 배제할 수 없다(대판 1989.2.14. 88도899).

③ 아파트 입주자대표회의 감사인 피고인이 관리소장 갑의 업무처리에 항의하기 위해 관리소장실을 방문한 자리에서 갑과 언쟁을 하다가 "야, 이따위로 일할래.", "나이 처먹은 게 무슨 자랑이냐."라고 말한 사안에서, 피고인의 발언은 상대방을 불쾌하게 할 수 있는 무례하고 저속한 표현이기는 하지만 객관적으로 갑의 인격적 가치에 대한 사회적 평가를 저하시킬 만한 모욕적 언사에 해당하지 않는다고 한 사례(대판 2015.9.10. 2015도2229).

27 답 ④

▎정답해설▎

㉠ (○) 대판 2008.1.17. 2006도1721

㉡ (○) 피고인의 휴원연장신고와 乙이 학원설립등록을 하지 못한 점 사이에 인과관계가 있다고 단정하기 어렵고, 피고인의 행위가 乙의 자유의사를 제압·혼란케 할 정도의 위력에 해당한다고 보기 어렵다는 이유로, 피고인의 행위가 위력에 의한 업무방해죄를 구성한다고 본 원심판결에 법리를 오해한 위법이 있다(대판 2010.11.25. 2010도9186).

㉢ (×) 위계에 의한 업무방해죄에서 '위계'란 행위자가 행위목적을 달성하기 위하여 상대방에게 오인, 착각 또는 부지를 일으키게 하여 이를 이용하는 것을 말하고, 업무방해죄의 성립에는 업무방해의 결과가 실제로 발생함을 요하지 않고 업무방해의 결과를 초래할 위험이 발생하면 족하며, 업무수행 자체가 아니라 업무의 적정성 내지 공정성이 방해된 경우에도 업무방해죄가 성립한다. 나아가 컴퓨터 등 정보처리장치에 정보를 입력하는 등의 행위가 그 입력된 정보 등을 바탕으로 업무를 담당하는 사람의 오인, 착각 또는 부지를 일으킬 목적으로 행해진 경우에는 그 행위가 업무를 담당하는 사람을 직접적인 대상으로 이루어진 것이 아니라고 하여 위계가 아니라고 할 수는 없다(대판 2013.11.28. 2013도5117).

㉣ (×) 형법 제314조 제1항 소정의 위계에 의한 업무방해죄에 있어서의 '위계'라 함은 행위자의 행위목적을 달성하기 위하여 상대방에게 오인·착각 또는 부지를 일으키게 하여 이를 이용하는 것을 말하므로, 인터넷 자유게시판 등에 실제의 객관적인 사실을 게시하는 행위는, 설령 그로 인하여 피해자의 업무가 방해된다고 하더라도, 위 법조항 소정의 '위계'에 해당하지 않는다(대판 2007.6.29. 2006도3839).

28 답 ④

▎정답해설▎

④ 근로자들이 사용자인 (주)코스콤 이외에도 (주)한국증권선물거래소가 병존적으로 관리·사용하는 빌딩 로비에 쟁의행위를 이유로 침입하여, 그 중 일부를 점거하며 10여 일간 숙식하면서 선전전, 강연, 토론 등의 방법으로 농성한 사안에서, 위 행위가 제3자인 (주)한국증권선물거래소에 대한 관계에서도 정당하다고 하여 무죄로 인정한 원심판결에 쟁의행위의 위법성 조각 등에 관한 법리오해 또는 심리미진의 위법이 있다는 이유로 파기한 사례(대판 2010.3.11. 2009도5008).

▎오답해설▎

① 제319조 제2항 참고

> **제319조(주거침입, 퇴거불응)**
> ① 사람의 주거, 관리하는 건조물, 선박이나 항공기 또는 점유하는 방실에 침입한 자는 3년 이하의 징역 또는 500만원 이하의 벌금에 처한다.
> ② 전항의 장소에서 퇴거요구를 받고 응하지 아니한 자도 전항의 형과 같다.

② 대판 1995.9.15. 94도2561 전합
③ 대판 2010.4.29. 2009도14643

29 답 ③

▎정답해설▎

③ 강도가 서로 다른 시기에 다른 장소에서 수인의 피해자들에게 각기 폭행 또는 협박을 하여 각 그 피해자들의 재물을 강취하고, 그 피해자들 중 1인을 상해한 경우에는, 각기 별도로 강도죄와 강도상해죄가 성립하는 것임은 물론, 법률상 1개의 행위로 평가되는 것도 아닌바, 피고인이 여관에 들어가 1층 안내실에 있던 여관의 관리인을 칼로 찔러 상해를 가하고, 그로부터 금품을 강취한 다음, 각 객실에 들어가 각 투숙객들로부터 금품을 강취하였다면, 피고인의 위와 같은 각 행위는 비록 시간적으로 접착된 상황에서 동일한 방법으로 이루어지기는 하였으나, 포괄하여 1개의 강도상해죄만을 구성하는 것이 아니라 실체적경합범의 관계에 있는 것이라고 할 것이다(대판 1991.6.25. 91도643).

30 **답** ①

┃정답해설┃

① 부동산 소유권이전등기절차 이행을 구하는 소를 제기하여 동시이행 조건 없이 이행을 명하는 승소확정판결을 받은 피고인이, 부동산 소유권을 이전받더라도 매매잔금을 공탁할 의사나 능력이 없음에도 피해자에게 매매잔금을 공탁해 줄 것처럼 거짓말을 하여 그러한 내용으로 합의한 후 그에 따라 부동산 소유권을 임의로 이전받은 사안에서, 피고인의 행위는 사회통념상 권리행사의 수단으로서 용인할 수 있는 범위를 벗어난 것으로 사기죄의 기망행위에 해당한다(대판 2011.3.10. 2010도14856).

┃오답해설┃

② 피고인 등이 피해자 갑 등에게 자동차를 매도하겠다고 거짓말하고 자동차를 양도하면서 매매대금을 편취한 다음, 자동차에 미리 부착해 놓은 지피에스(GPS)로 위치를 추적하여 자동차를 절취하였다고 하여 사기 및 특수절도로 기소된 사안에서, 피고인이 갑 등에게 자동차를 인도하고 소유권이전등록에 필요한 일체의 서류를 교부함으로써 갑 등이 언제든지 자동차의 소유권이전등록을 마칠 수 있게 된 이상, 피고인이 자동차를 양도한 후 다시 절취할 의사를 가지고 있었더라도 자동차의 소유권을 이전하여 줄 의사가 없었다고 볼 수 없고, 피고인이 자동차를 매도할 당시 곧바로 다시 절취할 의사를 가지고 있으면서도 이를 숨긴 것을 기망이라고 할 수 없어, 결국 피고인이 자동차를 매도할 당시 기망행위가 없었으므로, 피고인에게 사기죄를 인정한 원심판결에 법리오해의 잘못이 있다고 한 사례(대판 2016.3.24. 2015도17452).

③ 형법 제347조의2는 컴퓨터 등 정보처리장치에 허위의 정보 또는 부정한 명령을 입력하거나 권한 없이 정보를 입력·변경하여 정보처리를 하게 함으로써 재산상의 이익을 취득하거나 제3자로 하여금 취득하게 하는 행위를 처벌하고 있다. 여기서 '부정한 명령의 입력'은 당해 사무처리시스템에 예정되어 있는 사무처리의 목적에 비추어 지시해서는 안 될 명령을 입력하는 것을 의미한다. 따라서 설령 '허위의 정보'를 입력한 경우가 아니라고 하더라도, 당해 사무처리시스템의 프로그램을 구성하는 개개의 명령을 부정하게 변개·삭제하는 행위는 물론 프로그램 자체에서 발생하는 오류를 적극적으로 이용하여 그 사무처리의 목적에 비추어 정당하지 아니한 사무처리를 하게 하는 행위도 특별한 사정이 없는 한 위 '부정한 명령의 입력'에 해당한다고 보아야 한다(대판 2013.11.14. 2011도4440).

④ 부동산가압류결정을 받아 부동산에 관한 가압류집행까지 마친 자가 그 가압류를 해제하면 소유자는 가압류의 부담이 없는 부동산을 소유하는 이익을 얻게 되므로, 가압류를 해제하는 것 역시 사기죄에서 말하는 재산적 처분행위에 해당하고, 그 이후 가압류의 피보전채권이 존재하지 않는 것으로 밝혀졌다고 하더라도 가압류의 해제로 인한 재산상의 이익이 없었다고 할 수 없다(대판 2007.9.20. 2007도5507).

31 **답** ②

┃정답해설┃

ⓒ (○) 횡령죄는 타인의 재물을 보관하는 사람이 재물을 횡령하거나 반환을 거부한 때에 성립한다(형법 제355조 제1항). 횡령죄에서 재물의 보관은 재물에 대한 사실상 또는 법률상 지배력이 있는 상태를 의미하며, 횡령행위는 불법영득의사를 실현하는 일체의 행위를 말한다. 따라서 소유권의 취득에 등록이 필요한 타인 소유의 차량을 인도받아 보관하고 있는 사람이 이를 사실상 처분하면 횡령죄가 성립하며, 보관 위임자나 보관자가 차량의 등록명의자일 필요는 없다. 그리고 이와 같은 법리는 지입회사에 소유권이 있는 차량에 대하여 지입회사에서 운행관리권을 위임받은 지입차주가 지입회사의 승낙 없이 보관 중인 차량을 사실상 처분하거나 지입차주에게서 차량 보관을 위임받은 사람이 지입차주의 승낙 없이 보관 중인 차량을 사실상 처분한 경우에도 마찬가지로 적용된다(대판 2015.6.25. 2015도1944 전합).

ⓒ (○) 배임죄가 성립하려면 경제적 관점에서 파악하여 배임행위로 인하여 본인에게 현실적인 손해를 가하였거나 적어도 재산상 실해 발생의 위험을 초래하였다고 인정되어야 한다(대법원 1997.5.30. 95도531, 대법원 2004.4.9. 2004도771). 한편 대표이사가 대표권의 범위 내에서 한 행위는 설사 대표이사가 회사의 영리목적과 관계없이 자기 또는 제3자의 이익을 도모할 목적으로 그 권한을 남용한 것이라 할지라도 일단 회사의 행위로서 유효하지만, 그 행위의 상대방이 대표이사의 진의를 알았거나 알 수 있었을 때에는 회사에 대하여 무효가 되는 것이다(대법원 1993.6.25. 93다13391, 대법원 2005.7.28. 2005다3649).

㉠ (×) 타인으로부터 용도가 엄격히 제한된 자금을 위탁받아 집행하면서 그 제한된 용도 이외의 목적으로 자금을 사용하는 것은 그 사용이 개인적인 목적에서 비롯된 경우는 물론 결과적으로 자금을 위탁한 본인을 위하는 면이 있더라도 그 사용행위 자체로서 불법영득의 의사를 실현한 것이 되어 횡령죄가 성립하므로, 사립학교의 교비회계에 속하는 수입을 적법한 교비회계의 세출에 포함되는 용도 즉, 당해 학교의 교육에 직접 필요한 용도가 아닌 다른 용도에 사용하였다면 그 사용행위 자체로서 불법영득의사를 실현하는 것이 되어 그로 인한 죄책을 면할 수 없다(대판 2008.2.29. 2007도9755).

㉣ (×) 재산상 손해가 발생하였다고 평가될 수 있는 재산상 실해 발생의 위험이란 본인에게 손해가 발생할 막연한 위험이 있는 것만으로는 부족하고 경제적인 관점에서 보아 본인에게 손해가 발생한 것과 같은 정도로 구체적인 위험이 있는 경우를 의미한다. 따라서 재산상 실해 발생의 위험은 구체적·현실적인 위험이 야기된 정도에 이르러야 하고 단지 막연한 가능성이 있다는 정도로는 부족하다(대판 2015.9.10. 2015도6745).

32 답 ③

③ 구 자동차관리법(2009.2.6. 법률 제9449호로 개정되기 전의 것) 제6조가 "자동차 소유권의 득실변경은 등록을 하여야 그 효력이 생긴다."고 규정하고 있기는 하나, 위 규정은 도로에서의 운행에 제공될 자동차의 소유권을 공증하고 안전성을 확보하고자 하는 데 그 취지가 있는 것이므로, 장물인 수입자동차를 신규등록하였다고 하여 그 최초 등록명의인이 해당 수입자동차를 원시취득하게 된다거나 그 장물양도행위가 범죄가 되지 않는다고 볼 수는 없다(대판 2011.5.13. 2009도3552).

① 제362조 제1·2항 참고

제362조(장물의 취득, 알선 등)
① 장물을 취득, 양도, 운반 또는 보관한 자는 7년 이하의 징역 또는 1천500만 원 이하의 벌금에 처한다.
② 전항의 행위를 알선한 자도 전항의 형과 같다.

② 대판 2009.4.23. 2009도1203
④ 대판 2011.4.28. 2010도15350

33 답 ④

④ 권리행사방해죄에서의 보호대상인 타인의 점유는 반드시 점유할 권원에 기한 점유만을 의미하는 것은 아니고, 일단 적법한 권원에 기하여 점유를 개시하였으나 사후에 점유 권원을 상실한 경우의 점유, 점유 권원의 존부가 외관상 명백하지 아니하여 법정절차를 통하여 권원의 존부가 밝혀질 때까지의 점유, 권원에 기하여 점유를 개시한 것은 아니나 동시이행항변권 등으로 대항할 수 있는 점유 등과 같이 법정절차를 통한 분쟁 해결시까지 잠정적으로 보호할 가치 있는 점유는 모두 포함된다고 볼 것이고, 다만 절도범인의 점유와 같이 점유할 권리 없는 자의 점유임이 외관상 명백한 경우는 포함되지 아니한다(대판 2006.3.23. 2005도4455).

① 형법 제323조의 권리행사방해죄는 타인의 점유 또는 권리의 목적이 된 자기의 물건 또는 전자기록 등 특수매체기록을 취거, 은닉 또는 손괴하여 타인의 권리행사를 방해함으로써 성립한다. 여기서 '은닉'이란 타인의 점유 또는 권리의 목적이 된 자기 물건 등의 소재를 발견하기 불가능하게 하거나 또는 현저히 곤란한 상태에 두는 것을 말하고, 그로 인하여 권리행사가 방해될 우려가 있는 상태에 이르면 권리행사방해죄가 성립하고 현실로 권리행사가 방해되었을 것까지 필요로 하는 것은 아니다(대판 2016.11.10. 2016도13734).

② 형법 제323조 소정의 권리행사방해죄에 있어서의 취거라 함은 타인의 점유 또는 권리의 목적이 된 자기의 물건을 그 점유자의 의사에 반하여 그 점유자의 점유로부터 자기 또는 제3자의 점유로 옮기는 것을 말하므로 점유자의 의사나 그의 하자있는 의사에 기하여 점유가 이전된 경우에는 여기에서 말하는 취거로 볼 수는 없다(대판 1988.2.23. 87도1952).

③ 횡령죄의 구성요건으로서의 횡령행위란 불법영득의 의사, 즉 타인의 재물을 보관하는 자가 자기 또는 제3자의 이익을 꾀할 목적으로 위탁의 취지에 반하여 권한 없이 그 재물을 자기의 소유인 것처럼 사실상 또는 법률상 처분하려는 의사를 실현하는 행위를 말하고, 강제집행면탈죄에 있어서 은닉이라 함은 강제집행을 면탈할 목적으로 강제집행을 실시하는 자로 하여금 채무자의 재산을 발견하는 것을 불능 또는 곤란하게 만드는 것을 말하는 것으로서 진의에 의하여 재산을 양도하였다면 설령 그것이 강제집행을 면탈할 목적으로 이루어진 것으로서 채권자의 불이익을 초래하는 결과가 되었다고 하더라도 강제집

행면탈죄의 허위양도 또는 은닉에는 해당하지 아니한다 할 것이며, 이와 같은 양죄의 구성요건 및 강제집행면탈죄에 있어 은닉의 개념에 비추어 보면 타인의 재물을 보관하는 자가 보관하고 있는 재물을 영득할 의사로 은닉하였다면 이는 횡령죄를 구성하는 것이고 채권자들의 강제집행을 면탈하는 결과를 가져온다 하여 이와 별도로 강제집행면탈죄를 구성하는 것은 아니다(대판 2000.9.8. 2000도1447).

34 답 ④

┃정답해설┃

④ 노상에서 전봇대 주변에 놓인 재활용품과 쓰레기 등에 불을 놓아 소훼한 사안에서, 그 재활용품과 쓰레기 등은 '무주물'로서 형법 제167조 제2항에 정한 '자기 소유의 물건'에 준하는 것으로 보아야 하므로, 여기에 불을 붙인 후 불상의 가연물을 집어넣어 그 화염을 키움으로써 전선을 비롯한 주변의 가연물에 손상을 입히거나 바람에 의하여 다른 곳으로 불이 옮아붙을 수 있는 공공의 위험을 발생하게 하였다면, 일반물건방화죄가 성립한다고 한 사례(대판 2009.10.15. 2009도7421).

┃오답해설┃

① 제175조 참고

> **제175조(예비, 음모)**
> 제164조 제1항(현주건조물 등 방화), 제165조(공용건조물 등 방화), 제166조 제1항(일반건조물 등 방화), 제172조 제1항(폭발성물건파열), 제172조의2 제1항(가스·전기등 방류), 제173조(가스·전기등 공급방해) 제1항과 제2항의 죄를 범할 목적으로 예비 또는 음모한 자는 5년 이하의 징역에 처한다. 단 그 목적한 죄의 실행에 이르기 전에 자수한 때에는 형을 감경 또는 면제한다.

② 부진정결과적가중범인 특수공무방해치사상죄에 있어서 공무집행을 방해하는 집단행위의 과정에서 일부 집단원이 고의로 방화행위를 하여 사상의 결과를 초래한 경우에 다른 집단원이 그 방화행위로 인한 사상의 결과를 예견할 수 있는 상황이었다면 특수공무방해치사상의 죄책을 면할 수 없으나 그 방화행위 자체에 공모가담한 바 없는 이상 방화치사상죄로 의율할 수는 없다(대판 1990.6.26. 90도765).

③ 형법상 방화죄의 객체인 건조물은 토지에 정착되고 벽 또는 기둥과 지붕 또는 천장으로 구성되어 사람이 내부에 기거하거나 출입할 수 있는 공작물을 말하고, 반드시 사람의 주거용이어야 하는 것은 아니라도 사람이 사실상 기거·취침에 사용할 수 있는 정도는 되어야 한다(대판 2013.12.12. 2013도3950).

35 답 ②

┃정답해설┃

② 서울 중구 소공동의 왕복 4차로의 도로 중 편도 3개 차로 쪽에 차량 2, 3대와 간이테이블 수십 개를 이용하여 길가 쪽 2개 차로를 차지하는 포장마차를 설치하고 영업행위를 한 것은, 비록 행위가 교통량이 상대적으로 적은 야간에 이루어졌다 하더라도 형법 제185조의 일반교통방해죄를 구성한다고 한 사례(대판 2007.12.14. 2006도4662).

┃오답해설┃

① 대판 1994.11.14. 94도2112
③ 대판 2018.5.11. 2017도9146
④ 대판 2009.7.9. 2009도4266

36 답 ③

┃정답해설┃

㉠ (×) 형법 제214조의 유가증권이란 증권상에 표시된 재산상의 권리의 행사와 처분에 그 증권의 점유를 필요로 하는 것을 총칭하는 것으로서 재산권이 증권에 화체된다는 것과 그 권리의 행사와 처분에 증권의 점유를 필요로 한다는 두 가지 요소를 갖추면 족하지 반드시 유통성을 가질 필요는 없고, 또한 위 유가증권은 일반인이 진정한 것으로 오신할 정도의 형식과 외관을 갖추고 있으면 되므로 증권이 비록 문방구 약속어음 용지를 이용하여 작성되었다고 하더라도 그 전체적인 형식·내용에 비추어 일반인이 진정한 것으로 오신할 정도의 약속어음 요건을 갖추고 있으면 당연히 형법상 유가증권에 해당한다(대판 2001.8.24. 2001도2832).
㉡ (○) 대판 2008.12.24. 2008도9494

ⓒ (×) 주식회사 대표이사로 재직하던 피고인이 대표이사가 타인으로 변경되었음에도 불구하고 이전부터 사용하여 오던 피고인 명의로 된 위 회사 대표이사의 명판을 이용하여 여전히 피고인을 위 회사의 대표이사로 표시하여 약속어음을 발행, 행사하였다면, 설사 약속어음을 작성, 행사함에 있어 후임 대표이사의 승낙을 얻었다거나 위 회사의 실질적인 대표이사로서의 권한을 행사하는 피고인이 은행과의 당좌계약을 변경하는데에 시일이 걸려 잠정적으로 전임 대표이사인 그의 명판을 사용한 것이라 하더라도 이는 합법적인 대표이사로서의 권한 행사라 할 수 없어 자격모용유가증권작성 및 동행사죄에 해당한다(대판 1991.2.26. 90도577).

ⓔ (×) 위조유가증권행사죄의 처벌목적은 유가증권의 유통질서를 보호하는 데 있는 만큼 단순히 문서의 신용성을 보호하고자 하는 위조공·사문서행사죄의 경우와는 달리 교부자가 진정 또는 진실한 유가증권인 것처럼 위조유가증권을 행사하였을 때뿐만 아니라 위조유가증권임을 알고 있는 자에게 교부하였더라도 피교부자가 이를 유통시킬 것임을 인식하고 교부하였다면, 그 교부행위 그 자체가 유가증권의 유통질서를 해할 우려가 있어 처벌의 이유와 필요성이 충분히 있으므로 위조유가증권행사죄가 성립한다고 보아야 할 것이지만, 위조유가증권의 교부자와 피교부자가 서로 유가증권위조를 공모하였거나 위조유가증권을 타에 행사하여 그 이익을 나누어 가질 것을 공모한 공범의 관계에 있다면, 그들 사이의 위조유가증권 교부행위는 그들 이외의 자에게 행사함으로써 범죄를 실현하기 위한 전단계의 행위에 불과한 것으로서 위조유가증권은 아직 범인들의 수중에 있다고 볼 것이지 행사되었다고 볼 수는 없다(대판 2010.12.9. 2010도12553).

37 답 ③

③ 형법 제228조 제1항이 규정하는 공정증서원본부실기재죄는 특별한 신빙성이 인정되는 공문서에 대한 공공의 신용을 보장함을 보호법익으로 하는 범죄로서 공무원에 대하여 진실에 반하는 허위신고를 하여 공정증서원본 또는 이와 동일한 전자기록 등 특수매체기록에 실체관계에 부합하지 아니하는 부실의 사실을 기재 또는 등록하게 함으로써 성립하는 것이므로, 실제로는 채권·채무관계가 존재하지 아니함에도 공증인에게 허위신고를 하여 가장된 금전채권에 대하여 집행력이 있는 공정증서원본을 작성하고 이를 비치하게 한 것이라면 공정증서원본부실

기재죄 및 부실기재공정증서원본행사죄의 죄책을 면할 수 없다고 할 것이다(대판 2008.12.24. 2008도7836).

① 사문서위조, 동 행사죄의 객체인 사문서는 권리·의무 또는 사실증명에 관한 타인의 문서 또는 도화를 가리키고, 권리·의무에 관한 문서라 함은 권리의무의 발생·변경·소멸에 관한 사항이 기재된 것을 말하며, 사실증명에 관한 문서는 권리·의무에 관한 문서 이외의 문서로서 거래상 중요한 사실을 증명하는 문서를 의미한다(대판 2002.12.10. 2002도5533). 그리고 거래상 중요한 사실을 증명하는 문서는, 법률관계의 발생·존속·변경·소멸의 전후과정을 증명하는 것이 주된 취지인 문서뿐만 아니라 직접적인 법률관계에 단지 간접적으로만 연관된 의사표시 내지 권리·의무의 변동에 사실상으로만 영향을 줄 수 있는 의사표시를 내용으로 하는 문서도 포함될 수 있다고 할 것인데, 이에 해당하는지 여부는 문서의 제목만을 고려할 것이 아니라 문서의 내용과 더불어 문서 작성자의 의도, 그 문서가 작성된 객관적인 상황, 문서에 적시된 사항과 그 행사가 예정된 상대방과의 관계 등을 종합적으로 고려하여 판단하여야 한다(대판 2009.4.23. 2008도8527).

② 문서위조 및 동행사죄의 보호법익은 문서에 대한 공공의 신용이므로 '문서가 원본인지 여부'가 중요한 거래에서 문서의 사본을 진정한 원본인 것처럼 행사할 목적으로 다른 조작을 가함이 없이 문서의 원본을 그대로 컬러복사기로 복사한 후 복사한 문서의 사본을 원본인 것처럼 행사한 행위는 사문서위조죄 및 동행사죄에 해당한다(대판 2016.7.14. 2016도2081).

④ 허위공문서작성죄란 공문서에 진실에 반하는 기재를 하는 때에 성립하는 범죄이므로, 고의로 법령을 잘못 적용하여 공문서를 작성하였다고 하더라도 그 법령적용의 전제가 된 사실관계에 대한 내용에 거짓이 없다면 허위공문서작성죄가 성립될 수 없다(2000.6.27. 2000도1858).

┃정답해설┃

② 상급 경찰관이 직권을 남용하여 부하 경찰관들의 수사를 중단시키거나 사건을 다른 경찰관서로 이첩하게 한 경우, 일단 '부하 경찰관들의 수사권 행사를 방해한 것'에 해당함과 아울러 '부하 경찰관들로 하여금 수사를 중단하거나 사건을 다른 경찰관서로 이첩할 의무가 없음에도 불구하고 수사를 중단하게 하거나 사건을 이첩하게 한 것'에도 해당된다고 볼 여지가 있다. 그러나 이는 어디까지나 하나의 사실을 각기 다른 측면에서 해석한 것에 불과한 것으로서, '권리행사를 방해함으로 인한 직권남용권리행사방해죄'와 '의무 없는 일을 하게 함으로 인한 직권남용권리행사방해죄'가 별개로 성립하는 것이라고 할 수는 없다. 따라서 위 두 가지 행위 태양에 모두 해당하는 것으로 기소된 경우, <u>'권리행사를 방해함으로 인한 직권남용권리행사방해죄'만 성립하고 '의무 없는 일을 하게 함으로 인한 직권남용권리행사방해죄'는 따로 성립하지 아니하는 것으로 봄이 상당하다</u>(대판 2010.1.28. 2008도7312).

┃오답해설┃

① 대판 1982.6.8. 82도117
③ 대판 2007.6.14. 2004도5561
④ 교육기관·교육행정기관·지방자치단체 또는 교육연구기관의 장이 징계의결을 집행하지 못할 법률상·사실상의 장애가 없는데도 징계의결서를 통보받은 날로부터 법정 시한이 지나도록 집행을 유보하는 모든 경우에 직무유기죄가 성립하는 것은 아니고, 그러한 유보가 직무에 관한 의식적인 방임이나 포기에 해당한다고 볼 수 있는 경우에 한하여 직무유기죄가 성립한다고 보아야 한다(대판 2014.4.10. 2013도229).

┃정답해설┃

① 형법 제130조의 제3자뇌물공여죄에서 '부정한 청탁'을 요건으로 하는 취지는 처벌의 범위가 불명확해지지 않도록 하기 위한 것으로서, 이러한 '부정한 청탁'은 명시적인 의사표시에 의한 것은 물론 묵시적인 의사표시에 의한 것도 가능하다. 묵시적인 의사표시에 의한 부정한 청탁이 있다고 하기 위하여는, <u>당사자 사이에 청탁의 대상이 되는 직무집행의 내용과 제3자에게 제공되는 금품이 그 직무집행에 대한 대가라는 점에 대하여 공통의 인식이나 양해가 존재하여야 하고, 그러한 인식이나 양해 없이 막연히 선처하여 줄 것이라는 기대에 의하거나 직무집행과는 무관한 다른 동기에 의하여 제3자에게 금품을 공여한 경우에는 묵시적인 의사표시에 의한 부정한 청탁이 있다고 보기 어렵다. 공무원이 먼저 제3자에게 금품을 공여할 것을 요구한 경우에도 마찬가지이다</u>(대판 2009.1.30. 2008도6950).

┃오답해설┃

② 뇌물수수죄의 주체는 현재 공무원 또는 중재인의 직에 있는 자에 한정되므로, 공무원이 직무와 관련하여 뇌물수수를 약속하고 퇴직 후 이를 수수하는 경우에는, 뇌물약속과 뇌물수수가 시간적으로 근접하여 연속되어 있다고 하더라도, 뇌물약속죄 및 사후수뢰죄가 성립할 수 있음은 별론으로 하고, 뇌물수수죄는 성립하지 않는다(대판 2008.2.1. 2007도5190).
③ 수의계약을 체결하는 공무원이 해당 공사업자와 적정한 금액 이상으로 계약금액을 부풀려서 계약하고 부풀린 금액을 자신이 되돌려 받기로 사전에 약정한 다음 그에 따라 수수한 돈은 성격상 뇌물이 아니고 횡령금에 해당한다고 한 사례(대판 2007.10.12. 2005도7112).
④ 형법 제132조 소정의 알선수뢰죄에 있어서 "공무원이 그 지위를 이용하여"라고 함은 친구, 친족관계 등 사적인 관계를 이용하는 경우이거나 단순히 공무원으로서의 신분이 있다는 것만을 이용하는 경우에는 여기에 해당한다고 볼 수 없으나, 다른 공무원이 취급하는 업무처리에 법률상 또는 사실상으로 영향을 줄 수 있는 공무원이 그 지위를 이용하는 경우에는 여기에 해당하고 그 사이에 반드시 상하관계, 협동관계, 감독권한 등의 특수한 관계에 있거나 같은 부서에 근무할 것을 요하는 것은 아니다(대판 1994.10.21. 94도852).

40

답 ①

답 ①

▌오답해설▐

① '위험한 물건을 휴대한 경우'는 제146조 특수도주죄에 해당하지 않는다.

> **제146조(특수도주)**
> 수용설비 또는 기구를 손괴하거나 사람에게 폭행 또는 협박을 가하거나 2인 이상이 합동하여 전조 제1항의 죄를 범한 자는 7년 이하의 징역에 처한다.

▌오답해설▐

② 형법 제151조 제2항 및 제155조 제4항은 친족, 호주 또는 동거의 가족이 본인을 위하여 범인도피죄, 증거인멸죄 등을 범한 때에는 처벌하지 아니한다고 규정하고 있는바, 사실혼관계에 있는 자는 민법 소정의 친족이라 할 수 없어 위 조항에서 말하는 친족에 해당하지 않는다(대판 2003.12.12. 2003도4533).

③ 수사기관은 범죄사건을 수사함에 있어서 피의자나 참고인의 진술 여하에 불구하고 피의자를 확정하고 그 피의사실을 인정할 만한 객관적인 제반 증거를 수집·조사하여야 할 권리와 의무가 있다. 따라서 참고인이 수사기관에서 범인에 관하여 조사를 받으면서 그가 알고 있는 사실을 묵비하거나 허위로 진술하였다고 하더라도, 그것이 적극적으로 수사기관을 기만하여 착오에 빠지게 함으로써 범인의 발견 또는 체포를 곤란 내지 불가능하게 할 정도가 아닌 한 범인도피죄를 구성하지 않는다. 이러한 법리는 피의자가 수사기관에서 공범에 관하여 묵비하거나 허위로 진술한 경우에도 그대로 적용된다(대판 2008.12.24. 2007도11137).

④ 범인도피죄는 범인을 도피하게 함으로써 기수에 이르지만, 범인도피행위가 계속되는 동안에는 범죄행위도 계속되고 행위가 끝날 때 비로소 범죄행위가 종료된다. 따라서 공범자의 범인도피행위 도중에 그 범행을 인식하면서 그와 공동의 범의를 가지고 기왕의 범인도피상태를 이용하여 스스로 범인도피행위를 계속한 경우에는 범인도피죄의 공동정범이 성립하고, 이는 공범자의 범행을 방조한 종범의 경우도 마찬가지이다(대판 2012.8.30. 2012도6027).

2018년 정답 및 해설

01	02	03	04	05	06	07	08	09	10	11	12	13	14	15	16	17	18	19	20
④	③	③	①	②	①	②	④	④	②	②	③	④	①	④	③	③	②	②	②
21	22	23	24	25	26	27	28	29	30	31	32	33	34	35	36	37	38	39	40
③	④	④	③	②	③	④	②	③	①	②	②	③	②	②	④	①	④	②	④

01 　　　　　　　답 ④

▮정답해설▮

④ 유해화학물질관리법 제35조 제1항에서 금지하는 환각물질을 구체적으로 명확하게 규정하지 아니하고 다만 그 성질에 관하여 '흥분·환각 또는 마취의 작용을 일으키는 유해화학물질로서 대통령령이 정하는 물질'로 그 한계를 설정하여 놓고, 같은 법 시행령 제22조에서 이를 구체적으로 규정하게 한 취지는 과학 기술의 급격한 발전으로 말미암아 흥분·환각 또는 마취의 작용을 일으키는 유해화학물질이 수시로 생겨나기 때문에 이에 신속하게 대처하려는 데에 있으므로, 위임의 한계를 벗어난 것으로 볼 수 없다(대판 2000.10.27. 2000도4187).

▮오답해설▮

① 군형법 제64조 제1항의 상관면전모욕죄의 구성요건은 '상관을 그 면전에서 모욕하는' 것인데, 여기에서 '면전에서'라 함은 얼굴을 마주 대한 상태를 의미하는 것임이 분명하므로, 전화를 통하여 통화하는 것을 면전에서의 대화라고는 할 수 없다(대판 2002.12.27. 2002도2539).

② 형사처벌의 근거가 되는 것은 법률이지 판례가 아니고, 형법조항에 관한 판례의 변경이 그 법률조항의 내용을 확인하는 것에 지나지 아니하여 이로써 그 법률조항 자체가 변경된 것이라고 볼 수는 없으므로, 행위 당시의 판례에 의하면 처벌대상이 되지 아니하는 것으로 해석되었던 행위를 판례의 변경에 따라 확인된 내용의 형법조항에 근거하여 처벌한다고 하여 그것이 헌법상 평등의 원칙과 형벌불소급의 원칙에 반한다고 할 수는 없다(대판 1999.9.7. 97도3349).

③ 대판 2003.11.27. 2003도4327

02 　　　　　　　답 ③

▮정답해설▮

③ 형법 제7조에 따라 범죄를 지어 외국에서 형의 전부 또는 일부가 집행된 사람에 대해서는 그 집행된 형의 전부 또는 일부를 선고하는 형에 산입한다(형법 제7조).

> **제7조(외국에서 집행된 형의 산입)**
> 죄를 지어 외국에서 형의 전부 또는 일부가 집행된 사람에 대해서는 그 집행된 형의 전부 또는 일부를 선고하는 형에 산입한다.

▮오답해설▮

① 형의 경중의 비교는 원칙적으로 법정형을 표준으로 할 것이고 처단형이나 선고 형에 의할 것이 아니며, 법정형의 경중을 비교함에 있어서 법정형 중 병과형 또는 선택형이 있을 때에는 이 중 가장 중한 형을 기준으로 하여 다른 형과 경중을 정하는 것이 원칙이다(대판 1992.11.13. 92도2194).

② 법률 이념의 변천으로 종래의 규정에 따른 처벌 자체가 부당하다는 반성적 고려에서 비롯된 것이라기보다는 특수한 정책적인 필요 등에 대처하기 위하여 취하여진 조치에 불과하다(대판 2000.6.9. 2000도764).

④ 대판 1998.2.24. 97도183

03

답 ③

┃정답해설┃

③ 상태범은 기수시기와 종료시기는 일치하지만, 범죄행위의 종료시와 위법상태의 종료시는 일치하지 않는 범죄로 절도죄, 횡령죄 등이 이에 해당된다.

┃오답해설┃

① 구체적 위험범은 법익침해의 현실적 위험이 야기된 경우에 구성요건이 충족되는 범죄로 기소유일반건조물방화죄, 일반물건방화죄 등이 이에 해당된다.
② 부진정신분범은 신분으로 인하여 형이 가중·감경되는 범죄로 존속살해죄, 업무상배임죄, 영아살해죄 등이 이에 해당된다.
③ 폭행죄, 주거침입죄, 명예훼손죄는 거동범에 해당된다.

04

답 ①

┃정답해설┃

① 피고인들이 피해자들의 재물을 강취한 후 그들을 살해할 목적으로 현주건조물에 방화하여 사망에 이르게 한 경우, 피고인들의 행위는 강도살인죄와 현주건조물방화치사죄에 모두 해당하고 그 두 죄는 상상적 경합범관계에 있다(대판 1998.12.8. 98도3416).

┃오답해설┃

② 직무위배의 위법상태가 범인도피행위 속에 포함되어 있는 것으로 보아야 할 것이므로, 이와 같은 경우에는 작위범인 범인도피죄만이 성립하고 부작위범인 직무유기죄는 따로 성립하지 아니한다(대판 1996.5.10. 96도51).
③ 건설업자가 건설업법 소정의 건설기술자 현장배치의무를 위반한 과실과 공사현장 인접 소방도로의 지반침하 방지를 위한 그라우팅공사 과정에서 발생한 가스폭발사고 사이에 상당인과관계가 있다(대판 1997.1.24. 96도776).
④ 성을 사는 행위를 알선하는 행위를 업으로 하는 자가 성매매알선을 위한 종업원을 고용하면서 고용대상자에 대하여 아동·청소년의 보호를 위한 위와 같은 연령확인의무의 이행을 다하지 아니한 채 아동·청소년을 고용하였다면, 특별한 사정이 없는 한 적어도 아동·청소년의 성을 사는 행위의 알선에 관한 미필적 고의는 인정된다고 봄이 타당하다(대판 2014.7.10. 2014도5173).

05

답 ②

┃정답해설┃

② 자격기본법에 의한 민간자격관리자로부터 대체의학자격증을 수여받은 자가 사업자등록을 한 후 침술원을 개설하였다고 하더라도 국가의 공인을 받지 못한 민간자격을 취득하였다는 사실만으로는 자신의 행위가 무면허 의료행위에 해당되지 아니하여 죄가 되지 않는다고 믿는 데에 정당한 사유가 있었다고 할 수 없다(대판 2003.5.13. 2003도939).

┃오답해설┃

① 형법 제16조

> **제16조(법률의 착오)**
> 자기의 행위가 법령에 의하여 죄가 되지 아니하는 것으로 오인한 행위는 그 오인에 정당한 이유가 있는 때에 한하여 벌하지 아니한다.

③ 대판 2010.7.15. 2008도11679
④ 대판 2005.6.10. 2005도835

06

답 ①

┃정답해설┃

① 피고인이 고속도로의 주행선을 진행함에 있어서 비가 내려 노면이 미끄러웠고 추월선상에 다른 차가 진행하고 있었으므로 속도를 더 줄이고 추월선상의 차량의 동태를 살피면서 급히 제동할 수 있는 조치를 취하여야 할 주의의무를 게을리 하여 추월선상의 차량이 피고인의 차선으로 갑자기 들어오는 것을 피하다가 빗길에 미끄러져 중앙분리대를 넘어가 반대편 추월선상의 자동차와 충돌한 경우에는 업무상과실치사상죄를 구성한다(대판 1991.1.15. 90도1918).

┃오답해설┃

② 병원의 야간당직 운영체계상 당직간호사에게 환자의 사망을 예견하거나 회피하지 못한 업무상 과실이 있고, 당직의사에게는 업무상 과실을 인정하기 어렵다(대판 2007.9.20. 2006도294).
③ 1994.4.26. 92도3283
④ 대판 1985.1.22. 84도1493

▋ 정답해설 ▋

② 교사자가 피교사자에 대하여 상해를 교사하였는데 피교사자가 이를 넘어 살인을 실행한 경우, 일반적으로 교사자는 상해죄에 대한 교사범이 되는 것이고, 다만 이 경우 교사자에게 피해자의 사망이라는 결과에 대하여 과실 내지 예견가능성이 있는 때에는 상해치사죄의 교사범으로서의 죄책을 지울 수 있다(대판 1997.6.24. 97도1075).

▋ 오답해설 ▋

① 기본범죄를 통하여 고의로 중한 결과를 발생하게 한 경우에 가중 처벌하는 부진정결과적가중범에서, 고의로 중한 결과를 발생하게 한 행위가 별도의 구성요건에 해당하고 그 고의범에 대하여 결과적가중범에 정한 형보다 더 무겁게 처벌하는 규정이 있는 경우에는 그 고의범과 결과적가중범이 상상적 경합관계에 있지만, 위와 같이 고의범에 대하여 더 무겁게 처벌하는 규정이 없는 경우에는 결과적가중범이 고의범에 대하여 특별관계에 있으므로 결과적가중범만 성립하고 이와 법조경합의 관계에 있는 고의범에 대하여는 별도로 죄를 구성하지 않는다(대판 2008.11.27. 2008도7311).

③ 결과적 가중범인 상해치사죄의 공동정범은 폭행 기타의 신체침해행위를 공동으로 할 의사가 있으면 성립되고 결과를 공동으로 할 의사는 필요 없다 할 것이다(대판 1978.11.17. 77도2193).

④ 피고인이 피해자의 멱살을 잡아 흔들고 주먹으로 가슴과 얼굴을 1회씩 구타하고 멱살을 붙들고 넘어뜨리는 등 신체 여러 부위에 표피박탈, 피하출혈 등의 외상이 생길 정도로 심하게 폭행을 가함으로써 평소에 오른쪽 관상동맥폐쇄 및 심실의 허혈성심근섬유화증세 등의 심장질환을 앓고 있던 피해자의 심장에 더욱 부담을 주어 나쁜 영향을 초래하도록 하였다면, 비록 피해자가 관상동맥부전과 허혈성심근경색 등으로 사망하였더라도, 피고인의 폭행의 방법, 부위나 정도 등에 비추어 피고인의 폭행과 피해자의 사망과 간에 상당인과관계가 있었다고 볼 수 있다(대판 1989.10.13. 89도556).

▋ 정답해설 ▋

④ 이혼소송 중인 남편이 찾아와 가위로 폭행하고 변태적 성행위를 강요하는 데에 격분하여 처가 칼로 남편의 복부를 찔러 사망에 이르게 한 경우, 그 행위는 방위행위로서의 한도를 넘어선 것으로 사회통념상 용인될 수 없다는 이유로 정당방위나 과잉방위에 해당하지 않는다고 본 사례(대판 2001.5.15. 2001도1089).

▋ 오답해설 ▋

① 형법 제22조 제3항, 형법 제21조 제3항

> **제21조(정당방위)**
> ① 현재의 부당한 침해로부터 자기 또는 타인의 법익(法益)을 방위하기 위하여 한 행위는 상당한 이유가 있는 경우에는 벌하지 아니한다.
> ② 방위행위가 그 정도를 초과한 경우에는 정황(情況)에 따라 그 형을 감경하거나 면제할 수 있다.
> ③ 제2항의 경우에 야간이나 그 밖의 불안한 상태에서 공포를 느끼거나 경악(驚愕)하거나 흥분하거나 당황하였기 때문에 그 행위를 하였을 때에는 벌하지 아니한다.
>
> **제22조(긴급피난)**
> ① 자기 또는 타인의 법익에 대한 현재의 위난을 피하기 위한 행위는 상당한 이유가 있는 때에는 벌하지 아니한다.
> ② 위난을 피하지 못할 책임이 있는 자에 대하여는 전항의 규정을 적용하지 아니한다.
> ③ 전조 제2항과 제3항의 규정은 본조에 준용한다.

② 문서의 위조라고 하는 것은 작성권한 없는 자가 타인 명의를 모용하여 문서를 작성하는 것을 말하는 것이므로, 사문서를 작성함에 있어 그 명의자의 명시적이거나 묵시적인 승낙(위임)이 있었다면 이는 사문서 위조에 해당한다고 할 수 없다(대판 1998.2.24. 97도183).

③ 피해자의 범죄혐의를 구체적이고 합리적으로 의심할 수 있는 상황에서 피고인이 긴급히 확인하고 대처할 필요가 있었고, 그 열람의 범위를 범죄혐의와 관련된 범위로 제한하였으며, 피해자가 입사시 회사 소유의 컴퓨터를 무단사용하지 않고 업무관련 결과물을 모두 회사에 귀속시키겠다고 약정하였고, 검색결과 범죄행위를 확인할 수 있는 여러 자료가 발견된 사정 등에 비추어, 피고인의 그러한 행위는 사회통념상 허용될 수 있는 상당성이 있는 행위로서 형법 제20조의 '정당행위'에 해당한다(대판 2009.12.24. 2007도6243).

09

 ④

▌정답해설▌

④ 피담보채권인 공사대금채권을 실제와 달리 허위로 크게 부풀려 유치권에 의한 경매를 신청할 경우 정당한 채권액에 의하여 경매를 신청한 경우보다 더 많은 배당금을 받을 수도 있으므로, 이는 법원을 기망하여 배당이라는 법원의 처분행위에 의하여 재산상 이익을 취득하려는 행위로서, 불능범에 해당한다고 볼 수 없고, 소송사기죄의 실행의 착수에 해당한다(대판 2012.11.15. 2012도9603).

▌오답해설▌

① 피고인의 제소가 사망한 자를 상대로 한 것이라면 이와 같은 사망한 자에 대한 판결은 그 내용에 따른 효력이 생기지 아니하여 상속인에게 그 효력이 미치지 아니하고 따라서 사기죄의 불능범에 해당하여 사기죄를 구성한다고 할 수 없다(대판 2002.1.11. 2000도1881).

② 범행의 고의는 기수의 고의여야 하므로 처음부터 미수에 그치겠다는 미수의 고의는 미수범이 성립할 수 없고 불가벌이다.

③ 입금절차를 완료함으로써 장차 그 계좌에서 이를 인출하여 갈 수 있는 재산상 이익을 취득하였으므로 형법 제347조의2에서 정하는 컴퓨터 등 사용사기죄는 기수에 이르렀다고 볼 것이다(대판 2006.9.14. 2006도4127).

10

 ②

▌정답해설▌

② [1] 낙태죄는 태아를 자연분만기에 앞서서 인위적으로 모체 밖으로 배출하거나 모체 안에서 살해함으로써 성립하고, 배출 결과 태아가 사망하였는지 여부는 낙태죄의 성립에 영향이 없다.
[2] 적극적으로 염화칼륨을 주입하여 미숙아를 사망에 이르게 하였다면 미숙아를 살해하려는 범의가 인정되므로 업무상 촉탁낙태죄와 살인죄의 실체적 경합범이 성립한다(대판 2005.4.15. 2003도2780).

▌오답해설▌

① 일반적으로 사람으로 하여금 공포심을 일으킬 수 있는 정도의 해악을 고지함으로써 상대방이 그 의미를 인식한 이상, 상대방이 현실적으로 공포심을 일으켰는지 여부와 관계없이 협박죄의 기수에 이르는 것으로 보아야 한다(대판 2007.9.28. 2007도606).

③ 결과적 가중범인 인질치사상죄(제324조의5), (해상)강도치사상죄(제342조), 현주건조물일수치사상죄(제182조)는 미수범 처벌규정이 있다.

④ 형법 제27조

제27조(불능범)
실행의 수단 또는 대상의 착오로 인하여 결과의 발생이 불가능하더라도 위험성이 있는 때에는 처벌한다. 단, 형을 감경 또는 면제할 수 있다.

11

 ②

▌정답해설▌

② [1] 구 정치자금법 제45조 제1항의 정치자금을 기부한 자와 기부받은 자는 이른바 대향범(대향범)인 필요적 공범관계에 있다. 이러한 공범관계는 행위자들이 서로 대향적 행위를 하는 것을 전제로 하는데, 각자의 행위가 범죄구성요건에 해당하면 그에 따른 처벌을 받을 뿐이고 반드시 협력자 전부에게 범죄가 성립해야 하는 것은 아니다.
[2] 정치자금을 기부하는 자의 범죄가 성립하지 않더라도 정치자금을 기부받는 자가 정치자금법이 정하지 않은 방법으로 정치자금을 제공받는다는 의사를 가지고 받으면 정치자금부정수수죄가 성립한다(대판 2017.11.14. 2017도3449).

▌오답해설▌

① 금품 등의 수수와 같이 2인 이상의 서로 대향된 행위의 존재를 필요로 하는 관계에 있어서는 공범이나 방조범에 관한 형법총칙 규정의 적용이 있을 수 없다. 따라서 금품 등을 공여한 자에게 따로 처벌규정이 없는 이상, 그 공여행위는 그와 대향적 행위의 존재를 필요로 하는 상대방의 범행에 대하여 공범관계가 성립되지 아니하고, 오로지 금품 등을 공여한 자의 행위에 대하여만 관여하여 그 공여행위를 교사하거나 방조한 행위도 상대방의 범행에 대하여 공범관계가 성립되지 아니한다(대판 2014.1.16. 2013도6969).

③ 정범의 성립은 교사범의 구성요건의 일부를 형성하고 교사범이 성립함에는 정범의 범죄행위가 인정되는 것이 그 전제요건이 된다(대판 1998.2.24. 97도183).

④ 2인 이상의 서로 대향된 행위의 존재를 필요로 하는 대향범에 대하여는 공범에 관한 형법총칙 규정이 적용될 수 없는데, 구 의료법 제17조 제1항 본문은 의료업에 종사하고 직접 진찰한 의사가 아니면 처방전을 작성하여 환자

등에게 교부하지 못한다고 규정하면서 제89조에서는 위 조항 본문을 위반한 자를 처벌하고 있을 뿐, 위와 같이 작성된 처방전을 교부받은 상대방을 처벌하는 규정이 따로 없는 점에 비추어, 위와 같이 작성된 처방전을 교부받은 자에 대하여는 공범에 관한 형법총칙 규정이 적용될 수 없다고 보아야 한다(대판 2011.10.13. 2011도6287).

12 　　　　　　　　답 ③

▌정답해설▌

③ 甲이 존재하지 않는 약정이자에 관한 내용을 부가하여 위조한 乙 명의 차용증을 바탕으로 乙에 대한 차용금채권을 丙에게 양도하고, 이러한 사정을 모르는 丙으로 하여금 乙을 상대로 양수금 청구소송을 제기하게 한 사안에서, 甲의 행위는 丙을 도구로 이용한 간접정범 형태의 소송사기죄를 구성한다고 한 사례(대판 2007.9.6. 2006도3591).

▌오답해설▌

① 처벌되지 아니하는 타인의 행위를 적극적으로 유발하고 이를 이용하여 자신의 범죄를 실현한 자는 형법 제34조 제1항이 정하는 간접정범의 죄책을 지게 되고, 그 과정에서 타인의 의사를 부당하게 억압하여야만 간접정범에 해당하는 것은 아니다(대판 2008.9.11. 2007도7204).

② 어느 문서의 작성권한을 갖는 공무원이 그 문서의 기재사항을 인식하고 그 문서를 작성할 의사로써 이에 서명날인하였다면, 설령 그 서명날인이 타인의 기망으로 착오에 빠진 결과 그 문서의 기재사항이 진실에 반함을 알지 못한 데 기인한다고 하여도, 그 문서의 성립은 진정하며 여기에 하등 작성명의를 모용한 사실이 있다고 할 수는 없으므로, 공무원 아닌 자가 관공서에 허위 내용의 증명원을 제출하여 그 내용이 허위인 정을 모르는 담당공무원으로부터 그 증명원 내용과 같은 증명서를 발급받은 경우 공문서위조죄의 간접정범으로 의율할 수는 없다(대판 2001.3.9. 2000도938).

④ 乙이 음주운전으로 인하여 처벌을 받았는지 여부와는 관계없이 허위공문서작성 및 동 행사죄의 간접정범으로서의 죄책을 면할 수 없다(대판 1996.10.11. 95도1706).

13 　　　　　　　　답 ④

▌정답해설▌

④ 강도예비·음모죄가 성립하기 위해서는 예비·음모 행위자에게 미필적으로라도 강도를 할 목적이 있음이 인정되어야 하고 그에 이르지 않고 단순히 준강도 할 목적이 있음에 그치는 경우에는 강도예비·음모죄로 처벌할 수 없다(대판 2006.9.14. 2004도6432).

▌오답해설▌

① 중지범은 범죄의 실행에 착수한 후 자의로 그 행위를 중지한 때를 말하는 것이고 실행의 착수가 있기 전인 예비 음모의 행위를 처벌하는 경우에 있어서 중지범의 관념은 이를 인정할 수 없다(대판 1999.4.9. 99도424).

② 아직 통화위조의 착수에는 이르지 아니하였고 그 준비단계에 불과하다(대판 1966.12.6. 66도1317).

③ 형법 제255조, 제250조의 살인예비죄가 성립하기 위하여는 형법 제255조에서 명문으로 요구하는 살인죄를 범할 목적 외에도 살인의 준비에 관한 고의가 있어야 하며, 나아가 실행의 착수까지에는 이르지 아니하는 살인죄의 실현을 위한 준비행위가 있어야 한다. 여기서의 준비행위는 물적인 것에 한정되지 아니하며 특별한 정형이 있는 것도 아니지만, 단순히 범행의 의사 또는 계획만으로는 그것이 있다고 할 수 없고 객관적으로 보아서 살인죄의 실현에 실질적으로 기여할 수 있는 외적 행위를 필요로 한다(대판 2009.10.29. 2009도7150).

14 　　　　　　　　답 ①

▌정답해설▌

① 공모자가 공모에 주도적으로 참여하여 다른 공모자의 실행에 영향을 미친 때에는 범행을 저지하기 위하여 적극적으로 노력하는 등 실행에 미친 영향력을 제거하지 아니하는 한 공모자가 구속되었다는 등의 사유만으로 공모관계에서 이탈하였다고 할 수 없다(대판 2010.9.9. 2010도6924).

▌오답해설▌

② [1] 공동가공의 의사는 타인의 범행을 인식하면서도 이를 제지하지 아니하고 용인하는 것만으로는 부족하고, 공동의 의사로 특정한 범죄행위를 하기 위하여 일체가 되어 서로 다른 사람의 행위를 이용하여 자기의 의사를 실행에 옮기는 것을 내용으로 하는 것이어야 한다.

[2] 피고인에게 다른 일행의 강간범행에 공동으로 가공할 의사가 있었다고 볼 수 없다(대판 2003.3.28. 2002도7477).

③ 2인 이상이 공모하여 범죄에 공동 가공하는 공범관계에 있어서 공모는 법률상 어떤 정형을 요구하는 것이 아니고 범죄를 실현하려는 의사의 결합만 있으면 되는 것으로서, 비록 전체의 모의과정이 없었다고 하더라도 수인 사이에 순차적으로 또는 암묵적으로 상통하여 그 의사의 결합이 이루어지면 공모관계가 성립한다 할 것이고, 이러한 공모가 이루어진 이상 실행행위에 관여하지 아니한 자라도 다른 공모자의 행위에 대하여 공동정범으로서의 형사책임을 진다(대판 1994.3.8. 93도3154).

④ 비록 사전에 구체적인 대상 및 액수를 정하여 뇌물공여를 지시하지 아니하였다고 하더라도 뇌물공여의 핵심적 경과를 계획적으로 조종하거나 촉진하는 등으로 기능적 행위지배를 하였다고 봄이 상당하다고 보이므로 공모공동정범의 죄책을 인정하여야 한다(대판 2010.7.15. 2010도3544).

15 ▌답 ④

▌정답해설▌

④ 교사범이 성립하기 위해 교사범의 교사가 정범의 범행에 대한 유일한 조건일 필요는 없으므로, 교사행위에 의하여 피교사자가 범죄 실행을 결의하게 된 이상 피교사자에게 다른 원인이 있어 범죄를 실행한 경우에도 교사범의 성립에는 영향이 없다(대판 2012.11.15. 2012도7407).

▌오답해설▌

① 피교사자가 범죄의 실행에 착수한 경우 그 범행결의가 교사자의 교사행위에 의하여 생긴 것인지는 교사자와 피교사자의 관계, 교사행위의 내용 및 정도, 피교사자가 범행에 이르게 된 과정, 교사자의 교사행위가 없더라도 피교사자가 범행을 저지를 다른 원인의 존부 등 제반 사정을 종합적으로 고려하여 사건의 전체적 경과를 객관적으로 판단하는 방법에 의하여야 하고, 이러한 판단 방법에 의할 때 피교사자가 교사자의 교사행위 당시에는 일응 범행을 승낙하지 아니한 것으로 보여진다 하더라도 이후 그 교사행위에 의하여 범행을 결의한 것으로 인정되는 이상 교사범의 성립에는 영향이 없다(대판 2013.9.12. 2012도2744).

② [1] 형법 제152조 제1항과 제2항은 위증을 한 범인이 형사사건의 피고인 등을 '모해할 목적'을 가지고 있었는가 아니면 그러한 목적이 없었는가 하는 범인의 특수한 상태의

차이에 따라 범인에게 과할 형의 경중을 구별하고 있으므로, 이는 바로 형법 제33조 단서 소정의 "신분관계로 인하여 형의 경중이 있는 경우"에 해당한다고 봄이 상당하다.

[2] 피고인이 갑을 모해할 목적으로 을에게 위증을 교사한 이상, 가사 정범인 을에게 모해의 목적이 없었다고 하더라도, 형법 제33조 단서의 규정에 의하여 피고인을 모해위증교사죄로 처단할 수 있다(대판 1994.12.23. 93도1002).

③ 자기의 형사사건에 관한 증거를 위조하기 위하여 타인을 교사하여 죄를 범하게 한 자에 대하여는 증거위조교사죄가 성립한다(대판 2011.2.10. 2010도15986).

16 ▌답 ③

▌정답해설▌

③ 피고인이 당초부터 피해자를 기망하여 약속어음을 교부받은 경우에는 그 교부받은 즉시 사기죄가 성립하고, 그 후 이를 피해자에 대한 피고인의 채권의 변제에 충당하였다 하더라도 불가벌적 사후행위가 됨에 그칠 뿐, 별도로 횡령죄를 구성하지 아니한다(대판 1983.4.26. 82도3079).

▌오답해설▌

① 허위사실을 유포한 1개의 행위가 형법 제314조 제1항의 허위사실 유포에 의한 업무방해죄뿐 아니라 형법 제307조 제2항의 허위사실 적시에 의한 명예훼손죄에도 해당하므로, 그 2개의 죄는 상상적 경합관계에 있다(대판 2007.11.15. 2007도7140).

② 업무방해죄와 폭행죄는 구성요건과 보호법익을 달리하고 있고, 업무방해죄의 성립에 일반적·전형적으로 사람에 대한 폭행행위를 수반하는 것은 아니며, 폭행행위가 업무방해죄에 비하여 별도로 고려되지 않을 만큼 경미한 것이라고 할 수도 없으므로, 설령 피해자에 대한 폭행행위가 동일한 피해자에 대한 업무방해죄의 수단이 되었다고 하더라도 그러한 폭행행위가 이른바 '불가벌적 수반행위'에 해당하여 업무방해죄에 대하여 흡수관계에 있다고 볼 수는 없다(대판 2012.10.11. 2012도1895).

④ [1] 절도범인으로부터 장물보관 의뢰를 받은 자가 그 정을 알면서 이를 인도받아 보관하고 있다가 임의 처분하였다 하여도 장물보관죄가 성립하는 때에는 이미 그 소유자의 소유물 추구권을 침해하였으므로 그 후의 횡령행위는 불가벌적 사후행위에 불과하여 별도로 횡령죄가 성립하지 않는다.

[2] 업무상과실장물보관죄의 가벌적 평가에 포함되고 별도로 횡령죄를 구성하지 않는다(대판 2004.4.9. 2003도 8219).

17
답 ③

▮정답해설▮
③ 금융기관 임직원이 그 직무에 관하여 여러 차례 금품을 수수한 경우에 그것이 단일하고도 계속된 범의 아래 일정기간 반복하여 이루어진 것이고 그 피해법익도 동일한 경우에는 각 범행을 통틀어 포괄일죄로 볼 것이다(대판 2000.6.27. 2000도1155).

▮오답해설▮
① 무면허운전으로 인한 도로교통법 위반죄에 있어서는 특별한 경우를 제외하고는 운전한 날마다 무면허운전으로 인한 도로교통법 위반의 1죄가 성립하고 비록 계속적으로 무면허운전을 할 의사를 가지고 여러 날에 걸쳐 무면허운전행위를 반복하였다 하더라도 이를 포괄하여 일죄로 볼 수 없다(대판 2002.7.23. 2001도6281).
② ○○작가협회 회원이 타인의 명의를 도용하여 협회 교육원장을 비방하는 내용의 호소문을 작성한 후 이를 협회 회원들에게 우편으로 송달한 경우, 사문서위조죄와 명예훼손죄가 각 성립하고, 이는 실체적 경합관계라고 한 사례(대판 2009.4.23. 2008도8527).
④ 히로뽕 완제품을 제조할 때 함께 만든 액체 히로뽕 반제품을 땅에 묻어 두었다가 약 1년 9월 후에 앞서 제조시의 공범 아닌 자 등의 요구에 따라 그들과 함께 위 반제품으로 그 완제품을 제조한 경우, 포괄일죄를 이룬다고 할수 없으므로 형법 제37조 전단의 경합범으로 의율처단하여야 한다(대판 1991.2.26. 90도2900).

18
답 ②

▮정답해설▮
② 형법 제37조 후단의 경합범에 있어서 '판결이 확정된 죄'라 함은 수개의 독립된 죄 중의 어느 죄에 대하여 확정판결이 있었던 사실 자체를 의미하고 일반사면으로 형의 선고의 효력이 상실된 여부는 묻지 않는다(대판 1996.3.8. 95도2114).

▮오답해설▮
① 금고 이상의 형에 처한 판결이 확정된 죄와 그 판결확정전에 범한 죄를 경합범으로 한다(형법 제37조).

> **제37조(경합범)**
> 판결이 확정되지 아니한 수개의 죄 또는 금고 이상의 형에 처한 판결이 확정된 죄와 그 판결확정전에 범한 죄를 경합범으로 한다.

③ 동시적 경합범은 수죄가 하나의 재판에서 같이 판결될 가능성이 있어야 하므로 수죄는 모두 기소되어 병합심리되어야 한다.
④ 전항 각호의 경우에 있어서 징역과 금고는 동종의 형으로 간주하여 징역형으로 처벌한다(형법 제38조 제2항).

> **제38조(경합범과 처벌례)**
> ① 경합범을 동시에 판결할 때에는 다음 각 호의 구분에 따라 처벌한다.
>   1. 가장 무거운 죄에 대하여 정한 형이 사형, 무기징역, 무기금고인 경우에는 가장 무거운 죄에 대하여 정한 형으로 처벌한다.
>   2. 각 죄에 대하여 정한 형이 사형, 무기징역, 무기금고 외의 같은 종류의 형인 경우에는 가장 무거운 죄에 대하여 정한 형의 장기 또는 다액(多額)에 그 2분의 1까지 가중하되 각 죄에 대하여 정한 형의 장기 또는 다액을 합산한 형기 또는 액수를 초과할 수 없다. 다만, 과료와 과료, 몰수와 몰수는 병과(倂科)할 수 있다.
>   3. 각 죄에 대하여 정한 형이 무기징역, 무기금고 외의 다른 종류의 형인 경우에는 병과한다.
> ② 제1항 각 호의 경우에 징역과 금고는 같은 종류의 형으로 보아 징역형으로 처벌한다.

19

답 ②

┃정답해설┃

② 범행 후의 정황이 양형의 조건이다(형법 제51조 제4호).

> **제51조(양형의 조건)**
> 형을 정함에 있어서는 다음 사항을 참작하여야 한다.
> 1. 범인의 연령, 성행, 지능과 환경
> 2. 피해자에 대한 관계
> 3. 범행의 동기, 수단과 결과
> 4. 범행 후의 정황

20

답 ②

┃정답해설┃

② 형법 제62조 참고

> **제62조(집행유예의 요건)**
> ① 3년 이하의 징역이나 금고 또는 500만 원 이하의 벌금의 형을 선고할 경우에 제51조의 사항을 참작하여 그 정상에 참작할 만한 사유가 있는 때에는 1년 이상 5년 이하의 기간 형의 집행을 유예할 수 있다. 다만, 금고 이상의 형을 선고한 판결이 확정된 때부터 그 집행을 종료하거나 면제된 후 3년까지의 기간에 범한 죄에 대하여 형을 선고하는 경우에는 그러하지 아니하다.
> ② 형을 병과할 경우에는 그 형의 일부에 대하여 집행을 유예할 수 있다.

┃오답해설┃

① 선고유예시 보호관찰의 기간은 1년으로 한다(형법 제59조2 제2항).

> **제59조의2(보호관찰)**
> ① 형의 선고를 유예하는 경우에 재범방지를 위하여 지도 및 원호가 필요한 때에는 보호관찰을 받을 것을 명할 수 있다.
> ② 제1항의 규정에 의한 보호관찰의 기간은 1년으로 한다.

③ 집행유예의 선고를 받은 자가 유예기간 중 고의로 범한 죄로 금고 이상의 실형을 선고받아 그 판결이 확정된 때에는 집행유예의 선고는 효력을 잃는다(형법 제63조).

> **제63조(집행유예의 실효)**
> 집행유예의 선고를 받은 자가 유예기간 중 고의로 범한 죄로 금고 이상의 실형을 선고받아 그 판결이 확정된 때에는 집행유예의 선고는 효력을 잃는다.

④ 주형과 부가형이 있는 경우 주형을 선고유예하면서 부가형도 선고유예 할 수 있으나, 주형을 선고유예하지 않으면서 부가형만을 선고유예 할 수는 없다(대판 1988.6.21. 88도551).

21

답 ③

┃정답해설┃

③ [1] 폭행죄에서 말하는 폭행이란 사람의 신체에 대하여 육체적·정신적으로 고통을 주는 유형력을 행사함을 뜻하는 것으로서 반드시 피해자의 신체에 접촉함을 필요로 하는 것은 아니고, 그 불법성은 행위의 목적과 의도, 행위 당시의 정황, 행위의 태양과 종류, 피해자에게 주는 고통의 유무와 정도 등을 종합하여 판단하여야 한다.
[2] 자신의 차를 가로막는 피해자를 부딪친 것은 아니라고 하더라도, 피해자를 부딪칠 듯이 차를 조금씩 전진시키는 것을 반복하는 행위 역시 피해자에 대해 위법한 유형력을 행사한 것이라고 보아야 한다(대판 2016.10.27. 2016도9302).

┃오답해설┃

① 피고인이 안전조치를 취하여야 할 업무상 주의의무를 위반하였다고 보기 어렵다(대판 2014.4.10. 2012도11361).

② 속칭 '생일빵'을 한다는 명목 하에 피해자를 가격하였다면 폭행죄가 성립하고, 가격행위의 동기, 방법, 횟수 등 제반 사정에 비추어 사회상규에 위배되지 아니하는 정당행위에 해당하지 않는다(대판 2010.5.27. 2010도2680).

④ 상해죄의 성립에는 상해의 원인인 폭행에 대한 인식이 있으면 충분하고 상해를 가할 의사의 존재까지는 필요하지 않다(대판 2000.7.4. 99도4341).

22

┃정답해설┃

④ 미성년자를 유인한 자가 계속하여 미성년자를 불법하게 감금하였을 때에는 미성년자유인죄 이외에 감금죄가 별도로 성립한다(대판 1998.5.26. 98도1036).

┃오답해설┃

① 객관적으로 사람의 의사결정의 자유를 제한하거나 의사실행의 자유를 방해할 정도로 겁을 먹게 할 만한 해악을 고지하는 것에 해당하여 강요죄에 해당한다(대판 2003.9.26. 2003도763).

② 제296조의2

> **제296조의2(세계주의)**
> 제287조부터 제292조까지 및 제294조는 대한민국 영역 밖에서 죄를 범한 외국인에게도 적용한다.

③ 피고인의 요구에 응하지 않으면 피해자에게 어떠한 해악을 가할 듯한 위세를 보인 행위로서 협박에 해당한다고도 볼 수 있다(대판 2011.1.27. 2010도14316).

23

┃정답해설┃

④ [1] 성폭력범죄의 처벌 등에 관한 특례법 제14조 제2항(카메라 등 이용촬영)에서 '반포'는 불특정 또는 다수인에게 무상으로 교부하는 것을 말하고, 계속적·반복적으로 전달하여 불특정 또는 다수인에게 반포하려는 의사를 가지고 있다면 특정한 1인 또는 소수의 사람에게 교부하는 것도 반포에 해당할 수 있다 한편 '반포'와 별도로 열거된 '제공'은 '반포'에 이르지 아니하는 무상 교부 행위를 말하며, '반포'할 의사 없이 특정한 1인 또는 소수의 사람에게 무상으로 교부하는 것은 '제공'에 해당한다.
[2] 피고인이 피해자와 교제하면서 촬영한 성관계 동영상, 나체사진 등 촬영물을 피해자와 교제하던 다른 남성에게 피해자와 헤어지게 할 의도로 전송한 행위는 성폭력처벌법 제14조 제2항의 '반포'에 해당하지 않고 '제공'에 해당한다(대판 2016.12.27. 2016도16676).

> **성폭력범죄의 처벌 등에 관한 특례법 제14조(카메라 등을 이용한 촬영)**
> 제1항에 따른 촬영물 또는 복제물(복제물의 복제물을 포함한다. 이하 이 조에서 같다)을 반포·판매·임대·제공 또는 공공연하게 전시·상영(이하 "반포등"이라 한다)한 자 또는 제1항의 촬영이 촬영 당시에는 촬영대상자의 의사에 반하지 아니한 경우(자신의 신체를 직접 촬영한 경우를 포함한다)에도 사후에 그 촬영물 또는 복제물을 촬영대상자의 의사에 반하여 반포등을 한 자는 7년 이하의 징역 또는 5천만원 이하의 벌금에 처한다.

┃오답해설┃

① 피해자들에게 어떠한 신분상의 불이익을 가할 것처럼 협박하여 피해자들로 하여금 목 뒤로 팔을 감아돌림으로써 얼굴이나 상체가 밀착되어 서로 포옹하는 것과 같은 신체접촉이 있게 되는 이른바 러브샷의 방법으로 술을 마시게 한 경우, 피고인과 피해자들의 관계, 성별, 연령 및 위 러브샷에 이르게 된 경위나 그 과정에서 나타난 피해자들의 의사 등에 비추어 볼 때 강제추행죄의 구성요건인 '강제추행'에 해당한다(대판 2008.3.13. 2007도10050).

② 다가구용 단독주택이나 다세대주택·연립주택·아파트 등 공동주택의 내부에 있는 엘리베이터, 공용계단과 복도는 특별한 사정이 없는 한 주거침입죄의 객체인 '사람의 주거'에 해당하고, 위 장소에 거주자의 명시적·묵시적 의사에 반하여 침입하는 행위는 주거침입죄를 구성한다(대판 2009.9.10. 2009도4335). 이러한 판례의 법리에 따르면 피고인이 피해자를 강간할 목적으로 피해자를 따라 피해자가 거주하는 아파트 내부의 공용부분에 들어온 행위는 주거침입행위에 해당한다.

③ [1] 형법 제302조 소정의 위계에 의한 심신미약자간음죄에 있어서 위계라 함은 행위자가 간음의 목적으로 상대방에게 오인, 착각, 부지를 일으키고는 상대방의 그러한 심적 상태를 이용하여 간음의 목적을 달성하는 것을 말하는 것이고, 여기에서 오인, 착각, 부지란 간음행위 자체에 대한 오인, 착각, 부지를 말하는 것이지, 간음행위와 불가분적 관련성이 인정되지 않는 다른 조건에 관한 오인, 착각, 부지를 가리키는 것은 아니다.
[2] 피고인이 피해자를 여관으로 유인하기 위하여 남자를 소개시켜 주겠다고 거짓말을 하고 피해자가 이에 속아 여관으로 오게 되었고 거기에서 성관계를 하게 되었다 할지라도, 그녀가 여관으로 온 행위와 성교행위 사이에는 불가분의 관련성이 인정되지 아니하는 만큼 이로 인하여 피해자가 간음행위 자체에 대한 착오에 빠졌다거나 이를 알지 못하였다고 할 수는 없다 할 것이어서, 피고인의 위 행위는 형법 제302조 소정의 위계에 의한 심신미약자간음죄에 있어서 위계에 해당하지 아니한다(대판 2002.7.12. 2002도2029).

24

目 ③

┃ 정답해설 ┃

③ 피고인이 자신의 아들 등에게 폭행을 당하여 입원한 피해자의 병실로 찾아가 그의 모(母) 甲과 대화하던 중 甲의 이웃 乙 및 피고인의 일행 丙 등이 있는 자리에서 "학교에 알아보니 피해자에게 원래 정신병이 있었다고 하더라."라고 허위사실을 말하여 피해자의 명예를 훼손하였다는 내용으로 기소된 사안에서, 피고인이 丙과 함께 피해자의 병문안을 가서 피고인·甲·乙·丙 4명이 있는 자리에서 피해자에 대한 폭행사건에 관하여 대화를 나누던 중 위 발언을 한 것이라면 불특정 또는 다수인이 인식할 수 있는 상태라고 할 수 없고, 또 그 자리에 있던 사람들의 관계 등 여러 사정에 비추어 피고인의 발언이 불특정 또는 다수인에게 전파될 가능성이 있다고 보기도 어려워 공연성이 없다는 이유로, 이와 달리 보아 피고인에게 유죄를 인정한 원심판단에 법리오해 및 심리미진의 위법이 있다고 한 사례(대판 2011.9.8. 2010도7497).

┃ 오답해설 ┃

① 개인 블로그의 비공개 대화방에서 상대방으로부터 비밀을 지키겠다는 말을 듣고 일대일로 대화하였다고 하더라도, 그 사정만으로 대화 상대방이 대화내용을 불특정 또는 다수에게 전파할 가능성이 없다고 할 수 없으므로, 명예훼손죄의 요건인 공연성을 인정할 여지가 있다고 본 사례(대판 2008.2.14. 2007도8155).

② 특정 사람들에게 개별적으로 우송하여도 다수인에게 배포하였고, 또 그 내용이 다른 사람에게 전파될 가능성도 있어 공연성이 인정된다(대판 1991.6.25. 91도347).

④ 정부 또는 국가기관은 형법상 명예훼손죄의 피해자가 될 수 없으므로, 정부 또는 국가기관의 정책결정 또는 업무수행과 관련된 사항을 주된 내용으로 하는 언론보도로 인하여 그 정책결정이나 업무수행에 관여한 공직자에 대한 사회적 평가가 다소 저하될 수 있더라도, 그 보도의 내용이 공직자 개인에 대한 악의적이거나 심히 경솔한 공격으로서 현저히 상당성을 잃은 것으로 평가되지 않는 한, 그 보도로 인하여 곧바로 공직자 개인에 대한 명예훼손이 된다고 할 수 없다(대판 2011.9.2. 2010도17237).

25

目 ②

┃ 정답해설 ┃

ⓒ (○) 망부석이 묘의 장구로서 묘주의 소유에 속하였는데 묘는 이장하고 망부석만이 30여년간 방치된 상태에 있어 외형상 그 소유자가 방기한 것으로 되어 그 물건은 산주의 추상적, 포괄적 소지에 속하게 되었어도 그 산주가 망부석을 사실상 지배할 의사가 없음을 표시한 경우에는 그의 소지하에 있다고 볼 수 없고, 이는 임야의 관리인으로서 사실상 점유하여 온 자의 소지하에 있다고 볼 것이므로 동 관리인이나 그와 함께 위망부석을 처분한 자를 절도죄로 의율할 수 없다(대판 1981.8.25. 80도509).

ⓒ (○) 이건 피해품인 민화가 피고인의 오빠가 매수한 것이라면 이는 동인의 특유재산으로서 이에 대한 점유·관리권은 동인에게 있다 할 것이고 범행당시 비록 동인이 집에 없었다 하더라도 그것이 동인소유의 집 벽에 걸려있던 이상 동인의 지배력이 미치는 범위 안에 있는 것이라 할 것이므로 동인의 소지에 속하고 그 부부의 공동점유하에 있다고 볼 수는 없어 이를 절취한 행위에 대하여는 친족상도례가 적용된다(대판 1985.3.26. 84도365).

┃ 오답해설 ┃

㉠ (×) [1] 절도죄의 객체인 재물은 반드시 객관적인 금전적 교환가치를 가질 필요는 없고 소유자·점유자가 주관적인 가치를 가지고 있는 것으로 족하고, 이 경우 주관적·경제적 가치의 유무를 판별함에 있어서는 그것이 타인에 의하여 이용되지 않는다고 하는 소극적 관계에 있어서 그 가치가 성립하더라도 관계없다.

[2] 사실상 퇴사하면서 회사의 승낙 없이 가지고 간 부동산매매계약서 사본들도 절도죄의 객체인 재물에 해당한다(대판 2007.8.23. 2007도2595).

㉣ (×) 부정행위를 한 타인을 꾸짖어 줄 목적으로 그 타인의 소유물권을 가져와 보관하고 있으면 그가 이를 찾으러 올 것이고 그때에 그 물권을 반환하면서 그를 꾸짖어 줄 생각으로 그 물권을 가져온 것이라면 그 물건을 영득할 의사로 가져온 것이 아니어서 절도죄가 성립되지 아니한다(대판 1973.2.28. 72도2812).

26 　답 ③

┃정답해설┃

③ 만약 종전의 특정 권원이 배척될 때에는 조작된 증거에
의하여 법원을 기망하여 추가된 허위의 권원을 인정받아
승소판결을 받을 가능성이 있으므로, 피고인의 이러한 행위
는 소송사기의 실행의 착수에 해당된다(대판 2004.6.25.
2003도7124).

┃오답해설┃

① 새로운 법익의 침해로 보아야 하므로 절도범행의 불가벌
적 사후행위가 되는 것이 아니다(대판 2007.9.6. 2007도
4739).

② 피고인이 점유자 또는 소유자의 승락없이 물건을 갖고
나오다 경비원에게 발각되어 동인이 절도범인 체포사실
을 파출소에 신고전화하려는데 피고인이 잘해 보자며 대
들면서 폭행을 가한 경우에는, 설사 그 같은 행위가 피고
인이 사장도 잘 안다 하며 전화확인을 하자는 제의를 경
비원이 거부하면서 내일이나 모레 와서 확인한 후에 가져
가라 하자 피고인이 자기의 것이니 무조건 달라고 시비한
끝에 저질러진 것이라 하여도, 그곳이 체포현장이었고
주위 사람에게 도주를 방지케 부탁한 상태 아래 일어난
것이라면 준강도 행위에 해당한다(대판 1984.7.24. 84도
1167).

④ 형법 제323조 소정의 권리행사방해죄에 있어서의 취거
라 함은 타인의 점유 또는 권리의 목적이 된 자기의 물건
을 그 점유자의 의사에 반하여 그 점유자의 점유로부터
자기 또는 제3자의 점유로 옮기는 것을 말하므로, 점유자
의 의사나 그의 하자 있는 의사에 기하여 점유가 이전된
경우에는 여기에서 말하는 취거로 볼 수 없다(대판
1988.2.23. 87도1952).

27 　답 ④

┃정답해설┃

④ 회사직원이 영업비밀 등을 적법하게 반출하여 반출행위
가 업무상배임죄에 해당하지 않는 경우라도, 퇴사 시에
영업비밀 등을 회사에 반환하거나 폐기할 의무가 있음에
도 경쟁업체에 유출하거나 스스로의 이익을 위하여 이용
할 목적으로 이를 반환하거나 폐기하지 아니하였다면,
이러한 행위 역시 퇴사 시에 업무상배임죄의 기수가 된다
(대판 2017.6.29. 2017도3808).

┃오답해설┃

① 포주가 윤락녀와 사이에 윤락녀가 받은 화대를 포주가
보관하였다가 절반씩 분배하기로 약정하고도 보관 중인
화대를 임의로 소비한 경우, 포주와 윤락녀의 사회적 지
위, 약정에 이르게 된 경우와 약정의 구체적 내용, 급여의
성격 등을 종합해 볼 때 포주의 불법성이 윤락녀의 불법
성보다 현저히 크므로 화대의 소유권이 여전히 윤락녀에
게 속한다는 이유로 횡령죄를 구성한다고 본 사례(대판
1999.9.17. 98도2036).

② 동업자 갑은 자금만 투자하고 동업자 을은 노무와 설비를
투자하여 공사를 수급하여 시공하고 그 대금 등을 추심하
는 등 일체의 거래행위를 담당하면서 그 이익을 나누어
갖기로 하는 내용의 동업계약이 체결되었다가 그 계약이
종료된 경우, 위 공사 시공 등 일체의 행위를 담당하였던
을이 자금만을 투자한 갑에게 투자금원을 반환하고 또
이익 또는 손해를 부담시키는 내용의 정산의무나 그 정산
과정에서 행하는 채권의 추심과 채무의 변제 등의 행위는
모두 을 자신의 사무이지 자금을 투자한 갑을 위하여 하는
타인의 사무라고 볼 수는 없으므로 을의 제3자에 대한
채권양도행위를 배임죄에 있어서 타인의 사무를 처리하는
자로서의 임무위배행위라고 할 수는 없다(대판 1992.4.14.
91도2390).

③ 주권은 유가증권으로서 재물에 해당되므로 횡령죄의 객
체가 될 수 있으나, 자본의 구성단위 또는 주주권을 의미
하는 주식은 재물이 아니므로 횡령죄의 객체가 될 수 없
다(대판 2005.2.18. 2002도2822).

28

▮정답해설▮

② 피고인이 공동피고인 1, 2, 3 등이 절취하여 온 장물을 판시와 같이 상습으로 19회에 걸쳐 시가의 3분의1 내지 4분의 1의 가격으로 매수하여 취득하여 오다가, 공동피고인 1, 2에게 일제 드라이버 1개를 사주면서 "공동피고인 3이 구속되어 도망 다니려면 돈도 필요할텐데 열심히 일을 하라(도둑질을 하라)."고 말하였다면, 그 취지는 종전에 공동피고인 3과 같이 하던 범위의 절도를 다시 계속하여 하라, 그러면 그 장물은 매수하여 주겠다는 것으로서 절도의 교사가 있었다고 보아야 할 것이다(대판 1991.5.14. 91도542).

▮오답해설▮

① 공동정범의 일반 이론에 비추어 그 공모에는 참여하였으나 현장에서 절도의 실행행위를 직접 분담하지 아니한 다른 범인에 대하여도 그가 현장에서 절도범행을 실행한 위 2인 이상의 범인의 행위를 자기 의사의 수단으로 하여 합동절도의 범행을 하였다고 평가할 수 있는 정범성의 표지를 갖추고 있다고 보여지는 한 그 다른 범인에 대하여 합동절도의 공동정범의 성립을 부정할 이유가 없다(대판 1998.5.21. 98도321).

③ 성폭력처벌법 제6조 제1항의2인 이상이 합동하여 형법 제297조의 죄를 범한 경우에 특수강간죄가 성립하기 위하여는 주관적 요건으로서의 공모와 객관적 요건으로서의 실행행위의 분담이 있어야 하는데, 그 공모는 법률상 어떠한 정형을 요구하는 것이 아니어서 공범자 상호간에 직접 또는 간접으로 범죄의 공동가공의사가 암묵리에 서로 상통하여도 되는 것이고, 사전에 반드시 어떠한 모의 과정이 있어야 하는 것도 아니어서 범의 내용에 대하여 포괄적 또는 개별적인 의사연락이나 인식이 있었다면 공모관계가 성립하는 것이며, 그 실행행위는 시간적으로나 장소적으로 협동관계에 있다고 볼 수 있는 사정에 있으면 되는 것이다(대판 1996.7.12. 95도2655).

④ 단순한 공모자에 그치는 것이 아니라 이 사건 범행에 대한 본질적 기여를 통한 기능적 행위지배를 하였다고 할 것이고, 따라서 甲이 乙, 丙의 행위를 자기 의사의 수단으로 하여 합동절도의 범행을 하였다고 평가될 수 있는 정범성의 표지를 갖추었다고 할 것이므로, 乙, 丙의 위 합동절도의 범행에 대하여 공동정범으로서의 죄책을 면할 수 없다(대판 2011.5.13. 2011도2021).

29

▮정답해설▮

③ [1] 타인의 재물을 점유자의 승낙 없이 무단 사용하는 경우 그 사용으로 인하여 재물 자체가 가지는 경제적 가치가 상당한 정도로 소모되거나 또는 사용 후 그 재물을 본래의 장소가 아닌 다른 곳에 버리거나 곧 반환하지 아니하고 장시간 점유하고 있는 것과 같은 때에는 그 소유권 또는 본권을 침해할 의사가 있다고 보아 불법영득의 의사를 인정할 수 있으나, 그렇지 아니하고 그 사용으로 인한 가치의 소모가 무시할 수 있을 정도로 경미하고 또 사용 후 곧 반환한 것과 같은 때에는 그 소유권 또는 본권을 침해할 의사가 있다고 할 수 없어 불법영득의 의사를 인정할 수 없다.

[2] 피해자의 승낙 없이 혼인신고서를 작성하기 위하여 피해자의 도장을 몰래 꺼내어 사용한 후 곧바로 제자리에 갖다 놓은 경우, 도장에 대한 불법영득의 의사가 있었다고 볼 수 없다(대판 2000.3.28. 2000도493).

▮오답해설▮

① 피고인이 타인의 휴대전화를 자신의 소유물과 같이 경제적 용법에 따라 이용하다가 본래의 장소와 다른 곳에 유기한 것이므로 피고인에게 불법영득의사가 있었다고 할 것이다(대판 2012.7.12. 2012도1132).

② 어떠한 물건을 점유자의 의사에 반하여 취거하는 행위가 결과적으로 소유자의 이익으로 된다는 사정 또는 소유자의 추정적 승낙이 있다고 볼 만한 사정이 있다고 하더라도, 다른 특별한 사정이 없는 한 그러한 사유만으로 불법영득의 의사가 없다고 할 수는 없다(대판 2014.2.21. 2013도14139).

④ [1] 공갈죄의 대상이 되는 재물은 타인의 재물을 의미하므로, 사람을 공갈하여 자기의 재물을 교부받는 경우에는 공갈죄가 성립하지 아니한다.

[2] 금전을 도난당한 경우 절도범이 절취한 금전만 소지하고 있는 때 등과 같이 구체적으로 절취된 금전을 특정할 수 있어 객관적으로 다른 금전 등과 구분됨이 명백한 예외적인 경우에는 절도 피해자에 대한 관계에서 그 금전이 절도범인 타인의 재물이라고 할 수 없다.

[3] 피고인 등이 甲에게서 되찾은 돈은 절취대상인 당해 금전이라고 구체적으로 특정할 수 있어 객관적으로 甲의 다른 재산과 구분됨이 명백하므로 이를 타인인 甲의 재물이라고 볼 수 없고, 따라서 비록 피고인 등이 甲을 공갈하여 돈을 교부받았더라도 타인의 재물을 갈취한 행위로써 공갈죄가 성립한다고 볼 수 없다(대판 2012.8.30. 2012도6157).

30 답 ①

▮ 정답해설 ▮

① 처분의사는 착오에 빠진 피기망자가 어떤 행위를 한다는 인식이 있으면 충분하고, 그 행위가 가져오는 결과에 대한 인식까지 필요하다고 볼 것은 아니다. 따라서 피기망자가 기망당한 결과 자신의 작위 또는 부작위가 갖는 의미를 제대로 인식하지 못하여 그러한 행위가 초래하는 결과를 인식하지 못하였더라도 그와 같은 착오 상태에서 재산상 손해를 초래하는 행위를 하기에 이르렀다면 피기망자의 처분행위와 그에 상응하는 처분의사가 있다고 보아야 한다(대판 2017.2.16. 2016도13362).

▮ 오답해설 ▮

② 피기망자가 행위자의 기망행위로 인하여 착오에 빠진 결과 내심의 의사와 다른 효과를 발생시키는 내용의 처분문서에 서명 또는 날인함으로써 처분문서의 내용에 따른 재산상 손해가 초래되었다면 그와 같은 처분문서에 서명 또는 날인을 한 피기망자의 행위는 사기죄에서 말하는 처분행위에 해당한다. 아울러 비록 피기망자가 처분결과, 즉 문서의 구체적 내용과 그 법적 효과를 미처 인식하지 못하였다고 하더라도, 어떤문서에 스스로 서명 또는 날인함으로써 그 처분문서에 서명 또는 날인하는 행위에 관한 인식이 있었던 이상 피기망자의 처분의사 역시 인정된다(대판 2017.2.16. 2016도13362 전합).

③ [1] 기망행위에 의하여 국가적 또는 공공적 법익을 침해한 경우라도 그와 동시에 형법상 사기죄의 보호법익인 재산권을 침해하는 것과 동일하게 평가할 수 있는 때에는 당해 행정법규에서 사기죄의 특별관계에 해당하는 처벌규정을 별도로 두고 있지 않는 한 사기죄가 성립할 수 있다. 그런데 기망행위에 의하여 조세를 포탈하거나 조세의 환급·공제를 받은 경우에는 조세범처벌법 제9조에서 이러한 행위를 처벌하는 규정을 별도로 두고 있을 뿐만 아니라, 조세를 강제적으로 징수하는 국가 또는 지방자치단체의 직접적인 권력작용을 사기죄의 보호법익인 재산권과 동일하게 평가할 수 없는 것이므로 조세범처벌법 위반죄가 성립함은 별론으로 하고, 형법상 사기죄는 성립하지 않는다.
[2] 주유소 운영자가 농·어민 등에게 조세특례제한법에 정한 면세유를 공급한 것처럼 위조한 면세유류공 급확인서로 정유회사를 기망하여 면세유를 공급받음으로써 면세유와 정상유의 가격 차이 상당의 이득을 취득한 경우, 정유회사에 대하여 사기죄를 구성하는 것은 별론으로 하고, 국가 또는 지방자치단체를 기망하여 국세 및 지방세의 환급세액 상당을 편취한 것으로 볼 수 없어 국가 또는 지방자치단체에 대하여 사기죄를 구성하지 않는다(대판 2008.11.27. 2008도7303).

④ 국민건강보험공단으로 하여금 요양급여비용 지급에 관한 의사결정에 착오를 일으키게 하는 것으로서 사기죄의 기망행위에 해당하고, 이 경우 의료기관의 개설인인 비의료인이 개설 명의를 빌려준 의료인으로 하여금 환자들에게 요양급여를 제공하게 하였다 하여도 마찬가지이다(대판 2015.7.9. 2014도11843).

31 답 ②

▮ 정답해설 ▮

㉠ (×) 위 임도는 불특정 다수인 또는 차마가 자유롭게 통행할 수 있는 공공성을 지닌 장소가 아니어서 일반교통방해죄의 '육로'에 해당하지 않는다(대판 2007.10.11. 2005도7573).

㉢ (×) 설령 그 불이 완전연소에 이르지 못하고 도중에 진화되었다고 하더라도, 일단 천정에 옮겨 붙은 이상 그때에 이미 현주건조물방화죄는 기수에 해당한다(대판 2007.3.16. 2006도9164).

㉺ (×) 위 채권의 추심행위는 개인적인 업무이지 합동수사반의 수사업무의 범위에는 속하지 아니하므로 이를 공무원자격사칭죄로 처벌할 수 없다(대판 1981.9.8. 81도1955).

▮ 오답해설 ▮

㉡ (○) 원천 내지 자원으로서의 물의 이용이 아니라, 하수나 폐수 등 이용이 끝난 물을 배수로를 통하여 내려보내는 것은 형법 제184조 소정의 수리에 해당한다고 할 수 없고, 그러한 배수 또는 하수처리를 방해하는 행위는, 특히 그 배수가 수리용의 인수(引水)와 밀접하게 연결되어 있어서 그 배수의 방해가 직접 인수에까지 지장을 초래한다는 등의 특수한 경우가 아닌 한, 수리방해죄의 대상이 될 수 없다(대판 2001.6.26. 2001도404).

㉣ (○) 강제도선구역 내에서 조기 하선한 도선사에게 하선 후 발생한 선박충돌사고에 대한 업무상 과실을 인정한 사례(대판 2007.9.21. 2006도6949).

32 답 ②

▍정답해설 ▍

② 통화 변조는 정당한 권한 없이 진화에 가공(加工)하여 그 가치를 변경시키는 것을 말한다. 통화변조는 항상 진정한 통화를 그 재료로 삼는다.

▍오답해설 ▍

① 위조통화행사죄의 객체인 위조통화는 객관적으로 보아 일반인으로 하여금 진정통화로 오신케 할 정도에 이른 것이면 족하고 그 위조의 정도가 반드시 진물에 흡사하여야 한다거나 누구든지 쉽게 그 진부를 식별하기가 불가능한 정도의 것일 필요는 없다(대판 1985.4.23. 85도570).

③ 강제통용력을 가지지 아니하는 지폐는 그것이 비록 일반인의 관점에서 통용할 것이라고 오인할 가능성이 있다고 하더라도 위 형법 제207조 제3항에서 정한 외국에서 통용하는 외국의 지폐에 해당한다고 할 수 없다(대판 2004.5.14. 2003도3487).

④ 형법 제207조에서 정한 '행사할 목적'이란 유가증권위조죄의 경우와 달리 위조, 변조한 통화를 진정한 통화로서 유통에 놓겠다는 목적을 말하므로, 자신의 신용력을 증명하기 위하여 타인에게 보일 목적으로 통화를 위조한 경우에는 행사할 목적이 있다고 할 수 없다(대판 2012.3.29. 2011도7704).

33 답 ③

▍정답해설 ▍

③ 비록 원본파일의 변경까지 초래하지는 아니하였더라도 이러한 전자기록에 허구의 내용을 권한 없이 수정입력한 것은 그 자체로 그러한 사전자기록을 변작한 행위의 구성요건에 해당된다고 보아야 할 것이며 그러한 수정입력의 시점에서 사전자기록변작죄는 기수에 이르렀다고 할 것이다(대판 2003.10.9. 2000도4993).

▍오답해설 ▍

① 국립대학교 교무처장 명의의 졸업증명서 파일은 그 파일을 보기 위하여 일정한 프로그램을 실행하여 모니터 등에 이미지 영상을 나타나게 하여야 하므로, 파일 그 자체는 형법상 문서에 관한 죄에 있어서의 문서에 해당되지 않는다(대판 2010.7.15. 2010도6068).

② 공문서의 위조라 함은 행사할 목적으로 공무원 또는 공무소의 문서를 정당한 작성권한 없는 자가 작성권한 있는 자의 명의로 작성하는 것을 말하므로, 공문서인 기안문서의 작성권한자가 직접 이에 서명하지 않고 피고인에게 지시하여 자기의 서명을 흉내내어 기안문서의 결재란에 대신 서명케 한 경우라면 피고인의 기안문서 작성행위는 작성권자의 지시 또는 승낙에 의한 것으로서 공문서위조죄의 구성요건해당성이 조각된다(대판 1983.5.24. 82도1426).

④ 주식회사의 신주발행의 경우 신주발행에 법률상 무효사유가 존재한다고 하더라도 그 무효는 신주발행 무효의 소에 의해서만 주장할 수 있고, 신주발행 무효의 판결이 확정되더라도 그 판결은 장래에 대하여만 효력이 있으므로(상법 제429조, 제431조 제1항), 그 신주발행이 판결로써 무효 확정되기 이전에 그 신주발행사실을 담당공무원에게 신고하여 공정증서인 법인등기부에 기재하게 하였다고 하여 그 행위가 공무원에 대하여 허위신고를 한 것이라거나 그 기재가 부실기재에 해당하는 것이라고 할 수는 없다(대판 2007.5.31. 2006도8488).

34 답 ②

▍정답해설 ▍

㉠ (○) 주식회사의 지배인은 회사의 영업에 관하여 재판상 또는 재판 외의 모든 행위를 할 권한이 있으므로 지배인이 직접 주식회사 명의의 문서를 작성하는 행위는 위조나 자격모용사문서작성에 해당하지 않는 것이 원칙이고, 이는 그 문서의 내용이 진실에 반하는 허위이거나 권한을 남용하여 자기 또는 제3자의 이익을 도모할 목적으로 작성된 경우에도 마찬가지이다(대판 2010.5.13. 2010도1040).

㉢ (○) 이미지파일 자체는 문서에 관한 죄의 '문서'에 해당하지 않으나, 이를 전송하여 컴퓨터 화면상으로 보게 한 행위는 이미 위조한 가입신청서를 행사한 것에 해당하므로 위조사문서행사죄가 성립한다(대판 2008.10.23. 2008도5200).

㉣ (○) 사문서의 작성명의자의 인장이 압날되지 아니하고 주민등록번호가 기재되지 않았더라도, 일반인으로 하여금 그 작성명의자가 진정하게 작성한 사문서로 믿기에 충분한 정도의 형식과 외관을 갖추었으면 사문서위조죄 및 동행사죄의 객체가 되는 사문서라고 보아야 한다(대판 1989.8.8. 88도2209).

ⓛ (×) [1] 문서에 2인 이상의 작성명의인이 있는 때에 그 명의자의 한사람이 타명의자와 합의없이 행사할 목적으로 그 문서의 내용을 변경하였을 때는 사문서변조죄가 성립된다.

[2] 부동산 매매계약서와 같이 문서에 2인 이상의 작성명의인이 있는 때에는 각 명의자마다 1개의 문서가 성립되는 것으로 볼 것이고 피고인이 그 명의자의 한사람이라 하더라도 타 명의자와 합의없이 행사할 목적으로 그 문서의 내용을 변경하였을 때에는 사문서변조죄가 성립된다(대판 1977.7.12. 77도1736).

ⓜ (×) 문서위조 및 동행사죄의 보호법익은 문서에 대한 공공의 신용이므로 '문서가 원본인지 여부'가 중요한 거래에서 문서의 사본을 진정한 원본인 것처럼 행사할 목적으로 다른 조작을 가함이 없이 문서의 원본을 그대로 컬러복사기로 복사한 후 복사한 문서의 사본을 원본인 것처럼 행사한 행위는 사문서위조죄 및 동행사죄에 해당한다(대판 2016.7.14. 2016도2081).

35 답 ②

■정답해설■

② 인터넷사이트에 집단 성행위 목적의 카페를 개설, 운영한 자가 남녀 회원을 모집한 후 특별모임을 빙자하여 집단으로 성행위를 하고 그 촬영물이나 사진 등을 카페에 게시한 사안에서, 카페가 회원제로 운영되는 등 제한적이고 회원들 상호간에 음란물을 게시, 공유해 온 사정이 있다고 하더라도, 위 카페의 회원수에 비추어 위 게시행위가 음란물을 공연히 전시한 것에 해당한다고 한 사례(대판 2009.5.14. 2008도10914).

■오답해설■

① 그 행위는 일반적으로 보통인의 정상적인 성적 수치심을 해하여 성적 도의관념에 반하는 음란한 행위라고 할 것이고, 또 피고인이 승용차를 손괴하거나 타인에게 상해를 가하는 등의 행패를 부리던 중 경찰관이 이를 제지하려고 하자 이에 대항하여 위와 같은 행위를 한 데에는 피고인이 알몸이 되어 성기를 드러내어 보이는 것이 타인의 정상적인 성적 수치심을 해하는 음란한 행위라는 인식도 있었다고 보아야 할 것이다(대판 2000.12.22. 2000도4372).

③ 피고인들의 친분관계, 화투놀이의 시간과 장소, 도박의 경위 및 그 금액의 근소성에 비추어 일시 오락의 정도에 불과하고 도박죄를 구성하지 않는다(대판 1984.4.10. 84도194).

④ 형법 제247조의 도박개장죄의 '영리의 목적'이란 도박개장의 대가로 불법한 재산상의 이익을 얻으려는 의사를 의미하는 것으로, 반드시 도박개장의 직접적 대가가 아니라 도박개장을 통하여 간접적으로 얻게 될 이익을 위한 경우에도 영리의 목적이 인정되고, 또한 현실적으로 그 이익을 얻었을 것을 요하지는 않는다(대판 2002.4.12. 2001도5802).

36 답 ④

■정답해설■

④ 공무원이 수수·요구 또는 약속한 금품에 직무행위에 대한 대가의 성질과 직무 외의 행위에 대한 사례의 성질이 불가분적으로 결합되어 있는 경우, 금품 전부가 직무행위에 대한 대가로서의 성질을 갖는다(대판 2012.1.12. 2011도12642).

■오답해설■

① 재소자의 호송계호업무를 수행함에 있어서 성실하게 그 직무를 수행하지 아니하여 충근의무에 위반한 잘못은 인정되나 고의로 호송계호업무를 포기하거나 직무 또는 직장을 이탈한 것이라고는 볼 수 없으므로 형법상 직무유기죄를 구성하지 아니한다(대판 1991.6.11. 91도96).

② [1] 형법 제123조가 규정하는 직권남용권리행사방해죄에서 권리행사를 방해한다 함은 법령상 행사할 수 있는 권리의 정당한 행사를 방해하는 것을 말한다고 할 것이므로 이에 해당하려면 구체화된 권리의 현실적인 행사가 방해된 경우라야 할 것이고, 또한 공무원의 직권남용행위가 있었다 할지라도 현실적으로 권리행사의 방해라는 결과가 발생하지 아니하였다면 본죄의 기수를 인정할 수 없다.

[2] 정보통신부장관이 개인휴대통신 사업자선정과 관련하여 서류심사는 완결된 상태에서 청문심사의 배점 방식을 변경함으로써 직권을 남용하였다 하더라도, 이로 인하여 최종 사업권자로 선정되지 못한 경쟁업체가 가진 구체적인 권리의 현실적 행사가 방해되는 결과가 발생하지는 아니하였으므로 직권남용죄는 성립하지 않는다(대판 2006.2.9. 2003도4599).

③ 형법은 공무원이었던 자가 재직 중에 청탁을 받고 직무상 부정한 행위를 한 후 뇌물을 수수, 요구 또는 약속을 한 때에는 제131조 제3항에서 사후수뢰죄로 처벌하도록 규정하고 있으므로, 뇌물의 수수 등을 할 당시 이미 공무원의 지위를 떠난 경우에는 제129조 제1항의 수뢰죄로는 처벌할 수 없고 사후수뢰죄의 요건에 해당할 경우에 한하여 그 죄로 처벌할 수 있을 뿐이다(대판 2013.11.28. 2013도10011).

37   답 ①

▌정답해설▌

① 경찰청의 교통단속업무를 구체적이고 현실적으로 수행하는 경찰공무원에 대하여 그가 충실히 직무를 수행한다고 하더라도 통상적인 업무처리과정 하에서는 사실상 적발이 어려운 위계를 사용하여 그 업무집행을 하지 못하게 한 것이라고 보기 어렵다(대판 2010.4.15. 2007도8024).

▌오답해설▌

② [1] 불법적인 농성을 진압하는 경찰관들의 직무집행이 법령에 위반한 것이라고 하기 위해서는 그 농성진압이 불필요하거나 또는 불법 농성의 태양 및 농성 장소의 상황 등에서 예측되는 피해 발생의 구체적 위험성의 내용 등에 비추어 볼 때 농성 진압의 계속 수행 내지 그 방법 등이 현저히 합리성을 결하여 이를 위법하다고 평가할 수 있는 경우이어야 한다.
[2] 경찰의 위 농성 진압작전을 위법한 직무수행으로 볼 수 없으므로 피고인들에게 특수공무집행방해치사상죄 등이 성립한다(대판 2010.11.11. 2010도7621).
③ 경찰관이 운전자가 음주운전을 종료한 후 40분 이상이 경과한 시점에서 길가에 앉아 있던 운전자에게서 술냄새가 난다는 점만을 근거로 음주운전의 현행범으로 체포한 것은 피고인이 '방금 음주운전을 실행한 범인이라는 점에 관한 죄증이 명백하다고 할 수 없는 상태'에서 이루어진 것으로서 적법한 공무집행이라고 볼 수 없다(대판 2007.4.13. 2007도1249).
④ [1] 경찰관이 적법절차를 준수하지 아니한 채 실력으로 현행범인을 연행하려고 하였다면 적법한 공무집행이라고 할 수 없고, 현행범인이 그 경찰관에 대하여 이를 거부하는 방법으로써 폭행을 하였다고 하여 공무집행방해죄가 성립하는 것은 아니다.

[2] 경찰관의 행위가 적법한 공무집행을 벗어나 불법하게 체포한 것으로 볼 수밖에 없다면, 그 체포를 면하려고 반항하는 과정에서 경찰관에게 상해를 가한 것은 불법체포로 인한 신체에 대한 현재의 부당한 침해에서 벗어나기 위한 행위로서 정당방위에 해당하여 위법성이 조각된다(대판 2000.7.4. 99도4341).

38   답 ④

▌정답해설▌

④ 피고인의 고소내용이 상대방의 범행부분에 관한 한 진실에 부합하므로 이를 허위의 사실로 볼 수 없고, 상대방의 범행에 피고인이 공범으로 가담한 사실을 숨겼다고 하여도 그것이 전체적으로 보아 상대방의 범죄사실의 성립 여부에 직접 영향을 줄 정도에 이르지 아니하는 내용에 관계되는 것이므로 무고죄가 성립하지 않는다(대판 2008.8.21. 2008도3754).

▌오답해설▌

① 변호사에 대한 징계처분은 형법 제156조에서 정하는 '징계처분'에 포함된다고 봄이 상당하고, 구 변호사법 제97조의2 등 관련규정에 의하여 그 징계 개시의 신청권이 있는 지방변호사회의 장은 형법 제156조에서 정한 '공무소 또는 공무원'에 포함된다(대판 2010.11.25. 2010도10202).
② [1] 무고죄에 있어서 형사처분 또는 징계처분을 받게 할 목적은 허위신고를 함에 있어서 다른 사람이 그로 인하여 형사 또는 징계처분을 받게 될 것이라는 인식이 있으면 족한 것이고 그 결과발생을 희망하는 것까지를 요하는 것은 아니므로, 고소인이 고소장을 수사기관에 제출한 이상 그러한 인식은 있었다고 보아야 한다.
[2] 피무고자의 승낙을 받아 허위사실을 기재한 고소장을 제출하였다면 피무고자에 대한 형사처분이라는 결과발생을 의욕한 것은 아니라 하더라도 적어도 그러한 결과발생에 대한 미필적인 인식은 있었던 것으로 보아야 한다(대판 2005.9.30. 2005도2712).
③ 타인으로 하여금 형사처분을 받게 할 목적으로 공무소에 대하여 허위사실을 신고하였다고 하더라도, 신고된 범죄사실에 대한 공소시효가 완성되었음이 신고 내용 자체에 의하여 분명한 경우에는 형사처분의 대상이 되지 않는 것이므로 무고죄가 성립하지 아니한다(대판 1994.2.8. 93도3445).

39
답 ②

▌정답해설▐

② 그 행위가 동시에 다른 공범자의 형사사건이나 징계사건에 관한 증인을 도피하게 한 결과가 된다고 하더라도 이를 증인도피죄로 처벌할 수 없다(대판 2003.3.14. 2002도6134).

▌오답해설▐

① 자기의 형사 사건에 관한 증거를 인멸하기 위하여 타인을 교사하여 죄를 범하게 한 자에 대하여는 증거인멸교사죄가 성립한다(대판 2000.3.24. 99도5275).

③ 무고죄에 있어서 형사처분 또는 징계처분을 받게 할 목적은 허위신고를 함에 있어서 다른 사람이 그로 인하여 형사 또는 징계처분을 받게 될 것이라는 인식이 있으면 족한 것이고 그 결과발생을 희망하는 것을 요하는 것은 아닌바, 피고인이 고소장을 수사기관에 제출한 이상 그러한 인식은 있었다 할 것이니 피고인이 고소를 한 목적이 피고소인들을 처벌받도록 하는 데에 있지 아니하고 단지 회사 장부상의 비리를 밝혀 정당한 정산을 구하는 데에 있다 하여 무고의 범의가 없다 할 수 없다(대판 1991.5.10. 90도2601).

④ 고소사실이 횡령죄나 배임죄 기타 형사범죄를 구성하지 않는 내용의 신고에 불과하여 그 신고 내용이 허위라고 하더라도 무고죄가 성립할 수 없다(대판 2007.4.13. 2006도558).

40
답 ④

▌정답해설▐

④ 민사소송에서의 당사자인 법인의 대표자의 경우 증인능력이 없으므로 증인으로 선서하고 증언하였다고 하더라도 위증죄의 주체가 될 수 없다(대판 2012.12.13. 2010도14360).

▌오답해설▐

① 증인의 증언은 그 전부를 일체로 관찰 판단하는 것이므로 선서한 증인이 일단 기억에 반하는 허위의 진술을 하였더라도 그 신문이 끝나기 전에 그 진술을 철회 시정한 경우 위증이 되지 아니한다(대판 1993.12.7. 93도2510).

② 위증죄는 법률에 의하여 선서한 증인이 사실에 관하여 기억에 반하는 진술을 한 때에 성립하고, 증인의 진술이 경험한 사실에 대한 법률적 평가이거나 단순한 의견에 지나지 아니하는 경우에는 위증죄에서 말하는 허위의 공술이라고 할 수 없으며, 경험한 객관적 사실에 대한 증인 나름의 법률적·주관적 평가나 의견을 부연한 부분에 다소의 오류나 모순이 있더라도 위증죄가 성립하는 것은 아니라고 할 것이다(대판 2009.3.12. 2008도11007).

③ 하나의 사건에 관하여 한 번 선서한 증인이 같은 기일에 여러 가지 사실에 관하여 기억에 반하는 허위의 진술을 한 경우 이는 하나의 범죄의사에 의하여 계속하여 허위의 진술을 한 것으로서 포괄하여 1개의 위증죄를 구성하는 것이고 각 진술마다 수 개의 위증죄를 구성하는 것이 아니다(대판 1998.4.14. 97도3340).

01	02	03	04	05	06	07	08	09	10	11	12	13	14	15	16	17	18	19	20
①	②	①	③	④	③	③	②	①	③	③	②	③	③	②	④	③	①	②	④
21	22	23	24	25	26	27	28	29	30	31	32	33	34	35	36	37	38	39	40
②	③	④	②	①	③	②	②	①	②	②	②	③	④	②	④	①	①	①	③

01
답 ①

┃ 정답해설 ┃

㉠ (○) 결국 국내에 있는 불특정 또는 다수인에게 무상으로 의약품을 양도하는 수여행위도 구 약사법 제44조 제1항의 '판매'에 포함된다고 보는 것이 체계적이고 논리적인 해석이라 할 것이고, 그와 같은 해석이 죄형법정주의에 위배된다고 볼 수 없다(대판 2011.10.13. 2011도6287).

㉡ (○) '아동·청소년의 성보호에 관한 법률'(2012.12.18. 법률 제11572호로 전부개정되어 2013.6.19. 시행된 것. 이하 '법률 제11572호 아동성보호법'이라고 한다) 역시 부칙 제8조 제1항이 "제50조 제1항, 제51조의 개정규정은 2008년 4월 16일부터 2010년 12월 31일 사이에 제2조 제2호의 개정규정의 아동·청소년 대상 성범죄(제11조 제5항의 개정규정의 죄는 제외한다)를 범하고 유죄판결(벌금형은 제외한다)이 확정되어 종전의 규정에 따라 공개명령을 받은 사람에 대하여도 적용하되, 공개기간이 종료된 자는 제외한다"고 규정하고, 제2항은 "이 경우 검사는 여성가족부장관의 요청을 받아 제1항에 규정된 사람에 대하여 제1심판결을 한 법원에 고지명령을 청구한다"고 정하고 있을 뿐, 2011.1.1. 이전에 아동·청소년 대상 성폭력범죄를 범하고 아직 유죄판결이 확정되지 아니한 자에 대하여는 위와 같이 일정한 요건 아래 그 유죄판결 확정 후 고지명령을 청구하는 절차 이외에 곧바로 판결과 동시에 고지명령을 선고할 수 있는 근거를 따로 두고 있지 아니하다. 이러한 규정 내용 및 법률 개정의 연혁 등에 비추어 보면, 법률 제11572호 아동성보호법이 시행된 뒤에도 여전히 법률 제10260호 아동성보호법 부칙 규정이 정한 대로 2011.1.1. 이후 '아동·청소년 대상 성폭력범죄를 저지른 자'에 대하여만 판결과 동시에 고지명령을 선고할 수 있다고 보아야 한다(대판 2014.2.13. 2013도14349).

㉢ (○) 도로교통법 제43조는 무면허운전 등을 금지하면서 "누구든지 제80조의 규정에 의하여 지방경찰청장으로부터 운전면허를 받지 아니하거나 운전면허의 효력이 정지된 경우에는 자동차 등을 운전하여서는 아니 된다"고 정하여, 운전자의 금지사항으로 운전면허를 받지 아니한 경우와 운전면허의 효력이 정지된 경우를 구별하여 대등하게 나열하고 있다. 그렇다면 '운전면허를 받지 아니하고'라는 법률문언의 통상적인 의미에 '운전면허를 받았으나 그 후 운전면허의 효력이 정지된 경우'가 당연히 포함된다고는 해석할 수 없다(대판 2011.8.25. 선고 2011도7725).

㉣ (○) 홍삼절편과 같은 농산물 가공품의 경우 특별한 사정이 없는 한 제조·가공한 지역의 명칭을 제품명에 사용하는 것도 법령상 허용되고 있다. 여기에다 인삼류는 농산물 품질관리법에서 명성·품질 등이 본질적으로 국내 특정 지역의 지리적 특성에 기인하는 농산물로는 취급되지 않고 있다는 점과 형벌법규는 문언에 따라 엄격하게 해석·적용하여야 하고 피고인에게 불리한 방향으로 확장해석하거나 유추해석하여서는 아니 된다는 점까지 더하여 보면, 국내 특정 지역의 수삼과 다른 지역의 수삼으로 만든 홍삼을 주원료로 하여 특정 지역에서 제조한 홍삼절편의 제품명이나 제조·판매자명에 특정 지역의 명칭을 사용하였다고 하더라도 이를 곧바로 '원산지를 혼동하게 할 우려가 있는 표시를 하는 행위'라고 보기는 어렵다(대판 2015.4.9. 2014도14191).

02

답 ②

▌정답해설▌

② 형법상 약취·유인죄나 인신매매죄 또는 그 미수범은 대한민국 영역 밖에서 죄를 범한 외국인에게도 적용한다(제296조의2) 하지만 이들 범죄의 예비·음모죄를 외국인이 대한민국 영역 밖에서 죄를 범한 경우에는 우리 형법을 적용하지 않는다.

> **제296조의2(세계주의)**
> 제287조부터 제292조[제287조(미성년자의 약취, 유인), 제288조(추행 등 목적 약취, 유인 등), 제289조(인신매매), 제290조(약취, 유인, 매매, 이송 등 상해·치상), 제291조(약취, 유인, 매매, 이송 등 살인·치사), 제292조(약취, 유인, 매매, 이송된 사람의 수수·은닉 등)]까지 및 제294조(미수범)는 대한민국 영역 밖에서 죄를 범한 외국인에게도 적용한다.

▌오답해설▌

① 대판 1998.2.24. 97도183
③ 대판 2007.9.6. 선고 2007도4197
④ 대판 2013.8.14. 2013도6660

03

답 ①

▌정답해설▌

① 자동차운수사업법 제72조 제5호는 같은 법 제58조의 규정에 의한 허가를 받지 아니하고 자가용자동차를 유상으로 운송용에 제공하거나 임대한 자를 처벌한다고 규정하고, 같은 법 제74조는 이른바 양벌규정으로서 "법인의 대표자나 법인 또는 개인의 대리인, 사용인 기타의 종업원이 그 법인 또는 개인의 업무와 관련하여 같은 법 제72조의 위반행위를 한 때에는 행위자를 벌하는 외에 그 법인 또는 개인에 대하여도 각 해당 조항의 벌금형에 처한다."고 규정하고 있을 뿐이고 법인격 없는 사단에 대하여서도 위 양벌규정을 적용할 것인가에 관하여는 아무런 명문의 규정을 두고 있지 아니하므로, 죄형법정주의의 원칙상 법인격 없는 사단에 대하여는 같은 법 제74조에 의하여 처벌할 수 없고, 나아가 법인격 없는 사단에 고용된 사람이 유상운송행위를 하였다 하여 법인격 없는 사단의 구성원 개개인이 위 법 제74조 소정의 "개인"의 지위에 있다 하여 처벌할 수도 없다(대판 1995.7.28. 94도3325).

▌오답해설▌

② 대판 2010.02.25. 선고 2009도5824
③ 회사합병이 있는 경우 피합병회사의 권리·의무는 사법상의 관계나 공법상의 관계를 불문하고 모두 합병으로 인하여 존속하는 회사에 승계되는 것이 원칙이지만, 그 성질상 이전을 허용하지 않는 것은 승계의 대상에서 제외되어야 할 것인바, 양벌규정에 의한 법인의 처벌은 어디까지나 형벌의 일종으로서 행정적 제재처분이나 민사상 불법행위책임과는 성격을 달리하는 점, 형사소송법 제328조가 '피고인인 법인이 존속하지 아니하게 되었을 때'를 공소기각결정의 사유로 규정하고 있는 것은 형사책임이 승계되지 않음을 전제로 한 것이라고 볼 수 있는 점 등에 비추어 보면, 합병으로 인하여 소멸한 법인이 그 종업원 등의 위법행위에 대해 양벌규정에 따라 부담하던 형사책임은 그 성질상 이전을 허용하지 않는 것으로서 합병으로 인하여 존속하는 법인에 승계되지 않는다(대판 2007.8.23. 2005도4471).
④ 대판 2000.10.27. 2000도3570

04

답 ③

▌정답해설▌

③ '보증인지위와 보증인의무를 모두 위법성요소로 보는 견해'가 구성요건해당성의 범위가 부당하게 확대될 우려가 있다는 비판을 받는다. 보증인의무를 구성요건요소로 이해하는 견해는 작위범에서는 법적의무가 구성요소요소가 아님에도 불구하고 유독 부진정부작위범에서는 법적 의무인 작위의무를 구성요건요소로 보는 것은 부당하다는 비판을 받는다.

▌오답해설▌

① 실질설은 진정부작위범은 단순한 부작위에 의하여 구성요건이 실현되는 범죄이고 부진정부작위범은 결과의 발생을 요한다고 한다. 실질설에 따르면 진정부작위범은 거동범에 해당하는 범죄이고 부진정부작위범은 결과범에 해당하는 범죄이다. 형식설은 형법에 구성요건이 있는가에 따라 구성요건이 부작위에 의해서만 실현되도록 되어있는 경우에는 진정부작위범이고 부작위에 의해 작위범의 구성요건을 실현하는 경우에는 부진정부작위범이라 한다. 따라서 형식설은 결과범은 물론 거동범에 대하여도 부진정 부작위범이 성립할 수 있다고 본다.

② 부작위에 의한 방조는 부작위를 통해 방조를 하는 경우이므로 보증인 지위에 있는 자이어야 한다. 부작위범에 대한 교사는 교사의 본질상 작위행위를 통한 교사만 가능하며(부작위를 통한 교사는 불가능) 따라서 보증인 지위가 없어도 된다.

④ 하나의 행위가 부작위범인 직무유기죄와 작위범인 허위공문서작성·행사죄의 구성요건을 동시에 충족하는 경우, 공소제기권자는 재량에 의하여 작위범인 허위공문서작성·행사죄로 공소를 제기하지 않고 부작위범인 직무유기죄로만 공소를 제기할 수 있다(대판 2008.2.14. 2005도4202).

05 답 ④

┃정답해설┃

④ 피고인이 결혼을 전제로 교제하던 여성 갑의 임신 사실을 알고 수회에 걸쳐 낙태를 권유하였다가 거부당하자, 갑에게 출산 여부는 알아서 하되 더 이상 결혼을 진행하지 않겠다고 통보하고, 이후에도 아이에 대한 친권을 행사할 의사가 없다고 하면서 낙태할 병원을 물색해 주기도 하였는데, 그 후 갑이 피고인에게 알리지 아니한 채 자신이 알아본 병원에서 낙태시술을 받은 사안에서, 피고인은 갑에게 직접 낙태를 권유할 당시뿐만 아니라 출산 여부는 알아서 하라고 통보한 이후에도 계속 낙태를 교사하였고, 갑은 이로 인하여 낙태를 결의·실행하게 되었다고 보는 것이 타당하며, 갑이 당초 아이를 낳을 것처럼 말한 사실이 있다는 사정만으로 피고인의 낙태교사행위와 갑의 낙태결의 사이에 인과관계가 단절되는 것은 아니라는 이유로, 피고인에게 낙태교사죄를 인정한 원심판단을 정당하다고 한 사례(대판 2013.09.12. 2012도2744).

┃오답해설┃

① 제17조

제17조(인과관계)
어떤 행위라도 죄의 요소되는 위험발생에 연결되지 아니한 때에는 그 결과로 인하여 벌하지 아니한다.

② 제반 사정에 비추어 피고인이 봉침시술에 앞서 설명의무를 다하였더라도 피해자가 반드시 봉침시술을 거부하였을 것이라고 볼 수 없어, 피고인의 설명의무 위반과 피해자의 상해 사이에 상당인과관계를 인정하기 어렵다는 이유로, 같은 취지의 원심판단을 수긍한 사례(대판 2011.4.14. 2010도10104).

③ 대판 2014.7.24. 2014도6206

06 답 ③

┃정답해설┃

③ 피고인이 사업당시 공사현장감독인인 이상 그 공사의 원래의 발주자의 직원이 아니고 또 동 발주자에 의하여 현장감독에 임명된 것도 아니며, 건설업법상 요구되는 현장건설기술자의 자격도 없다는 등의 사유는 업무상과실책임을 물음에 아무런 영향도 미칠 수 없다(대판 1983.06.14. 선고 82도2713).

┃오답해설┃

① 현행 형법상 과실범의 미수를 처벌하는 규정은 없다.

② 행정상의 단속을 주안으로 하는 법규라 하더라도 '명문규정이 있거나 해석상 과실범도 벌할 뜻이 명확한 경우'를 제외하고는 형법의 원칙에 따라 '고의'가 있어야 벌할 수 있다(대판 2010.02.11. 선고 2009도9807).

④ 대판 2011.05.26. 2010도17506

07 답 ③

┃정답해설┃

③ 과잉행위로 인해 '정황(情況)에 따라 그 형을 감경하거나 면제할 수 있는 경우'는 정당방위, 긴급피난, 자구행위에 모두 적용된다(제21조 제2항, 제22조 제3항, 제23조 제2항).

제21조(정당방위)
② 방위행위가 그 정도를 초과한 경우에는 정황(情況)에 따라 그 형을 감경하거나 면제할 수 있다.
③ 제2항의 경우에 야간이나 그 밖의 불안한 상태에서 공포를 느끼거나 경악(驚愕)하거나 흥분하거나 당황하였기 때문에 그 행위를 하였을 때에는 벌하지 아니한다.

제22조(긴급피난)
② 위난을 피하지 못할 책임이 있는 자에 대하여는 전항의 규정을 적용하지 아니한다.
③ 전조 제2항과 제3항의 규정은 본조에 준용한다.

제23조(자구행위)
② 제1항의 행위가 그 정도를 초과한 경우에는 정황에 따라 그 형을 감경하거나 면제할 수 있다.

다만 정당방위나 긴급피난과 달리 형법 제21조 제3항(불가벌적 과잉방위)은 준용하지 않음에 주의를 요한다.

① 정당방위가 성립하려면 침해행위에 의하여 침해되는 법익의 종류, 정도, 침해의 방법, 침해행위의 완급과 방위행위에 의하여 침해될 법익의 종류, 정도 등 일체의 구체적 사정들을 참작하여 방위행위가 사회적으로 상당한 것이어야 하고, 정당방위의 성립요건으로서의 방어행위에는 순수한 수비적 방어뿐 아니라 적극적 반격을 포함하는 반격방어의 형태도 포함되나, 그 방어행위는 자기 또는 타인의 법익침해를 방위하기 위한 행위로서 상당한 이유가 있어야 한다(대판 1992.12.22. 92도2540).

② 형법 제310조의 규정은 인격권으로서의 개인의 명예의 보호와 헌법 제21조에 의한 정당한 표현의 자유의 보장이라는 상충되는 두 법익의 조화를 꾀한 것이라고 보아야 할 것이므로, 두 법익간의 조화와 균형을 고려한다면 적시된 사실이 진실한 것이라는 증명이 없더라도 행위자가 진실한 것으로 믿었고 또 그렇게 믿을 만한 상당한 이유가 있는 경우에는 위법성이 없다(대판 1993.6.22. 92도3160).

④ 처분할 수 있는 자의 승낙에 의하여 그 법익을 훼손한 행위는 법률에 특별한 규정이 없는 한 벌하지 아니한다(제24조).

08 답 ②

■ 정답해설 ■

② 신문기자인 피고인이 고소인에게 2회에 걸쳐 증여세 포탈에 대한 취재를 요구하면서 이에 응하지 않으면 자신이 취재한 내용대로 보도하겠다고 말하여 협박하였다는 취지로 기소된 사안에서, 피고인이 취재와 보도를 빙자하여 고소인에게 부당한 요구를 하기 위한 취지는 아니었던 점, 당시 피고인이 고소인에게 취재를 요구하였다가 거절당하자 인터뷰 협조요청서와 서면질의 내용을 그 자리에 두고 나왔을 뿐 폭언을 하거나 보도하지 않는 데 대한 대가를 요구하지 않은 점, 관할 세무서가 피고인의 제보에 따라 탈세 여부를 조사한 후 증여세를 추징하였다고 피고인에게 통지한 점, 고소인에게 불리한 사실을 보도하는 경우 기자로서 보도에 앞서 정확한 사실 확인과 보도 여부 등을 결정하기 위해 취재 요청이 필요했으리라고 보이는 점 등 제반 사정에 비추어, 위 행위가 설령 협박죄에서 말하는 해악의 고지에 해당하더라도 특별한 사정이 없는 한 기사 작성을 위한 자료를 수집하고 보도하기 위한 것으로서 신문기자의 일상적 업무 범위에 속하여 사회상규에 반하지 아니한다(대판 2011.7.14. 2011도639).

① [1] 피고인이 국회법제사법위원회에서 발언할 내용이 담긴 위 보도자료를 사전에 배포한 행위는 국회의원 면책특권의 대상이 되는 직무부수행위에 해당하므로, 피고인에 대한 허위사실적시 명예훼손 및 통신비밀보호법 위반의 점에 대한 공소를 기각하여야 한다고 한 사례.

[2] 피고인이 국가기관의 불법 녹음 자체를 고발하기 위하여 불가피하게 위 녹음 자료에 담겨 있던 대화 내용을 공개한 것이 아니고, 위 대화가 피고인의 공개행위시로부터 8년 전에 이루어져 이를 공개하지 아니하면 공익에 대한 중대한 침해가 발생할 가능성이 현저한 경우로서 비상한 공적 관심의 대상이 되는 경우에 해당한다고 보기 어려우며, 전파성이 강한 인터넷 매체를 이용하여 불법 녹음된 대화의 상세한 내용과 관련 당사자의 실명을 그대로 공개하여 방법의 상당성을 결여하였고, 위 게재행위와 관련된 사정을 종합하여 볼 때 위 게재에 의하여 얻어지는 이익 및 가치가 통신비밀이 유지됨으로써 얻어지는 이익 및 가치를 초월한다고 볼 수 없으므로, 피고인이 위 녹음 자료를 취득하는 과정에 위법이 없었더라도 위 행위는 형법 제20조의 정당행위에 해당한다고 볼 수 없는데도, 이와 달리 본 원심판단에 법리오해의 위법이 있다고 한 사례(대판 2011.5.13. 2009도14442).

③ 대판 1995.2.28. 94도2746

④ 대판 2007.4.27. 2006도7634

09 답 ①

■ 정답해설 ■

① 형법 제10조 제3항에서는 '위험의 발생을 예견하고 자의로 심신장애를 야기한 자의 행위는 전2항(심신상실자, 심신미약자)의 규정을 적용하지 아니한다.'고 규정하여 원인에 있어서 자유로운 행위에는 심신상실, 심신미약 규정을 적용하지 아니하므로 책임조각 내지 책임감경이 되지 아니하고 책임능력자로 취급하여 처벌하고 있다.

② 원인설정행위시에 가벌성의 근거를 인정하는 이론(구성요건모델)은 구성요건적 행위의 정형성을 중시하는 죄형법정주의의 보장적 기능을 무너뜨리고 가벌성을 확장시킨다는 비판을 받는다.

③ 책임비난의 근거를 원인행위와 실행행위의 불가분적 연관에서 구하는 견해는 '책임능력 결함상태'에서의 행위가 '실행의 착수'에 해당한다고 하며 이 견해에 따르면 행위와 책임의 동시존재원칙에 대한 예외를 인정하게 된다.

④ 형법 제10조 제3항은 "위험의 발생을 예견하고 자의로 심신장애를 야기한 자의 행위에는 전2항의 규정을 적용하지 아니한다"고 규정하고 있는바, 이 규정은 고의에 의한 원인에 있어서의 자유로운 행위만이 아니라 과실에 의한 원인에 있어서의 자유로운 행위까지도 포함하는 것으로서 위험의 발생을 예견할 수 있었는데도 자의로 심신장애를 야기한 경우도 그 적용 대상이 된다고할 것이어서, 피고인이 음주운전을 할 의사를 가지고 음주만취한 후 운전을 결행하여 교통사고를 일으켰다면 피고인은 음주시에 교통사고를 일으킬 위험성을 예견하였는데도 자의로 심신장애를 야기한 경우에 해당하므로 위 법조항에 의하여 심신장애로 인한 감경 등을 할 수 없다(대판 1992.7.28. 92도999).

10

▌정답해설▐

③ 위법성인식의 체계적 지위에 대해 엄격고의설은 위법성의 현실적인 인식이 있을 때 고의가 성립하므로 상습범, 확신범 등을 고의범으로 처벌할 수 없다는 비판이 가능하다.

▌오답해설▐

① 피고인이 그 보좌관을 통하여 관할 선거관리위원회 직원에게 문의하여 이 사건 의정보고서에 앞서 본 바와 같은 내용을 게재하는 것이 허용된다는 답변을 들은 것만으로는(또한, 원심도 인정하는 바와 같이 이 사건 의정보고서의 제작과 관련하여, 피고인측에서 관할 선거관리위원회의 지도계장인 공소외 1에게 구두로 문의를 하였을 뿐 관할 선거관리위원회에 정식으로 질의를 하여 공식적인 답신을 받은 것도 아니다), 자신의 지적 능력을 다하여 이를 회피하기 위한 진지한 노력을 다 하였다고 볼 수 없고, 그 결과 자신의 행위의 위법성을 인식하지 못한 것이라고 할 것이므로 그에 대해 정당한 이유가 있다고 하기 어렵다(대판 2006.3.24. 2005도3717).
② 관할관청이 장의사영업허가를 받은 상인에게 장의소요기구, 물품을 판매하는 도매업에 대하여는 같은 법 제5조 제1항의 영업허가가 필요 없는 것으로 해석하여 영업허가를 해 주지 않고 있어 피고인 역시 영업허가 없이 이른바 도매를 해 왔다면 동인에게는 같은 법률위반에 대한 인식이 있었다고 보기 어렵다(대판 1989.2.28. 88도1141).

④ 제16조

> **제16조(법률의 착오)**
> 자기의 행위가 법령에 의하여 죄가 되지 아니하는 것으로 오인한 행위는 그 오인에 정당한 이유가 있는 때에 한하여 벌하지 아니한다.

11

▌정답해설▐

③ 유치권에 의한 경매를 신청한 유치권자는 일반채권자와 마찬가지로 피담보채권액에 기초하여 배당을 받게 되는 결과 피담보채권인 공사대금 채권을 실제와 달리 허위로 크게 부풀려 유치권에 의한 경매를 신청할 경우 정당한 채권액에 의하여 경매를 신청한 경우보다 더 많은 배당금을 받을 수도 있으므로, 이는 법원을 기망하여 배당이라는 법원의 처분행위에 의하여 재산상 이익을 취득하려는 행위로서, 불능범에 해당한다고 볼 수 없고, 소송사기죄의 실행의 착수에 해당한다(대판 2012.11.15. 2012도9603).

▌오답해설▐

① 대판 2006.9.14. 2006도2824
② [1] 병역법 제86조는 "병역의무를 기피하거나 감면받을 목적으로 도망하거나 행방을 감춘 때 또는 신체손상이나 사위행위를 한 사람은 1년 이상 3년 이하의 징역에 처한다." 라고 규정하고 있는데, 여기에서 '사위행위'라 함은 병역의무를 감면 받을 조건에 해당하지 않거나 그러한 신체적 상태가 아님에도 불구하고 병무행정당국을 기망하여 병역의무를 감면 받으려고 시도하는 행위를 가리키는 것이므로, 다른 행위 태양인 도망・잠적 또는 신체손상에 상응할 정도로 병역의무의 이행을 면탈하고 병무행정의 적정성을 침해할 직접적인 위험이 있는 단계에 이르렀을 때에 비로소 사위행위의 실행을 한 것이라고 보아야 할 것이다.
[2] 입영대상자가 병역면제처분을 받을 목적으로 병원으로부터 허위의 병사용진단서를 발급받았다고 하더라도 이러한 행위만으로는 사위행위의 실행에 착수하였다고 볼 수 없다(대판2005.9.28. 2005도3065).
④ 대판 2005.1.28. 2004도4663

12

답 ②

┃정답해설┃

② ㉠ 영아살해죄, ㉢ 통화유사물제조죄, ㉣ 허위유가증권작성죄, ㉤ 일반교통방해죄는 예비·음모의 처벌규정이 없다.

13

답 ②

┃정답해설┃

② 자기의 지휘, 감독을 받는 자를 방조하여 범죄의 결과를 발생하게 한 자는 정범의 형으로 처벌한다(제34조 참고).

> **제34조(간접정범, 특수한 교사, 방조에 대한 형의 가중)**
> ② 자기의 지휘, 감독을 받는 자를 교사 또는 방조하여 전항의 결과를 발생하게 한 자는 교사인때에는 정범에 정한 형의 장기 또는 다액에 그 2분의 1까지 가중하고 방조인 때에는 정범의 형으로 처벌한다.

┃오답해설┃

① [1] 2인 이상 서로 대향된 행위의 존재를 필요로 하는 대향범에 대하여는 공범에 관한 형법총칙 규정이 적용될 수 없는데, 형법 제127조는 공무원 또는 공무원이었던 자가 법령에 의한 직무상 비밀을 누설하는 행위만을 처벌하고 있을 뿐 직무상 비밀을 누설받은 상대방을 처벌하는 규정이 없는 점에 비추어, 직무상 비밀을 누설받은 자에 대하여는 공범에 관한 형법총칙 규정이 적용될 수 없다고 보는 것이 타당하다.
[2] 변호사 사무실 직원인 피고인 갑이 법원공무원인 피고인 을에게 부탁하여, 수사 중인 사건의 체포영장 발부자 53명의 명단을 누설받은 사안에서, 피고인 을이 직무상 비밀을 누설한 행위와 피고인 갑이 이를 누설받은 행위는 대향범 관계에 있으므로 공범에 관한 형법총칙 규정이 적용될 수 없는데도, 피고인 갑의 행위가 공무상비밀누설교사죄에 해당한다고 본 원심판단에 법리오해의 위법이 있다고 한 사례(대판 2011.4.28. 선고 2009도3642).

③ [1] 범인이 자신을 위하여 타인으로 하여금 허위의 자백을 하게 하여 범인도피죄를 범하게 하는 행위는 방어권의 남용으로 범인도피교사죄에 해당하는바, 이 경우 그 타인이 형법 제151조 제2항에 의하여 처벌을 받지 아니하는 친족, 호주 또는 동거 가족에 해당한다 하여 달리 볼 것은 아니다.

[2] 무면허 운전으로 사고를 낸 사람이 동생을 경찰서에 대신 출두시켜 피의자로 조사받도록 한 행위는 범인도피교사죄를 구성한다(대판 2006.12.7. 2005도3707).

④ 효과없는 교사는 피교사자가 범죄실행을 승낙하고서 실행에 착수하지 않은 경우를 말하며 교사자·피교사자는 모두 예비·음모에 준해 처벌된다(제31조 제2항). 효과없는 방조(기도된 방조, 실패한 방조)에 대한 처벌규정은 존재하지 않는다.

14

답 ③

┃정답해설┃

③ 형법 제31조 제1항은 협의의 공범의 일종인 교사범이 그 성립과 처벌에 있어서 정범에 종속한다는 일반적인 원칙을 선언한 것에 불과하고, 신분관계로 인하여 형의 경중이 있는 경우에 신분이 있는 자가 신분이 없는 자를 교사하여 죄를 범하게 한 때에는 형법 제33조 단서가 형법 제31조 제1항에 우선하여 적용됨으로써 신분이 있는 교사범이 신분이 없는 정범보다 중하게 처벌된다(대판 1994.12.23. 93도1002).

┃오답해설┃

① 공문서의 작성권한이 있는 공무원의 직무를 보좌하는 자가 그 직위를 이용하여 행사할 목적으로 허위의 내용이 기재된 문서 초안을 그 정을 모르는 상사에게 제출하여 결재하도록 하는 등의 방법으로 작성권한이 있는 공무원으로 하여금 허위의 공문서를 작성하게 한 경우에는 간접정범이 성립되고 이와 공모한 자 역시 그 간접정범의 공범으로서의 죄책을 면할 수 없는 것이고, 여기서 말하는 공범은 반드시 공무원의 신분이 있는 자로 한정되는 것은 아니라고 할 것이다(대판 1992.1.17. 선고 91도2837).

② 공직선거법 제257조 제1항 제1호에서 규정하는 각 기부행위제한위반의 죄는 공직선거법 제113조(후보자 등의 기부행위 제한), 제114조(정당 및 후보자의 가족 등의 기부행위 제한), 제115조(제3자의 기부행위 제한)에 각기 한정적으로 열거되어 규정하고 있는 신분관계가 있어야만 성립하는 범죄이고, 죄형법정주의의 원칙상 유추해석은 할 수 없으므로, 위 각 해당 신분관계가 없는 자의 기부행위는 위 각 해당 법조항 위반의 범죄로는 되지 않는다. 또한, 각 법조항을 구분하여 기부행위의 주체 및 그 주체에 따라 기부행위제한의 요건을 각기 달리 규정한 취지는 각 기부행위의 주체자에 대하여 그 신분에 따라 각 해당법조로 처벌하려는 것이므로, 각 기부행위의 주체로 인정되지

아니하는 자가 기부행위의 주체자 등과 공모하여 기부행위를 하였다 하더라도 그 신분에 따라 각 해당법조로 처벌하여야지 기부행위 주체자에 해당하는 법조 위반의 공동정범으로 처벌할 수는 없다(대판 2008.3.13. 선고 2007도9507).

④ 업무상배임죄는 업무상 타인의 사무를 처리하는 지위에 있는 사람이 그 임무에 위배하는 행위로써 재산상의 이익을 취득하거나 제3자로 하여금 이를 취득하게 하여 본인에게 손해를 가한 때에 성립하는 것으로서, 이는 타인의 사무를 처리하는 지위라는 점에서 보면 신분관계로 인하여 성립될 범죄이고, 업무상 타인의 사무를 처리하는 지위라는 점에서 보면 단순배임죄에 대한 가중규정으로서 신분관계로 인하여 형의 경중이 있는 경우라고 할 것이므로, 그와 같은 신분관계가 없는 자가 그러한 신분관계가 있는 자와 공모하여 업무상배임죄를 저질렀다면 그러한 신분관계가 없는 자에 대하여는 형법 제33조 단서에 의하여 단순배임죄에 정한 형으로 처단하여야 할 것이다(대판 1999.4.27. 99도883).

15 답 ②

▌정답해설▐

㉠ (○) 채권자들에 의한 복수의 강제집행이 예상되는 경우 재산을 은닉 또는 허위양도함으로써 채권자들을 해하였다면 채권자별로 각각 강제집행면탈죄가 성립하고, 상호 상상적 경합범의 관계에 있다(대판 2011.12.8. 2010도4129).

㉢ (○) 여러 개의 위탁관계에 의하여 보관하던 여러 개의 재물을 1개의 행위에 의하여 횡령한 경우 위탁관계별로 수개의 횡령죄가 성립하고, 그 사이에는 상상적 경합의 관계가 있는 것으로 보아야 한다(대판 2013.10.31. 2013도10020).

▌오답해설▐

㉡ (×) 타인의 사무를 처리하는 자가 동일인으로부터 그 직무에 관하여 부정한 청탁을 받고 여러 차례에 걸쳐 금품을 수수한 경우, 그것이 단일하고도 계속된 범의 아래 일정기간 반복하여 이루어진 것이고 그 피해법익도 동일한 때에는 이를 포괄일죄로 보아야 한다. 다만, 여러 사람으로부터 각각 부정한 청탁을 받고 그들로부터 각각 금품을 수수한 경우에는 비록 그 청탁이 동종의 것이라고 하더라도 단일하고 계속된 범의 아래 이루어진 범행으로 보기 어려워 그 전체를 포괄일죄로 볼 수 없다(대판 2008.12.11. 2008도6987).

㉣ (×) 경찰서 생활질서계에 근무하는 피고인 갑이 피고인 을으로부터 뇌물을 수수하면서, 피고인 을의 자녀 명의 은행 계좌에 관한 현금카드를 받은 뒤 피고인 을이 위 계좌에 돈을 입금하면 피고인 갑이 현금카드로 돈을 인출하는 방법으로 범죄수익의 취득에 관한 사실을 가장하였다는 내용으로 기소된 사안에서, 피고인 갑에게 범죄수익은닉의 규제 및 처벌 등에 관한 법률 위반죄와 특정범죄 가중처벌 등에 관한 법률 위반(뇌물)죄가 성립하고 두 죄가 실체적 경합범 관계에 있다(대판 2012.9.27. 2012도6079).

16 답 ④

▌정답해설▐

④ 선고유예가 주로 범정이 경미한 초범자에 대하여 형을 부과하지 않고 자발적인 개선과 갱생을 촉진시키고자 하는 제도인 점, 형법은 선고유예의 예외사유를 '자격정지 이상의 형을 받은 전과'라고만 규정하고 있을 뿐 그 전과를 범행 이전의 것으로 제한하거나 형법 제37조 후단 경합범 규정상의 금고 이상의 형에 처한 판결에 의한 전과를 제외하고 있지 아니한 점, 형법 제39조 제1항은 경합범 중 판결을 받지 아니한 죄가 있는 때에는 그 죄와 판결이 확정된 죄를 동시에 판결할 경우와 형평을 고려하여 그 죄에 대하여 형을 선고하여야 하는데 이미 판결이 확정된 죄에 대하여 금고 이상의 형이 선고되었다면 나머지 죄가 위 판결이 확정된 죄와 동시에 판결되었다고 하더라도 선고유예가 선고되었을 수 없을 것인데 나중에 별도로 판결이 선고된다는 이유만으로 선고유예가 가능하다고 하는 것은 불합리한 점 등을 종합하여 보면, 형법 제39조 제1항에 의하여 형법 제37조 후단 경합범 중 판결을 받지 아니한 죄에 대하여 형을 선고하는 경우에 있어서 형법 제37조 후단에 규정된 금고 이상의 형에 처한 판결이 확정된 죄의 형도 형법 제59조 제1항 단서에서 정한 '자격정지 이상의 형을 받은 전과'에 포함된다고 봄이 상당하다(대판 2010.7.8. 2010도931).

▌오답해설▐

① 제62조의2

제62조의2(보호관찰, 사회봉사 · 수강명령)
③ 사회봉사명령 또는 수강명령은 집행유예기간내에 이를 집행한다.

② 재벌그룹 회장의 횡령행위 등에 대하여 집행유예를 선고하면서 사회봉사명령으로서 일정액의 금전출연을 주된 내용으로 하는 사회공헌계획의 성실한 이행을 명하는 것은 시간 단위로 부과될 수 있는 일 또는 근로활동이 아닌 것을 명하는 것이어서 허용될 수 없고, 준법경영을 주제로 하는 강연과 기고를 명하는 것은 헌법상 양심의 자유 등에 대한 심각하고 중대한 침해가능성, 사회봉사명령의 의미나 내용에 대한 다툼의 여지 등의 문제가 있어 허용될 수 없다(대판 2008.4.11. 2007도8373).

③ 형법 제59조에 의하더라도 몰수는 선고유예의 대상으로 규정되어 있지 아니하고 다만 몰수 또는 이에 갈음하는 추징은 부가형적 성질을 띄고 있어 그 주형에 대하여 선고를 유예하는 경우에는 그 부가할 몰수 추징에 대하여도 선고를 유예할 수 있으나, 그 주형에 대하여 선고를 유예하지 아니하면서 이에 부가할 몰수 추징에 대하여서만 선고를 유예할 수는 없다(대판 1988.6.21. 88도551).

17　답 ③

┃ 정답해설 ┃

③ 폭행죄 등 반의사불벌죄에서 처벌불원의 의사표시는 의사능력 있는 피해자가 단독으로 할 수 있지 피해자 사망 후 상속인이 그 의사표시를 대신할 수 없다(대판 2010.5.27. 2010도2680).

┃ 오답해설 ┃

① 대판 2007.6.29. 2005도3832
② 대판 2003.1.10. 2000도5716
④ 제258조 참고

> **제258조(중상해, 존속중상해)**
> ① 사람의 신체를 상해하여 생명에 대한 위험을 발생하게 한 자는 1년 이상 10년 이하의 징역에 처한다.

18　답 ①

┃ 정답해설 ┃

① 법률상 또는 계약상의 의무 있는 자만을 유기죄의 주체로 규정하고 있어 명문상 사회상규상의 보호책임을 관념할 수 없다(대판 1977.1.11. 76도3419).

┃ 오답해설 ┃

② 기록에 의하여 원심이 취사한 증거내용을 살펴보면 위 피해자가 뛰어내린 여부를 피고인이 알았다고 인정할 만한 아무런 증거가 없으므로(위 피해자 자신도 1심에서 피고인은 위 피해자가 뛰어내린 사실을 알지 못했을 것이라고 증언하고 있다), 같은 취지로 판단하여 피고인에게 무죄를 선고한 원심판결은 정당하고, 그 증거취사과정에 논지가 주장하는 것과 같은 채증법칙위반의 위법이 없으므로 논지는 이유없다(대판 1988.8.9. 86도225).

③ 중유기죄의 성립에 '신체'에 대한 위험발생은 제외된다(제271조).

> **제271조(유기, 존속유기)**
> ③ 제1항의 죄를 범하여 사람의 생명에 대한 위험을 발생하게 한 때에는 7년 이하의 징역에 처한다.

④ 유기죄는 상습범에 관한 가중처벌규정이 없다.

> **형법상 상습범 가중처벌 범죄**
> 인질강도죄(제336조, 제341조), 협박죄(제283조, 제285조), 존속중상해죄(제258조, 제264조)

19　답 ②

┃ 정답해설 ┃

② 피고인이 혼자 술을 마시던 중 갑 정당이 국회에서 예산안을 강행처리하였다는 것에 화가 나서 공중전화를 이용하여 경찰서에 여러 차례 전화를 걸어 전화를 받은 각 경찰관에게 경찰서 관할구역 내에 있는 갑 정당의 당사를 폭파하겠다는 말을 한 사안에서, 피고인은 갑 정당에 관한 해악을 고지한 것이므로 각 경찰관 개인에 관한 해악을 고지하였다고 할 수 없고, 다른 특별한 사정이 없는 한 일반적으로 갑 정당에 대한 해악의 고지가 각 경찰관 개인에게 공포심을 일으킬 만큼 서로 밀접한 관계에 있다고 보기 어려운데, 이와 달리 피고인의 행위가 각 경찰관에 대한 협박죄를 구성한다고 본 원심판결에 협박죄에 관한 법리오해의 위법이 있다고 한 사례(대판 2012.8.17. 2011도10451).

① 대판 1998.3.10. 98도70

③ [1] 협박죄의 기수에 이르기 위하여 상대방이 현실적으로 공포심을 일으킬 것을 요하지 않는다.

[2] 정보보안과 소속 경찰관이 자신의 지위를 내세우면서 타인의 민사분쟁에 개입하여 빨리 채무를 변제하지 않으면 상부에 보고하여 문제를 삼겠다고 말한 사안에서, 객관적으로 상대방이 공포심을 일으키기에 충분한 정도의 해악의 고지에 해당하므로 현실적으로 피해자가 공포심을 일으키지 않았다 하더라도 협박죄의 기수에 이르렀다(대판 2007.9.28. 2007도606 전합).

④ 감금을 하기 위한 수단으로서 행사된 단순한 협박행위는 감금죄에 흡수되어 따로 협박죄를 구성하지 아니한다(대판 1982.6.22. 82도705).

20

 ④

▮정답해설▮

④ 제295조의2 참고

제295조의2(형의 감경)
제287조부터 제290조까지, 제292조와 제294조의 죄를 범한 사람이 약취, 유인, 매매 또는 이송된 사람을 안전한 장소로 풀어준 때에는 그 형을 감경할 수 있다.

▮오답해설▮

① 베트남 국적 여성인 피고인이 남편 甲의 의사에 반하여 생후 약 13개월 된 아들 乙을 주거지에서 데리고 나와 약취하고 이어서 베트남에 함께 입국함으로써 乙을 국외에 이송하였다고 하여 국외이송약취 및 피약취자국외이송으로 기소된 사안에서, 제반 사정을 종합할 때 피고인이 乙을 데리고 베트남으로 떠난 행위는 어떠한 실력을 행사하여 乙을 평온하던 종전의 보호·양육 상태로부터 이탈시킨 것이라기보다 친권자인 모(母)로서 출생 이후 줄곧 맡아왔던 乙에 대한 보호·양육을 계속 유지한 행위에 해당하여, 이를 폭행, 협박 또는 불법적인 사실상의 힘을 사용하여 乙을 자기 또는 제3자의 지배하에 옮긴 약취행위로 볼 수는 없다는 이유로, 피고인에게 무죄를 인정한 원심판단을 정당하다고 한 사례(대판 2013.6.20. 2010도14328 전합).

② 형법 제288조에 규정된 약취행위는 피해자를 그 의사에 반하여 자유로운 생활관계 또는 보호관계로부터 범인이나 제3자의 사실상 지배하에 옮기는 행위를 말하는 것으로서, 폭행 또는 협박을 수단으로 사용하는 경우에 그 폭행 또는 협박의 정도는 상대방을 실력적 지배하에 둘 수 있을 정도이면 족하고 반드시 상대방의 반항을 억압할 정도의 것임을 요하지는 아니한다(대판 1991.8.13. 91도1184).

③ 재산죄나 과실범, 약취유인죄는 행위객체가 존속일 때 가중처벌하는 규정이 존재하지 않는다.

형법상 행위객체가 존속일 때 가중처벌하는 경우
존속살해(제250조 제2항), 존속상해(제257조 제2항), 존속폭행(제260조 제2항), 존속유기(제271조 제2항), 존속학대(제274조 제2항), 존속협박(제283조 제2항), 존속체포·감금죄(제276조 제2항)

21

답 ②

▮정답해설▮

② 형법 제302조 소정의 위계에 의한 심신미약자간음죄에 있어서 위계라 함은 행위자가 간음의 목적으로 상대방에게 오인, 착각, 부지를 일으키고는 상대방의 그러한 심적 상태를 이용하여 간음의 목적을 달성하는 것을 말하는 것이고, 여기에서 오인, 착각, 부지란 간음행위 자체에 대한 오인, 착각, 부지를 말하는 것이지, 간음행위와 불가분적 관련성이 인정되지 않는 다른 조건에 관한 오인, 착각, 부지를 가리키는 것은 아니다. 따라서 피고인이 피해자를 여관으로 유인하기 위하여 남자를 소개시켜 주겠다고 거짓말을 하고 피해자가 이에 속아 여관으로 오게 되었고 거기에서 성관계를 하게 되었다 할지라도, 그녀가 여관으로 온 행위와 성교행위 사이에는 불가분의 관련성이 인정되지 아니하는 만큼 이로 인하여 피해자가 간음행위 자체에 대한 착오에 빠졌다거나 이를 알지 못하였다고 할 수는 없다 할 것이어서, 피고인의 위 행위는 형법 제302조 소정의 위계에 의한 심신미약자간음죄에 있어서 위계에 해당하지 아니한다(대판 2002.7.12. 2002도2029).

▮오답해설▮

① 대판 2007.1.25. 2006도5979

③ 대판 2000.2.25. 98도4355

④ 대판 2012.7.26. 2011도8805

22

┃정답해설┃

③ 명예훼손죄의 구성요건인 공연성은 불특정 또는 다수인이 인식할 수 있는 상태를 말하는 것으로서, 비록 개별적으로 한 사람에 대하여 사실을 적시하더라도 그로부터 불특정 또는 다수인에게 전파될 가능성이 있다면 공연성의 요건을 충족하는 것이나, 어느 사람에게 귀엣말 등 그 사람만 들을 수 있는 방법으로 그 사람 본인의 사회적 가치 내지 평가를 떨어뜨릴 만한 사실을 이야기하였다면, 위와 같은 이야기가 불특정 또는 다수인에게 전파될 가능성이 있다고 볼 수 없어 명예훼손의 구성요건인 공연성을 충족하지 못하는 것이며, 그 사람이 들은 말을 스스로 다른 사람들에게 전파하였더라도 위와 같은 결론에는 영향이 없다(대판 2005.12.9. 2004도2880).

┃오답해설┃

① 대판 2000.5.12. 99도5734

② 형법 제309조 제1항 소정의 출판물에 의한 명예훼손죄는 타인을 비방할 목적으로 신문, 잡지 또는 라디오 기타 출판물에 의하여 사실을 적시하여 타인의 명예를 훼손할 경우에 성립되는 범죄로서, 여기서 '비방할 목적'이란 가해의 의사 내지 목적을 요하는 것으로서 공공의 이익을 위한 것과는 행위자의 주관적 의도의 방향에 있어 서로 상반되는 관계에 있다고 할 것이므로, 적시한 사실이 공공의 이익에 관한 것인 경우에는 특별한 사정이 없는 한 비방할 목적은 부인된다고 봄이 상당하다(대판 2005.4.29. 2003도2137).

④ 통상 기자가 아닌 보통 사람에게 사실을 적시할 경우에는 그 자체로서 적시된 사실이 외부에 공표되는 것이므로 그 때부터 곧 전파가능성을 따져 공연성 여부를 판단하여야 할 것이지만, 그와는 달리 기자를 통해 사실을 적시하는 경우에는 기사화되어 보도되어야만 적시된 사실이 외부에 공표된다고 보아야 할 것이므로 기자가 취재를 한 상태에서 아직 기사화하여 보도하지 아니한 경우에는 전파가능성이 없다고 할 것이어서 공연성이 없다고 봄이 상당하다(대판 2000.5.16. 99도5622).

23

┃정답해설┃

㉠ (○) 피고인이 자신의 명의로 등록되어 있는 피해자 운영의 학원에 대하여 피해자의 승낙을 받지 아니하고 폐원신고를 하였다고 하더라도 피해자에게 사전에 통고를 한 뒤 폐원신고를 하였다면 피해자에게 오인·착각 또는 부지를 일으켜 이를 이용하여 피해자의 업무를 방해한 것으로 보기는 어렵고, 오히려 피해자가 운영하고 있는 학원이 자신의 명의로 등록되어 있는 지위를 이용하여 임의로 폐원신고를 함으로써 피해자의 업무를 위력으로써 방해한 것이라고 한 사례(대판 2005.3.25. 2003도5004).

㉡ (○) 형법상 업무방해죄의 보호대상이 되는 '업무'라 함은 직업 기타 사회생활상의 지위에 기하여 계속적으로 종사하는 사무 또는 사업을 말하는 것인데, 주주로서 주주총회에서 의결권 등을 행사하는 것은 주식의 보유자로서 그 자격에서 권리를 행사하는 것에 불과할 뿐 그것이 '직업 기타 사회생활상의 지위에 기하여 계속적으로 종사하는 사무 또는 사업'에 해당한다고 할 수 없다(대판 2004.10.28. 2004도1256).

㉢ (○) 종중 정기총회를 주재하는 종중 회장의 의사진행업무 자체는 1회성을 갖는 것이라고 하더라도 그것이 종중 회장으로서의 사회적인 지위에서 계속적으로 행하여 온 종중 업무수행의 일환으로 행하여진 것이라면, 그와 같은 의사진행업무도 형법 제314조 소정의 업무방해죄에 의하여 보호되는 업무에 해당되고, 또 종중 회장의 위와 같은 업무는 종중원들에 대한 관계에서는 타인의 업무라고 한 사례(대판 1995.10.12. 95도1589).

┃오답해설┃

㉣ (×) 법원의 직무집행정지 가처분결정에 의하여 그 직무집행이 정지된 자가 법원의 결정에 반하여 직무를 수행함으로써 업무를 계속 행하는 경우 그 업무는 국법질서와 재판의 존엄성을 무시하는 것으로서 사실상 평온하게 이루어지는 사회적 활동의 기반이 되는 것이라 할 수 없고, 비록 그 업무가 반사회성을 띠는 경우라고까지는 할 수 없다고 하더라도 법적 보호라는 측면에서는 그와 동등한 평가를 받을 수밖에 없으므로, 그 업무 자체는 법의 보호를 받을 가치를 상실하였다고 하지 않을 수 없어 업무방해죄에서 말하는 업무에 해당하지 않는다(대판 2002.8.23. 2001도5592).

24

┃정답해설┃

② 피고인 2는 피고인 1이 영산홍을 땅에서 완전히 캐낸 이후에 비로소 범행장소로 와서 피고인 1과 함께 위 영산홍을 승용차까지 운반하였다는 것인바, 피고인 1이 영산홍을 땅에서 캐낸 그 시점에서 이미 피해자의 영산홍에 대한 점유가 침해되어 그 사실적 지배가 피고인 1에게 이동되었다고 봄이 상당하므로, 그때 피고인 1의 영산홍 절취행위는 기수에 이르렀다고 할 것이고, 이와 같이 보는 이상 그 이후에 피고인 2가 영산홍을 피고인 1과 함께 승용차까지 운반하였다고 하더라도 그러한 행위가 다른 죄에 해당하는지의 여부는 별론으로 하고, 피고인 2가 피고인 1과 합동하여 영산홍 절취행위를 하였다고 볼 수는 없다. 따라서 특수절도(합동절도)의 성립을 인정할 수 없다(대판 2008.10.23. 2008도6080).

┃오답해설┃

① 대판 2010.2.25. 2009도5064
③ 명의대여 약정에 따른 신청에 의하여 발급된 영업허가증과 사업자등록증은 피해자가 인도받음으로써 피해자의 소유가 되었다고 할 것이므로, 이를 명의대여자가 가지고 간 행위가 절도죄에 해당한다(대판 2004.3.12. 2002도5090).
④ 대판 2007.1.11. 2006도4498

25

┃정답해설┃

① 형법 제335조에서 절도가 재물의 탈환을 항거하거나 체포를 면탈하거나 죄적을 인멸할 목적으로 폭행 또는 협박을 가한 때에 준강도로서 강도죄의 예에 따라 처벌하는 취지는, 강도죄와 준강도죄의 구성요건인 재물탈취와 폭행·협박 사이에 시간적 순서상 전후의 차이가 있을 뿐 실질적으로 위법성이 같다고 보기 때문인바, 이와 같은 준강도죄의 입법 취지, 강도죄와의 균형 등을 종합적으로 고려해 보면, 준강도죄의 기수 여부는 절도행위의 기수 여부를 기준으로 하여 판단하여야 한다(대판 2004.11.18. 2004도5074 전합).

┃오답해설┃

② 강도살인죄는 강도범인이 강도의 기회에 살인행위를 함으로써 성립하는 것이므로, 강도범행의 실행 중이거나 그 실행 직후 또는 실행의 범의를 포기한 직후로서 사회통념상 범죄행위가 완료되지 아니하였다고 볼 수 있는 단계에서 살인이 행하여짐을 요건으로 한다(대판 2004.6.24. 2004도1098).
③ 채무의 존재가 명백할 뿐만 아니라 채권자의 상속인이 존재하고 그 상속인에게 채권의 존재를 확인할 방법이 확보되어 있는 경우에는 비록 그 채무를 면탈할 의사로 채권자를 살해하더라도 일시적으로 채권자측의 추급을 면한 것에 불과하여 재산상 이익의 지배가 채권자측으로부터 범인 앞으로 이전되었다고 보기는 어려우므로, 이러한 경우에는 강도살인죄가 성립할 수 없다(대판 2004.6.24. 2004도1098).
④ 대판 2001.8.21. 2001도3447

26

┃정답해설┃

③ 자기에게 유리한 판결을 얻기 위하여 소송상의 주장이 사실과 다름이 객관적으로 명백하거나 증거가 조작되어 있다는 정을 인식하지 못하는 제3자를 이용하여 그로 하여금 소송의 당사자가 되게 하고 법원을 기망하여 소송 상대방의 재물 또는 재산상 이익을 취득하려 하였다면 간접정범의 형태에 의한 소송사기죄가 성립하게 된다(대판 2007.9.6. 2006도3591).

┃오답해설┃

① 소송사기에 있어 피기망자인 법원의 재판은 피해자의 처분행위에 갈음하는 내용과 효력이 있는 것이어야 하므로, 피고인이 타인과 공모하여 그 공모자를 상대로 제소하여 의제자백의 판결을 받아 이에 기하여 부동산의 소유권이전등기를 하였다고 하더라도 이는 소송 상대방의 의사에 부합하는 것으로서 착오에 의한 재산적 처분행위가 있다고 할 수 없어 동인으로부터 부동산을 편취한 것이라고 볼 수 없고, 또 그 부동산의 진정한 소유자가 따로 있다고 하더라도 피고인이 의제자백판결에 기하여 그 진정한 소유자로부터 소유권을 이전받은 것이 아니므로 그 소유자로부터 부동산을 편취한 것이라고 볼 여지도 없다(대판 1997.12.23. 97도2430).

② 사기죄는 타인을 기망하여 착오에 빠뜨리게 하고 그 처분행위를 유발하여 재물이나 재산상의 이득을 얻음으로써 성립하는 것이므로 여기에 처분행위라고 하는 것은 재산적 처분행위를 의미하는 것이라고 할 것인바, 배당이의 소송의 제1심에서 패소판결을 받고 항소한 자가 그 항소를 취하하면 그 즉시 제1심판결이 확정되고 상대방이 배당금을 수령할 수 있는 이익을 얻게 되는 것이므로 위 항소를 취하하는 것 역시 사기죄에서 말하는 재산적 처분행위에 해당한다(대판 2002.11.22. 2000도4419).

④ 부동산의 명의수탁자가 부동산을 제3자에게 매도하고 매매를 원인으로 한 소유권이전등기까지 마쳐 준 경우, 명의신탁의 법리상 대외적으로 수탁자에게 그 부동산의 처분권한이 있는 것임이 분명하고, 제3자로서도 자기 명의의 소유권이전등기가 마쳐진 이상 무슨 실질적인 재산상의 손해가 있을 리 없으므로 그 명의신탁 사실과 관련하여 신의칙상 고지의무가 있다거나 기망행위가 있었다고 볼 수도 없어서 그 제3자에 대한 사기죄가 성립될 여지가 없고, 나아가 그 처분시 매도인(명의수탁자)의 소유라는 말을 하였다고 하더라도 역시 사기죄가 성립하지 않으며, 이는 자동차의 명의수탁자가 처분한 경우에도 마찬가지이다(대판 2007.1.11. 2006도4498).

27 답 ②

┃정답해설┃

② 공갈죄의 수단으로서 협박은 사람의 의사결정의 자유를 제한하거나 의사실행의 자유를 방해할 정도로 겁을 먹게 할 만한 해악을 고지하는 것을 말하고, 해악의 고지는 반드시 명시의 방법에 의할 것을 요하지 않고 언어나 거동에 의하여 상대방으로 하여금 어떠한 해악에 이르게 할 것이라는 인식을 갖게 한 것이면 족한 것이며, 이러한 해악의 고지가 비록 정당한 권리의 실현 수단으로 사용된 경우라고 하여도 그 권리실현의 수단방법이 사회통념상 허용되는 정도나 범위를 넘는 것인 이상 공갈죄의 실행에 착수한 것으로 보아야 하고, 여기서 어떠한 행위가 구체적으로 사회통념상 허용되는 정도나 범위를 넘는 것이냐의 여부는 그 행위의 주관적인 측면과 객관적인 측면, 즉 추구된 목적과 선택된 수단을 전체적으로 종합하여 판단하여야 한다(대판 1995.3.10. 94도2422).

┃오답해설┃

① 대판 2003.5.13. 2003도709

③ 지역신문의 발행인이 시정에 관한 비판기사 및 사설을 보도하고 관련 공무원에게 광고의뢰 및 직보배정을 타 신문사와 같은 수준으로 높게 해달라고 요청한 사실만으로 공갈죄의 수단으로서 그 상대방을 협박하였다고 볼 수 없다(대판 2002.12.10. 2001도7095).

④ 대판 2005.9.29. 2005도4738

28 답 ②

┃정답해설┃

ⓒ (○) 횡령죄의 주체는 타인의 재물을 보관하는 자이어야 하고, 여기서 보관이라 함은 위탁관계에 의하여 재물을 점유하는 것을 의미하므로, 결국 횡령죄가 성립하기 위하여는 그 재물의 보관자가 재물의 소유자(또는 기타의 본권자)와 사이에 법률상 또는 사실상의 위탁신임관계가 존재하여야 하고, 또한 부동산의 경우 보관자의 지위는 점유를 기준으로 할 것이 아니라 그 부동산을 제3자에게 유효하게 처분할 수 있는 권능의 유무를 기준으로 결정하여야 하므로, 원인무효인 소유권이전등기의 명의자는 횡령죄의 주체인 타인의 재물을 보관하는 자에 해당한다고 할 수 없다(대판 2007.5.31. 2007도1082).

ⓓ (○) 주식회사의 대표이사가 회사의 금원을 인출하여 사용하였는데 그 사용처에 관한 증빙자료를 제시하지 못하고 있고 그 인출사유와 금원의 사용처에 관하여 납득할 만한 합리적인 설명을 하지 못하고 있다면, 이러한 금원은 그가 불법영득의 의사로 회사의 금원을 인출하여 개인적 용도로 사용한 것으로 추단할 수 있다(대판 2003.8.22. 2003도2807).

┃오답해설┃

ⓐ (×) 부동산에 관한 횡령죄에 있어서 타인의 재물을 보관하는 자의 지위는 동산의 경우와는 달리 부동산에 대한 점유의 여부가 아니라 부동산을 제3자에게 유효하게 처분할 수 있는 권능의 유무에 따라 결정하여야 하므로, 부동산의 공유자 중 1인이 다른 공유자의 지분을 임의로 처분하거나 임대하여도 그에게는 그 처분권능이 없어 횡령죄가 성립하지 아니한다(대판 2004.5.27. 2003도6988).

② (×) 명의신탁자와 명의수탁자가 이른바 계약명의신탁 약정을 맺고 명의수탁자가 당사자가 되어 명의신탁 약정이 있다는 사실을 알고 있는 소유자와 부동산에 관한 매매계약을 체결한 후 매매계약에 따라 부동산의 소유권이전등기를 명의수탁자 명의로 마친 경우에는 부동산 실권리자 명의 등기에 관한 법률(이하 '부동산실명법'이라 한다) 제4조 제2항 본문에 의하여 수탁자 명의의 소유권이전등기는 무효이고 부동산의 소유권은 매도인이 그대로 보유하게 되므로, 명의수탁자는 부동산 취득을 위한 계약의 당사자도 아닌 명의신탁자에 대한 관계에서 횡령죄에서 '타인의 재물을 보관하는 자'의 지위에 있다고 볼 수 없고, 또한 명의수탁자가 명의신탁자에 대하여 매매대금 등을 부당이득으로 반환할 의무를 부담한다고 하더라도 이를 두고 배임죄에서 '타인의 사무를 처리하는 자'의 지위에 있다고 보기도 어렵다. 한편 위 경우 명의수탁자는 매도인에 대하여 소유권이전등기말소 의무를 부담하게 되나, 위 소유권이전등기는 처음부터 원인무효여서 명의수탁자는 매도인이 소유권에 기한 방해배제청구로 말소를 구하는 것에 대하여 상대방으로서 응할 처지에 있음에 불과하고, 그가 제3자와 한 처분행위가 부동산실명법 제4조 제3항에 따라 유효하게 될 가능성이 있다고 하더라도 이는 거래 상대방인 제3자를 보호하기 위하여 명의신탁 약정의 무효에 대한 예외를 설정한 취지일 뿐 매도인과 명의수탁자 사이에 위 처분행위를 유효하게 만드는 어떠한 신임관계가 존재함을 전제한 것이라고는 볼 수 없으므로, 말소등기의무의 존재나 명의수탁자에 의한 유효한 처분가능성을 들어 명의수탁자가 매도인에 대한 관계에서 횡령죄에서 '타인의 재물을 보관하는 자' 또는 배임죄에서 '타인의 사무를 처리하는 자'의 지위에 있다고 볼 수도 없다(대판 2012.11.29. 2011도7361).

29 답 ①

▌정답해설▐

① 갑 주식회사 대표이사인 피고인이 자신의 채권자들에게 갑 회사 명의의 금전소비대차 공정증서와 약속어음 공정증서를 작성해 줌으로써 갑 회사에 재산상 손해를 가하였다고 하여 구 특정경제범죄 가중처벌 등에 관한 법률(2012.2.10. 법률 제11304호로 개정되기 전의 것) 위반(배임) 등으로 기소된 사안에서, 피고인의 행위는 대표권을 남용한 행위로서 상대방들도 피고인이 갑 회사의 이익과 관계없이 자기 또는 제3자의 이익을 도모할 목적으로 공정증서를 작성해 준다는 것을 알았거나 충분히 알 수

있었으므로 모두 무효이고, 그로 인하여 갑 회사에 재산상 손해가 발생하였다거나 재산상 실해발생의 위험이 초래되었다고 볼 수 없다는 이유로 무죄를 선고한 원심판단을 정당하다고 한 사례(대판 2012.5.24. 2012도2142).

▌오답해설▐

② 대판 2004.6.24. 2004도520

③ 부동산을 이중으로 매도한 경우에 매도인이 선매수인에게 소유권이전의무를 이행하였다고 하여 후매수인에 대한 관계에서 그가 임무를 위법하게 위배한 것이라고 할 수 없다(대판 1992.12.24. 선고 92도1223).

④ 동일인 대출한도를 초과하여 대출함으로써 상호저축은행법을 위반하였다고 하더라도, 대출한도 제한규정 위반으로 처벌함은 별론으로 하고, 그 사실만으로 특별한 사정이 없는 한 업무상배임죄가 성립한다고 할 수 없으나, 일반적으로 이러한 동일인에 대한 대출한도 초과대출이라는 임무위배의 점에 더하여 대출 당시의 대출채무자의 재무상태, 다른 금융기관으로부터의 차입금, 기타 채무를 포함한 전반적인 금융거래상황, 사업현황 및 전망과 대출금의 용도, 소요기간 등에 비추어 볼 때 채무상환능력이 부족하거나 제공된 담보의 경제적 가치가 부실하여 대출채권의 회수에 문제가 있는 것으로 판단되는 경우에는 재산상 손해가 발생하였다고 보아 업무상배임죄가 성립한다고 할 것이다(대판 2011.8.18. 2009도7813).

30 답 ②

▌정답해설▐

② [1] 매매와 같이 당사자 일방이 재산권을 상대방에게 이전할 것을 약정하고 상대방이 그 대금을 지급할 것을 약정함으로써 그 효력이 생기는 계약의 경우(민법 제563조), 쌍방이 그 계약의 내용에 좇은 이행을 하여야 할 채무는 특별한 사정이 없는 한 '자기의 사무'에 해당하는 것이 원칙이다.

[2] 매매의 목적물이 동산일 경우, 매도인은 매수인에게 계약에 정한 바에 따라 그 목적물인 동산을 인도함으로써 계약의 이행을 완료하게 되고 그때 매수인은 매매목적물에 대한 권리를 취득하게 되는 것이므로, 매도인에게 자기의 사무인 동산인도채무 외에 별도로 매수인의 재산의 보호 내지 관리 행위에 협력할 의무가 있다고 할 수 없다. 동산매매계약에서의 매도인은 매수인에 대하여 그의 사무를 처리하는 지위에 있지 아니하므로, 매도인이 목적물을 매수인에게 인도하지 아니하고 이를 타에 처분하였다 하더라도 형법상 배임죄가 성립하는 것은 아니다(대판 2011.1.20. 2008도10479 전합).

① 상법 제628조 제1항 소정의 납입가장죄는 회사의 자본충실을 기하려는 법의 취지를 유린하는 행위를 단속하려는 데 그 목적이 있는 것이므로, 당초부터 진실한 주금납입으로 회사의 자금을 확보할 의사 없이 형식상 또는 일시적으로 주금을 납입하고 이 돈을 은행에 예치하여 납입의 외형을 갖추고 주금납입증명서를 교부받아 설립등기나 증자등기의 절차를 마친 다음 바로 그 납입한 돈을 인출한 경우에는, 이를 회사를 위하여 사용하였다는 특별한 사정이 없는 한 실질적으로 회사의 자본이 늘어난 것이 아니어서 납입가장죄 및 공정증서원본불실기재죄와 불실기재공정증서원본행사죄가 성립하고, 다만 납입한 돈을 곧바로 인출하였다고 하더라도 그 인출한 돈을 회사를 위하여 사용한 것이라면 자본충실을 해친다고 할 수 없으므로 주금납입의 의사 없이 납입한 것으로 볼 수는 없고, 한편 주식회사의 설립업무 또는 증자업무를 담당한 자와 주식인수인이 사전 공모하여 주금납입 취급은행 이외의 제3자로부터 납입금에 해당하는 금액을 차입하여 주금을 납입하고 납입취급은행으로부터 납입금보관증명서를 교부받아 회사의 설립등기절차 또는 증자등기절차를 마친 직후 이를 인출하여 위 차용금채무의 변제에 사용하는 경우, 위와 같은 행위는 실질적으로 회사의 자본을 증가시키는 것이 아니고 등기를 위하여 납입을 가장하는 편법에 불과하여 주금의 납입 및 인출의 전과정에서 회사의 자본금에는 실제 아무런 변동이 없다고 보아야 할 것이므로, 그들에게 회사의 돈을 임의로 유용한다는 불법영득의 의사가 있다고 보기 어렵다 할 것이고, 이러한 관점에서 상법상 납입가장죄의 성립을 인정하는 이상 회사 자본이 실질적으로 증가됨을 전제로 한 업무상횡령죄가 성립한다고 할 수는 없다(대판 2004.6.17. 2003도7645 전합).

③ [1] 채무자가 채권자에 대하여 소비대차 등으로 인한 채무를 부담하고 이를 담보하기 위하여 장래에 부동산의 소유권을 이전하기로 하는 내용의 대물변제 예약에서, 약정의 내용에 좇은 이행을 하여야 할 채무는 특별한 사정이 없는 한 '자기의 사무'에 해당하는 것이 원칙이다.
[2] 채무자가 대물변제예약에 따라 부동산에 관한 소유권을 이전해 줄 의무는 예약 당시에 확정적으로 발생하는 것이 아니라 채무자가 차용금을 제때에 반환하지 못하여 채권자가 예약완결권을 행사한 후에야 비로소 문제가 되고, 채무자는 예약완결권 행사 이후라도 얼마든지 금전채무를 변제하여 당해 부동산에 관한 소유권이전등기절차를 이행할 의무를 소멸시키고 의무에서 벗어날 수 있다.

한편 채권자는 당해 부동산을 특정물 자체보다는 담보물로서 가치를 평가하고 이로써 기존의 금전채권을 변제받는 데 주된 관심이 있으므로, 채무자의 채무불이행으로 인하여 대물변제예약에 따른 소유권등기를 이전받는 것이 불가능하게 되는 상황이 초래되어도 채권자는 채무자로부터 금전적 손해배상을 받음으로써 대물변제예약을 통해 달성하고자 한 목적을 사실상 이룰 수 있다. 이러한 점에서 대물변제예약의 궁극적 목적은 차용금 반환채무의 이행 확보에 있고, 채무자가 대물변제예약에 따라 부동산에 관한 소유권이전등기절차를 이행할 의무는 궁극적 목적을 달성하기 위해 채무자에게 요구되는 부수적 내용이어서 이를 가지고 배임죄에서 말하는 신임관계에 기초하여 채권자의 재산을 보호 또는 관리하여야 하는 '타인의 사무'에 해당한다고 볼 수는 없다.
[3] 그러므로 채권 담보를 위한 대물변제예약 사안에서 채무자가 대물로 변제하기로 한 부동산을 제3자에게 처분하였다고 하더라도 형법상 배임죄가 성립하는 것은 아니다(대판 2014.8.21. 2014도3363 전합).

④ 일정한 신임관계의 고의적 외면에 대한 형사적 징벌을 핵심으로 하는 배임의 관점에서 보면, 부동산매매에서 매수인이 대금을 지급하는 것에 대하여 매도인이 계약상 권리의 만족이라는 이익이 있다고 하여도 대금의 지급은 어디까지나 매수인의 법적 의무로서 행하여지는 것이고, 그 사무의 처리에 관하여 통상의 계약에서의 이익대립관계를 넘는 신임관계가 당사자 사이에 발생한다고 할 수 없다. 따라서 그 대금의 지급은 당사자 사이의 신임관계에 기하여 매수인에게 위탁된 매도인의 사무가 아니라 애초부터 매수인 자신의 사무라고 할 것이다. 또한 매도인이 대금을 모두 지급받지 못한 상태에서 매수인 앞으로 목적물에 관한 소유권 이전등기를 경료하였다면, 이는 법이 동시이행의 항변권 등으로 마련한 대금 수령의 보장을 매도인이 자신의 의사에 기하여 포기한 것으로서, 다른 특별한 사정이 없는 한 대금을 받지 못하는 위험을 스스로 인수한 것으로 평가된다. 그리고 그와 같이 미리 부동산을 이전받은 매수인이 이를 담보로 제공하여 매매대금 지급을 위한 자금을 마련하고 이를 매도인에게 제공함으로써 잔금을 지급하기로 당사자 사이에 약정하였다고 하더라도, 이는 기본적으로 매수인이 매매대금의 재원을 마련하는 방편에 관한 것이고, 그 성실한 이행에 의하여 매도인이 대금을 모두 받게 되는 이익을 얻는다는 것만으로 매수인이 신임관계에 기하여 매도인의 사무를 처리하는 것이 된다고 할 수 없다(대판 2011.4.28. 2011도3247).

31

답 ④

▌정답해설▐

④ 장물죄는 타인(본범)이 불법하게 영득한 재물의 처분에 관여하는 범죄이므로 자기의 범죄에 의하여 영득한 물건에 대하여는 성립하지 아니하고 이는 불가벌적 사후행위에 해당하나 여기에서 자기의 범죄라 함은 정범자(공동정범과 합동범을 포함한다)에 한정된다(대판 1986.9.9. 86도1273).

▌오답해설▐

① 장물인 귀금속의 매도를 부탁받은 피고인이 그 귀금속이 장물임을 알면서도 매매를 중개하고 매수인에게 이를 전달하려다가 매수인을 만나기도 전에 체포되었다 하더라도, 위 귀금속의 매매를 중개함으로써 장물알선죄가 성립한다(대판 2009.4.23. 2009도1203).

② 장물범이 본범과 직계혈족일 경우 필요적 감면사유이다(제365조).

제365조(친족간의 범행)

② 전3조의 죄를 범한 자(장물범)와 본범 간에 제328조 제1항(직계혈족, 배우자, 동거친족, 동거가족 또는 그 배우자)의 신분관계가 있는 때에는 그 형을 감경 또는 면제한다(필요적 감면).

③ [1] 컴퓨터 등 사용사기죄의 범행으로 예금채권을 취득한 다음 자기의 현금카드를 사용하여 현금자동지급기에서 현금을 인출한 경우, 현금카드 사용권한 있는 자의 정당한 사용에 의한 것으로서 현금자동지급기 관리자의 의사에 반하거나 기망행위 및 그에 따른 처분행위도 없었으므로, 별도로 절도죄나 사기죄의 구성요건에 해당하지 않는다 할 것이고, 그 결과 그 인출된 현금은 재산범죄에 의하여 취득한 재물이 아니므로 장물이 될 수 없다.
[2] 갑이 권한 없이 인터넷뱅킹으로 타인의 예금계좌에서 자신의 예금계좌로 돈을 이체한 후 그 중 일부를 인출하여 그 정을 아는 을에게 교부한 경우, 갑이 컴퓨터등사용사기죄에 의하여 취득한 예금채권은 재물이 아니라 재산상 이익이므로, 그가 자신의 예금계좌에서 돈을 인출하였더라도 장물을 금융기관에 예치하였다가 인출한 것으로 볼 수 없다는 이유로 을의 장물취득죄의 성립을 부정한 사례(대판 2004.4.16. 2004도353).

32

답 ②

▌정답해설▐

② 형법 제323조의 권리행사방해죄에 있어서의 타인의 점유라 함은 권원으로 인한 점유 즉 정당한 원인에 기하여 그 물건을 점유하는 권리있는 점유를 의미하는 것으로서 본권을 갖지 아니한 절도범인의 점유는 여기에 해당하지 아니하나, 반드시 본권에 의한 점유만에 한하지 아니하고 동시이행항변권 등에 기한 점유와 같은 적법한 점유도 여기에 해당한다고 할 것이고, 한편, 쌍무계약이 무효로 되어 각 당사자가 서로 취득한 것을 반환하여야 할 경우, 어느 일방의 당사자에게만 먼저 그 반환의무의 이행이 강제된다면 공평과 신의칙에 위배되는 결과가 되므로 각 당사자의 반환의무는 동시이행 관계에 있다고 보아 민법 제536조를 준용함이 옳다고 해석되고, 이러한 법리는 경매절차가 무효로 된 경우에도 마찬가지라고 할 것이므로, 무효인 경매절차에서 경매목적물을 경락받아 이를 점유하고 있는 낙찰자의 점유는 적법한 점유로서 그 점유자는 권리행사방해죄에 있어서의 타인의 물건을 점유하고 있는 자라고 할 것이다(대판 2003.11.28. 2003도4257).

▌오답해설▐

① 피고인이 피해자에게 담보로 제공한 차량이 그 자동차등록원부에 타인 명의로 등록되어 있는 이상 그 차량은 피고인의 소유는 아니라는 이유로, 피고인이 피해자의 승낙 없이 미리 소지하고 있던 위 차량의 보조키를 이용하여 이를 운전하여 간 행위가 권리행사방해죄를 구성하지 않는다(대판 2005.11.10. 2005도6604).

③ 대판 2006.3.23. 2005도4455

④ 권리행사방해죄에는 친족상도례가 적용된다(제328조 참고).

제328조(친족간의 범행과 고소)

① 직계혈족, 배우자, 동거친족, 동거가족 또는 그 배우자간의 제323조(권리행사방해)의 죄는 그 형을 면제한다.

② 제1항 이외의 친족간에 제323조의 죄를 범한 때에는 고소가 있어야 공소를 제기할 수 있다.

③ 전 2항의 신분관계가 없는 공범에 대하여는 전 이항을 적용하지 아니한다.

33

답 ③

▍정답해설▍

③ 허위의 채무를 부담하는 내용의 채무변제계약 공정증서를 작성한 후 이에 기하여 채권압류 및 추심명령을 받은 때에, 강제집행면탈죄가 성립함과 동시에 그 범죄행위가 종료되어 공소시효가 진행한다(대판 2009.5.28. 2009 도875).

▍오답해설▍

① 대판 2001.11.27. 2001도4759

② 채무자인 피고인이 채권자 갑의 가압류집행을 면탈할 목적으로 제3채무자 을에 대한 채권을 병에게 허위양도하였다고 하여 강제집행면탈로 기소된 사안에서, 가압류결정 정본이 제3채무자에게 송달된 날짜와 피고인이 채권을 양도한 날짜가 동일하므로 가압류결정 정본이 을에게 송달되기 전에 채권을 허위로 양도하였다면 강제집행면탈죄가 성립하는데도, 가압류결정 정본 송달과 채권양도 행위의 선후에 대해 심리·판단하지 아니한 채 무죄를 선고한 원심판결에 법리오해 등의 위법이 있다고 한 사례(대판 2012.6.28. 2012도3999).

④ 대판 2003.10.9. 2003도3387

34

답 ④

▍정답해설▍

④ 피고인이 방화의 의사로 뿌린 휘발유가 인화성이 강한 상태로 주택 주변과 피해자의 몸에 적지 않게 살포되어 있는 사정을 알면서도 라이터를 켜 불꽃을 일으킴으로써 피해자의 몸에 불이 붙은 경우, 비록 외부적 사정에 의하여 불이 방화 목적물인 주택 자체에 옮겨 붙지는 아니하였다 하더라도 현존건조물방화죄의 실행의 착수가 있었다고 봄이 상당하다(대판 2002.3.26. 2001도6641).

▍오답해설▍

① 대판 1997.6.13. 97도957

② 대판 1993.7.27. 93도135

③ 형법 제167조 제2항은 방화의 객체인 물건이 자기의 소유에 속한 때에는 같은 조 제1항보다 감경하여 처벌하는 것으로 규정하고 있는바, 방화죄는 공공의 안전을 제1차적인 보호법익으로 하지만 제2차적으로는 개인의 재산권을 보호하는 것이라고 볼 수 있는 점, 현재 소유자가 없는

물건인 무주물에 방화하는 경우에 타인의 재산권을 침해하지 않는 점은 자기의 소유에 속한 물건을 방화하는 경우와 마찬가지인 점, 무주의 동산을 소유의 의사로 점유하는 경우에 소유권을 취득하는 것에 비추어(민법 제252조) 무주물에 방화하는 행위는 그 무주물을 소유의 의사로 점유하는 것이라고 볼 여지가 있는 점 등을 종합하여 보면, 불을 놓아 무주물을 소훼하여 공공의 위험을 발생하게 한 경우에는 '무주물'을 '자기 소유의 물건'에 준하는 것으로 보아 형법 제167조 제2항을 적용하여 처벌하여야 한다(대판 2009.10.15. 2009도7421).

35

답 ②

▍정답해설▍

② 명의인을 기망하여 문서를 작성케 하는 경우는 서명, 날인이 정당히 성립된 경우에도 기망자는 명의인을 이용하여 서명 날인자의 의사에 반하는 문서를 작성케 하는 것이므로 사문서위조죄가 성립한다(대판 2000.6.13. 2000 도778).

▍오답해설▍

① 문서위조죄는 문서의 진정에 대한 공공의 신용을 그 보호법익으로 하는 것이므로 행사할 목적으로 작성된 문서가 일반인으로 하여금 당해 명의인의 권한 내에서 작성된 문서라고 믿게 할 수 있는 정도의 형식과 외관을 갖추고 있으면 문서위조죄가 성립하는 것이고, 위와 같은 요건을 구비한 이상 그 명의인이 실재하지 않는 허무인이거나 또는 문서의 작성일자 전에 이미 사망하였다고 하더라도 그러한 문서 역시 공공의 신용을 해할 위험성이 있으므로 문서위조죄가 성립한다고 봄이 상당하며, 이는 공문서뿐만 아니라 사문서의 경우에도 마찬가지라고 보아야 한다(대판 2005.2.24. 2002도18 전합).

③ 공립학교 교사가 작성하는 교원의 인적사항과 전출희망 사항 등을 기재하는 부분과 학교장이 작성하는 학교장의 견란 등으로 구성되어 있는 교원실태조사카드는 학교장의 작성명의 부분은 공문서라고 할 수 있으나, 작성자가 교사 명의로 된 부분은 개인적으로 전출을 희망하는 의사표시를 한 것에 지나지 아니하여 이것을 가리켜 공무원이 직무상 작성한 공문서라고 할 수는 없을 것이므로 위 카드의 교사 명의 부분을 명의자의 의사에 반하여 작성하였다고 하여도 공문서를 위조한 것이라고 할 수 없다(대판 1991.9.24. 91도1733).

④ 문서에 2인 이상의 작성명의인이 있을 때에는 각 명의자마다 1개의 문서가 성립되므로 2인 이상의 연명으로 된 문서를 위조한 때에는 작성명의인의 수대로 수개의 문서위조죄가 성립하고 또 그 연명문서를 위조하는 행위는 자연적 관찰이나 사회통념상 하나의 행위라 할 것이어서 위 수개의 문서위조죄는 형법 제40조가 규정하는 상상적 경합범에 해당한다(대판 1987.7.21. 87도564).

36 답 ④

▌정답해설▐

ⓒ (○) 토지거래 허가구역 안의 토지에 관하여 실제로는 매매계약을 체결하고서도 처음부터 토지거래허가를 잠탈하려는 목적으로 등기원인을 '증여'로 하여 소유권이전등기를 경료한 경우, 비록 매도인과 매수인 사이에 실제의 원인과 달리 '증여'를 원인으로 한 소유권이전등기를 경료할 의사의 합치가 있더라도, 허위신고를 하여 공정증서원본에 불실의 사실을 기재하게 한 때에 해당한다(대판 2007.11.30. 2005도9922).

ⓔ (○) 형법 제228조 제1항의 공정증서원본불실기재죄는 공무원에 대하여 진실에 반하는 허위신고를 하여 공정증서원본 또는 이와 동일한 전자기록 등 특수매체기록에 실체관계에 부합하지 않는 불실의 사실을 기재 또는 기록하게 함으로써 성립한다. 그런데 발행인과 수취인이 통모하여 진정한 어음채무 부담이나 어음채권 취득에 관한 의사 없이 단지 발행인의 채권자에게서 채권 추심이나 강제집행을 받는 것을 회피하기 위하여 형식적으로만 약속어음의 발행을 가장한 경우 이러한 어음발행행위는 통정허위표시로서 무효이므로, 이와 같이 발행인과 수취인 사이에 통정허위표시로서 무효인 어음발행행위를 공증인에게는 마치 진정한 어음발행행위가 있는 것처럼 허위로 신고함으로써 공증인으로 하여금 어음발행행위에 대하여 집행력 있는 어음공정증서원본을 작성케 하고 이를 비치하게 하였다면, 이러한 행위는 공정증서원본불실기재 및 불실기재공정증서원본행사죄에 해당한다고 보아야 한다(대판 2012.4.26. 2009도5786).

▌오답해설▐

ⓐ (×) 부동산 매수인이 매도인과 사이에 부동산의 소유권이전에 관한 물권적 합의가 없는 상태에서 소유권이전등기신청에 관한 대리권이 없이 단지 소유권이전등기에 필요한 서류를 보관하고 있을 뿐인 법무사를 기망하여 매수인 명의의 소유권이전 등기를 신청하게 한 경우, 이는 단지 소유권이전등기신청절차에 하자가 있는 것에 불과

한 것이 아니라 허위의 사실을 신고한 것이라고 보아야 하고 위 소유권이전등기는 원인무효의 등기로서 불실기재에 해당하므로 공정증서원본불실기재죄가 성립한다(대판 2006.3.10. 2005도9402).

ⓒ (×) 형법 제228조에서 말하는 공정증서란 권리의무에 관한 공정증서만을 가르키는 것이고 사실증명에 관한 것은 이에 포함되지 않으므로, 권리의무에 변동을 주는 효력이 없는 토지대장은 위에서 말하는 공정증서에 해당하지 않는다(대판 1988.5.24. 87도2696).

37 답 ①

▌정답해설▐

① 가처분사건이 변론절차에 의하여 진행될 때에는 제3자를 증인으로 선서하게 하고 증언을 하게 할 수 있으나 심문절차에 의할 경우에는 법률상 명문의 규정도 없고, 또 구 민사소송법(2002.1.26. 법률 제6626호로 전문 개정되기 전의 것)의 증인신문에 관한 규정이 준용되지도 아니하므로 선서를 하게 하고 증언을 시킬 수 없다고 할 것이고, 따라서 제3자가 심문절차로 진행되는 가처분 신청사건에서 증인으로 출석하여 선서를 하고 진술함에 있어서 허위의 공술을 하였다고 하더라도 그 선서는 법률상 근거가 없어 무효라고 할 것이므로 위증죄는 성립하지 않는다(대판 2003.7.25. 2003도180).

▌오답해설▐

② 하나의 사건에 관하여 한 번 선서한 증인이 같은 기일에 여러 가지 사실에 관하여 기억에 반하는 허위의 진술을 한 경우 이는 하나의 범죄의사에 의하여 계속하여 허위의 진술을 한 것으로서 포괄하여 1개의 위증죄를 구성하는 것이고 각 진술마다 수 개의 위증죄를 구성하는 것이 아니므로, 당해 위증 사건의 허위진술일자와 같은 날짜에 한 다른 허위진술로 인한 위증 사건에 관한 판결이 확정되었다면, 비록 종전 사건 공소사실에서 허위의 진술이라고 한 부분과 당해 사건 공소사실에서 허위의 진술이라고 한 부분이 다르다 하여도 종전 사건의 확정판결의 기판력은 당해 사건에도 미치게 되어 당해 위증죄 부분은 면소되어야 한다(대판 1998.4.14. 97도3340).

③ 대판 1998.3.10. 97도1168
④ 제153조 참고

제153조(자백, 자수)
전조의 죄를 범한 자가 그 공술한 사건의 재판 또는 징계처분이 확정되기 전에 자백 또는 자수한 때에는 그 형을 감경 또는 면제한다.

38

┃정답해설┃

① 공무원이 직접 뇌물을 받지 아니하고 증뢰자로 하여금 다른 사람에게 뇌물을 공여하도록 한 경우, 그 다른 사람이 공무원의 사자 또는 대리인으로서 뇌물을 받은 경우나 그 밖에 예컨대, 평소 공무원이 그 다른 사람의 생활비 등을 부담하고 있었다거나 혹은 그 다른 사람에 대하여 채무를 부담하고 있었다는 등의 사정이 있어서 그 다른 사람이 뇌물을 받음으로써 공무원은 그만큼 지출을 면하게 되는 경우 등 사회통념상 그 다른 사람이 뇌물을 받은 것을 공무원이 직접 받은 것과 같이 평가할 수 있는 관계가 있는 경우에는 형법 제130조의 제3자 뇌물제공죄가 아니라, 형법 제129조 제1항의 뇌물수수죄가 성립한다 (대판 2004.3.26. 2003도8077).

┃오답해설┃

② 대판 2007.10.12. 2005도7112
③ 대판 2006.4.27. 2006도735
④ 특정범죄 가중처벌 등에 관한 법률 제2조 참고

제2조(뇌물죄의 가중처벌)

① 형법 제129조·제130조 또는 제132조에 규정된 죄를 범한 사람은 그 수수(收受)·요구 또는 약속한 뇌물의 가액(價額)(이하 이 조에서 "수뢰액"이라 한다)에 따라 다음 각 호와 같이 가중처벌한다.

1. 수뢰액이 1억 원 이상인 경우에는 무기 또는 10년 이상의 징역에 처한다.
2. 수뢰액이 5천만 원 이상 1억 원 미만인 경우에는 7년 이상의 유기징역에 처한다.
3. 수뢰액이 3천만 원 이상 5천만 원 미만인 경우에는 5년 이상의 유기징역에 처한다.

39

┃정답해설┃

③ 피고인이 노조원들과 함께 경찰관인 피해자들이 파업투쟁 중인 공장에 진입할 경우에 대비하여 그들의 부재 중에 미리 윤활유나 철판조각을 바닥에 뿌려 놓은 것에 불과하고, 위 피해자들이 이에 미끄러져 넘어지거나 철판조각에 찔려 다쳤다는 것에 지나지 않은 사안에서, 피고인 등이 위 윤활유나 철판조각을 위 피해자들의 면전에서 그들의 공무집행을 방해할 의도로 뿌린 것이라는 등의 특별한 사정이 있는 경우는 별론으로 하고 이를 가리켜 위 피해자들에 대한 유형력의 행사, 즉 폭행에 해당하는 것으로 볼 수 없는데도, 피고인의 위 행위를 특수공무집행방해치상죄로 의율한 원심의 조치에 법리오해 또는 사실오인의 위법이 있다고 한 사례(대판 2010.12.23. 2010도7412).

┃오답해설┃

① 대판 1996.2.23. 선고 96도2673
② 대판 2003.12.26. 2001도6349
④ 위계에 의한 공무집행방해죄가 성립되려면 자기의 위계행위로 인하여 공무집행을 방해하려는 의사가 있을 경우에 한한다고 보는 것이 상당하다 할 것이므로 피고인이 경찰관서에 허구의 범죄를 신고한 까닭은 피고인이 생활에 궁하여 오로지 직장을 구하여 볼 의사로서 허위로 간첩이라고 자수를 한 데 불과하고 한 걸음 더 나아가서 그로 말미암아 공무원의 직무집행을 방해하려는 의사까지 있었던 것이라고는 인정되지 아니한다(대판 1970.1.27. 69도2260).

40

┃정답해설┃

③ 무고죄는 타인으로 하여금 형사처분이나 징계처분을 받게 할 목적으로 신고한 사실이 객관적 진실에 반하는 허위사실인 경우에 성립되는 범죄이므로 신고한 사실이 객관적 사실에 반하는 허위사실이라는 요건은 적극적인 증명이 있어야 하며, 신고사실의 진실성을 인정할 수 없다는 소극적 증명만으로 곧 그 신고사실이 객관적 진실에 반하는 허위사실이라고 단정하여 무고죄의 성립을 인정할 수는 없다(대판 2006.5.25. 2005도4642).

① 무고죄는 타인으로 하여금 형사처분 또는 징계처분을 받게 할 목적으로 공무소 또는 공무원에 대하여 허위의 사실을 신고하는 때에 성립하는 것으로, 여기에서 허위사실의 신고라 함은 신고사실이 객관적 사실에 반한다는 것을 확정적이거나 미필적으로 인식하고 신고하는 것을 말한다. 따라서 신고사실의 일부에 허위의 사실이 포함되어 있다고 하더라도 그 허위부분이 범죄의 성부에 영향을 미치는 중요한 부분이 아니고, 단지 신고한 사실을 과장한 것에 불과한 경우에는 무고죄에 해당하지 아니하지만, 그 일부 허위인 사실이 국가의 심판 작용을 그르치거나 부당하게 처벌을 받지 아니할 개인의 법적 안정성을 침해할 우려가 있을 정도로 고소사실 전체의 성질을 변경시키는 때에는 무고죄가 성립한다(대판 2009.1.30. 선고 2008도8573).

② 대판 2007.3.15. 2006도9453

④ 대판 2010.11.25. 2010도10202

2016년 정답 및 해설

01	02	03	04	05	06	07	08	09	10	11	12	13	14	15	16	17	18	19	20
②	③	①	②	①	④	④	③	①	①	②	③	④	①	②	①	③	④	①	④
21	22	23	24	25	26	27	28	29	30	31	32	33	34	35	36	37	38	39	40
③	①	②	④	①	④	①	①	②	④	②	②	④	③	①	②	④	②	③	①

01

답 ②

┃ 정답해설 ┃

② 군형법 제64조 제1항의 상관면전모욕죄의 구성요건은 '상관을 그 면전에서 모욕하는' 것인데, 여기에서 '면전에서'라 함은 얼굴을 마주 대한 상태를 의미하는 것임이 분명하므로, 전화를 통하여 통화하는 것을 면전에서의 대화라고는 할 수 없다(대판 2002.12.27. 2002도2539).

┃ 오답해설 ┃

① 개정 형법 제62조의2 제1항에 의하면 형의 집행을 유예를 하는 경우에는 보호관찰을 받을 것을 명할 수 있고, 같은 조 제2항에 의하면 제1항의 규정에 의한 보호관찰의 기간은 집행을 유예한 기간으로 하고, 다만 법원은 유예기간의 범위 내에서 보호관찰의 기간을 정할 수 있다고 규정되어 있는바, 위 조항에서 말하는 보호관찰은 형벌이 아니라 보안처분의 성격을 갖는 것으로서, 과거의 불법에 대한 책임에 기초하고 있는 제재가 아니라 장래의 위험성으로부터 행위자를 보호하고 사회를 방위하기 위한 합목적적인 조치이므로, 그에 관하여 반드시 행위 이전에 규정되어 있어야 하는 것은 아니며, 재판시의 규정에 의하여 보호관찰을 받을 것을 명할 수 있다고 보아야 할 것이고, 이와 같은 해석이 형벌불소급의 원칙 내지 죄형법정주의에 위배되는 것이라고 볼 수 없다(대판 1997.6.13. 97도703).

③ 다수설에 의하면 소급효금지의 원칙은 실체법인 형법에 대하여만 적용되고, 절차법인 형사소송법에는 적용되지 않는다.

④ 행위 당시의 판례에 의하면 처벌대상이 되지 아니하는 것으로 해석되었던 행위를 판례의 변경에 따라 확인된 내용의 형법 조항에 근거하여 처벌한다고 하여 그것이 헌법상 평등의 원칙과 형벌불소급의 원칙에 반한다고 할 수는 없다(대판 1999.9.17. 97도3349).

02

답 ③

┃ 정답해설 ┃

③ 범죄 후 법률의 개정에 의하여 법정형이 가벼워진 경우에는 형법 제1조 제2항에 의하여 당해 범죄사실에 적용될 가벼운 법정형(신법의 법정형)이 공소시효기간의 기준이 된다(대판 2008.12.11. 2008도4376).

┃ 오답해설 ┃

① 행위시와 재판시 사이에 수차 법령의 변경이 있는 경우에는 이 점에 관한 당사자의 주장이 없더라도 본조 제2항에 의하여 직권으로 행위시법과 제1, 2 심판시 법의 세가지 규정에 의한 형의 경중을 비교하여 그중 가장 형이 경한 법규정을 적용하여 심판하여야 한다(대판 1968.12.17. 68도1324).

② 형법 제1조 제2항 및 제8조에 의하면 범죄 후 법률의 변경에 의하여 형이 구법보다 경한 때에는 신법에 의한다고 규정하고 있으나 신법에 경과규정을 두어 이러한 신법의 적용을 배제하는 것도 허용되는 것으로서, 형을 종전보다 가볍게 형벌법규를 개정하면서 그 부칙으로 개정된 법의 시행 전의 범죄에 대하여 종전의 형벌법규를 적용하도록 규정한다 하여 헌법상의 형벌불소급의 원칙이나 신법우선주의에 반한다고 할 수 없다(대판 1999.7.9. 99도1695).

④ 범죄의 성립과 처벌은 행위시의 법률에 의한다고 할 때의 '행위시'라 함은 범죄행위의 종료시를 의미한다(대판 1994.5.10. 94도563).

03

답 ①

┃정답해설┃

① 일정한 기간 내에 잘못된 상태를 바로잡으라는 행정청의 지시를 이행하지 않았다는 것을 구성요건으로 하는 범죄는 이른바 진정부작위범으로서 그 의무이행기간의 경과에 의하여 범행이 기수에 이름과 동시에 작위의무를 발생시킨 행정청의 지시 역시 그 기능을 다한 것으로 보아야한다(대판 1994.4.26. 93도1731).

┃오답해설┃

② 도로교통법 제50조 제1항·제2항이 규정한 교통사고발생시의 구호조치의무 및 신고의무는 교통사고를 발생시킨 당해 차량의 운전자에게 그 사고발생에 있어서 고의·과실 혹은 유책·위법의 유무에 관계없이 부과된 의무라고 해석함이 상당할 것이므로, 당해 사고에 있어 귀책사유가 없는 경우에도 위 의무가 없다 할 수 없다(대판 2002.5.24. 2000도1731).

③ 형법상 부작위범이 인정되기 위해서는 형법이 금지하고 있는 법익침해의 결과 발생을 방지할 법적인 작위의무를 지고 있는 자가 그 의무를 이행함으로써 결과 발생을 쉽게 방지할 수 있었음에도 불구하고 그 결과의 발생을 용인하고 이를 방관한 채 그 의무를 이행하지 아니한 경우에, 그 부작위가 작위에 의한 법익침해와 동등한 형법적 가치가 있는 것이어서 그 범죄의 실행행위로 평가될 만한 것이라면, 작위에 의한 실행행위와 동일하게 부작위범으로 처벌할 수 있고, 여기서 작위의무는 법적인 의무이어야 하므로 단순한 도덕상 또는 종교상의 의무는 포함되지 않으나 작위의무가 법적인 의무인 한 성문법이건 불문법이건 상관이 없고 또 공법이건 사법이건 불문하므로, 법령, 법률행위, 선행행위로 인한 경우는 물론이고 기타 신의성실의 원칙이나 사회상규 혹은 조리상 작위의무가 기대되는 경우에도 법적인 작위의무는 있다(대판 1996.9.6. 95도2551).

④ 형법상 방조는 작위에 의하여 정범의 실행행위를 용이하게 하는 경우는 물론, 직무상의 의무가 있는 자가 정범의 범죄행위를 인식하면서도 그것을 방지하여야 할 제반조치를 취하지 아니하는 부작위로 인하여 정범의 실행행위를 용이하게 하는 경우에도 성립된다 할 것이므로 은행지점장이 정범인 부하직원들의 범행을 인식하면서도 그들의 은행에 대한 배임행위를 방치하였다면 배임죄의 방조범이 성립된다(대판 1984.11.27. 84도1906).

04

답 ②

┃정답해설┃

② 임차인이 자신의 비용으로 설치·사용하던 가스설비의 휴즈콕크를 아무런 조치 없이 제거하고 이사를 간 후 가스공급을 개별적으로 차단할 수 있는 주밸브가 열려져 가스가 유입되어 폭발사고가 발생한 경우, 구 액화석유가스의 안전 및 사업관리법상의 관련 규정 취지와 그 주밸브가 누군가에 의하여 개폐될 가능성을 배제할 수 없다는 점 등에 비추어 그 휴즈콕크를 제거하면서 그 제거부분에 아무런 조치를 하지 않고 방치하면 주밸브가 열리는 경우 유입되는 가스를 막을 아무런 안전장치가 없어 가스 유출로 인한 대형사고의 가능성이 있다는 것은 평균인의 관점에서 객관적으로 볼 때 충분히 예견할 수 있다는 이유로 임차인의 과실과 가스폭발사고 사이의 상당인과관계를 인정한다(대판 2001.6.1. 99도5086).

┃오답해설┃

① 대판 1972.2.28. 72도296
③ 대판 1990.10.16. 90도1786
④ 대판 2000.9.5. 2000도2671

05

답 ①

┃정답해설┃

① 강도가 베개로 피해자의 머리부분을 약 3분간 누르던 중 피해자가 저항을 멈추고 사지가 늘어졌음에도 계속하여 누른 행위에 살해의 고의가 있었다(대판 2002.2.8. 2001도6425).

┃오답해설┃

② 대판 1983.3.22. 83도231
③ 대판 1995.1.24. 94도1949
④ 유흥업소의 업주로서는 다른 공적 증명력 있는 증거를 확인해 봄이 없이 단순히 건강진단결과서상의 생년월일 기재만을 확인하는 것으로는 청소년보호를 위한 연령확인 의무이행을 다한 것으로 볼 수 없고, 따라서 이러한 의무이행을 다하지 아니한 채 대상자가 성인이라는 말만 믿고 타인의 건강진단결과서만을 확인한 채 청소년을 청소년유해업소에 고용한 업주에게는 적어도 청소년 고용에 관한 미필적 고의가 있음을 인정한 사례(대판 2002.6.28. 2002도2425).

06

답 ④

▌정답해설▌

④ 운동경기에 참가하는 자가 경기규칙을 준수하는 중에 또는 그 경기의 성격상 당연히 예상되는 정도의 경미한 규칙위반 속에 제3자에게 상해의 결과를 발생시킨 것으로서, 사회적 상당성의 범위를 벗어나지 아니하는 행위라면 과실치상죄가 성립하지 않는다. 그러나 골프경기를 하던 중 골프공을 쳐서 아무도 예상하지 못한 자신의 등 뒤편으로 보내어 등 뒤에 있던 경기보조원(캐디)에게 상해를 입힌 경우에는 주의의무를 현저히 위반하여 사회적 상당성의 범위를 벗어난 행위로서 과실치상죄가 성립한다(대판 2008.10.23. 2008도6940).

▌오답해설▌

① 대판 1993.2.23. 92도2077

② 찜질방 직원 및 영업주에게 손님이 몰래 후문으로 나가 술을 더 마시고 들어올 경우까지 예상하여 직원을 추가로 배치하거나 후문으로 출입하는 모든 자를 통제·관리하여야 할 업무상 주의의무가 있다고 보기는 어렵다(대판 2010.2.11. 2009도9807).

③ 의사는 당해 의료행위가 환자에게 위해가 미칠 위험이 있는 이상 간호사가 과오를 범하지 않도록 충분히 지도·감독을 하여 사고의 발생을 미연에 방지하여야 할 주의의무가 있고, 이를 소홀히 한 채 만연히 간호사를 신뢰하여 간호사에게 당해 의료행위를 일임함으로써 간호사의 과오로 환자에게 위해가 발생하였다면 의사는 그에 대한 과실책임을 면할 수 없다(대판 1998.2.27. 97도2812).

07

답 ④

▌정답해설▌

④ 머리를 바닥에 부딪쳐 두개골절로 사망한다는 것은 이례적인 일이어서 통상적으로 일반인이 예견하기 어려운 결과라고 하지 않을 수 없으므로 피고인에게 폭행치사죄의 책임을 물을 수 없다(대판 1990.9.25. 90도1596).

▌오답해설▌

① 교사자가 피교사자에 대하여 상해를 교사하였는데 피교사자가 이를 넘어 살인을 실행한 경우, 일반적으로 교사자는 상해죄에 대한 교사범이 되는 것이고, 다만 이 경우 교사자에게 피해자의 사망이라는 결과에 대하여 과실 내지 예견

가능성이 있는 때에는 상해치사죄의 교사범으로서의 죄책을 지울 수 있다(대판 1997.6.24. 97도1075).

② 대판 1985.1.15. 84도2397

③ 대판 1988.11.8. 88도1628

08

답 ③

▌정답해설▌

③ 피해자 일행 중 1명의 뺨을 때린 데에서 비롯된 가해자 등의 행위는 피해자 일행의 부당한 공격을 방위하기 위한 것이라기보다는 서로 공격할 의사로 싸우다가 먼저 공격을 받고 이에 대항하여 가해하게 된 것이라고 봄이 상당하고 이와 같은 싸움의 경우 가해행위는 방어행위인 동시에 공격행위의 성격을 가지므로 정당방위 또는 과잉방위 행위라고 볼 수 없다(대판 1993.8.24. 92도1329).

▌오답해설▌

① 대판 1986.10.14. 86도1091

② 대판 2006.9.8. 2006도148

④ 절도범으로 오인받은 자가 야간에 군중들로부터 무차별 구타를 당하자 이를 방위하기 위하여 소지하고 있던 손톱깎이 칼을 휘둘러 상해를 입힌 행위는 정당방위에 해당한다(대판 1970.9.17. 70도1473).

09

답 ①

▌정답해설▌

① 위 피고인의 행위는 의료법을 포함한 법질서 전체의 정신이나 사회통념에 비추어 용인될 수 있는 행위에 해당한다고 볼 수 없어 위법성이 조각되지 아니한다(대판 2007.6.28. 2005도8317).

▌오답해설▌

② 그 신고 없이 한 집회를 급박한 현재의 위난을 피하기 위한 부득이한 것이었다고 볼 수는 없는 것이므로 긴급피난에 해당하지 아니한다(대판 1990.8.14. 90도870).

③ 대판 1976.7.13. 75도1205

④ 선박의 이동에도 새로운 공유수면점용허가가 있어야 하고 휴지선을 이동하는데는 예인선이 따로 필요한 관계로 비용이 많이 들어 다른 해상으로 이동을 하지 못하고 있는 사이에 태풍을 만나게 되고 그와 같은 위급한 상황에서

선박과 선원들의 안전을 위하여 사회통념상 가장 적절하고 필요불가결하다고 인정되는 조치를 취하였다면 형법상 긴급피난으로서 위법성이 없어서 범죄가 성립되지 아니한다고 보아야 하고 미리 선박을 이동시켜 놓아야 할 책임을 다하지 아니함으로써 위와 같은 긴급한 위난을 당하였다는 점만으로는 긴급피난을 인정하는데 아무런 방해가 되지 아니한다(대판 1987.1.20. 85도221).

10 답 ①

▮ 정답해설 ▮

① 피고인의 위와 같은 행위가 그 수단과 방법에 있어서 상당성이 인정된다고 보기도 어려우며, 피해자의 간통 또는 불륜관계에 관한 증거수집을 위하여 이와 같은 주거침입이 긴급하고 불가피한 수단이었다고 볼 수도 없어, 정당행위로 볼 수 없다(대판 2003.9.26. 2003도3000).

▮ 오답해설 ▮

② 신문기자인 피고인이 고소인에게 2회에 걸쳐 증여세 포탈에 대한 취재를 요구하면서 이에 응하지 않으면 자신이 취재한 내용대로 보도하겠다고 말하여 협박하였다는 취지로 기소된 사안에서, 피고인이 취재와 보도를 빙자하여 고소인에게 부당한 요구를 하기 위한 취지는 아니었던 점, 당시 피고인이 고소인에게 취재를 요구하였다가 거절당하자 인터뷰 협조요청서와 서면질의 내용을 그 자리에 두고 나왔을 뿐 폭언을 하거나 보도하지 않는 데 대한 대가를 요구하지 않은 점, 관할 세무서가 피고인의 제보에 따라 탈세 여부를 조사한 후 증여세를 추징하였다고 피고인에게 통지한 점, 고소인에게 불리한 사실을 보도하는 경우 기자로서 보도에 앞서 정확한 사실 확인과 보도 여부 등을 결정하기 위해 취재 요청이 필요했으리라고 보이는 점 등 제반 사정에 비추어, 위 행위가 설령 협박죄에서 말하는 해악의 고지에 해당하더라도 특별한 사정이 없는 한 기사 작성을 위한 자료를 수집하고 보도하기 위한 것으로서 신문기자의 일상적 업무 범위에 속하여 사회상규에 반하지 아니하는 행위라고 보는 것이 타당한데도, 이와 달리 본 원심판단에 정당행위에 관한 법리오해의 위법이 있다고 한 사례(대판 2011.7.14. 2011도639).

③ 위와 같은 여흥은 임시총회 중 찬반투표를 실시하고 남는 시간에 부수적으로 치러진 행사로서 위와 같은 여흥활동만을 따로 떼어 위법하다고 볼 것은 아니다(대판 1994.2.22. 93도613).

④ 피고인의 차를 손괴하고 도망하려는 피해자를 도망하지 못하게 멱살을 잡고 흔들어 피해자에게 전치 14일의 흉부찰과상을 가한 경우, 정당행위에 해당한다(대판 1999.1.26. 98도3029).

11 답 ②

▮ 정답해설 ▮

② 판례에 의하면 단순한 법률의 부지는 형법 제16조의 법률의 착오가 아니다. 따라서 그 부지에 정당한 이유를 불문하고 처벌한다(대판 1985.4.9. 85도25).

▮ 오답해설 ▮

① 형법 제16조

제16조(법률의 착오)
자기의 행위가 법령에 의하여 죄가 되지 아니하는 것으로 오인한 행위는 그 오인에 정당한 이유가 있는 때에 한하여 벌하지 아니한다.

③ 범죄의 성립에 있어서 위법의 인식은 그 범죄사실이 사회정의와 조리에 어긋난다는 것을 인식하는 것으로서 족하고 구체적인 해당 법조문까지 인식할 것을 요하는 것은 아니므로 설사 형법상의 허위공문서작성죄에 해당되는 줄 몰랐다고 가정하더라도 그와 같은 사유만으로는 위법성의 인식이 없었다고 할 수 없다(대판 1987.3.24. 86도2673).

④ 특허나 의장권 관계의 법률에 관하여는 전혀 문외한인 피고인으로서는 위 대법원판결이 있을 때까지는 자신이 제조하는 양말이 위 김○○의 의장권을 침해하는 것이 아니라고 믿을 수밖에 없었다고 할 것이니, 위 양말을 제조 판매하는 행위가 법령에 의하여 죄가 되지 않는다고 오인함에 있어서 정당한 이유가 있는 경우에 해당하여 처벌할 수 없는 것이다(대판 1982.1.19. 81도646).

12

탭 ③

┃정답해설┃

③ 절도의 예비행위는 될지언정 타인의 재물에 대한 사실상
지배를 침해하는데 밀접한 행위가 개시되었다고 단정할
수 없다(대판 1983.3.8. 82도2944).

┃오답해설┃

① 절도의 범행은 예비단계를 지나 실행에 착수하였다(대판
1984.12.11. 84도2524).

② 범인들이 함께 담을 넘어 마당에 들어가 그 중 1명이 그곳
에 있는 구리를 찾기 위하여 담에 붙어 걸어가다가 잡혔
다면 절취대상품에 대한 물색행위가 없었다고 할 수 없다
(대판 1989.9.12. 89도1153).

④ 절도죄의 실행의 착수시기는 재물에 대한 타인의 사실상
의 지배를 침해하는데 밀접한 행위가 개시된 때라 할 것
인바 피해자 소유 자동차 안에 들어 있는 밍크코트를 발
견하고 이를 절취할 생각으로 공범이 위 차 옆에서 망을
보는 사이 위 차 오른쪽 앞문을 열려고 앞문손잡이를 잡
아당기다가 피해자에게 발각되었다면 절도의 실행에 착
수하였다고 봄이 상당하다(대판 1986.12.23. 86도2256).

13

탭 ④

┃정답해설┃

④ 공동정범이 성립하기 위하여는 반드시 공범자 간에 사전
에 모의가 있어야 하는 것은 아니며, 우연히 만난 자리에
서 서로 협력하여 공동의 범의를 실현하려는 의사가 암묵
적으로 상통하여 범행에 공동가공하더라도 공동정범은
성립된다(대판 1984.12.26. 82도1373).

┃오답해설┃

① 포괄일죄의 범행 도중에 공동정범으로 범행에 가담한 자
는 비록 그가 그 범행에 가담할 때에 이미 이루어진 종전
의 범행을 알았다 하더라도 그 가담 이후의 범행에 대하
여만 공동정범으로 책임을 진다(대판 1997.6.27. 97도
163).

② 부하들이 흉기들을 소지하고 있어 살상의 결과를 초래할
것을 예견하면서도 전부 죽이라는 고함을 친 행위는 부하
들의 행위에 큰 영향을 미치는 것으로서 피고인은 이로써
위 싸움에 가세한 것이라고 보지 아니할 수 없어 살인죄의
공동정범으로서의 죄책을 면할 수 없다(대판 1987.10.13.
87도1240).

③ 공모공동정범에 있어서 공모자가 공모에 주도적으로 참
여하여 다른 공모자의 실행에 영향을 미친 때에는 범행을
저지하기 위하여 적극적으로 노력하는 등 실행에 미친
영향력을 제거하지 아니하는 한 공모관계에서 이탈하였
다고 할 수 없다(대판 2008.4.10. 2008도1274).

14

탭 ①

┃정답해설┃

① 이미 스스로 입영기피를 결심하고 집을 나서는 공소외
(갑)에게 피고인이 이별을 안타까워 하는 뜻에서 "잘 되겠
지, 몸조심하라" 하고 악수를 나눈 행위는 입영기피의 범
죄의사를 강화시킨 방조행위에 해당한다고 볼 수 없다(대
판 1983.4.12. 82도43).

┃오답해설┃

② 피고인이 갑, 을, 병이 절취하여 온 장물을 상습으로 19회
에 걸쳐 시가의 3분의 1 내지 4분의 1의 가격으로 매수하
여 취득하여 오다가, 갑, 을에게 일제 드라이버 1개를 사
주면서 "병이 구속되어 도망다니려면 돈도 필요할텐데
열심히 일을 하라(도둑질을 하라)"고 말하였다면, 그 취
지는 종전에 병과 같이 하던 범위의 절도를 다시 계속하
면 그 장물은 매수하여 주겠다는 것으로서 절도의 교사가
있었다고 보아야 한다(대판 1991.5.14. 91도542).

③ 대판 1997.6.24. 97도1075

④ 형법 제32조 제1항 소정 타인의 범죄란 정범이 범죄의
실현에 착수한 경우를 말하는 것이므로 종범이 처벌되기
위하여는 정범의 실행의 착수가 있는 경우에만 가능하고
형법 전체의 정신에 비추어 정범이 실행의 착수에 이르지
아니한 예비의 단계에 그친 경우에는 이에 가공하는 행위가
예비의 공동정범이 되는 경우를 제외하고는 종범의 성립을
부정하고 있다고 보는 것이 타당하다(대판 1976.5.25. 75
도1549).

15 답 ②

┃ 정답해설 ┃

② 피고인이 7세, 3세 남짓된 어린 자식들에 대하여 함께 죽자고 권유하여 물속에 따라 들어오게 하여 결국 익사하게 하였다면 비록 피해자들을 물속에 직접 밀어서 빠뜨리지는 않았다고 하더라도 자살의 의미를 이해할 능력이 없고 피고인의 말이라면 무엇이나 복종하는 어린 자식들을 권유하여 익사하게 한 이상 살인죄의 범의는 있었음이 분명하다(대판 1987.1.20. 86도2395).

┃ 오답해설 ┃

① 인체의 급소를 잘 알고 있는 무술교관 출신의 피고인이 무술의 방법으로 피해자의 울대(聲帶)를 가격하여 사망케 한 행위에 살인의 범의가 있다고 본 사례(대판 2000.8.18. 2000도2231).

③ 살인죄에서 살인의 범의는 반드시 살해의 목적이나 계획적인 살해의 의도가 있어야 인정되는 것은 아니고, 자기의 행위로 인하여 타인의 사망이라는 결과를 발생시킬 만한 가능성 또는 위험이 있음을 인식하거나 예견하면 족한 것이며 그 인식이나 예견은 확정적인 것은 물론 불확정적인 것이라도 이른바 미필적 고의로 인정되는 것이다(대판 2006.4.14. 2006도734).

④ 제왕절개 수술의 경우 '의학적으로 제왕절개 수술이 가능하였고 규범적으로 수술이 필요하였던 시기(始期)'는 판단하는 사람 및 상황에 따라 다를 수 있어, 분만개시 시점 즉, 사람의 시기도 불명확하게 되므로 이 시점을 분만의 시기로 볼 수는 없다(대판 2007.6.29. 2005도3832).

16 답 ①

┃ 정답해설 ┃

① 난소의 제거로 이미 임신불능 상태에 있는 피해자의 자궁을 적출했다 하더라도 그 경우 자궁을 제거한 것이 신체의 완전성을 해한 것이 아니라거나 생활기능에 아무런 장애를 주는 것이 아니라거나 건강상태를 불량하게 변경한 것이 아니라고 할 수 없고 이는 업무상 과실치상죄에 있어서의 상해에 해당한다(대판 1993.7.27. 92도2345).

┃ 오답해설 ┃

② 강도상해죄에 있어서의 상해는 피해자의 신체의 건강상태가 불량하게 변경되고 생활기능에 장애가 초래되는 것을 말하는 것으로서, 피해자가 입은 상처가 극히 경미하여 굳이 치료할 필요가 없고 치료를 받지 않더라도 일상생활을 하는데 아무런 지장이 없으며 시일이 경과함에 따라 자연적으로 치유될 수 있는 정도라면, 그로 인하여 피해자의 신체의 건강상태가 불량하게 변경되었다거나 생활기능에 장애가 초래된 것으로 보기 어려워 강도상해죄에 있어서의 상해에 해당한다고 할 수 없다(대판 2003.7.11. 2003도2313).

③ 피해자의 신체에 공간적으로 근접하여 고성으로 폭언이나 욕설을 하거나 동시에 손발이나 물건을 휘두르거나 던지는 행위는 직접 피해자의 신체에 접촉하지 아니하였다 하더라도 피해자에 대한 불법한 유형력의 행사로서 폭행에 해당될 수 있는 것이지만, 거리상 멀리 떨어져 있는 사람에게 전화기를 이용하여 전화하면서 고성을 내거나 그 전화 대화를 녹음 후 듣게 하는 경우에는 특수한 방법으로 수화자의 청각기관을 자극하여 그 수화자로 하여금 고통스럽게 느끼게 할 정도의 음향을 이용하였다는 등의 특별한 사정이 없는 한 신체에 대한 유형력의 행사를 한 것으로 보기 어렵다(대판 2003.1.10. 2000도5716).

④ 형법 제257조, 제264조

제257조(상해, 존속상해)
① 사람의 신체를 상해한 자는 7년 이하의 징역, 10년 이하의 자격정지 또는 1천만원 이하의 벌금에 처한다.
② 자기 또는 배우자의 직계존속에 대하여 제항의 죄를 범한 때에는 10년 이하의 징역 또는 1천500만원 이하의 벌금에 처한다.
③ 전 2항의 미수범은 처벌한다.

제264조(상습범)
상습으로 제257조, 제258조, 제258조의2, 제260조 또는 제261조의 죄를 범한 때에는 그 죄에 정한 형의 2분의 1까지 가중한다.

17

┃정답해설┃

③ 현행 형법은 유기죄에 있어서 구법과는 달리 보호법익의 범위를 넓힌 반면에 보호책임 없는 자의 유기죄는 없애고 법률상 또는 계약상의 의무있는 자만을 유기죄의 주체로 규정하고 있어 명문상 사회상규의 보호책임을 관념할 수 없다고 하겠으니 유기죄의 죄책을 인정하려면 보호책임이 있게 된 경위 사정관계등을 설시하여 구성요건이 요구하는 법률상 또는 계약상보호의무를 밝혀야 하고 설혹 동행자가 구조를 요하게 되었다 하여도 일정거리를 동행한 사실만으로서는 피고인에게 법률상 계약상의 보호의무가 있다고 할 수 없으니 유기죄의 주체가 될 수 없다(대판 1977.1.11. 76도3419).

┃오답해설┃

① 유기죄에 있어서는 행위자가 요부조자에 대한 보호책임의 발행원인이 된 사실이 존재한다는 것을 인식하고 이에 기한 부조의무를 해태한다는 의식이 있음을 요한다(대판 1988.8.9. 86도225).

② 강간치상의 범행을 저지른 자가 그 범행으로 인하여 실신상태에 있는 피해자를 구호하지 아니하고 방치하였다고 하더라도 그 행위는 포괄적으로 단일의 강간치상죄만을 구성한다(대판 1980.6.24. 80도726).

④ 일정 거리를 동행한 사실만으로서는 피고인에게 법률상·계약상의 보호의무가 있다고 할 수 없으므로 유기죄의 주체가 될 수 없다(대판 1977.1.11. 76도3419).

18

┃정답해설┃

④ 피고인은 甲정당에 관한 해악을 고지한 것이므로 각 경찰관 개인에 관한 해악을 고지하였다고 할 수 없고, 다른 특별한 사정이 없는 한 일반적으로 甲정당에 대한 해악의 고지가 각 경찰관 개인에게 공포심을 일으킬 만큼 서로 밀접한 관계에 있다고 보기 어려워 각 경찰관에 대한 협박죄를 구성한다고 볼 수 없다(대판 2012.8.17. 2011도10451).

┃오답해설┃

① 협박죄가 성립하려면 고지된 해악의 내용이 행위자와 상대방의 성향, 고지 당시의 주변 상황, 행위자와 상대방 사이의 친숙의 정도 및 지위 등의 상호관계, 제3자에 의한 해악을 고지한 경우에는 그에 포함되거나 암시된 제3자와 행위자 사이의 관계 등 행위 전후의 여러 사정을 종합하여 볼 때에 일반적으로 사람으로 하여금 공포심을 일으키게 하기에 충분한 것이어야 하지만, 상대방이 그에 의하여 현실적으로 공포심을 일으킬 것까지 요구하는 것은 아니며, 그와 같은 정도의 해악을 고지함으로써 상대방이 그 의미를 인식한 이상, 상대방이 현실적으로 공포심을 일으켰는지 여부와 관계없이 그로써 구성요건은 충족되어 협박죄의 기수에 이르는 것으로 해석하여야 한다. 결국, 협박죄는 사람의 의사결정의 자유를 보호법익으로 하는 위험범이라 봄이 상당하고, 협박죄의 미수범 처벌조항은 해악의 고지가 현실적으로 상대방에게 도달하지 아니한 경우나, 도달은 하였으나 상대방이 이를 지각하지 못하였거나 고지된 해악의 의미를 인식하지 못한 경우 등에 적용될 뿐이다(대판 2007.9.28. 2007도606 전합체).

② 협박죄에 있어서의 협박이라 함은 사람으로 하여금 공포심을 일으킬 수 있을 정도의 해악을 고지하는 것을 의미하고, 협박죄가 성립하기 위하여는 적어도 발생 가능한 것으로 생각될 수 있는 정도의 구체적인 해악의 고지가 있어야 한다. 또한 해악의 고지가 있다 하더라도 그것이 사회의 관습이나 윤리관념 등에 비추어 볼 때에 사회통념상 용인할 수 있는 정도의 것이라면 협박죄는 성립하지 아니한다(대판 1998.3.10. 98도70).

③ 피해자와 언쟁 중 "입을 찢어 버릴라"라고 한 말은 당시의 주위사정 등에 비추어 단순한 감정적인 욕설에 불과하고 피해자에게 해악을 가할 것을 고지한 행위라고 볼 수 없어 협박에 해당하지 않는다(대판 1986.7.22. 86도1140).

19

답 ①

▌정답해설 ▌

① 정신병자도 감금죄의 객체가 될 수 있다(대판 2002.10.11. 2002도4315). 다수설은 영아의 경우 체포 감금죄의 객체가 될 수 없다고 본다.

▌오답해설 ▌

② 감금을 하기 위한 수단으로서 행사된 단순한 협박행위는 감금죄에 흡수되어 따로 협박죄를 구성하지 아니한다(대판 1982.6.22. 82도705).

③ 감금죄는 사람의 행동의 자유를 그 보호법익으로 하여 사람이 특정한 구역에서 벗어나는 것을 불가능하게 하거나 또는 매우 곤란하게 하는 죄로서 그 본질은 사람의 행동의 자유를 구속하는 데에 있다. 이와 같이 행동의 자유를 구속하는 수단과 방법에는 아무런 제한이 없고, 사람이 특정한 구역에서 벗어나는 것을 불가능하게 하거나 매우 곤란하게 하는 장애는 물리적·유형적 장애뿐만 아니라 심리적·무형적 장애에 의하여서도 가능하므로 감금죄의 수단과 방법은 유형적인 것이거나 무형적인 것이거나를 가리지 아니한다. 또한 감금죄가 성립하기 위하여 반드시 사람의 행동의 자유를 전면적으로 박탈할 필요는 없고, 감금된 특정한 구역 범위 안에서 일정한 생활의 자유가 허용되어 있었다고 하더라도 유형적이거나 무형적인 수단과 방법에 의하여 사람이 특정한 구역에서 벗어나는 것을 불가능하게 하거나 매우 곤란하게 한 이상 감금죄의 성립에는 아무런 지장이 없다(대판 1998.5.26. 98도1036).

④ 위의 사실관계와 형제복지원의 시설장 및 총무직에 있는 피고인들이 수용중인 피해자들의 야간도주를 방지하기 위하여 그 취침시간 중(주간 중의 작업을 시키며 수용한 행위에 관하여는 이미 무죄로 확정되었다) 위와 같은 방법으로 조처한 것은 그 행위에 이른 과정과 목적, 수단 및 행위자의 의사 등 제반사정에 비추어 사회적 상당성이 인정되는 행위라고 못 볼 바 아니어서 형법 제20조에 의하여 그 위법성이 조각된다고 할 것이다(대판 1988.11.8. 88도1580).

20

답 ④

▌정답해설 ▌

④ 강간죄가 성립하려면 가해자의 폭행·협박은 피해자의 항거를 불가능하게 하거나 현저히 곤란하게 할 정도의 것이어야 하고, 상대방에 대하여 폭행 또는 협박을 가하여 추행행위를 하는 경우에 강제추행죄가 성립하려면 그 폭행 또는 협박이 피해자의 항거를 곤란하게 할 정도일 것을 요한다(대판 2007.1.25. 2006도5979).

▌오답해설 ▌

① 헌법이 보장하는 혼인과 가족생활의 내용, 가정에서의 성폭력에 대한 인식의 변화, 형법의 체계와 그 개정 경과, 강간죄의 보호법익과 부부의 동거의무의 내용 등에 비추어 보면, 형법 제297조가 정한 강간죄의 객체인 '부녀'에는 법률상 처가 포함되고, 혼인관계가 파탄된 경우뿐만 아니라 혼인관계가 실질적으로 유지되고 있는 경우에도 남편이 반항을 불가능하게 하거나 현저히 곤란하게 할 정도의 폭행이나 협박을 가하여 아내를 간음한 경우에는 강간죄가 성립한다고 보아야 한다(대판 2013.5.16. 2012도14788 전합체).

② 피고인이, 알고 지내던 여성인 피해자 甲이 자신의 머리채를 잡아 폭행을 가하자 보복의 의미에서 甲의 입술, 귀, 유두, 가슴 등을 입으로 깨무는 등의 행위를 한 사안에서, 객관적으로 여성인 피해자의 입술, 귀, 유두, 가슴을 입으로 깨무는 행위는 일반적이고 평균적인 사람으로 하여금 성적 수치심이나 혐오감을 일으키게 하고 선량한 성적 도덕관념에 반하는 행위로서, 甲의 성적 자유를 침해하였다고 보는 것이 타당하다는 이유로, 피고인의 행위가 강제추행죄의 '추행'에 해당한다고 한 사례(대판 2013.9.26. 2013도5856).

③ 유부녀인 피해자에 대하여 혼인 외 성관계 사실을 폭로하겠다는 등의 내용으로 협박하여 피해자를 간음 또는 추행한 사안에서 위와 같은 협박이 피해자를 단순히 외포시킨 정도를 넘어 적어도 피해자의 항거를 현저히 곤란하게 할 정도의 것이었다고 보기에 충분하다는 이유로, 강간죄 및 강제추행죄가 성립한다고 한 사례(대판 2007.1.25. 2006도5979).

21

정답해설

③ 명예훼손죄의 구성요건인 공연성은 불특정 또는 다수인이 인식할 수 있는 상태를 의미하고, 비록 개별적으로 한사람에 대하여 사실을 유포하였다고 하더라도 그로부터 불특정 또는 다수인에게 전파될 가능성이 있다면 공연성의 요건을 충족하지만 이와 달리 전파될 가능성이 없다면 특정한 한 사람에 대한 사실의 유포는 공연성을 결한다(대판 2000.5.16. 99도5622).

오답해설

① 사자명예훼손죄, 모욕죄는 친고죄이다(형법 제312조 제1항).

> **제312조(고소와 피해자의 의사)**
> ① 제308조(사자의 명예훼손)와 제311조(모욕)의 죄는 고소가 있어야 공소를 제기할 수 있다.

② 피고인의 말을 들은 사람은 한 사람씩에 불과하였으나 그들은 피고인과 특별한 친분관계가 있는 자가 아니며, 그 범행의 내용도 지방의회 의원선거를 앞둔 시점에 현역 시의회 의원이면서 다시 그 후보자가 되고자 하는 자를 비방한 것이어서 피고인이 적시한 사실이 전파될 가능성이 많을 뿐만 아니라, 결과적으로 그 사실이 피해자에게 전파되어 피해자가 고소를 제기하기에 이른 사정 등을 참작하여 볼 때, 피고인의 판시 범행은 행위 당시에 이미 공연성을 갖추었다고 본 사례(대판 1996.7.12. 96도1007).

④ "아무것도 아닌 똥꼬다리 같은 놈."이라는 구절은 모욕적인 언사일 뿐 구체적인 사실의 적시라고 할 수 없고 "잘 운영되어 가는 어촌계를 파괴하려 한다."는 구절도 구체적인 사실의 적시라고 할 수 없으므로 명예훼손에 있어서의 사실의 적시에 해당한다고 볼 수 없다(대판 1989.3.14. 88도1397).

22

정답해설

① 형법상 업무방해죄의 보호대상이 되는 '업무'는 타인의 위법한 행위에 의한 침해로부터 보호할 가치가 있는 것이면 되고, 그 업무의 기초가 된 계약 또는 행정행위 등이 반드시 적법하여야 하는 것은 아니다(대판 1996.11.12. 96도2214).

오답해설

② 초등학생들이 학교에 등교하여 교실에서 수업을 듣는 것은 '직업 기타 사회생활상의 지위에 기하여 계속적으로 종사하는 사무 또는 사업'에 해당한다고 할 수 없다(대판 2013.6.14. 2013도3829).

③ 주주로서 주주총회에서 의결권 등을 행사하는 것은 주식의 보유자로서 그 자격에서 권리를 행사하는 것에 불과할 뿐 그것이 '직업 기타 사회생활상의 지위에 기하여 계속적으로 종사하는 사무 또는 사업'에 해당한다고 할 수 없다(대판 2004.10.28. 2004도1256).

④ 대학의 컴퓨터시스템 서버를 관리하던 피고인이 전보발령을 받아 더 이상 웹서버를 관리 운영할 권한이 없는 상태에서, 웹서버에 접속하여 홈페이지 관리자의 아이디와 비밀번호를 무단으로 변경한 행위는, 피고인이 웹서버를 관리운영할 정당한 권한이 있는 동안 입력하여 두었던 홈페이지 관리자의 아이디와 비밀번호를 단지 후임자 등에게 알려 주지 아니한 행위와는 달리, 정보처리장치에 부정한 명령을 입력하여 정보처리에 현실적 장애를 발생시킴으로써 피해 대학에 업무방해의 위험을 초래하는 행위에 해당하여 컴퓨터 등 장애 업무방해죄를 구성한다(대판 2006.3.10. 2005도382).

23

정답해설

② 주거침입죄의 미수범은 처벌된다(형법 제322조).

오답해설

① 주거침입죄에서 주거란 단순히 가옥 자체만을 말하는 것이 아니라 그 정원 등 위요지를 포함한다. 따라서 다가구용 단독주택이나 다세대주택·연립주택·아파트 등 공동주택 안에서 공용으로 사용하는 계단과 복도는, 주거로 사용하는 각 가구 또는 세대의 전용 부분에 필수적으로 부속하는 부분으로서 그 거주자들에 의하여 일상생활에서 감시·관리가 예정되어 있고 사실상의 주거의 평온을 보호할 필요성이 있는 부분이므로, 특별한 사정이 없는 한 주거침입죄의 객체인 '사람의 주거'에 해당한다(대판 2009.8.20. 2009도3452).

③ 출입문이 열려 있으면 안으로 들어가겠다는 의사 아래 출입문을 당겨보는 행위는 바로 주거의 사실상의 평온을 침해할 객관적인 위험성을 포함하는 행위를 한 것으로 볼 수 있어 주거침입의 실행에 착수한 것으로 보아야 한다(대판 2006.9.14. 2006도2824).

④ 피고인이 피해자가 사용중인 공중화장실의 용변칸에 노크하여 남편으로 오인한 피해자가 용변칸 문을 열자 강간할 의도로 용변칸에 들어간 것이라면 피해자가 명시적 또는 묵시적으로 이를 승낙하였다고 볼 수 없어 주거침입죄에 해당한다고 한 사례(대판 2003.5.30. 2003도1256).

24

답 ④

┃정답해설┃

④ 피해자가 시장 점포에서 물건을 매수하여 묶어서 그곳에 맡겨 놓은 후 그곳에서 약 50미터 떨어져 동 점포를 살펴볼 수 없는 딴 가게로 가서 지게 짐꾼인 피고인을 불러 피고인 단독으로 위 점포에 가서 맡긴 물건을 운반해 줄 것을 의뢰하였더니 피고인이 동 점포에 가서 맡긴 물건을 찾아 피해자에게 운반해 주지 않고 용달차에 싣고 가서 처분한 것이라면 피고인의 위 운반을 위한 소지 관계는 피해자의 위탁에 의한 보관관계에 있다고 할 것이므로 이를 영득한 행위는 절도죄가 아니라 횡령죄를 구성한다(대판 1982.11.23. 82도2394).

┃오답해설┃

① 타인의 토지상에 권원 없이 식재한 수목의 소유권은 토지 소유자에게 귀속하므로, 권원 없이 식재한 감나무에서 감을 수확한 것은 절도죄에 해당한다(대판 1998.4.24. 97도3425).

② 재산죄의 객체인 재물은 반드시 객관적인 금전적 교환가치를 가질 필요는 없고 소유자 점유자가 주관적인 가치를 가지고 있음으로서 족하고 주관적 경제적 가치 유무의 판별은 그것이 타인에 의하여 이용되지 않는다고 하는 소극적 관계에 있어서 그 가치가 성립하는 경우가 있을 수 있는 것이니 발행자가 회수하여 세 조각으로 찢어버림으로서 폐지로 되어 쓸모없는 것처럼 보이는 약속어음의 소지를 침해하여 가져갔다면 절도죄가 성립한다. 찢어서 폐지로 된 타인발행 명의의 약속어음 파지면을 이용 조합하여 어음의 외형을 갖춘 경우에는 새로운 약속어음을 작성한 것으로서 그 행사의 목적이 있는 이상 유가증권위조죄가 성립한다(대판 1976.1.27. 74도3442).

③ 피고인이 피해자 경영의 금방에서 마치 귀금속을 구입할 것처럼 가장하여 피해자로부터 순금목걸이 등을 건네받은 다음 화장실에 갔다 오겠다는 핑계를 대고 도주한 것이라면 위 순금목걸이 등은 도주하기 전까지는 아직 피해자의 점유하에 있었다고 할 것이므로 이를 절도죄로 의율 처단한 것은 정당하다(대판 1994.8.12. 94도1487).

25

답 ①

┃정답해설┃

① [1] 형법 제335조는 '절도'가 재물의 탈환을 항거하거나 체포를 면탈하거나 죄적을 인멸한 목적으로 폭행 또는 협박을 가한 때에 준강도가 성립한다고 규정하고 있으므로, 준강도죄의 주체는 절도범인이고, 절도죄의 객체는 재물이다.

[2] 피고인이 술집 운영자 甲으로부터 술값의 지급을 요구받자 甲을 유인·폭행하고 도주함으로써 술값의 지급을 면하여 재산상 이익을 취득하고 상해를 가하였다고 하여 강도상해로 기소되었는데, 원심이 위 공소사실을 '피고인이 甲에게 지급해야 할 술값의 지급을 면하여 재산상 이익을 취득하고 甲을 폭행하였다'는 범죄사실로 인정하여 준강도죄를 적용한 사안에서, 원심이 인정한 범죄사실에는 그 자체로 절도의 실행에 착수하였다는 내용이 포함되어 있지 않음에도 준강도죄를 적용하여 유죄로 인정한 원심판결에 준강도죄의 주체에 관한 법리오해의 잘못이 있다고 한 사례(대판 2014.5.16. 2014도2521).

② 강도죄에 있어서 폭행과 협박의 정도는 사회통념상 객관적으로 상대방의 반항을 억압하거나 항거불능케 할 정도의 것이라야 한다(대판 2001.3.23. 2001도359).

③ 절도범인이 체포를 면탈할 목적으로 경찰관에게 폭행 협박을 가한 때에는 준강도죄와 공무집행방해죄를 구성하고 양죄는 상상적 경합관계에 있으나, 강도범인이 체포를 면탈할 목적으로 경찰관에게 폭행을 가한 때에는 강도죄와 공무집행방해죄는 실체적 경합관계에 있고 상상적 경합관계에 있는 것이 아니다(대판 1992.7.28. 92도917).

④ 반항을 억압하기 위한 목적으로 가해진 강제력으로서 그 반항을 억압할 정도에 해당한다고 보아 강도치상죄의 성립이 인정된다(대판 2007.12.13. 2007도7601).

26

답 ③

┃정답해설┃

③ 오리, 하명, 누에, 동충하초, 녹용 등 여러 가지 재료를 혼합하여 제조·가공한 '녹동달오리골드'라는 제품이 당뇨병, 관절염, 신경통 등의 성인병 치료에 특별한 효능이 있는 좋은 약이라는 허위의 강의식 선전·광고행위를 하여 이에 속은 노인들로 하여금 위 제품을 고가에 구입하도록 한 것은 그 사술의 정도가 사회적으로 용인될 수 있는 상술의 정도를 넘은 것이어서 사기죄의 기망행위를 구성한다고 한 사례(대판 2004.1.15. 2001도1429).

오답해설

① 사기죄에 있어서 재물의 교부가 있었다고 하기 위하여 반드시 재물의 현실의 인도가 필요한 것은 아니고 재물이 범인의 사실상의 지배 아래에 들어가 그의 자유로운 처분이 가능한 상태에 놓인 경우에도 재물의 교부가 있었다고 보아야 한다(대판 2003.5.16. 2001도1825).

② 송금의뢰인이 수취인의 예금계좌에 계좌이체 등을 한 이후, 수취인이 은행에 대하여 예금반환을 청구함에 따라 은행이 수취인에게 그 예금을 지급하는 행위는 계좌이체금액 상당의 예금계약의 성립 및 그 예금채권 취득에 따른 것으로서 은행이 착오에 빠져 처분행위를 한 것이라고 볼 수 없으므로, 결국 이러한 행위는 은행을 피해자로 한 형법 제347조의 사기죄에 해당하지 않는다(대판 2010.5.27. 2010도3498).

④ 타인의 명의를 모용하여 발급받은 신용카드를 이용하여 현금 자동지급기에서 현금을 인출한 행위는 절도죄에 해당하고 컴퓨터 등 사용사기죄는 성립하지 않는다(아래 판례 참고).

> [1] 피고인이 타인의 명의를 모용하여 신용카드를 발급받은 경우, 비록 카드회사가 피고인으로부터 기망을 당한 나머지 피고인에게 피모용자 명의로 발급된 신용카드를 교부하고, 사실상 피고인이 지정한 비밀번호를 입력하여 현금자동지급기에 의한 현금대출(현금서비스)을 받을 수 있도록 하였다 할지라도, 카드회사의 내심의 의사는 물론 표시된 의사도 어디까지나 카드명의인인 피모용자에게 이를 허용하는 데 있을 뿐, 피고인에게 이를 허용한 것은 아니라는 점에서 피고인이 타인의 명의를 모용하여 발급받은 신용카드를 사용하여 현금자동지급기에서 현금대출을 받는 행위는 카드회사에 의하여 미리 포괄적으로 허용된 행위가 아니라, 현금자동지급기의 관리자의 의사에 반하여 그의 지배를 배제한 채 그 현금을 자기의 지배하에 옮겨 놓는 행위로서 절도죄에 해당한다고 봄이 상당하다.
> [2] 형법 제347조의2에서 규정하는 컴퓨터등사용사기죄의 객체는 재물이 아닌 재산상의 이익에 한정되어 있으므로, 타인의 명의를 모용하여 발급받은 신용카드로 현금자동지급기에서 현금을 인출하는 행위를 이 법조항을 적용하여 처벌할 수는 없다(대판 2002.7.12. 2002도2134).

타인의 명의를 모용하여 발급받은 신용카드를 이용하여 ARS 전화서비스 등으로 신용대출을 받은 행위는 컴퓨터 등 사용사기죄에 해당한다(아래 판례 참고).

> 타인의 명의를 모용하여 발급받은 신용카드의 번호와 그 비밀번호를 이용하여 ARS 전화서비스나 인터넷 등을 통하여 신용대출을 받는 방법으로 재산상 이익을 취득하는 행위 역시 미리 포괄적으로 허용된 행위가 아닌 이상, 컴퓨터 등 정보처리장치에 권한 없이 정보를 입력하여 정보처리를 하게 함으로써 재산상 이익을 취득하는 행위로서 컴퓨터 등 사용사기죄에 해당한다(대판 2006.7.27. 2006도3126).

27　　　　　　　　　　　　　　　답 ①

정답해설

① 조상천도제를 지내지 아니하면 좋지 않은 일이 생긴다는 취지의 해악의 고지는 길흉화복이나 천재지변의 예고로서 행위자에 의하여 직접·간접적으로 좌우될 수 없는 것이고 가해자가 현실적으로 특정되어 있지도 않으며 해악의 발생가능성이 합리적으로 예견될 수 있는 것이 아니므로 협박으로 평가될 수 없다(대판 2002.2.8. 2000도3245).

오답해설

② 공갈죄의 수단으로써의 협박은 객관적으로 사람의 의사결정의 자유를 제한하거나 의사실행의 자유를 방해할 정도로 겁을 먹게 할 만한 해악을 고지하는 것을 말하고, 그 해악에는 인위적인 것뿐만 아니라 천재지변 또는 신력이나 길흉화복에 관한 것도 포함될 수 있으나, 다만 천재지변 또는 신력이나 길흉화복을 해악으로 고지하는 경우에는 상대방으로 하여금 행위자 자신이 그 천재지변 또는 신력이나 길흉화복을 사실상 지배하거나 그에 영향을 미칠 수 있는 것으로 믿게 하는 명시적 또는 묵시적 행위가 있어야 공갈죄가 성립한다(대판 2002.2.8. 2000도3245).

③ 부동산에 대한 공갈죄는 그 부동산에 관하여 소유권이전등기를 경료받거나 또는 인도를 받은 때에 기수로 되는 것이고, 소유권이전등기에 필요한 서류를 교부 받은 때에 기수로 되어 그 범행이 완료되는 것은 아니다(대판 1992.9.14. 92도1506).

④ 피고인이 비록 피해자의 기망에 의하여 판시 부동산을 비싸게 매수하였다 하더라도 그 계약을 취소함이 없이 등기를 피고인 앞으로 둔 채 피해자의 전매차익을 받아낼 셈으로 피해자를 협박하여 재산상의 이득을 얻거나 돈을 받았다면

이는 정당한 권리행사의 범위를 넘은 것으로서 사회통념상 용인될 수 없다 할 것이므로 같은 취지에서 원심이 이를 공갈죄로 의율한 것은 정당하다(대판 1991.9.24. 91도1824).

28

❚정답해설❚

① 채권양도인이 채무자에게 채권양도 통지를 하는 등으로 채권양도의 대항요건을 갖추어 주지 않은 채 채무자로부터 채권을 추심하여 금전을 수령한 경우, 특별한 사정이 없는 한 금전의 소유권은 채권양수인이 아니라 채권양도인에게 귀속하고 채권양도인이 채권양수인을 위하여 양도 채권의 보전에 관한 사무를 처리하는 신임관계가 존재한다고 볼 수 없다. 따라서 채권양도인이 위와 같이 양도한 채권을 추심하여 수령한 금전에 관하여 채권양수인을 위해 보관하는 자의 지위에 있다고 볼 수 없으므로, 채권양도인이 위 금전을 임의로 처분하더라도 횡령죄는 성립하지 않는다(대판 2022.6.23. 2017도3829 전합).

종전판례(대법원 1999.4.15. 97도666 전원합의체 판결)
채권양도인이 양도 통지 전에 채무자로부터 채권을 추심하여 금전을 수령한 경우, 양도인과 양수인 사이에서 그 금전의 소유권 귀속(=양수인) 및 양도인이 위 금전을 양수인을 위하여 보관하는 지위에 있는지 여부(적극)

변경판례(대법원 2022.6.23. 2017도3829 전원합의체 판결)
채권양도인이 채무자에게 채권양도 통지를 하는 등으로 채권양도의 대항요건을 갖추어 주지 않은 채 채무자로부터 양도한 채권을 추심하여 수령한 금전에 관하여 채권양수인을 위해 보관하는 자의 지위에 있는지 여부(소극) 및 채권양도인이 위 금전을 임의로 처분한 경우 횡령죄가 성립하는지 여부(소극)

❚오답해설❚

② 위 경우는 회사와 이사의 이해가 충돌하는 자기거래행위에 해당하지 않는다고 할 것이므로, 대표이사가 이사회의 승인 등의 절차 없이 그와 같이 자신의 회사에 대한 채권을 변제하였더라도 이는 대표이사의 권한 내에서 한 회사채무의 이행행위로서 유효하며, 따라서 그에게는 불법영득의 의사가 인정되지 아니하여 횡령죄의 죄책을 물을 수 없다(대판 1999.2.23. 98도2296).

③ 감정평가법인 지사에서 근무하는 감정평가사들이 접대비 명목 등으로 임의로 나누어 사용할 목적으로 감정평가법인을 위하여 보관 중이던 돈의 일부를 비자금으로 조성한 사안에서, 피고인들이 위 지사를 독립채산제로 운영하기로 했다고 하더라도 그것은 지사가 처리한 감정평가업무로 인한 경제적 이익의 분배에 관하여 그와 같이 약정을 한 것에 불과한 것이므로 피고인들이 사용한 지사의 자금이 법률상으로는 위 법인의 자금이 아니라고 할 수는 없고, 당초의 비자금 조성 목적 등에 비추어 비자금 조성 당시 피고인들의 불법영득의사가 객관적으로 표시되었다고 할 것인 점 등에 비추어, 위 비자금 조성행위가 업무상횡령죄에 해당한다고 한 원심판단을 수긍한 사례(대판 2010.5.13. 2009도1373).

④ 주상복합상가의 매수인들로부터 우수상인유치비 명목으로 금원을 납부받아 보관하던 중 그 용도와 무관하게 일반경비로 사용한 경우 횡령죄를 구성한다고 한 사례(대판 2002.8.23. 2002도366).

29

❚정답해설❚

② 담보권자가 담보권을 실행하기 위하여 담보목적물을 처분함에 있어 시가에 따른 적절한 처분을 하여야 할 의무는 담보계약상의 민사채무일 뿐 그와 같은 형법상의 의무가 있는 것은 아니므로 그에 위반한 경우 배임죄가 성립된다고 할 수 없다(대판 1997.12.23. 97도2430).

❚오답해설❚

① 이른바 보통예금은 은행 등 법률이 정하는 금융기관을 수치인으로 하는 금전의 소비임치 계약으로서, 그 예금계좌에 입금된 금전의 소유권은 금융기관에 이전되고, 예금주는 그 예금계좌를 통한 예금반환채권을 취득하는 것이므로, 금융기관의 임직원은 예금주로부터 예금계좌를 통한 적법한 예금반환 청구가 있으면 이에 응할 의무가 있을 뿐 예금주와의 사이에서 그의 재산관리에 관한 사무를 처리하는 자의 지위에 있다고 할 수 없다. 임의로 예금주의 예금계좌에서 5,000만 원을 인출한 금융기관의 임직원에게 업무상배임죄가 성립하지 않는다(대판 2008.4.24. 2008도1408).

③ 계주가 계원들로부터 계불입금을 징수하지 아니하였다면 그러한 상태에서 부담하는 계금지급의무는 단순한 채권관계상의 의무에 불과하여 타인의 사무에 속하지 아니하고, 이는 계주가 계원들과의 약정을 위반하여 계불입금을 징수하지 아니한 경우라 하여 달리 볼 수 없다(대판 2009.8.20. 2009도3143).

④ 회사의 대표이사가 회사가 속한 재벌그룹의 전(前) 회장이 부담하여야 할 원천징수 소득세의 납부를 위하여 다른 회사에 회사자금을 대여한 사안에서, 특정경제범죄 가중처벌 등에 관한 법률 위반(배임)의 공소사실을 무죄로 판단한 원심판결에 업무상배임죄의 성립에 관한 법리를 오해한 위법이 있다(대판 2010.10.28. 2009도1149).

30 답 ④

┃정답해설┃

④ 장물인 귀금속의 매도를 부탁받은 피고인이 그 귀금속이 장물임을 알면서도 매매를 중개하고 매수인에게 이를 전달하려다가 매수인을 만나기도 전에 체포되었다 하더라도, 위 귀금속의 매매를 중개함으로써 장물알선죄가 성립한다(대판 2009.4.23. 2009도1203).

┃오답해설┃

① 형법상 장물죄(제362조 제1항)는 7년 이하의 징역이고 절도죄(제329조)는 6년 이하의 징역이므로 장물죄의 법정형이 절도죄보다 무겁다.
② 장물인 정을 모르고 보관하던 중 장물인 정을 알게 되고, 위 장물을 반환하는 것이 불가능하지 않음에도 불구하고 계속 보관함으로써 피해자의 정당한 반환청구권 행사를 어렵게 하여 위법한 재산상태를 유지시킨 경우에는 장물보관죄에 해당한다(대판 1987.10.13. 87도1633).
③ 장물취득죄에서 '취득'이라 함은 점유를 이전받음으로써 그 장물에 대하여 사실상의 처분권을 획득하는 것을 의미하는 것이므로, 단순히 보수를 받고 본범을 위하여 장물을 일시사용하거나 그와 같이 사용할 목적으로 장물을 건네받은 것만으로는 장물을 취득한 것으로 볼 수 없다(대판 2003.5.13. 2003도1366).

31 답 ②

┃정답해설┃

② 쪽파의 매수인이 명인방법을 갖추지 않은 경우, 쪽파에 대한 소유권을 취득하였다고 볼 수 없어 그 소유권은 여전히 매도인에게 있고 매도인과 제3자 사이에 일정 기간 후 임의처분의 약정이 있었다면 그 기간 후에 제3자가 쪽파를 손괴하였더라도 재물손괴죄가 성립하지 않는다(대판 1996.2.23. 95도2754).

┃오답해설┃

① 재물손괴의 범의를 인정함에 있어서는 반드시 계획적인 손괴의 의도가 있거나 물건의 손괴를 적극적으로 희망하여야 하는 것은 아니고, 소유자의 의사에 반하여 재물의 효용을 상실케 하는 데 대한 인식이 있으면 되고, 여기에서 재물의 효용을 해한다고 함은 그 물건의 본래의 사용목적에 공할 수 없게 하는 상태로 만드는 것은 물론 일시 그것을 이용할 수 없는 상태로 만드는 것도 역시 효용을 해하는 것에 해당한다(대판 1993.12.7. 93도2701).
③ 호스 자체를 물질적으로 손괴한 것은 아니라도 그 구체적인 역할을 하고 있는 고무호스 효용을 해한 것이라고 볼 수 있다(대판 1971.1.26. 70도2378).
④ 비록 자기명의의 문서라 할지라도 이미 타인(타기관)에 접수되어 있는 문서에 대하여 함부로 이를 무효화시켜 그 용도에 사용하지 못하게 하였다면 일응 형법상의 문서손괴죄를 구성한다 할 것이므로 그러한 내용의 범죄될 사실을 허위로 기재하여 수사기관에 고소한 이상 무고죄의 죄책을 면할 수 없다(대판 1987.4.14. 87도177).

32 답 ②

┃정답해설┃

② 연소죄는 자기소유 건조물 또는 물건에 대한 방화가 확대되어 다른 사람의 소유물에 연소한 경우를 처벌하기 위한 자기소유물에 대한 방화죄의 결과적 가중범이다(제168조 참고).

> **제168조(연소)**
> ① 제166조 제2항 또는 전조 제2항의 죄를 범하여 제164조, 제165조 또는 제166조 제1항에 기재한 물건에 연소한 때에는 1년 이상 10년 이하의 징역에 처한다.
> ② 전조 제2항의 죄를 범하여 전조 제1항에 기재한 물건에 연소한 때에는 5년 이하의 징역에 처한다.

① 형법 제167조 제2항은 방화의 객체인 물건이 자기의 소유에 속한 때에는 같은 조 제1항보다 감경하여 처벌하는 것으로 규정하고 있는바, 방화죄는 공공의 안전을 제1차적인 보호법익으로 하지만 제2차적으로는 개인의 재산권을 보호하는 것이라고 볼 수 있는 점, 현재 소유자가 없는 물건인 무주물에 방화하는 경우에 타인의 재산권을 침해하지 않는 점은 자기의 소유에 속한 물건을 방화하는 경우와 마찬가지인 점, 무주의 동산을 소유의 의사로 점유하는 경우에 소유권을 취득하는 것에 비추어(민법 제252조) 무주물에 방화하는 행위는 그 무주물을 소유의 의사로 점유하는 것이라고 볼 여지가 있는 점 등을 종합하여 보면, 불을 놓아 무주물을 소훼하여 공공의 위험을 발생하게 한 경우에는 '무주물'을 '자기 소유의 물건'에 준하는 것으로 보아 형법 제167조 제2항을 적용하여 처벌하여야 한다(대판 2009.10.15. 2009도7421).

③ 피고인이 방화의 의사로 뿌린 휘발유가 인화성이 강한 상태로 주택주변과 피해자의 몸에 적지 않게 살포되어 있는 사정을 알면서도 라이터를 켜 불꽃을 일으킴으로써 피해자의 몸에 불이 붙은 경우, 비록 외부적 사정에 의하여 불이 방화목적물인 주택 자체에 옮겨 붙지는 아니하였다 하더라도 현존건조물방화죄의 실행의 착수가 있었다고 봄이 상당하다(대판 2002.3.26. 2001도6641).

④ 피고인들이 피해자들의 재물을 강취한 후 그들을 살해할 목적으로 현주건조물에 방화하여 사망에 이르게 한 경우, 피고인들의 행위는 강도살인죄와 현주건조물방화치사죄에 모두 해당하고 그 두 죄는 상상적 경합범관계에 있다(대판 1998.12.8. 98도3416).

33

답 ④

■ 정답해설 ■

④ 그 문서의 성립은 진정하며 여기에 하등 작성명의를 모용한 사실이 있다고 할 수는 없으므로, 공문서위조죄의 간접정범으로 의율할 수는 없다(대판 2001.3.9. 2000도938).

■ 오답해설 ■

① 문서위조죄는 문서의 진정에 대한 공공의 신용을 그 보호법익으로 하는 것이므로 그 작성된 문서가 일반인으로 하여금 당해 명의인의 권한 내에서 작성된 것이라고 믿을 수 있는 정도의 형식과 외관을 구비하면 성립되는 것이고

자연인이 아닌 법인 또는 단체명의의 문서에 있어서는 요건이 구비된 이상 그 문서작성자로 표시된 사람의 실존 여부는 위조죄의 성립에 아무런 지장이 없으며, 기존의 진정문서를 이용하여 문서를 변개하는 경우에도 문서의 중요 부분에 변경을 가하여 새로운 증명력을 가지는 별개의 문서를 작성하는 것은 문서의 변조가 아닌 위조에 해당한다(대판 2003.9.26. 2003도3729).

② 사문서위조나 공정증서원본 불실기재가 성립한 후, 사후에 피해자의 동의 또는 추인 등의 사정으로 문서에 기재된 대로 효과의 승인을 받거나, 등기가 실체적 권리관계에 부합하게 되었다 하더라도, 이미 성립한 범죄에는 아무런 영향이 없다(대판 1999.5.14. 99도202).

③ 형법 제237조의2에 따라 전자복사기, 모사전송기 기타 이와 유사한 기기를 사용하여 복사한 문서의 사본도 문서원본과 동일한 의미를 가지는 문서로서 이를 다시 복사한 문서의 재사본도 문서위조죄 및 동 행사죄의 객체인 문서에 해당한다 할 것이고, 진정한 문서의 사본을 전자복사기를 이용하여 복사하면서 일부 조작을 가하여 그 사본 내용과 전혀 다르게 만드는 행위는 공공의 신용을 해할 우려가 있는 별개의 문서사본을 창출하는 행위로서 문서위조행위에 해당한다(대판 2000.9.5. 2000도2855).

34

답 ③

■ 정답해설 ■

③ 형법 제3조는 "본법은 대한민국 영역 외에서 죄를 범한 내국인에게 적용한다."고 하여 형법의 적용 범위에 관한 속인주의를 규정하고 있고, 또한 국가 정책적 견지에서 도박죄의 보호법익보다 좀 더 높은 국가이익을 위하여 예외적으로 내국인의 출입을 허용하는 폐광지역 개발지원에 관한 특별법 등에 따라 카지노에 출입하는 것은 법령에 의한 행위로 위법성이 조각된다고 할 것이나, 도박죄를 처벌하지 않는 외국 카지노에서의 도박이라는 사정만으로 그 위법성이 조각된다고 할 수 없다(대판 2004.4.23. 2002도2518).

■ 오답해설 ■

① 피고인 등이 사기도박에 필요한 준비를 갖추고 그러한 의도로 피해자들에게 도박에 참가하도록 권유한 때 또는 늦어도 그 정을 알지 못하는 피해자들이 도박에 참가한 때에는 이미 사기죄의 실행에 착수하였다고 할 것이므로, 피고인 등이 그 후에 사기도박을 숨기기 위하여 얼마간 정상적인 도박을 하였더라도 이는 사기죄의 실행행위에

포함되는 것이어서 피고인에 대하여는 피해자들에 대한 사기죄만이 성립하고 도박죄는 따로 성립하지 아니한다(대판 2011.1.13. 2010도9330).

② 형법 제247조의 도박개장죄는 영리의 목적으로 도박을 개장하면 기수에 이르고, 현실로 도박이 행하여졌음은 묻지 않는다(대판 2009.12.10. 2008도5282).

④ 상습도박의 죄나 상습도박방조의 죄에 있어서의 상습성은 행위의 속성이 아니라 행위자의 속성으로서 도박을 반복해서 거듭하는 습벽을 말하는 것인바, 도박의 습벽이 있는 자가 타인의 도박을 방조하면 상습도박방조의 죄에 해당하는 것이며, 도박의 습벽이 있는 자가 도박을 하고 또 도박방조를 하였을 경우 상습도박방조의 죄는 무거운 상습도박의 죄에 포괄시켜 1죄로서 처단하여야 한다(대판 1984.4.24. 84도195).

35

답 ①

┃정답해설┃

① 예비군 중대장이 그 소속 예비군대원의 훈련불참사실을 알았다면 이를 소속 대대장에게 보고하는 등의 조치를 취할 직무상의 의무가 있음은 물론이나, 그 소속 예비군대원의 훈련불참사실을 고의로 은폐할 목적으로 당해 예비군대원이 훈련에 참석한 양 허위내용의 학급편성명부를 작성, 행사하였다면, 직무위배의 위법상태는 허위공문서작성 당시부터 그 속에 포함되어 있는 것이고 그 후 소속대장에게 보고하지 아니하였다 하더라도 당초에 있었던 직무위배의 위법상태가 그대로 계속된 것에 불과하다고 보아야 하고, 별도의 직무유기죄가 성립하여 양죄가 실체적 경합범이 된다고 할 수 없다(대판 1982.12.28. 82도2210).

┃오답해설┃

② 학생군사교육단의 당직사관으로 주번근무를 하던 육군 중위가 당직근무를 함에 있어서 훈육관실에서 학군사관후보생 2명과 함께 술을 마시고 내무반에서 학군사관후보생 2명 및 애인 등과 함께 화투놀이를 한 다음 애인과 함께 자고 난 뒤 교대할 당직근무자에게 당직근무의 인계, 인수도 하지 아니한 채 퇴근하였다면 직무유기죄가 성립된다(대판 1990.12.21. 90도2425).

③ 경찰관의 이와 같은 행위는 습득물을 단순히 상회 운영자에게 보관시키거나 소유자를 찾아서 반환하도록 협조를 구한 정도를 벗어나 상회 운영자에게 그 습득물에 대한 임의적인 처분까지 용인한 것으로서 습득물 처리 지침에

따른 직무를 의식적으로 방임 내지 포기하고 정당한 사유 없이 직무를 수행하지 아니한 경우에 해당한다(대판 2002.5.17. 2001도6170).

④ 경찰관이 불법체류자의 신병을 출입국관리사무소에 인계하지 않고 훈방하면서 이들의 인적사항조차 기재해 두지 아니하였다면 직무유기죄가 성립한다. 하나의 행위가 부작위범인 직무유기죄와 작위범인 허위공문서작성·행사죄의 구성요건을 동시에 충족하는 경우, 공소제기권자는 재량에 의하여 작위범인 허위공문서작성·행사죄로 공소를 제기하지 않고 부작위범인 직무유기죄로만 공소를 제기할 수 있다(대판 2008.2.14. 2005도4202).

36

답 ②

┃정답해설┃

② 공무원이 직무집행의 의사 없이 또는 직무처리와 대가적 관계없이 타인을 공갈하여 재물을 교부하게 한 경우에는 공갈죄만이 성립하고, 이러한 경우 재물의 교부자가 공무원의 해악의 고지로 인하여 외포의 결과 금품을 제공한 것이라면 그는 공갈죄의 피해자가 될 것이고 뇌물공여죄는 성립될 수 없다고 하여야 할 것이다(대판 1994.12.22. 94도2528).

┃오답해설┃

① 뇌물공여죄가 성립하기 위하여는 뇌물을 공여하는 행위와 상대방 측에서 금전적으로 가치가 있는 그 물품 등을 받아들이는 행위가 필요할 뿐 반드시 상대방 측에서 뇌물수수죄가 성립하여야 함을 뜻하는 것은 아니다(대판 2006.2.24. 2005도4737).

③ 공소시효는 범죄행위를 종료한 때로부터 진행하는데(형소법 제252조 제1항), 공무원이 직무에 관하여 금전을 무이자로 차용한 경우에는 차용 당시에 금융이익 상당의 뇌물을 수수한 것으로 보아야 하므로, 공소시효는 금전을 무이자로 차용한 때로부터 기산한다(대판 2012.2.23. 2011도7282).

④ 뇌물로 공여된 당좌수표가 수수 후 부도가 되었다 하더라도 뇌물죄의 성립에는 아무런 소장이 없다(대판 1983.2.22. 82도2964).

37

정답 ④

┃정답해설┃

④ 형법이 업무방해죄와는 별도로 공무집행방해죄를 규정하고 있는 것은 사적 업무와 공무를 구별하여 공무에 관해서는 공무원에 대한 폭행, 협박 또는 위계의 방법으로 그 집행을 방해하는 경우에 한하여 처벌하겠다는 취지라고 보아야 할 것이고, 따라서 공무원이 직무상 수행하는 공무를 방해하는 행위에 대해서는 업무방해죄로 의율할 수는 없다고 해석함이 상당하다(대판 2009.11.19. 2009도4166 전합).

┃오답해설┃

① 위 경찰관에 대한 유형력의 행사나 해악의 고지표시가 되는 폭행 또는 협박으로 볼 수 없다(대판 1976.3.9. 75도3779).

② 형법 제136조가 정하는 공무집행방해죄는 공무원의 직무집행이 적법한 경우에 한하여 성립하는 것으로, 이러한 적법성이 결여된 직무행위를 하는 공무원에게 대항하여 폭행이나 협박을 가하였더라도 이를 공무집행방해죄로 다스릴 수는 없다. 이때 '적법한 공무집행'이란 그 행위가 공무원의 추상적 권한에 속할 뿐 아니라 구체적 직무집행에 관한 법률상 요건과 방식을 갖춘 경우를 가리킨다(대판 2011.4.28. 2007도7514).

③ 불법주차 차량에 불법주차 스티커를 붙였다가 이를 다시 떼어 낸 직후에 있는 주차단속 공무원을 폭행한 경우, 폭행 당시 주차단속 공무원은 일련의 직무수행을 위하여 근무 중인 상태에 있었다고 보아야 한다는 이유로 공무집행방해죄의 성립을 인정한 사례(대판 1999.9.21. 99도383).

38

정답 ②

┃정답해설┃

② 범인이 자신을 위하여 타인으로 하여금 허위의 자백을 하게 하여 범인도피죄를 범하게 하는 행위는 방어권의 남용으로 범인도피교사죄에 해당한다(대판 2000.3.24. 2000도20).

┃오답해설┃

① 범인 아닌 자가 수사기관에서 범인임을 자처하고 허위사실을 진술하여 진범의 체포와 발견에 지장을 초래하게 한 행위는 범인은닉죄에 해당한다(대판 1996.6.14. 96도1016).

③ 범인이 기소중지자임을 알고도 범인의 부탁으로 다른 사람의 명의로 대신 임대차계약을 체결해 준 경우, 비록 임대차계약서가 공시되는 것은 아니라 하더라도 수사기관이 탐문수사나 신고를 받아 범인을 발견하고 체포하는 것을 곤란하게 하여 범인도피죄에 해당한다고 한 사례(대판 2004.3.26. 2003도8226).

④ 참고인의 허위진술에 의하여 범인으로 지목된 사람이 구속 기소됨으로써 실제의 범인이 용이하게 도피하는 결과를 초래한다고 하더라도 그것만으로는 그 참고인에게 적극적으로 실제의 범인을 도피시켜 국가의 형사사법의 작용을 곤란하게 할 의사가 있었다고 볼 수 없어 그 참고인을 범인도피죄로 처벌할 수는 없다(대판 1997.9.9. 97도1596).

39

정답 ③

┃정답해설┃

③ 하나의 사건에 관하여 한 번 선서한 증인이 같은 기일에 여러 가지 사실에 관하여 기억에 반하는 허위의 진술을 한 경우 이는 하나의 범죄의사에 의하여 계속하여 허위의 진술을 한 것으로서 포괄하여 1개의 위증죄를 구성하는 것이고 각 진술마다 수 개의 위증죄를 구성하는 것이 아니다(대판 1998.4.14. 97도3340).

┃오답해설┃

① 위증죄는 법률에 의하여 선서한 증인이 허위의 공술을 한 때에 성립하는 것으로서, 그 공술의 내용이 당해 사건의 요증사실에 관한 것인지의 여부나 판결에 영향을 미친 것인지의 여부는 위증죄의 성립과 아무런 관계가 없다(대판 1990.2.23. 89도1212).

② 피고인이 자기의 형사사건에 관하여 허위의 진술을 하는 행위는 피고인의 형사소송에 있어서의 방어권을 인정하는 취지에서 처벌의 대상이 되지 않으나, 법률에 의하여 선서한 증인이 타인의 형사사건에 관하여 위증을 하면 형법 제152조 제1항의 위증죄가 성립되므로 자기의 형사사건에 관하여 타인을 교사하여 위증죄를 범하게 하는 것은 이러한 방어권을 남용하는 것이라고 할 것이어서 교사범의 죄책을 부담케 함이 상당하다(대판 2004.1.27. 2003도5114).

④ 선서를 하고서 진술한 증언내용이 자신이 그 증언내용사실을 잘 알지 못하면서도 잘 아는 것으로 증언한 것이라면 그 증언은 기억에 반한 진술이어서 위증죄가 성립된다(대판 1986.9.9. 86도57).

40 답 ①

┃정답해설┃

① 위증죄는 진술내용이 당해 사건의 요증사항이 아니거나 재판의 결과에 영향을 미친 바 없더라도 선서한 증인이 그 기억에 반하여 허위의 진술을 한 경우에는 성립되어 그 죄책을 면할 수 없으므로, 위증으로 고소·고발한 사실 중 위증한 당해 사건의 요증사항이 아니고 재판결과에 영향을 미친 바 없는 사실만이 허위라고 인정되더라도 무고죄의 성립에는 영향이 없다(대판 1989.9.26. 88도1533).

┃오답해설┃

② 타인으로 하여금 형사처분을 받게 할 목적으로 공무소에 대하여 허위사실을 신고하였다고 하더라도, 신고된 범죄사실에 대한 공소시효가 완성되었음이 신고 내용 자체에 의하여 분명한 경우에는 형사처분의 대상이 되지 않는 것이므로 무고죄가 성립하지 아니한다(대판 1994.2.8. 93도3445).

③ 무고죄는 국가의 형사 사법권 또는 징계권의 적정한 행사를 주된 보호법익으로 하고 다만, 개인의 부당하게 처벌 또는 징계받지 아니할 이익을 부수적으로 보호하는 죄이므로, 무고에 있어서 피무고자의 승낙이 있었다고 하더라도 무고죄는 성립한다(대판 2005.9.30. 2005도2712).

④ 허위내용의 고소장을 경찰관에게 제출하였을 때 이미 허위사실의 신고가 수사기관에 도달되어 무고죄의 기수에 이른 것이라 할 것이므로, 그 후에 그 고소장을 되돌려 받았다 하더라도 무고죄의 성립에 아무런 영향이 없다(대판 1985.2.8. 84도2215).

01	02	03	04	05	06	07	08	09	10	11	12	13	14	15	16	17	18	19	20
②	④	③	④	①	①	②	①	③	③	②	④	①	②	④	①	①	③	②	③
21	22	23	24	25	26	27	28	29	30	31	32	33	34	35	36	37	38	39	40
④	①	③	②	②	③	④	①	①	②	①	②	④	③	④	③	③	①	①	④

01

답 ②

▌정답해설▌

② 형사처벌의 근거가 되는 것은 법률이지 판례가 아니고, 형법 조항에 관한 판례의 변경은 그 법률조항의 내용을 확인하는 것에 지나지 아니하여 이로써 그 법률조항 자체가 변경된 것이라고 볼 수는 없으므로, 행위 당시의 판례에 의하면 처벌대상이 되지 아니하는 것으로 해석되었던 행위를 판례의 변경에 따라 확인된 내용의 형법 조항에 근거하여 처벌한다고 하여 그것이 헌법상 평등의 원칙과 형벌불소급의 원칙에 반한다고 할 수는 없다(대판 1999.9.17. 97도3349).

▌오답해설▌

① 개정 형법 제62조의2 제1항에 의하면 형의 집행을 유예를 하는 경우에는 보호관찰을 받을 것을 명할 수 있고, 같은 조 제2항에 의하면 제1항의 규정에 의한 보호관찰의 기간은 집행을 유예한 기간으로 하고, 다만 법원은 유예기간의 범위 내에서 보호관찰의 기간을 정할 수 있다고 규정되어 있는바, 위 조항에서 말하는 보호관찰은 형벌이 아니라 보안처분의 성격을 갖는 것으로서, 과거의 불법에 대한 책임에 기초하고 있는 제재가 아니라 장래의 위험성으로부터 행위자를 보호하고 사회를 방위하기 위한 합목적적인 조치이므로, 그에 관하여 반드시 행위 이전에 규정되어 있어야 하는 것은 아니며, 재판시의 규정에 의하여 보호관찰을 받을 것을 명할 수 있다고 보아야 할 것이고, 이와 같은 해석이 형벌불소급의 원칙 내지 죄형법정주의에 위배되는 것이라고 볼 수 없다(대판 1997.6.13. 97도703).

③ 형법 제1조 제2항 및 제8조에 의하면 범죄 후 법률의 변경에 의하여 형이 구법보다 경한 때에는 신법에 의한다고 규정하고 있으나 신법에 경과규정을 두어 이러한 신법의 적용을 배제하는 것도 허용되는 것으로서, 형을 종전보다 가볍게 형벌법규를 개정하면서 그 부칙으로 개정된 법의 시행 전의 범죄에 대하여 종전의 형벌법규를 적용하도록 규정한다 하여 헌법상의 형벌불소급의 원칙이나 신법우선주의에 반한다고 할 수 없다(대판 1999.7.9. 99도1695).

④ 한편 형법 제52조나 국가보안법 제16조 제1호에서도 공직선거법 제262조에서와 같이 모두 '범행발각 전'이라는 제한 문언 없이 "자수"라는 단어를 사용하고 있는데 형법 제52조나 국가보안법 제16조 제1호의 "자수"에는 범행이 발각되고 지명수배된 후의 자진출두도 포함되는 것으로 판례가 해석하고 있으므로 이것이 "자수"라는 단어의 관용적 용례라고 할 것인바, 공직선거법 제262조의 "자수"를 '범행발각 전에 자수한 경우'로 한정하는 풀이는 "자수"라는 단어가 통상 관용적으로 사용되는 용례에서 갖는 개념 외에 '범행발각 전'이라는 또 다른 개념을 추가하는 것으로서 결국은 '언어의 가능한 의미'를 넘어 공직선거법 제262조의 "자수"의 범위를 그 문언보다 제한함으로써 공직선거법 제230조 제1항 등의 처벌범위를 실정법 이상으로 확대한 것이 되고, 따라서 이는 단순한 목적론적 축소해석에 그치는 것이 아니라, 형면제 사유에 대한 제한적 유추를 통하여 처벌범위를 실정법 이상으로 확대한 것으로서 죄형법정주의의 파생원칙인 유추해석금지의 원칙에 위반된다(대판 1997.3.20. 96도1167 전합).

02

┃정답해설┃

④ 범죄행위 시와 재판 시 사이에 여러 차례 법령이 개정되어 형의 변경이 있는 경우에는 이 점에 관한 당사자의 주장이 없더라도 형법 제1조 제2항에 의하여 직권으로 그 전부의 법령을 비교하여 그중 가장 형이 가벼운 법령을 적용하여야 한다(대판 2012.9.13. 2012도7760).

┃오답해설┃

① 범죄의 성립과 처벌은 행위시의 법률에 의한다고 할 때의 "행위시"라 함은 범죄행위의 종료시를 의미한다(대판 1994.5.10. 94도563).

② · ③ 형법 제1조 제2항, 제3항

> **제1조(범죄의 성립과 처벌)**
> ① 범죄의 성립과 처벌은 행위 시의 법률에 따른다.
> ② 범죄 후 법률이 변경되어 그 행위가 범죄를 구성하지 아니하게 되거나 형이 구법(舊法)보다 가벼워진 경우에는 신법(新法)에 따른다.
> ③ 재판이 확정된 후 법률이 변경되어 그 행위가 범죄를 구성하지 아니하게 된 경우에는 형의 집행을 면제한다.

03

┃정답해설┃

③ 교통사고의 결과가 피해자의 구호 및 교통질서의 회복을 위한 조치가 필요한 상황인 이상 그 의무는 교통사고를 발생시킨 당해 차량의 운전자에게 그 사고발생에 있어서 고의 · 과실 혹은 유책 · 위법의 유무에 관계없이 부과된 의무라고 해석함이 상당할 것이므로, 당해 사고에 있어 귀책사유가 없는 경우에도 위 의무가 없다 할 수 없다(대판 2002.5.24. 2000도1731).

┃오답해설┃

① 대판 1992.2.11. 91도2951

② 대판 1985.3.26. 84도301

④ 특정 시술을 받으면 아들을 낳을 수 있을 것이라는 착오에 빠져있는 피해자들에게 그 시술의 효과와 원리에 관하여 사실대로 고지하지 아니한 채 아들을 낳을 수 있는 시술인 것처럼 가장하여 일련의 시술과 처방을 행한 의사에 대하여 사기죄의 성립을 인정한 사례(대판 2000.1.28. 99도2884).

04

┃정답해설┃

④ 강간을 당한 피해자가 집에 돌아가 음독자살하기에 이른 원인이 강간을 당함으로 인하여 생긴 수치심과 장래에 대한 절망감 등에 있었다 하더라도 그 자살행위가 바로 강간행위로 인하여 생긴 당연의 결과라고 볼 수는 없으므로 강간행위와 피해자의 자살행위 사이에 인과관계를 인정할 수는 없다(대판 1982.11.23. 82도1446).

┃오답해설┃

① 폭행 또는 협박으로 타인의 재물을 강취하려는 행위와 이에 극도의 흥분을 느끼고 공포심에 사로잡혀 이를 피하려다 상해에 이르게 된 사실과는 상당인과관계가 있다 할 것이고 이 경우 강취 행위자가 상해의 결과의 발생을 예견할 수 있었다면 이를 강도치상죄로 다스릴 수 있다(대판 1996.7.12. 96도1142).

② 대판 2000.9.5. 2000도2671

③ 선행차량에 이어 피고인 운전 차량이 피해자를 연속하여 역과하는 과정에서 피해자가 사망한 경우, 피고인의 업무상 과실을 인정한 사례(대판 2001.12.11. 2001도5005).

05

┃정답해설┃

① 명예훼손죄의 주관적 구성요건으로서의 범의는 행위자가 피해자의 명예가 훼손되는 결과를 발생케 하는 사실을 인식하므로 족하다 할 것이나 새로 목사로서 부임한 피고인이 전임목사에 관한 교회내의 불미스러운 소문의 진위를 확인하기 위하여 이를 교회집사들에게 물어보았다면 이는 경험칙상 충분히 있을 수 있는 일로서 명예훼손의 고의없는 단순한 확인에 지나지 아니하여 사실의 적시라고 할 수 없다 할 것이므로 이 점에서 피고인에게 명예훼손의 고의 또는 미필적 고의가 있을 수 없다고 할 수밖에 없다(대판 1985.5.28. 85도588).

┃오답해설┃

② 범죄구성요건의 주관적 요소로서 미필적 고의라 함은 범죄사실의 발생 가능성을 불확실한 것으로 표상하면서 이를 용인하고 있는 경우를 말하고, 미필적 고의가 있었다고 하려면 범죄사실의 발생 가능성에 대한 인식이 있음은 물론 나아가 범죄사실이 발생할 위험을 용인하는 내심의

의사가 있어야 하며, 그 행위자가 범죄사실이 발생할 가능성을 용인하고 있었는지의 여부는 행위자의 진술에 의존하지 아니하고 외부에 나타난 행위의 형태와 행위의 상황 등 구체적인 사정을 기초로 하여 일반인이라면 당해 범죄사실이 발생할 가능성을 어떻게 평가할 것인가를 고려하면서 행위자의 입장에서 그 심리상태를 추인하여야 한다(대판 2004.5.14. 2004도74).

③ 건장한 체격의 군인이 왜소한 체격의 피해자를 폭행하고 특히 급소인 목을 설골이 부러질 정도로 세게 졸라 사망케 한 행위에 살인의 범의가 있다고 본 사례(대판 2001.3.9. 2000도5590).

④ 대판 1995.1.24. 94도1949

06   답 ①

▎정답해설▎

① 의료사고에 있어서 의료종사자의 과실을 인정하기 위해서는 의료종사자가 결과발생을 예견할 수 있었음에도 그 결과발생을 예견하지 못하였고 그 결과발생을 회피할 수 있었음에도 그 결과발생을 회피하지 못한 과실이 검토되어야 하고, 그 과실의 유무를 판단함에는 같은 업무와 직무에 종사하는 일반적 보통인의 주의 정도를 표준으로 하여야 하며, 이에는 사고 당시의 일반적인 의학의 수준과 의료환경 및 조건, 의료행위의 특수성 등이 고려되어야 한다(대법원 2003.11.14. 2001도3904, 대법원 2005.6.10. 2005도314).

▎오답해설▎

② 형법 제10조 제3항은 "위험의 발생을 예견하고 자의로 심신장애를 야기한 자의 행위에는 전2항의 규정을 적용하지 아니한다"고 규정하고 있는 바, 이 규정은 고의에 의한 원인에 있어서의 자유로운 행위만이 아니라 과실에 의한 원인에 있어서의 자유로운 행위까지도 포함하는 것으로서 위험의 발생을 예견할 수 있었는데도 자의로 심신장애를 야기한 경우도 그 적용 대상이 된다고 할 것이다(대판 1992.7.28. 92도999).

③ 성수대교와 같은 교량이 그 수명을 유지하기 위하여는 건설업자의 완벽한 시공, 감독공무원들의 철저한 제작 시공상의 감독 및 유지·관리를 담당하고 있는 공무원들의 철저한 유지·관리라는 조건이 합치되어야 하는 것이므로, 위 각 단계에서의 과실 그것만으로 붕괴원인이 되지 못한다고 하더라도, 그것이 합쳐지면 교량이 붕괴될 수 있다는 점은 쉽게 예상할 수 있고, 따라서 위 각 단계에

관여한 자는 전혀 과실이 없다거나 과실이 있다고 하여도 교량붕괴의 원인이 되지 않았다는 등의 특별한 사정이 있는 경우를 제외하고는 붕괴에 대한 공동책임을 면할 수 없다(대판 1997.11.28. 97도1740).

④ … 위 사고 당시 시각과 사고 당시 도로상황 등에 비추어 자동차 운전업무에 종사하는 피고인으로서는 평소보다 더욱 속도를 줄이고 전방 좌우를 면밀히 주시하여 안전하게 운전함으로써 사고를 미연에 방지할 주의의무가 있었는데도, 이를 게을리한 채 그다지 속도를 줄이지 아니한 상태로 만연히 진행하던 중 전방 도로에 누워 있던 피해자를 발견하지 못하여 위 사고를 일으켰으므로, 사고 당시 피고인에게는 이러한 업무상 주의의무를 위반한 잘못이 있었는데도, 이와 달리 판단하여 피고인에게 무죄를 선고한 원심판결에 업무상과실치사죄의 구성요건에 관한 법리오해의 위법이 있다고 한 사례(대판 2011.5.26. 2010도17506).

07   답 ②

▎정답해설▎

② 피고인이 피해자의 멱살을 잡아 흔들고 주먹으로 가슴과 얼굴을 1회씩 구타하고 멱살을 붙들고 넘어뜨리는 등 신체 여러 부위에 표피박탈, 피하출혈 등의 외상이 생길 정도로 심하게 폭행을 가함으로써 평소에 오른쪽 관상동맥폐쇄 및 심실의 허혈성심근섬유화증세 등의 심장질환을 앓고 있던 피해자의 심장에 더욱 부담을 주어 나쁜 영향을 초래하도록 하였다면, 비록 피해자가 관상동맥부전과 허혈성심근경색 등으로 사망하였더라도, 피고인의 폭행의 방법, 부위나 정도 등에 비추어 피고인의 폭행과 피해자의 사망과 간에 상당인과관계가 있었다고 볼 수 있다(대판 1989.10.13. 89도556).

▎오답해설▎

① 형법 제164조 후단이 규정하는 현주건조물방화치사상죄는 그 전단이 규정하는 죄에 대한 일종의 가중처벌 규정으로서 과실이 있는 경우뿐만 아니라, 고의가 있는 경우에도 포함된다고 볼 것이므로 사람을 살해할 목적으로 현주건조물에 방화하여 사망에 이르게 한 경우에는 현주건조물방화치사죄로 의율하여야 하고 이와 더불어 살인죄와의 상상적경합범으로 의율할 것은 아니며, 다만 존속살인죄와 현주건조물방화치사죄는 상상적경합범 관계에 있으므로, 법정형이 중한 존속살인죄로 의율함이 타당하다(대판 1996.4.26. 96도485).

③ 결과적 가중범인 상해치사죄의 공동정범은 폭행 기타의 신체침해 행위를 공동으로 할 의사가 있으면 성립되고 결과를 공동으로 할 의사는 필요 없으며, 여러 사람이 상해의 범의로 범행 중 한 사람이 중한 상해를 가하여 피해자가 사망에 이르게 된 경우 나머지 사람들은 사망의 결과를 예견할 수 없는 때가 아닌 한 상해치사의 죄책을 면할 수 없다(대판 2000.5.12. 2000도745).

④ 강간이 미수에 그친 경우라도 그 수단이 된 폭행에 의하여 피해자가 상해를 입었으면 강간치상죄가 성립하는 것이며, 미수에 그친 것이 피고인이 자의로 실행에 착수한 행위를 중지한 경우이든 실행에 착수하여 행위를 종료하지 못한 경우이든 가리지 않는다(대판 1988.11.8. 88도1628).

08

답 ①

▌정답해설 ▌

① 경찰관의 행위가 적법한 공무집행을 벗어나 불법하게 체포한 것으로 볼 수밖에 없다면, 그 체포를 면하려고 반항하는 과정에서 경찰관에게 상해를 가한 것은 불법 체포로 인한 신체에 대한 현재의 부당한 침해에서 벗어나기 위한 행위로서 정당방위에 해당하여 위법성이 조각된다고 한 사례(대판 2000.7.4. 99도4341).

▌오답해설 ▌

② 甲과 乙이 공동으로 인적이 드문 심야에 혼자 귀가중인 丙女에게 뒤에서 느닷없이 달려들어 양팔을 붙잡고 어두운 골목길로 끌고 들어가 담벽에 쓰러뜨린 후 甲이 음부를 만지며 반항하는 丙女의 옆구리를 무릎으로 차고 억지로 키스를 함으로 丙女가 정조와 신체를 지키려는 일념에서 엉겁결에 甲의 혀를 깨물어 설절단상을 입혔다면 丙女의 범행은 자기의 신체에 대한 현재의 부당한 침해에서 벗어나려고 한 행위로서 그 행위에 이르게 된 경위와 그 목적 및 수단, 행위자의 의사 등 제반사정에 비추어 위법성이 결여된 행위이다(대판 1989.8.8. 89도358).

③ 이혼소송 중인 남편이 찾아와 가위로 폭행하고 변태적 성행위를 강요하는 데에 격분하여 처가 칼로 남편의 복부를 찔러 사망에 이르게 한 경우, 그 행위는 방위행위로서의 한도를 넘어선 것으로 사회통념상 용인될 수 없다는 이유로 정당방위나 과잉방위에 해당하지 않는다고 본 사례(대판 2001.5.15. 2001도1089).

④ 피고인이 피해자로부터 뺨을 맞고 손톱깎이 칼에 찔려 약 1cm 정도의 상처를 입었다 하여 약 20cm의 과도로 피해자의 복부를 찔렀다면 정당방위에 해당한다고 볼 수 없다(대판 1968.12.24. 68도1229).

09

답 ③

▌정답해설 ▌

③ 피고인들이 확성장치 사용, 연설회 개최, 불법행렬, 서명날인운동, 선거운동기간 전 집회 개최 등의 방법으로 특정 후보자에 대한 낙선운동을 함으로써 공직선거 및 선거부정방지법에 의한 선거운동제한 규정을 위반한 피고인들의 같은 법 위반의 각 행위는 위법한 행위로서 허용될 수 없는 것이고, 피고인들의 위 각 행위가 시민불복종운동으로서 헌법상의 기본권 행사 범위 내에 속하는 정당행위이거나 형법상 사회상규에 위반되지 아니하는 정당행위 또는 긴급피난의 요건을 갖춘 행위로 볼 수는 없다(대판 2004.4.27. 2002도315).

▌오답해설 ▌

① 제22조 제1항 참고

> **제22조(긴급피난)**
> ① 자기 또는 타인의 법익에 대한 현재의 위난을 피하기 위한 행위는 상당한 이유가 있는 때에는 벌하지 아니한다.

② 피고인이 스스로 야기한 강간범행의 와중에서 피해자가 피고인의 손가락을 깨물며 반항하자 물린 손가락을 비틀며 잡아 뽑다가 피해자에게 치아결손의 상해를 입힌 소위를 가리켜 법에 의하여 용인되는 피난행위라 할 수 없다(대판 1995.1.12. 94도2781).

④ 집회장소 사용 승낙을 하지 않은 甲대학교측의 집회 저지 협조요청에 따라 경찰관들이 甲대학교 출입문에서 신고된 甲대학교에서의 집회에 참가하려는 자의 출입을 저지한 것은 경찰관직무집행법 제6조의 주거침입행위에 대한 사전 제지조치로 볼 수 있고, 비록 그 때문에 소정의 신고없이 乙대학교로 장소를 옮겨서 집회를 하였다 하여 그 신고없이 한 집회가 긴급피난에 해당한다고도 할 수 없다(대판 1990.8.14. 90도870).

10
답 ③

▍정답해설▍

③ 종교적 기도행위의 일환으로서 기도자의 기도에 의한 염원 내지 의사가 상대방에게 심리적 또는 영적으로 전달되는 데 도움이 된다고 인정할 수 있는 한도 내에서 상대방의 신체의 일부에 가볍게 손을 얹거나 약간 누르면서 병의 치유를 간절히 기도하는 행위는 그 목적과 수단면에서 정당성이 인정된다고 볼 수 있지만, 그러한 종교적 기도행위를 마치 의료적으로 효과가 있는 치료행위인 양 내세워 환자를 끌어들인 다음, 통상의 일반적인 안수기도의 방식과 정도를 벗어나 환자의 신체에 비정상적이거나 과도한 유형력을 행사하고 신체의 자유를 과도하게 제압하여 환자의 신체에 상해까지 입힌 경우라면, 그러한 유형력의 행사가 비록 안수기도의 명목과 방법으로 이루어졌다 해도 사회상규상 용인되는 정당행위라고 볼 수 없다 (대판 2008.8.21. 2008도2695).

▍오답해설▍

① 설령 대공수사단 직원은 상관의 명령에 절대 복종하여야 한다는 것이 불문율로 되어 있다 할지라도 국민의 기본권인 신체의 자유를 침해하는 고문행위 등이 금지되어 있는 우리의 국법질서에 비추어 볼 때 그와 같은 불문율이 있다는 것만으로는 고문치사와 같이 중대하고도 명백한 위법명령에 따른 행위가 정당한 행위에 해당하거나 강요된 행위로서 적법행위에 대한 기대가능성이 없는 경우에 해당하게 되는 것이라고는 볼 수 없다(대판 1988.2.23. 87도2358).

② 타인의 주거에 침입한 행위가 비록 불법선거운동을 적발하려는 목적으로 이루어진 것이라고 하더라도, 타인의 주거에 도청장치를 설치하는 행위는 그 수단과 방법의 상당성을 결하는 것으로서 정당행위에 해당하지 않는다 (대판 1997.3.28. 95도2674).

④ 아파트 입주자대표회의의 임원 또는 아파트관리회사의 직원들인 피고인들이 기존 관리회사의 직원들로부터 계속 업무집행을 제지받던 중 저수조 청소를 위하여 출입문에 설치된 자물쇠를 손괴하고 중앙공급실에 침입한 행위는 정당행위에 해당하나, 관리비 고지서를 빼앗거나 사무실의 집기 등을 들어낸 행위는 정당행위에 해당하지 않는다고 한 원심의 판단을 수긍한 사례(대판 2006.4.13. 2003도3902).

11
답 ②

▍정답해설▍

② 기공원을 운영하면서 환자들을 대상으로 척추교정시술행위를 한 자가 정부 공인의 체육종목인 '활법'의 사회체육지도자 자격증을 취득한 자라 하여도 자신의 행위가 무면허 의료행위에 해당되지 아니하여 죄가 되지 않는다고 믿은 데에 정당한 사유가 있었다고 할 수 없다고 한 사례(대판 2002.5.10. 2000도2807).

▍오답해설▍

① 피고인이 제약회사에 근무한다는 자로부터 마약이 없어 약을 제조하지 못하니 구해 달라는 거짓 부탁을 받고 제약회사에서 쓰는 마약은 구해 주어도 죄가 되지 아니하는 것으로 믿고 생아편을 구해 주었다 하더라도 피고인들이 마약취급의 면허가 없는 이상 위와 같이 믿었다 하여 이러한 행위가 법령에 의하여 죄가 되지 아니하는 것으로 오인하였거나, 그 오인에 정당한 이유가 있는 경우라고 볼 수 없다(대판 1983.9.13. 83도1927).

③ 행정청의 허가가 있어야 함에도 불구하고 허가를 받지 아니하여 처벌대상의 행위를 한 경우라도 허가를 담당하는 공무원이 허가를 요하지 않는 것으로 잘못 알려 주어 이를 믿었기 때문에 허가를 받지 아니한 것이라면 허가를 받지 않더라도 죄가 되지 않는 것으로 착오를 일으킨 데 대하여 정당한 이유가 있는 경우에 해당하여 처벌할 수 없다(대판 1993.9.14. 92도1560).

④ 이러한 피고인이 검사의 수사지휘만 받으면 허위로 공문서를 작성하여도 죄가 되지 아니하는 것으로 그릇 인식하였다는 것은 납득이 가지 아니하고, 가사 피고인이 그러한 그릇된 인식이 있었다 하여도 피고인의 직업 등에 비추어 그러한 그릇된 인식을 함에 있어 정당한 이유가 있다고 볼 수도 없다(대판 1995.11.10. 95도2088).

12

┃정답해설┃

④ 폭행죄는 거동범이며 미수범 처벌규정이 없다(제260조).

┃오답해설┃

① 제124조 참고

> **제124조(불법체포, 불법감금)**
> ① 재판, 검찰, 경찰 기타 인신구속에 관한 직무를 행하는 자 또는 이를 보조하는 자가 그 직권을 남용하여 사람을 체포 또는 감금한 때에는 7년 이하의 징역과 10년 이하의 자격정지에 처한다.
> ② 전항의 미수범은 처벌한다.

② 제146조, 제149조 참고

> **제146조(특수도주)**
> 수용설비 또는 기구를 손괴하거나 사람에게 폭행 또는 협박을 가하거나 2인 이상이 합동하여 전조제1항의 죄를 범한 자는 7년 이하의 징역에 처한다.

> **제149조(미수범)**
> 전4조(제145조~제148조)의 미수범은 처벌한다.

③ 제257조 참고

> **제257조(상해, 존속상해)**
> ① 사람의 신체를 상해한 자는 7년 이하의 징역, 10년 이하의 자격정지 또는 1천만원 이하의 벌금에 처한다.
> ② 자기 또는 배우자의 직계존속에 대하여 제1항의 죄를 범한 때에는 10년 이하의 징역 또는 1천500만원 이하의 벌금에 처한다.
> ③ 전 2항의 미수범은 처벌한다.

13

┃정답해설┃

① 노상에 세워 놓은 자동차 안에 있는 물건을 훔칠 생각으로 자동차의 유리창을 통하여 그 내부를 손전등으로 비추어 본 것에 불과하다면 비록 유리창을 따기 위해 면장갑을 끼고 있었고 칼을 소지하고 있었다 하더라도 절도의 예비행위로 볼 수는 있겠으나 타인의 재물에 대한 지배를 침해하는데 밀접한 행위를 한 것이라고는 볼 수 없어 절취행위의 착수에 이른 것이었다고 볼 수 없다(대판 1985.4.23. 85도464).

┃오답해설┃

② 사기죄는 편취의 의사로 기망행위를 개시한 때에 실행에 착수한 것으로 보아야 하므로, 사기도박에서도 사기적인 방법으로 도금을 편취하려고 하는 자가 상대방에게 도박에 참가할 것을 권유하는 등 기망행위를 개시한 때에 실행의 착수가 있는 것으로 보아야 한다(대판 2011.1.13. 2010도9330).

③ 매개물을 통한 점화에 의하여 건조물을 소훼함을 내용으로 하는 형태의 방화죄의 경우에, 범인이 그 매개물에 불을 켜서 붙였거나 또는 범인의 행위로 인하여 매개물에 불이 붙게 됨으로써 연소작용이 계속될 수 있는 상태에 이르렀다면, 그것이 곧바로 진화되는 등의 사정으로 인하여 목적물인 건조물 자체에는 불이 옮겨 붙지 못하였다고 하더라도, 방화죄의 실행의 착수가 있었다고 보아야 할 것이고, 구체적인 사건에 있어서 이러한 실행의 착수가 있었는지 여부는 범행 당시 피고인의 의사 내지 인식, 범행의 방법과 태양, 범행 현장 및 주변의 상황, 매개물의 종류와 성질 등의 제반 사정을 종합적으로 고려하여 판단하여야 한다(대판 2002.3.26. 2001도6641).

④ 간첩의 목적으로 외국 또는 북한에서 국내에 침투 또는 월남하는 경우에는 기밀탐지가 가능한 국내에 침투 상륙함으로써 간첩죄의 실행의 착수가 있다고 할 것이다(대판 1984.9.11. 84도1381).

14

┃정답해설┃

② 공동정범은 공동자 상호간에 의사연락이 있어야 하는바, 범인 중 일방에게만 공동가공의 의사가 있는 편면적 공동정범은 인정되지 않는다(대판 1985.5.14. 84도2118). 이 경우에는 동시범이나 편면적 종범이 될 수 있을 뿐이다.

┃오답해설┃

① 제30조 참고

제30조(공동정범)
2인 이상이 공동하여 죄를 범한 때에는 각자를 그 죄의 정범으로 처벌한다.

③ 대판 2008.4.10. 2008도1274
④ 대판 1982.6.8. 82도884

15

┃정답해설┃

④ 막연히 "범죄를 하라"거나 "절도를 하라"고 하는 등의 행위만으로는 교사행위가 되기에 부족하다 하겠으나, 타인으로 하여금 일정한 범죄를 실행할 결의를 생기게 하는 행위를 하면 되는 것으로서 교사의 수단방법에 제한이 없다 할 것이므로, 교사범이 성립하기 위하여는 범행의 일시, 장소, 방법 등의 세부적인 사항까지를 특정하여 교사할 필요는 없는 것이고, 정범으로 하여금 일정한 범죄의 실행을 결의할 정도에 이르게 하면 교사범이 성립된다(대판 1991.5.14. 91도542).

┃오답해설┃

① 교사자가 피교사자에게 피해자를 "정신차릴 정도로 때려 주라."고 교사하였다면 이는 상해에 대한 교사로 봄이 상당하다(대판 1997.6.24. 97도1075).
② 범인이 자신을 위하여 타인으로 하여금 허위의 자백을 하게 하여 범인도피죄를 범하게 하는 행위는 방어권의 남용으로 범인도피교사죄에 해당한다(대판 2000.3.24. 2000도20).
③ 치과의사가 환자의 대량유치를 위해 치과기공사들에게 내원환자들에게 진료행위를 하도록 지시하여 동인들이 각 단독으로 전항과 같은 진료행위를 하였다면 무면허의료행위의 교사범에 해당한다(대판 1986.7.8. 86도749).

16

┃정답해설┃

① 유가증권위조죄에 있어서의 위조된 유가증권은 임의적 몰수의 대상이다(제48조 참고).

제48조(몰수의 대상과 추징)
① 범인 외의 자의 소유에 속하지 아니하거나 범죄 후 범인 외의 자가 사정을 알면서 취득한 다음 각 호의 물건은 전부 또는 일부를 몰수할 수 있다.
  1. 범죄행위에 제공하였거나 제공하려고 한 물건
  2. 범죄행위로 인하여 생겼거나 취득한 물건
  3. 제1호 또는 제2호의 대가로 취득한 물건
② 제항 각 호의 물건을 몰수할 수 없을 때에는 그 가액(價額)을 추징한다.
③ 문서, 도화(圖畫), 전자기록(電磁記錄) 등 특수매체 기록 또는 유가증권의 일부가 몰수의 대상이 된 경우에는 그 부분을 폐기한다.

┃오답해설┃

② 배임수재에 의하여 취득한 재물은 필요적 몰수(제357조 제3항)

제357조(배임수증재)
① 타인의 사무를 처리하는 자가 그 임무에 관하여 부정한 청탁을 받고 재물 또는 재산상의 이익을 취득하거나 제3자로 하여금 이를 취득하게 한 때에는 5년 이하의 징역 또는 1천만원 이하의 벌금에 처한다.
② 제1항의 재물 또는 재산상 이익을 공여한 자는 2년 이하의 징역 또는 500만원 이하의 벌금에 처한다.
③ 범인 또는 그 사정을 아는 제3자가 취득한 제1항의 재물은 몰수한다. 그 재물을 몰수하기 불가능하거나 재산상의 이익을 취득한 때에는 그 가액을 추징한다.

③ 공무원이 받은 뇌물은 필요적 몰수(제134조)

제134조(몰수, 추징)
범인 또는 사정을 아는 제3자가 받은 뇌물 또는 뇌물로 제공하려고 한 금품은 몰수한다. 이를 몰수할 수 없을 경우에는 그 가액을 추징한다.

④ 아편에 관한 죄의 아편흡식기는 필요적 몰수(제206조)

제206조(몰수, 추징)
본장의 죄에 제공한 아편, 몰핀이나 그 화합물 또는 아편흡식기구는 몰수한다. 그를 몰수하기 불능한 때에는 그 가액을 추징한다.

17   답 ①

▌정답해설▌

① 혼인외의 출생자의 경우 생부(生父)는 인지시에만 법률 상의 직계존속이 되지만, 생모(生母)는 子의 출생으로 당연히 법률상의 직계존속이 된다(判例). 따라서 혼인외의 출생자가 생모를 살해한 경우에는 존속살해죄가 성립한다.

▌오답해설▌

② 대판 1991.10.22. 91도2174

③ 사람을 살해한 자가 그 사체를 다른 장소로 옮겨 유기하였을 때에는 별도로 사체유기죄가 성립하고, 이와 같은 사체유기를 불가벌적 사후행위로 볼 수는 없다(대판 1997.7.25. 97도1142).

④ 조산원이 분만 중인 태아를 질식사에 이르게 한 경우에는 업무상 과실치사죄가 성립한다(대판 1982.10.12. 81도 2621).

18   답 ③

▌정답해설▌

③ 음모는 성적 성숙함을 나타내거나 치부를 가려주는 등의 시각적·감각적인 기능 이외에 특별한 생리적 기능이 없는 것이므로, 피해자의 음모의 모근(毛根) 부분을 남기고 모간(毛幹) 부분만을 일부 잘라냄으로써 음모의 전체적인 외관에 변형만이 생겼다면, 이로 인하여 피해자에게 수치심을 야기하기는 하겠지만, 병리적으로 보아 피해자의 신체의 건강상태가 불량하게 변경되거나 생활기능에 장애가 초래되었다고 할 수는 없을 것이므로, 그것이 폭행에 해당할 수 있음은 별론으로 하고 강제추행 치상죄의 상해에 해당한다고 할 수는 없다.

▌오답해설▌

① [1] 형법 제258조 제1항, 제2항에서 정하는 중상해는 사람의 신체를 상해하여 생명에 대한 위험을 발생하게 하거나, 신체의 상해로 인하여 불구 또는 불치나 난치의 질병에 이르게 한 경우에 성립한다.
[2] 1～2개월간 입원할 정도로 다리가 부러진 상해 또는 3주간의 치료를 요하는 우측흉부자상이 중상해에 해당하지 않는다고 한 사례(대판 2005.12.9. 2005도7527).

② 대판 2005.5.26. 2005도1039

④ 오랜 시간 동안의 협박과 폭행을 이기지 못하고 실신하여 범인들이 불러온 구급차 안에서야 정신을 차리게 되었다면, 외부적으로 어떤 상처가 발생하지 않았다고 하더라도 생리적 기능에 훼손을 입어 신체에 대한 상해가 있었다(대판 1996.12.10. 96도2529).

19   답 ②

▌정답해설▌

② … 거리상 멀리 떨어져 있는 사람에게 전화기를 이용하여 전화하면서 고성을 내거나 그 전화 대화를 녹음 후 듣게 하는 경우에는 특수한 방법으로 수화자의 청각기관을 자극하여 그 수화자로 하여금 고통스럽게 느끼게 할 정도의 음향을 이용하였다는 등의 특별한 사정이 없는 한 신체에 대한 유형력의 행사를 한 것으로 보기 어렵다(대판 2003.1.10. 2000도5716).

▌오답해설▌

① 제260조 제3항 참조

> **제260조(폭행, 존속폭행)**
> ③ 제1항 및 제2항의 죄는 피해자의 명시한 의사에 반하여 공소를 제기할 수 없다.

③ 형법 제260조에서 말하는 폭행이란 사람의 신체에 대하여 유형력을 행사하는 것을 의미하는 것으로서 피고인이 피해자에게 욕설을 한 것만을 가지고 당연히 폭행을 한 것이라고 할 수는 없을 것이고, 피해자 집의 대문을 발로 찬 것이 막바로 또는 당연히 피해자의 신체에 대하여 유형력을 행사한 경우에 해당한다고 할 수도 없다(대판 1991.1.29. 90도2153).

④ 제260조 제2항 참조

> **제260조(폭행, 존속폭행)**
> ② 자기 또는 배우자의 직계존속에 대하여 제1항의 죄를 범한 때에는 5년 이하의 징역 또는 700만원 이하의 벌금에 처한다.

20

답 ③

┃정답해설┃

③ 유기죄에 있어서는 행위자가 요부조자에 대한 보호책임의 발행원인이 된 사실이 존재한다는 것을 인식하고 이에 기한 부조의무를 해태한다는 의식이 있음을 요한다(대판 1988.8.9. 86도225).

┃오답해설┃

① 유기죄는 진정신분범이다(제271조).

제271조(유기, 존속유기)
① 나이가 많거나 어림, 질병 그 밖의 사정으로 도움이 필요한 사람을 법률상 또는 계약상 보호할 의무가 있는 자가 유기한 경우에는 3년 이하의 징역 또는 500만원 이하의 벌금에 처한다.

② 생모가 사망의 위험이 예견되는 그 딸에 대하여는 수혈이 최선의 치료방법이라는 의사의 권유를 자신의 종교적 신념이나 후유증 발생의 염려만을 이유로 완강하게 거부하고 방해하였다면 이는 결과적으로 요부조자를 위험한 장소에 두고 떠난 경우나 다름이 없다고 할 것이고 그때 사리를 변식할 지능이 없다고 보아야 마땅한 11세 남짓의 환자 본인 역시 수혈을 거부하였다고 하더라도 생모의 수혈거부 행위가 위법한 점에 영향을 미치는 것이 아니다(대판 1980.9.24. 79도1387).

④ 대판 1969.2.4. 68도1793

21

답 ④

┃정답해설┃

④ 협박죄에 대하여 유죄를 선고한 원심판결을 해악의 고지는 있지만 사회통념에 비추어 용인할 수 있는 정도의 것이기 때문에 협박죄가 성립하지 아니한다(대판 1998.3.10. 98도70).

┃오답해설┃

① … 스스로의 감정을 이기지 못하고 야구방망이로 때릴듯이 피해자에게 "죽여 버린다."고 말하여 협박하는 것은 그 자체로 피해자의 인격 성장에 장해를 가져올 우려가 커서 이를 교양권의 행사라고 보기도 어렵다(대판 2002.2.8. 2001도6468).

② "앞으로 수박이 없어지면 네 책임으로 한다"고 말하였다고 하더라도 그것만으로는 구체적으로 어떠한 법익에 어떠한 해악을 가하겠다는 것인지를 알 수 없어 이를 해악의 고지라고 보기 어렵고, 가사 위와 같이 말한 것이 다소간의 해악의 고지에 해당한다고 가정하더라도, … 이는 정당한 훈계의 범위를 벗어나는 것이 아니어서 사회상규에 위배되지 아니하므로 위법성이 없다고 봄이 상당하다(대판 1995.9.29. 94도2187).

③ … 상대방이 그에 의하여 현실적으로 공포심을 일으킬 것까지 요구하는 것은 아니며, 그와 같은 정도의 해악을 고지함으로써 상대방이 그 의미를 인식한 이상, 상대방이 현실적으로 공포심을 일으켰는지 여부와 관계없이 그로써 구성요건은 충족되어 협박죄의 기수에 이르는 것으로 해석하여야 한다(대판 2007.9.28. 2007도606 전합).

22

답 ①

┃정답해설┃

① 승용차로 피해자를 가로막아 승차하게 한 후 피해자의 하차 요구를 무시한 채 당초 목적지가 아닌 다른 장소를 향하여 시속 약 60km 내지 70km의 속도로 진행하여 피해자를 차량에서 내리지 못하게 한 행위는 감금죄에 해당한다(대판 2000.2.11. 99도5286).

┃오답해설┃

② 정신병자의 어머니의 의뢰 및 승낙하에 그 감호를 위하여 그 보호실 문을 야간에 한해서 3일간 시정하여 출입을 못하게 한 감금행위는 그 병자의 신체의 안정과 보호를 위하여 사회통념상 부득이 한 조처로서 수긍될 수 있는 것이면, 위법성이 없다(대판 1980.2.12. 79도1349).

③ 피해자가 만약 도피하는 경우에는 생명 신체에 심한 해를 당할지도 모른다는 공포감에서 도피하기를 단념하고 있는 상태하에서 그를 호텔로 데리고 가서 함께 유숙한 후 그와 함께 항공기로 국외에 나간 행위는 감금죄를 구성한다(대판 1991.8.27. 91도1604).

④ 폭력행위등 처벌에 관한 법률 제3조 제1항 소정의 감금죄는 단체나 다중의 위력으로 사람의 행동의 자유를 장소적으로 구속하는 경우를 처벌하는 규정임이 명백하므로 피고인들이 대한상이군경회원 80여 명과 공동으로 호텔 출입문을 봉쇄하며 피해자들의 출입을 방해하였다면 위의 감금죄에 해당한다(대판 1983.9.13. 80도277).

23

탑 ③

▌정답해설▐

③ 미성년자를 유인한 자가 계속하여 이를 불법하게 감금하였을 때에는 미성년자유인죄 이외에 감금죄가 성립한다(대판 1961.9.21. 4294형상455).

▌오답해설▐

① 미성년자 혼자 머무는 주거에 침입하여 강도 범행을 하는 과정에서 미성년자와 그 부모에게 폭행·협박을 가하여 일시적으로 부모와의 보호관계가 사실상 침해·배제되었더라도, 미성년자가 기존의 생활관계로부터 완전히 이탈되었다거나 새로운 생활관계가 형성되었다고 볼 수 없고 범인의 의도도 위와 같은 생활관계의 이탈이 아니라 단지 금품 강취를 위한 반항 억압에 있었으므로, 형법 제287조의 미성년자약취죄가 성립하지 않는다고 한 사례(대판 2008.1.17. 2007도8485).

② 미성년자를 보호감독하는 자라 하더라도 다른 보호감독자의 감호권을 침해하거나 자신의 감호권을 남용하여 미성년자 본인의 이익을 침해하는 경우에는 미성년자 약취·유인죄의 주체가 될 수 있다(대판 2008.1.31. 2007도8011).

④ 대판 2007.5.11. 2007도2318

24

탑 ②

▌정답해설▐

② 피고인이 엘리베이터 안에서 피해자를 칼로 위협하는 등의 방법으로 꼼짝하지 못하도록 하여 자신의 실력적인 지배하에 둔 다음 자위행위 모습을 보여준 행위가 강제추행죄의 추행에 해당한다고 본 사례(대판 2010.2.25. 2009도13716).

▌오답해설▐

① 초등학교 4학년 담임교사(남자)가 교실에서 자신이 담당하는 반의 남학생의 성기를 만진 행위가 미성년자의제강제추행죄에서 말하는 '추행'에 해당한다(대판 2006.1.13. 2005도6791).

③ 형법 제297조에서 규정한 강간죄의 객체인 '부녀'에 법률상 처(妻)가 포함되는지 여부(적극) 및 혼인관계가 실질적으로 유지되고 있더라도 남편이 반항을 불가능하게 하거나 현저히 곤란하게 할 정도의 폭행이나 협박을 가하여 아내를 간음한 경우 강간죄가 성립하는지 여부(적극)(대판 2013.5.16. 2012도14788).

④ 피해자와 춤을 추면서 피해자의 유방을 만진 행위가 순간적인 행위에 불과하더라도 피해자의 의사에 반하여 행하여진 유형력의 행사에 해당하고 피해자의 성적 자유를 침해할 뿐만 아니라 일반인의 입장에서도 추행행위라고 평가될 수 있는 것으로서, 폭행행위 자체가 추행행위라고 인정되어 강제추행에 해당된다고 한 사례(대판 2002.4.26. 2001도2417).

25

탑 ②

▌정답해설▐

② 골프클럽 경기보조원들의 구직편의를 위해 제작된 인터넷 사이트 내 회원 게시판에 특정 골프클럽의 운영상 불합리성을 비난하는 글을 게시하면서 위 클럽담당자에 대하여 한심하고 불쌍한 인간이라는 등 경멸적 표현을 한 사안에서, 게시의 동기와 경위, 모욕적 표현의 정도와 비중 등에 비추어 사회상규에 위배되지 않는다고 보아 모욕죄의 성립을 부정한 사례(대판 2008.7.10. 2008도1433).

▌오답해설▐

① 개인 블로그의 비공개 대화방에서 상대방으로부터 비밀을 지키겠다는 말을 듣고 일대일로 대화하였다고 하더라도, 그 사정만으로 대화 상대방이 대화내용을 불특정 또는 다수에게 전파할 가능성이 없다고 할 수 없으므로, 명예훼손죄의 요건인 공연성을 인정할 여지가 있다고 본 사례(대판 2008.2.14. 2007도8155).

③ 甲 운영의 산후조리원을 이용한 피고인이 인터넷 카페나 자신의 블로그 등에 자신이 직접 겪은 불편사항 등을 후기 형태로 게시하여 甲의 명예를 훼손하였다고 하여 정보통신망 이용촉진 및 정보보호 등에 관한 법률 위반으로 기소된 사안에서, 제반 사정에 비추어 볼 때 피고인에게 甲을 비방할 목적이 있었다고 보기 어려운데도, 이와 달리 보아 유죄를 인정한 원심판결에 '사람을 비방할 목적'에 관한 법리오해의 위법이 있다고 한 사례(대판 2012.11.29. 2012도10392).

④ 중학교 교사에 대해 "전과범으로서 교사직을 팔아가며 이웃을 해치고 고발을 일삼는 악덕 교사"라는 취지의 진정서를 그가 근무하는 학교법인 이사장 앞으로 제출한 행위 자체는 위 진정서의 내용과 진정서의 수취인인 학교법인 이사장과 위 교사의 관계 등에 비추어 볼 때 위 이사장이 위 진정서 내용을 타에 전파할 가능성이 있다고 보기 어려우므로 명예훼손죄의 구성요건인 공연성이 있다고 보기 어렵다(대판 1983.10.25. 83도2190).

26

┃정답해설┃

③ [1] 주거침입죄에서 주거란 단순히 가옥 자체만을 말하는 것이 아니라 그 정원 등 위요지를 포함한다. 따라서 다가구용 단독주택이나 다세대주택·연립주택·아파트 등 공동주택 안에서 공용으로 사용하는 계단과 복도는, 주거로 사용하는 각 가구 또는 세대의 전용 부분에 필수적으로 부속하는 부분으로서 그 거주자들에 의하여 일상생활에서 감시·관리가 예정되어 있고 사실상의 주거의 평온을 보호할 필요성이 있는 부분이므로, 특별한 사정이 없는 한 주거침입죄의 객체인 '사람의 주거'에 해당한다. [2] 다가구용 단독주택인 빌라의 잠기지 않은 대문을 열고 들어가 공용 계단으로 빌라 3층까지 올라갔다가 1층으로 내려온 사안에서, 주거인 공용 계단에 들어간 행위가 거주자의 의사에 반한 것이라면 주거에 침입한 것이라고 보아야 한다는 이유로, 주거침입죄를 구성하지 않는다고 본 원심판결을 파기한 사례(대판 2009.8.20. 2009도3452).

┃오답해설┃

① 피고인이 갑의 부재중에 갑의 처(妻) 을과 혼외 성관계를 가질 목적으로 을이 열어 준 현관 출입문을 통하여 갑과 을이 공동으로 거주하는 아파트에 들어간 사안에서, 피고인이 을로부터 현실적인 승낙을 받아 통상적인 출입방법에 따라 주거에 들어갔으므로 주거의 사실상 평온상태를 해치는 행위태양으로 주거에 들어간 것이 아니어서 주거에 침입한 것으로 볼 수 없고, 피고인의 주거 출입이 부재 중인 갑의 의사에 반하는 것으로 추정되더라도 주거침입죄의 성립 여부에 영향을 미치지 않는다고 한 사례(대판 2021.9.9. 2020도12630 전합).

② 주거침입죄는 사실상의 주거의 평온을 보호법익으로 하는 것이므로 그 거주자 또는 관리자가 건조물 등에 거주 또는 관리할 권한을 가지고 있는가 여부는 범죄의 성립을 좌우하는 것이 아니고, 그 거주자나 관리자와의 관계 등으로 평소 그 건조물에 출입이 허용된 사람이라 하더라도 주거에 들어간 행위가 거주자나 관리자의 명시적 또는 추정적 의사에 반함에도 불구하고 감행된 것이라면 주거침입죄는 성립하며, 출입문을 통한 정상적인 출입이 아닌 경우 특별한 사정이 없는 한 그 침입 방법 자체에 의하여 위와 같은 의사에 반하는 것으로 보아야 한다(대판 2007.8.23. 2007도2595).

④ 야간에 타인의 집의 창문을 열고 집 안으로 얼굴을 들이미는 등의 행위를 하였다면 피고인이 자신의 신체의 일부가 집 안으로 들어간다는 인식하에 하였더라도 주거침입죄의 범의는 인정되고, 또한 비록 신체의 일부만이 집 안으로 들어갔다고 하더라도 사실상 주거의 평온을 해하였다면 주거침입죄는 기수에 이르렀다(대판 1995.9.15. 94도2561).

27

┃정답해설┃

④ 상사와의 의견 충돌 끝에 항의의 표시로 사표를 제출한 다음 평소 피고인이 전적으로 보관, 관리해 오던 이른바 비자금 관계 서류 및 금품이 든 가방을 들고 나온 경우, 불법영득의 의사가 있다고 할 수 없을 뿐만 아니라, 그 서류 및 금품이 타인의 점유 하에 있던 물건이라고도 볼 수 없다고 한 사례(대판 1995.9.5. 94도3033).

┃오답해설┃

① 법원으로부터 송달된 심문기일소환장은 재산적 가치가 있는 물건으로서 형법상 재물에 해당한다(대판 2000.2.25. 99도5775).

② 타인의 전화기를 무단으로 사용하여 전화통화를 하는 행위는 전기통신사업자가 그가 갖추고 있는 통신선로, 전화교환기 등 전기통신설비를 이용하고 전기의 성질을 과학적으로 응용한 기술을 사용하여 전화가입자에게 음향의 송수신이 가능하도록 하여 줌으로써 상대방과의 통신을 매개하여 주는 역무, 즉 전기통신사업자에 의하여 가능하게 된 전화기의 음향송수신기능을 부당하게 이용하는 것으로, 이러한 내용의 역무는 무형적인 이익에 불과하고 물리적 관리의 대상이 될 수 없어 재물이 아니라고 할 것이므로 절도죄의 객체가 되지 아니한다(대판 1998.6.23. 98도700).

③ 피고인이 甲의 영업점 내에 있는 甲 소유의 휴대전화를 허락 없이 가지고 나와 이를 이용하여 통화를 하고 문자메시지를 주고받은 다음 약 1~2시간 후 甲에게 아무런 말을 하지 않고 위 영업점 정문 옆 화분에 놓아두고 감으로써 이를 절취하였다는 내용으로 기소된 사안에서, 피고인이 甲의 휴대전화를 자신의 소유물과 같이 경제적 용법에 따라 이용하다가 본래의 장소와 다른 곳에 유기한 것이므로 피고인에게 불법영득의사가 있었다고 할 것인데도, 이와 달리 보아 무죄를 선고한 원심판결에 절도죄의 불법영득의사에 관한 법리오해의 위법이 있다고 한 사례(대판 2012.7.12. 2012도1132).

28
답 ①

┃정답해설┃

① 불법영득의 의사라 함은 권리자를 배제하여 타인의 물건을 자기의 물건과 같이 그 경제적 용법에 따라 이용처분하는 의사를 말하는 것이므로 강간하는 과정에서 피해자들이 도망가지 못하게 하기 위해 손가방을 빼앗은 것에 불과하다면 이에 불법영득의 의사가 있었다고 할 수 없다 (대판 1985.8.13. 85도1170).

┃오답해설┃

② 강도가 여관에 들어가 안내실에 있던 여관의 관리인을 칼로 찔러 상해를 가하고 그로부터 금품을 강취한 다음, 각 객실에 들어가 각 투숙객들로부터 금품을 강취한 행위가 피해자 별로 강도상해죄 및 강도죄의 실체적 경합범이 된다고 본 사례(대판 1991.6.25. 91도643).

③ 강도죄는 재물탈취의 방법으로 폭행, 협박을 사용하는 행위를 처벌하는 것이므로 폭행, 협박으로 타인의 재물을 탈취한 이상 피해자가 우연히 재물탈취 사실을 알지 못하였다고 하더라도 강도죄는 성립하고, 폭행, 협박당한 자가 탈취당한 재물의 소유자 또는 점유자일 것을 요하지도 아니하며, 강간범인이 부녀를 강간할 목적으로 폭행, 협박에 의하여 반항을 억압한 후 반항억압 상태가 계속 중임을 이용하여 재물을 탈취하는 경우에는 재물탈취를 위한 새로운 폭행, 협박이 없더라도 강도죄가 성립한다(대판 2010.12.9. 2010도9630).

④ [1] 형법상 음모죄가 성립하는 경우의 음모란 2인 이상의 자 사이에 성립한 범죄실행의 합의를 말하는 것으로, 범죄실행의 합의가 있다고 하기 위하여는 단순히 범죄결심을 외부에 표시・전달하는 것만으로는 부족하고, 객관적으로 보아 특정한 범죄의 실행을 위한 준비행위라는 것이 명백히 인식되고, 그 합의에 실질적인 위험성이 인정될 때에 비로소 음모죄가 성립한다.
[2] 피고인 1과 피고인 3이 수회에 걸쳐 '총을 훔쳐 전역 후 은행이나 현금수송차량을 털어 한탕 하자'는 말을 나눈 정도만으로는 강도음모를 인정하기에 부족하다고 판단한 것은 정당하다(대판 1999.11.12. 99도3801).

29
답 ①

┃정답해설┃

① 출판사 경영자가 출고현황표를 조작하는 방법으로 실제 출판부수를 속여 작가에게 인세의 일부만을 지급한 사안에서, 작가가 나머지 인세에 대한 청구권의 존재 자체를 알지 못하는 착오에 빠져 이를 행사하지 아니한 것이 사기죄에 있어 부작위에 의한 처분행위에 해당한다고 본 사례(대판 2007.7.12. 2005도9221).

┃오답해설┃

② 중고 자동차 매매에 있어서 매도인의 할부금융회사 또는 보증보험에 대한 할부금 채무가 매수인에게 당연히 승계되는 것이 아니라는 이유로 그 할부금 채무의 존재를 매수인에게 고지하지 아니한 것이 부작위에 의한 기망에 해당하지 아니한다고 본 원심판결을 수긍한 사례(대판 1998.4.14. 98도231).

③ 식육식당을 경영하는 자가 음식점에서 한우만을 취급한다는 취지의 상호를 사용하면서 광고선전판, 식단표 등에도 한우만을 사용한다고 기재한 경우, '한우만을 판매한다'는 취지의 광고가 식육점 부분에만 한정하는 것이 아니라 음식점에서 조리・판매하는 쇠고기에 대한 광고로서 음식점에서 쇠고기를 먹는 사람들로 하여금 그 곳에서는 한우만을 판매하는 것으로 오인시키기에 충분하므로, 이러한 광고는 진실규명이 가능한 구체적인 사실인 쇠갈비의 품질과 원산지에 관하여 기망이 이루어진 경우로서 그 사술의 정도가 사회적으로 용인될 수 있는 상술의 정도를 넘는 것이고, 따라서 피고인의 기망행위 및 편취의 범의를 인정하기에 넉넉하다고 본 사례(대판 1997.9.9. 97도1561).

④ 주권을 교부한 자가 이를 분실하였다고 허위로 공시최고 신청을 하여 제권판결을 선고받아 확정되었다면, 그 제권판결의 적극적 효력에 의해 그 자는 그 주권을 소지하지 않고도 주권을 소지한 자로서의 권리를 행사할 수 있는 지위를 취득하였다고 할 것이므로, 이로써 사기죄에 있어서의 재산상 이익을 취득한 것으로 보기에 충분하고, 이는 제권판결이 그 신청인에게 주권상의 권리를 행사할 수 있는 형식적 자격을 인정하는 데 그치며 그를 실질적 권리자로 확정하는 것이 아니라고 하여 달리 볼 것은 아니다(대판 2007.5.31. 2006도8488).

30

답 ②

┃정답해설┃

② 피고인이 피해자에 대하여 채권이 있다고 하더라도 그 권리행사를 빙자하여 사회통념상 용인되기 어려운 정도를 넘는 협박을 수단으로 상대방을 외포케 하여 재물의 교부 또는 재산상의 이익을 받았다면 공갈죄가 되는 것이다(대판 2000.2.25. 99도4305).

┃오답해설┃

① 가출자의 가족에 대하여 가출자의 소재를 알려주는 조건으로 보험가입을 요구한 피고인의 소위는 가출자를 찾으려고 하는 그 가족들의 안타까운 심정을 이용하여 보험가입을 권유 내지 요구하는 언동으로 도의상 비난할 수 있을지언정 그로 인하여 가족들에 새로운 외포심을 일으키게 되거나 외포심이 더하여 진다고는 볼 수 없으므로 이를 공갈죄에 있어서의 협박이라고 단정할 수 없다(대판 1976.4.27. 75도2818).

③ 지역신문의 발행인이 시정에 관한 비판기사 및 사설을 보도하고 관련 공무원에게 광고의뢰 및 직보배정을 타신문사와 같은 수준으로 높게 해달라고 요청한 사실만으로 공갈죄의 수단으로서 그 상대방을 협박하였다고 볼 수 없다고 한 사례(대판 2002.12.10. 2001도7095).

④ 피해자의 기망에 의하여 부동산을 비싸게 매수한 피고인이라도 그 계약을 취소함이 없이 등기를 피고인 앞으로 둔 채 피해자의 전매차익을 받아낼 셈으로 피해자를 협박하여 재산상의 이득을 얻거나 돈을 받았다면 이는 정당한 권리행사의 범위를 넘은 것으로서 사회통념상 용인될 수 없으므로 공갈죄를 구성한다(대판 1991.9.24. 91도1824).

31

답 ①

┃정답해설┃

① 포주가 윤락녀와 사이에 윤락녀가 받은 화대를 포주가 보관하였다가 절반씩 분배하기로 약정하고도 보관 중인 화대를 임의로 소비한 경우, 포주와 윤락녀의 사회적 지위, 약정에 이르게 된 경위와 약정의 구체적 내용, 급여의 성격 등을 종합해 볼 때 포주의 불법성이 윤락녀의 불법성보다 현저히 크므로 화대의 소유권이 여전히 윤락녀에게 속한다는 이유로 횡령죄를 구성한다고 본 사례(대판 1999.9.17. 98도2036).

┃오답해설┃

② 주상복합상가의 매수인들로부터 우수상인유치비 명목으로 금원을 납부받아 보관하던 중 그 용도와 무관하게 일반경비로 사용한 경우 횡령죄를 구성한다고 한 사례(대판 2002.8.23. 2002도366).

③ 피고인들이 보험을 유치하면서 보험회사로부터 지급받은 시책비 중 일부를 개인적인 용도로 사용한 행위가 횡령죄를 구성하지 않는다고 본 원심의 판단을 수긍한 사례(대판 2006.3.9. 2003도6733).

④ 사립학교에 있어서 학교교육에 직접 필요한 시설, 설비를 위한 경비 등과 같이 원래 교비회계에 속하는 자금으로 지출할 수 있는 항목에 관한 차입금을 상환하기 위하여 교비회계 자금을 지출한 경우, 이러한 차입금 상환행위에 관하여 교비회계 자금을 임의로 횡령하고자 하는 불법영득의 의사가 있다고 보기는 어렵고, 만일 그 행위자가 이러한 차입을 하거나 지출을 하는 과정에서 사립학교법의 관련 규정을 제대로 준수하지 아니하였다면 이에 대하여 사립학교법에 따른 형사적 제재 등이 부과될 수 있을 뿐이다(대판 2006.4.28. 2005도4085).

32

답 ②

┃정답해설┃

② 배임죄는 타인의 사무를 처리하는 자가 그 임무에 위배하는 행위로써 재산상 이익을 취득하거나 제3자로 하여금 이를 취득하게 하여 본인에게 손해를 가함으로써 성립하는바, 이 경우 그 임무에 위배하는 행위라 함은 사무의 내용, 성질 등 구체적 상황에 비추어 법률의 규정, 계약의 내용 혹은 신의칙상 당연히 할 것으로 기대되는 행위를 하지 않거나 당연히 하지 않아야 할 것으로 기대되는 행위를 함으로써 본인과 사이의 신임관계를 저버리는 일체의 행위를 포함하는 것이므로, 기업의 영업비밀을 사외로 유출하지 않을 것을 서약한 회사의 직원이 경제적인 대가를 얻기 위하여 경쟁업체에 영업비밀을 유출하는 행위는 피해자와의 신임관계를 저버리는 행위로서 업무상배임죄를 구성한다(대판 1999.3.12. 98도4704).

┃오답해설┃

① 종업원지주제도는 회사의 종업원에 대한 편의제공을 당연한 전제로 하여 성립하는 것인 만큼, 종업원지주제도하에서 회사의 경영자가 종업원의 자사주 매입을 돕기 위하여 회사자금을 지원하는 것 자체를 들어 회사에 대한 임무위배행위라고 할 수는 없을 것이나, 경영자의 자금지원의

주된 목적이 종업원의 재산형성을 통한 복리증진보다는 안정주주를 확보함으로써 경영자의 회사에 대한 경영권을 계속 유지하고자 하는 데 있다면, 그 자금지원은 경영자의 이익을 위하여 회사재산을 사용하는 것이 되어 회사의 이익에 반하므로 회사에 대한 관계에서 임무위배행위가 된다(대판 1999.6.25. 99도1141).

③ 미성년자와 친생자관계가 없으나 호적상 친모로 등재되어 있는 자가 미성년자의 상속재산 처분에 관여한 경우, 배임죄에 있어서 타인의 사무를 처리하는 자의 지위에 있다(대판 2002.6.14. 2001도3534).

④ 계주가 계원들로부터 계불입금을 징수하게 되면 그 계불입금은 실질적으로 낙찰계원에 대한 계금지급을 위하여 계주에게 위탁된 금원의 성격을 지니고 따라서 계주는 이를 낙찰·지급받을 계원과의 사이에서 단순한 채권관계를 넘어 신의칙상 그 계금지급을 위하여 위 계불입금을 보호 내지 관리하여야 하는 신임관계에 들어서게 되므로, 이에 기초한 계주의 계금지급의무는 배임죄에서 말하는 타인의 사무에 해당한다. 그러나 계주가 계원들로부터 계불입금을 징수하지 아니하였다면 그러한 상태에서 부담하는 계금지급의무는 위와 같은 신임관계에 이르지 아니한 단순한 채권관계상의 의무에 불과하여 타인의 사무에 속하지 아니하고, 이는 계주가 계원들과의 약정을 위반하여 계불입금을 징수하지 아니한 경우라 하여 달리 볼 수 없다(대판 2009.8.20. 2009도3143).

33

답 ④

┃정답해설┃

④ 장물취득죄는 취득 당시 장물인 줄을 알면서 이를 취득하여야 성립하는 것이므로 피고인이 자전거의 인도를 받은 후에 비로소 장물이 아닌가 하는 의구심을 가졌다고 해서 그 자전거의 수수행위가 장물취득죄를 구성한다고는 할 수 없다(대판 1971.4.20. 71도468).

┃오답해설┃

① 장물취득죄에 있어서 장물의 인식은 확정적 인식임을 요하지 않으며 장물일지도 모른다는 의심을 가지는 정도의 미필적 인식으로서도 충분하고, 또한 장물인 정을 알고 있었느냐의 여부는 장물 소지자의 신분, 재물의 성질, 거래의 대가 기타 상황을 참작하여 이를 인정할 수밖에 없다(대판 2004.12.9. 2004도5904).

② 장물이라 함은 재산범죄로 인하여 취득한 물건 그 자체를 말하고, 그 장물의 처분 대가는 장물성을 상실하는 것이지만, 금전은 고도의 대체성을 가지고 있어 다른 종류의

통화와 쉽게 교환할 수 있고, 그 금전 자체는 별다른 의미가 없고 금액에 의하여 표시되는 금전적 가치가 거래상 의미를 가지고 유통되고 있는 점에 비추어 볼 때, 장물인 현금을 금융기관에 예금의 형태로 보관하였다가 이를 반환받기 위하여 동일한 액수의 현금을 인출한 경우에 예금계약의 성질상 인출된 현금은 당초의 현금과 물리적인 동일성은 상실되었지만 액수에 의하여 표시되는 금전적 가치에는 아무런 변동이 없으므로 장물로서의 성질은 그대로 유지된다고 봄이 상당하고, 자기앞수표도 그 액면금을 즉시 지급받을 수 있는 등 현금에 대신하는 기능을 가지고 거래상 현금과 동일하게 취급되고 있는 점에서 금전의 경우와 동일하게 보아야 한다(대판 2004.3.12. 2004도134).

③ 장물이라 함은 재산죄인 범죄행위에 의하여 영득된 물건을 말하는 것으로서 절도, 강도, 사기, 공갈, 횡령 등 영득죄에 의하여 취득된 물건이어야 한다(대판 2004.12.9. 2004도5904).

34

답 ③

┃정답해설┃

③ 해고노동자 등이 복직을 요구하는 집회를 개최하던 중 래커 스프레이를 이용하여 회사 건물 외벽과 1층 벽면 등에 낙서한 행위는 건물의 효용을 해한 것으로 볼 수 있으나, 이와 별도로 계란 30여 개를 건물에 투척한 행위는 건물의 효용을 해하는 정도의 것에 해당하지 않는다고 본 사례(대판 2007.6.28. 2007도2590).

┃오답해설┃

① 해고노동자 등이 복직을 요구하는 집회를 개최하던 중 래커 스프레이를 이용하여 회사 건물 외벽과 1층 벽면 등에 낙서한 행위는 건물의 효용을 해한 것으로 볼 수 있다(대법원 2007.6.28. 2007도2590).

② 재건축사업으로 철거예정이고 그 입주자들이 모두 이사하여 아무도 거주하지 않은 채 비어 있는 아파트라 하더라도, 그 객관적 성상이 본래 사용목적인 주거용으로 쓰일 수 없는 상태라거나 재물로서의 이용가치나 효용이 없는 물건이라고도 할 수 없어 재물손괴죄의 객체가 된다고 한 사례(대판 2007.9.20. 2007도5207).

④ 포도주 원액이 부패하여 포도주 원료로서의 효용가치는 상실되었으나, 그 산도가 1.8도 내지 6.2도에 이르고 있어 식초의 제조 등 다른 용도에 사용할 수 있는 경우에는 재물손괴죄의 객체가 될 수 있다(대판 1979.7.24. 78도2138).

35

답 ④

┃ 정답해설 ┃

④ 피고인이 성냥불로 담배를 붙인 다음 그 성냥불이 꺼진 것을 확인하지 아니한 채 휴지가 들어 있는 플라스틱 휴지통에 던진 것을 중대한 과실이 있는 경우에 해당한다 (대판 1993.7.27. 93도135).

┃ 오답해설 ┃

① 형법 제164조 전단의 현주건조물에의 방화죄는 공중의 생명, 신체, 재산 등에 대한 위험을 예방하기 위하여 공공의 안전을 그 제1차적인 보호법익으로 하고 제2차적으로는 개인의 재산권을 보호하는 것이라고 할 것이다(대판 1983.1.18. 82도2341).

② 매개물을 통한 점화에 의하여 건조물을 소훼함을 내용으로 하는 형태의 방화죄의 경우에, 범인이 그 매개물에 불을 켜서 붙였거나 또는 범인의 행위로 인하여 매개물에 불이 붙게 됨으로써 연소작용이 계속될 수 있는 상태에 이르렀다면, 그것이 곧바로 진화되는 등의 사정으로 인하여 목적물인 건조물 자체에는 불이 옮겨 붙지 못하였다고 하더라도, 방화죄의 실행의 착수가 있었다고 보아야 할 것이고, 구체적인 사건에 있어서 이러한 실행의 착수가 있었는지 여부는 범행 당시 피고인의 의사 내지 인식, 범행의 방법과 태양, 범행 현장 및 주변의 상황, 매개물의 종류와 성질 등의 제반 사정을 종합적으로 고려하여 판단하여야 한다(대판 2002.3.26. 2001도6641).

③ 방화죄는 화력이 매개물을 떠나 스스로 연소할 수 있는 상태에 이르렀을 때에 기수가 된다(대판 1970.3.14. 70도330).

36

답 ③

┃ 정답해설 ┃

③ 문서위조죄는 문서의 진정에 대한 공공의 신용을 그 보호법익으로 하는 것이므로 행사할 목적으로 작성된 문서가 일반인으로 하여금 당해 명의인의 권한 내에서 작성된 문서라고 믿게 할 수 있는 정도의 형식과 외관을 갖추고 있으면 문서위조죄가 성립하는 것이고, 위와 같은 요건을 구비한 이상 그 명의인이 실재하지 않는 허무인이거나 또는 문서의 작성일자 전에 이미 사망하였다고 하더라도 그러한 문서 역시 공공의 신용을 해할 위험성이 있으므로 문서위조죄가 성립한다고 봄이 상당하며, 이는 공문서뿐만 아니라 사문서의 경우에도 마찬가지라고 보아야 한다 (대판 2005.2.24. 2002도18 전합).

┃ 오답해설 ┃

① 사문서위조나 공정증서원본 불실기재가 성립한 후, 사후에 피해자의 동의 또는 추인 등의 사정으로 문서에 기재된 대로 효과의 승인을 받거나, 등기가 실체적 권리관계에 부합하게 되었다 하더라도, 이미 성립한 범죄에는 아무런 영향이 없다(대판 1999.5.14. 99도202).

② 사문서위조죄는 그 명의자가 진정으로 작성한 문서로 볼 수 있을 정도의 형식과 외관을 갖추어 일반인이 명의자의 진정한 사문서로 오신하기에 충분한 정도이면 성립하는 것이고, 반드시 그 작성명의자의 서명이나 날인이 있어야 하는 것은 아니다(대판 2007.5.10. 2007도1674).

④ 명의인을 기망하여 문서를 작성케 하는 경우는 서명, 날인이 정당히 성립된 경우에도 기망자는 명의인을 이용하여 서명 날인자의 의사에 반하는 문서를 작성케 하는 것이므로 사문서위조죄가 성립한다(대판 2000.6.13. 2000도778).

37

답 ③

┃ 정답해설 ┃

③ 고속도로에서 승용차를 손괴하거나 타인에게 상해를 가하는 등의 행패를 부리던 자가 이를 제지하려는 경찰관에 대항하여 공중 앞에서 알몸이 되어 성기를 노출한 경우, 음란한 행위에 해당하고 그 인식도 있었다고 한 사례(대판 2000.12.22. 2000도4372).

┃ 오답해설 ┃

① 음란한 부호 등으로 링크를 해 놓는 행위자의 의사의 내용, 그 행위자가 운영하는 웹사이트의 성격 및 사용된 링크기술의 구체적인 방식, 음란한 부호 등이 담겨져 있는 다른 웹사이트의 성격 및 다른 웹사이트 등이 음란한 부호 등을 실제로 전시한 방법 등 모든 사정을 종합하여 볼 때, 링크를 포함한 일련의 행위 및 범의가 다른 웹사이트 등을 단순히 소개·연결할 뿐이거나 또는 다른 웹사이트 운영자의 실행행위를 방조하는 정도를 넘어, 이미 음란한 부호 등이 불특정·다수인에 의하여 인식될 수 있는 상태에 놓여 있는 다른 웹사이트를 링크의 수법으로 사실상 지배·이용함으로써 그 실질에 있어서 음란한 부호 등을 직접 전시하는 것과 다를 바 없다고 평가되고, 이에 따라 불특정·다수인이 이러한 링크를 이용하여 별다른 제한 없이 음란한 부호 등에 바로 접할 수 있는 상태가 실제로 조성되었다면, 그러한 행위는 전체로 보아 음란한 부호 등을 공연히 전시한다는 구성요건을 충족한다고 봄이 상당하며, 이러한 해석은 죄형법정주의에 반하는 것이

아니라, 오히려 링크기술의 활용과 효과를 극대화하는 초고속정보통신망 제도를 전제로 하여 신설된 구 전기통신기본법 제48조의2(2001.1.16. 법률 제6360호 부칙 제5조 제항에 의하여 삭제, 현행 정보통신망 이용촉진 및 정보보호 등에 관한 법률 제65조 제항 제2호 참조) 규정의 입법 취지에 부합하는 것이라고 보아야 한다(대판 2003.7.8. 2001도1335).

② 형법 제242조 소정 미성년자에 대한 음행매개죄의 성립에는 그 미성년자가 음행의 상습이 있거나 그 음행에 자진 동의한 사실은 하등 영향을 미치는 것이 아니다(대판 1955.7.8. 4288형상37).

④ 형법 제243조는 음란한 문서, 도화, 필름 기타 물건을 반포, 판매 또는 임대하거나 공연히 전시 또는 상영한 자에 대한 처벌 규정으로서 컴퓨터 프로그램파일은 위 규정에서 규정하고 있는 문서, 도화, 필름 기타 물건에 해당한다고 할 수 없으므로, 음란한 영상화면을 수록한 컴퓨터 프로그램파일을 컴퓨터 통신망을 통하여 전송하는 방법으로 판매한 행위에 대하여 전기통신기본법 제48조의2의 규정을 적용할 수 있음은 별론으로 하고, 형법 제243조의 규정을 적용할 수 없다(대판 1999.2.24. 98도3140).

38   답 ①

┃정답해설┃

① 교과서의 내용검토 및 개편수정은 발행자나 저작자의 책임에 속하는 것이고 이를 문교부 편수국 공무원인 피고인들의 직무에 속한다고 할 수 없으므로 피고인들이 교과서의 내용검토 및 개편수정작업을 의뢰받고 그에 소요되는 비용을 받았다 하더라도 이를 직무에 관한 뇌물로써 부정하게 수수한 것이라고 볼 수 없다(대판 1979.5.22. 78도296).

┃오답해설┃

② 경찰관이 재건축조합 직무대행자에 대한 진정사건을 수사하면서 진정인측의 재건축 설계업체로 선정되기를 희망하던 건축사사무소 대표로부터 금원을 수수한 사안에서, 금원의 수수와 경찰공무원의 직무인 진정사건 수사와의 관련성을 배척할 수 없다고 한 사례(대판 2007.4.27. 2005도4204).

③ 음주운전을 적발하여 단속에 관련된 제반 서류를 작성한 후 운전면허 취소업무를 담당하는 직원에게 이를 인계하는 업무를 담당하는 경찰관이 피단속자로부터 운전

면허가 취소되지 않도록 하여 달라는 청탁을 받고 금원을 교부받은 경우, 뇌물수수죄가 성립한다고 한 사례(대판 1999.11.9. 99도2530).

④ 지방자치법 제42조 제1항의 규정에 의하면 지방의회는 의장을 의원들간의 무기명투표로 선거하도록 되어 있으므로 의장선거에서의 투표권을 가지고 있는 군의원들이 이와 관련하여 금품 등을 수수할 경우 이는 군의원으로서의 직무와 관련된 것이라 할 것이므로 뇌물죄가 성립한다고 한 사례(대판 2002.5.10. 2000도2251).

39   답 ①

┃정답해설┃

① 음주운전을 하다가 교통사고를 야기한 후 그 형사처벌을 면하기 위하여 타인의 혈액을 자신의 혈액인 것처럼 교통사고 조사 경찰관에게 제출하여 감정하도록 한 행위는, 단순히 피의자가 수사기관에 대하여 허위사실을 진술하거나 자신에게 불리한 증거를 은닉하는 데 그친 것이 아니라 수사기관의 착오를 이용하여 적극적으로 피의사실에 관한 증거를 조작한 것으로서 위계에 의한 공무집행방해죄가 성립한다고 한 사례(대판 2003.7.25. 2003도1609).

┃오답해설┃

② 개인택시 운송사업 양도·양수를 위하여 허위의 출원사유를 주장하면서 의사로부터 허위 진단서를 발급받아 이를 소명자료로 제출하여 행정관청으로부터 양도·양수 인가처분을 받은 경우, 위계에 의한 공무집행방해죄가 성립한다(대판 2002.9.4. 2002도2064).

③ 변호사가 접견을 핑계로 수용자를 위하여 휴대전화와 증권거래용 단말기를 구치소 내로 몰래 반입하여 이용하게 한 행위가 위계에 의한 공무집행방해죄에 해당한다(대판 2005.8.25. 2005도1731).

④ 민사소송을 제기함에 있어 피고의 주소를 허위로 기재하여 법원공무원으로 하여금 변론기일소환장 등을 허위주소로 송달케 하였다는 사실만으로는 이로 인하여 법원공무원의 구체적이고 현실적인 어떤 직무집행이 방해되었다고 할 수는 없으므로, 이로써 바로 위계에 의한 공무집행방해죄가 성립한다고 볼 수는 없다(대판 1996.10.11. 96도312).

40

답 ④

④ 위증죄는 법률에 의하여 선서한 증인이 허위의 공술을 한 때에 성립하는 것으로서, 그 공술의 내용이 당해 사건의 요증사실에 관한 것인지의 여부나 판결에 영향을 미친 것인지의 여부는 위증죄의 성립과 아무런 관계가 없다(대판 1990.2.23. 89도1212).

오답해설

① 타인으로부터 전해 들은 금품의 전달사실을 마치 증인 자신이 전달한 것처럼 진술한 것은 증인의 기억에 반하는 허위진술이라고 할 것이므로 그 진술부분은 위증에 해당한다(대판 1990.5.8. 90도448).

② 위증죄는 진정신분범이다(제152조 제1항 참고).

제152조(위증, 모해위증)

① 법률에 의하여 선서한 증인이 허위의 진술을 한 때에는 5년 이하의 징역 또는 1천만원 이하의 벌금에 처한다.

③ 위증죄에 있어서의 허위의 공술이란 증인이 자기의 기억에 반하는 사실을 진술하는 것을 말하는 것으로서 그 내용이 객관적 사실과 부합한다고 하여도 위증죄의 성립에 장애가 되지 않는다(대판 1989.1.17. 88도580).

01	02	03	04	05	06	07	08	09	10	11	12	13	14	15	16	17	18	19	20
②	②	①	②	①	④	④	③	④	①	③	①	②	②	①	①	②	②	②	①
21	22	23	24	25	26	27	28	29	30	31	32	33	34	35	36	37	38	39	40
④	②	②	④	④	③	①	③	①	③	①	②	③	④	③	④	④	③	①	③

01 답 ②

▌정답해설▌

ⓒ (○) 공공기관의 운영에 관한 법률 제53조가 공기업의 임직원으로서 공무원이 아닌 사람은 형법 제129조의 적용에 있어서는 이를 공무원으로 본다고 규정하고 있을 뿐 구체적인 공기업의 지정에 관하여는 그 하위규범인 기획재정부장관의 고시에 의하도록 규정하였다 하더라도 죄형법정주의에 위배되거나 위임입법의 한계를 일탈한 것으로 볼 수 없다(대판 2013.6.13. 2013도1685).

ⓔ (○) 대법원 양형위원회가 설정한 '양형기준'이 발효하기 전에 공소가 제기된 범죄에 대하여 위 '양형기준'을 참고하여 형을 양정한 사안에서, 피고인에게 불리한 법률을 소급하여 적용한 위법이 있다고 할 수 없다고 한 사례(대판 2009.12.10. 2009도11448).

▌오답해설▌

ⓖ (×) [다수의견] 형벌법규의 해석에 있어서 법규정 문언의 가능한 의미를 벗어나는 경우에는 유추해석으로서 죄형법정주의에 위반하게 된다. 그리고 유추해석금지의 원칙은 모든 형벌법규의 구성요건과 가벌성에 관한 규정에 준용되는데, 위법성 및 책임의 조각사유나 소추조건, 또는 처벌조각사유인 형면제 사유에 관하여 그 범위를 제한적으로 유추적용하게 되면 행위자의 가벌성의 범위는 확대되어 행위자에게 불리하게 되는바, 이는 가능한 문언의 의미를 넘어 범죄구성요건을 유추적용하는 것과 같은 결과가 초래되므로 죄형법정주의의 파생원칙인 유추해석금지의 원칙에 위반하여 허용될 수 없다(대판 1997.3.20. 96도1167 전합, 대판 2010.9.30. 2008도4762).

ⓛ (×) 특정범죄 가중처벌 등에 관한 법률 제5조의3 제2항 제1호에서 과실로 사람을 치상하게 한 자가 구호행위를 하지 아니하고 도주하거나 고의로 유기함으로써 치사의 결과에 이르게 한 경우에 살인죄와 비교하여 그 법정형을 더 무겁게 한 것은 형벌체계상의 정당성과 균형을 상실한 것으로서 헌법 제10조의 인간으로서의 존엄과 가치를 보장한 국가의 의무와 헌법 제11조의 평등의 원칙 및 헌법 제27조 제2항의 과잉입법금지의 원칙에 반한다(헌재결 1992.4.28. 90헌바24).

02 답 ②

▌정답해설▌

② 포괄일죄로 되는 개개의 범죄행위가 법 개정의 전후에 걸쳐서 행하여진 경우에는 신·구법의 법정형에 대한 경중을 비교하여 볼 필요도 없이 범죄 실행 종료시의 법이라고 할 수 있는 신법을 적용하여 포괄일죄로 처단하여야 한다(대판 1998.2.24. 97도183).

▌오답해설▌

① 대판 2002.11.26. 2002도2998

③ 대판 2009.2.26. 2006도9311

④ 형법 제229조, 제228조 제1항의 규정과 형벌법규는 문언에 따라 엄격하게 해석하여야 하고 피고인에게 불리한 방향으로 지나치게 확장해석하거나 유추해석하여서는 아니되는 원칙에 비추어 볼 때, 위 각 조항에서 규정한 '공정증서원본'에는 공정증서의 정본이 포함된다고 볼 수 없으므로 불실의 사실이 기재된 공정증서의 정본을 그 정을 모르는 법원 직원에게 교부한 행위는 형법 제229조의 불실기재공정증서원본행사죄에 해당하지 아니한다(대판 2002.3.26. 2001도6503).

03

답 ①

▌정답해설▌

① 작위의무는 법적인 의무이어야 하므로 단순한 도덕상 또는 종교상의 의무는 포함되지 않으나 작위의무가 법적인 의무인 한 성문법이건 불문법이건 상관이 없고 또 공법이건 사법이건 불문하므로, 법령, 법률행위, 선행행위로 인한 경우는 물론이고 기타 신의성실의 원칙이나 사회상규 혹은 조리상 작위의무가 기대되는 경우에도 법적인 작위의무는 있다(대판 1996.9.6. 95도2551).

▌오답해설▌

② · ④ 형법상 부작위범이 인정되기 위해서는 형법이 금지하고 있는 법익침해의 결과 발생을 방지할 법적인 작위의무를 지고 있는 자가 그 의무를 이행함으로써 결과 발생을 쉽게 방지할 수 있었음에도 불구하고 그 결과의 발생을 용인하고 이를 방관한 채 그 의무를 이행하지 아니한 경우에, 그 부작위가 작위에 의한 법익침해와 동등한 형법적 가치가 있는 것이어서 그 범죄의 실행행위로 평가될 만한 것이라면, 작위에 의한 실행행위와 동일하게 부작위범으로 처벌할 수 있고, 여기서 작위의무는 법적인 의무이어야 하므로 단순한 도덕상 또는 종교상의 의무는 포함되지 않으나 작위의무가 법적인 의무인 한 성문법이건 불문법이건 상관이 없고 또 공법이건 사법이건 불문하므로, 법령, 법률행위, 선행행위로 인한 경우는 물론이고 기타 신의성실의 원칙이나 사회상규 혹은 조리상 작위의무가 기대되는 경우에도 법적인 작위의무는 있다(대판 1996.9.6. 95도2551).

③ 대판 1984.11.26. 84도1906

04

답 ②

▌정답해설▌

② 살인의 실행행위가 피해자의 사망이라는 결과를 발생하게 한 유일한 원인이거나 직접적인 원인이어야만 되는 것은 아니므로, 살인의 실행행위와 피해자의 사망과의 사이에 다른 사실이 개재되어 그 사실이 치사의 직접적인 원인이 되었다고 하더라도 그와 같은 사실이 통상 예견할 수 있는 것에 지나지 않는다면 살인의 실행행위와 피해자의 사망과의 사이에 인과관계가 있는 것으로 보아야 한다(대판 1994.3.22. 93도3612).

▌오답해설▌

① 대판 2002.10.11. 2002도4315
③ 대판 2001.12.11. 2001도5005
④ 대판 2007.10.26. 2005도8822

05

답 ①

▌정답해설▌

① [1] 주거침입죄는 사실상의 주거의 평온을 보호법익으로 하는 것이므로, 반드시 행위자의 신체의 전부가 범행의 목적인 타인의 주거 안으로 들어가야만 성립하는 것이 아니라 신체의 일부만 타인의 주거 안으로 들어갔다고 하더라도 거주자가 누리는 사실상의 주거의 평온을 해할 수 있는 정도에 이르렀다면 범죄구성요건을 충족하는 것이라고 보아야 하고, 따라서 주거침입죄의 범의는 반드시 신체의 전부가 타인의 주거 안으로 들어간다는 인식이 있어야만 하는 것이 아니라 신체의 일부라도 타인의 주거 안으로 들어간다는 인식이 있으면 족하다.

[2] 야간에 타인의 집의 창문을 열고 집 안으로 얼굴을 들이미는 등의 행위를 하였다면 피고인이 자신의 신체의 일부가 집 안으로 들어간다는 인식하에 하였더라도 주거침입죄의 범의는 인정되고, 또한 비록 신체의 일부만이 집 안으로 들어갔다고 하더라도 사실상 주거의 평온을 해하였다면 주거침입죄는 기수에 이르렀다(대판 1995.9.15. 94도2561).

▌오답해설▌

② 대판 1986.7.22. 85도108
③ 채무자가 채권자로부터 금원을 차용하면서 담보를 제공한 부동산 위에 채권자가 은행으로부터 금원을 차용하고서 설정한 저당권에 기하여 임의경매절차가 진행되고 있는 동안에 위 채무자가 차용원리금을 변제공탁한 것을 채권자가 아무런 이의도 없이 이를 수령하고서도 위 경매절차에 대하여 손을 쓰지 아니하는 바람에 타인에게 경락되게 하고 그 부동산의 경락잔금까지 받아간 경우라면, 비록 채권자가 민사법상 이의의 유보없는 공탁금수령의 법률상의 효과에 대한 정확한 지식이 없었다 하더라도 금전소비대차거래에 있어서 이자제한법의 존재가 공지의 사실로 되어 있는 거래계의 실정에 비추어 막연하게나마 자기의 행위에 대한 위법의 인식이 있었다고 보지 못할 바 아니므로 위 채권자의 미필적 고의는 인정할 수 있다(대판 1988.12.13. 88도184).
④ 대판 2001.8.21. 2001도3295

06

▌정답해설▌

④ 일수의 죄는 단순과실범만 처벌되고(제181조) 업무상과
실·중과실범은 처벌규정이 없다. 교통방해의 죄는 단순
과실범·업무상과실범·중과실범 처벌규정을 두고 있
다(제189조 참조).

제181조(과실일수)
과실로 인하여 제177조 또는 제178조에 기재한 물건을
침해한 자 또는 제179조에 기재한 물건을 침해하여 공공
의 위험을 발생하게 한 자는 1천만원 이하의 벌금에 처
한다.

제189조(과실, 업무상과실, 중과실)
① 과실로 인하여 제185조(일반교통방해) 내지 제187(기
차 등의 전복)조의 죄를 범한 자는 1천만원 이하의
벌금에 처한다.
② 업무상과실 또는 중대한 과실로 인하여 제185조(일반
교통방해) 내지 제187조(기차 등의 전복)의 죄를 범한
자는 3년 이하의 금고 또는 2천만원 이하의 벌금에
처한다.

▌오답해설▌

① 2인 이상이 어떠한 과실행위를 서로의 의사연락아래 하
여 범죄되는 결과를 발생케 한 경우에는 과실범의 공동정
범이 성립된다(대판 1962.3.29. 61도598).

② 대판 1977.6.28. 77도403

③ 대판 2010.2.11. 2009도9807

07

▌정답해설▌

㉠ (○) 대판 1997.6.24. 97도1075 등

㉡ (○) 강도치상죄에 있어서의 상해는 강도의 기회에 범인
의 행위로 인하여 발생한 것이면 족한 것이므로, 피고인
이 택시를 타고 가다가 요금지급을 면할 목적으로 소지한
과도로 운전수를 협박하자 이에 놀란 운전수가 택시를
급우회전하면서 그 충격으로 피고인이 겨누고 있던 과도
에 어깨부분이 찔려 상처를 입었다면, 피고인의 위 행위
를 강도치상죄에 의율함은 정당하다(대판 1985.1.15. 84
도2397).

㉢ (○) 인질치사상죄에 대해서는 형법상 미수범처벌규정이
있다(제324조의5).

08

▌정답해설▌

③ 형법 제24조는 '처분할 수 있는 자의 승낙에 의하여 그
법익을 훼손한 행위는 법률에 특별한 규정이 없는 한 벌
하지 아니한다'라고 규정하고 있다(제24조 참고).

제24조(피해자의 승낙)
처분할 수 있는 자의 승낙에 의하여 그 법익을 훼손한
행위는 법률에 특별한 규정이 없는 한 벌하지 아니한다.

▌오답해설▌

① 간통 현장을 직접 목격하고 그 사진을 촬영하기 위하여
상간자의 주거에 침입한 행위가 정당행위에 해당하지 않
는다고 한 사례(대판 2003.9.26. 2003도3000).

② 현직 군수로서 전국동시지방선거(제5회) 지방자치단체
장 선거에 특정 정당 후보로 출마가 확실시되는 피고인이
같은 정당 지역청년위원장 등 선거구민 20명에게 약 36
만 원 상당의 식사를 제공하여 기부행위를 하였다는 내용
의 공직선거법 위반의 공소사실에 대하여, 위 음식물 제
공행위가 선거에 관련한 기부행위가 아니라거나 사회상
규에 위배되지 아니하는 정당행위로서 위법성이 조각된
다는 취지의 피고인의 주장을 배척한 원심판단을 수긍한
사례(대판 2011.2.24. 2010도14720).

④ 검사가 참고인 조사를 받는 줄 알고 검찰청에 자진출석한
변호사사무실 사무장을 합리적 근거 없이 긴급체포하자
그 변호사가 이를 제지하는 과정에서 위 검사에게 상해를
가한 것이 정당방위에 해당한다고 본 사례(대판 2006.9.8.
2006도148).

09 답 ④

┃정답해설┃

④ 심신장애로 인하여 사물을 변별할 능력이나 의사를 결정할 능력이 미약한 자(심신미약자)의 행위는 형을 감경한다(제10조 제2항).

┃오답해설┃

① 대판 2002.5.24. 2002도1541
② 소년법이 적용되는 '소년'이란 심판시에 19세 미만인 사람을 말하므로, 소년법의 적용을 받으려면 심판시에 19세 미만이어야 한다. 따라서 소년법 제60조 제2항의 적용대상인 '소년'인지의 여부도 심판시, 즉 사실심판결 선고시를 기준으로 판단되어야 한다(대판 2009.5.28. 2009도2682).
③ 제11조

> **제11조(청각 및 언어 장애인)**
> 듣거나 말하는 데 모두 장애가 있는 사람의 행위에 대해서는 형을 감경한다.

10 답 ①

┃정답해설┃

① 일본 영주권을 가진 재일교포가 영리를 목적으로 관세물품을 구입한 것이 아니라거나 국내 입국시 관세신고를 하지 않아도 되는 것으로 착오하였다는 등의 사정만으로는 형법 제16조의 법률의 착오에 해당하지 않는다고 한 사례(대판 2007.5.11. 2006도1993).

┃오답해설┃

② 수사처리의 관례상 일부 상치된 내용을 일치시키기 위하여 적법하게 작성된 참고인 진술조서를 찢어버리고 진술인의 진술도 듣지 아니하고 그 내용을 일치시킨 새로운 진술조서를 작성한 행위는 그 행위를 적법한 것으로 잘못 믿었다고 할지라도 그렇게 잘못 믿은데 대하여 정당한 이유가 있다고 볼 수 없다(대판 1978.6.27. 76도2196).

③ 제16조 참조

> **제16조(법률의 착오)**
> 자기의 행위가 법령에 의하여 죄가 되지 아니하는 것으로 오인한 행위는 그 오인에 정당한 이유가 있는 때에 한하여 벌하지 아니한다.

④ 대판 1995.11.10. 95도2088

11 답 ③

┃정답해설┃

③ 금융기관 직원이 전산단말기를 이용하여 다른 공범들이 지정한 특정계좌에 돈이 입금된 것처럼 허위의 정보를 입력하는 방법으로 위 계좌로 입금되도록 한 경우, 이러한 입금절차를 완료함으로써 장차 그 계좌에서 이를 인출하여 갈 수 있는 재산상 이익을 취득하였으므로 형법 제347조의2에서 정하는 컴퓨터 등 사용사기죄는 기수에 이르렀고, 그 후 그러한 입금이 취소되어 현실적으로 인출되지 못하였다고 하더라도 이미 성립한 컴퓨터 등 사용사기죄에 어떤 영향이 있다고 할 수는 없다(대판 2006.9.14. 2006도4127).

┃오답해설┃

① 대판 2011.1.13. 2010도9330
② 소송사기는 법원을 기망하여 자기에게 유리한 판결을 얻고 이에 터잡아 상대방으로부터 재물의 교부를 받거나 재산상 이익을 취득하는 것을 말하는 것으로서 소송에서 주장하는 권리가 존재하지 않는 사실을 알고 있으면서도 법원을 기망한다는 인식을 가지고 소를 제기하면 이로써 실행의 착수가 있고 소장의 유효한 송달을 요하지 아니한다고 할 것인바, 이러한 법리는 제소자가 상대방의 주소를 허위로 기재함으로써 그 허위주소로 소송서류가 송달되어 그로 인하여 상대방 아닌 다른 사람이 그 서류를 받아 소송이 진행된 경우에도 마찬가지로 적용된다(대판 2006.11.10. 2006도5811).
④ 대판 2011.6.9. 2010도10677

12

▌정답해설 ▌

① 공무집행방해죄는 추상적 위험범이며 미수범 처벌규정
이 존재하지 않는다.

▌오답해설 ▌

② 장애미수는 임의적 감경(제25조), 중지미수는 필요적
감면(제26조), 불능미수는 임의적 감면(제27조)에 해당
한다.

> **제25조(미수범)**
> ② 미수범의 형은 기수범보다 감경할 수 있다.

> **제26조(중지범)**
> 범인이 실행에 착수한 행위를 자의(自意)로 중지하거나
> 그 행위로 인한 결과의 발생을 자의로 방지한 경우에는
> 형을 감경하거나 면제한다.

> **제27조(불능범)**
> 실행의 수단 또는 대상의 착오로 인하여 결과의 발생이
> 불가능하더라도 위험성이 있는 때에는 처벌한다. 단, 형
> 을 감경 또는 면제할 수 있다.

③ 강도예비·음모죄가 성립하기 위해서는 예비·음모 행
위자에게 미필적으로라도 '강도'를 할 목적이 있음이 인
정되어야 하고 그에 이르지 않고 단순히 '준강도'할 목적
이 있음에 그치는 경우에는 강도예비·음모죄로 처벌할
수 없다(대판 2006.9.14. 2004도6432).

④ 형법 제32조 제1항 소정 타인의 범죄란 정범이 범죄의
실현에 착수한 경우를 말하는 것이므로 종범이 처벌되기
위하여는 정범의 실행의 착수가 있는 경우에만 가능하고
형법 전체의 정신에 비추어 정범이 실행의 착수에 이르지
아니한 예비의 단계에 그친 경우에는 이에 가공하는 행위가
예비의 공동정범이 되는 경우를 제외하고는 종범의 성립을
부정하고 있다고 보는 것이 타당하다(대판 1976.5.25. 75
도1549).

13

▌정답해설 ▌

② 처벌되지 아니하는 타인의 행위를 적극적으로 유발하고
이를 이용하여 자신의 범죄를 실현한 자는 형법 제34조
제1항이 정하는 간접정범의 죄책을 지게 되고, 그 과정에
서 타인의 의사를 부당하게 억압하여야만 간접정범에 해
당하는 것은 아니다(대판 2008.9.11. 2007도7204).

▌오답해설 ▌

① 대판 2009.6.23. 2008도2994

③ 공모공동정범에 있어서 공모자 중의 1인이 다른 공모자
가 실행행위에 이르기 전에 그 공모관계에서 이탈한 때에
는 그 이후의 다른 공모자의 행위에 관하여는 공동정범으
로서의 책임은 지지 않는다 할 것이나, 공모관계에서의
이탈은 공모자가 공모에 의하여 담당한 기능적 행위지배
를 해소하는 것이 필요하므로 공모자가 공모에 주도적으
로 참여하여 다른 공모자의 실행에 영향을 미친 때에는
범행을 저지하기 위하여 적극적으로 노력하는 등 실행에
미친 영향력을 제거하지 아니하는 한 공모관계에서 이탈
하였다고 할 수 없다(대판 2008.4.10. 2008도1274).

④ 범인도피죄는 범인을 도피하게 함으로써 기수에 이르지
만 범인도피행위가 계속되는 동안에는 범죄행위도 계속
되고 행위가 끝날 때 비로소 범죄행위가 종료되고, 공범
자의 범인도피행위의 도중에 그 범행을 인식하면서 그와
공동의 범의를 가지고 기왕의 범인도피상태를 이용하여
스스로 범인도피행위를 계속한 자에 대하여는 범인도피
죄의 공동정범이 성립한다(대판 1995.9.5. 95도577).

14

답 ②

▮정답해설▮

② 교사를 받은 자가 범죄의 실행을 승낙하지 아니한 때는 실패한 교사로 교사자에 대하여 음모 또는 예비에 준하여 처벌한다(제31조 제3항).

제31조(교사범)
① 타인을 교사하여 죄를 범하게 한 자는 죄를 실행한 자와 동일한 형으로 처벌한다.
② 교사를 받은 자가 범죄의 실행을 승낙하고 실행의 착수에 이르지 아니한 때에는 교사자와 피교사자를 음모 또는 예비에 준하여 처벌한다.
③ 교사를 받은 자가 범죄의 실행을 승낙하지 아니한 때에도 교사자에 대하여는 전항과 같다.

③ 방조범에 있어서 정범의 고의는 정범에 의하여 실현되는 범죄의 구체적 내용을 인식할 것을 요하는 것은 아니고 미필적 인식 또는 예견으로 족하다(대판 2005.4.29. 2003도6056 등).

④ 방조자의 인식과 정범의 실행간에 착오가 있고 양자의 구성요건을 달리한 경우에는 원칙적으로 방조자의 고의는 저각되는 것이나 그 구성요건이 중첩되는 부분이 있는 경우에는 그 중복되는 한도내에서는 방조자의 죄책을 인정하여야 할 것이다(대판 1985.2.26. 84도2987).

15

답 ①

▮정답해설▮

① [1] 동일한 공무를 집행하는 여럿의 공무원에 대하여 폭행·협박 행위를 한 경우에는 공무를 집행하는 공무원의 수에 따라 여럿의 공무집행방해죄가 성립하고, 위와 같은 폭행·협박 행위가 동일한 장소에서 동일한 기회에 이루어진 것으로서 사회관념상 1개의 행위로 평가되는 경우에는 여럿의 공무집행방해죄는 상상적 경합의 관계에 있다. [2] 범죄 피해 신고를 받고 출동한 두 명의 경찰관에게 욕설을 하면서 차례로 폭행을 하여 신고 처리 및 수사 업무에 관한 정당한 직무집행을 방해한 사안에서, 동일한 장소에서 동일한 기회에 이루어진 폭행 행위는 사회관념상 1개의 행위로 평가하는 것이 상당하다는 이유로, 위 공무집행방해죄는 형법 제40조에 정한 상상적 경합의 관계에 있다고 한 사례(대판 2009.6.25. 2009도3505).

▮오답해설▮

② 직계존속인 피해자를 폭행하고, 상해를 가한 것이 존속에 대한 동일한 폭력습벽의 발현에 의한 것으로 인정되는 경우, 그 중 법정형이 더 중한 상습존속상해죄에 나머지 행위들을 포괄시켜 하나의 죄만이 성립한다(대판 2003.2.28. 2002도7335).

③ 동일 죄명에 해당하는 수개의 행위 혹은 연속된 행위를 단일하고 계속된 범의하에 일정 기간 계속하여 행하고 그 피해법익도 동일한 경우에는 이들 각 행위를 통틀어 포괄일죄로 처단하여야 할 것이나, 범의의 단일성과 계속성이 인정되지 아니하거나 범행방법이 동일하지 않은 경우에는 각 범행은 실체적 경합범에 해당한다(대판 2005.9.30. 2005도4051).

④ 감금행위가 단순히 강도상해 범행의 수단이 되는 데 그치지 아니하고 강도상해의 범행이 끝난 뒤에도 계속된 경우에는 1개의 행위가 감금죄와 강도상해죄에 해당하는 경우라고 볼 수 없고, 이 경우 감금죄와 강도상해죄는 형법 제37조의 경합범 관계에 있다(대판 2003.1.10. 2002도4380).

16

답 ①

▮정답해설▮

① 제왕절개 수술의 경우 '의학적으로 제왕절개 수술이 가능하였고 규범적으로 수술이 필요하였던 시기(時期)'는 판단하는 사람 및 상황에 따라 다를 수 있어, 분만개시 시점 즉, 사람의 시기(始期)도 불명확하게 되므로 이 시점을 분만의 시기(始期)로 볼 수는 없다(대판 2007.6.29. 2005도3832).

▮오답해설▮

② 사람을 살해한 자가 그 사체를 다른 장소로 옮겨 유기하였을 때에는 별도로 사체유기죄가 성립하고, 이와 같은 사체유기를 불가벌적 사후행위로 볼 수는 없다(대판 1984.11.27. 84도2263, 대판 1997.7.25. 97도1142).

③ 강도가 베개로 피해자의 머리 부분을 약 3분간 누르던 중 피해자가 저항을 멈추고 사지가 늘어졌음에도 계속하여 누른 행위에 살해의 고의가 있었다고 한 원심의 판단을 수긍한 사례(대판 2002.2.8. 2001도6425).

④ 피고인이 인터넷 사이트 내 자살 관련 카페 게시판에 청산염 등 자살용 유독물의 판매광고를 한 행위가 단지 금원편취 목적의 사기행각의 일환으로 이루어졌고, 변사자들이 다른 경로로 입수한 청산염을 이용하여 자살한 사정 등에 비추어, 피고인의 행위는 자살방조에 해당하지 않는다고 한 사례(대판 2005.6.10. 2005도1373).

17 답 ②

② 상해죄의 성립에는 상해의 원인인 폭행에 대한 인식이 있으면 충분하고 상해를 가할 의사의 존재까지는 필요하지 않다(대판 2000.7.4. 99도4341).

오답해설

① 대판 1990.2.13. 89도1406
③ 1∼2개월간 입원할 정도로 다리가 부러지는 상해 또는 3주간의 치료를 요하는 우측흉부자상은 그로 인하여 생명에 대한 위험을 발생하게 한 경우라거나 불구 또는 불치나 난치의 질병에 이르게 한 경우에 해당한다고 보기 어렵다(대판 2005.12.9. 2005도7527).
④ 피고인이 피해자에게 우측 흉골골절 및 늑골골절상과 이로 인한 우측 심장벽좌상과 심낭내출혈 등의 상해를 가함으로써, 피해자가 바닥에 쓰러진 채 정신을 잃고 빈사상태에 빠지자, 피해자가 사망한 것으로 오인하고, 피고인의 행위를 은폐하고 피해자가 자살한 것처럼 가장하기 위하여 피해자를 베란다로 옮긴 후 베란다 밑 약 13m 아래의 바닥으로 떨어뜨려 피해자로 하여금 현장에서 좌측 측두부 분쇄함몰골절에 의한 뇌손상 및 뇌출혈 등으로 사망에 이르게 하였다면, 피고인의 행위는 포괄하여 단일의 상해치사죄에 해당한다고 한 사례(대판 1994.11.4. 94도2361).

18 답 ②

정답해설

② 협박죄에 있어서의 협박이라 함은 일반적으로 보아 사람으로 하여금 공포심을 일으킬 수 있는 정도의 해악을 고지하는 것을 의미하므로 그 주관적 구성요건으로서의 고의는 행위자가 그러한 정도의 해악을 고지한다는 것을 인식, 인용하는 것을 그 내용으로 하고 고지한 해악을 실제로 실현할 의도나 욕구는 필요로 하지 아니하다(대판 1991.5.10. 90도2102).

오답해설

① [1] [다수의견] 협박죄가 성립하려면 고지된 해악의 내용이 행위자와 상대방의 성향, 고지 당시의 주변 상황, 행위자와 상대방 사이의 친숙의 정도 및 지위 등의 상호관계, 제3자에 의한 해악을 고지한 경우에는 그에 포함되거나 암시된 제3자와 행위자 사이의 관계 등 행위 전후의 여러 사정을 종합하여 볼 때에 일반적으로 사람으로 하여금 공포심을 일으키게 하기에 충분한 것이어야 하지만, 상대방이 그에 의하여 현실적으로 공포심을 일으킬 것까지 요구하는 것은 아니며, 그와 같은 정도의 해악을 고지함으로써 상대방이 그 의미를 인식한 이상, 상대방이 현실적으로 공포심을 일으켰는지 여부와 관계없이 그로써 구성요건은 충족되어 협박죄의 기수에 이르는 것으로 해석하여야 한다.
[2] 결국, 협박죄는 사람의 의사결정의 자유를 보호법익으로 하는 위험범이라 봄이 상당하고, 협박죄의 미수범 처벌조항은 해악의 고지가 현실적으로 상대방에게 도달하지 아니한 경우나, 도달은 하였으나 상대방이 이를 지각하지 못하였거나 고지된 해악의 의미를 인식하지 못한 경우 등에 적용될 뿐이다(대판 2007.9.28. 2007도606 전합).
③ 피고인이 피해자인 누나의 집에서 온 몸에 연소성이 높은 고무놀을 바르고 라이타 불을 켜는 동작을 하면서 이를 말리려는 피해자 등에게 가위, 송곳을 휘두르면서 "방에 불을 지르겠다", "가족 전부를 죽여버리겠다"고 소리치고 이를 약 1시간 가량 말리던 피해자가 끝내 무섭고 두려워 신고를 하였다면, 피고인의 행위는 피해자로 하여금 공포심을 일으킬 수 있는 정도의 해악의 고지가 되고, 피고인에게 협박의 고의가 있었다고 본 사례(대판 1991.5.10. 90도2102).
④ 감금을 하기 위한 수단으로서 행사된 단순한 협박행위는 감금죄에 흡수되어 따로 협박죄를 구성하지 아니한다(대판 1982.6.22. 82도705).

19

▌정답해설▌

② 강간죄의 성립에는 언제나 필요한 수단으로 감금행위를 수반하는 것은 아니므로 감금행위가 강간죄의 목적을 달하려고 일정한 장소에 인치하기 위한 수단이 되었다 하여 그 감금행위가 강간죄에 흡수되어 범죄를 구성하지 않는다고 할 수 없다(대판 1984.8.21. 84도1550, 대판 1997.1.21. 96도2715).

▌오답해설▌

① 감금죄는 사람의 행동의 자유를 그 보호법익으로 하여 사람이 특정한 구역에서 벗어나는 것을 불가능하게 하거나 또는 매우 곤란하게 하는 죄로서 그 본질은 사람의 행동의 자유를 구속하는 데에 있다. 이와 같이 행동의 자유를 구속하는 수단과 방법에는 아무런 제한이 없고, 사람이 특정한 구역에서 벗어나는 것을 불가능하게 하거나 매우 곤란하게 하는 장애는 물리적·유형적 장애뿐만 아니라 심리적·무형적 장애에 의하여서도 가능하므로 감금죄의 수단과 방법은 유형적인 것이거나 무형적인 것이거나를 가리지 아니한다. 또한 감금죄가 성립하기 위하여 반드시 사람의 행동의 자유를 전면적으로 박탈할 필요는 없고, 감금된 특정한 구역 범위 안에서 일정한 생활의 자유가 허용되어 있었다고 하더라도 유형적이거나 무형적인 수단과 방법에 의하여 사람이 특정한 구역에서 벗어나는 것을 불가능하게 하거나 매우 곤란하게 한 이상 감금죄의 성립에는 아무런 지장이 없다(대판 1998.5.26. 98도1036).

③ 대판 1983.9.13. 80도277

④ 대판 1998.5.26. 98도1036

20

▌정답해설▌

① [1] [다수의견] 형법 제287조의 미성년자약취죄, 제288조 제3항 전단[구 형법(2013.4.5. 법률 제11731호로 개정되기 전의 것을 말한다. 이하 같다) 제289조 제1항에 해당한다]의 국외이송약취죄 등의 구성요건요소로서 약취란 폭행, 협박 또는 불법적인 사실상의 힘을 수단으로 사용하여 피해자를 그 의사에 반하여 자유로운 생활관계 또는 보호관계로부터 이탈시켜 자기 또는 제3자의 사실상 지배하에 옮기는 행위를 의미하고, 구체적 사건에서 어떤 행위가 약취에 해당하는지 여부는 행위의 목적과 의도,

행위 당시의 정황, 행위의 태양과 종류, 수단과 방법, 피해자의 상태 등 관련 사정을 종합하여 판단하여야 한다. 한편 미성년자를 보호·감독하는 사람이라고 하더라도 다른 보호감독자의 보호·양육권을 침해하거나 자신의 보호·양육권을 남용하여 미성년자 본인의 이익을 침해하는 때에는 미성년자에 대한 약취죄의 주체가 될 수 있는데, 그 경우에도 해당 보호감독자에 대하여 약취죄의 성립을 인정할 수 있으려면 그 행위가 위와 같은 의미의 약취에 해당하여야 한다. 그렇지 아니하고 폭행, 협박 또는 불법적인 사실상의 힘을 사용하여 그 미성년자를 평온하던 종전의 보호·양육 상태로부터 이탈시켰다고 볼 수 없는 행위에 대하여까지 다른 보호감독자의 보호·양육권을 침해하였다는 이유로 미성년자에 대한 약취죄의 성립을 긍정하는 것은 형벌법규의 문언 범위를 벗어나는 해석으로서 죄형법정주의의 원칙에 비추어 허용될 수 없다. 따라서 부모가 이혼하였거나 별거하는 상황에서 미성년의 자녀를 부모의 일방이 평온하게 보호·양육하고 있는데, 상대방 부모가 폭행, 협박 또는 불법적인 사실상의 힘을 행사하여 그 보호·양육 상태를 깨뜨리고 자녀를 탈취하여 자기 또는 제3자의 사실상 지배하에 옮긴 경우, 그와 같은 행위는 특별한 사정이 없는 한 미성년자에 대한 약취죄를 구성한다고 볼 수 있다. 그러나 이와 달리 미성년의 자녀를 부모가 함께 동거하면서 보호·양육하여 오던 중 부모의 일방이 상대방 부모나 그 자녀에게 어떠한 폭행, 협박이나 불법적인 사실상의 힘을 행사함이 없이 그 자녀를 데리고 종전의 거소를 벗어나 다른 곳으로 옮겨 자녀에 대한 보호·양육을 계속하였다면, 그 행위가 보호·양육권의 남용에 해당한다는 등 특별한 사정이 없는 한 설령 이에 관하여 법원의 결정이나 상대방 부모의 동의를 얻지 아니하였다고 하더라도 그러한 행위에 대하여 곧바로 형법상 미성년자에 대한 약취죄의 성립을 인정할 수는 없다.

[2] 베트남 국적 여성인 피고인이 남편 甲의 의사에 반하여 생후 약 13개월 된 아들 乙을 주거지에서 데리고 나와 약취하고 이어서 베트남에 함께 입국함으로써 乙을 국외에 이송하였다고 하여 국외이송약취 및 피약취자국외이송으로 기소된 사안에서, 제반 사정을 종합할 때 피고인이 乙을 데리고 베트남으로 떠난 행위는 어떠한 실력을 행사하여 乙을 평온하던 종전의 보호·양육 상태로부터 이탈시킨 것이라기보다 친권자인 모(母)로서 출생 이후 줄곧 맡아왔던 乙에 대한 보호·양육을 계속 유지한 행위에 해당하여, 이를 폭행, 협박 또는 불법적인 사실상의 힘을 사용하여 乙을 자기 또는 제3자의 지배하에 옮긴 약취행위로 볼 수는 없다는 이유로, 피고인에게 무죄를 인정한 원심판단을 정당하다고 한 사례(대판 2013.6.20. 2010도14328 전합).

21

답 ④

┃정답해설┃

④ 처녀막은 부녀자의 신체에 있어서 생리조직의 일부를 구성하는 것으로서, 그것이 파열되면 정도의 차이는 있어도 생활기능에 장애가 오는 것이라고 보아야 하고, 처녀막 파열이 그와 같은 성질의 것인 한 비록 피해자가 성경험을 가진 여자로서 특이체질로 인해 새로 형성된 처녀막이 파열되었다 하더라도 강간치상죄를 구성하는 상처에 해당된다(대판 1995.7.25. 94도1351).

┃오답해설┃

① 대판 2006.1.13. 2005도6791

② 결론적으로 헌법이 보장하는 혼인과 가족생활의 내용, 가정에서의 성폭력에 대한 인식의 변화, 형법의 체계와 그 개정 경과, 강간죄의 보호법익과 부부의 동거의무의 내용 등에 비추어 보면, 형법 제297조가 정한 강간죄의 객체인 '부녀'에는 법률상 처가 포함되고, 혼인관계가 파탄된 경우뿐만 아니라 혼인관계가 실질적으로 유지되고 있는 경우에도 남편이 반항을 불가능하게 하거나 현저히 곤란하게 할 정도의 폭행이나 협박을 가하여 아내를 간음한 경우에는 강간죄가 성립한다고 보아야 한다. 다만 남편의 아내에 대한 폭행 또는 협박이 피해자의 반항을 불가능하게 하거나 현저히 곤란하게 할 정도에 이른 것인지 여부는, 부부 사이의 성생활에 대한 국가의 개입은 가정의 유지라는 관점에서 최대한 자제하여야 한다는 전제에서, 그 폭행 또는 협박의 내용과 정도가 아내의 성적 자기 결정권을 본질적으로 침해하는 정도에 이른 것인지 여부, 남편이 유형력을 행사하게 된 경위, 혼인생활의 형태와 부부의 평소 성행, 성교 당시와 그 후의 상황 등 모든 사정을 종합하여 신중하게 판단하여야 한다(대판 2013.5.16. 2012도14788 전합).

③ 대판 2013.1.16. 2011도7164

22

답 ②

┃정답해설┃

② [1] 모욕죄에서 말하는 모욕이란, 사실을 적시하지 아니하고 사람의 사회적 평가를 저하시킬 만한 추상적 판단이나 경멸적 감정을 표현하는 것으로, 어떤 글이 특히 모욕적인 표현을 포함하는 판단 또는 의견의 표현을 담고 있는 경우에도 그 시대의 건전한 사회통념에 비추어 그 표현이 사회상규에 위배되지 않는 행위로 볼 수 있는 때에는 형법 제20조에 의하여 예외적으로 위법성이 조각된다.

[2] 골프클럽 경기보조원들의 구직편의를 위해 제작된 인터넷 사이트 내 회원 게시판에 특정 골프클럽의 운영상 불합리성을 비난하는 글을 게시하면서 위 클럽담당자에 대하여 한심하고 불쌍한 인간이라는 등 경멸적 표현을 한 사안에서, 게시의 동기와 경위, 모욕적 표현의 정도와 비중 등에 비추어 사회상규에 위배되지 않는다고 보아 모욕죄의 성립을 부정한 사례(대판 2008.7.10. 2008도1433).

┃오답해설┃

① 대판 2008.2.14. 2007도8155

③ 甲 운영의 산후조리원을 이용한 피고인이 인터넷 카페나 자신의 블로그 등에 자신이 직접 겪은 불편사항 등을 후기 형태로 게시하여 甲의 명예를 훼손하였다고 하여 정보통신망 이용촉진 및 정보보호 등에 관한 법률 위반으로 기소된 사안에서, 제반 사정에 비추어 볼 때 피고인에게 甲을 비방할 목적이 있었다고 보기 어려운데도, 이와 달리 보아 유죄를 인정한 원심판결에 '사람을 비방할 목적'에 관한 법리오해의 위법이 있다고 한 사례(대판 2012.11.29. 2012도10392).

④ 대판 1999.6.8. 99도1543 등

23

답 ③

┃정답해설┃

③ 주거침입, 퇴거불응죄는 법정형이 동일하다(제319조).

> **제319조(주거침입, 퇴거불응)**
> ① 사람의 주거, 관리하는 건조물, 선박이나 항공기 또는 점유하는 방실에 침입한 자는 3년 이하의 징역 또는 500만원 이하의 벌금에 처한다.
> ② 전항의 장소에서 퇴거요구를 받고 응하지 아니한 자도 전항의 형과 같다.

① 다른 사람의 주택에 무단 침입한 범죄사실로 이미 유죄판결을 받은 사람이 그 판결이 확정된 후에도 퇴거하지 않은 채 계속하여 당해 주택에 거주한 사안에서, 위 판결확정 이후의 행위는 별도의 주거침입죄를 구성한다(대판 2008.5.8. 2007도11322).

② 특정범죄가중처벌 등에 관한 법률 제5조의4 제5항은 범죄경력과 누범가중에 해당함을 요건으로 하는 반면, 같은 조 제1항은 상습성을 요건으로 하고 있어 그 요건이 서로 다르다. 또한, 형법 제330조의 야간주거침입절도죄 및 제331조 제1항의 손괴특수절도죄를 제외하고 일반적으로 주거침입은 절도죄의 구성요건이 아니므로, 절도범인이 그 범행수단으로 주거침입을 한 경우에 그 주거침입행위는 절도죄에 흡수되지 아니하고 별개로 주거침입죄를 구성하여 절도죄와는 실체적 경합의 관계에 서는 것이 원칙이다. 따라서 주간에 주거에 침입하여 절도함으로써 특정범죄가중처벌 등에 관한 법률 제5조의4 제5항 위반죄가 성립하는 경우, 별도로 형법 제319조의 주거침입죄를 구성한다(대판 2008.11.27. 2008도7820).

④ 다가구용 단독주택인 빌라의 잠기지 않은 대문을 열고 들어가 공용 계단으로 빌라 3층까지 올라갔다가 1층으로 내려온 사안에서, 주거인 공용 계단에 들어간 행위가 거주자의 의사에 반한 것이라면 주거에 침입한 것이라고 보아야 한다는 이유로, 주거침입죄를 구성하지 않는다고 본 원심판결을 파기한 사례(대판 2009.8.20. 2009도3452).

24 답 ②

㉠ (○) … 이는 구 정보통신망 이용촉진 및 정보보호 등에 관한 법률 제48조 제2항에서 정한 '악성프로그램'이나 형법 제314조 제2항에 정한 '부정한 명령의 입력'에 해당하지는 않지만, 회사의 정상적인 게임사이트 운영 업무를 방해한 것이므로 위계에 의한 업무방해죄를 구성한다고 한 사례(대판 2009.10.15. 2007도9334).

㉡ (×) 법인인 공사에게 신규직원 채용업무와 관련하여 오인·착각 또는 부지를 일으키게 한 것이 아니므로, '위계'에 의한 업무방해죄에 해당하지 않는다고 한 사례(대판 2007.12.27. 2005도6404).

㉢ (×) 도급인의 공사계약 해제가 적법하고 수급인이 스스로 공사를 중단한 상태에서 도급인이 공사현장에 남아 있는 수급인 소유의 공사자재 등을 다른 곳에 옮겨 놓았다고 하여 도급인이 수급인의 공사업무를 방해한 것으로 볼 수는 없다(대판 1999.1.29. 98도3240).

㉣ (×) 주주로서 주주총회에서 의결권 등을 행사하는 것은 주식의 보유자로서 그 자격에서 권리를 행사하는 것에 불과할 뿐 그것이 '직업 기타 사회생활상의 지위에 기하여 계속적으로 종사하는 사무 또는 사업'에 해당한다고 할 수 없다(대판 2004.10.28. 2004도1256).

25 답 ④

④ [1] 컴퓨터 등 정보처리장치를 통하여 이루어지는 금융기관 사이의 전자식 자금이체거래는 금융기관 사이의 환거래관계를 매개로 하여 금융기관 사이나 금융기관을 이용하는 고객 사이에서 현실적인 자금의 수수 없이 지급·수령을 실현하는 거래방식인바, 권한 없이 컴퓨터 등 정보처리장치를 이용하여 예금계좌 명의인이 거래하는 금융기관의 계좌 예금 잔고 중 일부를 자신이 거래하는 다른 금융기관에 개설된 그 명의 계좌로 이체한 경우, 예금계좌 명의인의 거래 금융기관에 대한 예금반환 채권은 이러한 행위로 인하여 영향을 받을 이유가 없는 것이므로, 거래 금융기관으로서는 예금계좌 명의인에 대한 예금반환 채무를 여전히 부담하면서도 환거래관계상 다른 금융기관에 대하여 자금이체로 인한 이체자금 상당액 결제채무를 추가 부담하게 됨으로써 이체된 예금 상당액의 채무를 이중으로 지급해야 할 위험에 처하게 된다. 따라서 친척 소유 예금통장을 절취한 자가 그 친척 거래 금융기관에 설치된 현금자동지급기에 예금통장을 넣고 조작하는 방법으로 친척 명의 계좌의 예금 잔고를 자신이 거래하는 다른 금융기관에 개설된 자기 계좌로 이체한 경우, 그 범행으로 인한 피해자는 이체된 예금 상당액의 채무를 이중으로 지급해야 할 위험에 처하게 되는 그 친척 거래 금융기관이라 할 것이고, 거래 약관의 면책 조항이나 채권의 준점유자에 대한 법리 적용 등에 의하여 위와 같은 범행으로 인한 피해가 최종적으로는 예금 명의인인 친척에게 전가될 수 있다고 하여, 자금이체 거래의 직접적인 당사자이자 이중지급 위험의 원칙적인 부담자인 거래 금융기관을 위와 같은 컴퓨터 등 사용사기 범행의 피해자에 해당하지 않는다고 볼 수는 없으므로, 위와 같은 경우에는 친족 사이의 범행을 전제로 하는 친족상도례를 적용할 수 없다.

[2] 손자가 할아버지 소유 농업협동조합 예금통장을 절취하여 이를 현금자동지급기에 넣고 조작하는 방법으로 예금 잔고를 자신의 거래 은행 계좌로 이체한 사안에서, 위 농업협동조합이 컴퓨터 등 사용사기 범행 부분의 피해자라는 이유로 친족상도례를 적용할 수 없다고 한 사례(대판 2007.3.15. 2006도2704).

┃오답해설┃

① 대판 2008.7.24. 2008도3438
② 형법 제354조에 의하여 준용되는 제328조 제1항에서 "직계혈족, 배우자, 동거친족, 동거가족 또는 그 배우자 간의 제323조의 죄는 그 형을 면제한다."고 규정하고 있는바, 여기서 '그 배우자'는 동거가족의 배우자만을 의미하는 것이 아니라, 직계혈족, 동거친족, 동거가족 모두의 배우자를 의미하는 것으로 볼 것이다. 기록에 의하면, 피고인이 피해자 조성만의 직계혈족의 배우자임을 이유로 형법 제354조, 제328조 제1항에 따라 피해자 조성만에 대한 상습사기의 점에 관한 공소사실에 대하여 형을 면제한 것은 정당하고, 거기에 상고이유의 주장과 같이 친족상도례에 관한 법리를 오해한 위법이 없다(대판 2011.5.13. 2011도1765).
③ 대판 2010.7.29. 2010도5795

26
┃답┃ ④

┃정답해설┃

④ 절취한 타인의 신용카드를 이용하여 현금지급기에서 계좌이체를 한 행위는 컴퓨터등사용사기죄에서 컴퓨터 등 정보처리장치에 권한 없이 정보를 입력하여 정보처리를 하게 한 행위에 해당함은 별론으로 하고 이를 절취행위라고 볼 수는 없고, 한편 위 계좌이체 후 현금지급기에서 현금을 인출한 행위는 자신의 신용카드나 현금카드를 이용한 것이어서 이러한 현금인출이 현금지급기 관리자의 의사에 반한다고 볼 수 없어 절취행위에 해당하지 않으므로 절도죄를 구성하지 않는다(대판 2008.6.12. 2008도2440).

┃오답해설┃

① 절도죄의 객체는 관리가능한 동력을 포함한 '재물'에 한한다 할 것이고, 또 절도죄가 성립하기 위해서는 그 재물의 소유자 기타 점유자의 점유 내지 이용가능성을 배제하고 이를 자신의 점유하에 배타적으로 이전하는 행위가

있어야만 할 것인바, 컴퓨터에 저장되어 있는 '정보' 그 자체는 유체물이라고 볼 수도 없고, 물질성을 가진 동력도 아니므로 재물이 될 수 없다 할 것이며, 또 이를 복사하거나 출력하였다 할지라도 그 정보 자체가 감소하거나 피해자의 점유 및 이용가능성을 감소시키는 것이 아니므로 그 복사나 출력 행위를 가지고 절도죄를 구성한다고 볼 수도 없다(대판 2002.7.12. 2002도745).
② 대판 2012.7.12. 2012도1132
③ 대판 2012.4.26. 2010도11771

27
┃답┃ ③

┃정답해설┃

③ [다수의견] 형법 제335조에서 절도가 재물의 탈환을 항거하거나 체포를 면탈하거나 죄적을 인멸할 목적으로 폭행 또는 협박을 가한 때에 준강도로서 강도죄의 예에 따라 처벌하는 취지는, 강도죄와 준강도죄의 구성요건인 재물탈취와 폭행·협박 사이에 시간적 순서상 전후의 차이가 있을 뿐 실질적으로 위법성이 같다고 보기 때문인바, 이와 같은 준강도죄의 입법 취지, 강도죄와의 균형 등을 종합적으로 고려해 보면, 준강도죄의 기수 여부는 절도행위의 기수 여부를 기준으로 하여 판단하여야 한다(대판 2004.11.18. 2004도5074 전합).

┃오답해설┃

① 대판 2007.12.13. 2007도7601
② 대판 2004.6.24. 2004도1098
④ 준강도죄에 있어서의 폭행이나 협박은 상대방의 반항을 억압하는 수단으로서 일반적 객관적으로 가능하다고 인정하는 정도의 것이면 되고 반드시 현실적으로 반항을 억압하였음을 필요로 하는 것은 아니다(대판 1981.3.24. 81도409).

28
┃답┃ ①

┃정답해설┃

① 의사인 피고인이 전화를 이용하여 진찰(이하 '전화 진찰'이라고 한다)한 것임에도 내원 진찰인 것처럼 가장하여 국민건강보험관리공단에 요양급여비용을 청구함으로써 진찰료 등을 편취하였다는 내용으로 기소된 사안에서,

당시에 시행되던 구 '국민건강보험 요양급여의 기준에 관한 규칙'에 기한 보건복지부장관의 고시는 내원을 전제로 한 진찰만을 요양급여의 대상으로 정하고 있고 전화 진찰이나 이에 기한 약제 등의 지급은 요양급여의 대상으로 정하고 있지 아니하므로, 전화 진찰이 구 의료법 제17조 제1항에서 정한 '직접 진찰'에 해당한다고 하더라도 그러한 사정만으로 요양급여의 대상이 된다고 할 수 없는 이상, 전화 진찰을 요양급여대상으로 되어 있던 내원 진찰인 것으로 하여 요양급여비용을 청구한 것은 기망행위로서 사기죄를 구성하고, 피고인의 불법이득의 의사 또한 인정된다는 이유로, 피고인에게 유죄를 인정한 원심판단이 정당하다고 한 사례(대판 2013.4.26. 2011도10797).

┃오답해설┃

② 대판 2010.6.10. 2010도1777
③ 대판 1997.9.9. 97도1561
④ 대판 2002.2.5. 2001도5789

29 답 ③

┃정답해설┃

③ 피고인이, 甲주식회사가 특정 신문들에 광고를 편중했다는 이유로 기자회견을 열어 甲회사에 대하여 불매운동을 하겠다고 하면서 특정 신문들에 대한 광고를 중단할 것과 다른 신문들에 대해서도 특정 신문들과 동등하게 광고를 집행할 것을 요구하고 甲회사 인터넷 홈페이지에 '甲회사는 앞으로 특정 언론사에 편중하지 않고 동등한 광고 집행을 하겠다'는 내용의 팝업창을 띄우게 한 사안에서, 불매운동의 목적, 그 조직과정 및 규모, 대상 기업으로 甲 회사 하나만을 선정한 경우, 기자회견을 통해 공표한 불매운동의 방법 및 대상 제품, 甲 회사 직원에게 고지한 요구사항의 구체적인 내용, 위 공표나 고지행위 당시의 상황, 그에 대한 甲 회사 경영진의 반응, 위 요구사항에 응하지 않을 경우 甲 회사에 예상되는 피해의 심각성 등 제반 사정을 고려할 때, 피고인의 행위는 甲회사의 의사결정권자로 하여금 그 요구를 수용하지 아니할 경우 불매운동이 지속되어 영업에 타격을 입게 될 것이라는 겁을 먹게 하여 의사결정 및 의사실행의 자유를 침해한 것으로 강요죄나 공갈죄의 수단으로서의 협박에 해당한다고 본 원심판단을 수긍한 사례(대판 2013.4.11. 2010도13774).

┃오답해설┃

① 예금주인 현금카드 소유자를 협박하여 그 카드를 갈취하였고, 하자 있는 의사표시이기는 하지만 피해자의 승낙에 의하여 현금카드를 사용할 권한을 부여받아 이를 이용하여 현금을 인출한 이상, 피해자가 그 승낙의 의사표시를 취소하기까지는 현금카드를 적법, 유효하게 사용할 수 있고, 은행의 경우에도 피해자의 지급정지 신청이 없는 한 피해자의 의사에 따라 그의 계산으로 적법하게 예금을 지급할 수밖에 없는 것이므로, 피고인이 피해자로부터 현금카드를 사용한 예금인출의 승낙을 받고 현금카드를 교부받은 행위와 이를 사용하여 현금자동지급기에서 예금을 여러 번 인출한 행위들은 모두 피해자의 예금을 갈취하고자 하는 피고인의 단일하고 계속된 범의 아래에서 이루어진 일련의 행위로서 포괄하여 하나의 공갈죄를 구성한다고 볼 것이지, 현금지급기에서 피해자의 예금을 취득한 행위를 현금지급기 관리자의 의사에 반하여 그가 점유하고 있는 현금을 절취한 것이라 하여 이를 현금카드 갈취행위와 분리하여 따로 절도죄로 처단할 수는 없다(대판 1996.9.20. 95도1728).
② 대판 2003.5.13. 2003도709
④ 대판 2012.1.27. 2011도16044

30 답 ①

┃정답해설┃

① 회사가 기업활동을 하면서 형사상의 범죄를 수단으로 하여서는 안 되므로 뇌물공여를 금지하는 법률 규정은 회사가 기업활동을 할 때 준수하여야 하고, 따라서 회사의 이사 등이 업무상의 임무에 위배하여 보관 중인 회사의 자금으로 뇌물을 공여하였다면 이는 오로지 회사의 이익을 도모할 목적이라기보다는 뇌물공여 상대방의 이익을 도모할 목적이나 기타 다른 목적으로 행하여진 것이라고 보아야 하므로, 그 이사 등은 회사에 대하여 업무상횡령죄의 죄책을 면하지 못한다. 그리고 특별한 사정이 없는 한 이러한 법리는 회사의 이사 등이 회사의 자금으로 부정한 청탁을 하고 배임증재를 한 경우에도 마찬가지로 적용된다(대판 2013.4.25. 2011도9238).

┃오답해설┃

② 가맹점주인 피고인이 판매하여 보관 중인 물품판매 대금은 피고인의 소유라 할 것이어서 피고인이 이를 임의 소비한 행위는 프랜차이즈 계약상의 채무불이행에 지나지 아니하므로, 결국 횡령죄는 성립하지 아니한다(대판 1998.4.14. 98도292).

③ 대판 2000.9.8. 2000도258

④ 동업재산은 동업자의 합유에 속하므로, 동업관계가 존속하는 한 동업자는 동업재산에 대한 지분을 임의로 처분할 권한이 없고, 동업자 한 사람이 지분을 임의로 처분하거나 또는 동업재산의 처분으로 얻은 대금을 보관 중 임의로 소비하였다면 횡령죄의 죄책을 면할 수 없다(대판 2011.6.10. 2010도17684 등).

31

답 ③

▌정답해설▌

ⓒ (×) [1] 이른바 보통예금은 은행 등 법률이 정하는 금융기관을 수치인으로 하는 금전의 소비임치 계약으로서, 그 예금계좌에 입금된 금전의 소유권은 금융기관에 이전되고, 예금주는 그 예금계좌를 통한 예금반환채권을 취득하는 것이므로, 금융기관의 임직원은 예금주로부터 예금계좌를 통한 적법한 예금반환 청구가 있으면 이에 응할 의무가 있을 뿐 예금주와의 사이에서 그의 재산관리에 관한 사무를 처리하는 자의 지위에 있다고 할 수 없다.
[2] 임의로 예금주의 예금계좌에서 5,000만 원을 인출한 금융기관의 임직원에게 업무상배임죄가 성립하지 않는다고 한 사례(대판 2008.4.24. 2008도1408).

ⓔ (×) [1] [다수의견] 매매와 같이 당사자 일방이 재산권을 상대방에게 이전할 것을 약정하고 상대방이 그 대금을 지급할 것을 약정함으로써 그 효력이 생기는 계약의 경우(민법 제563조), 쌍방이 그 계약의 내용에 좇은 이행을 하여야 할 채무는 특별한 사정이 없는 한 '자기의 사무'에 해당하는 것이 원칙이다.
[2] 매매의 목적물이 동산일 경우, 매도인은 매수인에게 계약에 정한 바에 따라 그 목적물인 동산을 인도함으로써 계약의 이행을 완료하게 되고 그때 매수인은 매매목적물에 대한 권리를 취득하게 되는 것이므로, 매도인에게 자기의 사무인 동산인도채무 외에 별도로 매수인의 재산의 보호 내지 관리 행위에 협력할 의무가 있다고 할 수 없다. 동산매매계약에서의 매도인은 매수인에 대하여 그의 사무를 처리하는 지위에 있지 아니하므로, 매도인이 목적물을 매수인에게 인도하지 아니하고 이를 타에 처분하였다 하더라도 형법상배임죄가 성립하는 것은 아니다(대판 2011.1.20. 2008도10479 전합).

▌오답해설▌

㉠ (○) 업무상배임죄는 타인의 사무를 처리하는 자가 그 업무상의 임무에 위배하는 행위로써 재산상의 이익을 취득하거나 제3자로 하여금 이를 취득하게 하여 본인에게 손해를 가한 때에 성립하는데, 여기서 '본인에게 재산상의 손해를 가한다' 함은 총체적으로 보아 본인의 재산상태에 손해를 가하는 경우, 즉 본인의 전체적 재산가치의 감소를 가져오는 것을 말하는 것이고, 이와 같은 법리는 타인의 사무를 처리하는 자 내지 제3자가 취득하는 재산상의 이익에 대하여도 동일하게 적용되는 것으로 보아야 한다. 또한, 업무상 배임죄는 본인에게 재산상의 손해를 가하는 외에 배임행위로 인하여 행위자 스스로 재산상의 이익을 취득하거나 제3자로 하여금 재산상의 이익을 취득하게 할 것을 요건으로 하므로, 본인에게 손해를 가하였다고 하더라도 행위자 또는 제3자가 재산상 이익을 취득한 사실이 없다면 배임죄가 성립할 수 없다(대판 2009.6.25. 2008도3792 등).

ⓒ (○) 신용카드 정보통신부가사업회사[통상 '밴(VAN, value added network) 사업자'라고도 한다]인 甲주식회사와 가맹점 관리대행계약, 대리점계약, 단말기 무상임대차계약, 판매장려금계약을 각 체결하고 甲회사의 대리점으로서 카드단말기의 판매 및 설치, 가맹점 관리업무 등을 수행하는 乙주식회사 대표이사인 피고인이, 그 임무에 위배하여 甲회사의 기존 가입 가맹점을 甲회사와 경쟁관계에 있는 다른 밴사업자 가맹점으로 임의로 전환하여 甲회사에 재산상 손해를 가하였다고 하여 업무상배임으로 기소된 사안에서, 甲 회사가 보유하는 가맹점은 甲 회사의 수익과 직결되는 재산적 가치를 지니고 있어 피고인이 甲 회사를 대신하여 가맹점을 모집·유지 및 관리하는 것은 본래 甲 회사의 사무로서 피고인에 대한 인적 신임관계에 기하여 그 처리가 피고인에게 위탁된 것이고, 이는 단지 피고인 자신의 사무만에 그치지 아니하고 甲 회사의 재산적 이익을 보호 내지 관리하는 것을 본질적 내용으로 하며, 그 업무가 피고인 자신의 계약상 의무를 이행하고 甲 회사로부터 더 많은 수수료 이익을 취득하기 위한 피고인 자신의 사무의 성격을 일부 가지고 있다고 하여 달리 볼 것이 아니므로, 피고인은 甲회사와 신임관계에 기하여 甲회사의 가맹점 관리업무를 대행하는 '타인의 사무를 처리하는 자'의 지위에 있다고 할 것인데, 이와 달리 보아 무죄를 선고한 원심판결에 배임죄에서 '타인의 사무를 처리하는 자'에 관한 법리오해의 위법이 있다고 한 사례(대판 2012.5.10. 2010도3532).

32

답 ②

▋정답해설▋

② 甲이 회사 자금으로 乙에게 주식매각 대금조로 금원을 지급한 경우, 그 금원은 단순히 횡령행위에 제공된 물건이 아니라 횡령행위에 의하여 영득된 장물에 해당한다고 할 것이고, 나아가 설령 甲이 乙에게 금원을 교부한 행위 자체가 횡령행위라고 하더라도 이러한 경우 甲의 업무상 횡령죄가 기수에 달하는 것과 동시에 그 금원은 장물이 된다고 한 사례(대판 2004.12.9. 2004도5904).

▋오답해설▋

① 절도 범인으로부터 장물보관 의뢰를 받은 자가 그 정을 알면서 이를 인도받아 보관하고 있다가 임의 처분하였다 하여도 장물보관죄가 성립하는 때에는 이미 그 소유자의 소유물 추구권을 침해하였으므로 그 후의 횡령행위는 불가벌적 사후행위에 불과하여 별도로 횡령죄가 성립하지 않는다(대판 2004.4.9. 2003도8219).

③ 형법 제41장의 장물에 관한 죄에 있어서의 '장물'이라 함은 재산범죄로 인하여 취득한 물건 그 자체를 말하므로, 재산범죄를 저지른 이후에 별도의 재산범죄의 구성요건에 해당하는 사후행위가 있었다면 비록 그 행위가 불가벌적 사후행위로서 처벌의 대상이 되지 않는다 할지라도 그 사후행위로 인하여 취득한 물건은 재산범죄로 인하여 취득한 물건으로서 장물이 될 수 있다(대판 2004.4.16. 2004도353).

④ 대판 2004.12.9. 2004도5904

33

답 ③

▋정답해설▋

③ 해고노동자 등이 복직을 요구하는 집회를 개최하던 중 래커 스프레이를 이용하여 회사 건물 외벽과 1층 벽면 등에 낙서한 행위는 건물의 효용을 해한 것으로 볼 수 있으나, 이와 별도로 계란 30여 개를 건물에 투척한 행위는 건물의 효용을 해하는 정도의 것에 해당하지 않는다고 본 사례(대판 2007.6.28. 2007도2590).

▋오답해설▋

① 대판 1991.10.22. 91도2090

② 약속어음의 수취인이 차용금의 지급담보를 위하여 은행에 보관시킨 약속어음을 은행지점장이 발행인의 부탁을 받고 그 지급기일란의 일자를 지움으로써 그 효용을 해한 경우에는 문서손괴죄가 성립한다(대판 1982.7.27. 82도223).

④ 형법 제366조 소정의 재물손괴죄는 타인의 재물을 손괴 또는 은닉하거나 기타의 방법으로 그 효용을 해하는 경우에 성립하는바, 여기에서 재물의 효용을 해한다고 함은 사실상으로나 감정상으로 그 재물을 본래의 사용목적에 제공할 수 없게 하는 상태로 만드는 것을 말하며, 일시적으로 그 재물을 이용할 수 없는 상태로 만드는 것도 여기에 포함된다(대판 2007.6.28. 2007도2590).

34

답 ④

▋정답해설▋

④ 채권자들에 의한 복수의 강제집행이 예상되는 경우 재산을 은닉 또는 허위양도함으로써 채권자들을 해하였다면 채권자별로 각각 강제집행면탈죄가 성립하고, 상호 상상적 경합범의 관계에 있다(대판 2011.12.8. 2010도4129).

▋오답해설▋

① 형법 제323조의 권리행사방해죄는 타인의 점유 또는 권리의 목적이 된 자기의 물건을 취거, 은닉 또는 손괴하여 타인의 권리행사를 방해함으로써 성립하는 것이므로, 그 취거, 은닉 또는 손괴한 물건이 자기의 물건이 아니라면 권리행사방해죄가 성립할 여지가 없다(대판 2005.11.10. 2005도6604).

② 렌트카회사의 공동대표이사 중 1인이 회사 보유 차량을 자신의 개인적인 채무담보 명목으로 피해자에게 넘겨 주었는데 다른 공동대표이사인 피고인이 위 차량을 몰래 회수하도록 한 경우, 위 피해자의 점유는 권리행사방해죄의 보호대상인 점유에 해당한다고 한 사례(대판 2006.3.23. 2005도4455).

③ 강제집행면탈죄에 있어서 재산의 은닉이라 함은 재산의 소유관계를 불명케 하는 행위도 포함하는 것이므로, 채권자에 의하여 압류된 채무자 소유의 유체동산을 채무자의 모 소유인 것으로 사칭하면서 모의 명의로 제3자이의의 소를 제기하고, 집행정지결정을 받아 그 집행을 저지하였다면 이는 재산을 은닉한 경우에 해당한다(대판 1992.12.8. 92도1653).

35　달 ③

정답해설

③ 구 호적법 제79조 제1항 및 구 호적법 시행규칙 등을 종합하여 볼 때, 가정법원의 서기관 등이 이혼의사확인서등본을 작성한 뒤 이를 이혼의사확인신청 당사자 쌍방에게 교부하면서 이혼신고서를 확인서등본 뒤에 첨부하여 그 직인을 간인하였다고 하더라도, 그러한 사정만으로 이혼신고서가 공문서인 이혼의사확인서등본의 일부가 되었다고 볼 수 없다. 따라서 당사자가 이혼의사확인서등본과 간인으로 연결된 이혼신고서를 떼어내고 원래 이혼신고서의 내용과는 다른 이혼신고서를 작성하여 이혼의사확인서등본과 함께 호적관서에 제출하였다고 하더라도, 공문서인 이혼의사확인서등본을 변조하였다거나 변조된 이혼의사확인서등본을 행사하였다고 할 수 없다(대판 2009.1.30. 2006도7777).

오답해설

① 원래 주식회사의 지배인은 회사의 영업에 관하여 재판상 또는 재판 외의 모든 행위를 할 권한이 있으므로, 지배인이 직접 주식회사 명의 문서를 작성하는 행위는 위조나 자격모용사문서작성에 해당하지 않는 것이 원칙이고, 이는 그 문서의 내용이 진실에 반하는 허위이거나 권한을 남용하여 자기 또는 제3자의 이익을 도모할 목적으로 작성된 경우에도 마찬가지이다(대판 2010.5.13. 2010도1040).

② 사문서의 작성명의자의 인장이 압날되지 아니하고 주민등록번호가 기재되지 않았더라도, 일반인으로 하여금 그 작성명의자가 진정하게 작성한 사문서로 믿기에 충분할 정도의 형식과 외관을 갖추었으면 사문서위조죄 및 동행사죄의 객체가 되는 사문서라고 보아야 한다(대판 1989.8.8. 88도2209).

④ 십지지문 지문대조표는 수사기관이 피의자의 신원을 특정하고 지문대조조회를 하기 위하여 직무상 작성하는 서류로서 비록 자서란에 피의자로 하여금 스스로 성명 등의 인적사항을 기재하도록 하고 있다 하더라도 이를 사문서로 볼 수는 없다(대판 2000.8.22. 2000도2393).

36　달 ④

정답해설

④ 경찰서 방범과장이 부하직원으로부터 음반·비디오물 및 게임물에 관한 법률 위반 혐의로 오락실을 단속하여 증거물로 오락기의 변조 기판을 압수하여 사무실에 보관 중임을 보고받아 알고 있었음에도 그 직무상의 의무에 따라 위 압수물을 수사계에 인계하고 검찰에 송치하여 범죄 혐의의 입증에 사용하도록 하는 등의 적절한 조치를 취하지 않고, 오히려 부하직원에게 위와 같이 압수한 변조 기판을 돌려주라고 지시하여 오락실 업주에게 이를 돌려준 경우, 작위범인 증거인멸죄만이 성립하고 부작위범인 직무유기(거부)죄는 따로 성립하지 아니한다(대판 2006.10.19. 2005도3909 전합).

오답해설

① 직무유기죄는 구체적으로 그 직무를 수행하여야 할 작위의무가 있는데도 불구하고 이러한 직무를 버린다는 인식 하에 그 작위의무를 수행하지 아니함으로써 성립하는 것이고, 또 그 직무를 유기한 때라 함은 공무원이 법령, 내규 등에 의한 추상적인 충근의무를 태만히 하는 일체의 경우를 이르는 것이 아니고, 직장의 무단이탈, 직무의 의식적인 포기 등과 같이 그것이 국가의 기능을 저해하며 국민에게 피해를 야기시킬 가능성이 있는 경우를 말하는 것이므로, 병가중인 자의 경우 구체적인 작위의무 내지 국가기능의 저해에 대한 구체적인 위험성이 있다고 할 수 없어 직무유기죄의 주체로 될 수는 없다(대판 1997.4.22. 95도748).

② 대판 2008.2.14. 2005도4202

③ 경찰관인 피고인이 벌금미납자로 지명수배되어 있던 甲을 세 차례에 걸쳐 만나고도 그를 검거하여 검찰청에 신병을 인계하는 등 필요한 조치를 취하지 않아 정당한 이유 없이 직무를 유기하였다는 내용으로 예비적으로 기소된 사안에서, 벌금미납자에 대한 노역장유치 집행을 위하여 검사의 지휘를 받아 형집행장을 집행하는 경우 벌금미납자 검거는 사법경찰관리의 직무범위에 속한다고 보아야 하는데도, 재판의 집행이 사법경찰관리의 직무범위에 속한다고 볼 법률적 근거가 없다는 이유로 甲에 대하여 실제 형집행장이 발부되어 있었는지 등에 대하여 나아가 심리하지 않은 채 공소사실을 무죄로 인정한 원심판단에 법리오해의 위법이 있다고 한 사례(대판 2011.9.8. 2009도13371).

37

답 ④

▎정답해설▎

㉠ (○) 감척어선 입찰자격이 없는 자가 제3자와 공모하여 제3자의 대리인 자격으로 제3자 명의로 입찰에 참가하고, 낙찰받은 후 자신의 자금으로 낙찰대금을 지급하여 감척어선에 대한 실질적 소유권을 취득한 경우, 위계에 의한 공무집행방해죄가 성립한다고 한 사례(대판 2003.12.26. 2001도6349).

㉡ (○) … 변조된 서류에 근거하여 해외건설협회장이 발급한 실적증명서에 대하여 입찰담당 공무원이 달리 심사할 방법이 없을 뿐만 아니라 위 실적증명서의 기재 내용은 일반적으로 신뢰할 만한 것이어서, 입찰담당 공무원이 금호산업 주식회사에 대하여 입찰참가자격을 인정하고 그에 따라 금호산업 주식회사가 낙찰자로 결정되어 공사계약을 체결할 수 있게 된 것은 위 피고인들의 위계에 의한 결과라고 할 것이다(대판 2003.10.9. 2000도4993).

㉣ (○) 이와 같은 행위는 단순히 피의자가 수사기관에 대하여 허위사실을 진술하거나 자신에게 불리한 증거를 은닉하는 데 그친 것이 아니라 수사기관의 착오를 이용하여 적극적으로 피의사실에 관한 증거를 조작한 것으로서 위계에 의한 공무집행방해죄가 성립한다고 한 사례(대판 2003.7.25. 2003도1609).

▎오답해설▎

㉢ (×) 민사소송을 제기함에 있어 피고의 주소를 허위로 기재하여 법원공무원으로 하여금 변론기일소환장 등을 허위 주소로 송달케 하였다는 사실만으로는 이로 인하여 법원공무원의 구체적이고 현실적인 어떤 직무집행이 방해되었다고 할 수는 없으므로, 이로써 바로 위계에 의한 공무집행방해죄가 성립한다고 볼 수는 없다(대판 1996.10.11. 96도312).

38

답 ③

▎정답해설▎

③ 범인이 자신을 위하여 타인으로 하여금 허위의 자백을 하게 하여 범인도피죄를 범하게 하는 행위는 방어권의 남용으로 범인도피교사죄에 해당한다(대판 2000.3.24. 2000도20).

▎오답해설▎

① 형법 제151조에서 규정하는 범인도피죄는 범인은닉 이외의 방법으로 범인에 대한 수사, 재판 및 형의 집행 등 형사사법의 작용을 곤란 또는 불가능하게 하는 행위를 말하는 것으로서, 그 방법에는 어떠한 제한이 없고, 또한 위 죄는 위험범으로서 현실적으로 형사사법의 작용을 방해하는 결과가 초래될 것이 요구되지 아니할 뿐만 아니라, 같은 조 소정의 '벌금 이상의 형에 해당하는 죄를 범한 자'라 함은 범죄의 혐의를 받아 수사 대상이 되어 있는 자도 포함하고, 벌금 이상의 형에 해당하는 자에 대한 인식은 실제로 벌금 이상의 형에 해당하는 범죄를 범한 자라는 것을 인식함으로써 족하고 그 법정형이 벌금 이상이라는 것까지 알 필요는 없으며, 범인이 아닌 자가 수사기관에 범인임을 자처하고 허위사실을 진술하여 진범의 체포와 발견에 지장을 초래하게 한 행위는 위 죄에 해당한다(대판 2000.11.24. 2000도4078).

② 범인이 기소중지자임을 알고도 범인의 부탁으로 다른 사람의 명의로 대신 임대차계약을 체결해 준 경우, 비록 임대차계약서가 공시되는 것은 아니라 하더라도 수사기관이 탐문수사나 신고를 받아 범인을 발견하고 체포하는 것을 곤란하게 하여 범인도피죄에 해당한다고 한 사례(대판 2004.3.26. 2003도8226).

④ 참고인이 범인 아닌 다른 자를 진범이라고 내세우는 경우 등과 같이 적극적으로 허위의 사실을 진술하여 수사관을 기만, 착오에 빠지게 함으로써 범인의 발견 체포에 지장을 초래케 하는 경우와 달리 참고인이 수사기관에서 진술을 함에 있어 단순히 범인으로 체포된 사람과 동인이 목격한 범인이 동일함에도 불구하고 동일한 사람이 아니라고 허위진술을 한 정도의 것만으로는 참고인의 그 허위진술로 말미암아 증거가 불충분하게 되어 범인을 석방하게 되는 결과가 되었다 하더라도 바로 범인도피죄를 구성한다고는 할 수 없다(대판 1987.2.10. 85도897).

39

답 ①

▎정답해설▎

① 증인의 증언은 그 전부를 일체로 관찰·판단하는 것이므로 선서한 증인이 일단 기억에 반하는 허위의 진술을 하였더라도 그 신문이 끝나기 전에 그 진술을 철회·시정한 경우 위증이 되지 아니한다고 할 것이나, 증인이 1회 또는 수회의 기일에 걸쳐 이루어진 1개의 증인신문절차에서 허위의 진술을 하고 그 진술이 철회·시정된 바 없이 그대로 증인신문절차가 종료된 경우 그로써 위증죄는 기수에 달하고, 그 후 별도의 증인 신청 및 채택 절차를 거쳐

그 증인이 다시 신문을 받는 과정에서 종전 신문절차에서의 진술을 철회·시정한다 하더라도 그러한 사정은 형법 제153조가 정한 형의 감면사유에 해당할 수 있을 뿐, 이미 종결된 종전 증인신문절차에서 행한 위증죄의 성립에 어떤 영향을 주는 것은 아니다. 위와 같은 법리는 증인이 별도의 증인신문절차에서 새로이 선서를 한 경우뿐만 아니라 종전 증인신문절차에서 한 선서의 효력이 유지됨을 고지 받고 진술한 경우에도 마찬가지로 적용된다(대판 2010.9.30. 2010도7525).

┃오답해설┃

② 헌법 제12조 제2항에 정한 불이익 진술의 강요금지 원칙을 구체화한 자기부죄거부특권에 관한 것이거나 기타 증언거부사유가 있음에도 증인이 증언거부권을 고지받지 못함으로 인하여 그 증언거부권을 행사하는 데 사실상 장애가 초래되었다고 볼 수 있는 경우에는 위증죄의 성립을 부정하여야 할 것이다(대판 2010.1.21. 2008도942 전합).

③ 형법 제155조 제1항은 '타인의 형사사건 또는 징계사건에 관한 증거를 인멸, 은닉, 위조 또는 변조하거나 위조 또는 변조한 증거를 사용한 자'를 처벌한다고 규정하고 있는바, 증거인멸 등 죄는 위증죄와 마찬가지로 국가의 형사사법작용 내지 징계작용을 그 보호법익으로 하므로, 위 법조문에서 말하는 '징계사건'이란 국가의 징계사건에 한정되고 사인(私人) 간의 징계사건은 포함되지 않는다(대판 2007.11.30. 2007도4191).

④ 자기의 형사사건에 관한 증거를 인멸하기 위하여 타인을 교사하여 죄를 범하게 한 자에 대하여는 증거인멸교사죄가 성립한다(대판 2000.3.24. 99도5275).

40
┃답┃ ③

┃정답해설┃

③ 피고인이 돈을 갚지 않는 甲을 차용금 사기로 고소하면서 대여금의 용도에 관하여 '도박자금'으로 빌려준 사실을 감추고 '내비게이션 구입에 필요한 자금'이라고 허위 기재하고, 대여의 일시·장소도 사실과 달리 기재하여 甲을 무고하였다는 내용으로 기소된 사안에서, 피고인의 고소 내용은 甲이 변제의사와 능력도 없이 차용금 명목으로 돈을 편취하였으니 사기죄로 처벌하여 달라는 것이고, 甲이 차용금의 용도를 속이는 바람에 대여하게 되었다는 취지로 주장한 사실은 없으며, 수사기관으로서는 차용금의 용도와 무관하게 다른 자료들을 토대로 甲이 변제의사나 능력 없이 돈을 차용하였는지를 조사할 수 있는 것이

므로, 비록 피고인이 도박지금으로 대여한 사실을 숨긴 채 고소장에 대여금의 용도에 관하여 허위로 기재하고 대여 일시·장소 등 변제의사나 능력의 유무와 관련성이 크지 아니한 사항에 관하여 사실과 달리 기재한 사정만으로는 사기죄 성립 여부에 영향을 줄 정도의 중요한 부분을 허위 신고하였다고 보기 어려운데도, 피고인에게 유죄를 인정한 원심판단에 무고죄에 관한 법리오해의 위법이 있다고 한 사례(대판 2011.9.8. 2011도3489).

┃오답해설┃

① 무고죄에 있어서 허위사실 적시의 정도는 수사관서 또는 감독관서에 대하여 수사권 또는 징계권의 발동을 촉구하는 정도의 것이면 충분하고 반드시 범죄구성요건 사실이나 징계요건 사실을 구체적으로 명시하여야 하는 것은 아니다(대판 2006.5.25. 2005도4642).

② 무고죄의 허위신고에 있어서 다른 사람이 그로 인하여 형사처분 또는 징계처분을 받게 될 것이라는 인식이 있으면 족하므로, 고소당한 범죄가 유죄로 인정되는 경우에, 고소를 당한 사람이 고소인에 대하여 '고소당한 죄의 혐의가 없는 것으로 인정된다면 고소인이 자신을 무고한 것에 해당하므로 고소인을 처벌해 달라'는 내용의 고소장을 제출하였다면 설사 그것이 자신의 결백을 주장하기 위한 것이라고 하더라도 방어권의 행사를 벗어난 것으로서 고소인을 무고한다는 범의를 인정할 수 있다(대판 2007.3.15. 2006도9453).

④ 무고죄는 국가의 형사사법권 또는 징계권의 적정한 행사를 주된 보호법익으로 하고 다만, 개인의 부당하게 처벌 또는 징계받지 아니할 이익을 부수적으로 보호하는 죄이므로, 설사 무고에 있어서 피무고자의 승낙이 있었다고 하더라도 무고죄의 성립에는 영향을 미치지 못한다 할 것이고, 무고죄에 있어서 형사처분 또는 징계처분을 받게 할 목적은 허위신고를 함에 있어서 다른 사람이 그로 인하여 형사 또는 징계처분을 받게 될 것이라는 인식이 있으면 족한 것이고 그 결과발생을 희망하는 것까지를 요하는 것은 아니므로, 고소인이 고소장을 수사기관에 제출한 이상 그러한 인식은 있었다고 보아야 한다(대판 2005.9.30. 2005도2712).

할 수 있다고 믿는 사람은 그렇게 되고,

할 수 없다고 믿는 사람도 역시 그렇게 된다.

– 샤를 드골 –

정답 한눈에 보기!

2023년 기출문제

01	02	03	04	05	06	07	08	09	10	11	12	13	14	15	16	17	18	19	20
③	②	①	②	②	④	②	①	④	②	③	①	③	①	②	①	②	①	②	④
21	22	23	24	25	26	27	28	29	30	31	32	33	34	35	36	37	38	39	40
③	②	②	②	③	②	④	①	④	②	①	②	③	④	④	④	④	④	④	②

2022년 기출문제

01	02	03	04	05	06	07	08	09	10	11	12	13	14	15	16	17	18	19	20
①	③	②	②	③	①	②	①	④	②	③	①	②	④	②	④	④	①	②	④
21	22	23	24	25	26	27	28	29	30	31	32	33	34	35	36	37	38	39	40
④	②	④	③	③	②	②	④	①	②	①	②	③	④	④	③	③	④	④	①

2021년 기출문제

01	02	03	04	05	06	07	08	09	10	11	12	13	14	15	16	17	18	19	20
④	③	①	④	③	②	②	①	④	②	③	①	②	④	②	①	④	④	②	④
21	22	23	24	25	26	27	28	29	30	31	32	33	34	35	36	37	38	39	40
②	③	④	④	③	②	②	④	②	①	④	②	③	④	③	④	③	③	①	④

2020년 기출문제

01	02	03	04	05	06	07	08	09	10	11	12	13	14	15	16	17	18	19	20
①	②	②	③	②	①	②	①	④	①	③	①	②	④	②	④	①	④	①	④
21	22	23	24	25	26	27	28	29	30	31	32	33	34	35	36	37	38	39	40
①	④	②	①	③	②	②	④	②	①	②	③	④	④	②	③	①	②	③	①

2019년 기출문제

01	02	03	04	05	06	07	08	09	10	11	12	13	14	15	16	17	18	19	20
③	②	②	③	②	②	②	①	④	②	②	①	③	③	②	④	②	④	①	④
21	22	23	24	25	26	27	28	29	30	31	32	33	34	35	36	37	38	39	40
③	④	④	②	②	④	②	④	①	①	②	③	④	④	②	①	③	②	①	①

2018년 기출문제

01	02	03	04	05	06	07	08	09	10	11	12	13	14	15	16	17	18	19	20
④	③	③	②	②	①	②	②	④	②	③	③	③	①	②	③	③	①	②	②
21	22	23	24	25	26	27	28	29	30	31	32	33	34	35	36	37	38	39	40
③	②	③	④	①	②	④	④	①	②	②	②	③	④	②	④	①	④	③	④

2017년 기출문제

01	02	03	04	05	06	07	08	09	10	11	12	13	14	15	16	17	18	19	20
①	②	③	②	①	③	④	①	②	②	②	④	④	①	②	④	②	①	②	④
21	22	23	24	25	26	27	28	29	30	31	32	33	34	35	36	37	38	39	40
②	③	④	④	①	②	②	②	①	④	④	②	③	④	①	④	③	①	③	③

2016년 기출문제

01	02	03	04	05	06	07	08	09	10	11	12	13	14	15	16	17	18	19	20
②	②	②	④	③	④	②	④	①	①	②	③	②	①	④	①	②	④	①	④
21	22	23	24	25	26	27	28	29	30	31	32	33	34	35	36	37	38	39	40
③	②	①	②	②	③	②	①	①	④	④	②	③	③	①	③	③	②	③	①

2015년 기출문제

01	02	03	04	05	06	07	08	09	10	11	12	13	14	15	16	17	18	19	20
②	②	③	②	②	①	③	①	④	①	③	④	③	①	④	①	②	④	①	③
21	22	23	24	25	26	27	28	29	30	31	32	33	34	35	36	37	38	39	40
②	②	④	②	②	④	④	④	②	④	③	②	③	④	④	③	③	③	③	④

2014년 기출문제

01	02	03	04	05	06	07	08	09	10	11	12	13	14	15	16	17	18	19	20
②	②	①	②	③	④	①	②	④	①	③	②	②	④	④	①	③	③	②	③
21	22	23	24	25	26	27	28	29	30	31	32	33	34	35	36	37	38	39	40
④	②	②	②	④	④	①	④	②	①	②	②	④	④	④	④	④	③	①	①

경찰공무원 정기 승진시험 필기시험 답안지

컴퓨터용 흑색 사인펜만 사용

책
형

【필적감정용 기재】
*아래 예시문을 옮겨 적으시오.
본인은 ○○○(응시자성명)임을 확인함

기 재 란

성 명	
자필성명	본인 성명 기재
응시직렬	
응시지역	
시험장소	

응시번호

| ⓪ ① ② ③ ④ ⑤ ⑥ ⑦ ⑧ ⑨ |
| ⓪ ① ② ③ ④ ⑤ ⑥ ⑦ ⑧ ⑨ |
| ⓪ ① ② ③ ④ ⑤ ⑥ ⑦ ⑧ ⑨ |
| ⓪ ① ② ③ ④ ⑤ ⑥ ⑦ ⑧ ⑨ |
| ⓪ ① ② ③ ④ ⑤ ⑥ ⑦ ⑧ ⑨ |
| ⓪ ① ② ③ ④ ⑤ ⑥ ⑦ ⑧ ⑨ |
| ⓪ ① ② ③ ④ ⑤ ⑥ ⑦ ⑧ ⑨ |

생년월일

| ⓪ ① ② ③ ④ ⑤ ⑥ ⑦ ⑧ ⑨ |
| ⓪ ① ② ③ ④ ⑤ ⑥ ⑦ ⑧ ⑨ |
| ⓪ ① ② ③ ④ ⑤ ⑥ ⑦ ⑧ ⑨ |
| ⓪ ① ② ③ ④ ⑤ ⑥ ⑦ ⑧ ⑨ |
| ⓪ ① ② ③ ④ ⑤ ⑥ ⑦ ⑧ ⑨ |
| ⓪ ① ② ③ ④ ⑤ ⑥ ⑦ ⑧ ⑨ |

※시험감독 서명
(성명을 정자로 기재할 것)

적색 볼펜만 사용

최종모의고사 제 ___ 회

문	①	②	③	④	문	①	②	③	④
1	①	②	③	④	21	①	②	③	④
2	①	②	③	④	22	①	②	③	④
3	①	②	③	④	23	①	②	③	④
4	①	②	③	④	24	①	②	③	④
5	①	②	③	④	25	①	②	③	④
6	①	②	③	④	26	①	②	③	④
7	①	②	③	④	27	①	②	③	④
8	①	②	③	④	28	①	②	③	④
9	①	②	③	④	29	①	②	③	④
10	①	②	③	④	30	①	②	③	④
11	①	②	③	④	31	①	②	③	④
12	①	②	③	④	32	①	②	③	④
13	①	②	③	④	33	①	②	③	④
14	①	②	③	④	34	①	②	③	④
15	①	②	③	④	35	①	②	③	④
16	①	②	③	④	36	①	②	③	④
17	①	②	③	④	37	①	②	③	④
18	①	②	③	④	38	①	②	③	④
19	①	②	③	④	39	①	②	③	④
20	①	②	③	④	40	①	②	③	④

최종모의고사 제 ___ 회

문	①	②	③	④	문	①	②	③	④
1	①	②	③	④	21	①	②	③	④
2	①	②	③	④	22	①	②	③	④
3	①	②	③	④	23	①	②	③	④
4	①	②	③	④	24	①	②	③	④
5	①	②	③	④	25	①	②	③	④
6	①	②	③	④	26	①	②	③	④
7	①	②	③	④	27	①	②	③	④
8	①	②	③	④	28	①	②	③	④
9	①	②	③	④	29	①	②	③	④
10	①	②	③	④	30	①	②	③	④
11	①	②	③	④	31	①	②	③	④
12	①	②	③	④	32	①	②	③	④
13	①	②	③	④	33	①	②	③	④
14	①	②	③	④	34	①	②	③	④
15	①	②	③	④	35	①	②	③	④
16	①	②	③	④	36	①	②	③	④
17	①	②	③	④	37	①	②	③	④
18	①	②	③	④	38	①	②	③	④
19	①	②	③	④	39	①	②	③	④
20	①	②	③	④	40	①	②	③	④

최종모의고사 제 ___ 회

문	①	②	③	④	문	①	②	③	④
1	①	②	③	④	21	①	②	③	④
2	①	②	③	④	22	①	②	③	④
3	①	②	③	④	23	①	②	③	④
4	①	②	③	④	24	①	②	③	④
5	①	②	③	④	25	①	②	③	④
6	①	②	③	④	26	①	②	③	④
7	①	②	③	④	27	①	②	③	④
8	①	②	③	④	28	①	②	③	④
9	①	②	③	④	29	①	②	③	④
10	①	②	③	④	30	①	②	③	④
11	①	②	③	④	31	①	②	③	④
12	①	②	③	④	32	①	②	③	④
13	①	②	③	④	33	①	②	③	④
14	①	②	③	④	34	①	②	③	④
15	①	②	③	④	35	①	②	③	④
16	①	②	③	④	36	①	②	③	④
17	①	②	③	④	37	①	②	③	④
18	①	②	③	④	38	①	②	③	④
19	①	②	③	④	39	①	②	③	④
20	①	②	③	④	40	①	②	③	④

절취선

※본 답안지는 마킹연습용 모의 답안지입니다.

경찰공무원 정기 승진시험 필기시험 답안지

※ 시험감독관 확인
(성명을 정자로 기재할 것)

학과 통솔능력 시험

※ 시험감독관 확인

응시번호

| 0 1 2 3 4 5 6 7 8 9 |

생년월일 일

| 0 1 2 3 4 5 6 7 8 9 |

컴퓨터용 흑색 사인펜만 사용

성 명	
자필성명	본인 성명 기재
응시직렬	
응시지역	
시험장소	

【필적감정용 기재】
*아래 예시문을 옮겨 적으시오.
본인은 ○○○(응시자성명)임을 확인함

기 재 란

책	형

최종모의고사 제 ___ 회

	① ② ③ ④		① ② ③ ④
1	① ② ③ ④	21	① ② ③ ④
2	① ② ③ ④	22	① ② ③ ④
3	① ② ③ ④	23	① ② ③ ④
4	① ② ③ ④	24	① ② ③ ④
5	① ② ③ ④	25	① ② ③ ④
6	① ② ③ ④	26	① ② ③ ④
7	① ② ③ ④	27	① ② ③ ④
8	① ② ③ ④	28	① ② ③ ④
9	① ② ③ ④	29	① ② ③ ④
10	① ② ③ ④	30	① ② ③ ④
11	① ② ③ ④	31	① ② ③ ④
12	① ② ③ ④	32	① ② ③ ④
13	① ② ③ ④	33	① ② ③ ④
14	① ② ③ ④	34	① ② ③ ④
15	① ② ③ ④	35	① ② ③ ④
16	① ② ③ ④	36	① ② ③ ④
17	① ② ③ ④	37	① ② ③ ④
18	① ② ③ ④	38	① ② ③ ④
19	① ② ③ ④	39	① ② ③ ④
20	① ② ③ ④	40	① ② ③ ④

최종모의고사 제 ___ 회

	① ② ③ ④		① ② ③ ④
1	① ② ③ ④	21	① ② ③ ④
2	① ② ③ ④	22	① ② ③ ④
3	① ② ③ ④	23	① ② ③ ④
4	① ② ③ ④	24	① ② ③ ④
5	① ② ③ ④	25	① ② ③ ④
6	① ② ③ ④	26	① ② ③ ④
7	① ② ③ ④	27	① ② ③ ④
8	① ② ③ ④	28	① ② ③ ④
9	① ② ③ ④	29	① ② ③ ④
10	① ② ③ ④	30	① ② ③ ④
11	① ② ③ ④	31	① ② ③ ④
12	① ② ③ ④	32	① ② ③ ④
13	① ② ③ ④	33	① ② ③ ④
14	① ② ③ ④	34	① ② ③ ④
15	① ② ③ ④	35	① ② ③ ④
16	① ② ③ ④	36	① ② ③ ④
17	① ② ③ ④	37	① ② ③ ④
18	① ② ③ ④	38	① ② ③ ④
19	① ② ③ ④	39	① ② ③ ④
20	① ② ③ ④	40	① ② ③ ④

최종모의고사 제 ___ 회

	① ② ③ ④		① ② ③ ④
1	① ② ③ ④	21	① ② ③ ④
2	① ② ③ ④	22	① ② ③ ④
3	① ② ③ ④	23	① ② ③ ④
4	① ② ③ ④	24	① ② ③ ④
5	① ② ③ ④	25	① ② ③ ④
6	① ② ③ ④	26	① ② ③ ④
7	① ② ③ ④	27	① ② ③ ④
8	① ② ③ ④	28	① ② ③ ④
9	① ② ③ ④	29	① ② ③ ④
10	① ② ③ ④	30	① ② ③ ④
11	① ② ③ ④	31	① ② ③ ④
12	① ② ③ ④	32	① ② ③ ④
13	① ② ③ ④	33	① ② ③ ④
14	① ② ③ ④	34	① ② ③ ④
15	① ② ③ ④	35	① ② ③ ④
16	① ② ③ ④	36	① ② ③ ④
17	① ② ③ ④	37	① ② ③ ④
18	① ② ③ ④	38	① ② ③ ④
19	① ② ③ ④	39	① ② ③ ④
20	① ② ③ ④	40	① ② ③ ④

※ 본 답안지는 마킹연습용 모의 답안지입니다.

경찰공무원 정기 승진시험 필기시험 답안지

컴퓨터용 흑색 사인펜만 사용

성명

책형

【필적감정용 기재】
*아래 예시문을 옮겨 적으시오.
본인은 ○○○(응시자성명)임을 확인함

기 재 란

성명	본인 성명 기재

자필성명	본인 성명 기재
응시직렬	
응시지역	
시험장소	

응시번호

⓪ ① ② ③ ④ ⑤ ⑥ ⑦ ⑧ ⑨

생년월일

⓪ ① ② ③ ④ ⑤ ⑥ ⑦ ⑧ ⑨

※시험감독 서명
(성명을 정자로 기재할 것)

적색 볼펜만 사용

최종모의고사 제 ___ 회

문번	1	2	3	4
1	①	②	③	④
2	①	②	③	④
3	①	②	③	④
4	①	②	③	④
5	①	②	③	④
6	①	②	③	④
7	①	②	③	④
8	①	②	③	④
9	①	②	③	④
10	①	②	③	④
11	①	②	③	④
12	①	②	③	④
13	①	②	③	④
14	①	②	③	④
15	①	②	③	④
16	①	②	③	④
17	①	②	③	④
18	①	②	③	④
19	①	②	③	④
20	①	②	③	④
21	①	②	③	④
22	①	②	③	④
23	①	②	③	④
24	①	②	③	④
25	①	②	③	④
26	①	②	③	④
27	①	②	③	④
28	①	②	③	④
29	①	②	③	④
30	①	②	③	④
31	①	②	③	④
32	①	②	③	④
33	①	②	③	④
34	①	②	③	④
35	①	②	③	④
36	①	②	③	④
37	①	②	③	④
38	①	②	③	④
39	①	②	③	④
40	①	②	③	④

경찰공무원 정기 승진시험 필기시험 답안지

	성 명	
	지필성명	본인 성명 기재
	응시직렬	
	응시지역	
	시험장소	

컴퓨터용 흑색 사인펜만 사용

[필적감정용 기재]
*아래 예시문을 옮겨 적으시오.
본인은 ○○○(응시자성명)임을 확인함

기 재 란

형	
책	

※ 시험감독관 확인
(성명을 정자로 기재할 것)

감독관 날인

성 년 월 일	응 시 번 호

최종모의고사 제 ___ 회

1	① ② ③ ④	21	① ② ③ ④
2	① ② ③ ④	22	① ② ③ ④
3	① ② ③ ④	23	① ② ③ ④
4	① ② ③ ④	24	① ② ③ ④
5	① ② ③ ④	25	① ② ③ ④
6	① ② ③ ④	26	① ② ③ ④
7	① ② ③ ④	27	① ② ③ ④
8	① ② ③ ④	28	① ② ③ ④
9	① ② ③ ④	29	① ② ③ ④
10	① ② ③ ④	30	① ② ③ ④
11	① ② ③ ④	31	① ② ③ ④
12	① ② ③ ④	32	① ② ③ ④
13	① ② ③ ④	33	① ② ③ ④
14	① ② ③ ④	34	① ② ③ ④
15	① ② ③ ④	35	① ② ③ ④
16	① ② ③ ④	36	① ② ③ ④
17	① ② ③ ④	37	① ② ③ ④
18	① ② ③ ④	38	① ② ③ ④
19	① ② ③ ④	39	① ② ③ ④
20	① ② ③ ④	40	① ② ③ ④

최종모의고사 제 ___ 회

1	① ② ③ ④	21	① ② ③ ④
2	① ② ③ ④	22	① ② ③ ④
3	① ② ③ ④	23	① ② ③ ④
4	① ② ③ ④	24	① ② ③ ④
5	① ② ③ ④	25	① ② ③ ④
6	① ② ③ ④	26	① ② ③ ④
7	① ② ③ ④	27	① ② ③ ④
8	① ② ③ ④	28	① ② ③ ④
9	① ② ③ ④	29	① ② ③ ④
10	① ② ③ ④	30	① ② ③ ④
11	① ② ③ ④	31	① ② ③ ④
12	① ② ③ ④	32	① ② ③ ④
13	① ② ③ ④	33	① ② ③ ④
14	① ② ③ ④	34	① ② ③ ④
15	① ② ③ ④	35	① ② ③ ④
16	① ② ③ ④	36	① ② ③ ④
17	① ② ③ ④	37	① ② ③ ④
18	① ② ③ ④	38	① ② ③ ④
19	① ② ③ ④	39	① ② ③ ④
20	① ② ③ ④	40	① ② ③ ④

최종모의고사 제 ___ 회

1	① ② ③ ④	21	① ② ③ ④
2	① ② ③ ④	22	① ② ③ ④
3	① ② ③ ④	23	① ② ③ ④
4	① ② ③ ④	24	① ② ③ ④
5	① ② ③ ④	25	① ② ③ ④
6	① ② ③ ④	26	① ② ③ ④
7	① ② ③ ④	27	① ② ③ ④
8	① ② ③ ④	28	① ② ③ ④
9	① ② ③ ④	29	① ② ③ ④
10	① ② ③ ④	30	① ② ③ ④
11	① ② ③ ④	31	① ② ③ ④
12	① ② ③ ④	32	① ② ③ ④
13	① ② ③ ④	33	① ② ③ ④
14	① ② ③ ④	34	① ② ③ ④
15	① ② ③ ④	35	① ② ③ ④
16	① ② ③ ④	36	① ② ③ ④
17	① ② ③ ④	37	① ② ③ ④
18	① ② ③ ④	38	① ② ③ ④
19	① ② ③ ④	39	① ② ③ ④
20	① ② ③ ④	40	① ② ③ ④

절취선

2024 경찰승진 형법 10개년 기출문제집

초 판 발 행	2023년 3월 10일(인쇄 2023년 2월 27일)
발 행 인	박영일
책 임 편 집	이해욱
편 저	SD 경찰승진시험연구소
편 집 진 행	박종현
표 지 디 자 인	박종우
편 집 디 자 인	표미영 · 박서희
발 행 처	(주)시대고시기획
출 판 등 록	제10-1521호
주 소	서울시 마포구 큰우물로 75 [도화동 538 성지 B/D] 9F
전 화	1600-3600
팩 스	02-701-8823
홈 페 이 지	www.sdedu.co.kr
I S B N	979-11-383-4564-4
정 가	21,000원

비관론자는 모든 기회 속에서 어려움을 찾아내고,

낙관론자는 모든 어려움 속에서 기회를 찾아낸다.

– 윈스턴 처칠 –

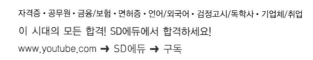